【苏】列夫·达维多维奇·托洛茨基 著

1925—1927

———— 施用勤 译 ————

1925-1927
ТРОЦКИЙ О КИТАЙСКОЙ РЕВОЛЮЦИИ

托洛茨基论
中国革命

中央编译出版社
Central Compilation & Translation Press

图书在版编目（CIP）数据

托洛茨基论中国革命：1925—1927 /（苏）列夫·达维多维奇·托洛茨基著；施用勤译. -- 北京：中央编译出版社，2025. 7. -- ISBN 978-7-5117-4892-8

Ⅰ．D169；K260.7

中国国家版本馆CIP数据核字第2025A930T3号

托洛茨基论中国革命（1925—1927）

责任编辑	李小燕
责任印制	李　颖
出版发行	中央编译出版社
网　　址	www.cctpcm.com
地　　址	北京市海淀区北四环西路69号（100080）
电　　话	（010）55627391（总编室）　（010）55627301（编辑室）
	（010）55627320（发行部）　（010）55627377（新技术部）
经　　销	全国新华书店
印　　刷	北京中兴印刷有限公司
开　　本	710毫米×1000毫米　1/16
字　　数	535千字
印　　张	31.75
版　　次	2025年7月第1版
印　　次	2025年7月第1次印刷
定　　价	128.00元

新浪微博：@中央编译出版社　　　微　信：中央编译出版社（ID: cctphome）
淘宝店铺：中央编译出版社直销店（http://shop108367160.taobao.com）　（010）55627331

本社常年法律顾问：北京市吴栾赵阎律师事务所律师　闫军　梁勤
凡有印装质量问题，本社负责调换。电话：(010) 55627320

目 录

再版译者前言 ··· 1
译者前言 ·· 1
1927 年中国重大事件及其在我国报刊、报告等中的反映 ········ 1

第一部分　党内斗争时期 ·· 1
 致拉狄克 ··· 3
 中国共产党和国民党 ·· 5
 致拉狄克 ·· 11
 关于中国革命 ·· 14
 致阿尔斯基 ·· 17
 致联共（布）中央政治局 ·· 21
 中国革命的阶级关系 ·· 23
 关于中国革命的文章素材 ······································· 32
 论中国的苏维埃口号（绝密） ································· 40
 蒋介石政变后的中国形势和前景 ····························· 46
 不要垃圾 ··· 50
 可靠的道路 ·· 56
 致政治局、中央监察委员会主席团 ························· 60

中国革命和斯大林同志的提纲 ·· 64
关于中国革命的第一次讲话
　　——在共产国际执行委员会第八次全体会议上的讲话 ············ 95
关于中国问题的第二次讲话 ··· 108
是该明白的时候了 ·· 114
汉口和莫斯科 ·· 117
共产党和国民党 ·· 119
致共产国际执行委员会主席团 ·· 123
中国革命的新阶段
　　——从蒋介石到汪精卫 ··· 124
后记：布哈林继续让中国共产党误入歧途 ··································· 145
致联共（布）中央监察委员会、联共（布）中央政治局 ················ 150
致联共（布）中央政治局和联共（布）中央监察委员会主席团 ······· 153
中国革命的失败及其原因 ·· 155
中国革命的新机会、新任务和新错误 ·· 160
新阶段上的旧错误 ·· 170
在共产国际执行委员会主席团会议上的讲话 ······························ 178
附录1　中国问题提纲 ·· 181
附录2　中国革命提纲
　　——致苏联共产党中央委员会政治局 ······························ 183
附录3　中国革命的失败 ··· 222
附录4　武约·武约维奇在共产国际执行委员会第八次全会上
　　　　的讲话 ·· 266

第二部分　流放、流亡时期 ·· 275

致普列奥布拉任斯基的第一封信 ·· 277
我对普列奥布拉任斯基的答复
　　——致普列奥布拉任斯基的第二封信 ······························ 280
致普列奥布拉任斯基的第三封信 ·· 287

中国革命的总结与前瞻
　　——它对东方国家和整个共产国际的教训 ………………… 290
第六次代表大会之后的中国问题 ………………………………… 331
附录　关于共产国际政策和制度的一份值得注意的文件 ……… 361
致流放的反对派成员
　　——对《第六次代表大会之后的中国问题》一文的补充 … 370
中国政治形势和布尔什维克—列宁主义者的任务 ……………… 372
一份可悲的文件 …………………………………………………… 378
中国发生了什么？
　　——每一个共产党员都应该对自己提出的问题 …………… 382
托洛茨基给中国反对派的回信 …………………………………… 385
国民会议口号在中国
　　——答中国同志 ………………………………………………… 389
斯大林和中国革命
　　——事实与文件 ………………………………………………… 393
致中国同志的两封信 ……………………………………………… 421
致中国和全世界共产党员
　　——论中国革命的任务和前景 ……………………………… 425
仓皇撤退
　　——曼努伊尔斯基论"民主专政" …………………………… 433
致中国左派反对派 ………………………………………………… 437
被扼杀的革命
　　——评一本描写中国革命的法国小说 ……………………… 444
在中国共产党中搞什么名堂？ …………………………………… 452
被扼杀的革命和它的扼杀者 ……………………………………… 455
中国的革命和战争
　　——伊罗生著《中国革命的悲剧》一书前言 ……………… 459

再版译者前言

《托洛茨基论中国革命（1925—1927）》是笔者在本世纪初翻译的，于2011年出版，至今已经过去了14年了。此书出版后，得到各方面的好评。记得出版此书的陕西人民出版社北京编辑部博闻春秋的负责人对我说过，他们出版社的老总看了此书后连声赞叹："真是好书！"我埋头翻译托洛茨基著作，很少与外界来往。去年香港魏时煜老师来北京时，对我说：你译的《托洛茨基论中国革命（1925—1927）》网上评分是9点多，我的《王实味》《胡风》才8点多。我说：你的书是你写的，得分是你的水平。我的书是托洛茨基写的，我只是个译者，得分高是托洛茨基的水平。我平时不太注意网上对我的译作的反响。听了她的话，我就上网看了看。网上此书的售价一般是一两百元，最高的居然售到四百多元，确实令我有些意外。想想也在情理之中：好书总是有人认的。我把这个情况告诉了中央编译出版社的李小燕女士，她是《先知三部曲》第三版的责编，希望这家出版社能够把此书再版。在李女士的努力下，出版社决定再版此书。

当初翻译这本书时，《中国革命的总结与前瞻》《第六次代表大会之后的中国问题》两篇长文没有找到俄文原文，是据英译本译的。我对此略感遗憾。反复迻译只会加大与原文的距离。后来在网上查到了这两篇文章的俄文原文。第一篇文章是托洛茨基撰写的《共产国际第六次代表大会纲领批判》中的第三章。趁此书再版之机，就根据原文对它们重译，弥补了我的遗憾，也确实发现了不少问题。但仍有两篇是从英文译过来的：季诺维也夫的《中国革命提纲》和《武约·武约维奇在共产国际执行委员会第八次全会上的讲话》。

互联网给人的生活带来了很大的方便。我感触最深的是能让我方便地找到托洛茨基的原文著作。如这两篇长文都是在网上查到的。如果没有网络，我是不可能去美国哈佛大学图书馆查阅托洛茨基档案的，也未必可能为此专程去俄罗斯查找。即使去了，也未必找得着。那么，书中的遗憾就会成为永远的遗憾了。互联网改变了一切。打开电脑，把要找的作者、文章、书籍的名字输入，就可以查找了，而且速度极快。

在此，我想对俄文网站火星探索（Искра-Research）表示感谢。它做了大量的工作，把托洛茨基的著作和文章上网，旨在方便读者查找。托洛茨基是高产作家，有人说他的全集可能有150卷之多。把这么大量的文字搬到网上，按写作年份编排，确实是一项大工程。我在网上查了查，1905—1940年的托洛茨基的绝大多数文章著作都能在上面查到。如本书中那两篇文章，若知道它是1927年写的，那么输入сочинения троцкого1927，点开即可，再根据日期就可以找到。或是直接输入作者和文章的名字也行。我这几年翻译的托洛茨基最后一次流亡期间的著作共14卷，若不是得益于火星探索网站，很多文章只能从英文翻译了，那么，翻译质量就要大打折扣了。在此把这个网站告诉大家，希望懂俄文的、想读托洛茨基著作文章原文的读者能够利用。这纯粹是一家公益网站，有些托洛茨基的俄文文章找不到原文，他们则根据英文译成俄文，贴在网页上。现在有好多收费的俄文网站，托洛茨基的作品下载也要付费，有些无须付费，但下载也比较麻烦。但在火星探索网站上，成本的书也一键就可下载，十分便捷。在此，向火星探索网站的朋友们致以诚挚的敬礼！

在写第一版译者前言时，我总结了斗争双方的理论不同，信奉的社会动力学不同，及对形势判断的不同。现在我对斗争双方有了更进一步的认识，双方的不同还在于革命家和"革命"官僚的不同。虽然二者都有革命二字，实质上是两种完全不同的人。革命家高瞻远瞩，雄才大略，相信群众的革命潜力，忠于无产阶级革命事业，无私忘我，凭着对形势的准确判断，把握转瞬即逝的有利时机，引领一无所有的群众在阶级斗争的战场上克敌制胜，开辟人类历史新纪元。"革命"官僚则不同，他们拉帮结派，无原则地攫取权力，迷信权力，不相信群众，不可能在革命中有大无畏的首创精神。列宁晚年对斯大林的评价，指出了他杰出的原因："斯大林同志当了总书记，掌握了无限的权力。"[1] 斯大林在十月革命前和十月革命中，没有起过什么作用，是因为他手中还没有权力，因而无法表现出他的杰出。在他和布哈林共同领导中国革命

---

[1] 《列宁全集》第二版第43卷，人民出版社1987年版，第339页。

时，他们之所以抱住国民党不放，即使在蒋介石四一二政变后仍不允许中国共产党退出国民党，而是更加紧密地依靠武汉的左派国民党，就是因为他们不相信群众，所以眼睛始终盯着有实力的将军。而那些在党内斗争中保证他取胜的伎俩，在阶级斗争的战场上毫无作用，所以在这方面，斯大林的纪录上都是败绩——除中国革命外，他还指导过西班牙革命，甚至往那里派遣了国际纵队，还指导过德国革命（反法西斯斗争），但都以失败而告终。

施用勤

2024年3月8日

译者前言

多年来，一直把中国大革命失败的责任推到当时中共领袖陈独秀身上。改革开放后，随着档案的公布和学术研究气氛宽松，这个冤案才被彻底推翻。原来，对那次重大失败应负主要责任的，就是那个长期以来一直被奉为革命导师、伟大领袖的斯大林。当初，年轻的中国共产党在理论、经验方面都严重不足，无力对抗挟十月革命、列宁继承人和共产国际①权威以自重的斯大林。虽然在实践中他们感到应该采取与斯大林、共产国际指示相违背的正确措施，但只要共产国际代表一施压，再以共产国际的尚方宝剑来威胁，甚至连陈独秀这样独立不羁的人，也不得不屈服。

然而在联共（布）党内的反对派，却为挽救中国革命的命运，与斯大林、布哈林的错误路线、政策进行了一场激烈的斗争。托洛茨基和反对派其他领袖在这场斗争中倾注了极大的心血，展现了他们深厚的马克思主义理论素养以及对事件进程的准确预见。尽管中国革命的失败证实了斯大林、布哈林的错误，以及反对派对他们的批评和对革命进程预见的正确性，但斯大林、布哈林依靠手中掌握的权力，在联共（布）党的第十五次代表大会前夕，把反对派开除

---

① 共产国际又称第三国际，于1919年创立，它是第一国际和第二国际的历史继承者。在第一次世界大战爆发时，第二国际各支部（各国社会民主党）因支持本国资产阶级政府的战争政策，背叛了马克思主义、国际主义，导致第二国际破产、解体。共产国际捍卫马克思主义，研究在新条件下工人运动的理论问题，它加强和扩大了各国无产阶级的联系，指导各国劳动人民的革命斗争；为在落后国家、殖民地半殖民地建立共产党做了极大的努力，大大地推动了落后国家的民族解放运动。列宁逝世后，斯大林炮制了"一国社会主义"理论，共产国际的重心随之改变，它不再以推进世界革命为己任，各国共产党的主要任务是保证苏联进行社会主义建设。斯大林主管第三国际以来，他的机会主义政策导致德国革命（1923年）、英国总罢工（1926年）、中国革命（1925—1927年）、德国革命或德国反法西斯斗争（20世纪30年代初）以及后来的人民阵线等一系列失败。1943年，为换取英美加大反法西斯战争的力度，斯大林下令解散了共产国际。

出党，随后又把他们流放或关进监狱，彻底粉碎了反对派。在20世纪30年代的大清洗中，更是把他们从肉体上消灭。在斯大林的高压统治下，当年这场斗争逐渐在苏联人的记忆中消失。

长期以来，这个问题在中国也一直是禁区。在20世纪60年代出版的托洛茨基的《共产国际纲领草案批判》（本译文集中的《中国革命的总结与前瞻》是该书的一章）中译本的出版者说明中，对整本书的评价是："托洛茨基在总结经验以制定新的战略方针的幌子下，攻击1923年以来共产国际的政策方针，把那个时期世界各国革命的失败都归咎于共产国际的错误领导，同时吹嘘自己在一些关键问题上的'预见'。"这当然包括托洛茨基对共产国际中国政策的批评和他对这场革命进程的预见。对托洛茨基关于中国革命问题的观点，出版者说明则这样说："对中国共产党领导中国人民所进行的英勇斗争，做了种种的造谣诽谤，诬蔑广州起义是'领导人为了挽救自己的威信而进行的冒险'，'它必然会由于自己的孤立而覆灭'。竭力否认当时中国革命的民主性质，胡说中国在1911年已经经过'二月革命'，因此中国的革命是反对资产阶级的。"1911年的辛亥革命是否是中国的"二月革命"，是个可以讨论的历史学术问题，说托洛茨基否定中国革命的民主性质，那可真是胡说了。通观托洛茨基乃至反对派的所有文章、文件，都没有一处否认中国革命的民主性质的。批评斯大林、布哈林错误的中国政策，怎么就成了诬蔑诽谤"中国共产党领导中国人民进行的英勇斗争"，二者之间并没有必然的联系。近年来解密的文件表明，广州起义确实是领导（斯大林）"为了挽救自己的威信进行的冒险"，而且广州起义确实在几天之内就遭到了失败。但在当年，这几乎是对托洛茨基的官方评价，是不能讨论和质疑的。当年出版的《托洛茨基言论》（两卷本）中，每一篇文章之前的编者按，几乎也都是这个调子。2008年出版的《托洛茨基读本》，就是从这个两卷本的《托洛茨基言论》中选出来的。为了保持当年的风貌，编译者保留了当年的编者按。有兴趣的读者不妨找来看看。

改革开放后，当斯大林的"伟大的革命领袖、马克思主义革命家"的光环不再之后，国内相关研究领域的气氛已经宽松多了，托洛茨基研究也不再是禁区。近十多年出版的一些书籍涉及、介绍了当年联共（布）两派在中国革命问题上的争论，作出远比以前客观的评价。有的作者在完全肯定了托洛茨基对斯大林、布哈林的错误方针政策的批判和他的预见的正确性之后，又加了一句，虽然托洛茨基的批评完全正确，也是似是而非，因为他没有考虑到力量对比的悬殊。有的作者则对这场论战采取就事论事的态度，力求公允，对双方的观点往往是各打50大板。托洛茨基、季诺维也夫主张中共在革命高潮时退出国民党，保持自己的充分独立，建立苏维埃；斯大林、布哈林则反对中共退出国民党，反对在国共合作的情况下建立苏维埃。在这个问题上谁对谁错？有作者认为，凡是认为一方正确、一方错误的观点，都有片面性，不尽符合实际。甚至说，季诺维也夫、托洛茨基要求在大革命高潮期间建立苏维埃，虽然有助于人们放弃对国民党的幻想，保持革命警惕性，及早建立革命武装，为应付突然事变做好准备，从而减少后来宁汉合流给中国共产党造成的惨重损失，但是由于这一主张过高地估计了革命的力量，它也不可能挽救大革命的失败；托洛茨基等在大革命时期要求建立苏维埃，超越了中国革命的实际，是不可能马上实现的。但是，托洛茨基、季诺维也夫等对于中国苏维埃的性质、地位、作用、任务等问题的认识，基本是符合列宁主义的。斯大林等反对在大革命时建立苏维埃，在客观上符合中国革命的实际，但他们从过高估计国民党的思想出发，反对建立苏维埃，因而，他们在大革命时关于中国苏维埃的性质、地位、作用、任务等问题的观点是不符合列宁主义的。作者得出结论：斯大林等在很大程度上是以不正确的观点来反对托洛茨基、季诺维也夫要求建立苏维埃的不正确的建议。

这样的客观和全面真是令人啼笑皆非。在理论上正确的东西却不符合实际，在理论上错误的东西则是符合实际的。如果真是这样的话，就应该说这个理论本身就是错误的。因为实践是检验真理的唯一标准嘛。实际上是用斯大林、布哈林导致共产党人和工农群众血流成河、革命失败的政策来反对假定的托洛茨基、季诺维也夫的不正确的建议，因为这个建议并没有实施，只是作者认为它是错误的，更何况作者还认为它可以为应付突然事变做准备，从而减少宁汉合流造成的惨重损失。即使真的不能扭转败局，能够减少失败的损失的策略难道不是正确的吗？

综观当年两派论战，除了苏维埃问题之外，还涉及中国革命的性质、前景、革命领导权、国民党的性质，以及由此产生的战略、战术等全部问题。这些问题上的分歧，是出于双方不同的革命理论：不断革命论和三个阶段理论。

不断革命论与三个阶段理论

长期以来，不断革命论一直被视为托洛茨基反对列宁主义的异端邪说，其实，这是托洛茨基与帕尔乌斯在1905年俄国革命前夕提出的俄国革命发展的一种设想。扼要地说，就是由于俄国的落后和资产阶级的软弱，俄国资产阶级民主革命一旦爆发，资产阶级由于它的软弱与卑鄙，它无力将这场革命进行到底，只有率领城乡小资产阶级的无产阶级掌握革命的领导权，才能把革命进行到底，但由于无产阶级掌握革命的领导权，因此革命不会因达到资产阶级革命的目的而止步，它将进入更高的阶段——社会主义革命。

这个理论刚刚公布时，曾遭到俄国社会民主工党两派——布尔什维克和孟什维克——的一致抨击。这倒不是因为这个理论的荒谬，而是由于它与此前俄国社会主义者们信奉的三个阶段理论大相径庭。

所谓三个阶段，即像俄国这样落后的国家在走向社会主义的路途中，首先要进入第一阶段——完成资产阶级民主革命；第二个阶段是在资本主义制度下发展生产力，使之达到发达资本主义国家的水平；最后才能进行社会主义革命，也就是第三个阶段。

1917年列宁回国以前，在3月召开的布尔什维克代表会议上，包括斯大林在内的所有出席者都认为，他们面临的任务是完成民主革命，而不是社会主义革命。在1917年3月29日的党的会议上，斯大林在论证支持临时政府的必要性时说："权力在两个机构之间分配，它们中的任何一个都没有完全的权力，角色被分开了。苏维埃事实上承担起倡导对社会进行革命改造的责任，苏维埃是起义人民的革命领袖，它设计了临时政府的机构。临时政府事实上承担了巩固革命人民的成果的责任——应该根据临时政府巩固革命进程的程度，给它以应有的支持。"这种认识本身就决定了他不可能在十月革命中采取主动，何况他也没有这样的胆略和能力。

如今若要搞问卷调查的话，大概不少人都会说十月革命是斯大林领导的。其实，不仅斯大林没有领导十月革命，列宁在10月25日（俄历）凌晨赶到起义指挥中心斯莫尔尼宫时，大局基本已定。之所以出现这种情况，是因为当时负责党中央与隐匿的列宁之间联系的斯大林无故缺席了10月24日（俄历）上午俄国布尔什维克党中央决定发动起义的重要会议，而且整整一天都没有在斯莫尔尼宫露面。直到深夜，他才发现起义开始，并进展顺利。在此之前，他本人都不知道中央委员会关于起义的决定，又怎么能通知列宁呢？托洛茨基曾说过："列宁在1917年实质上没有说服斯大林，而是用胳膊肘把他推开。"其实这次（十月革命前夕）列宁并没有推开他，而是他自己躲开了，他不愿意在不断革命论指引下的"超越阶段"的冒险中毁了自己，他给自己留了一手。他在这年早些时候拒绝刊登列宁号召进行社会主义革命的《远方来信》，也出于同样的原因。

季诺维也夫和加米涅夫坚决反对十月革命，甚至在高尔基办的《新生活报》上泄露起义日期。计划①在10月召开的中央委员会会议上，列宁愤怒地骂他们是工贼，主张将他们开除出党。与会的中央委员大多数不赞成将他们开除出党。这表明当时多数中央委员认为他们破坏纪律是情有可原的，即出于他们都认为是无可置疑的三个阶段的理论。

因此，十月革命的胜利，也是列宁、托洛茨基的不断革命论对陈旧的三个阶段理论的胜利。但十月革命的洗礼并未能洗去斯大林、布哈林等人头脑中根深蒂固的三个阶段理论。三个阶段理论是1923年起多数派反对托洛茨基不断革命论的主要依据。在他们实际掌握了共产国际领导权之后，在制定指导世界各国共产党的革命政策时，仍是严格遵循三个阶段的理论。这在他们制定的中国革命政策中淋漓尽致地表现出来。

不断革命论和三个阶段理论最大的分歧，是在资产阶级民主革命的前景和领导权上。不断革命论认为在落后国家中的资产阶级民主革命和社会主义革命

---

① 以前一直说季诺维也夫和加米涅夫在党外刊物（高尔基的《新生活报》）上泄露了武装起义的计划，看来是有问题的。因为在10月18日还没有制定起义计划。加米涅夫此文不长，在此全文译出。

加米涅夫通告：

由于对发动问题的议论越演越烈，我和季诺维也夫同志致函我党的彼得格勒、莫斯科和芬兰的几个最大的组织，断然拒绝我党承担在近日发动武装起义的倡议的责任。应该说，我不知道我党有指定在某天举行什么起义的决议。党根本就没有类似的决议。大家都明白，在今天的革命形势下，根本谈不上什么类似的"武装示威"。说的只能是用武装的手段夺取政权，对无产阶级负责的人不能不明白，只有在十分明确地为自己提出武装起义的任务的情况下，才能进行群众性的"发动"。不仅是我和季诺维也夫同志，还有一系列的同志——实际工作者都认为，在当前的时刻，在当前的社会力量对比下，不顾几天后即将召开的苏维埃代表大会，承担倡议武装起义的责任，对无产阶级和革命是不能允许的致命的一步。没有一个政党，更不要说是聚集的群众越来越大的期望和信任的我们的党了，为了通过国家政权的手段来实现自己的纲领，它不能不力图当政。没有一个革命政党，更不用说我们的党了，无产阶级、城乡贫民的党不能也没有权利拒绝放弃起义。起义反对葬送国家的政权，是劳动群众不可剥夺的权利，在一定的时刻，是那些群众信赖的政党的神圣的义务。但用马克思的话说，起义是艺术。正是因此，我们认为，现在，在当前的情况下，我们的责任是说出我们反对任何承担倡议武装起义的责任的企图，这样的起义注定会失败，并会给党、无产阶级、革命的命运带来致命的后果。把一切都押在近日发动的赌注上，意味着绝望的一步，而我们的党是如此强大，它有如此远大的未来，它不会做出类似的绝望的举动。

此文并没有泄露党的起义计划，只是否定党有任何起义计划，破坏党在起义问题上的一致性。因此引起列宁的震怒，骂他和季诺维也夫是"工贼、叛徒"，并建议开除他们的党籍。

交融在一起，资产阶级民主革命的任务只有在无产阶级的领导下才能完成，而无产阶级领导下的革命不会只停留在已经完成的资产阶级革命的阶段上，它必将直接转入社会主义革命。

斯大林把中国社会定性为半殖民地半封建的社会，他认为当时中国的资产阶级革命的主要任务是国家统一和农民得到土地，它的领导应该是资产阶级。也就是说，在民族解放运动和土地革命胜利之前，共产党不能独立，无产阶级不能觊觎领导权。他的阶段论的观点似乎更加客观，更容易为人所接受。因为后来我国的所有历史教科书也都接受了对 19 世纪下半叶和 20 世纪上半叶的中国社会性质的这种定性。其实，20 世纪 30 年代，在中国曾进行过一场"社会史论战"，其主要内容就是对这种定性展开讨论，只是如今对此已鲜有人知。当时的共产党理论家同意这种观点，而中国的托派是不赞成这种定性的。托派领导人之一尹宽曾发表一篇长文，论证中国已经进入资本主义社会。[①] 判断这两种观点孰是孰非，不是本文的目的。我只想指出，后者更符合马克思的全球化的观点。

不断革命论的理论依据就是马克思恩格斯在《共产党宣言》中预见到的全球化。《共产党宣言》是这样说的：

> 资产阶级开拓了世界市场，使一切国家的生产和消费都成为世界性的了。……物质生产是如此，精神生产也是如此。各民族的精神产品变成了公共财产……
>
> 资产阶级，由于一切生产工具的迅速改进，由于交通的极其便利，把一切民族甚至最野蛮的民族都卷到文明中来了……它迫使一切民族——如果它不想灭亡的话——采用资产阶级的生产方式；它迫使它们在自己那里推行所谓的文明制度，即变成资产者。一句话，它按照自己的面貌为自己创造出一个世界。[②]

马克思恩格斯早在 1847 年就预言了全球化，然而愚钝的先进国家的资产阶级忙于榨取剩余价值，争夺市场和殖民地，为此还不惜打了两次世界大战，直到 20 世纪末才意识到世界已经按照它的方式被全球化了。国际学术界为此

[①] 参见郑超麟：《史事与回忆》第 1 卷，天地图书有限公司 1998 年版，第 467—470 页。
[②] 《马克思恩格斯选集》第 1 卷，人民出版社 1972 年版，第 254—255 页。

热闹了好一阵。全球化、地球村在我国学界也火了好几年。然而马恩预见资本主义全球化，并不是为了住进资本主义全球化的地球村，享受只有少数人才能享受到的豪华奢侈的生活，而是为了利用资本主义造成的全球化的趋势，进行世界无产阶级革命，建立人人都能摆脱异化、实现其本质力量的平等社会。后来斯大林的"一国社会主义"理论是对全球化趋势的反动与倒退，肯定与马克思恩格斯的思想是格格不入的，也正是由于"一国社会主义"理论放弃了世界革命，又加上"官僚"社会主义根本不能体现出社会主义理论上对资本主义的优越性，才使资本全球化在今天成为不可抗拒的世界主流。

马克思恩格斯在1847年观察到的全球化趋势，经过80年的发展，到1926—1927年肯定变得更加强大。中国与世界经济的联系、民族资产阶级、民族工业、大城市、无产阶级的出现，都是不可否认的事实。界定当时的中国社会性质，忽略这些极其重要的事实，很难说是科学、完整的。

正是这种全球化的趋势，决定了中国资产阶级革命除了民主革命——反帝反封建残余——外，还要解决帝国主义时代最主要的矛盾，即无产阶级与资产阶级的矛盾。因而在这场斗争中的关键就是民主革命的领导权的问题，是资产阶级领导民主革命，还是无产阶级领导民主革命，从而进一步把它变成社会主义革命？

然而，斯大林在中国革命问题上恪守三个阶段的理论。在四一二反革命政变后他仍不改初衷。

共产国际执行委员会第十一次全会甚至专门作出《关于托洛茨基同志和武约维奇同志在共产国际执行委员会全会上的讲话的决议》，该决议说：

> 托洛茨基同志在全会上要求马上形成苏维埃形式的双重政权，马上采取推翻左派国民党政府的方针。这个表面上极左的要求实际上是机会主义的，它不是别的，正是重蹈托洛茨基超越革命的小资产阶级—农民—阶段的旧立场的覆辙。①

托洛茨基以十月革命为例，反驳了对他的指控。一般人都认为，二月革命是资产阶级民主革命，十月革命是社会主义革命。我国学界多数人也持这种观

---

① *Бюллетень Оппозиций*, No15 – 16. c. 13.

点。其实不然,二月革命只是一场未完成的民主革命,因为它的最重要的任务——土地革命——并未完成。这个任务是在十月革命胜利后才完成的。正是因为资产阶级没有能力完成土地革命,才使布尔什维克能够发动十月革命并获得胜利。反过来说,如果二月革命能够完成土地革命,就不会有十月革命。

另一方面,十月革命是社会主义革命,但只有它才完成了民主革命的任务——土地革命。在无产阶级专政下,民主革命给农民带来了利益,使他们免除了5亿卢布的地租。……如果土地革命真是二月革命完成的话,农民根本不会支持布尔什维克的苏维埃政权,无产阶级专政恐怕连一年都维持不了。换言之,正是因为社会主义革命与民主革命在一个阶段内完成,才使得无产阶级专政能够建立并渡过了革命后最困难的内战阶段。

其实后来中国革命的胜利,也是打破了三个阶段理论的束缚才取得的。中国的民主革命不是辛亥革命完成的,也不是北伐胜利后完成的,而是在中华人民共和国建立之后完成的。这又一次验证了托洛茨基的十月革命经验,先建立无产阶级专政才能完成民主革命,然后再进行社会主义革命。这里讨论的只是民主革命与社会主义革命分阶段进行还是在同一个阶段中先后进行,这两种模式哪种可行的问题。至于社会主义革命的成功与否,它的得失成败,不在本文讨论范围之内。

俄国的十月革命在"超越阶段"的、不断革命的列宁和托洛茨基的领导下胜利了,而1925—1927年的中国革命在恪守三个阶段理论的斯大林、布哈林的领导下失败了,这是不争的历史事实。当然这两场革命的胜负是不能仅仅归结于遵循还是违背三个阶段理论的。不过,直接涉及谁掌握领导权的不断革命论和三个阶段理论在其中起了相当重要的、甚至是决定性的作用,大概是不能否认的。确实,不断革命论抓住了现代社会的最主要矛盾——无产阶级与资产阶级的对抗,提出了革命中最核心的问题——领导权的问题,因而能够准确地判断各政党的阶级性,准确地预言斗争进程。如早在1927年3月22日刚刚得知国民革命军开进上海,托洛茨基就敏锐地提出了"国民政府的领土越大,国民党就越具有执政党的性质,它就变成资产阶级的党。……中国国民革命的成就越大,在今天政策下等待我们的危险就越大"。相反,阶段论者以帝国主义压迫和封建残余来抹杀阶级冲突,一厢情愿地希望外来压迫会使全中国人民不分阶级地团结起来,闭眼不看国民党是资产阶级政党的事实,硬说它是"四个阶级的联盟"。由于抓不住帝国主义时代落后国家的主要矛盾,他们根本没有能力预见历史进程，他们的判断屡次被事件所否定。蒋介石的四一二政变和汪精卫政府的反共，是帝国主义时代阶级斗争的产物。也就是说，阶级斗争的发展冲破了斯大林、布哈林为中国革命设计的机械的阶段论模式，然而，这个模式却成功地束缚住了中国共产党和工农群众的手脚，把他们送到了国民党的屠刀下。

不过，对那些认定俄国比中国先进，俄国无产阶级比中国无产阶级强大的人来说，力量悬殊仍是一个不可逾越的门槛。这牵扯到另一个问题，即革命社会力学与常规社会力学。

革命社会力学 vs 常规社会力学

斯大林、布哈林否定反对派为中国提出的苏维埃口号，主要理由是只有在建立无产阶级专政前夕，才能建立苏维埃。他们没有直说中国无产阶级的力量还不够强大，但这点已经蕴涵其中。即使对斯大林这样的保守官僚来说，在无产阶级力量足够强大时，他当然也就不会反对它去推翻资产阶级，建立苏维埃也不成问题了。

倒是今天的某些研究者，更直接地以力量不足为依据，来为斯大林的政策辩护，否定托洛茨基。如前面提到的说法：斯大林以错误的观点来反对托洛茨基的错误的建议；托洛茨基的批评尽管完全正确，他的预见虽然也被事件所证实，但这一切都似是而非，因为力量对比太悬殊。也就是说，大革命的失败是理所当然的。斯大林、布哈林的政策正确也罢，错误也罢，失败反正是不可避免。托洛茨基再高明，也无法改变力量对比，而悬殊的力量对比已经决定了你的建议也是错误的。

但这种力量对比概念，是从常规社会力学的角度，而不是从革命社会力学的角度得出的。在正常社会条件下，无产阶级和人民群众永远是弱者，用今天的话来说，就是弱势群体。掌握着社会经济命脉、国家政权和军队的资产阶级，则是强者。但社会不是永远处在常态之下的。革命之所以能够发生，就是正常社会状态维持不下去的结果。

其实，在正常社会状态下，无产阶级不仅在落后国家和殖民地是弱者，就是在先进资本主义国家中，也不是强者。无产阶级的强弱（无论是先进资本主义国家的，还是落后国家乃至殖民地半殖民地国家的），不取决于它自己。而取决于占国民人口绝大多数的小资产阶级。革命社会力学所着眼的，正是这

托洛茨基论中国革命（1925—1927）

个小资产阶级在社会危机与震荡中的变化。列宁早在 1905 年革命时就曾说过："革命战争和其他战争的区别，就在于它的主要后备力量是从敌人昨天的同盟者即沙皇制度昨天的拥护者的阵营中……得来的。"① 这个"从敌人昨天的……拥护者的阵营中……得来的""主要后备力量"，就是小资产阶级。托洛茨基在对德国小资产阶级在 20 世纪 20 年代末和 30 年代初的经济危机中可能发生的立场变化的论述，对其他国家也完全适用，中国当然也不例外：

> ……巴黎公社的经验，至少是在一个城市内，后来则是十月革命，在无可比拟的更加广阔的时空中，表明大资产阶级和小资产阶级的联盟不是牢不可破的。因为小资产阶级不能推行独立的政策（所以小资产阶级的"民主专政"是不可能实现的），它只能在资产阶级和无产阶级之间进行选择。
>
> 在资本主义崛起、增长和繁荣时代，虽然有不满的强烈爆发，总体来说，小资产阶级还是相当驯服地追随资本主义。它别无选择。但在资本主义腐朽和经济无出路的条件下，小资产阶级力求、企图和尝试挣脱旧主人和社会领导者的监护。它完全能把自己的命运与无产阶级的命运联系起来。为此只需要一个条件：小资产阶级相信无产阶级能够把社会引到一条新路上的能力。无产阶级只能以自己的力量、对自己行动的信心、对敌人的巧妙的进攻、自己的革命政策的成功让它产生这样的信心。
>
> 如果革命党没有站在时局的至高点上的话，就糟糕了！无产阶级的日常斗争加剧了资产阶级社会的不稳定性。罢工和政治风潮恶化了国家的经济情况。小资产阶级如果根据经验相信，无产阶级能够把它带到新路上，它就能暂时容忍不断增加的损失。但如果革命党一再表明它不能把工人阶级团结在自己的周围、左右摇摆、颠三倒四、自相矛盾的话，小资产阶级就失去了耐心，把革命的无产阶级看成是自己的灾难的罪人。……
>
> ……小资产阶级可以追随工人，如果看到他是新主人的话。社会民主党教工人当仆人。小资产阶级是不会追随仆人的。②

因此，在落后国家中，资产阶级在民族革命中动摇和妥协时，无产阶级能否争取领导权，并不在于它的绝对实力，而在于它在革命形势中，能否让小资

---

① 《列宁全集》第二版第 12 卷，人民出版社 1987 年版，第 32 页。
② Бюллетень оппозиции, No29–30, с. 26.

产阶级相信它，决心把自己的命运与它的命运联系在一起。还有一个非常重要的条件，即革命党要站在时局的至高点上。这也是托洛茨基强调共产党的独立性，要求它退出国民党的原因。

在中国民族解放运动中、在北伐过程中，国民革命军之所以势如破竹，以相对弱小的兵力在几个月内就从广东打到长江流域，固然和北洋军阀的腐败、士兵士气低落，不少军队不战而降、归顺了北伐军，以及北伐军思想工作做得好、士兵斗志昂扬有关，但与工农在敌后的罢工、暴动，对北伐军的积极协助是分不开的。以上海为例，它不是北伐军打下来的，而是共产党领导的第三次工人起义夺取的。国民革命军是被起义工人迎入上海的。发动工农进行革命，当然只能以罢工和土地革命的形式进行。工农组织在罢工和土地斗争中成长壮大。在这些地区变成国民政府的辖区后，工会农会面对的还是同样一些工厂主和地主。它们不会因政府换了招牌后，就停止为工农的利益而斗争。国民政府在它的辖区内禁止罢工，不允许在后方没收军官和"士兵"的土地，表明它代表资产阶级和地主的利益，它与工会农会的冲突是不可避免的。建立苏维埃，就是把这些在革命斗争中业已存在的组织整合起来，进一步推动土地革命和民族解放运动，在国民政府镇压的情况下，进行自卫。这涉及的不是有没有力量组建苏维埃，而是想不想建。

斯大林正是因为信奉常规社会力学，才一直把宝押在资产阶级政党和将军们身上，根本看不到蕴藏在人民群众中的力量。这在他来说，已经不是第一次了。早在1923年8月，德国面临革命形势时，他在给季诺维也夫和布哈林的信中写了下面的话，充分暴露了他对群众革命力量的态度：

> 在目前阶段，共产党是不是应该试图撇开社会民主党人而夺取政权？他们是否已经充分成熟得能够这样做？譬如说，德国的政府现在倒台了，而共产党要夺取政权，那么他们也将以失败而告终。这还是"最好的"情况。而最坏的情况是，他们将被击得粉碎给抛回去。整个问题并不是布兰德勒要"教育群众"，而是资产阶级和右翼社会民主党人势必把这种教育——示威——变成一次全面的战斗（目前，一切有利条件在他们那一边），然后消灭他们（德国共产党人）。[①]

---

① [俄]列·托洛茨基：《斯大林评传》，东方出版社1998年版，第517页。

建立了苏维埃，中国大革命就一定能胜利吗？

这完全是另一回事。托洛茨基也不认为，建立了苏维埃，共产党就一定能够胜利。他以1905年俄国革命为例。那次革命虽然失败了，但工人在自己的组织机构的领导下进行斗争，得到了锻炼，积累了经验，为今后的重新崛起奠定了基础。自发的二月革命胜利后，立即重建了彼得格勒苏维埃，在布尔什维克的努力下，它不失时机地武装工农，深化土地革命，推动民主革命阵营中的分化，形成了双重政权的局面，从而保证了十月革命的胜利。不过，托洛茨基认为，如果领导路线正确的话，中国革命是有很大的获胜机会的。

如果在大革命高潮中建立了苏维埃，即使不能确保共产党的胜利，至少可以保证共产党和工农群众不会被"盟友"打得措手不及。

高潮与退潮

国内一些研究者认为，托洛茨基反对1927年南昌起义和同年年底的广州起义，是从极左转到了极右。

中国革命的成功，走的是武装斗争的道路，加之南昌起义之日被定为建军节，这对理解托洛茨基对斯大林的武装起义政策的批评造成一定的困难。笔者不想在这里讨论武装起义的方针正确与否，只想换个角度来看这个问题：中共发动武装起义时，革命是否仍处在高潮期？当初托洛茨基和斯大林争论的焦点就在这里。托洛茨基不反对在革命高潮时发动武装起义，斯大林也不主张在革命低潮时发动起义。他们之间的分歧是：托洛茨基认为在经历了上海和武汉两次沉重的打击后，革命已经转入低潮。共产党被宣布为非法，工农运动已被粉碎，工人脱离共产党，所有这一切都表明，反动势力得到加强，今后出现的将是国民党统治下的相对稳定时期。在党员、群众因失败而沮丧，反动势力嚣张之时，发动起义只能遭受新的失败，因而是冒险主义，是左倾盲动。斯大林不仅不承认革命已经失败，认为它还在进一步高涨。从这个角度看，问题就很清楚了。中国大革命在武汉政府分共后，革命已经失败，这早就是中共党史界的共识，此后共产党的斗争是在白色恐怖中进行的。在白色恐怖下是不可能出现革命高潮的。另外，斯大林为中共发动的武装起义设计的道路，肯定不是它实际所走的长期的武装斗争、农村包围城市的道路，而是十月道路，赋予它的使命绝不是打响反对国民党反动派的第一枪，而是直接夺取政权。从这个意义上看，南昌起义和广州起义没有也不可能成功。托洛茨基称起义为左倾冒险，也是在这个意义上。

这里有一个判断标准的问题。以斯大林路线为准，那么托洛茨基的观点肯定非左即右。可事实上，是斯大林的路线在左右摇摆。他的路线不能作为判断左右的标准。如在苏联的经济建设上，他开始反对工业化和农业集体化，托洛茨基反对派提出的加速工业化被他指责为"超级工业化"，是"轻视农民"。他赞成布哈林的"乘在农民的马车上，用蜗牛爬的速度建设社会主义"。一旦发现1927年的粮食收购危机确实是工业严重滞后导致的，他本人也开始主张加速工业化，并把本来与他一起安稳地坐在农民马车上的布哈林打成右派，推下车去，他接过车夫的鞭子，开始纵马狂奔。斯大林在反法西斯斗争开始时的极左，其实是接受了在中国革命中极右路线失败的教训的结果，只不过是按着他历来的左右摇摆的规律，从极右转到了极左。莫洛托夫代表他提出了"第三时期"的理论。根据这个理论，从1924年开始的资本主义稳定时期到1928年已经结束，世界从此进入了社会主义革命的前夜，任何一次偶然的劳资冲突都有可能引发世界革命的熊熊烈火。导致无数革命先烈死于非命的所谓的中国"立三主义左倾路线"和"革命在一省数省首先胜利"的极左战略目标，实际上都是这个"第三时期"理论的产物。更为不幸的是，在这个愚蠢的理论的指引下，本来应该和德国社会民主党结盟，共同打击甚嚣尘上的希特勒法西斯的德国共产党，却集中火力打击"社会法西斯主义"（即社会民主党），让纳粹分子坐收渔翁之利。纳粹上台不仅导致德国工人运动的彻底毁灭，还给人类带来了第二次世界大战的惨祸。希特勒的胜利宣告了"第三时期"理论的彻底破产，斯大林又转到了极右的"人民阵线"政策上。中国抗战期间，王明提出的"一切经过统一战线，一切服从统一战线"，无非是"人民阵线"的中文版而已。这就是斯大林的左右摇摆。

斯大林主张起义，一是左右摇摆的规律在起作用，右倾的错误要用左倾来弥补，以致错上加错。更为恶劣的是，他为了自己的声誉和脸面，拒不承认他的政策葬送了中国革命，硬说上海和武汉失败只是插曲，中国革命不仅没有退潮，而且是在进一步高涨，已经进入武装夺取政权，建立苏维埃的阶段。他荒唐地把广州起义的日子定在联共（布）第十五次代表大会召开的那天，为这次代表大会献礼，更可笑的是，他幻想这次胜利能彻底洗刷以往失败的耻辱。

1927年12月18日，反对派领导人之一穆拉洛夫在写给托洛茨基的一张便函中，说了下面的事：《消息报》副主编格隆斯基劝他放弃反对派活动，并断言，中国问题将被事物本身的进程从讨论中取消，因为那里新的事件已经酝酿成熟，它们将把过去的所有失败一笔勾销。①

众所周知，广州起义非但没有"把过去的所有失败一笔勾销"，还为它添加了最新的一次失败。

联共（布）党内两派在中国革命问题上的斗争的背景资料

联共（布）党内斗争不是起源于中国问题，它早在 1923 年 8 月就开始了。至今还有不少人认为当年斯大林反对托洛茨基是为了捍卫布尔什维克党的团结，捍卫列宁主义，这是当年多数派的说法，但与历史事实相去甚远。众所周知，在列宁晚年联共（布）党内发生了两场斗争，一场是有关对外贸易垄断制的斗争，另一场是反对大俄罗斯沙文主义的斗争。在这两场斗争中，列宁为维护党内民主、党的统一，反对大俄罗斯沙文主义、官僚主义而斗争，他的最后结论是，威胁党和革命的命运、导致党的分裂的隐患是斯大林，建议党的代表大会罢免斯大林的总书记职务。在这两场斗争中，他所能倚重的唯一一个党的领袖就是托洛茨基。列宁还未离开人世，只是因失去语言能力而不能理政后，包括列宁要求罢免的斯大林在内的自称为列宁忠实学生的政治局多数派就扭转斗争大方向，把列宁反对官僚主义、大俄罗斯沙文主义的斗争变成了所谓的捍卫列宁主义反对托洛茨基主义的斗争，把列宁的罢免斯大林变成排挤托洛茨基。为了达到这个目的，他们别有用心地利用联共（布）党的第十次代表大会上禁止派别活动的决定，肆意践踏党内民主。

对托洛茨基搞派别活动，分裂党的指责更加荒谬。因为早在 1922 年秋，在列宁第一次发病期间，斯大林、季诺维也夫和加米涅夫就为排挤托洛茨基结成"三驾马车"，大约在一年后，又由"三驾马车"扩展为"五人小组"，即在"三驾马车"的基础上增加了布哈林、李可夫。此后又形成"七人小组"，这七人是斯大林、季诺维也夫、加米涅夫、布哈林、李可夫、托姆斯基、古比雪夫，即除托洛茨基之外的全部政治局委员再加上中央监察委员会主席。政治局每星期四召开会议，"七人小组"每星期二召开会议，以便提前协调立场。"七人小组"垄断了全部大权，当时的经济、政治、对外政策和共产国际的问题以及中央监察委员会的最重要的决定，所有组织问题还有党的干部任免问

---

① *Коммунистическая оппозиция в СССР*, т. 4, с. 276.

题，几乎全是"七人小组"事先决定好的。一旦形成了控制政治局的多数后，他们便自称是党的领导核心，是列宁的合法继承人。他们利用手中的权力，严格禁止列宁晚年的文章的发表和传播。他们用组织纪律和行政措施来进行思想观点的斗争，在党内民主遭到彻底破坏的情况下，他们获得了胜利。

1923年的托洛茨基反对派在多数派的打击下，已经无力进行斗争。就连托洛茨基本人，也正如季诺维也夫当初曾得意扬扬地说过的那样，已经"被箍住了"。他被正式排挤出决策核心，担任了三个次要职务：租让委员会主席、电力技术管理局局长和工业科技管理局局长。即使这样，他仍然是动辄得咎。如他组织策划的第聂伯河水电站工程，就曾被斯大林讥笑为不务正业的农夫，挣了几个卢布不购置农机具，而是买了一台留声机，因此导致破产。虽然在几个月后，政治局就被迫让第聂伯河建设工程上马。

1925年季诺维也夫派与斯大林、布哈林的决裂，使情况出现变化。1926年春，季诺维也夫派与托洛茨基派结成联合反对派，再次对当权的多数派的错误进行批判，并为争取恢复党内民主而斗争。批评斯大林、布哈林的错误的中国革命政策，是联合反对派斗争的重要组成部分。

中国大革命从1925年起进入高潮。1926年3月20日的中山舰事件后，斯大林和布哈林一味对蒋介石让步，甚至在后者提出让加入国民党的共产党真正成为国民党的附庸的《整理党务案》时，仍对他让步，终于酿成了蒋介石的四一二反革命政变。联合反对派对当权的斯大林、布哈林的中国政策提出批评，要求改国共党内联合为党外合作。斯大林在四一二政变的一周前还称蒋介石遵守纪律，进行反帝斗争，还有利用价值，在利用完之后，再把他像榨干的柠檬一样扔掉。然而几天之后，这只被榨干的柠檬居然成功地发动政变，使斯大林狼狈不堪，他指使各国支持者把载有他的讲话的那期《共产国际》的相关页码销毁。但面对反对派的指责，他还是振振有词地反问：在这几年中，反对派到哪里去了，它为什么一声不吭？还理直气壮地指责说，反对派在中国问题上表现出的义愤是假的，他们拿中国问题做文章，实际上是在寻找论战机会，他们抓住中国问题，"就像是一个要淹死的人抓住了一根稻草"。① 从收入本书的文章来看，斯大林的指责似乎并非没有道理。托洛茨基关于中国问题的第一封信是写给拉狄克的，日期是1926年8月30日。其后还有几封信和文

---

① 《斯大林全集》第10卷，人民出版社1954年版，第17、21、25页。

托洛茨基论中国革命(1925—1927)

章,除了标题为"中国共产党和国民党"一文是在1926年9月写的外,其余都是在1927年3月以后的事了,离蒋介石政变已经为期不远了。而且这些文章和信件都不是正式文件,由于斯大林和布哈林的封锁,反对派的文章观点也不能见诸报刊,只能在反对派内部流传。托洛茨基在那时所做的工作,只不过是在反对派内部统一思想,还有与不同观点的交锋。3月22日的《关于中国革命》一文,从其最后一段来看,显然是在说服联合反对派投入拯救中国革命的斗争,并以这是事关"中国无产阶级的头颅"的大事,来打消他们对共产国际执委会不会对这个问题进行严肃的讨论,而是进行新一轮的派别诬陷的顾虑。更大的障碍是在1925年还参与制定中国政策的季诺维也夫等人。他们或是认识不到这一政策的错误,或是为维护自己的声誉,不同意以联合反对派的名义来进行这场斗争。

托洛茨基于3月31日致联共(布)中央政治局的一封信,揭开了联共(布)在中国问题上斗争的大幕。大概是因为在四一二政变的震撼下,联合反对派统一了认识,季诺维也夫派也认识到了他本人参与制定的中国路线的危害。季诺维也夫的《中国革命提纲》所署日期是4月14日。而反对派领袖共同签署的致共产国际执委会、联共(布)中央、政治局的其他几份文件,都是在7月期间,也就是马日事变以后的事了。3月31日和4月的文件,托洛茨基在5月共产国际执委会上的两次讲话,对防止蒋介石政变来说,是晚了些,但对防止武汉汪精卫的分共来说,还是很及时的。

在有关中国革命问题的争论中,双方的优劣高下表现得格外清楚。托洛茨基对蒋介石、武汉政府和冯玉祥、唐生智等"革命"将军的准确定位,以及对蒋介石背叛革命和武汉政府必将镇压工农运动,与南京政府结成统一战线的预言,很快就被历史进程所证实。而斯大林说"蒋介石服从革命纪律",武汉政府是革命中心,左派国民党是土地革命的领袖的话音未落,革命运动就两次遭到沉重的打击。但斯大林、布哈林利用手中掌握的权力,限制反对派的观点的传播,竭力缩小和隐瞒中国失败的严重性。但如此惨重的失败、政策的破产、反对派准确的预见,仍使他们十分难堪,甚至在本来支持他们的自己的派别中,他们的声望也一落千丈。就是托洛茨基在其上做了两次讲话的共产国际执委会第八次全会(5月18—30日)期间,此时依靠蒋介石的政策已经破产,依靠左派国民党的政策的破产也初露端倪,为了确保自己在这次全会上的胜利,斯大林不让共产国际前主席季诺维也夫出席会议,并拒绝向与会者散发季诺维也夫的《中国革命提纲》，尤为恶劣的是，为了限制出席人数，他把会议地点从安得列耶夫大厅转到一间小房间里。其狼狈由此可见一斑。虽然狼狈不堪，但因为大权在握，他无须顾及中国革命在他指导下失败的事实。在四一二政变之后，斯大林还理直气壮地说："这条路线是为了使革命进一步展开，使'左'派与共产党人在国民党内和国民党政府内亲密合作，使国民党的统一巩固起来，同时揭露和孤立国民党右派，使之服从国民党的纪律；如果右派服从国民党的纪律，就利用他们，利用他们的联系和经验，如果右派破坏这种纪律并背叛革命利益，就把他们逐出国民党。后来的事件完全证实了这条路线的正确性。"把共产党打了个措手不及，把无数共产党员和工人淹没在血泊中的上海政变，在斯大林嘴里竟成了"把他们（右派）逐出国民党"，好像主动权完全掌握在共产党手中，是它把蒋介石逐出国民党，还"完全证明了这条路线的正确性"。

斯大林决心在党的第十五次代表大会前夕开除反对派领袖的党籍，也是为了不让中国革命问题列入代表大会的日程。

开除托洛茨基，就是在斯大林、布哈林的追随者中，也引起了极大的不安。虽然出于派别利益，他们也抨击托洛茨基，但他们中的多数人还认为这是党内斗争。但真的要把他开除出党，他们难免会受到良心谴责。他们都还记得他在革命、内战和建设中的巨大贡献，他们多少次眼看着托洛茨基的预言变成现实，这次对斯大林、布哈林错误政策的后果和中国革命进程的预见如此迅速地被事件所证实，他们在内心深处还是很佩服的。但在斯大林的高压下，他们不得不表示赞成，因而不得不以疯狂和歇斯底里来掩盖自己的内疚。

在10月23日举行的中央委员会会议上，斯大林重提他开除季诺维也夫和托洛茨基的要求。托洛茨基在共产国际执委会全会上第一次讲话时，布哈林、诺伊曼等人的粗暴的插话与这次会议上空前的暴力相比，真可谓是小巫见大巫了。早在1926年10月举行的联共（布）第十五次代表会议上，季诺维也夫已经不可能在会议上正常讲话了，他的讲话不断被嘲讽和起哄打断。听众虽然对托洛茨基也抱有敌意，但对他还怀有敬畏之心。查看当年的会议记录，虽然在他讲话过程中，也有斯大林和他的铁杆追随者莫洛托夫、卡冈诺维奇等以及布哈林分子粗鲁的插话，但还没有到不能讲话的地步。尤其是在发言限定时间已到，托洛茨基要求延长时间时，总能得到与会者的同意。这次就不同了。在托洛茨基讲话时，书籍、玻璃杯向他砸去，他的讲话多次被疯狂的诘问打断，对

托洛茨基论中国革命(1925—1927)

他的嘲笑、口哨声、叫骂声响成一片，甚至淹没了托洛茨基的声音。在他宣读3000字的讲稿过程中，喧嚣、谩骂、起哄就达20多次。记录中有几次提到，可怕的喧哗声压过了演讲者的声音，惊心动魄的喧哗声。但托洛茨基不为所动，继续读他准备好的讲稿。由于不能使他沉默，会议甚至在他还在讲话时就宣布休会。

疯狂战胜理性，谬误战胜真理，就在这可悲的一幕中完成了。但这并不是灾难的结束，甚至对斯大林派来说也是如此，就不用说布哈林派了。不久之后，布哈林派就被打成右倾反对派。一年多后，当第一批投降的反对派成员返回莫斯科时，一批批因对斯大林内外政策产生怀疑的原斯大林派成员，也踏上了流放的道路。这还不是全部。后面还有疯狂的工业化和农业集体化、大清洗，还有直接导致希特勒上台，使人类遭受第二次世界大战灾难的"第三时期"理论。

代表大会结束后，当季诺维也夫、加米涅夫找到布哈林，宣布投降，称自己的意见是"错误的，反列宁主义的"时，布哈林飞扬跋扈地说："很好，你们终于下了决心，这是最后时刻，历史的铁幕正在徐徐落下。"① 然而，就在他作为多数派的代言人扬扬得意地对季诺维也夫、加米涅夫进行"历史判决"时，同一个铁幕即将落在他的头上，把他压成齑粉。这是他在毁灭前的最后的疯狂。就在反对派领袖被开除出党，纷纷被流放到边远地区时，粮食征购危机已经爆发。就是这次危机再加上中国政策的破产，导致执政的中右派（反对派一直把斯大林派称为中派，把布哈林派称为右派）联盟再次分裂，布哈林本人作为右派领袖也面临着灭顶之灾。

另外，托洛茨基在共产国际执委会全会上第一次讲话时插话的两位德共领袖雷梅尔和诺伊曼后来的下场也不好。1925年后，他们和台尔曼是德共党内的三巨头。台尔曼为了追求自己在德共的绝对权力，在斯大林和共产国际的支持下，于1932年，即希特勒上台前夕，发起一场反这两人的斗争，并大获全胜，他们二人被赶出德共权力核心。纳粹上台后，二人到苏联避难，后来都被清洗。②

此后，斯大林的国内外政策向左转，这是他以自己的方式实际上承认了以前政策的错误。但嘴上是不能承认的。上面已经说过，他的这次向左转给苏联和全世界人民带来了更加深重的灾难。

---

① ［波］伊萨克·多伊彻：《被解除武装的先知》，中央编译出版社2013年版，第420页。
② 参见拙文《历史上的台尔曼》，载《炎黄春秋》2008年第12期。

党内斗争到此结束，但托洛茨基对斯大林错误的中国政策的批判并没有完结。在流放中，甚至在后来流亡国外时期，他仍继续对中国革命的经验进行总结，对其后续发展——广州起义——加以批评。

反对派斗争对中国的影响

托洛茨基真的是堪称百科全书式的人物。据统计，他的全集可达150卷，涉及政治、文化、经济、军事、理论等诸多领域，而且在每个领域中都留下了深深的痕迹。如俄国文学中的"同路人"概念就出自他的笔下，经济学术语"剪刀差"是他创造的。但作为成功的革命领袖，托洛茨基的最主要的著作还是他对革命形势的分析、判断以及据此制定的战略策略那部分，他在中国革命问题上与斯大林、布哈林的论战和斗争，和他论述1905年革命、1917年革命以及后来的德国反法西斯斗争、西班牙内战的著作一样，是其中的重要篇章，在这些作品中，充分表现出他驾驭革命潮流的能力，他的高瞻远瞩和雄才大略，为他赢得先知美誉的准确预见。他的这些作品都应该是革命战略战术的最好的教科书。然而由于特殊的历史原因，它们不仅没有起到应有的作用，甚至没有受到应有的重视，尤其是在社会主义国家中，则一直被湮没。

托洛茨基对中国形势的分析虽然深刻，判断、预言准确，但可惜的是，在当时并没有对中国革命产生影响。斯大林、布哈林大权在握，一意孤行。他的批判既没有使中国革命免遭蒋介石政变的打击，也未能使它避免汪精卫分共之害，更没有阻止它陷入后来的左倾盲动之中。中国国内的党的高层领导大概除了从苏联传来的对托洛茨基观点的片面批判外，对他的观点知之甚少。陈独秀初次看到托洛茨基评中国革命的文章，已是1929年了。

但在莫斯科的中共党的高层中的某些人，对中国革命失败的真正罪人是谁，是十分清楚的。张国焘在其回忆录中，提到瞿秋白当年对他说过的一段话：

> 他在这几天在庐山与鲍罗廷冷静的研讨，认为中国革命是失败了，责任问题要有交代。中共的一切，虽然事实上是遵照共产国际指示进行，但不能让共产国际担负这个失败的责任，莫斯科威信的丧失，将会影响世界革命，也会助长托洛茨基派攻击斯大林的气焰，更会使中共不信任共产国际的领导。为了使共产国际今后能够领导世界革命，中共中央只有挺身出来担起这个责任，才是避重就轻的办法。

瞿秋白更具体的表示，如果这一失败责任要由中共中央政治局全体来担负，中央的领导就会破产，损失也太大了。陈独秀在这次失败中，原有重大过失；现在又采取了不正确的消极态度，那我们不如把全部的失败责任，推在他一人的身上，而我们自己站在拥护共产国际的立场上，反对陈独秀的右倾机会主义。这样才能稳定中共中央的领导。①

说得好听一点，这番话是有大局意识，但不像是追求真理的革命者的话，倒更像一个通权达变的官员。不过，不久之后，他本人也遭到了别人的手脚，成了替罪羊。在他从高峰跌到低谷时，不知他是否对自己当初的做法有过反省。据郑超麟老人晚年回忆，瞿秋白曾看了托洛茨基《共产国际纲领草案批判》中的《中国革命的总结与前瞻》，也曾一度动摇，但很快又站稳了立场。

在中国的托派中，除了在苏联接触过反对派的留学生之外，还有陈独秀本人和当时中共党内所谓的"陈独秀派"。大革命失败后，陈独秀遭到不指名的批评，以及失败本身的沉重压力，使他茫然，使他沉思。与他关系密切的陈独秀派大多也处于这种状态中。其中一个名叫尹宽的人，从一位回国的留苏学生手中得到了几篇托洛茨基批评斯大林、布哈林的中国政策的文章，看了之后如获至宝，马上与他周围的人共享。他们看了之后，都有拨云见日之感。于是他们把这些文章拿给陈独秀看。陈独秀在后来致托洛茨基的信中，说他一看到托洛茨基的批评文章，就豁然开朗，一切困惑都迎刃而解。其实，这是客气之词。据郑超麟老人说，他是逐步接受托洛茨基的观点的，而且在每个重大问题上，都提出过异议，经过深入思考，才予以接受，然后再在此基础上探讨第二个问题。

还需要提一下中共一大代表刘仁静。他于1926年作为培养对象被派往苏联学习。他一直关注联共（布）党内斗争，在思想上完全同意托洛茨基反对派的观点，尤其是在中国革命问题上。他在学习期间，收集到当时已出版的和未出版的托洛茨基的全部著作和文章。但他没有公开站到反对派的一边。1929年毕业后，为前往王子群岛拜会托洛茨基，他特意取道欧洲回国。在德国，他找到左派反对派领袖乌尔邦斯，得到托洛茨基的地址，就起程前往土耳其。由于有乌尔邦斯的介绍，他顺利地见到了托洛茨基。托洛茨基非常重视中国问题，放下手中工作，与他长谈。先是每天上午谈，后来为了不影响他回国，改

---

① 张国焘：《我的回忆》第2册，东方出版社1980年版，第274页。

为整天谈。就这样，托洛茨基与刘仁静谈了十多天。但在刘仁静返回德国，准备取回他寄存在乌尔邦斯那里的一箱托洛茨基著作时，却发生了意外，乌尔邦斯宣称他已经与托洛茨基决裂，拒绝把这箱书交给刘仁静。刘仁静为此捶胸顿足，惋惜不已。不过，他还是把托洛茨基的《共产国际纲领草案批判》中的《中国革命的总结与前瞻》、《共产国际第六次代表大会以后的中国》以及托洛茨基与他谈话的精神带回中国。

虽然中国托派有陈独秀这样的领袖人物，也不乏热血青年，但它的命运与当时其他各国的托派一样，在国民党当局和共产党的双重打击之下，它甚至未能参与到社会运动之中，更不用说起重大影响了。

《托洛茨基论中国革命》在中国

据郑超麟回忆，托洛茨基论中国革命的文章在中国最早翻译出版的情况如下：1929年尹宽从山东留苏学生那里得到的几篇文章，由他们翻译成中文。在陈独秀接受了托洛茨基的观点后，由他决定将这几篇文章用铅字出版，书名为《中国革命问题》。刘仁静带回的《中国革命的总结与前瞻》《共产国际第六次代表大会以后的中国问题》以及托洛茨基起草的《中国布尔什维克—列宁主义者政纲草案》，作为《中国革命问题》的第二辑出版。这两辑总计十多万字，是托洛茨基论述中国革命问题的最早中译本。现在恐怕是难得一见了。后来，在20世纪40年代又出过一个译本。这个译本除了收入两辑《中国革命问题》中的托洛茨基论中国革命问题的文章之外，还增加了托洛茨基流亡国外后对中国革命问题发表的评论，以及对中东路冲突①、中日战争的述评，书名为《托洛茨基论中国问题》。

---

① 大革命失败后，斯大林通过共产国际插手广州起义，使中苏关系急剧恶化。出于镇压中共和亲近英、美的需要，蒋介石制造了一系列反苏事端，并指使张学良挑起"中东路事件"。1929年6月，张学良决定用武力收回中东路，7月11日，将俄方局长免职，并将俄方工作人员59人遣送回国，同时收回中东铁路专用之外的电讯机关，解散苏联远东贸易局、商船局、商业联合会等机构。7月17日，苏联宣布断绝与南京政府的外交关系。20日，苏联红军向东北军发起进攻，11月，满洲里、扎兰诺尔、海拉尔等地相继失陷。12月3日，英、美、法等国政府照会中国政府，建议和平解决两国之间的冲突。蒋介石授意张学良与苏联谈判。12月22日，中苏双方签订《伯力议定书》，规定"按照中俄、奉俄协定恢复冲突以前状态"。长达半年的中东路事件就此结束，中苏两国关系得以缓和。

在中东路冲突期间，国际反对派内部就此爆发了激烈争论。不少人主张支持中国，反对苏联侵略。托洛茨基著文反对这种立场。他重申，苏联应无偿地将中东路还给中国，但不是现在的资产阶级政府，而是真正的人民政府。在中国革命人民尚未夺取政权之前，把中东路保留在苏联手中，对中国革命和保卫苏联来说，都是有利的。

托洛茨基论中国革命（1925—1927）

  托洛茨基论中国革命的文章没有出版过俄文专集。该译本是根据英译本转译过来的，反复迻译，难免有失真之处。再加上翻译年代较早，现代汉语与当初的文字已有一定的差距，已不太符合今天读者的阅读习惯，此外，繁体字和竖排版也是阅读障碍。

  在本译本中，除了《中国革命的总结与前瞻》《共产国际第六次代表大会以后的中国问题》，以及附录中季诺维也夫的《中国革命提纲》《武约·武约维奇在共产国际执委会第八次全会上的讲话》，因笔者找不到俄文原文，根据英译本转译过来，其余文章都是笔者直接从俄文原文译的。本译文集没有收原译本中的《上海来信》，而是收了拉狄克的《中国革命的失败》一文。因为拉狄克是反对派领导人之一，1927年4月6日之前，他一直担任中山大学校长，与中国留学生关系密切，因工作关系，他对中国革命问题格外关注，他对中国问题的看法，对反对派有相当影响。本译文集中所收的托洛茨基头三篇文章中，有两篇是致拉狄克的信，绝非偶然。

  原译本所收第一篇文章是托洛茨基1927年3月4日致拉狄克的信。本译文集中的第一封信也是致拉狄克的，不过早了好几个月，写于1926年8月。另外，本译文集中所收托洛茨基党内斗争时期的相关文章有26篇，比《托洛茨基论中国问题》那个译本多了12篇。据郑超麟老人说，托洛茨基、季诺维也夫于1926年5月曾致函政治局，提出中共退出国民党的建议。遗憾的是，笔者没有找到这份文件，只好付诸阙如。

  最后提请读者注意：托洛茨基对宋庆龄的评价是在论证中共独立性的激烈争论中做出的，偏颇之处在所难免。另外，像对李济深、冯玉祥等历史人物的评价，是根据他们在当时的行动和表现做出的，同样是在激烈的论战中，作者不可能知道他们日后的立场变化，因此他的这些评价不是对这些人物的盖棺论定。为避免累赘，笔者就不在正文中一一加注说明了。

  此译文集能够面世，得到陕西人民出版社的支持，它的北京图书策划中心的李向晨主编、责编李婷晓为本书的出版付出大量的心血，在此一并致谢。

  译者水平有限，译文错误在所难免，敬请方家指正。

译者

2009年9月初稿

2011年8月修订

1927年中国重大事件及其在我国报刊、报告等中的反映*

3月15日，收复汉口英租界。

3月21—22日，上海起义工人夺取政权，国民革命军开进上海。

3月24日，英美舰队轰炸南京。

4月4日，汪精卫回国。

4月4日，蒋介石关于国民党在汪精卫的领导下联合起来，以及汪精卫与蒋介石之间权限划分的声明。

4月5日，拉狄克、斯大林和布哈林同志就中国事件在莫斯科党员积极分子会议上的讲话。

4月5日，汪精卫关于维护国民党统一的声明。

4月5日，汪精卫与中国共产党总书记陈独秀签署关于国共联盟的共同呼吁书。

4月6日，撤销拉狄克同志中山大学校长的职务（组织局记录第104号）。

4月6日，苏联驻北平大使馆遭袭击。

4月6日，警察包围苏联驻上海领事馆。

4月8日，苏联驻天津机构遭袭击。

4月11—12日，蒋介石政变。

4月14日，季诺维也夫同志向政治局提交自己的提纲。

---

* 译自 Архив Троцкого, т. 1, сc. 255 – 259。

拉狄克在1927年4月前一直担任莫斯科中山大学校长，因工作关系，对中国革命十分关注。他编的这份大事记中的事件都发生在1927年3月15日至7月26日这段中国革命最关键时期，而且把在苏联发生的相关事情也纳入其中，使读者可以更加紧密地把二者联系起来。——译注

4月19—20日，国民政府（武汉）与蒋介石破裂。

4月20日，托洛茨基和季诺维也夫致函中央委员会，谈战争危险。

4月21日，政治局批准了斯大林同志的关于中国问题的提纲。

4月22日，有人在红色教授学院支部会议上说："1923年，托洛茨基反对在德国建立苏维埃。"

4月23日，列·达·托洛茨基的文章《不要垃圾》寄往中央委员会和红色教授学院支部。

5月1日，中国共产党第五次代表大会在汉口开幕，据《晚报》报道，这是第一次合法召开的共产党的代表大会。

5月10日，《每日快报》刊发关于湖南农民运动和建立苏维埃的电讯（见5月11日《真理报》）。

5月10日，列·达·托洛茨基的文章《中国革命和斯大林同志的提纲》竣稿。

5月11日，布哈林在共产国际执行委员会主席团发表讲话。

5月12日，政治局作出关于季诺维也夫和托洛茨基关于中国问题的文章不宜在刊物上发表的决议。

5月12日，政治局对季诺维也夫关于中国问题的提纲作出答复（政治局记录第101号）。

5月12日，政治局和中央监察委员会对季诺维也夫和托洛茨基4月20日的信作出答复。

5月12日，列·达·托洛茨基的文章《可靠的道路》寄给莫斯科的几家报纸的编辑部。

5月17日，《陈独秀的讲话》和《必不可少的曲终和弦》两篇文章寄往中央委员会书记处。

5月18日，共产国际执行委员会全会开幕。

5月25日，83人声明。

5月28日，列·达·托洛茨基的文章《是该明白的时候了》寄往中央委员会、中央监察委员会、《真理报》、《消息报》、《工人报》、《贫农报》、《劳动报》。

5月30日，共产国际执行委员会全会闭幕。

5月31日，《真理报》公布共产国际执行委员会全会关于中国问题的决议。

6月4日，《真理报》社论《在中国革命的战线上》。

6月4日，提纲《中国革命的新阶段》寄往中央委员会、中央监察委员会和共产国际执行委员会。

6月5日，莫斯科（州）委员会关于撤销托洛茨基和季诺维也夫中央委员职务的决议。

6月8日，唐生智声明，国民革命应该在国民党和共产党的共同领导下发展（见6月10日《真理报》）。

6月10日，郑州会议召开（见6月16日《真理报》）。

6月12日，郑州会议结束。

6月13日，谢苗诺夫发表《中国革命和不断加剧的社会力量的划分》。

6月15日，中国共产党就湖南事件致函国民党（见6月16日《真理报》）。

6月16日，《真理报》报道5月21日的长沙事变（见6月16日《真理报》）。

6月18日，国民党政治委员会决定派唐生智前往湖南执行特殊使命（见《真理报》）。

6月20日，第四届全国工会代表大会在汉口开幕（见6月22日《真理报》）。

6月23日，社论《革命过程和动摇的力量》（见6月22日《真理报》）。

6月23日，冯玉祥与蒋介石联合，他们发表共同声明（见6月29日《真理报》）。

6月23日，《第四届全国工会代表大会告人民书》，它界定了中国革命现阶段的特点（见6月26日《真理报》）。

6月28日，艾亨瓦尔德的《同路人的背叛和中国共产党人的任务》，载6月28日《真理报》。

6月29日，《沉重的阶段》（社论）。

6月29日，《第四届全国工会代表大会告全国工人书》，载7月5日《真理报》。

6月30日，布哈林发表《中国革命的当前局势》。

6月30日，伊文的文章《在转折关头》（通讯稿）发表。

6月30日，以唐生智为首的武汉国民政府建立。

6月30日，湖北工会委员会发表声明，宣布自愿解散工人赤卫队（见7月3日《真理报》）。

6月30日，国民党军事委员会发布"保卫工会，制止匪徒挑衅行为"的命令（见7月3日《真理报》）。

7月1日，塔斯社汉口电，解释发布军事命令的原因（见7月3日《真理报》）。

7月4日，第四届全国工会代表大会闭幕（见7月5日《真理报》）。

7月4日，唐生智长沙来电，称不可能严惩武汉事件的肇事军官（见7月5日《真理报》）。

7月4日，冯玉祥命令湖南国民党所有城市和郊区组织停止活动（见7月5日《真理报》）。

7月4日，谭平山离职（见7月6日《真理报》）。

7月4日，国民党执行委员会委员吴有强（音译）指责工农运动的轻率行动（见7月6日《真理报》）。

7月4日，关于枪毙几省共青团委成员的报道（见7月10日《真理报》）。

7月5日，关于唐生智和冯玉祥对武汉政府建议的报道（见7月6日《真理报》）。7月6日，社论《危险的转折》。7月6日，唐生智和冯玉祥下达要求解散武汉政府的最后通牒（见7月7日《真理报》）。

7月6日，第四届全国工会代表大会要求全国工人与反革命进行斗争的号召书（见7月8日《真理报》）。

7月6日，关于湖南处决共产党员的报道（见7月10日《真理报》）。

7月8日，武汉全面分共。特派记者伊文同志的报道，载7月10日《真理报》。

7月9日，汪精卫在《中国日报》上发表文章，谈国民党与群众运动的相互关系（见7月12日《真理报》）。

7月9日，国民党中央委员会发布关于工农运动问题的命令（见7月12日《真理报》）。

7月10日，唐生智下令停止国民党委员会的活动（见7月16日《真理报》）。

7月10日，布哈林撰写的社论——《中国革命的急剧转折》。

7月11日，策划武汉政变（见7月16日《真理报》）。

7月13日，发表汪精卫和顾孟余有关国民党政策原则的文章（见7月16日《真理报》）。

7月13日，军队政治部主任邓演达出逃（见7月16日《真理报》）。

7月14日，公布共产国际执行委员会关于中国革命当前局势的决议。

7月15日，武汉危机接近结局。谭平山、苏兆征递交辞呈（见7月17日《真理报》）。

7月15日，武汉事变（见7月20日《真理报》）。

7月16日，曼达利扬同志在《真理报》上发表文章《中共领导为什么破产》。

7月18日，刊登孙中山遗孀的声明（见7月21日《真理报》）。

7月19日，国民党与共产党破裂（见7月24日《真理报》）。

7月21日，3. 高尔丁伯格在《真理报》上发表题为《左的词句和社会民主党的幻想》的文章。

7月21日，刊登邓演达的一封信（见7月23日《真理报》）。

7月26日，《真理报》社论《左派国民党的危机》。

拉狄克编

第一部分

党内斗争时期

致拉狄克[*]

亲爱的卡尔·别恩加尔多维奇：

一、我就中国共产党留在国民党中的问题给您写信。这个问题值得关注和研究。您就这个问题所写的一切我都完全赞成。但为了不知情者（实质上所有人都是不知情者），必须把它们具体化。极其重要的是把与国民党和共产党发展相关的主要实际资料收集起来（它们的扩展区域、罢工的增长、工会、国民党的内部冲突等）。

我认为，把中国的情况与印度的形势相比较，是十分重要的。为什么印度共产党不加入任何民族革命组织？在这方面，荷属印度的情况如何？事实是，民族压迫，甚至是殖民压迫根本就不能构成共产党必须加入民族革命党的条件。问题首先取决于阶级分化和这一分化与外国压迫的交织。在政治上，应该这样提问题：共产党是否注定在长时期内扮演招募个别志同道合者（在革命民主党内）的宣传小组的角色，或是共产党能够在近期内觊觎工人运动的领导角色？在中国，后一种情况的条件无疑是存在的。必须证明这点，哪怕是用最粗的线条，但必须收集最必要的实际资料。您别忘了，在党的代表会议上，布哈林要做关于国际政策的报告，其中无疑会涉及国民党问题。

二、《问题与答案》的情况如何？

三、您的信是否已经写完？在党的代表会议日程上有工会问题。据我所知，您一直关注《劳动报》[①]和工会刊物。由于这个问题的极端重要性，扩展

---

[*] 译自 Коммунистическая оппозиция в СССР, т. 2, с. 57, издана Chalidze publication, 1988。

[①] 《劳动报》系苏联中央级社会政治日报，全苏工会中央理事会机关报，1921年创刊，在莫斯科出版。——译注

这项工作,把它系统化,是十分重要的。

我每天都写点东西,会会客,与疗养的同志们合合影,打打鹌鹑,希望您也能这样。

列·托洛茨基

1926 年 8 月 30 日

中国共产党和国民党*

近期中国政治生活的事实和文件,为共产党和国民党之间今后建立何种相互关系提供了完全无可争议的答案。从1925年起,中国的革命斗争已经进入新时代,其特点首先是广大无产阶级群众的积极进攻、罢工和建立工会。农民无疑日益深入地卷入了运动。与此同时,商业资产阶级和与其相关的知识分子急剧向右转,采取敌视罢工、共产党人和苏联的立场。

十分清楚,在这些基本事实的烛照下,不能不提出重新审查共产党和国民党之间相互关系的问题。以中国遭受的殖民—民族压迫始终不变地要求共产党加入国民党为借口拒绝这种审查的企图,是经受不住任何批评的。当初欧洲机会主义者以我们都进行反对沙皇专制制度为依据,要求我们(那时还是社会民主工党党员)不仅与社会革命党人,还要与"解放社成员"① 留在同一个组织中。另一方面,对英属印度和荷属印度,共产党加入民族革命组织的问题从来就没有提出过。至于中国,在革命运动的不同时期内,共产党和国民党的相互关系问题用不同的方式解决。对我们来说,标准不是恒定的民族压迫的事实,而是中国社会内部的、同时也沿着中国各阶级和各政党与外国帝国主义冲突的路线展开的阶级斗争不断变化的进程。

中国工人群众向左转,像中国资产阶级向右转一样,都是如此不可置疑的事实。由于国民党建立在资产阶级和工人的政治和组织的联合之上,今天它备受阶级斗争离心倾向的折磨。没有也不可能有可以对抗这些倾向的任何政治咒

---

* 译自 *Коммунистическая оппозиция в СССР*, т. 2, cc. 103 – 108。

① 解放社成员系俄国参加解放社的人。解放社是1904—1905年在俄国以《解放》杂志为核心建立的资产阶级自由派知识分子的秘密政治团体、酒宴运动和地方自治代表大会的组织者。其纲领是实行君主立宪和普选权,将部分土地分配给农民。会员后来加入了立宪民主党,其左翼成立了"无题派"小组。——译注

语和狡猾的策略手段。

在共产党还是一个宣传社团，仅在为未来的独立政治活动做准备，并力求同时参加当前的民族解放斗争的时期，共产党加入国民党是完全正确的。最近两年，是中国工人强大的罢工运动的时期。共产党的报道认为，在这个时期，工会已经有120万工人会员。在这些问题上，夸张诚然是不可避免的。除此之外，我们还知道，在不断地涌入和退出的情况下，年轻的工会组织是不稳定的。但中国无产阶级强大的觉醒和它力求进行斗争和追求独立的阶级组织的事实，完全是无可争议的。

就是这一事实给共产党提出了从它现在所处的预备班转到更高年级的任务。现在，它直接的政治任务是争取对觉醒的工人阶级的直接独立的领导权，当然不是把后者领出民族革命斗争，而是为了不仅保障其最坚决的战士的角色，还要保障其在中国人民群众斗争中的政治领导者（领导权）的角色。

支持共产党应当继续留在国民党中的人说："小资产阶级是国民党中的多数，这使我们在自己的政策的基础上加入该党有长久的可能性。"这个理由是根本站不住脚的。小资产阶级本身无论人数如何众多，都不能决定革命政策的基本路线。政治斗争在阶级路线上的分化，资产阶级和无产阶级的背道而驰，意味着它们争取影响小资产阶级的斗争和小资产阶级在商人为一方、工人和共产党人为另一方的两者之间的摇摆。认为仅仅通过狡猾手段和在国民党内的好言相劝就可以掌握小资产阶级，是无可救药的乌托邦。共产党自己越强大，它越是能掌握中国工人阶级，它就可以对城乡小资产阶级分子施加直接或间接的更大的影响。但只有在独立的阶级政党和阶级政策的基础上，这才是可能的。

上引支持共产党继续留在国民党内的理由，是我们从1926年7月14日中国共产党中央委员会全会决议中摘引的。这个决议像全会的其他文件一样，证明了中国共产党政策的极端矛盾和由此将会产生的危险。该全会的每一份文件都证明了"近一年来不断加剧的两极——资产阶级和无产阶级——自我确立的过程"（摘自同一份决议）。决议、文件和汇报都确认，首先是国民党右翼的增强，然后是国民党中派的向右转，接下来是国民党左翼的动摇和分裂，所有这一切都是在对共产党人进攻的路线上发生的。共产党则在国民党内不断退让，从一个阵地退到另一个阵地。我们看到，共产党人的退让是组织性和原则性的退让。他们同意，在国民党的领导机构中，共产党员的人数不能超过三分之一。他们甚至同意接受一份宣称孙中山的学说是神圣不可侵犯的声明。但像以往一样，每一个新的退让都引起国民党徒对共产党人的新的攻击。如上所述，在阶级分化的基础上，所有这些过程是完全不可避免的。然而，中央委员会否决了退出国民党的观点和建议。决议说：

> 某些同志认为，共产党现在就应该主动在组织上与国民党决裂，即消灭与城市工商资产阶级、革命知识分子，特别是与政府的联盟，率领无产阶级和争取追随它的其他受压迫群众完成资产阶级民主革命。这些观点是完全错误的，它们歪曲了中国解放斗争发展的前景。

但是对我们来说，这个论据是根本站不住脚的。中国共产党今后是否能成为领导无产阶级和农民进行解放和统一国家斗争的独立和决定性的力量，现在谁也不能预言。中国革命斗争今后的进程受到过多的内部和外部力量的干扰。共产党争取影响无产阶级和争取后者在民族革命运动中的领导权的斗争，在近几年中当然是不会取得胜利的。但这根本就不是反对独立的阶级政策的理由，没有独立的阶级组织，这是根本不可思议的。说什么退出国民党就意味着与小资产阶级联盟的破裂，是根本错误的。问题的实质在于，那个国民党中的无产阶级、小资产阶级、商人和其他分子的无形联盟，现在已经不可能了。阶级分化转入了政治领域。从今以后，无产阶级与小资产阶级之间的联盟只能依据清晰明确地阐述的协议达成。在今天的条件下，由阶级分化中不可避免地产生的组织上的划分不是排除，相反是要求根据形势需要与整个国民党或是它的某些部分、在整个共和国或各个省份中的联盟。但是，党必须首先保证自己充分的组织独立性和在争取影响觉醒的无产阶级群众的斗争事业上有自己明确的政治纲领和策略。只有这样才能真正谈得上把中国广大农民群众引入斗争。

如果我们引用中国共产党七月全会发表的声明（1926年7月12日）中最鲜明的地方，我们就会最清晰地看到中国共产党的思想倾向：

> 减轻所有这些苦难是中国人民最迫切的要求。这不是布尔什维主义。不过可以说，这是在拯救我国人民名义下的布尔什维主义，而不是马克思主义名义下的布尔什维主义。

宣言接下来说：

> 他们（资产阶级）不明白，如在工人组织和罢工中出现这样最低限的阶级斗争，决不会削弱反帝或反军阀力量的能力。除此之外，他们还不明白，中国资产阶级的福利取决于它与无产阶级共同反帝反军阀的战争的成功，而绝不是无产阶级阶级斗争的继续。

斗争的途径是"召开全民代表会议"。这应该使"国民党成为一个政党，它的使命是进行国民革命"。对于军阀不会为召开人民的国民会议提供机会这种反驳意见，宣言以关于政党监督和所有阶级的一致性等泛泛之词来答复。在政纲的 23 条中，只有 12 处有对结社和集会等自由的要求。在结尾处，声明宣称：

> 他们（军阀）指责我们的政纲是革命的。就算是吧，它符合人民所有阶层的刻不容缓的紧迫要求……居民所有阶级的统一战线应该建立在共同的政纲之上。加入这场斗争的人都应该坚决捍卫这些要求。他们应该为这些共同利益斗争，而不是自私地捍卫自己本阶级的利益……

整个声明从头到尾渗透了劝说资产阶级的意图，而不是争取无产阶级。这样的立场是对国民党右派、中派和假左派的领导不可避免的让步的前提。在这个声明中表现出的政策，实质上与马克思主义没有任何共同之处。这是用马克思主义术语稍加掩饰的三民主义。

在这些条件下，共产党人接受根据蒋介石的建议而做出的国民党中央委员会的下述决议的事实，就不足为奇了：

> 凡他党（即共产党）党员加入国民党者，各该党应训练其党员明了国民党的基础是孙中山创立的三民主义，对孙中山总理和三民主义不得加以怀疑及批评。

十分清楚，在这种情况下，已经失去了共产党存在的意义。

三民主义是小资产阶级关于民族统一的唯心主义思想的学说，在共产党人还能在一个不定型的联盟中与大学生、进步商人在一个组织中共处时，它还能起相对进步的作用。中国社会中和国民党内的阶级分化不仅是不可抗拒的，还是深刻进步的。它同时意味着三民主义完全过时了。共产党拒绝批评这个将日益束缚中国革命手脚的学说，就是自杀行为。然而当这个责任是在同一个政治组织的框架内的强制性组织共处的产物时，共产党人就是自愿地进入全面受压制的少数的状态。

摆脱这个深刻矛盾和完全不允许的情况的出路，不在最近一次中国共产党全会寻找它的地方，不在力求于国民党内"取代"左派，不在温和而不露痕迹地教育和推动他们，不在"协助在小资产阶级组织中建立左派国民党外围"。所有这些处方，甚至是它们的公式，都与过去孟什维克的伎俩致命地相似。出路在于，作为独立政策前提的组织上的划分，首先着眼于觉醒的工人，而不是国民党左派。只有这样，与国民党或其各部分的结盟才不会是建立在沙子上的。中国共产党的政策转变越快，对中国革命就越有利。

两个结论：

第一，上面，我们对中国共产党中央委员会的决议进行了批评。根据过去的经验可以期待，我们的批评会被描绘成敌视中国共产党工作的表现。可能断章取义地摘出一两句话，旨在证明，中国共产党对我们来说，是革命运动的"制动器"。对这样低劣的"批评"的害处，用不着多费唇舌。但事实胜过所有的虚构和中伤。哪怕是在中伤已经大量印刷和传播的情况下，正确评价、及时预见的事实也会取得胜利。我们对中国共产党领导核心的批评，是出于力图帮助中国无产阶级革命避免那些早就在其他国家经验中得到验证的错误。应该对中国共产党中央委员会的错误负责任的，首先是我们自己的党的领导集团。违背事物的全部进程加入国民党，是莫斯科授意的，并被当做是列宁主义的最高戒条。中国共产党人除了接受从这个组织戒条中得出的政治结论外，别无他法。

第二，政策通过组织表现出来。这就是在组织问题上的机会主义是完全可能的原因，像列宁教导我们的那样。这个机会主义可以根据条件采取形形色色的表现方式。组织上的机会主义的形式之一就是尾巴主义，即力求抓住那些已经过时的，因而走向了自己的反面的组织形式和关系。近期，我们在两个例子中看到了组织上的尾巴主义：在英俄委员会的问题上；在共产党和国民党的相互关系问题上。在这两个例子中，尾巴主义都牢牢抓住了已经被阶级斗争进程所抛弃的组织形式。在这两种情况下，过时的组织形式都帮助右派分子，束缚了左派的手脚。应该从这两个例子中吸取经验教训。

共产国际在中国的领导者已经就共产党和国民党的相互关系问题发出了警

告的声音，诚然是以极其谨慎的形式。在国民党中央五月全会后得到的一份关于共产党对国民党的策略的报告中，是这样说的："落实这些决定（即确定与国民党的组织关系的决定）时，我们必须将它们稍稍扩展，即形式上留在国民党内，而事实上尽可能分工，把它放在两党合作的形式中。即从党内合作的形式逐渐过渡到两党的联盟关系上。"这样，来自中国的建议是，在形式上不改变指令的情况下，实际上破坏它们，把共产党与国民党的相互关系过渡到两个独立政党联盟的道路上。但是，这个出自事件全部进程的建议没有得到同情，结果就是明显错误的、极端矛盾的、危险的七月全会决议。

列·托洛茨基

1926年9月27日

致拉狄克[*]

我认为,您对中国共产党问题的提法,是不充分的。由于话没有说透,在进一步的传播中必然会导致错误的结论:即事实上维持现状,再加上左的批评。

您写道,国民党背叛的资产阶级政策"还没有在群众中形成反对国民党的运动,还没有让无产阶级和最贫苦农民理解自己的阶级政党的必要性"。主张维持现状者无疑会抓住这些话。须知正是为此,斯大林重新捡起了"阶段理论",解释说"不能超越阶段"等,既然群众没有理解到这种必要性,那么就如何如何、等等等等。我们的说法正好相反:为了帮助群众理解国民党的背叛政策,一个哪怕不大但绝对独立地进行批评、解释、揭露的政党是必需的,可以此来为新"阶段"做准备。

须知中国今天的状况,好像是专门为了让群众不明白独立政党的必要性而制造的。须知我们以共产国际和俄国革命的全部权威对中国先进工人说,他们已经有了独立的政党,就是中国共产党;由于中国的特殊条件,在革命的今天的阶段上,这个共产党应该加入国民党;这也是列宁的遗训所要求的,等等等等。国民党对共产党员说:"既然列宁遗训要求你们加入国民党,那我,国民党,就要求你们放弃列宁的遗训,要求你们承认孙中山的遗训。"

通过对三民主义的逻辑解释,抽象地提出平稳地从孙中山过渡到列宁的问题,在一定情况下可以在对中国革命知识青年的教学中使用,但在巨大的历史规模中,这当然是行不通的。阶级斗争摧毁了我们在孙中山和列宁之间人为建造的桥梁。中国无产阶级应该经历直接公然地克服孙中山,与三民主义公开斗

---

* 译自 *Коммунистическая оппозиция в СССР*, т. 2, сс. 193 – 196。

争的道路。如果马克思尚主张对拉萨尔进行斗争,难道我们还不应该提出与孙中山进行斗争的任务吗?在这个基本问题上,任何混淆、任何拖延、任何伪装对中国无产阶级都是危险的,甚至是致命的。

共产党人应该什么时候退出国民党?我对中国革命近几年的历史不太熟悉,手头没有资料,因此不敢贸然说,这个问题是否应该在1923年、1924年或是1925年就尖锐地提出了。在那个时期,用您的信中的说法,显然是为为期一两年的过渡状态制定的准备方针,这是可以接受的。但我们拖得太久了。我们把中国共产党变成了孟什维主义的变种,而且还不是好的变种(1905年的孟什维主义,那时它与布尔什维主义联合),而是1917年的孟什维主义,那时它与右派社会革命党联合,支持立宪民主党①。把这种局面神圣化,或哪怕是容忍它,我们就阻碍了中国工人的阶级意识的发展,然后再推说这个意识不够发达,以便把今天的局面继续维持下去。在这种政策下,我们将落入循环论证的困境中。

如果事实表明,甚至在今天阶级斗争已然展开的条件下,中国共产党人都不想退出国民党,那么这不意味着不应该退出,而是因为那里有一个马尔丁诺夫②的党。我担心,事情在很大程度上正是如此。那时对我们来说,任务可以归结为从马尔丁诺夫的党中吸引出真正的革命分子,不仅在国民党外,而且也在今天的中国"共产"党之外建立布尔什维克党。我这是假设,因为中国共产党内真正的力量相互关系,我不了解,由于任何一方都没有明确清晰地提出问题,这一相互关系此前也未必能完全暴露出来。如果我们想尝试拯救中国共产党,避免它彻底地孟什维克化的话,我们没有权利把退出国民党的要求拖延一天。

您建议局限于共产党走出地下状态的口号,这是回避问题。走出地下意味着破坏国民党的规定。怎么走出?以秘密的方式?不预先警告?不尝试与国民党谈好新的相互关系?不与左翼达成协议?但这是最坏的破裂形式,它将被说

---

① 立宪民主党的正式名称是"人民自由党",1905—1917年俄国资产阶级自由君主派的主要政党。其纲领是:立宪会议君主制,资产阶级自由,保留地主土地,合法解决"工人问题"。支持沙皇政府在第一次世界大战中的帝国主义政策。十月革命后被苏维埃政府取缔。——译注

② 马尔丁诺夫(Александр Самовойлович Мартынов,1865—1935)俄国革命参加者,1884年起为民粹派分子,19世纪90年代为社会民主工党党员,1900年起为"经济主义"思想家,1903年起为孟什维克思想家,1907—1912年为俄国社会民主工党中央委员,1923年加入布尔什维克,从事杂志编辑工作。——译注

成是背信弃义。须知我们在中国不是从一张白纸开始，关于共产党与国民党的相互关系问题已然经过方方面面的讨论，引发过冲突，改变过决定，制定了确定的章程。不考虑昨天是不行的。需要把问题提到重新审查党章的层面上。需要让共产党员直接、公开地建议，在两党充分独立和它们之间的协议的基础上重新审查组织结构。没有这样清晰明确的问题提法，"走出地下"的策略连共产党员自己都不能理解。须知应该让他们明白，这个策略会导致什么结果，应该有明天的前景。当然，退出国民党是一个痛苦的过程。耽误的疾病总是要求更加激进的治疗。害怕我们会"推开小资产阶级"，是没有道理的。小资产阶级的摇摆和犹豫不决是无止境的。开始时，退出国民党很可能会引起这样的摇摆。但争取小资产阶级只能以明确的政策，而不是伪装和外交手腕等。为了推行能够赢得小资产阶级的政策，需要有执行这个政策的工具，即独立的政党。

因而，我们的结论如下：

一、承认共产党继续留在国民党内，对无产阶级和革命有致命的危险，首要威胁就是中国共产党将彻底退化为孟什维克党。

二、承认为领导中国无产阶级，为争取影响工会进行的系统的斗争，为领导无产阶级影响农民群众的斗争，需要完全独立的，即真正的共产主义的（布尔什维主义的）党。

三、关于共产党与国民党协调行动的方式和方法的问题，应该完全服从于党的独立性的要求。

四、中国共产党所有真正的革命分子应该推出上面指出的行动纲领，要求自己的中央委员会对国民党和工人群众提出充分地、开诚布公地重新审查组织关系的问题。与此同时，共产党人应该处处"走出地下状态"，即事实上作为一个独立的政党进行工作。

五、应该在中国共产党的组织独立和阶级政策充分独立的口号下，在布尔什维克与中国共产党内的孟什维克做无情斗争的基础上筹备它的代表大会。

列·托洛茨基
1927年3月4日

关于中国革命[*]

我承认,当前最让我担心的是中国的形势。刚刚收到电报,说上海已经被国民革命军占领。国民政府的领土越大,国民党就越是具有执政党的性质,它就更加变成资产阶级的党。在这方面,上海纳入国民政府的领土简直具有决定意义。

同时读了加里宁[①]和鲁祖塔克[②]的讲话,他们阐述和重复了这个观点,国民政府是"中国所有阶级的政府"(一字不差!)。这就表明,在中国可以存在超越阶级的政府。马克思主义被彻底忘掉了。列宁关于民主革命的提纲(共产国际第一次代表大会)也被忘掉了。在《真理报》上读到这些东西时我简直不敢相信自己的眼睛,再读一遍,再重读一遍……须知在这个问题上,加里宁和鲁祖塔克充分反映了中国共产党的政策,更确切地说,是共产国际今天的中国问题政策。中国国民革命的成就越大,在今天的政策下等待我们的危险就越大。(会有这样的聪明人,他从这些话中得出结论,说我反对中国的"丰收"[③],即反对中国国民革命的胜利。)

---

[*] 译自 Коммунистическая оппозиция в СССР, т. 2, сс. 200 – 202。

[①] 加里宁(Михаил Иванович Калинин,1875—1946)老布尔什维克,1919 年继雅可夫·斯维尔德洛夫任全俄中央执行委员会主席,1922 年起为苏联中央执行委员会主席,1938 年起为苏联最高苏维埃主席团主席。——译注

[②] 鲁祖塔克(Ян Эрнестович Рудзутак,1887—1938)老布尔什维克,1920 年起任铁路工会中央委员会主席兼全俄工会中央理事会总书记,全俄中央执行委员会土耳其斯坦委员会主席,1923 年起任俄共(布)中央书记,1924—1930 年任交通人民委员,1926 年起为苏联人民委员会和劳动国防委员会副主席,1931 年起任联共(布)中央监察委员会主席和工农检查人民委员。1920 年当选党中央委员,1926 年取代季诺维也夫为政治局委员,至 1932 年。1934 年起为政治局候补委员。在清洗中未经审判被处决。——译注

[③] 托洛茨基在批评多数派的经济政策时指出,在工业严重落后,工业品极端匮乏的情况下,农业丰收会产生不利的影响,被多数派歪曲为他反对农业丰收。——译注

今天的政策是错误的，甚至哪怕是从"纯国家"的角度来看待问题，在"撇开"① 世界革命的情况下，也是如此。无须怀疑，中国国民政府控制了广阔领土之后，直接面对巨大困难的任务时，它就会感到对外国资本的需要，天天都将与工人发生冲突，它就会急剧向右转，转向美国一边，也在一定程度上转向英国。此时，工人阶级没有领导，因为不能认为国民党的"共产党"的蛇足是工人阶级的独立领导，而且一直向后者灌输，国民政府是所有阶级的政府。我们原来是孵鸭崽的老母鸡……

看来，这个政策的领导人认为事态发展的进程如下：首先取得国民革命军的彻底胜利，即直到统一中国；然后我们再开始把共产党与国民党分开。这个概念是彻头彻尾孟什维主义的。先完成资产阶级革命，然后……在这个概念下，我们不是变成历史的阶级力量，而是对整个历史过程的某种非阶级的观察。这样在第一次转折中可耻地跌倒，就是不可避免的了。很可能，占领上海就是这样的转折关头。

共产党人当然不能拒绝支持国民革命军、国民政府，看来也不能拒绝加入国民政府。但关于中国共产党充分的组织独立，即它退出国民党的问题，一天也不应该再拖延。我们已经太迟了。共产党人可以和国民党组成一个政府，但那要在组成政治联盟的政党彼此彻底脱离的前提下。当初我们与左派社会革命党的情况就是这样。弗拉基米尔·伊里奇对匈牙利共产党员的要求也是这样，指责他们实施政党融合，顺便说说，这正是匈牙利革命如此迅速失败的原因。

可以继续与三民主义调情吗？！它今天是中国无产阶级的思想桎梏，明天将成为（今天已经成为）中国资产阶级反动派的主要武器。我认为，这样的调情是犯罪的。但为了割断三民主义的脐带（应该有人来割断它），需要独立的共产党。共产党内的革命筛选——即它的真正的，而不是口头上的布尔什维克化——无疑将在这点上进行。

以民族压迫为借口来为孟什维主义辩护，是绝对站不住脚的。首先应该回忆，整个第二国际从沙皇专制压迫出发，不仅要求布尔什维克与孟什维克统

---

① 在关于"一国社会主义"理论争论时，布哈林在一篇文章中说："如果撇开国际事务，我们是否能够建设社会主义并建成社会主义。"托洛茨基嘲讽说："你能够撇开天气和民警，在1月的严寒天气中赤身裸体地在莫斯科大街上行走，但天气和民警不会撇开你。"——译注

一，而且与社会革命党人统一（饶勒斯①、王德威尔得②等）。好像反对沙皇专制的斗争不是阶级斗争似的！在格鲁吉亚、芬兰、拉脱维亚等国中，沙皇专制压迫采用了最残酷的民族压迫的形式，比英国甚至日本对中国的压迫更加明显。但是，由此不该得出结论：在格鲁吉亚、芬兰或拉脱维亚不应该建立独立的共产党。

我以为，应该以这种或那种方式再次对政治局提出这个问题。执行委员会不对这个问题进行严肃的讨论，而是把它变成派别诬陷，这样的危险当然存在。但当事情确实关系到中国无产阶级的头颅时，还能沉默吗？

列·托洛茨基
1927 年 3 月 22 日

---

① 饶勒斯（Jean Jaures，1859—1914）法国社会党领导人，后为工人国际法国支部（1905 年起）右翼领导。1905 年创办《人道报》。他积极反对殖民主义、军国主义和战争。第一次世界大战前夕（1914 年 7 月 31 日）被法国沙文主义分子杀害。——译注

② 王德威尔得（Emile Vandevelde，1866—1938）比利时社会党人，改良主义者。19 世纪 90 年代中期起为比利时工人党的领导人。1900 年起为第二国际国际社会党执行局主席。1894 年起为国会议员。1914 年参加资产阶级政府，1937 年以前曾担任大臣职务（外交、司法等）。——译注

致阿尔斯基^{*}

亲爱的阿尔斯基①同志：

感谢您寄来的书，今天一天内，我就饶有兴致地把它读完了，受益匪浅。您反对把南方国民政府称为工农政府，我认为是完全正确的。这样的界定当然是一个严重的错误，现在，在具有巨大阶级矛盾的上海被占领之后，它应该格外明显地暴露出来。

但正因如此，我认为您有一个瑕疵，这在141页上表现得格外明显，您在那页上说，在中国形成了"两个尖锐敌对的阵营"：一方面是帝国主义分子和军阀以及中国资产阶级的某些阶层。另一方面是"工人、手工业者、小资产阶级、学生、知识分子和部分爱国的中等资产阶级……"事实上，在中国有三个阵营：反动阵营、自由派资产阶级阵营和为争取影响小资产阶级和农民下层而斗争的无产阶级阵营。诚然，在1926年之前，这个区分暴露得不如现在清楚，但在那时，它就是事实。您的书在1927年出版，补充说明这一情况是极其必要的。如果不是您对米夫②的书的批评，您在许多地方的评价，特别是在141页上的，会给我认为是极端错误的和危险的结论提供支撑。今天形态下的国民党制造了两个阵营的幻象，促成资产阶级的民族革命的假象，可能是为

---

* 译自 *Коммунистическая оппозиция в СССР*，т. 2，cc. 211 – 215。

① 阿尔斯基（Аркадий Осипович Алвский，1892—1939）1917年加入俄国社会民主工党（布），曾任副财政人民委员。1933年被开除出党。1936年被捕，同年被最高军事法庭判处死刑，当日执行。——译注

② 米夫（1901—1938）苏共党员。1925年被任命为中山大学副校长，1927年任校长，并任共产国际东方部副部长。1931年初赴上海。在中国共产党六届四中全会上，他操纵选举，让中山大学学生王明等人成为政治局委员、常委，让权力全部掌握在王明、博古手中。此后一个时期，他把中国共产党控制在手中。1936年回苏联，任东方大学校长。米夫长期研究中国问题。1938年在大清洗中，他被逮捕枪毙。——译注

了方便它的背叛。另一方面,共产党加入国民党,使无产阶级不可能有独立的政策。以无产阶级的革命英雄主义和广东军队的战绩为依据,证明无产阶级政策完全正确,就纯属招摇撞骗和背叛马克思主义了。工人和革命士兵夺取了上海,这很好。但还有问题:他们是为谁夺取了它?如果认为在中国存在着"两个尖锐敌对的阵营",那就十分清楚,上海从一个阵营的手中转到了另一个阵营的手中;如果记住在中国有三个阵营,上面提出的问题就有了另外的意义。

为争取工农政府而斗争的问题,无论如何都不能等同于中国发展的"非资本主义道路"的问题。后者只能有条件地提出,只能在世界革命发展的前景中提出。认为当今中国在自己现有的技术和经济基础上,能够以自己的力量超越资本主义阶段的,只能是反动的社会主义者的无知。这种概念是一国社会主义理论的最歹毒的漫画,并把后者搞到荒诞的地步,如果它能一劳永逸地把这类胡说八道从它的活动场地中清除出去的话,它对共产国际还是有益的⋯⋯这样,如果关于中国革命长入社会主义革命的问题现在有纯粹的或然性,它完全取决于世界无产阶级革命的发展,那么关于为工农政府而斗争的问题,现在就对中国革命的进程、对教育其中的无产阶级和它的党有了最直接的意义。

我们知道,革命进程是多么复杂和矛盾,何况是在一个像中国这样巨大的、绝大部分地区都较落后的国家中。革命可能还要经历一系列的涨潮和退潮。在革命进程中必须首先保证独立的无产阶级政党,它从三个阵营的角度评价革命,能够为争取在第三个阵营中的领导权,从而争取在整个革命中的领导权而斗争。

应该说,我完全不明白,为什么不能在中国提出苏维埃的口号?不是适应昨天的组织—政治传统(今天的国民党就是这样的传统),正是沿着苏维埃路线进行的阶级力量的聚合,才能适应革命的新阶段。在共产党退出国民党之后,怎么改造国民党呢,这是一个特殊的问题,对我们来说,它是次要的。首要条件是无产阶级政党的独立性。它与城乡小资产阶级的最紧密的合作形式——苏维埃,是夺取政权的斗争机构,或是政权机构。

考虑到中国革命军队的大部分都极不成熟,资产阶级、地主子弟对它的指挥员系统的巨大影响以及由此而产生的对明天的革命的全部危险,为了对抗这种危险,除了让士兵代表和工人代表结合起来等,我看不到其他途径。

当然,选举代表的方式应该严格适合该地区的城市、农村和军队的条件和

致阿尔斯基

特殊性，不让反动分子意外获胜，不让革命军队瓦解等。但我再重申一次：除了苏维埃制度外，我看不到检验和组织革命运动以及从中产生的革命政权的其他手段。为什么对此闭口不谈？请解释这一点！这是我无论如何都不明白的。

不是清楚确切地提出为争取以工农（手工业者再加上士兵）代表苏维埃形式出现的工农政府的问题，而是从事人为地，因而也是反动地让昨天的组织——国民党——永远保持下去，迫使共产党服从资产阶级组织的纪律，同时用非资本主义的发展道路来安慰它。

拉费斯①在其讲话中说，今天的国民党应该作为"传送带"来维持。当人们背离了马克思主义时，他们总是用空话来取代阶级概念。传送带是很不错的东西。只是需要明白，它从哪儿送到哪儿。给共产党严格限定的组织地位，让它服从三民主义的思想纪律，国民党必将，而且是不可避免地把政权转交给民族"统一"阵营中更有影响的、更有力的、更有教养的分子，简言之，即自由派资产阶级。这样，在今天的条件下，国民党就是资产阶级手中的传送带，它让革命群众在政治上服从后者。所有其他的解释都是愚蠢和招摇撞骗。

国民党党员（那些有头脑的）不仅要求共产党员无条件地遵守"革命"纪律，还以十月革命和它的一党专政的经验为依据。由于我们迫使中国共产党违背自己的意志加入国民党，并服从后者的纪律，我们自己就支持这样提出问题的方式。与此同时，不考虑这样的"琐事"，如在中国进行的不是社会主义革命，而是资产阶级民族革命并把它进行"到底"，意味的就不是一党专政，而是保障最大限度的民主，也许在我们看来，首先意味着对无产阶级政党的充分民主。现在，当浪潮涌起时，没有比为非资本主义发展道路唱赞歌更容易的事了。但在革命一出现暂时的不顺利时（更何况是在退潮的情况下），马上就会暴露，在中国没有革命斗争和革命成功的主要武器：积累经验和理解形势的独立的共产党。

附：

在您的小册子中说，省港罢工委员会是"中国版的工人代表苏维埃"。这是完全正确的，如果对"中国版"不是在什么有决定意义的民族特殊性上来理解，而是在苏维埃制度发展阶段的性质的意义上来理解的话：这就是工人代

---

① 拉费斯（Мойсей Григорьевич Рафес，1883—1942）俄国革命运动参加者。1912—1919 年为崩得（即立陶宛、波兰和俄罗斯犹太工人总联盟）中央委员，1919 年夏加入俄共（布）。曾任红军政委。1938 年被捕，1940 年被最高军事法庭判处 10 年监禁，1942 年死于集中营。——译注

表苏维埃，它类似于1905年夏的伊万诺沃—沃兹涅先斯克的苏维埃。为什么这个制度不能继续发展？在这条道路上横亘着什么？我肯定地说：是被束缚着手脚的共产党。如果号召它在马克思主义的旗帜下，而不是在三民主义的旗帜下公然地为争取影响工人，并通过工人影响农民的斗争中，在直接反对反动地推行的三民主义的斗争中，同时与城乡小资产阶级的所有革命分子、集团和阶层的合作，在这样的斗争和合作中，想不出比苏维埃更好的形式。

又及：

如果您的小册子的扉页上不提把此书献给国民党和共产党的话，我是不会赋予您关于"两个阵营"的话如此之大的意义的。我认为，这样的献词是一个严重的错误。国民党和共产党是两个不同阶级的政党。不能同时把一本书献给它们。可以与国民党联盟，但对盟友需要监督，像对敌人一样：不能对盟友感情用事。

列·托洛茨基

1927年3月29日

致联共（布）中央政治局[*]

尊敬的同志们：

现在，我只能根据报纸追踪中国事件。下达了哪些指令，我不得而知。但一个事件引起了注意，即没有一个刊物随着中国革命的发展——主要在军事形式下的——提出苏维埃问题。然而我以为，在现阶段，这个问题具有决定性的意义。

1. 中国革命已经控制了像上海、汉口这样的无产阶级中心，意义稍逊的其他地区就不用说了。一切都表明，在这些无产阶级地区首要之事就是组建工人代表苏维埃。

2. 对中国革命的进一步发展来说，无产阶级与城乡贫民的革命合作是生命攸关的事。无论怎么看待共产党和国民党之间今后的相互关系问题，有一点是清楚的：几十万工人和数百万城乡半无产阶级和小资产阶级分子的日常政治、行政和生活合作，实质上仅通过党员近30万的国民党组织的上层，是不能实现的。被革命唤醒的人民群众的这样实际的、真正的日常合作，只有通过建立工人、手工业者和农民代表苏维埃，才能真正实现。

3. 国民革命军的政治教育刚刚开始，它必然会由于各省军队投靠而膨胀，而这些军队在政治上是十分不成熟的。据掌握的材料所能作出的判断，军官都是资产阶级地主子弟或是倾向于他们的人。看来，在中国革命区域中，中国波拿巴主义的危险相当严重；绝对不能说这种担心是空穴来风。在当前条件下，最有效地防止这种危险的措施，就是从最大的工人中心的卫戍部队开始建立苏维埃士兵分部。

4. 不言而喻，建立苏维埃应该仔细考虑，让它们适合所有阶级、地方以及其他的条件和特点。不让这里或那里的反动分子意外获胜，不在军队里造成

---

[*] 译自 *Коммунистическая оппозиция в СССР*, т. 2, сс. 224 – 225。

震荡等。但一切都表明,通过建立中国居民中劳动者和受剥削群众的苏维埃来真正巩固占领区域的任务,再也不能拖延了。

5. 只有通过这种途径才能和将能推行激进的土地改革,在条件允许的地方以改良的方式,在有地主和支持他们的军队的地方,则以革命的方式。

6. 现在还在百般劝说叛徒和叛逃者,尤其是对将军们。在基层建立苏维埃,有助于急剧改变这个制度。没有对军阀、匪首、无数的将军和匪帮的严厉镇压,在连年的内战后,就不能在中国建立牢固的民主制度。如果不在基层为严厉的镇压建立牢固的支柱的话,这种镇压就无从谈起。这样的支柱只能是无产者、士兵、贫民代表苏维埃。

7. 不言而喻,这些苏维埃应该成为和将会成为夺取政权斗争的机关,或是地方政权机关。

8. 现在,在现有的条件下,在该地区事实上与革命共进的、支持它的所有居民阶层和集团都能入选苏维埃。这一方面能暴露出这些阶层对无产阶级和它的罢工的态度,另一方面能暴露出它们对国民革命军的态度。政治合作像政治划分一样,是根据阶级斗争的主线进行的,而不是根据国民党人为的组织公式(共产党员占三分之一,知识分子和商人占三分之二,等等)。

9. 我在这里不提共产党和国民党的相互关系问题。但我认为,苏维埃体制有助于在最短的时期内正确地提出这个问题。在中国,苏维埃体制至少在最近一个时期不是无产阶级专政的工具,而是革命民族解放和国家民主统一的工具。在这个时期内,苏维埃将不是一个政党专政下的苏维埃,而是在几个政党联盟领导下的苏维埃,会反映出它们的不可避免的内部斗争和不可避免的变动等。国民党以俄国经验为依据,建立一党专政,即国民党自己的专政,让共产党完全服从它的企图,实质上是反革命企图,必将从中分化出法西斯主义的趋势。在资本主义包围下的苏联条件下的无产阶级专政,只有在共产党一党专政的形式下,才是可能的。但在中国,事关的是民族民主革命,而不是社会主义革命。民族民主革命应该保证无产阶级阶级斗争的充分自由,因而也保证作为这一斗争的领导者的共产党的充分独立。没有无产阶级与城乡底层群众紧密长期的、不断深化的合作,革命成功是不可能的。这种合作将通过作为政党联盟、作为工人代表对非党代表施加影响等的苏维埃实现。

列·托洛茨基

1927 年 3 月 31 日

于加格拉

中国革命的阶级关系*

在《共产国际》杂志第 11 期（1927 年 3 月 18 日）上刊登了一篇关于中国共产党第五次代表大会和国民党的社论，它是对马克思主义和布尔什维克政策的不折不扣的嘲弄。对这篇文章只能如此界定：右倾孟什维主义在革命问题上最糟糕的表现。

文章的出发点是，"当前中国革命的核心问题是国民党的状况、作为领导中国南方的政党——国民党——的进一步发展的问题"（第 4 页）。这样，核心问题不是在工会和共产党的领导下唤醒和联合数百万工人，把农民、手工业贫民的运动引入轨道；不是深化共产党为争取无产阶级的斗争，深化无产阶级为争取对数百万一贫如洗的群众的影响的斗争，不，"问题的核心"（！）是国民党的状况，即该党的组织，据官方统计，它共计 30 万党员，其中有大学生、一般知识分子、自由派商人，还有部分工人农民。文章说："对一个政党来说，30 万党员是一个相当可观的数字。"可悲的议会评价！如果这 30 万党员有此前阶级斗争的经验，经历了领导无产阶级罢工和农民运动的考验，那么更少的党员也能在革命的新的、更加波澜壮阔的阶段成功地领导它。但这 30 万党员中多数是上层个别招募的结果。我们在此看到的是民族自由派或立宪民主党人与左派社会革命党人的联合，其中掺杂着年轻的共产党员，他们在其政治学习期注定要服从资产阶级民族组织的纪律，甚至服从它的思想。

文章接着说："从中国革命的角度，国民党的发展暴露出令人担忧的征兆。"（第 4 页）这些"令人担忧的征兆"是什么？原来是，政权属于国民党中派，而"中派近来在多数情况下都是明确地向右转"。应该说，文章的全部

---

* 译自 Архив Троцкого, т.1, сс.44–56, составлен Фельстинским, издан Харьков "ОКО" 1999 г. 。

政治界定只具有形式、议会、礼仪的性质，完全没有阶级内容。向右转，这意味着什么？国民党的"中派"是什么？这是资产阶级知识分子的上层、中等官员等。像所有小资产阶级一样，这个中派不可能有独立的政策，特别是在数百万工农登上舞台之后。如果无产阶级推行独立的政策，那么就会从这个小资产阶级中派中分化出无产阶级的盟友。但由于在中国没有独立的阶级政党，这样的政策根本就谈不上。

共产党员不是简单地"加入"国民党，还要服从它的纪律，甚至保证不批评三民主义。在这些条件下，小资产阶级知识分子"中派"就只能追随自由派民族资产阶级，后者又通过不易察觉的环节与买办，即公然的帝国主义资产阶级联系在一起，随着群众斗争的激化程度，它将公然地转到后者一边。这样，国民党是一个政党机关，它能通过上层知识分子中派让群众运动在政治上服从根深蒂固的右派（即公然的资产阶级）的领导，在一定条件下，后者一定会让国民政府服从自己。文章以"左派"在国民党代表会议上、在代表大会上和在执行委员会上占优势为依据，但这个令人安慰的情况"没有在国民政府的人员构成和政策上反映出来"。岂非咄咄怪事！但须知左派小资产者的存在，就是为了在文章、代表会议和宴会①上表现出自己的左倾，而政权则交给大中资产者。

这样，国民党中"令人担忧的"征兆是，国民党没有体现文章作者凭空杜撰的民族解放革命的纯粹理想，而是中国革命的阶级机制。对作者来说"令人担忧的"是，中国人民的历史在阶级斗争的形式中展开，没有成为人类历史中的例外。文章继续报道说，"工人运动的增长使国民党和国民政府感到严重不安（好漂亮的字眼！——列·托·）。"这意味着什么？这意味的只是资产阶级对觉醒的人民群众的恐惧把小资产阶级知识分子吓坏了。随着革命扩展和深化自己的基础，把自己的方法激进化，使自己的口号更加尖锐，有产者集团和阶层以及和它们联系在一起的市民知识分子必然会从上面分裂出去。国民政府中的一部分与资产阶级血脉相连，另一部分害怕与它破裂，工人运动的增长"使它不安"，它力图遏制后者。文章用"不安"这个委婉的词，像前面的"令人担忧的征兆"一样，讲的是阶级相互关系的尖锐化和民族自由派资产阶级的追求，它利用国民党作为工具，并通过它来指挥国民政府，给无产阶

---

① 在俄国曾有宴会运动，即1904年11月"解放社"在俄国许多城市组织的地方自治自由主义分子运动。在司法改革40周年的宴会上，为了预防发生革命而提出政治改革请愿书。——译注

级套上笼头。我们何时、何地像《共产国际》杂志的社论那样评价过阶级关系？这些思想是从哪里来的？来自什么源头？

文章建议使用什么方法来克服"令人担忧的征兆"？文章在这些问题上与去年6月的中国共产党中央全会辩论，后者承认，对作为一个独立组织的共产党来说，必须与国民党建立联盟。文章反驳这个观点。它还反驳在国民党内组织作为共产党盟友的左派集团的建议。它教导说，不，任务在于"保障整个国民党的坚定的左派方向"。问题的解决十分简单。当工人进行反对资本家的罢工，农民不顾国民政府的反对而试图驱逐地主时，需要在这个新的发展阶段上保障国民党的"坚定的左派方向"。而这个党是一个联合体：部分是遭受罢工之苦的资产阶级、部分是遭受土地运动之苦的地主知识分子，害怕把资产阶级推到反动方面的城市小资产阶级知识分子，最后是被束缚住手脚的共产党。

就是这个国民党应该接受"坚定的左派方向"。这个"坚定的左派方向"应该表现何种阶级路线？谁也不知道。怎么实现它？很简单：需要"用革命工农分子来充实它（国民党）"（第6页）。用工农充实国民党？但全部不幸在于，不了解纯粹的民族革命思想的工农，在用自己充实国民党之前，试图利用革命稍稍充实一下自己。出于这个目的，他们组织罢工和农民暴动。而阶级机制的这些不愉快的现象妨碍国民党掌握"坚定的左派方向"。

号召罢工工人加入国民党，意味着会遭到反驳：我为什么要加入一个建立镇压罢工的政府的党？狡猾的文章作者大概会这样回答他：加入一个和资产阶级共同的党，你将能推动它向左转，你将能消除"令人担忧的征兆"，你将能驱散令它"担忧"的乌云。上海罢工工人对此回答说，工人实施自己对国家政权的压力，甚至是改变政权，不是通过在一个共同的党的框架内对资产者施加个人影响，而是通过独立的阶级政党实现的。不过，上海罢工者可能表现出足够的成熟，根本就不再继续说话，而是对交谈者完全失望，不再理睬他。

接下来，文章摘引了一位共产党领导人的话，他在1926年12月的党的代表会议上说，国民党已经死亡，腐朽，共产党员没必要留在腐朽的尸体的手中。文章就此说道："这位同志显然（！！！）指的是国民政府，特别是各省权力机构近期所实施的一系列行动，其目的是反对工人阶级和农民展开革命斗争。"（第7页）

文章作者的颖悟着实令人惊讶。当中国共产党员说，民族资产阶级上层对革命来说已经死亡时，他"显然"指的是国民政府近来枪杀了几个罢工工人。

"显然"!当然,有"令人担忧的"征兆,"但如果不把国民党看成是腐朽的尸体的话,这个危险是可以防止的"(第7页)。原来,全部问题都在于怎么看待国民党。阶级和它们的政党,都取决于我们怎么看待它们。国民党不是尸体,它只是病了。什么病?缺少革命工农的血液。需要共产党促成"输送这种血液"等。总之,需要新近十分流行的输血,但不是个人的,而是阶级的输血。

但须知其实质在于,资产阶级以自己的方式开始输血,枪杀或帮助枪杀、或允许枪杀罢工者和革命农民。总之,在实施这个伟大的方案时,我们又碰到了同一个困难,即阶级斗争。文章的全部实质是它想以经济、理智和合理的途径让中国革命回避阶级斗争。一句话,用孟什维克的方法,而且是他们最衰败时期的方法。这篇文章刊登在共产国际的理论机关刊物上,而这个国际是通过与第二国际彻底决裂创立的。

文章指责中国共产党党员,说他们不参加国民政府和它的地方机构。他们本来可以在内部推动政府向左转,阻止它对群众的错误行动的,等等等等。过去的全部经验,首先是俄国革命的经验都白费了。革命领导的权威完全在国民党一边,而对工人施加暴力的责任则应该落在共产党人的头上。在国民党内,被束缚住手脚的共产党员无力对数百万之众的群众宣布在内外政策上的独立路线。但工人有权利对共产党员提出指责,说他们在民族资产阶级所有反无产阶级和反革命的行动中是共谋犯,特别是在他们参加国民政府的情况下。

尽管有工人的群众运动、蓬勃发展的工会、农村的土地革命运动,但如果共产党员应该像以前一样成为资产阶级政党的从属部分,作为软弱的附庸加入这个资产阶级政党建立的国民政府,那时就应该直言不讳地说:在中国,共产党的时代还没有来临。因为与其在革命时代——正是在这时应该用鲜血巩固党与工人群众的联系,创造能够在几十年中起作用的伟大传统——玷污共产党,还不如干脆就不创建它。

文章阐述了在其衰败时期的右派孟什维主义精神的漂亮纲领,并用最新的精神来修复它,用中国有"超越资本主义的发展阶段"的客观前提来安慰它。同时,对中国发展的非资本主义前景无条件地、直接地取决于世界无产阶级革命的整个进程,未置一词。只有最先进资本主义国家的无产阶级,在中国无产阶级组织的协助下,才能把4亿之众分散、赤贫、落后的农民经济装上拖船,经过一系列中间阶段,在广泛建立的世界商品交换和外来的直接技术组织帮助的基础上，把它带到社会主义阶段。认为没有最先进资本主义国家的无产阶级的胜利，在这个胜利之前，中国就能以自己的力量"超越资本主义发展阶段"，就是践踏马克思主义的起码常识。这与我们的作者无关。他只是对中国许诺非资本主义的道路——显然是对它所承受的侮辱，也为无产阶级运动的没有独立性，特别是中国共产党的屈辱无权状况的褒奖。

事实上，应该怎样提出中国发展的资本主义和社会主义道路的问题呢？

首先应该对中国无产阶级先锋队说明，在经济上，中国没有独立过渡到社会主义的任何前提；今天在国民党领导下展开的革命是民族资产阶级革命；哪怕是彻底胜利，其结果也只能是生产力在资本主义基础上进一步的发展。

但需要以同样的力度向中国无产阶级展示问题的另一个方面：中国迟到的民族资产阶级革命是在资本主义帝国主义衰落的条件下展开的。像俄国的经验——比如与英国的经验相比——表明的那样，政治发展与经济发展根本就不一致。应该在国际前景中展望中国今后的发展。尽管中国经济落后，在某种程度上，正因其落后，中国革命完全可能导致在无产阶级领导下的工农联盟的政治统治。这个制度将成为中国与世界革命的政治联系。在过渡时期中，中国革命将具有真正民主、工农的性质。在它的经济中，资本主义商品关系占优势是不可避免的。政治制度的首要目标是保障群众在生产力发展成果中获得尽可能高的份额，同时在政治和文化上利用国家资源。

进一步的发展前景就是民主革命长入社会主义革命的可能性，它完全彻底地取决于世界革命的进程和作为这个世界革命组成部分的苏联的经济政治成就。如果中国革命在其今天的民族资产阶级领导下取得胜利，它很快就会纠正自己，证明自己对资本主义国家是可靠的，很快就会争取让它们承认自己，在新的基础上提供租界、获得贷款，总之，进入不那么屈辱、少些殖民地色彩的资本主义国家体系，但仍是深度的附庸国。在这种情况下，中华民国对苏联的立场，在最好的情况下，也就是今天的土耳其共和国的立场。

只有通过无产阶级在民族民主革命中的领导角色，才能开辟另一条发展道路。但最主要的前提是共产党的充分独立，它在展开的旗帜下争取对工人阶级的领导和在革命中的领导权。没有这点，谈论非资本主义发展道路，就是用左派社会革命党人革命前的漂亮空话来掩盖右派孟什维克的政策，这是所有可以想象的组合中最令人厌恶的一种组合。

协助"给国民党输工农的血液"（多么庸俗的说法）的纲领不会有任何结

果,也没有任何意义。工农的血液也是形形色色的。中国工人这样流的血,不是为自觉的阶级任务流的血。加入国民党的工人就成为国民党员,即被小资产阶级三民主义精神进行加工过的无产阶级原料。为了避免这种结果,工人应该受到共产党的培养。为此,在国民党没有被其他更加符合革命现阶段的组织所取代前,共产党在保持与它的必要合作的情况下,应该有充分地、不受任何外在限制地领导工人斗争,用列宁主义对抗三民主义的可能。

但是,也许文章作者想象出了古老的、真正的马尔丁诺夫式的前景。先是民族资产阶级通过在中国孟什维克帮助下吸足了工农血液的国民党把资产阶级民族革命进行到底,在此之后,即在所谓的民族革命的孟什维克阶段之后,就轮到布尔什维克阶段了:退出国民党,无产阶级与资产阶级脱离,把农民从它那里争取过来,把国家引向"工农民主专政"。

很可能,主导作者的概念是由他所不理解的1905年的两个层面——孟什维克的和布尔什维克的——构成的。但是,应该称这样的前景是迂腐的胡说。不能两次完成民族民主革命:一次是以资产阶级精神,另一次是以无产阶级精神。当然,如果我们妨碍无产阶级先锋队及时与资产阶级划清界限和利用革命形势,在稍纵即逝的机会中向群众展示自己的力量和对劳动者事业的忘我的忠诚的话;即使我们在让共产党继续充当国民党的奴隶的帮助下实现了这个目的,那个时刻早晚仍会来临,即无产阶级先锋队过迟地、很可能不是在共产主义旗帜下与资产阶级分道扬镳,而且可能会彻底放弃政治。欧洲工人运动的过去为中国革命无产者提供了如工团主义、无政府主义等相应的意识形态。在这些条件下,中国的民族民主国家很容易采取法西斯主义和半法西斯主义的方法。我们在波兰的例子中看到了这点。曾几何时,毕苏斯基①还是小资产阶级革命组织波兰社会党的领袖之一?曾几何时,他还被关押在彼得保罗要塞中?他的全部过去在小资产阶级的圈子里和军队中为他赢得分量和权威,而他利用这个资本进行彻底反对无产阶级的法西斯政变。是否有人想说,在国民党中找不到自己的毕苏斯基?会找着的。现在就可以指出候选人。如果波兰的毕苏斯基需要30年的时间来完成他的演变。那中国的毕苏斯基从民族革命过渡到民

---

① 毕苏斯基(Joseph Pilsudski,1867—1935)元帅、波兰社会党右翼活动家,1906年起为波兰社会党革命派的领导人。1926年5月策动军事政变,成为波兰的实际独裁者、"萨纳奇"制度的头目。1919—1922年为波兰国家元首;残酷镇压革命运动,1920年对苏维埃俄国发动军事行动。1926—1928年和1930年任总理。——译注

族法西斯主义，所需要的时间要短得多。

我们生活在帝国主义时代，整个发展的速度都加快了，一个震荡接着一个震荡，一个国家在另一个国家的经验基础上学习。不独立的共产党为国民党提供工人，它的政策是，为在中国更加顺利成功地建立法西斯专政准备条件，而且是在不远的将来，那时无产阶级无论如何都将被迫与国民党断绝往来。

孟什维主义甚至在其革命"鼎盛"时，也不想成为提高到全民族任务，尔后是世界任务（布尔什维主义）水平上的无产阶级的阶级政党，而只是充当民族发展的督察，在这种发展中，预先给无产阶级的党划定了从属位置（促进、推动、输血等）。但是，对历史的假马克思主义的督察的觊觎，总是在实践中暴露出它的迂腐和愚蠢。孟什维克在1905年充分暴露了这点，考茨基稍晚些，但也同样彻底。

在与民族依附性斗争的意义上，民族革命是在阶级机制的帮助下完成的。中国军阀是阶级组织。买办资产阶级是中国资产阶级的最"成熟的"队伍，为了不让中国走向十月，或哪怕是半十月，它不希望中国的二月革命。这部分中国资产阶级也在加入国民党，在其中形成了内在的制动器，它是买办资产阶级和外国帝国主义分子的别动队，明天它就想依靠轰炸南京①对革命下层施压，首先是给无产阶级戴上嚼子。只要共产党不服从以买办资产阶级和帝国主义分子的别动队为首的国民党，这就不可能得逞。在1927年解释这些真是不好意思，用这些观点反驳共产国际机关刊物的社论，就更加不好意思！

中国革命的地理扩展与它的社会深化齐头并进。国民政府手中的上海和汉口是两个最重要的工业中心，两地共有工人约75万。南京遭到帝国主义分子大炮的轰击，斗争立即转入更高阶段。革命占领了汉口和上海，从而陷入了中国更加展开的阶级矛盾之中。不能再让政策以手工业者—商贩农民的南方为准。必须或是面向无产阶级，或是面向资产阶级。无产阶级在与资产阶级的斗争中，必须面向数百万之众的底层，这是一方面。另一方面，帝国主义者以其南京屠杀表明，他们不打算开玩笑。他们是否寄希望于用这种方式来吓唬中国工人，或中止土地运动？未必。至少，他们的直接目的不在这里。他们首先想迫使参与民族运动的资产阶级上层明白，如果不打算落到世界帝国主义的炮口下，那么与底层破裂的时候到了。轰炸南京是在宣传买办的思想，即与世界资

---

① 1927年3月27日，国民革命军攻占南京。停泊在下关江面的英美炮舰以领馆工作人员和牧师被杀为借口，炮击南京，导致平民12人死，19人受伤。——译注

本的联系是拯救性的,它是强大的、它是联合起来的、它是全副武装的,它不仅能够提供利润,还能提供军事援助来反对本国的工农。

断言轰炸南京会把全体中国人民团结得像一个人等,是轻率的。这样的声明适合市民民主派。革命上升到更高阶段,民族阵营更加深刻地分化,它将分成革命的和改良—买办的两部分。这是整个形势的必然产物。在"共同"的愤怒的第一波浪潮之后,英国大炮加速了这个过程。此后把工农赶入资产阶级的政治阵营,共产党作为人质留在国民党中的政策,其客观意义等于背叛。

共产党代表是否应该进入国民政府?如果是一个符合革命新阶段的工农革命政府的话,他们应该无条件地加入;可今天的国民政府,绝不该加入。但在提共产党员在革命政权中的代表问题之前,应该提出关于共产党本身的问题。(在群众性的工人运动还没有出现时,当事关的是在未定型的民族革命组织中为未来的工人政党准备基础时,它可以加入国民党。在近两年中,形势发生了根本的变化。)在革命占领上海之后,旧的政治关系都已经失效。应该承认中国共产党中央委员会六月全会的决议是完全正确的,它要求党退出国民党,通过后者的左翼与这个组织结盟。

否定在国民党内组织左派的必要性,代之为建议赋予整个国民党左倾方针,像《共产国际》杂志社论所做的那样,就干脆是在说空话。如果不在一个政治组织内部聚集左倾方针的支持者,并让他们与反对者对立,怎么能把这种方针赋予这个组织呢?国民党当然会反对这点,它很可能会以我党的第十次代表大会反对派别活动的决议为依据。这类的伪装我们已经在一党制的问题上看到了:极右的国民党员以俄国共产党为例,指出它的绝对必要性。他们还会指出,实施革命专政的唯一的党不能容忍自己内部的派别。但这只意味着,通过国民党上台的民族阵营的右翼,想以这种方式禁止独立的工人阶级政党,不让小资产阶级激进分子有可能在党内获得真正的领导权。

上面分析的这篇文章的作者,在这些问题上,像在所有其他问题上一样,完全迎合国民党的资产阶级一翼。需搞清楚,中国资产阶级目前企图用俄国革命的权威来掩盖自己,特别是盗用中国无产阶级未来的专政形式来巩固自己的反无产阶级的专政。这就是现在,在确定中国革命正在经历的阶段上,不允许任何混乱的原因。事关的不是社会主义革命,而是资产阶级民主革命,事关的是两种方法——资产阶级妥协方法和工农方法——之间的斗争。

怎样、在什么条件下民族民主革命可以升华为社会主义革命,其间有没有中断，是长期的中断还是短期的中断，对此，现在只能做一些假设。进一步的进程会带来必要的明确性。但用关于非资本主义发展的泛泛考虑来抹杀这场革命的资产阶级性质的问题，就是把共产党搞糊涂，解除无产阶级武装。（列宁在不断革命论中，反对的就是对革命的各阶段——更确切地说，就其阶级内容来说是两场革命：资产阶级民主革命和无产阶级革命——区分中的不够明确。但是，当那些人夸夸其谈地说什么过渡到非资本主义的发展道路上，同时让无产阶级先锋队受国民党的奴役，甚至禁止在后者中建立派别时，这个错误如果不是扩大了千倍，也至少扩大了百倍。）别让我们活到那天，国际中央监察委员会因中国共产党党员为试图在国民党内建立左派而追究他们的责任。

从无产阶级阶级利益的角度——而这正是我们的标准，资产阶级革命的任务是保证无产阶级反对资产阶级斗争的最大限度的自由。从这个角度来说，不允许其他政党存在，也不允许自己内部有派别的国民党领导人的党外无党、党内无派的哲学，是与无产阶级敌对的反革命哲学，它为明天的中国法西斯主义奠定基础。说什么中国共产党退出国民党意味着合作的破裂，纯属胡说：这是停止奴颜婢膝，而不是停止合作。政治合作要求双方平等和两者之间的协议。这在中国是不存在的。无产阶级没有与小资产阶级达成协议，而是在伪装的形式下服从后者的领导，并以组织方式来巩固它。在其今天形式中的国民党，是资产阶级与无产阶级之间"不平等条约"的体现。如果中国革命整体上要求废除与帝国主义列强的不平等条约。那么中国无产阶级就应该消灭与本国资产阶级的不平等条约。

应该号召中国工人创建苏维埃。香港无产阶级在总罢工中创建的组织，就其结构和功能来说，十分接近工人苏维埃的原型。依靠这个经验，应该走得更远。上海无产阶级掌握了无可估价的斗争经验，完全可以创建工人代表苏维埃，它将成为全中国的榜样，从而成为所有真正革命组织的中心。

列·托洛茨基
1927年4月3日

关于中国革命的文章素材[*]

1927年4月5日

如果要为中国革命的今天的官方策略路线辩护，只能绕开问题的阶级提法，即实质上放弃马克思主义。在我们详尽分析过的《共产国际》杂志上那篇文章的例子中，我们看到了这点。也许，这篇文章仅是例外？不幸的是，并非如此。革命越是与官方推行的路线矛盾，为后者辩解就越是牵强附会。

鲁祖塔克同志在电车厂工人集会上的讲话中声明，"革命政府得到了中国所有阶级的支持"（《真理报》1927年3月9日）。迄今为止，我们一直认为，阶级社会的政府是压迫机关，超阶级的、无阶级的政府是没有的，也不可能存在的。马克思当初牢固地确立了这点。列宁的一部最杰出的著作（《国家与革命》），就是专门研究这个问题的，像在其他无数文章和讲话中一样，他在其中解释并重申，最民主的共和国的革命政府，也是资产阶级掠夺、施暴、剥削劳动者的工具。现在发现，中国革命政府得到了所有阶级的支持。也许，鲁祖塔克同志的讲话传达得不准确？但为什么这没有引起编辑部和作者本人的注意？

持此观点的并非只是鲁祖塔克同志一人。在他讲话的三天前，加里宁同志对国家印钞厂的工人说："从无产阶级到资产阶级的中国所有阶级都仇恨作为外国资本代理人的军阀；**中国所有阶级都一致认为广州政府是中国的国民政府。**"（《消息报》1927年3月6日，黑体字是我加的。——列·托·）这样，我们看到，他为莫斯科工人提供的是最庸俗的民主幻想。想想吧，"中国所有

---

[*] 译自 Архив Троцкого, т.1, cc. 57–66。

(！）阶级都一致（！）认为广州政府是自己的"。

这首先对张作霖、吴佩孚和其他军阀来说是不对的。也许，他们不代表阶级？莫非买办资产阶级不是阶级？难道这不是中国资产阶级中最强大和最有影响的一部分？难道受农民运动威胁的地主不支持大小军阀？难道他们不与富农和高利贷者一起组织反革命匪帮来粉碎农民协会？这些阶级在中国的经济和政治中起着不小的作用，它们无论如何都不认为广州政府是自己的，因为它们与它处于内战状态中。"同样"压迫居民中所有阶级的抽象的民族压迫，也是不存在的。外国资本主义的压迫与中国本身的阶级关系最紧密地联系在一起。反对民族压迫的斗争采取的是内战形式。

但也许，除了微不足道的买办资产阶级、地主、上层官僚和农村富农之外，所有其他阶级真的都一致认为广州政府是自己的？这个断言大致在这种程度上是正确的，二月革命后，在某种程度上可以说俄国所有阶级都一致认为临时政府是自己的政府，但工人认为克伦斯基是自己的，这正好说明了他们的落后、政治上不成熟、布尔什维克党的软弱，而绝不是克伦斯基政府表达了工人的阶级利益。上海工人认为国民政府是自己的，由于这说明的不是中国的民族自由派表达了所有阶级的利益，而是说明中国无产阶级还没有在自己的群众中澄清革命的基本阶级利益，只能从中得出结论：中国共产党应该尽快地摆脱国民党的羁绊，帮助无产阶级弥补失去的宝贵时间。

但是，最令人惊讶的背弃马克思主义的文件，可能就是3月16日《真理报》社论《中国革命和国民党》了。这篇文章责备"批评者"、"取消派"，因为他们断言右派在革命中居统治地位，革命"已经退化"（！！），共产党应该退出国民党等。我们逐字引用它的主要论述：

> 既然右派居统治地位，既然革命已经退化，就应该为它哭丧，中国共产党退回"自身"中，放弃"伟大事业"和宏伟计划，那些附和资产阶级，说什么中国革命中的右派"强势"的人的可怜的、简单的逻辑就是这样。建议共产党退出国民党，就是以此为右派国民党员做帮凶。他们不明白，在共产党与国民党合作之外，无产阶级在革命中的领导角色是不可能的，这会注定中国革命的失败。今天的"取消派"没有发现，他们退出国民党的说教，就是取消中国革命的说教。

如果不是此前对《共产国际》杂志社论的分析减轻了我们的任务，那么为了解开在 15 行报纸文字中的混乱思想，需要整整一篇报纸文章。我们首先听到，那些说中国革命中的右派强势的人，是附和资产阶级。《真理报》是否想说，国民政府掌握在左派手中，或是它否定国民政府在革命中的强霸势力？但即使我们除了《共产国际》杂志上的社论文章所说的东西外对中国一无所知，我们也不能否认，"在国民政府中，政权属于中派，而近一个时期，在多数情况下，中派一直明确地向右转"（第 4 页）。这说得十分委婉、甜蜜。《真理报》是否想说，甚至连《共产国际》杂志倒霉的社论都在附和资产阶级？为了捍卫错误政策，《真理报》不得不粗暴地粉饰国民政府的组成和政治路线。

接下来我们听到："既然右派居统治地位，既然革命已经退化，就应该为它哭丧。"为什么右派的统治意味着革命的退化？在二月革命的第一阶段，居统治地位的是李沃夫公爵①、米留可夫②和古契柯夫③，这是否意味着革命退化了？不，这只意味着它还没有展开。《真理报》评判说，"既然右派居统治地位"，中国共产党就只能"退回自身中，放弃伟大的事业和宏伟的计划"。这个梦是什么意思？由于资产阶级还在革命中居统治地位，由于工人群众虽然英勇，他们还没有在革命中占据应有的位置，所以共产党员就应该……放弃伟大的事业。那些认为共产党人只有留在国民党内，服从它的纪律和放弃批评三民主义，才能从事"伟大的事业"的人，他们的致命的逻辑就是这样。我们则认为，只有独立的党才能为自己制订伟大的计划。

但那些建议共产党员退出国民党的人，"就是以此为右派国民党员做帮凶"。这也不新鲜。马尔丁诺夫们和唐恩们总是指责布尔什维克，说他们推行

---

① 李沃夫公爵（Георгий Евгеньевич Львов，1861—1925）地方自治会活动家、大地主。第一届国家杜马代表，全俄地方联合会主席，全俄地方和城市自治联合委员会首席之一。1917 年 3—7 月的临时政府首脑。后逃往国外。——译注

② 米留可夫（Павел Николаевич Милюков，1859—1943）俄国国务活动家、历史学家、政论家，立宪民主党的组织者之一、《言论报》编辑。第一次世界大战期间曾为沙皇的帝国主义政策辩护，1917 年任资产阶级临时政府外交部长。十月革命后逃亡国外，著有 18—19 世纪俄国史、二月革命和十月革命方面的著作。——译注

③ 古契柯夫（Александр Иванович Гучков，1862—1936）俄国资本家、十月党人领袖、第三届国家杜马代表，1910 年起任主席。1915—1917 年任中央军事工业委员会主席，1917 年任临时政府陆海军部长。科尔尼洛夫叛乱的组织者之一。——译注

独立的阶级路线，就是以此为反动派做帮凶。从1904年（阿克雪里罗得①的地方自治斗争）到1917年间，孟什维克与布尔什维克之间的论战，有四分之三都是围绕着这个理由进行的。《真理报》的文章没想出任何新东西。它继续说："他们不明白，在共产党与国民党合作之外，无产阶级在革命中的领导角色是不可能的。"在这里，"加入国民党"不知不觉地被"合作"所偷换。编辑部是否想说，共产党与国民党的"合作"，只有在共产党"服从"国民党的形式下才是可能的？蒋介石的观点就是这样，他声称，只承认作为守纪律的国民党员的共产党员。

诡辩地把"合作"等同于"服从"，《真理报》为右派国民党员反对共产党员锻造了武器，据我们所知，他们的领导核心于去年6月15日赞成共产党必须退出国民党的观点。把布尔什维主义的所有基本概念阉割到什么地步，才能声称如果无产阶级政党不服从资产阶级政党的纪律，"无产阶级在革命中的领导角色"就是不可能的。这样一来，领导角色和被领导角色之间又有什么不同呢？

但就合作本身而言，《真理报》说得太过头了。结果是，中国革命完全局限于国民党中。事实上，无产阶级在与劳动群众和城乡居民受剥削的底层的合作之外，其领导角色才是不可能的。从国民党妨碍无产阶级展开这类合作时起，继续留在国民党内就是犯罪。无产阶级先锋队与被压迫群众之间合作的最可靠、正确、充分的方式，只能是也应该是苏维埃。与国民党的合作应该转移到苏维埃的基础上，即数百万群众的组织。在为苏维埃所做的宣传中，解释其意义时，在中国工业中心建立最初的示范型的苏维埃时，共产党应该占据领导地位。应该迫使国民党与苏维埃看齐。应该帮助那些想投到反动派阵营中的人公然这样做。《真理报》认为，这是为右派做帮凶。事实上这是为革命而斗争。当我们把帝国主义分子的别动队从革命的领导组织中抛开之后，我们在群众中就会强大十倍百倍。难道我们已经连这点都不能明白了？说什么退出国民党就是消灭革命，纯属胡说，可怜的庸俗的胡说！说什么革命完全局限于右派在其中发号施令的、共产党员在其中被封住嘴巴的国民党内，是胡说八道。

---

① 阿克雪里罗得（Павел Борисович Аксельрод，1850—1928）俄国革命运动参加者，自19世纪70年代初起为民粹派分子，"柴可夫派"小组成员。1883年参加"劳动解放社"。1900年为《火星报》编委，1903年为孟什维克领袖之一，取消派分子。敌视十月革命，流亡国外鼓吹武装干涉苏维埃俄国。——译注

《真理报》的整篇文章都是建立在这些理由上的。就其基本倾向来说，它与《共产国际》杂志上的那篇文章、加里宁和鲁祖塔克的原则性声明完全吻合。在这条路上的一切几乎都已经说尽了，早就应该离开这条道路了。

1927年4月5日

仅仅局限于工人，当然不行。国民革命军现在在革命的发展中起着重要的作用。这支军队的成分不是单一的。其革命性的内在保障是完全不够的。随着阶级斗争的激化，军队内部的波拿巴主义和法西斯主义倾向的发展将是不可避免的，这个过程的速度可能是极其迅速的。革命性的保障在哪里寻找？答案是清楚的：在底层，在中国的群众中，在他们的政治组织性中，在他们与工人的真正的合作中。这个合作怎么组织？我们的革命已经揭示了其历史形式：与工人苏维埃联系在一起的士兵苏维埃。应该从最大的工业中心的卫戍部队开始。士兵的思维和感受应该和上海、汉口等地的工人一样。上海的工兵代表苏维埃至少应该具有1905年彼得格勒工人代表苏维埃在国家生活发展中的意义。

但不能局限于军队。应该尽可能地把城市居民的半无产阶级下层吸引到苏维埃制度中，克服他们的分散性。

与此同时，需要把苏维埃扩展到农村，为此利用现成的农民组织，深化和激化它们与地主富农武装队伍的斗争。

但这些苏维埃与国民政府的关系如何？须知苏维埃是夺取政权的斗争机构，或是政权机构。然而在中国，存在着国民党任命的政权。会不会由此造成双重政权？这个双重政权是否会成为"反动派的帮凶"？

这样议论的人是因为不明白，中国革命将不可避免地经历双重政权时期，即经过这样的时期后，在无产阶级先锋队领导下觉醒的和组织起来的群众将与今天的政府争夺政权。双重政权是不可避免的阶段，对今天的状态来说，它是革命的进步阶段。

但须知布尔什维克曾反对过双重政权。对，那是在布尔什维克把革命从双重政权引到更高的阶段——单一的苏维埃政权——时。现在中国的任务还不是这样。首先需要创建苏维埃，即把群众组织起来进行革命活动。不是以肤浅的——现在已经是十分反动的——加入国民党的方式形成无产阶级与农民的合作，而是在苏维埃的广阔舞台上。在中国还没有苏维埃、绝大多数劳动者还不知道苏维埃时，提出"一切政权归苏维埃"的口号，是荒谬的。应该从创建苏维埃开始，在现在的条件下，苏维埃就能开辟双重政权的时代。只有在这个双重政权的基础上，将能也应该能在"全部政权归工农代表苏维埃"的口号下进行工作。

1927 年 4 月 6 日

列宁十分尖锐地把落后的、受压迫的国家与先进的资本主义压迫国家对立起来，但这根本不意味着阶级斗争的规律对前者来说可以废除。对像中国这样落后的受压迫国家来说，其民主革命与民族解放战争融合在一起。在这场战争中，无产阶级不是作为失败主义者，而是祖国的保卫者出现，虽然它还不是社会主义祖国。为什么？其原因就是无产阶级支持民主革命，虽然它的内容是资产阶级的。不把这两者进行对比，就不可避免地走向对交战双方——广州和英国——平淡的和平主义的中立。第二国际的立场实质上就是这样。

但争取民族独立可以以不同的方式进行。战争是阶级政治的形式之一。资产阶级甚至在其部分卷入革命或革命战争时，也力图以劳动者为代价进行革命或战争，尽快与反革命势力——在当前的情况下，就是与外国帝国主义——达成协议，仍是以本国劳动群众为代价。因此，无产阶级在资产阶级民主革命中的所有基本革命战略原则，对民族解放战争也同样适用。中国民族民主统一的道路有两条，正如革命战争的两种方法一样：一条是在资产阶级的领导下，另一条是在无产阶级的领导下。

在共产国际第二次代表大会上，在关于殖民地问题的报告中，列宁不仅尖锐地把殖民地解放战争与帝国主义掠夺战争对立起来，要求支持前者并进行反对后者的斗争，还不懈地提示，殖民地的民族解放运动是资产阶级民主运动。在决议中，没有一字讲到无产阶级一定要在资产阶级的政治领导下投入斗争，就不用说共产党一定要加入资产阶级的领导组织了。相反，决议要求无产阶级反对担任领导的民族资产阶级。

1927 年 4 月 12 日

在《真理报》（4 月 10 日）的最近一篇文章中，马尔丁诺夫以"中国革命的特殊性"来论证今天的中国政策。这些我们所不知道的特殊性是：外国帝国主义的压迫阻碍了中国生产力的发展，因而也妨碍了中国资产阶级的发展。这就是它违背自己的意志，加入与其他革命阶级的共同战线的原因，这就是那些说国民政府是资产阶级政府的人是诽谤的原因。不，这"是四个阶级联盟的政府"。谁不明白这点，他就必然会得出"理论和实践上都完全错误的结论"。

我们想注意的第一个"特殊性"是：马尔丁诺夫在这里捍卫的中国政策，就是他在1905年时和以后捍卫的俄国政策，而且一字不差。只是那时说的不是外国帝国主义，而是反动的专制农奴制，它阻碍了生产力的增长，妨碍了资产阶级的发展，从而迫使它"违背它的意志"，加入共同的革命阵线等。那时由此得出睿智地推动资产阶级向左转的必要性，而不是把它抛到反动派的阵营中。现在，在过了十多年之后，对中国革命的全部特殊性的需要，只是为了复活马尔丁诺夫的理论，原来，它的"特殊性"是无须介绍的。

但我们是在诽谤马尔丁诺夫。在他的理论中有一个新词。在保持自己整个旧理论的效力，只用外国帝国主义代替了反动的专制农奴制的情况下，马尔丁诺夫使事情完全符合时代精神：他承认，如果中国人遵循他的旧药方，"由于资产阶级民主革命的完成将与把外国企业国有化联系在一起，因而它意味着转入社会主义轨道的开始"。

马尔丁诺夫的理论在其这种形式中获得了最高的说服力。资产阶级和农民、小资产阶级和无产阶级形成了"四个阶级"联盟。它们建立的政府不是资产阶级的，而是四个阶级的政府。帝国主义妨碍民族资本主义在中国的发展，这一情况使资产阶级留在联盟中。从另一方面，马尔丁诺夫宽宏大量地对中国资产阶级解释，四个阶级联盟直接导致社会主义革命的开始，这样的前景应该更加巩固民族革命的联盟：谁不知道，资产阶级宁愿要没有领导的本国无产阶级，也不愿与外国掠夺者合作。

我们看到，这整个理论干脆是低劣的笑话。马尔丁诺夫利用所有人熟知的中国发展的特点，把早就创立的、早已被整个发展进程所粉碎的理念和政策输出到中国。同时，他像过去一样，马上就走上了最庸俗的资产阶级辩护士的道路。中国的国民政府对他来说是没有阶级性的：这是联盟的政府。真是杰出的社会界定！令人惊讶的马克思主义的深刻性！世界上的每个政府都是阶级联盟的政府。甚至在内战中，都不是一个阶级与另一个阶级厮杀，而是一个联盟反对另一个联盟。但这并不能排除在每一个联盟中有领导者和被领导者，剥削者和被剥削者，而是以此为前提。中国四个阶级的联盟为谁做支柱？为民族自由派资产阶级。它支持谁当政？资产阶级。马尔丁诺夫的整篇文章都旨在抹杀和粉饰这个事实，渗透了为资产阶级的辩护。

但须知，中国资产阶级参加反对外国帝国主义的革命战争。对，它仍在参加；我们已经知道它是怎样参加的：作为内部制动器。它仍在参战不是因为中国共产党推行睿智的马尔丁诺夫的政策，而是因为共产党政策的作用微乎其微。

国民党束缚阶级斗争，让共产党服从自己，为资产阶级防止双重政权，以此给它机会，让它领导以军人政权形式出现的解放运动。我们知道，在民族解放斗争中，扮演这种角色的不只是资产阶级，还有封建阶级和王朝。就其意愿和为自己的目的，这些阶级也都需要以自己的方式摆脱外来压迫的统一的祖国。中国资产阶级宽宏大量地把军队收为义子，宽宏大量地从革命手中接过了政权。国民党帮助它在革命的混乱中利用这些重要的工具。但那些构成革命运动实质的东西：工人的觉醒、罢工、在工会中联合起来，农民的觉醒、暴动，所有这些不仅不是在资产阶级领导下完成的，而是在与资产阶级及其政权机关的直接斗争中完成的。在下层，在人民群众的深处，在城市和乡村，没有任何四个阶级的联盟，只有越来越残酷的阶级斗争，枪杀工人，杀死工贼，粉碎农民组织，烧死地主等。但这个数百万群众的斗争没有共同纲领和领导组织。

中国无产阶级没有独立的政党。国民党的共产党支部只是前者的招募机关。在这些条件下，中国资产阶级怀着希望：在自己的领导下，把统一共和国的斗争进行到底。在这种情况下，收回外国租界当然无从谈起。资产阶级会与外国主子达成协议，即把香港、上海和南京的无产者的鲜血给自己卖出个好价钱。这个前景比马尔丁诺夫的要现实得多。

列·托洛茨基

1927年4月5—7日

论中国的苏维埃口号（绝密）[*]

尊敬的同志们：

昨天，在讨论中国问题时，斯大林同志答复季诺维也夫同志和我对中国革命问题上我国政策中的主要错误的批评时，他的主要反驳之一是这种句式："为什么季诺维也夫没有说过……""为什么托洛茨基没有写过……"我在此不回溯我们就这个问题说过也写过的一切。我毫不怀疑，如果当初对我们的劝告和建议不抱有那么大的成见，不那么敌对，而是更加注意的话，我们本来是可以避免最严重的错误的。近期，主要问题都在连中央委员也不能参加的政治局闭门会议上解决，对此我也不说。这封信的目的不是为回忆昨天，而是提出今天和明天的基本问题：这是关于中国的苏维埃的问题。斯大林同志刚刚表达了反对号召中国工人和全体被压迫群众建立苏维埃的意见。然而，这个问题对中国革命进一步的发展有决定性的意义。没有苏维埃，整个革命将会走向为中国资产阶级上层服务，并通过它为帝国主义分子服务。

全会没有就这个基本问题发表意见。然而，问题是极其尖锐的，继续拖延是不允许的，中国革命的整个命运都与建立苏维埃联系在一起。这就是我在这几行文字中提出这个问题的原因。

斯大林同志的推论是这样的：苏维埃是夺取政权的斗争机构，号召建立苏维埃，意味着事实上走向无产阶级专政，即中国的十月。但为什么我们在1905年也建立了苏维埃？斯大林回答说："我们在与沙皇专制制度作斗争。"在中国没有与沙皇专制制度的斗争。既然我们不直接走向十月，就不能号召建立苏维埃。

---

[*] 译自 *Архив Троцкого*，т.1，cc. 67–74。

全部这个推论是如此明目张胆地歪曲列宁从理论上阐明的我们整个革命经验的意义，如果我不是亲耳听到的话，我是永远不会相信，一个严肃、负责的革命家会说出这样的东西。

我们试着扼要地分析一下这个问题。

一、不进行争取无产阶级专政的斗争，反对沙皇就可以建立苏维埃。为什么就不能在不直接提出无产阶级专政的任务的情况下，通过苏维埃帮助进行反对中国军阀、买办、农奴主和外国帝国主义分子的联盟的斗争呢？为什么？

如果斯大林曾（现在呢？）认为，中国的统一应该由国民党的资产阶级首脑进行，后者通过国民党让共产党服从自己，使它失去了起码的独立（甚至是报纸！），并通过反动官僚管理赢得的领土，如果这样理解民族革命的话，那当然就没有苏维埃的位置了。如果认为不仅是右的，还有中左的国民党的资产阶级首脑不能把民族民主革命进行到底，甚至进行到一半，它必将与帝国主义分子相勾结，如果明白这点，那时就应该及时地准备取代这个领导，现在就更加需要这样做。

取代不意味着简单地用汪精卫代替蒋介石：其结果可能是——同样是汤，只是更稀点。问题不是用人物来解决的。取代意味着筹备革命政府，它不是口头上，而是实际上依附于工人、小资产阶级、农民和军队的士兵群众的。只有把符合革命条件、群众的觉醒、对独立行动的向往、对生活条件的改造等的组织给予这些群众，才能实现这点。这个组织就是苏维埃。

二、斯大林认为，先是依靠尚未革命地组织起来的群众（组织起来的群众就不再是资产阶级的支柱了）的资产阶级应该把反对帝国主义的斗争进行到底，然后我们再开始筹备苏维埃。根本错误的观念！全部问题在于，反对帝国主义和中国反动派的斗争将如何进行，谁在这场斗争中扮演领导角色。只有在与帝国主义展开的斗争——它将是漫长的——的基础上，只有在与民族自由派资产阶级争夺对工人和农民的影响的斗争的基础上，只有在工农群众组织不仅反对帝国主义而且反对中国资产阶级的基础上，才能走向工农民主专政。这个组织的唯一形式只能是苏维埃。

三、斯大林说："不能在军队后方建立苏维埃。"这是将军们的观点，而不是我们的观点。将军们认为，不能在后方建立工会。我们知道。苏维埃和工会在后方极好地帮助了革命军队。斯大林反驳说："须知苏维埃是起义的机构，也就是说，你们建议在后方组织起义并夺取政权。"这是错误地、漫画式

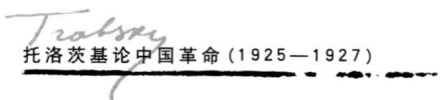

地提问题的方式!

确实,苏维埃是夺取政权的斗争机构。但它们根本就不是生来如此的,而是朝这个方向发展的。它们只有通过斗争经验,才能成长到担任专政机关的角色(在目前的情况下,是民主专政)。如果我们严肃地考虑工农民主革命的方针的话,就应该让苏维埃为自己的形成、为自己干预包括军事事件在内的事件的发展有必要的时间,让它们能够得到巩固,积累经验,然后再着手夺取政权。

"但须知全体军官不允许苏维埃",这与我们的观点没有任何共同之处。允许还是不允许,这取决于力量对比。这个力量对比应该转为对无产阶级有利。目前,觉醒的、尚未组织起来的群众追随国民党政治组织的上层,必然会使资产阶级上层和将军对无产阶级拥有巨大的优势。认为中国还没有十月,并以此为依据让群众处于分散状态,意味着实际上用自己的手削弱无产阶级,巩固资产阶级和它的指挥官,然后再以指挥官不允许为借口继续反对在后方建立苏维埃。

四、但为什么工人不干脆加入国民党?难道这不是一个有分量的组织吗?为了这样提出问题,应该彻底忘记我们所做过的和所学到的一切。国民党是一个极端上层的组织,虽然它的旗帜很受大众的欢迎。莫非能够想象,数十万数百万的工农在革命期间加入党组织?这在何时何地发生过?须知苏维埃的意义就在于,它能就地把那些群众吸引到自己的组织之中,他们在任何情况下都成长不到、再过几十年都成长不到党的水平的。声称国民党是苏维埃的替代品,就是不能允许的诡辩。国民党有30万党员。现在这30万(如果这个数字不是夸大的话)党员是分散的。现在说的还只是国民党的选举的必要性,即党员选举领导机构,当然不是数百万群众选举国民党员。不得不降到把国民党与苏维埃等量齐观的诡辩的地步,仅这一个事实就已经表明,苏维埃已经在叩门了,仅凭十月和非十月的教条的公式是打发不了它们的。

苏维埃将干什么,"组织不合时宜的起义?"在群众没有能够体现其革命意志的权威组织的地方,更容易频繁爆发不合时宜的起义。

正是由于在最重要的革命中心没有苏维埃,将导致混乱、不合时宜和不合理的爆发,它是没有组织的阶级斗争和没有正确的政治领导的产物。历来如此:所有革命的经验说的都是这点。

苏维埃将干什么?最紧迫的是,为工人提供组织,帮助他们在组织上与士兵结为兄弟。每个具体工业城市和地区的工人代表苏维埃的第一件事就应该是吸引士兵代表、卫戍部队的代表加入自己的组织之中。这是建立反对国民党上层和所有其他恶棍的波拿巴主义、法西斯主义侵害的最可靠的途径，更确切地说，是唯一的途径。不建立工兵代表苏维埃，意味着把士兵变成蒋介石的炮灰，准备对工人的血腥镇压，像在上海发生的一样。

仅局限于城市里的工人，当然是不行的。必须把小手工业者、小商贩和全部受压迫的城市底层吸引入苏维埃。这有助于工人革命地掌握军队。没有这点，上海的命运，也就是革命的命运将取决于某个极其可恶的波拿巴主义分子。

无论在何种情况下都不能仅限于城市。应该尽可能迅速地把苏维埃之网从最重要的工业中心扩展到农村，利用现成的农会，拓宽它们的范围，扩展它们的纲领，把它们与工人士兵联系起来。

五、苏维埃将做什么？它们将与地方反动官僚作斗争，向群众学习，并教育他们明白地方政权与国家政权之间的联系。它们将在农村与同样的官僚、军阀匪帮、地主等进行斗争。这样，它们将成为土地革命的机构，不能把这个革命拖到中国统一之后（到"国民会议"之后）。

在反动将军之下，专员是软弱无力的角色，他们往往干脆是那些将军任命的仆从。在这个时代，专员只有依靠牢固的地方群众机构，而不仅仅是政党——像没有严肃组织的国民党，被束缚住手脚的，甚至没有自己的日报的共产党——的情况下，才能有意义。组建工农兵代表苏维埃是为人民革命军队的真正的革命民主化奠定基础，没有这点，它必然会沦为中国波拿巴主义的工具。

真正的、实际的、而不是教条虚构的力量重组将通过苏维埃进行。所有那些实际参加或将参加与外国和本国反动派的真正斗争的阶级、阶层将加入苏维埃。劝说个别国民党"领袖"、耍手腕、离间他们、撮合他们，整个这个幕后机制的不体面和无力，现在已经彻底暴露，它将被更严肃的、真正的革命的阶级筛选所取代。力量组合是根据路线进行的：支持苏维埃或反对苏维埃，即赞成使革命转入更高的阶段，或赞成中国资产阶级与帝国主义的勾结。

不这样提出问题，整个工农民主专政的前景等都是空谈，就不必说发展的非资本主义道路了，它用这点来安慰我们：中国人民群众是叛卖的民族自由派领导的革命的炮灰。

谁反对创建苏维埃,他就应该说:全部政权归国民党。而国民党因此对共产党员说:"你们得服从我。"以俄国的一党专政为借口,禁止他们批评三民主义,甚至不让他们办报。但俄国的一党专政是社会主义革命中的无产阶级专政的体现,国民党是资产阶级革命中的资产阶级政党。在没有苏维埃的情况下,在这些具体条件下,国民党专政意味着解除工人的武装,堵住共产党员的嘴巴,群众的涣散状态、蒋介石的政变。

意味着与国民党的战争?胡说八道!胡说八道!胡说八道!问题关系的是在无限广阔的、深刻的基础上——在数百万之众的工农兵代表苏维埃的基础上——建立与国民党的合作。当然,这个合作以共产党对国民党的充分的、无条件的批评自由为前提。这个批评的自由又以共产党刊物和共产党组织的自由为前提。

没有国民党的全面分裂,不把蒋介石分子从中肃清,与它进行共同的革命工作根本就没有可能。在苏维埃问题上,国民党的分化、它的清洗、它的锻炼将更好和更可靠地进行。我们将与老国民党中赞成苏维埃的那部分携手工作,它将加入苏维埃,即真正地与真正的群众联系起来。当然,在与革命国民党携手工作时,我们将十分警惕地监视这个盟友,公开地批评它的半途而废、倒退和错误,就不用说可能的背叛行动了。在与国民党紧密合作的基础上,我们以这样的方式争取进一步扩大共产党对苏维埃的影响,或通过苏维埃扩大共产党的影响。

但须知苏维埃意味着不确定的双重政权时期,一方面是国民革命政府(如果它能根本上重组、维持和提高的话),另一方面是苏维埃。

这意味着双重政权或双重政权的因素。但须知我们不是曾反对过双重政权吗?我们是反对过双重政权。是因为我们作为无产阶级政党力求自己夺取政权。我们曾支持双重政权,即支持在临时政府之下的苏维埃体制,因为苏维埃限制了资产阶级专政的野心。二月时期的双重政权制度是进步的制度,因为它含有新的革命机会。但这个进步性是暂时的。摆脱矛盾的出路是走到无产阶级专政一边。在我国的条件下,双重政权制度只持续了8个月。在中国,在一定的条件下,这个过渡制度可能持续更久的时期,而且在国家的各个不同部分持续的时间各不相同。号召建立和着手建立苏维埃,意味着着手在中国引入双重政权的因素。这是必须的,是拯救性的。只有这样才能开辟今后走向无产阶级和农民的革命民主专政的前景。没有这点,所有关于这个专政的说法干脆就是空话，中国人民群众是不会承认它的。

至于未来的工农专政长入无产阶级专政和直接的社会主义革命的未来的可能性和途径的问题，这个极其重要的问题我在此不予研究，因为它现在还没有提上日程。存在这样的前景，它有成为现实的所有机会——在西方无产阶级革命相应的发展速度的情况下，这对每一个马克思主义者都是完全无可争议的。对此可以也应该这样说。但不应该把这个前景变成对今天的局势——战场由资产阶级叛徒占据着——的柏拉图式的奖赏。现在，基本的和性命攸关的任务是为最近的阶段做准备，只有从这个阶段中才能成长出所有今后的前景和机会。

中国革命在当前这个阶段是民主的，即资产阶级的，这对我们所有人都是常识。但是，我们的政策不是从这个资产阶级革命的赤裸裸的名称得出的，而是从这场革命内部的阶级关系的实际发展中得出的。马尔丁诺夫同志最清楚和确切地从旧的孟什维主义概念出发：因为革命是资产阶级的，还是反帝的，所以中国资产阶级与推翻帝国主义休戚相关，不可能背离这场革命。对此，蒋介石以与帝国主义分子勾结和粉碎上海工人答复了马尔丁诺夫。斯大林同志也在这个观点上陷入迷途，由于他从对革命的一般界定（非无产阶级的、资产阶级的）得出结论，因此不应该建立苏维埃。他想用为阶级规定的行进路线来取代阶级斗争的实际进程。而这个行进路线是从对作为资产阶级革命的形式上的界定得出的。这是根本错误的立场，它违背列宁教导的一切。

列·托洛茨基
1927 年 4 月 16 日

蒋介石政变后的中国形势和前景*

1. 把蒋介石政变描述成插曲，或把它与1918年穆拉维约夫①的叛变相提并论的企图，是对中国革命发展的整个错误的、浅薄的、庸俗的评价的继续，它已经导致了一系列极其严重的、有些是无法补救的错误。穆拉维约夫的叛变是个人和小集团的冒险，目标是反对无产阶级政权，它导致冒险分子的灭亡。蒋介石的政变意味着整个革命的阶级偏移，彻底排除了下层"共同参政"，巩固资产阶级对革命和国家的军事统治，恢复了中国资产阶级阶层与外国帝国主义的更广泛的合作。

2. 现阶段的蒋介石政变以对资产阶级来说是如此重大的成功而结束，是由我们对整个革命的错误评价中产生的先前的一系列错误的结果。主要错误是：首先，让共产党服从国民党，其次是拒绝组建苏维埃，三是拒绝武装工人。这三个致命的错误又是对革命的资产阶级性质的孟什维主义的理解和自愿地把革命领导权通过国民党交到资产阶级上层的手中的产物。

3. 原来，无产阶级是被那些领导它的人所粉碎。在被打得措手不及的无产阶级手中，既没有进行防卫的正确定向，也没有可靠的组织（苏维埃）和武器。最糟糕的是，无产阶级现在只能在敌人的打击下在思想上重新武装。蒋介石现在对中国工人教授的，是我们当初没有教给他们且及时禁止教他们的东西。

4. 由此可能产生对革命发展的严重阻碍甚至造成它的退潮。土地运动是

---

* 译自 Архив Троцкого, т.1, сс.75-79。

① 穆拉维约夫（Михаил Артемьевич Муравьёв，1880—1918）冒险家，参加过建立苏维埃政权的斗争，左派社会革命党人，中校。1917年克伦斯基—克拉斯诺夫叛乱时任彼得格勒城防司令。1918年担任东线部队司令员时，背叛苏维埃政权，在辛比尔斯克煽动叛乱（1918年7月10—11日，约1000人的部队；被红军消灭），拒捕时被击毙。——译注

最分散的，因而受刽子手蒋介石的直接损害较小。土地运动进一步的发展在相对不远的将来会为无产阶级提供机会，让它挺起腰杆，重新转入进攻，这种可能性不能排除。对这点的准确预言，当然是不可能的，何况还是从远方。中国共产党必须关注事件和阶级集团的实际发展，以捕捉新的进攻浪潮的时机。

5. 在撤退的过程中、在敌人的打击下建立苏维埃，比在胜利和前进的过程中要困难得多。在这个意义上，损失是无法弥补的。但现在放弃苏维埃是错误的，更确切地说，是犯罪。如果情况表明，失败将长期把工人向后抛，那苏维埃在当前就建不起来。但持这样的立场，现在还没有根据。相反，一切都使人认为，虽然被残酷地放血，无产阶级——正是由于它日常生存的骇人听闻的条件的结果——能够在不远的将来重新崛起。在这些条件下建立苏维埃，就是在退却的道路上建立加固阵地，为一旦形势出现有利的转折时就转入进攻的前景做准备。

6. 除了国际条件之外，新的进攻的可能性将取决于不仅是上面提到的土地运动的发展，还取决于城市广大小资产阶级群众近期倾向于哪方。蒋介石政变意味的不仅（也许甚至是与其说）是中国资产阶级政权的巩固，还恢复和巩固了外国资本在中国的阵地和由此所产生的全部后果。由此可见，小资产阶级群众转而反对蒋介石，就是不可避免的了，而且为期不会太远。只有孟什维克才会认为，在彻底推翻外国帝国主义者的统治之前，中国资产阶级将"套在革命的战车上"（马尔丁诺夫）：为了嘉奖资产阶级对民族旗帜的如此忠诚，我们的理论家许诺"发展的非资本主义道路"，它显然应该巩固资产阶级与无产阶级的结合。整个这个堪称笑柄的前景已经被打得粉碎。但小资产阶级不仅在外国资本那里蒙受严重的损失，也在中国民族资产阶级与外国资本的联盟那里蒙受损失，因而它必然会转而反对蒋介石。对我们来说，民族民主（资产阶级）革命的阶级机制的最重要的体现，就在其中。

7. 我们自己的政策越坚决，我们越少追随还能"利用"的两个"右派"（斯大林语），我们越是清晰明确地给无产阶级先锋队提出为影响数百万城乡劳动群众而与资产阶级斗争的任务，土地运动就进展得越快，小资产阶级就越早地转而反对蒋介石。

8. 汉口政府宣布蒋介石为叛徒。当然，这比与蒋介石沆瀣一气，即当他的仆从好。但把夸大的希望寄托在这个声明上，无疑是不谨慎的。由于军事政变而失去政权的政府和议会以最庄严的形式宣布夺权者为叛徒，宣布他"不受法律保护",在历史上发生过不止一次。它们完全是以此来安慰自己,认为人民"自己"有责任把它们的真正权力还给它们。十分明显,为与蒋介石进行真正的战争,无论如何都需要与国民政府迄今所采取的不同的方法。只有作为真正的革命战争,反对蒋介石的战争才能以胜利而告终。

9. 认为这场斗争将在分裂的国民党的两个部分之间展开,人民群众的胜利将意味着把政权转交到汪精卫的手中,只能是那些庸俗的市民"理想主义者",他们认为蒋介石的政变干脆是"插曲",类似穆拉维约夫的叛变。事实上,蒋介石的政变意味着国家政权的阶级转移。只能通过在革命的整个领导、它的纲领、它的策略、它的组织中的相应的阶级变动,蒋介石才能获胜。为了让群众起而反对中国资产阶级与外国帝国主义分子的联盟,为了让群众相信并明白,他们今天的领导人与蒋介石毫无共同之处,而是他们自己的党的化身,为此需要相应的工农行动纲领,需要谴责、抛弃那些骇人听闻的关于"最低程度地"武装工人的指令。最后,需要为群众提供这样的组织形式——虽然已经晚了许多,它符合今天的中国革命阶段,即为把民族民主革命进行到底,在无产阶级领导下的反对资产阶级的群众斗争。应该建立苏维埃。

10. 在发展的新阶段上,共产党与国民党之间的关系应该彻底改变,就像国民党本身应该剧烈地彻底改组一样。共产党服从大资产阶级领导的小资产阶级组织,维持如此可耻的状况是绝对不允许的。中国无产阶级应该把"平等条约"的口号转到阶级之间的革命联盟的政策上。如果共产党追随国民党,它将不会赢得对群众的影响,而是方便了国民党新的向右转,并将被迫在最坏的条件下与后者决裂。如果共产党独立地面对群众,它将迫使国民党的革命分子不是在上层而是在底层,不是在资产阶级中而是在城乡群众中寻找革命支柱。如果共产党尖锐地提出建立苏维埃的问题,革命的国民党将不得不同样站在苏维埃的基础上。那时,共产党与国民党的相互关系将采取更加自然、更加灵活,同时也更加牢固的两个苏维埃领导党的联盟形式。

11. 建立苏维埃的成功将与共产党的积极性、无产阶级克服失败后果的能力、土地斗争的规模、小资产阶级的政治转变等紧密相关。根据过去的全部历史,我们十分清楚,斗争的方向和结局不单纯是由一个苏维埃的组织形式决定的。但只有苏维埃能够为群众的新压力提供这样的组织形式,它能够促进人民群众取得为自己而不是为资产阶级的胜利。

12. 建立在无产阶级领导下的城乡劳动群众的民主专政,是革命进一步发展的必不可少的阶段。从无产阶级和农民的民主专政开始，可能有两条道路：向后退到资产阶级共和国的议会制度或波拿巴专制制度，或是向前，进入向社会主义革命的过渡阶段。中国革命今后将走这两条路中的哪一条，主要取决于国际形势，即取决于先进资本主义国家中无产阶级革命的发展。今天资本主义世界的状态，其矛盾的疯狂增长，其恢复时期接近尾声，这一切都证明，在正确领导的条件下，中国民主革命将转入社会主义革命，能够成为和必将成为现实的前景。

相反，用抽象的"非资本主义"的前景来实际加强国民党、政府和军队内的资产阶级，掩盖共产党不可饶恕地通过国民党依附于资产阶级，缺乏真正的群众革命组织，缺乏真正的群众斗争的革命纲领的企图，不仅不能让我们接近革命的"非资本主义"阶段，而是能够葬送它的民主阶段。

列·托洛茨基
1927年4月19—20日

不要垃圾*

俄共（布）中央委员会、红色教授学院支委会：

昨天，4月20日，红色教授学院支部在讨论中国革命问题时，作为"主要"论据引用了下述历史资料和观点。

一、反对派建议在中国组建苏维埃。然而（？！）1923年秋，托洛茨基反对在德国组建苏维埃。这个非常有力的论据已经在其他地方重复过了，显然，它注定要分享下述论据的命运：关于反对派号召退出工会，或认为英国共产党是工人运动的制动器，或是害怕丰收，等等。众所周知，《钦差大臣》中的果戈理的那座小城市的居民往每个新栅栏倒垃圾。我们党的某些评论员、论战者和"理论家"利用新提出的每一个严肃问题，倒上一堆垃圾。即使托洛茨基真的在1923年反对在德国组建苏维埃，那也无论如何不能从中得出1927年不应该在中国建立苏维埃的结论。为了澄清托洛茨基在1923年是对还是错，应该十分具体地分析德国那时的形势。即使分析表明，托洛茨基当年是错的，也丝毫不等于应该赞成或反对在今天革命的中国建立苏维埃。

事实上，说我在1923年反对组建苏维埃，本身就是胡说八道。那时说的根本就不是建还是不建苏维埃，而是如何建。1923年，工厂委员会在很大程度上具有苏维埃的功能和意义。问题是这样的：是否在我党领导下的革命的工厂委员会之外，再建立苏维埃，或把现成的工厂委员会的形式扩展为苏维埃。我出于一系列说来话长的政治和组织考虑，支持第二个决定。经过全面讨论之后，政治局采纳了我的建议，把工厂委员会变成苏维埃，只是在武装起义的相应阶段再转入公开地创建苏维埃，只说这一点就足够了。

---

* 译自 *Коммунистическая оппозиция в СССР*, т. 3, сс. 9–14。

毫无疑问，对1923年的革命领导来说，仅有共产党或它与左派社会民主党的结盟，是绝对不够的。必须有与车间、工厂、城市、区紧密联系的革命群众的选举组织，对此没有人提出异议。仅此一点就能够得出共同结论：把工厂委员会扩展为苏维埃是必须的，以便此后在起义充分展开时，公然打出苏维埃的旗帜。

二、在支部的同一次会议上，宣读了蒋介石的信，或干脆是摘引了蒋介石的声明，即他赞成季诺维也夫和托洛茨基，而不赞成斯大林和李可夫。这个报道（《文献》）显然应该深化未来的红色教授对中国革命的概念。说蒋介石与反对派的观点"一致"这种堪称笑柄的愚蠢，不值得一提，如果这个愚蠢不是与那些被某些人努力堆到每一道新栅栏——即每一个严肃的新问题——上的垃圾混在一起的话。

蒋介石是否真的说了或写了归咎于他的这些话？我不得而知。就算是他说了吧。他在什么问题上与反对派一致？原来是他希望国民党与共产党破裂。只要好好地想一分钟，就能把事情全部搞清楚。蒋介石在我们的报纸上看到断言，说什么反对派想破坏共产党与国民党之间的合作，似乎反对派想让二者敌对，似乎反对派想在共产党和国民党之间挑起战争，似乎反对派想为"琐事"让共产党脱离革命的领导。这样粗暴的漫画似的描述的反对派的观点，无疑应该会赢得蒋介石的好感。与其说蒋介石与反对派一致，不如说是与强加给反对派的胡说八道一致。对我们来说，事关的不是共产党与国民党——即它的革命分子、它的真正的左翼——之间的战争，而是与它合作的形式，在这种形式之下共产党能够享有无产阶级政党应有的充分自由。当中国要求与其他国家的平等条约时，帝国主义分子就叫嚷中国强奸他们的权利。当我们为中国无产阶级要求与其他阶级的平等条约（联盟）时，小资产阶级思想家就叫嚷，说我们号召无产阶级背叛革命。无产阶级与小资产阶级和农民的最紧密的联盟，绝不应该意味着无产阶级政党失去独立性，让它服从资产阶级政党的纪律。我们在其他文件和讲话中已经不止一次地解释过这点。确实，它们没有公之于世，这只是使全世界——蒋介石也包括在内——有机会说什么反对派赞成破坏与国民党的合作。

但问题可能会扩展，反对派的某些批评者确实把它扩展了。他们放出流行的说法，似乎我们的政策干脆是"帮助右翼"。在红色教授学院的那个支部中，详细地证明和解释了在英俄委员会问题上，反对派支持希望英俄委员会破裂的托马斯，在中国革命问题上，反对派迎合希望国民党与共产党破裂的国民党右派，等等，不一而足。都说我们的政策为右派服务。

三、听到这样的论据，令人惊讶不已：须知在这种情况下，整个布尔什维克党的历史都会成为泡影，因为布尔什维主义在俄国的整个发展都伴随着孟什维克的指责，说什么布尔什维克为反动派服务，他们帮助右派立宪民主党人反对左派，帮助全体立宪民主党人反对社会革命党人和孟什维克，帮助右派社会革命党人反对左派社会革命党人，帮助右派孟什维克反对孟什维克国际主义者，等等，不一而足。德国独立社会民主党员指责列宁，说他以自己的政策最好地帮助了谢德曼①。指责我们，说我们以我们不可调和的策略帮助了列诺得尔②。列诺得尔指责法国共产党员，说他们帮助彭加勒③。须知这些指责不仅是套话，而且是彻头彻尾的废话。一个革命者怎么能够屈尊到拾孟什维克牙慧的地步呢？

四、法国共产党人因法国社会党人与激进分子结盟而指责他们，《时代周刊》每天都因激进分子与社会党人结盟而指责他们。《时代周刊》，即帝国主义资产阶级的主导机关刊物，它力图无论如何也要使激进派与社会党人破裂。激进分子回答说：我们不愿意把社会党人向左推，让他们落入共产党人的怀抱，并指责彭加勒，说他为"莫斯科的利益而工作"。社会党人回答说，他们不想把激进分子推到右派的阵营中去，并指责共产党人，说他们为反动派的利益而工作。至少事实摆在眼前——反动政党和共产党从不同的角度，都同样力求破坏激进分子与社会党人的联盟。这是反对共产党和共产党政策的论据吗？

如果我们苏联工会决定现在加入阿姆斯特丹工会国际④，服从它的纪律，那么全世界资本主义的主导刊物就会掀起疯狂的吠叫，因阿姆斯特丹的首领与莫斯科红色工会结盟而反对他们。对此，至少是没有人能够怀疑的。马尔丁诺

---

① 谢德曼（Philipp Scheidemann，1865—1939）德国社会民主党右翼领袖之一，1911年起领导该党。1918年11月—1919年2月为人民代表会议主席之一（另一主席为F.艾伯特）。1919年2—6月为政府首脑。——译注

② 列诺得尔（Pierre Renaudel，1871—1935）法国社会党右翼领导人之一。1915—1918年任《人道报》社长。——译注

③ 彭加勒（Raymond Poicare，1860—1934）1913—1920年任法国总统，1912年、1922—1924年、1926—1929年任法国总理。1928年的货币改革以他的名字命名，法郎与其1911年的价值相比，降低了五分之一。——译注

④ 阿姆斯特丹工会国际又称国际工会联合会，1919年由一些改良主义工会领袖在阿姆斯特丹代表大会上创立。1945年解散。——译注

夫学派会由此得出结论：我们不加入阿姆斯特丹工会国际，就是为世界资本服务。

众所周知，过去人们相信国联，现在相信它的首先是中小资产阶级、和平主义者、欧洲社会民主党。严肃的资本家的党、公然的帝国主义政党（直接指挥国联的英国除外）对国联持怀疑、疑虑或干脆敌对的态度。例如德国的国家社会主义分子就是这样。他们干脆赞成我们不加入国联。相反，欧洲社会民主党则不止一次指责我们不加入国联，是为国家社会主义分子和所有帝国主义分子服务。

在帝国主义战争时期，欧洲各国政府要求社会民主党把国际主义者和失败主义者等清除出自己的队伍。另一方面，列宁要求革命的国际主义者无情地与社会民主党决裂。考茨基指责列宁，说他使国际主义者与社会护国主义者破裂，是完成帝国主义分子的订货。

可以再追溯得稍远一些，回想起那个时期，当时社会民主党还是主要反对派，在议会中投票反对"自由派"的草案，而且在计票时，它的票与同样投票反对自由派中派的右派的票加在一起。旧议会的速记报告中充满了对反对派社会民主党的指责，说它与反动派沉瀣一气。

而在 1905 年、1917 年呢？李伯尔①、唐恩②之流在 4 月至 10 月间在政治上靠什么为生？指责布尔什维克党孤立无产阶级，让它与"革命民主派"对立，说什么布尔什维克这样为反动派提供了最大的帮助。列宁回答说，布尔什维克独立的阶级政策把无产阶级先锋队"孤立"于社会护国派的上层之外，为无产阶级与数百万之众的农民的真正联盟开辟了道路。

庸俗的、彻头彻尾反动的庸人的抱怨，说什么真正革命的政党帮助反动派，在自由派和今天的社会民主党人的嘴里，只意味着：如果无产阶级不意识到自己是无产阶级，如果它同意自愿地支持小资产阶级民主派的话，后者就会感到自己更加坚定和更加勇敢地进行反对反动派的斗争。这是对的。对此不能

---

① 李伯尔（Михаил Иссакович Либер，1880—1937）别名戈尔德曼，崩得和孟什维克领袖之一。1898 年加入社会民主工党，1907—1912 年为俄国社会民主工党中央委员。1917 年为彼得格勒工农兵代表苏维埃执行委员会委员、全俄中央执行委员会委员。对十月革命持敌视态度，十月革命后脱离政治活动。——译注

② 唐恩（Фёдор Ильич Дан，1871—1947）又姓古尔维奇，孟什维克领袖之一。1894 年加入社会民主工党，1917 年任彼得格勒苏维埃执行委员会委员，全俄中央执行委员会委员。1922 年因从事反苏维埃活动被驱逐出境。——译注

有任何怀疑。但全部"不幸"在于,无产阶级的存在,绝不能仅仅归结为"民主派"与反动派的斗争;无产阶级有其更加宏伟的历史任务。无产阶级先锋队知道,如果它的独立政策会削弱过渡的"民主派"的话,如此广泛的群众就会在它的周围联合起来,作为他们的领袖,与所谓的"民主派"相比,它对反动派来说就是可怕得多的敌人。谁不掌握这个革命政策的基本因素,没有学会把它运用到每一个国家,运用到每一个时代的具体情况中去,他就必然会在关于"革命民主派的统一"——当年曾盛极一时,如今已不复存在的策列铁里①式的——的庸俗说法上栽跟头。我们现在时时都能观察到这点。也许,上面发挥的想法或者可以应用到除殖民地和半殖民地之外的所有国家中?人们对我们说,外国的民族压迫可能比阶级关系的逻辑更强大,因此它授意中国共产党和无产阶级的发展和行动路线,与我们自己的路线有根本的区别?对此首先需要回答,这种以建立在中国的民族"特殊性"上的抽象借口,绝对没有任何"独特"之处。孟什维克正是以俄国特殊性为借口,来捍卫自己1905—1917年的政策的。现在,这个已经被历史进程踩在脚下的政策,由马尔丁诺夫同志的学派以中国条件的特殊性为理由,推荐给中国。(我们认为,反对民族压迫的斗争是阶级斗争。马尔丁诺夫同志的学派则从民族压迫克服了阶级矛盾出发,这些矛盾只是由于无产阶级极左的"极端行径"才会激化。但须知这是孟什维克著名的分析1905年革命的五卷本中的整套哲学。)那里以沙皇专制制度为借口,这里则是帝国主义压迫。理由是一样的,一字不差,连字母都一样。只不过在二十年前用的是专制制度一词,而现在在文本中用的是帝国主义一词。英国帝国主义当然不同于专制,但孟什维克式地以它为借口与拿专制为借口没有任何区别。反对外国帝国主义的斗争是阶级斗争。现在,在政变之后,这难道还不明显吗?须知马尔丁诺夫同志的学派关于无产阶级和资产阶级的反帝统一战线的全部结构,现在受到了蒋介石的反对。须知他是从统一战线中退出来的,而且是相当严肃地退出来的。如果需要的话,可以把他称为"叛徒"。就对革命的关系来说,他不仅是叛徒,还是刽子手。但对他自己的阶级,即资产阶级来说,他不是"叛徒",而是仆人和执行者。虽然马尔丁诺夫同志的学派百般争辩,这个阶级仍不想与抬起头的无产阶级和造反的农民

---

① 策列铁里(Инаклий Георгиевич Церетели,1881—1959)孟什维克领袖之一,第二届国家杜马代表,1917年任临时政府部长。1918年起任格鲁吉亚孟什维克政府部长。1921年移居国外。——译注

结盟。可以寄希望于上文所提到的那个支部的红色教授将牢牢地记住中国事件的这些教训，因为中国革命除了其他因素之外，对我党的年青一代还是一所不可取代的学校。过去和现在都有不少人把所有原则都背得滚瓜烂熟，可一遇到现实就不知所措。应该学会在行动中认识原则。

列·托洛茨基
1927 年 4 月 21 日

可靠的道路[*]

《每日快报》驻上海记者报道:"湖南农民夺取土地,处死最顽固反抗的地主。各地的监督权都掌握在共产党员的手中。在地方建立具有行政权的工人苏维埃。"(《真理报》1927年5月11日)我们不知道,用如此清晰的线条描述形势的电讯的准确程度。除了这份电讯之外,我们没有其他消息。运动的真正规模如何?是否有旨在让麦克唐纳、托马斯、珀赛尔和希克斯等先生更加顺从张伯伦的政策而刺激他们的想象力之嫌?这些我们都不得而知。但在当前这种情况下,它们是没有决定性的意义的。

农民夺取土地并消灭极端的反革命地主,在各地建立具有行政权的工人苏维埃,反动报纸的记者报道的内容就是这些。《真理报》编辑部认为这个报道相当重要,把它列入当日世界报道要闻目录中。我们认为这是正确的。

断定中国革命在经历了四月反革命政变后,已经进入了更高的新阶段,现在当然还为时尚早。在重大的失败之后,往往会有这种情况,没有遭受直接打击的那部分群众,在运动的下一个阶段激情迸发,暂时超过受失败影响最重的主要队伍。如果我们面对的是这样的现象,湖南的苏维埃很快就会化为乌有,暂时被整体的革命退潮所卷走。

但绝对没有任何理由可以断言,我们面对的是长期退却的革命的激烈的后卫战。尽管四月失败并非局部的"插曲",而是反革命发展中的一个十分重要的阶段;尽管工人阶级先进队伍严重失血,也绝对没有任何理由断言,中国革命将被击退几年之久。土地运动是更加分散,不容易受到反革命刽子手直接影响的运动。土地运动的进一步增长将为无产阶级在不远的将来挺起腰杆、转入

---

[*] 译自 Архив Троцкого, т. 1, cc. 182–187。

进攻提供机会，这种可能性是不能排除的。对此作出准确的预言，当然是不可能的，何况是从远方。中国共产党只能密切关注事件的发展和阶级的组合，以捕捉新的进攻浪潮的时机。

但是，新的进攻的可能性不仅取决于土地运动的发展，还取决于广大城市小资产阶级群众在最近一个时期倾向于哪一方面。蒋介石政变意味的不仅是（也许甚至是与其说是）中国资产阶级政权的巩固，还有外国资本在中国的阵地的恢复和加强，以及由此产生的所有后果。由此还将产生小资产阶级群众转而反对蒋介石的可能性，或毋宁说是必然性。小资产阶级不仅受到外国资本的残酷压榨，还受到与它联盟的民族资产阶级的压榨，它不能不转而反对资产阶级反革命，当然是在经过一系列的动摇之后。对我们来说，这就是阶级机制在民族民主革命中的最重要的体现之一。

最后，自己的全部生存条件已经使年轻的中国无产阶级在如此程度上习惯于损失和牺牲，在如此程度上"习惯于"和中国所有被压迫者一起直面死神，因此可以期待真正被革命唤醒的中国工人在斗争中表现出绝无仅有的自我牺牲精神。

所有这些使人有理由期望，中国革命的新浪潮与由四月粉碎无产阶级而结束的浪潮之间的间隔，不会是漫长的几年，而是短短的几个月。至于它的期限，当然是谁也不知道的。但我们如果不持以新高潮为旨归的方针，不为它制定行动纲领、政治道路和组织形式的话，我们就是毫不中用的革命者。

四月失败不是"插曲"。这是沉重的阶级失败，我们在此不分析它的原因。我们想在这篇文章中谈的是明天，而不是昨天。四月失败的严重性不仅在于无产阶级中心受到了血腥打击，而在于工人是被那些此前一直领导他们的人所粉碎的。如此急剧的转变不能不在无产阶级的队伍中引起生理上、政治上的混乱。只有为了明天的清晰明确的革命路线，才能克服这种对革命来说比失败本身更加危险的混乱。

在这个意义上，反动英国报纸驻中国记者的电讯，具有特殊的意义。它表明，中国革命沿着什么道路前进，才能让它在近期内上升到更高的程度。

我们已经说过，从远方判断，农夫对湖南地主的镇压和建立工人苏维埃是最后一次浪潮的结束时的腾飞和新浪潮的开始。如果两次浪潮之间的间隔仅仅是几个星期甚至是几个月，它们之间的矛盾的本身将会失去意义。但是，这方面的真实情况无论怎样（对此只能是猜测，尤其是从远方），湖南事件的象征意义也是十分清楚、无可争议的，无论它们的规模如何。湖南农民和工人表明，在挣脱了他们与资产阶级和地主的联盟的锁链之后，他们的运动将沿着哪条道路前进。认为土地问题和工人问题可以在这场就其任务和卷入的群众来说是规模宏大的革命过程中，通过上层的指令和仲裁委员会来解决的人，是可鄙的庸人。工人想自己打碎反动官僚的脊梁骨，教育工厂主尊重无产者的个性和权利。农民想自己斩断奴役和高利贷造成的依附之结。帝国主义用其海关、金融和军事政策强行阻止中国的经济发展，让工人陷入赤贫，农民遭受最残酷的奴役。与地主的斗争，与高利贷者的斗争，为争取更好的劳动条件与资本家的斗争，从而升华到为争取中国的民族独立、把它的生产力从外国帝国主义的桎梏的锁链下解放出来的斗争的高度。外国帝国主义是主要的强大敌人。它的强大与其说是它的军舰，不如说是中国资产阶级的银行、高利贷、官僚和军人上层与它的直接和紧密的联系，大工商资产阶级与它的不那么直接、但同样深的联系。所有事实证明，帝国主义压迫无论在什么情况下，都不是由所有阶级一致承担的外来的机械压迫。不，这是加剧阶级斗争内部运动的最深刻的因素。中国工商资产阶级在所有与无产阶级的严重冲突中，都感到在自己的身后有外国资本和外国刺刀的额外支持。这些资本和刺刀的主人扮演着经验老到、精明的挑唆者的角色，他们把中国工人的血纳入自己的算盘中，像生胶和鸦片一样。为了驱逐外国帝国主义，为了战胜这个敌人，需要让它在中国的"和平的"、"正常的"刽子手—掠夺者的工作变得不再可能。这当然不能通过资产阶级与外国帝国主义之间的妥协来实现。这样的妥协只能增加中国资产阶级在中国工农劳动产品中所占的几个百分点。但它将意味着外国帝国主义进一步更深地渗入中国的经济和政治生活中，进一步更深地奴役中国工农。战胜外国帝国主义的道路只有一条，即城乡劳动者把它赶出中国。为此应该真正地唤起千百万群众。他们不会在赤裸裸的民族解放（或孙中山的三项原则——民族、民主、民生）口号下，而是在与地主、军人暴君、高利贷者和资本家掠夺者的直接斗争中挺身而起。群众将在这场斗争中站起来，得到锻炼，武装起来。没有其他革命教育的途径。国民党的大资产阶级领导（蒋介石集团）千方百计地反对这条道路，先是从内部通过命令和禁令，当事实表明国民党的"纪律"不够用时，就用机关枪。国民党的小资产阶级领导对群众运动过于汹涌澎湃的发展感到担忧，他们动摇不定。小资产阶级激进派的全部过去使它习惯于仰望各个"民族"集团的组合，而不是向下看数百万群众的真正的斗争。

可靠的道路

但如果说在其他事情上动摇和犹豫不决是危险的，那么在革命中，它们就是致命的。湖南工农指出摆脱动摇的道路，因而也是拯救革命之路。

无须解释，只有这条道路，即大规模地掌握群众、宏伟激进的社会纲领、明确的工农苏维埃的旗帜，才能保卫革命不致被外来的军事力量所粉碎。我们通过亲身经验知道了这点。只有受压迫劳动者把自己的要求写在其旗帜上的革命，才能触动资本主义的士兵。我们在阿尔汉格尔斯克和敖德萨①以及其他地方的海水中体验并检验过这点。妥协的叛卖的领导未能保护南京免遭炮击，并为敌人的军舰打开了长江的入口。在规模强大的社会运动下，革命领导能够让长江之水对乔治、张伯伦和麦克唐纳的军舰变得太烫。无论如何，只有在这条路上才能为自己寻找保护，并找到保护。

上面我们已经重申了两次，土地运动和建立苏维埃可能意味着昨天的结束和明天的开始。但这不仅仅取决于客观条件。在当前条件下，也许具有巨大的决定性意义的是主观因素：正确地提出问题、坚定的和明确的领导。如果像在湖南开始的运动那样，让它自行其是，它必然会遭到镇压。只要起义的群众感到有坚定的领导，并与之建立起联系，他们的自信心就会增强十倍。只有明确的、政治上有希望的、组织上把群众联系起来的领导，才能在大小不同的程度上使运动避免莽撞地、过早地冲得太远，避免所谓的"过火行动"。但是历史经验教导我们，没有这些"过火行动"，任何真正的百万群众的革命运动都是不可能的。任务是给土地运动和工人苏维埃提供实际行动的明确纲领、内部联系和概括性的政治目的。只有在这个基础上，才能形成并展开无产阶级与小资产阶级的真正的革命合作，共产党与左派国民党的真正的战斗联系。后者的干部只有这样才能在与农民和城市贫民的革命斗争的联系中形成并得到锻炼。工农苏维埃领导的土地运动使左派国民党员面临必须在资产阶级的蒋介石阵营和工农阵营之间进行最后的抉择。尖锐地提出基本问题，在当前的条件下，这是让小资产阶级激进派结束动摇，迫使他们走向胜利的唯一道路。只有在共产国际的支持下，我们的中国共产党才能做到这点。

列·托洛茨基
1927年5月11日

---

① 在1918—1920年俄国内战中，阿尔汉格尔斯克和敖德萨是英、美、法三国武装干涉部队登陆和撤退的港口城市。——译注

致政治局、中央监察委员会主席团[*]

1. 政治局做出不刊登我的文章的决议。指的显然是两篇文章——文章《中国革命和斯大林同志的提纲》，我把它寄给《布尔什维克》杂志，和文章《可靠的道路》，我把它寄给《真理报》。在政治局讨论这个问题时，没有邀我出席，哪怕是遵循外在的程序也应该这样做。

2. 指出不刊登文章的原因是它们批评中央委员会，带有争论性。换言之，正在确立一条规则，据此所有党员和党的全部刊物都只能应和中央委员会，不论它说了什么，不论它做了什么，也不管情况如何。

3. 我认为中央在中国问题上的路线是根本错误的。正是这条根本错误的路线保证了中国反革命四月政变的成功。与广泛散布的谎言和诽谤——反对派"拿困难投机"——不同，我们建议在禁止旁听的全会上讨论今后中国路线的问题和我们政策中的全部最重要的问题。仅此一点就证明我们的意图是以务实方式重新审查和实际解决这些问题，不做记录，因而也不存在"利用"的意图。政治局与中央监察委员会主席团一起，拒绝召开这样的全会。这样，通过在中央委员会内严肃地讨论问题来纠正根本错误的、就其后果是致命的路线的尝试，因政治局的原因没有成功，而像以往一样，政治局总是自动地得到中央监察委员会主席团[①]的支持。

4. 此后，突然出现了斯大林同志的提纲，它加强和加重了根本错误政策的最错误的方面。除此之外，拒绝与我们一起在禁止旁听的全会上讨论中国问题（在没有我们出席的"私下"会议上，这个问题当然不止一次地讨论过）

---

[*] 译自 *Коммунистичсская оппозиция в СССР*, т. 3, сс. 43 – 46。

① 中央监察委员会主席团在任何一个关于党员基本权利的问题上，没有一次对政治局、组织局表现出丝毫的独立色彩，就不用说对书记处了。

的政治局，最后还批准了斯大林的提纲，此后禁止任何人在刊物上提出蒋介石为什么如此轻易获胜，为什么中国无产阶级对此毫无准备，为什么我党可怕地陷在马尔丁诺夫错误政策的网中，为什么斯大林的提纲把中国共产党和整个共产国际推进机会主义的泥潭，为什么《社会主义通报》昨天如此坚决地赞成马尔丁诺夫的文章，今天则赞成斯大林的《提纲》（1927年5月9日）等问题。

5. 莫非中国革命和共产国际整个路线是可以装进瓶子的微不足道的琐事？莫非这样能够帮助培养中国共产党？莫非共产国际各外国支部能够这样发展？莫非我党能够这样生活？这样的官僚乌托邦能够想象吗？

6. 政治局决议说，我们打算强行把党拖入争论。如果把争论理解为预先准备好的"队伍"的机关喧嚣、口哨、喊叫，为镇压反对派而组织的特别战斗队员践踏支部，用威胁和分裂的叫喊惊吓工人支部的话，我们当然是不想要这样的争论的。但恰恰是这样的争论充斥着我党的生活。我们希望党对中国革命问题进行讨论，至少从党的理论机关报和中央机关报开始。

7. 确实，我们希望讨论中国革命的命运问题，还有我们自己的命运问题。在列宁领导时期和我党整个历史上，这样的讨论为什么都认为是正常的？难道有谁会认为，斯大林、莫洛托夫和布哈林颁布的提纲，在每个具体时刻对党来说都是历史发展的最后裁决？我们确实想讨论这些问题，向党证明并说明这些提纲是根本错误的，推行它们有折断中国革命的脖子的危险。

8. 中央委员会不想争论。但须知事关的是对中央委员会本身的批评。可以说，每个中央委员会对争论的兴趣越小，它的路线就越错误，它被事件所推翻就越明显、越残酷。我不认为，在我党的历史上，曾有过类似斯大林和布哈林在中国问题和英俄委员会问题上犯下的错误。但这不是昨天的事。我们中的每一个人都想立即结束它。但作为命令的错误已经以十倍的力量转入明天。我要说的正是这点。政治局"不想"争论，这是可以理解的。但政治局有权禁止讨论事关政治局本身在具有世界历史意义的问题上的根本错误吗？

9. 政治局不想争论。为什么？显然是为了"不打扰"党。但须知正是政治局就虚构的季诺维也夫同志在虚构的会议上的反党讲话展开了人为的、上面制造的争论。没有告诉党季诺维也夫同志说了什么（至于我，我可以在他说过的每一个字下面签上我的名字）。季诺维也夫同志的讲话没有发表。把事情说成是会议而不是党的会议，实际上，会议是党的会议，虽然出席会议的有部分非党员群众。反对季诺维也夫同志的"争论"开足马力。中央监察委员会对此保持沉默。中央监察委员会没有干预。当"争论"以连续方式进行时,中央监察委员会作出了自己的"判决"。

10. 现在在全国,在讨论中国问题时,为了不让任何人对革命领导的错误发表意见,为了有可能让每个批评者受到在非党会议上反党发言的追究,专门推行党支部的开放会议。这是制度。这是上面组织的制度。这是为窒息党的思想而从上面组织的制度。难道真的可以认为,布尔什维克党党员没有对在中国革命问题上交流看法的强烈需要,尤其是现在,政治局不是在自己犯下的错误中汲取教训,而是以命令的方式把这些错误强加给党已经变得十分清楚时。在这样的条件下,每一个正派的党员都必须作出抉择。他应该说:"如果我对党隐瞒自己的批评,比让某些非党群众违背我的意愿听到我的批评,要危险得多。"

11. 我们希望党讨论上海灾难的条件和原因。为了阻碍此事,中央委员会把季诺维也夫同志的极其平静、极其温和的讲话变成党的"灾难"。尽管是危急时刻、困难重重、危险重重,等等,上面还是惊吓党,打扰党,恐吓党,对着党的耳朵喊叫,说什么季诺维也夫动员非党群众反党。企图借助于就人为夸大的理由进行的单方面的、残酷的、害人的争论,妨碍党平静地讨论中国革命的主要问题。在机关的、单方面争论的喧嚣声中,禁止刊登我们的文章。为什么禁止?因为斯大林无法回答它们。因为他的提纲是匆匆拼凑的、可悲的、无思想的词句,虽然让唐恩十分满意,但被批评一吹,就会烟消云散。

12. 以局势困难、外来的危险、迫近的战争威胁为借口,禁止讨论最根本的问题。对这些无可置疑的危险,反对派的不同之处就在于它比他们更早地预见到了这些危险,而且作出了更深刻的评价。危险就在眼前,而且十分巨大。但须知这些危险中的每一个都由于领导的错误而百倍地危险。危险的主要源头,是中国革命的失败,它在没有所必需的革命阶级基础的情况下如此迅速地崛起。我们以错误的政策妨碍这个基础的及时建立。在现阶段上,这击垮了革命,重创了我们的国际地位。如果再沿着斯大林提纲的道路走下去,中国革命的形势,因而也是我们的形势,将会变得更糟(参见陈独秀的讲话)。那时就会以加倍恶化的形势为借口来加倍地禁止任何批评的声音。在这种方针下,领导越是错误,就越不可能对它进行批评。

13. 在这里,全部问题都被翻了个个儿。在有利的条件下还能沿着错误的路线前进。困难处境越是困难，就更加不可抗拒地要求正确路线。如果错误路线，如果领导顽固坚持的错误路线以新的失败和震荡威胁工人国家和世界革命的话，在看到并意识到错误的情况下还对它们保持沉默，就只能是可怜的、无个性的官员，或是卑鄙的钻营者，顺便说说，现在在我们周围，有不少这样的人。用人为制造的反对季诺维也夫同志的"争论"的喧嚣声和起哄来压制对有争议问题的原则性的政治讨论，意味着对普通党员的恐吓手段，让他们失去个性，从而让机关更加凌驾于他们之上，让钻营者如鱼得水。

14. 我对所有东西直呼其名，因为在这样的形势中，吞吞吐吐是于事无补的。一切都可以暂时压制：批评、怀疑、问题和愤怒的抗议。但列宁把这样的方法称为粗暴的、不忠诚[①]的。它们的粗暴和不忠诚不是因为它们的令人不快的形式，而是因为它们本质上与党的性质是不相容的。不能把中国革命驱入瓶中。这是谁也做不到的。秘密筹备的粉碎反对派，只有以外在的机关方式才能成功。我们捍卫的路线经历过世界历史最重大事件的烈焰的检验，得到布尔什维主义的全部经验的巩固，并再次得到中国革命和英俄委员会的悲惨经验的证实，虽然是以相反的方式。压制这条路线是不可能的。但给党和共产国际造成无可弥补的伤害，则是完全可能的。

这就是我想对中央委员会和中央监察委员会清晰明确地所说的一切。

列·托洛茨基
1927 年 5 月 16 日

---

① 列宁原文中的"более лоялен"被译为"较为谦恭"，лояльный 一词在俄文中有两个词义，一为忠诚，另一个为谦恭，中译者不知出于什么考虑把这个词译为"谦恭"。列宁当时已经清楚斯大林与季诺维也夫和加米涅夫结盟的事，更了解斯大林为攫取权力不择手段，在他生病期间在民族问题上对他搞封锁和欺骗，所以这个词译为"忠诚"更加准确。笔者认为，列宁所说的忠诚，对党员来说，有两个层面，一是对事业的忠诚，二是对同志的忠诚。尤其是从斯大林后来的所作所为看，这两方面的忠诚他都不具备。——译注

中国革命和斯大林同志的提纲*

在中央全会闭幕几天以后，斯大林同志的提纲以《中国革命问题》的标题刊登在4月21日的《真理报》上，提纲没有提交全会，也未曾在全会上讨论（虽然出席全会的全体成员仍留在莫斯科）。然而，斯大林同志的提纲是如此错误，如此本末颠倒，如此渗透了尾巴主义精神，在如此之大的程度上使已经犯下的错误永远存在下去，对它保持沉默，就是真正的犯罪。

必须从中国事件中汲取教训

一、近来，不允许公开讨论中国革命的理论和策略问题，理由是，这样的讨论正中苏联敌人的下怀。对那些不惜直接伪造"事实"和"文件"的敌人透露他们能够抓住的那种事实，当然是绝对不允许的。这样的讨论也没有任何必要性。事关的是确定中国革命的动力和评价它的政治领导的基本路线。换言之，事关的是讨论那些正是斯大林同志的提纲讨论的问题。如果这份提纲能够公布，为什么就不能公布对它的批评呢？

说什么讨论中国革命问题会损害我们的国家利益，这是危言耸听。如果真是这样，应该拒绝讨论的就不只是俄国共产党，还有共产国际的所有的党，中国共产党也包括在内。然而，中国革命的利益、教育世界所有共产党的利益都要求公开、坚决、彻底地讨论中国革命的全部问题，首先是它的有争议的问题。说什么共产国际的利益与苏联国家利益相矛盾，是错误的。拒绝讨论错误

---

* 译自 *Архив Троцкого*, т. 1, cc. 142 – 181。

此文原文分两部分，第一部分至"五十一"，写作时间为1927年5月7日；"五十二"以后为第二部分，写作时间为1927年5月17日，此部分原文标题为《评陈独秀同志关于中国革命任务的讲话——〈中国革命和斯大林同志的提纲〉后记》。收入本书时，译者将两部分内容合并为一篇。——译注

不是出于工人国家的利益，而是出于错误地对待中国革命和苏联利益的"机关"官僚方式。

二、中国革命的4月失败不仅仅是机会主义路线的失败，还是领导的"机关"方法的失败，在这种方法下，每个决定都作为既成事实摆在党的面前；声称决定不允许批评，直到事实表明它是站不住脚的之后，再机械地，即背着党用新的、往往是更加错误的决定来取代它，就像今天的斯大林的提纲一样。这样的方法与革命政党的发展是根本不相容的，对能够也应该独立地在失败和错误的经验上学习的年轻的党来说，它成了特别严重的障碍。

斯大林同志的提纲发表了。至少，在这个提纲的范围内，中国革命的问题能够也应该进行公开和全面的讨论。

帝国主义压迫和阶级斗争

三、与我们的1905年革命相比较，中国革命的特殊性首先植根于中国的殖民地状态。忽视帝国主义对中国内部生活的强大压力的政策，是根本错误的。但从未经阶级折射的民族压迫的抽象概念出发的政策，也同样是错误的。斯大林同志的提纲和整个领导路线的错误的主要源头，是对帝国主义的角色和它对中国各阶级之间的相互关系的影响的错误理解。

帝国主义压迫应该为"四个阶级联盟"的政策辩解。帝国主义压迫似乎导致"中国所有（！）阶级都一致（！）认为广州政府是全中国的国民政府"（加里宁同志的讲话，载3月6日的《消息报》）。事情的实质是，这是国民党右派分子戴季陶的立场，他证明，由于帝国主义的压迫，阶级斗争的规律对中国来说，已不复存在。

中国是受压迫的半殖民地国家。中国生产力在资本主义形式下的发展，需要推翻帝国主义压迫。中国争取民族独立的战争，是进步战争，因为它是中国经济文化发展要求的产物，还因为它有利于英国和世界无产阶级的革命发展。

但这根本就不意味着，帝国主义压迫是机械的压迫，它是外来的，"同样地"压迫着中国的"所有"阶级。外国资本在中国生活中的强大作用导致中国资产阶级中最强大的阶层、官僚和军阀把自己的命运与帝国主义的命运联系在一起。没有这种联系，所谓的"军阀"在近期中国生活中所起的巨大的作用是不可思议的。

认为在所谓的买办资产阶级，即外国资本在中国的经济政治代理人和所谓的"民族"资产阶级之间似乎存在着一条鸿沟,这就更为幼稚。不,与资产阶级和工农群众相比,这两个阶层要接近得多。资产阶级作为内部制动器加入民族战争阵营,时刻仇视地看着工农群众,随时准备与帝国主义妥协。

在国民党内,领导着它的民族资产阶级,实质上是买办和帝国主义分子的辅助工具。只有在工农群众运动软弱、阶级斗争不发达、中国共产党不独立和作为资产阶级手中工具的国民党驯服的条件下,民族资产阶级才能留在民族战争的阵营中。

认为帝国主义从外部机械地把中国所有阶级团结起来,这就大错特错了。这是中国立宪民主党人戴季陶的立场,无论如何都不是我们的。反对帝国主义的革命斗争不是削弱,而是加强阶级的政治分化。在中国内部关系上,帝国主义是强大的力量。这个力量的主要源泉不是停泊在扬子江上的外国军舰——它们只是辅助工具,而是外国资本与中国资产阶级的经济政治联系。正是由于帝国主义经济军事上的强大,反对它的斗争要求调动起全中国人民群众的全部力量。只有把工农最基本的、深刻的生活利益与国家解放的利益联系起来,才能真正地唤起工农反对帝国主义。大大小小的工人罢工、农民暴动、城乡受压迫底层反对高利贷者、官僚、地方军人暴君的起义,所有能够唤醒底层,把他们团结起来,教育他们,锻炼他们的一切,都是在中国人民革命和社会解放道路上迈出的真正步伐。没有这点,右派、半左派的将军们的军事胜利或失利,都是大海表面上的泡沫。但能够唤起受压迫和被压抑的劳动群众的一切,不可避免地会促使中国民族资产阶级与帝国主义公然的军事联盟。帝国主义压迫不会削弱资产阶级与工农群众之间的阶级斗争,而是相反,在每一个严重冲突中都将使它激化,直到血腥的内战。中国资产阶级总是有帝国主义为自己的坚强后盾,后者总是用金钱、商品、手榴弹帮助中国资产阶级反对中国工农。

认为可以通过平息阶级斗争,通过阻止罢工、农民暴动,通过放弃武装群众等来实现中国的民族解放的,只能是那些可怜的庸人和告密者,他们心中怀着希望,帝国主义会因为群众的良好行为而把中国的解放作为礼物交给他们。

当马尔丁诺夫建议用政府仲裁来解决问题时,他与蒋介石政策的哲学奠定者戴季陶没有任何区别。

民主革命还是社会主义革命

四、把中国直接面临无产阶级社会主义专政这样无意义的断言强加给反对派。在这个"批评"中没有任何新鲜之处。1905 年前夕和之后，孟什维克曾不止一次地宣称，如果俄国直接面临社会主义革命的话，列宁的策略就是合理的。列宁对他们解释说，他的策略是民主革命彻底胜利的唯一道路，它在有利条件下会开始长入社会主义革命。

中国发展的"非资本主义"道路问题的本身，是列宁在特定的形势中提出的。仅靠自己的力量，即没有胜利的苏联无产阶级的支持，没有所有先进国家工人阶级的支持，中国革命只能以为国家赢得更广泛的资本主义发展机会和对工人运动更有利的条件而告终。这对他来说，像对我们一样，是起码的常识。

五、但是，说的是中国无产阶级是否需要独立的党，这个党是否需要与国民党结盟或服从它，是否需要苏维埃等的问题，它们的解决取决于我们设想的中国革命的进程和今后所有阶段的速度，那就完全错了。在中国，不得不经历从国民会议开始的相对更加漫长的议会阶段，是十分可能的。国民会议口号是写在中国共产党旗帜上的口号。如果资产阶级民主革命在近期内不能转入社会主义革命，那么工农代表苏维埃在一定阶段上就会从舞台上消失，让位于资产阶级制度，后者此后再根据世界革命的进程，在新的历史阶段让位于无产阶级专政。

六、但首先，资本主义道路的不可避免根本就没有得到证明；其次，可以用不同的方式解决资产阶级任务。现在对我们来说，这个论据要现实得多。国民会议口号的本身，如果不说谁、在什么纲领的基础上召开它的话，它就是空洞和抽象的，往往干脆就是招摇撞骗。蒋介石明天就能提出国民会议的口号来反对我们，就像他今天提出了自己的工农"纲领"一样。我们不想通过蒋介石，而是通过工农代表苏维埃执行委员会召开国民会议。

这是更严肃和更可靠的道路。

七、布哈林同志以"封建残余"在中国经济中占优势为借口，为机会主义路线辩护，是根本站不住脚的。哪怕布哈林同志对中国经济的评价是建立在经济分析，而不是烦琐地界定"封建残余"上，也仍不能为那个显然方便了四月政变的政策辩护。

中国资本主义生产力的发展遭遇了国家海关受控于帝国主义国家的瓶颈，因此中国革命具有民族资产阶级性质。阻止中国工业的发展，压缩国内市场，意味着维持和恢复农业经济生产中的最落后的形式、最寄生的剥削形式、压迫和暴力的最野蛮的形式，农村剩余居民的增长，维持和激化贫困和所有奴役。

特殊的"封建"因素无论在中国经济中占多大比重，都只能通过革命途径来消除它们，因而不是要与资产阶级联盟，而是与其直接斗争。农奴和资本主义关系越是复杂和病态地交织在一起，土地问题就越是不能通过上层立法的方式来解决，与城市工人和贫民紧密联系的农民群众的革命主动性就更加必要；痉挛地抓住与资产者和地主的联盟，并让自己的群众工作服从这个联盟的政策就越是错误。四个阶级联盟的政策不仅为资产阶级与帝国主义的结盟做了铺垫，还意味着进一步维持行政和经济中的野蛮的残余。

以中国革命的资产阶级性质为借口来反对苏维埃，意味着干脆放弃了我们的1905年和1917年（二月）革命的经验。在这两场革命中主要和眼前的任务是推翻专制农奴制度。这个目的不排除武装工人，建立苏维埃，而是要求这样做。

在二月革命后，列宁对此写下了下面这些话：

> 为了真正同沙皇君主专制进行斗争，为了真正保证自由，不只是口头上保证，不是靠花言巧语的米留可夫和克伦斯基空口许诺，就不是工人应该支持新政府，而是这个政府应该"支持"工人！因为获取自由和彻底摧毁沙皇制度的唯一保证，就是把无产阶级武装起来，加强、扩大和发挥工人代表苏维埃的作用、意义和力量。除此以外，一切都是空话和谎言、自欺欺人的把戏。要帮助工人武装起来或至少要对这件事不加阻挠，俄国的自由就将不可战胜，君主制就不可能复辟，共和国会得到保证。不然，古契柯夫之流和米留可夫之流就会恢复君主制，丝毫不会实现、确确实实丝毫不会实现他们所许诺的任何"自由"。一切资产阶级革命中，一切资产阶级政客一贯都用诺言"款待"人民和愚弄工人。我国革命是资产阶级革命，因此工人应该支持资产阶级——波特列索夫①之流、格沃兹杰夫②之流、齐赫泽③之流这样说道，正如普列汉诺夫昨天说过的一样。我国革命是资产阶级革命，——我们马克思主义者说道，——因此工人应该

---

① 波特列索夫（Александр Николаевич Потресов，1869—1934）化名斯塔罗韦尔。曾参加俄国革命运动，1896年为彼得堡"工人阶级解放斗争协会"成员。1900年起任《火星报》编辑。1903年起任孟什维克领导人之一。十月革命后为侨居国外的白俄流亡分子。——译注

② 格沃兹杰夫（Кузьма Антонович Гвоздев，1883—1956）俄国孟什维克、取消派分子。1917年曾任临时政府劳工部长。——译注

③ 齐赫泽（Николай Семёнович Чхеидзе，1864—1926）孟什维克领袖之一，第三届和第四届国家杜马代表。1917年任彼得格勒苏维埃主席和中央执行委员会主席，1918年后曾任外高加索议会主席，格鲁吉亚立宪会议主席。1921年逃往国外。——译注

让人民群众看清资产阶级政客的欺骗，教导人民不要相信空话，只能依靠本身的力量、本身的组织、本身的团结、本身的武装。①

中国革命者一旦从自己的头脑中清除掉关于四个阶级联盟的巧妙注释，他就能牢牢地汲取列宁这些质朴语言的意义，显然会不犯错误地走向目的地。

中国问题上的马尔丁诺夫学派

八、中国革命的官方领导一直沿着"全民族统一战线"或"四个阶级联盟"的路线行进（参见布哈林的报告、《共产国际》杂志第11期的社论、1927年4月5日斯大林在莫斯科积极分子会议上的未公布的讲话、马尔丁诺夫刊登在4月10日《真理报》上的文章、3月16日的《真理报》社论、刊登在1927年3月6日《消息报》上的加里宁同志的讲话、刊登在1927年3月9日《真理报》上的鲁祖塔克同志的讲话，等等）。在这条道路上走得如此之远，在蒋介石政变前夕，《真理报》揭露反对派，称统治革命中国的不是资产阶级政权，而是"四个阶级联盟的政府"。

马尔丁诺夫的哲学有可悲的勇气把斯大林—布哈林在中国政策问题上的全部错误推到其逻辑终点，但它没有遭到丝毫的回击。然而它是在践踏马克思主义的基本原则，恢复俄国和国际孟什维主义的最粗陋的特征，并把它们用于中国革命的条件中。孟什维克今天的领袖唐恩并非平白无故地在最近一期《社会主义导报》上写道：

> 布尔什维克"原则上"也赞成在民族解放任务完成之前，在中国革命中保持"统一战线"。早在4月10日的《真理报》上，马尔丁诺夫虽然不得不咒骂社会民主党，仍十分理智地、完全"按孟什维克的方式"对"左派"反对派分子拉狄克证明官方立场的正确性，这个立场坚持必须维持"四个阶级联盟"，不急于破坏工人和大资产阶级一起在其中开会的联合政府，不把"社会主义"任务过早地强加给它。

谁了解布尔什维主义与孟什维主义斗争的历史，特别是在对资产阶级自由

---

① 《列宁全集》第二版第29卷，人民出版社1985年版，第18—19页。

派的态度问题上的斗争历史，就不能不承认，唐恩赞许马尔丁诺夫学派的"理智的"原则，并非偶然，而是理所当然的。违背自然的只是这个学派居然能够不受惩罚地在共产国际的队伍中发出自己的声音。

1905—1917年的旧的孟什维克策略，已经被事件的进程彻底否定，马尔丁诺夫学派今天把它转到中国，就像资本主义商业把在自己国家中已找不到销路的质量最低劣的商品运往殖民地一样。在这种出口中，商品甚至都无须更新。理由还是那些，一字不差，像二十年前一样。只是在文本中原是专制制度的地方，现在换上了帝国主义。当然，英国帝国主义与专制制度不同，但孟什维主义以它为借口，与以专制制度为借口没有任何区别。反对外国帝国主义的斗争，像反对专制制度的斗争一样，是阶级斗争。不能用民族统一战线的思想来迷惑它，直接由四个阶级联盟中产生的血腥的四月事件十分雄辩地证明了这点。

在实际执行中的"路线"的面貌如何

九、对四月政变结束的过去的那个时期，斯大林提纲声称："所采取的路线是唯一正确的路线。"

它在实践中的表现如何？谭平山这位共产党农政部长在其在共产国际执行委员会第七次扩大全会上的报告中，雄辩地说出了这点：

> 从去年7月在广州建立名义上是左派的国民政府开始，政权实际上掌握在右翼的手中……由于种种障碍，工农运动不能展开。在三月进攻后，建立了中派（即蒋介石）的专政，然而政治权力仍保持在右翼的手中。就实质来说本应该（!）属于左翼的全部政权都彻底丧失了。

总之，左翼"应该"掌握政权，但他们彻底丧失了它，国家政权属于右翼，强大得多的军权完全掌握在蒋介石"中派"——它成了阴谋中心——的手中。在这些条件下，不难明白，为什么工农运动不能以应有的方式展开。

谭平山对"唯一正确的路线"在事实中的呈现作出了更准确的界定：

> 我们实际上牺牲了工农的利益……在与我们的漫长谈判之后，甚至没有公布工会法……政府不接受我们以各社会组织的名义提出的农民的要

求。当在大地主和贫农之间爆发冲突时，政府总是站在前者一边。

这是怎么发生的？谭平山谨慎地指出两个原因：

（a）左派领袖不能通过政治权力巩固和扩展自己的影响；
（b）右翼"部分是由于我们错误策略的结果，获得了行动的机会"。

十、就是这样的政治关系获得了"四个阶级联盟"的华丽称号。这样的"联盟"充斥着资产阶级国家的革命史和议会史：大资产阶级引领小资产阶级民主分子、民族统一战线的空谈家，而后者又把工人搞糊涂，拽着他尾随资产阶级。当无产阶级这条"尾巴"违背小资产阶级空谈家的努力，开始过于较劲时，资产阶级就命令自己的将军们砍去"尾巴"。那时妥协分子就深刻严肃地确认，资产阶级"背叛"了民族事业。

十一、但须知资产阶级不是"仍在"与帝国主义斗争吗？这个论据是无内容的老生常谈。所有国家的妥协分子总是在相应的条件下劝说工人，说自由派资产阶级在与反动派作斗争。中国资产阶级在与帝国主义的斗争中利用小资产阶级民主派，只是为了与"帝国主义"建立反对工人的联盟。由于北伐，资产阶级变得更加强大，工人则被削弱了。造成这种结果的路线是错误的路线。谭平山说："我们实际上牺牲了工农的利益。"为什么？为了支持四个阶级的联盟。结果呢？资产阶级反革命的最大的胜利，摇摇欲坠的帝国主义得到巩固，苏联的削弱。这样的政策是犯罪的政策。不无情地谴责它，就不能向前迈进一步。

提纲为无法辩护的路线辩护

十二、提纲现在仍企图为把党和无产阶级与大资产阶级拴在同一个组织——国民党——的框架内，而且全部领导权都掌握在资产阶级手中的政策辩护。提纲称："这条路线……如果右派服从（！）国民党的纪律（！），就利用他们，利用他们的联系和他们的经验。"[①] 现在我们已经清楚地知道，资产阶级是如何服从"纪律"，无产阶级是如何利用右翼，即大中资产者、他们的

[①] 《斯大林全集》第9卷，人民出版社1954年版，第201页。

"联系"（与帝国主义分子的）和他们的"经验"（扼杀和枪杀工人）的了。这种"利用"用鲜血写进了中国革命的史册。然而，提纲说："后来的事件完全证实了这条路线的正确性。"① 真是无以复加了！

从大规模的反革命政变中，斯大林的提纲得出了真正可悲的结论，在统一的国民党内"孤立右派"的政策应该用与右派"坚决斗争"的政策来取代。这是在党内右派"同志"开始用机关枪的语言说话之后。

十三、诚然，提纲以过去对资产阶级背离革命是不可避免的"预见"为依据。难道对布尔什维主义的政策来说，这样的预言就足够了吗？对资产阶级背离革命的"预言"如果不与明确的政治结论联系起来，就是空洞的老生常谈。在上面引用过的那篇赞成马尔丁诺夫的官方路线的文章中，唐恩写道：

> 在涉及如此激烈对抗的诸多阶级的运动中，永恒的统一战线当然是不可能的。（《社会主义导报》1927年4月22日，第3页。）

也就是说，唐恩也承认"资产阶级的背离是不可避免的"。革命中的孟什维主义政策是千方百计地尽可能长久地维持统一战线，不惜以让自己的政策适应资产阶级的政策为代价，以削减口号和束缚群众的积极性为代价，在中国，甚至不惜以工人政党在组织上服从资产阶级的政治机关为代价。布尔什维主义的道路是在政治上和组织上无条件地与资产阶级划清界限，从革命的第一步起就无情地揭露资产阶级，破除对与资产阶级统一战线的所有小资产阶级幻想，为争取对群众的领导权与资产阶级进行不倦的斗争，无情地从共产党中驱逐那些散布对资产阶级的希望和粉饰它的人。

两条道路和过去的错误

十四、诚然，斯大林同志的提纲试图让中国革命发展的两条道路对立起来：一条是在资产阶级的领导下，也就是说在它镇压无产阶级和它必然与外国帝国主义联盟的情况下；另一条是在无产阶级的领导下反对资产阶级。

但是，为了让资产阶级民主革命的这个第二条道路的前景不是空话，应该公然和坦率地说，迄今为止，中国革命的整个领导权都与这条道路处于不可调

---

① 《斯大林全集》第9卷，人民出版社1954年版，第201页。

和的矛盾中。反对派过去和现在一直遭受严厉的批评，正是因为反对派从一开始就提出了列宁主义的方针，即在民族民主革命的基础上，无产阶级与资产阶级争夺对城乡受压迫群众的领导权的斗争的道路。

十五、从斯大林的提纲中得出结论，似乎只有在资产阶级自己主动抛弃无产阶级、解除它的武装、砍它的头并蹂躏它的情况下，后者才能脱离资产阶级。但须知1848年革命的流产，正是遵循这条道路的结果，那时无产阶级没有独立的意义，它追随小资产阶级民主派，后者又跟在自由派资产阶级后面，把工人引到卡芬雅克①的屠刀下。中国局势的真正特殊性无论有多大，但那个说明了1848年革命道路特点的基本东西在中国革命中以如此致命的精确性重演，就像世界上没有1848年、1871年、1917年的教训，也不存在俄国共产党和共产国际一样。

蒋介石完成了自由主义共和派将军卡芬雅克的工作，现在这点已经成为共识。随反对派之后，斯大林的提纲也在重复这个类比。但对这个类比必须补充，如果没有安德列·罗列恩、路易·布朗②和其他全国统一战线的空谈家的话，卡芬雅克是无能为力的。在中国扮演这个角色的是谁？不仅是汪精卫，还有中国共产党的领导人。最主要的是他们的共产国际执行委员会的鼓舞者。如果不公开地说出这点，不把它搞清楚，解释明白，那么两条道路的哲学只能是路易·布朗们和马尔丁诺夫们的假面具，即为四月悲剧在中国革命的新阶段上的重演做准备。

中国共产党的状况

十六、为了有权谈在民主革命中为争取布尔什维主义道路而斗争，应该有无产阶级政策的主要工具：独立的无产阶级政党，在自己的旗帜下进行斗争，一分钟也不允许自己的政策和组织消融到其他阶级的政策和组织中。不保障共产党充分的理论、政治和组织上的独立性，所有关于两条道路的说法都是对布尔什维主义的直接嘲弄。然而，中国共产党事实上一直并非处于与国民党的革命的小资产阶级部分的联盟中，而是一切服从国民党，而后者实际上是由把军

---

① 卡芬雅克（Louis Eugène Cavaignac，1802—1857）法国将军。1848年任陆军部长和法兰西政府首脑。他率领军队镇压了1848年的六月起义。——译注

② 路易·布朗（Louis Blanc，1811—1882）法国空想社会主义者。断言不必通过革命斗争，只通过建立公共作坊和实行普遍选举，就可能消除资本主义关系和社会压迫。1848年革命期间，任临时政府成员，领导卢森堡委员会；执行妥协政策。工人运动中机会主义和改良主义鼻祖。——译注

队和政权集中在自己手中的大资产阶级领导的。共产党服从蒋介石的政治纪律。共产党保证不批评三民主义，它不仅是反对帝国主义的，也是反对阶级斗争的小资产阶级的理论。共产党没有自己的机关刊物，即独立政党的基本工具。在这些条件下说无产阶级争取领导权的斗争，就是自欺欺人。

十七、用什么来解释在蒋介石国民党中的共产党的从属性的、无个性的、政治上有失尊严的处境呢？用似乎是不能背离革命的资产阶级（马尔丁诺夫学派）实际领导下的民族统一战线的观点，事实上是对第二条布尔什维主义道路的否定，斯大林的提纲事后说到这条路线，只不过是为了做幌子。

以工农联盟的必要性来为这样的政策做辩解，意味着把这个联盟本身变成空话，变成资产阶级政治指挥角色的面具。

共产党的依附状态是"四个阶级联盟"的必然结果，这是工农运动——即真正的工农联盟，没有它，中国革命的胜利根本无法想象——道路上的主要障碍。

十八、未来共产党的情况应该如何？

在提纲中对此只说了一句话，而且是只能散布最大的混乱和造成无法弥补的损害的一句话。斯大林的提纲说："……共产党在与革命的国民党员在一个队伍中战斗的时候，比任何时候都更应当保持自己的独立性。"① 保持？但须知迄今为止，共产党一直就没有这种独立性。须知它的不独立正是所有灾难和错误的症结。在这个根本问题上，提纲建议的不是彻底结束昨天的实践，而是相反，"比任何时候都更应当"保持它。但须知这意味着保持无产阶级政党在思想、政治和组织上对小资产阶级政党的依附，后者因而必然会变成大资产阶级的工具。

为了给错误政策辩护，就只能把依附称为独立，并要求保持这本应彻底埋葬的东西。

十九、中国的布尔什维主义只能从今天的共产党最优秀分子的无情的自我批评中产生。在这方面帮助他们，是我们的责任。抹杀过去的错误，人为地阻止对它们进行讨论的企图，首先会给中国共产党造成最大的灾难。如果我们不帮助它在最短期内清除孟什维主义和孟什维克，它就会进入漫长的危机——分裂、退党和各个集团之间的残酷斗争——阶段。除此之外，机会主义造成的严

---

① 《斯大林全集》第9卷，人民出版社1954年版，第204页。

重失败还能为无政府工团主义的影响开辟道路。

尽管有群众性工人运动、强有力地发展的工会、农村的土地革命运动，如果共产党仍像以前一样成为资产阶级政党的从属部分，作为软弱的附庸加入这个资产阶级政党建立的政府之中，那时就应该公然地说：在中国，共产党的时机尚未来临。因为与其在革命时代——即正是用鲜血凝结与工人群众的联系和创造能在几十年内起作用的伟大传统的时候——如此残酷地败坏共产党的声誉，还不如根本就不建立它。

在速度问题上谁错了

二十、在斯大林同志的提纲中，当然有整整一章用于批评"反对派"的错误。不是向右开火，即对斯大林自己的错误开火，而是企图向左开火，从而加剧错误，积聚混乱，使出路变得更加困难，把领导路线推进妥协的泥潭。

二十一、主要的指责是反对派"不明白，中国革命不能快速发展"。提纲在此不适当地提到十月革命的速度。如果提出速度的问题，那就不应该用十月革命的外在尺度来衡量它，而是用从中国革命本身的内部阶级关系中得出的尺度。众所周知，中国资产阶级根本就不理会关于缓慢速度的规定。为了全力打击革命，它认为在1927年4月抛弃一直很好地为它服务的统一战线的面具是及时的。事实表明，共产党、无产阶级，还有与他们一起的左派国民党员对这个打击完全没有准备。为什么？因为领导指望的是更加缓慢的速度，它无可救药地落在事件的后面，具有尾巴主义的性质。

4月23日，即在蒋介石政变之后，国民党中央委员会与武汉"左派"政府一起发表宣言，并在其中说道：

……我们不曾及时行动，现在我们只能对此感到遗憾（！）。在此我们恳请原谅（！）。（《真理报》4月23日）

在这些可怜、悲戚的文字中，除了作者的意志外，还无情地推翻了斯大林关于中国革命"速度"的哲学。

二十二、在工人群众力求进行独立斗争时，我们继续支持与资产阶级的联盟。我们企图利用"右派"的经验，实际上却成了他们手中的工具。我们推行鸵鸟政策，在刊物上对蒋介石1926年3月的政变、枪杀工农和所有能够表明国民党领导的反革命性质的事实保持沉默,对自己的党隐瞒它们。我们忘了关心自己的党的独立性。我们没有为它创建报纸。"我们实际上牺牲了工农的利益"(谭平山)。我们没有为掌握士兵群众采取一个严肃的措施。我们允许蒋介石匪帮建立"中派军人专政",即资产阶级的反革命专政。在政变前夕我们还在宣扬蒋介石。我们断言他"服从纪律",我们成功地"以巧妙策略的手段防止了威胁中国革命的急剧的向右转"(拉斯科尔尼科夫[①]为谭平山的小册子写的前言)。我们全线落后于事件。我们每一步都失去速度,这对资产阶级有利。我们以这种途径为资产阶级反革命准备了最有利的条件。左派国民党至少为此而"恳请原谅"。从整个这条真正是前所未有的尾巴主义错误的链条中,斯大林的提纲得出了这个骇人听闻的结论:反对派要求"过快的速度"。

二十三、在我们党的会议上最常听到的是对"极左的"上海人的指责,反对所有那些以自己的"过火行为"刺激蒋介石的中国工人。谁也没有引用这方面的资料。它们又能证明什么?这些所谓的"过火行为"是任何一场让数百万人卷入自己的旋涡的真正的人民革命都无法避免的。

想给刚刚觉醒的群众规定不破坏资产阶级"秩序"的行进路线的政策,是无可救药的庸人的愚钝政策。它必然会在内战逻辑上碰得头破血流,对卡芬雅克们和科尔尼洛夫们发出过迟的诅咒,同时揭露来自左面的"过火行为"。

中国工人的"过错"是,革命关键时刻来临时,他们没有准备、没有组织、没有武装。但这不是过错,而是他们的灾难。灾难的责任完全落在无可救药地延缓了速度的错误的领导身上。

新的革命中心是否已经存在,或是还有待建立

二十四、关于中国革命今天的状态,提纲通报说:"蒋介石的政变表明从此以后在中国南部将有两个政权、两个军队、两个中心,武汉的革命中心和南京的反革命中心。"[②] 对形势的错误的、肤浅的、庸俗的界定!问题不是简单地在国民党的两部分中,而是在阶级力量的新的组合中。认为武汉政府是现成

---

① 拉斯科尔尼科夫(Фёдор Фёдорович Раскольников,1892—1939)1910年加入布尔什维克,十月革命前为喀琅施塔得海军中尉,积极参加十月革命;十月革命后任副海军人民委员、波罗的海舰队司令等军事领导职务。1921年任苏维埃驻阿富汗全权代表;回国后在共产国际中央机关工作,为共产国际执行委员会书记处成员和中国委员会书记。后任苏联驻外国大使,在清洗期间是为数不多的拒绝应召回国的外交人员之一,并发表声明揭露斯大林背叛革命、迫害革命家的罪行。——译注

② 《斯大林全集》第9卷,人民出版社1954年版,第203页。

的中心，它将简单地从蒋介石阻止和推翻革命的地方继续它，就是把4月的反革命政变看成是个人"叛逃"，是"插曲"，即什么也不明白。

工人不是简单地被粉碎了。他们是被那些曾经率领他们的人粉碎的。难道可以认为，群众现在以同样的信任追随左派国民党，像昨天他们追随整个国民党时一样？同时，今后进行的斗争不能仅仅反对与帝国主义有联系的原来的军阀，还要反对"民族资产阶级"，它由于我们的根本错误的政策掌握了军事机关和大部分军队。

为了在革命的新的、更高的阶段上进行斗争，首先需要唤起被欺骗的群众对自己的信任，唤醒那些尚未觉醒的群众。为此，首要的事情就是表明，那个以支持四个阶级联盟的名义而"牺牲工农利益"（参见谭平山的报告）的可耻政策，已经被彻底铲除。谁还拥护这个方向，就应该无情地把他从中国共产党中驱逐出去。

现在，经过流血的考验之后，认为似乎还能挥舞着国民党的旗帜（"我们不会把国民党的蓝色旗帜让给任何人！"布哈林喊道）唤起和率领数百万工农，这种浅薄、表面、可悲的思想应该抛弃。不，群众需要的是革命纲领和从他们自己队伍中成长起来的战斗组织，它含有与群众的联系和忠于他们的内在保障。仅一个武汉上层对此是不够的，需要工农兵代表苏维埃、劳动者的苏维埃。

苏维埃和武装工农

二十五、否定了性命攸关的苏维埃口号，斯大林同志的提纲多少有点令人意外地宣布："反对反革命的主要解毒剂（？）则是工人和农民的武装"。武装工农无可争议是最必要的东西。在这点上我们没有分歧。但迄今为止，一直认为为革命的利益必须"最小限度"地武装工人，这又作何解释？共产国际代表实际上反对武装工人又怎么解释？（参见四位同志致俄国共产党驻共产国际代表团的一封信）虽然有充分武装的可能，工人在政变时没有武装？所有这一切都只能用力求不与蒋介石破裂、别冒犯蒋介石、别把他推向右边的意愿来说明。恰恰在最需要火力的"解毒剂"时，却没有它。现在，为了"别推开"汪精卫，武汉的工人群众也没有武装起来。

二十六、武装工人和农民，是最好的事情，但应该前后一致。在中国南方已经存在武装的农民：这是所谓的国民革命军。然而它们不是"反对反革命的解毒剂",而是反革命的工具。为什么?因为政治领导不是通过士兵代表苏维埃掌握最广大的军队群众,而是局限于纯外在的拷贝我们的政治处和政委,在没有革命政党和没有士兵苏维埃的情况下,它们变成了资产阶级军阀的空洞的伪装。

二十七、斯大林提纲之所以否定苏维埃口号,依据的是这似乎是"反对革命的国民党政权的斗争口号"。那么,"而反革命的主要解毒剂则是工人和农民的武装"这几个字又意味着什么?武装工人和农民是为了反对谁?不是反对革命的国民党政权吗?

武装工农的口号,如果它不是空话,不是敷衍塞责,不是面具,而是行动的号召,它就与工农代表苏维埃口号同样尖锐。莫非武装起来的群众将能容忍在自己的身边与自己敌对或凌驾于自己之上的异己的官僚政权吗?在当前的形势下,真正的武装工农必然意味着建立苏维埃。

二十八、还有,是谁将武装群众?谁将领导武装起来的群众?

在国民革命军还在前进,北方军队缴械投降之时,武装工人可以进行得相对容易。及时地组建工农兵代表苏维埃意味着反对反革命的真正的"解毒剂"。不幸的是,过去的是无法挽回的。现在,形势急剧恶化。工人自发夺取的数量微不足道的武器("过火行为"莫非就在于此?)已经被缴。北进也已经停止。在这些条件下,武装工农是一个重大而困难的任务。宣称苏维埃的时机尚未来临,又同时提出武装工人的口号,就是制造混乱。只有苏维埃能够成为革命进一步发展的机构,它将实际武装群众,并领导武装起来的群众。

为什么不能建立苏维埃

二十九、提纲对此是这么回答的:"苏维埃不是任何时候都可以成立的——苏维埃只有在革命特别高涨的时期才能成立。"① 如果这些话有什么意义的话,则只能是我们已经失去了时机,没有在最近一次强大的群众革命运动开始时号召建立苏维埃。再一次重申:过去的是无法挽回的。如果认为,中国革命将被长期抑制,那么,苏维埃口号当然不会得到群众的反响。但那时,武装工农的口号就更加没有基础。不过我们并不认为错误政策的后果是如此沉重和深远。很多资料都表明,在不远的未来,新的革命涨潮的可能性和必然性。

---

① 《斯大林全集》第9卷,人民出版社1954年版,第205页。

除此之外，蒋介石不得不讨好群众，对工人许诺八小时工作制，对农民的优惠等，也说明了这点。在土地运动进一步发展，城市小资产阶级群众反对作为帝国主义直接代理人的蒋介石的情况下，能够在不远的将来创造更加有利的条件，在这些条件下，今天被粉碎的无产阶级先锋队将为新的进攻聚集劳动者的队伍。这将早一个月或晚一个月来临，都是无所谓的，我们现在反正都应该在纲领、口号和组织形式的意义上为它做准备。换言之，今后，苏维埃口号将伴随中国革命的整个进程，反映它的命运。

三十、提纲说："第二，苏维埃不是为了空谈而成立的。苏维埃首先是作为和现存政权进行斗争的机关、作为夺取政权的机关而成立的。"

可以说，建立苏维埃不是为了空谈，是提纲中唯一正确的地方。但革命者建议武装工农，同样不是为了空谈。在现阶段，苏维埃的结果只能是空谈，武装工农则是严肃的事，谁这么说，他不是在嘲弄自己，就是嘲弄别人。

三十一、第三个论据，因为现在在武汉的一些国民党的上层左派组织，它们在4月23日的宣言中为他们错失了阻止蒋介石政变的机会而道歉，提纲则从中得出结论：建立苏维埃意味着反对左派国民党的起义，"因为现在在这个地区除了革命国民党的政权外，没有任何其他政权"。

机关官僚对革命政权的态度从这些文字中透露出来。政权的夺取不是作为展开的阶级斗争的表现和巩固，而是作为国民党的独立意志的体现。阶级来来去去，而国民党政权的连续性是不变的。但是，仅宣布武汉是革命中心是不够的，应该让它事实上成为这种中心。左派国民党有什么？目前还什么都没有，或几乎什么都没有。苏维埃口号意味着号召通过双重政权的过渡制度，建立新政权的真正机构。

三十二、而苏维埃对似乎是"这个地区唯一的政权"的"革命的国民党政府"持什么态度？真是经典的问题！苏维埃对革命国民党的态度将取决于革命国民党对苏维埃的态度。换言之，随着苏维埃的建立、武装、巩固，它们将只能容忍在自己之上的政府是想依靠武装的工农的政府。苏维埃制度的可贵之处，特别是在直接革命时代，是它以最好的形式保证中央政权与地方政权之间的协调。

三十三、斯大林同志早在1925年就称国民党为"工农党（!?）"。这个界定与马克思主义没有任何共同之处。但很明显，斯大林同志想用自己的错误的表述表达这种观点，即国民党是反资产阶级的工农联盟的基础。对那个时期来说，这是绝对错误的。已经说过，那个时期是：诚然工农追随国民党，但引领他们的是资产阶级，我们知道，它将把他们引向何处。这样的党应该称之为资产阶级的党，而不是工农党。现在，在资产阶级"退出"后（即在它粉碎了没有武装、没有准备的无产阶级之后），照斯大林的说法，革命转入了新阶段，在这个阶段上，领导它的应该是左派国民党，即这样的党，应该假定，它最终将实现斯大林关于"工农党"的思想。禁不住要问：为什么建立工农代表苏维埃就意味着反对工农国民党的战争？

三十四、还有一个论据，建立苏维埃"这就是说，给中国人民的敌人以新的武器来和革命作斗争，来制造新传奇，说中国现在不是进行民族革命，而是人为地移植'莫斯科的苏维埃化'"①。

这个令人惊讶的理由意味着，如果我们将发展、扩大、深化群众革命运动，中国人民的敌人将会加强自己在诽谤方面的努力。这个论据没有其他意义。可能，它没有任何意义。

也许，提纲指的不是中国人民的敌人，而是人民群众本身对莫斯科苏维埃化的恐惧？但是，这种想象的基础是什么？众所周知，形形色色的"民族资产阶级"——无论是右派、中派还是左派——在他们的全部政治工作中，都十分努力地给自己涂上莫斯科的保护色：他们建立政委制、革命军事委员会政治部、政治处、中央全会、监察委员会等。中国资产阶级绝不害怕移植莫斯科的形式，而且十分努力地为自己的阶级目的去仿造它。为什么它求助于它们呢？不是对莫斯科的爱，而是因为它们在人民群众中深受欢迎。中国农民知道，苏维埃把土地分给了俄国农民，而现在还不知道的人，今后也一定会知道。中国工人知道，苏维埃保证了俄国无产阶级的胜利。工人应该从蒋介石的反革命经验中知道，没有掌握整个无产阶级并保障它与城乡受压迫群众合作的独立组织，革命就不能取得胜利。对中国群众来说，创建苏维埃是他们自己经验的产物，根本就不是"移植莫斯科的苏维埃化"。害怕直呼自己的名字的政策，是错误政策。应该以革命群众和革命的客观要求为准，而不是以敌人说什么为准。

三十五、有人说：但汉口政府仍是事实。冯玉祥是事实，唐生智是事实，他们的手中有武装力量。无论是武汉（汉口）政府，还是冯玉祥、唐生智，

---

① 《斯大林全集》第9卷，人民出版社1954年版，第206页。

都不希望建立苏维埃。建立苏维埃就意味着与这些盟友决裂。这个理由虽然没有直接在提纲中表述，但对许多人来说，它是决定性的。我们从斯大林那里已经听到，汉口政府是"革命中心"，"唯一的政权"。与此同时，在我们党的会议上宣扬冯玉祥"工人出身"、"可靠的革命家"、"忠诚的人"等。所有这一切都是在重复过去一个时期的错误，而且是在这些错误可能变得更加致命的形势中。汉口政府和军官们之所以反对苏维埃，只是因为他们不能决心推行激进的土地纲领，真正地与大地主和资产阶级决裂，暗中怀着与右派妥协的希望。因而建立苏维埃就更加重要。只有通过这种途径才能推动汉口的革命分子向左转，迫使反革命分子滚回家去。

三十六、但如果苏维埃不与"唯一的"汉口政府斗争，它们不是仍然具有双重政权的因素吗？当然。谁不是在口头上而是在实际上执行工农政权的方针，就不能不明白，推行这个方针要经过双重政权时期。后者将持续多久，表现为什么样的具体相互关系，将取决于汉口的"唯一的"政府在事实上如何暴露自己，共产党的独立和主动精神有多大，苏维埃的进展速度等。我们的任务无论如何都应该是加强双重政权的工农因素，以此为有充分展开的民主纲领的苏维埃工农政权做准备。

三十七、但在长江上停泊着几十艘外国军舰，它们能够炸平上海、汉口等。在这些条件下建立苏维埃，难道不是疯狂吗？这个理由在斯大林的提纲中也没有表述，但在党的会议上广为流传（马尔丁诺夫、雅罗斯拉夫斯基[①]等人）。马尔丁诺夫学派企图用对英国海军大炮的恐惧来扼杀苏维埃的思想。这个手段并不新鲜。1917年，社会革命人和孟什维克就曾经说过，苏维埃夺取政权，就意味着盟友将占领喀琅施塔得和彼得格勒，以此来吓唬人。我们回答说：只有深化革命才能拯救它。外国帝国主义只能接受这样的"革命"，它会以某些对中国资产阶级有利的让步的代价巩固帝国主义自己在中国的阵地。所有真正的人民革命一定会破坏帝国主义的殖民基础，一定会引起后者的疯狂反抗。我们曾尝试过半途而止，但须知这个"唯一正确的"路线未能防止南京遭受帝国主义大炮的轰击，也不能保护中国工人不被蒋介石的机枪射杀。

---

① 雅罗斯拉夫斯基（Емельян Михайлович Ярославский，1878—1934）斯大林根除"托洛茨基主义"的专家，苏联科学院院士（1939年），1921年任党中央委员会书记，1923—1934年任联共（布）中央监察委员会主席团委员、书记，1934—1939年任《真理报》和《布尔什维克》杂志编委。1931—1932年因重写苏维埃史在速度上不能满足斯大林的要求而一度失宠。——译注

只有中国革命转入真正的群众阶段,只有建立工农兵代表苏维埃,只有深化革命的社会纲领,才能像我们自己的经验所证明的那样,能够在外国军队中引起骚乱,激发他们对苏维埃的同情,从而真正地保障革命免遭外来的打击。

斯大林提纲建议用什么来代替苏维埃

三十八、"巩固工农群众组织——革命农民委员会、工会以及其他作为未来的苏维埃的准备因素的群众革命组织"①。这些组织的道路应该是什么?我们在提纲中找不到与此相关的一个字。关于这仅仅是"未来的苏维埃的准备因素"的那句话,只不过是一句话而已。这些组织现在将干什么?它们将领导罢工、抵制,打断官僚机关的脊梁骨,消灭反革命军事匪帮,驱逐地主,解除高利贷者和富农队伍的武装,武装工农,即实际解决土地民主革命当前的首要任务,从而推动地方政权机构的建立。但这是苏维埃,只是还没有很好地适应自己的任务的苏维埃。因而,提纲建议的是——如果严肃地对待这条的话——用建立苏维埃的替代品来代替建立苏维埃。

三十九、在此前的所有群众运动中,工会不得不履行接近苏维埃功能的功能(香港、上海等)。但正是对这些任务来说,工会表明它是完全不够的。它们包括的只是少数的工人,完全不能包括向往无产阶级的城市小资产阶级的底层。然而,像进行对城市底层损害最小的罢工、分配食物、介入税收政策、介入武装力量的形成这样的任务(就不用说在地方进行土地革命了)能够以应有的规模实现,就必须要求领导组织不仅掌握无产阶级的所有阶层,还在日常工作中把他们与城乡贫民紧密地联系起来。最后,蒋介石的军事政变应该把下面这点揿入所有革命者的头脑中:脱离士兵的工会是一回事,而把工人和士兵联合起来的苏维埃,则完全是另一回事。革命工会、农会像苏维埃一样能引起敌人的仇恨。但在反击敌人的打击上,它们比苏维埃就逊色多了。

我们严肃地谈论无产阶级与城乡被压迫群众的联盟,而不是通过可疑的代表的表面的、半伪装的"联盟",而是在与敌人的群众性的斗争中形成并经历考验的真正的战斗联盟的话,那么除了苏维埃,这个联盟找不到任何其他组织形式。只有寄希望于妥协的上层,而不是革命的底层的人,才会否认这点。

---

① 《斯大林全集》第9卷,人民出版社1954年版,第204页。

是否应该与左派国民党破裂

根据上述一切可以明白，关于共产党与国民党破裂的恫吓有多少根据。提纲说："这就是说，退出战场，抛弃自己在国民党内的盟友，使革命的敌人称快。"① 这些充满诗意的文字完全用错了地方。事关的不是破裂，而是筹备联盟，不是在服从的基础上，而是在实际平等的基础上。革命的国民党还仅仅是应该形成。我们赞成共产党员在国民党内工作，耐心地把工农争取到我们一边。但为自己培养革命的小资产阶级盟友时，共产党不能在国民党动摇的每个阶段上对它俯首帖耳，而是以自己的名义、在自己的旗帜下，公然、直接地面向工人，把他们团结在自己的周围，以实例对国民党表明，什么是群众性的政党，支持国民党向前迈出的每一步，无情地揭露它的每一个动摇和每一步倒退，为与国民党的联盟建立工农兵代表苏维埃式的真正革命的基础。

四十、说什么反对派赞成共产党的政治"孤立"，这个断言纯属胡说。这个断言的真实成分，与说反对派赞成退出英国工会的断言一样。但之所以需要这两个指责，都只是为了掩盖与右派国民党和叛卖成性的总委员会结盟的面具。反对派全力以赴地支持巩固和发展与国民党的革命分子的联盟，赞成工人与城乡贫民的最紧密的战斗联盟，赞成工农、小资产阶级的革命专政的方针。

在这种情况下，必须：

（一）承认这样的联盟形式是致命的：共产党牺牲工农利益，出于乌托邦的目的让资产阶级留在民族革命的阵营中；

（二）彻底否定这样的联盟形式，它们直接或间接地限制自己的党的独立性，让它服从其他阶级的监督；

（三）断然拒绝这样的联盟形式，在这些形式下，共产党卷起自己的旗帜，为自己盟友的利益而牺牲自己的影响和权威的增长；

（四）把联盟建立在清晰阐述的共同任务上，而不是在吞吞吐吐、外交辞令、拐弯抹角和谎言上；

（五）十分明确地规定联盟的条件和范围，并公之于众；

（六）保持共产党批评自己的盟友的充分自由，像监视敌人一样警惕地监视他，一分钟也不能忘记，依靠或依赖的其他阶级的盟友，只是同路人而已，

---

① 《斯大林全集》第9卷，人民出版社1954年版，第206页。

在形势的影响下,他可能成为对手或敌人;

(七)把与小资产阶级群众的联系置于与他们的党的上层的联系之上;

(八)最终只能相信自己、自己的组织性、自己的武装力量。

只有遵循这些条件,才可能建立非表面的、不动摇的、不受意外影响的联盟,即在无产阶级先锋队的政治领导权之下,依靠所有城乡受压迫群众的共产党与国民党的真正的革命联盟。

中国革命问题和英俄委员会

四十一、在中国革命的领导中,我们犯的不是策略错误,而是一条根本错误的路线。从上述一切中,这点已经十分清楚。如果把在中国的政策与对英俄委员会的政策相对照,这点就变得更加明显。后者中,机会主义路线的站不住脚虽然暴露得不像在中国那样悲惨,但同样充分和有说服力。

四十二、在英国像在中国一样,路线以实际放弃加深在革命的或向左转的群众和叛卖的领袖之间的鸿沟为代价,以与"体面的"上层接近,搞个人关系、外交手腕。在追随蒋介石时,我们促使中国共产党党员接受蒋介石向共产党提出的独裁条件。在追随珀赛尔①、希克斯②、西特林③之流时,全俄工会中央理事会代表原则上站在对工会运动保持中立的立场上,承认总委员会是英国无产阶级的唯一代表,保证不干涉英国工人运动事务。

四十三、英俄委员会柏林会议的决议意味着我们今后拒绝支持罢工者反对臭名昭著的工贼的意志。它们意味着谴责和彻底出卖工会少数派,因为后者的工作是反对我们承认其为英国工人阶级的唯一代表的那些叛徒的。最后,"不干涉"的庄重誓言意味着我们向以最坏和最保守的形式出现的工人运动中的民族局限性的重大投降。

四十四、蒋介石指责我们干涉中国内政,就像西特林指责我们干涉工会内部事务一样。这两个指责都是转述帝国主义对竟敢关注全世界被压迫群众的命运的工人国家的指责。在这种和其他情况下,蒋介石和西特林在不同的条件、

---

① 珀赛尔(A. Purcell,1872—1935)英国工党左翼党员,总罢工期间为英国工会总委员会领袖之一。——译注

② 希克斯(George Hicks,1879—1954)全国建筑工人工会的书记,工会代表大会英国总委员会叛卖总罢工时,该联盟是后者的组成部分。——译注

③ 西特林(Walter Citrine,1887—1983)1926—1946年任英国工会代表大会秘书长。由于他为英国资产阶级服务,于1935年被封为骑士,1946年被封为从男爵。——译注

不同的岗位上，都是帝国主义的代理人，虽然也与它发生暂时的冲突。谋求与这样的"领袖"的合作，我们不得不越来越多地压缩、限制、削减我们革命地动员群众的方法。

四十五、由于我们的错误政策，我们不仅帮助了总委员会在出卖罢工后维持自己摇摇欲坠的阵地，更有甚者，我们还为它提供了所有可能的武器，让它能够向我们提出无耻的要求，而我们只好顺从地接受。在关于"领导权"的喧嚷声中，在中国革命和英国工人运动问题上，我们的所作所为像是思想上的战败者，从而为自己的物质失败做准备。政策的机会主义错位总是伴随着对自己路线的信心的衰退。

四十六、总委员会的投机分子从全俄工会中央理事会得到的不干涉的期票，无疑会对张伯伦证明，他们与布尔什维克宣传的斗争手段比最后通牒和威胁的方法要有效得多。但张伯伦更喜欢组合行动，把总委员会的外交纳入英国帝国主义的体系中。

四十七、以鲍德温①和张伯伦"也"希望英俄委员会破裂为借口来反对反对派，就是对资产阶级的政治机制一无所知。鲍德温过去和现在都理所当然地害怕苏联工会对越来越左倾的英国工人运动的有害影响。英国资产阶级以对总委员会施压来对抗全俄工会理事会对工会叛卖的上层的压力，在这场较量中，资产阶级大获全胜。总委员会拒绝接受苏联工会的捐款，拒绝和他们一起讨论援助矿工的问题。英国资产阶级对总委员会施压，并通过它对全俄工会中央理事会施压，并在柏林会议上迫使后者的代表在阶级斗争的基本问题上骇人听闻地投降。这样的英俄委员会对英国资产阶级有利（参见《泰晤士报》的声明）。这不妨碍它今后不仅压制总委员会，还要求它与全俄工会中央理事会决裂。因为通过这样的施压和讹诈政策，英国资产阶级赢得了我们如此无意义和无原则地失去的一切。

四十八、说什么蒋介石与反对派"团结一致"，以同样的理由想把共产党人从国民党中赶出去，这类中伤有同样的价值。为此大肆传播蒋介石对另一位将军说过的或似乎是说过的话，证明在这个问题上，蒋介石与俄国共产党反对派一致。在摘出这段"引文"的那份文件中，所引的蒋介石的话不是表达他

---

① 鲍德温（Stanley Baldwin，1867—1947）1923—1924 年、1924—1929 年、1935—1937 年任英国首相，保守党人。鲍德温政府曾镇压 1926 年大罢工，断绝同苏联的外交关系（1927 年），1935—1937 年奉行纵容法西斯侵略的政策。——译注

的观点,而是体现他准备进行欺骗、扯谎,甚至在几天内用"左派共产党员"来粉饰自己的能力,以便更加准确地进行背后打击。此外,那份文件完全是对共产国际驻中国代表的路线和工作的起诉书。不应该断章取义,并赋予其截然相反的意义,而是应该让共产国际了解文件本身。

但是,就是把滥用的虚构的"引文"放在一边,仍有一个"吻合",即蒋介石一直反对与共产党员联盟,而我们也反对与蒋介石联盟。马尔丁诺夫学派由此得出结论,反对派的政策"完全"为反动派服务。这个指责并不新鲜。布尔什维主义在俄国的全部发展始终伴随着孟什维克的指责,说布尔什维克为反动派服务,他们帮助君主专制反对立宪民主党人,帮助立宪民主党人反对社会革命党人和孟什维克,等等,不一而足。列诺得尔指责法国共产党员,说他们力图破坏激进分子和社会党人的联盟,他们是在协助彭加勒。德国社会民主党不止一次声明,我们不加入国联,是有利于极端帝国主义分子的工作,等等。

蒋介石代表的大资产阶级需要在政治上与无产阶级决裂,而革命的无产阶级需要在政治上与资产阶级决裂,这证明的不是它们之间的一致,而是它们之间不可调和的阶级敌对。软弱无力的妥协分子站在资产阶级和无产阶级之间,指责"极端的"两翼破坏民族阵线和协助反动派。指责反对派,说它的政策迎合张伯伦、托马斯①或蒋介石,是妥协派轻率的产物,并以此无意中承认了我们的政治路线的无产阶级革命性。

四十九、正值英国对中国武装干涉开始时召开的英俄委员会的柏林会议,哪怕是涉及一下反对英国帝国主义在远东的刽子手的工作都不敢。英俄委员会不会为有效地防止战争动一下手指头,难道还有比这更加鲜明的例证吗?

但它并不仅仅是无益的。它像所有幻想和谎言一样,给革命运动造成了令人难以置信的损害。总委员会以其与全俄中央工会理事会在"为和平而斗争"的事业上的合作为依据,来安慰和催眠因战争危险而感到不安的英国无产阶级的头脑。今天,全俄中央工会理事会在英国和全世界工人阶级面前作为总委员会叛徒的国际政策的担保人,从而减弱和缓和了英国革命分子对总委员会的批评。通过珀赛尔、希克斯之流,麦克唐纳和托马斯获得把在催眠状态中的工人

---

① 托马斯(James H. Thomas,1874—1949)英国铁路工会的领导人,在第一届工党内阁中任殖民部秘书,在第二届内阁中任掌玺大臣。1931年他退出工党,协助麦克唐纳建立与托里斯的联合政府。——译注

群众引到战争边缘的机会，然后再号召他们保卫民主祖国。托姆斯基在其最近一次接受采访（《真理报》5月8日）时，在批评托马斯、哈弗洛克、威尔逊和其他交易所的雇佣时，对珀赛尔、希克斯之流偷偷摸摸的、瓦解的、催眠的因而更加有害的工作只字不提。在采访中根本就没有提到这些"盟友"，仿佛他们不存在一样。没有他们，托马斯在政治上就不能存在。没有托马斯，就不存在鲍德温，即英国的资本主义制度。与我们的良好愿望相反，我们支持与珀赛尔的联盟，实际上支持了整个英国制度，方便了它在中国的工作。在所发生的一切之后，经历过列宁学校的每个革命者不能不明白这点。我们与蒋介石的合作同样迟钝了中国无产阶级的警惕性，从而方便了四月政变。

阶段论和一国社会主义论

五十、机会主义偏离的主要依据是斯大林近来经常提到的尾巴主义的"阶段"论或"台阶"论。要求中国共产党充分的组织和政治上的独立性就是超越"阶段"；要求给予卷入内战的工农群众以苏维埃组织，就是超越"阶段"；要求与总委员会的叛徒决裂，就是超越阶段。从这个角度说，在有产统治阶级的压力下，国民党的保守的民族资产阶级政府、蒋介石的司令部、总委员会，正在变成群众革命运动的障碍。但所有这些机构的建立，都是伟大的历史阶段，应该使自己的政策适应它们，直到"群众自己"把它推翻。走到这条路上，我们的政策必然会从革命因素变成保守因素。中国革命的进程和英俄委员会的命运就是对此的严厉警告。

五十一、如去年的英国无产阶级大罢工的失败、今年的中国革命的失败，对国际工人运动不可能不留痕迹地过去，就像1923年秋天的德国无产阶级的失败一样。不可避免地暂时削弱革命阵地本身就是巨大的灾难。在不正确的定向下，在错误的战略路线下，它可能长期得不到补救。正是在现在，在暂时的革命退潮期，比在任何时候都更加需要进行反对机会主义和民族局限性、争取革命的国际主义路线的斗争。

不论我们代表团的意愿如何，承认不干涉原则，当然就是迎合工人阶级中最消沉和最保守的倾向。苏联工人中最落后和疲倦的阶层认为，介入英国罢工斗争或中国革命是错误的。这是不难理解的。他们越来越多地这样议论："须知人们这样教导我们，甚至在没有其他国家革命胜利的情况下。只要没有武装干涉，我们就能够在我国建成社会主义。也就是说，应该推行不会引起武装干涉的政策。我们介入英国和中国的事务是错误的,因为它不会带来积极结果,只会促使世界资产阶级走上军事干涉的道路,从而威胁我国的社会主义建设。"

现在,在国际革命运动新的失败之后,不管一国社会主义理论的创造者的意愿如何,它都是为那些旨在限制革命任务,降低斗争规模,加强民族保守局限性的倾向的辩护和找依据,把它们神圣化,对此没有也不能有任何怀疑。

然而,向"不干涉"方向的最小的偏移,不管它是否用一国社会主义理论来掩护,都将增大而不是缩小来自帝国主义方面的危险。

只有更加深入地掌握群众、更加激进的社会纲领、更加清晰的工农苏维埃的旗帜,才能够有效地保卫革命免遭外来的军事毁灭,对中国革命来说,这完全是显而易见、无可争议的。

只有劳动者和被压迫者在其旗帜上清楚地写上自己的要求的革命,才能不仅触动世界无产阶级,还能触动资本主义的士兵。我们根据过去的经验很好地知道这点。我们在阿尔汉格尔斯克、敖德萨和其他地方体验和检验了这点。妥协背叛的领导不能保卫南京免遭炮击,还为敌人的军舰打开了长江的入口。在大规模的社会运动中,革命领导可以让长江之水对乔治、张伯伦和麦克唐纳的军舰变得太烫。无论如何,只有在这条道路上,革命才能为自己寻找并找到保护。

扩大苏维埃的战线还是最好的保卫苏联。我们的国际处境会由于"左倾"错误的结果而恶化或可能恶化的说法,在今天的形势下听起来格外荒谬。我们处境的恶化是中国革命失败的结果。这个失败是世界历史的事实,甚至不管我们是否干涉事件。如果在帝国主义干涉的情况下,我们不干涉,我们只会方便帝国主义反对中国和我们自己的工作。但干涉和干涉不一样。最错误和最危险的干涉是让革命半途而废的企图。争取和平的斗争是我们国际政策的中心任务。但甚至马尔丁诺夫学派的最极端的代表都不敢说,我们争取和平的斗争与中国革命的展开相矛盾,或是相反,它的展开可能与我们争取和平的斗争相矛盾。二者相辅相成。战胜蒋介石,并使运动进入更高阶段,是最好的保卫苏联。谁在这些条件下否定中国的苏维埃,谁就是解除中国革命的武装。谁倡导对欧洲无产阶级不干涉的原则,谁就是在削弱它的革命先锋队。这二者都在削弱苏联这个国际无产阶级的主要堡垒的地位。

这样,我们看到,错误的积累和交织所形成的路线,蕴涵着更大程度偏离布尔什维主义路线的危险。批评和警告的声音被当成障碍。官方路线向右的偏移辅以对左边的打击。在这条道路上的进一步行进，将给苏维埃国家和共产国际都带来最大的危险。在国际无产阶级先锋队面对这些危险时保持沉默，就是背叛共产主义的旗帜。

我们一分钟也不怀疑，可以在没有尖锐危机和震荡的情况下改正错误，克服偏向，纠正路线。事实的声音十分雄辩，经验的指示十分明确。需要的只是我们的党——全苏和全世界的——得到自由、冷静地评价事实、从中得出应有的结论的机会。我们坚信，它会在革命统一的精神中完成这一切。

五十二、马克思主义在政治上为什么服务？为了理解现状，预见未来。预见应该建立在行动的基础上。我们已经知道，斯大林同志的预见的情况：在蒋介石政变的一周之前，他保卫此人，吹捧他，号召利用右派，利用他们的经验、他们的联系（4月5日在莫斯科积极分子会议上的讲话）。在我们分析的提纲中，斯大林提供了另一种预见的范例，它也得到了生活的检验。我们对斯大林提纲的批评中的核心问题是这样表述的："新的革命中心是否已经存在，或是需要建设它。"斯大林断言，在蒋介石政变之后，中国"有两个政府、两个军队、两个中心：武汉的革命中心和南京的反革命中心"。斯大林断言不能建立苏维埃，因为这意味着反对武汉中心，即反对中国南方唯一的政府的起义。我们称这个对形势的界定是"错误的、浅薄的、庸俗的"。我们称所谓的武汉政府为"武汉上层"，证明在中国南方，在内战急剧地转到另一条阶级路线上时，还没有政府，它还有待建立。

在5月15日的《真理报》上，刊登了陈独秀同志在中国共产党代表大会（4月29日）上的讲话。当斯大林撰写自己的提纲和我们批评这个提纲时，无论是斯大林同志还是我们，都还没有这份讲话。陈独秀不是在对形势的整体分析，而是在直接观察的基础上界定局势的。他对新的革命政权说了些什么？他干脆声称，认为武汉政府是革命专政的机构"是错误的"，"它还不是工农群众的政府，而仅仅是领袖们的同盟"。但须知这与我们反驳斯大林的话一字不差。

斯大林写道："因为现时在这个地区内，除了革命的国民党的政权之外，并没有其他政权。"[①] 对此我们答复他："机关官僚对革命政权的态度就从这些话中透露出来……阶级来来去去，但国民党政权的连续性是不变的。但是，仅宣布武汉是革命中心是不够的，而是让它事实上成为革命中心"。这样，不对

---

① 《斯大林全集》第9卷，人民出版社1954年版，第206页。

中国革命者，首先是共产党员说明，如果武汉政府现在就狂妄地认为自己是中国南方的唯一政府，它就会碰得头破血流；不无情地抨击已经葬送了如此之多的革命的小资产阶级革命者的粉饰和伪装；不对着没有自信的、摇摆不定的武汉中心的耳朵大声喊：不要被表象陶醉，别让自己的称号和宣言的喧嚣把耳朵震聋，着手基础工作，唤起民众，建立工农兵代表苏维埃，建设革命政权。斯大林不仅不这么做，还抨击苏维埃口号，支持最糟糕的资产阶级小集团的偏见和那些倒霉的革命者的迷信，后者害怕人民的苏维埃，相信在国民党空头支票上用墨水写的神圣的誓言。

五十三、陈独秀同志依据自己的观察界定形势所用的语言，与我们在理论思考的基础上界定形势的语言一般无二：不是革命政府，而只是上层联盟。但这绝不意味着，陈独秀同志本人从他准确地界定的形势中得出了正确的结论。被错误指令束缚住手脚的陈独秀得出了与他本人的分析相反的结论。他说："一旦国民政府区域内的形势发生变化，外国干涉和军阀进攻的威胁消失，我们面临的任务就将是开始建设真正的革命民主政权。"

我们应该直接公然地说：接受这样提问题的方式，无异于接受必死无疑的捷径。想要把建设依靠人民群众的真正的革命政权推迟到危险消失之时，却不知最要命的危险就在于，中国南方不是革命政权，而只是上层联盟。由于这个主要危险，包括军事危险在内的所有其他危险都增加了十倍。为了尽可能保卫自己免遭外国和本国军阀的打击，应该巩固加强自己，组织起来，武装自己，没有其他途径。把脑袋藏在沙子里是藏不住的，什么样的魔术都帮不了我们。应该唤起群众的热情，他们时刻准备为自己的事业进行斗争和牺牲。应该在政治上和组织上尽可能深入地掌握群众。应该不失时机地尽快给他们提供行动的革命纲领和苏维埃的组织形式。没有任何其他途径。把建立革命政权推迟至有人用某种方式消除了军事危险时，就是走必死无疑的捷径。

五十四、在土地运动方面，陈独秀同志诚实地承认，党的土地纲领（减租）是完全不够的。他说："农民运动变成了夺取土地的斗争。农民自发地起来，想自己解决土地问题。"接下来，陈独秀公然声称："我们推行过于和平的政策。现在必须剥夺大地产……"如果用马克思主义的方式展开这些话的内容，则意味着对中国共产党、因而也是对共产国际在中国革命的土地问题上的此前路线的最严厉的谴责。中国共产党不是事先预见到土地革命的进程，预先准备口号，并通过工人、革命士兵和进步农民让它们深入到广大农民之中，而是极度落后于自发的土地运动。难道还能有更加可怕的尾巴主义吗？"我们推行过于和平的政策"。但在自发的土地革命时代，革命党的和平政策意味着什么？它意味着无产阶级政党所能犯下的最沉重的历史错误。在农夫自发地为夺取土地而斗争时，和平政策（减租）不是用孟什维克的妥协政策，而是用自由派的妥协政策取代布尔什维克的政策。不明白这点的人，只能是被虚假的国务智慧败坏的庸人，绝不是革命者。

但是，从自己对党对土地运动态度的正确的，因而也是致命的界定中，陈独秀得出了不仅是错误的，而且干脆是致命的结论。他说："现在必须剥夺大地产，但同时对小土地所有者让步，不能不考虑他们。"这样提问题的方式，原则上是不能否定的。只是应该明确地界定，谁，在中国的什么地区算是小地主，在什么范围内和如何考虑他们。但接下来陈独秀说了下面的话：

> 但是，要剥夺大地产，也必须等待军事行动的进一步发展。当前唯一正确的解决方式，是只有在革命扩展后再深化它的原则。

这条道路是最最可靠的死亡捷径。农民起义只是为了夺取地主土地。我们的党在与自己的纲领和名称的可怕矛盾中推行自由派的和平政策。陈独秀自己宣称，"现在（？）必须剥夺大地产"。但马上又想起，"不能陷入极左"（陈独秀的原话），他补充说，剥夺地主土地，应该"等待军事行动的进一步发展"——先扩展革命，然后再深化它。

但须知，这是盲目地重复早就知道的、民族自由派欺骗群众的陈词滥调：先胜利，再改革。我们先"扩展"领土——为谁？为地主？——然后——在胜利之后——在闲暇时再进行"深化"。对此，每个聪明的、有头脑的中国农夫都会这样回答陈独秀："如果在今天，在武汉政府处于敌人的包围之中，急需我们农民的帮助时，它都不敢或不想把地主的土地给我们，在它挣脱了包围、在我们的帮助下战胜了敌人之后，它给我们的土地就像蒋介石给上海工人的一样多。"

应该十分清楚地说：被共产国际代表的错误领导束缚住手脚的陈独秀的土地公式，客观上只是让中国共产党放弃现在在中国展开的土地运动。而土地运动将给中国革命带来新的浪潮。

为了加强和深化这个浪潮，需要农民苏维埃打出土地革命的大旗，不是在胜利之后,而是在现在,为了保障胜利。

为了不让农民浪潮被打碎、分散,应该通过城市和工业中心的工人苏维埃。把农民苏维埃联合起来,让城市手工业者—商贩贫民和工人代表联合起来。

为了不让资产阶级在革命群众和军队之间打进楔子,应该把士兵代表纳入革命苏维埃的链环中。

应该尽快勇敢和坚决地深化革命,不是在胜利后,而是现在,否则胜利就不会来临。

深化土地革命,农民立即夺取地主土地,将会削弱蒋介石,在他的军队的士兵中引起混乱,在他的农民后方引起骚乱。没有也不可能有别的胜利之路。

莫非我们在二十年内完成三次革命,就是为了忘记其中最主要的东西吗?谁在土地革命中推行和平政策,谁就必死无疑。谁拖延、犹豫、观望、错过时机,谁就必死无疑。陈独秀的公式是葬送革命的最最可靠的捷径。

一定会有诽谤者说我们的言论是出于对中国共产党和它的领导人的仇恨。须知当初也曾有人说过,我们在英俄委员会问题上的立场意味着对英国共产党的仇恨。事件证实,对英国共产党员来说,作为可靠朋友行动的,正是我们,而不是官僚庇护者。事件将证实——它们每天都在证实——与那些好心的官僚相比,我们对中国共产党员的批评是出于对中国革命更加严肃的、更加马克思主义的、更加革命的态度,前者总是事后为一切进行辩解,而不能事先作出任何预见。

陈独秀的讲话不加任何注释地刊登在《真理报》上,也没有一篇无情地揭露它的致命方针的文章,这一事实本身就应该让每一个革命者产生严重的担忧。因为事关的是列宁党的中央机关报!

我们不想听那些满嘴"年轻的中国共产党犯错误是不可避免的"安慰者和催眠者的话。事关的不是个别错误。事关的是错误的错误。事关的是错误的基本路线,斯大林同志的提纲是这一路线的完整的表达。

必不可少的曲终和弦

在5月9日的《社会主义通报》的一篇社论中,对斯大林同志的提纲是这样说的:

抛开对头号共产党员来说是必不可少的语言外壳，未必能对提纲中勾勒的"路线"的实质有许多反对意见。尽可能留在武汉国民党内，尽最大可能地抓住它的左翼和武汉政府："在不利的条件下避免决战"；不提出"全部政权归苏维埃"的口号；不"给中国人民的敌人以新的武器来和革命作斗争，来制造新的传奇，说中国现在不是在进行民族革命，而是在人为移植莫斯科的苏维埃化"。事实上，现在，在"统一战线"显然是无可挽回地破坏了，"在最不利的条件下"打碎了如此之多的器皿之后，对布尔什维克来说，未必会有比这更加明智的选择了。①

这样，在4月23日的《社会主义通报》上承认马尔丁诺夫在《真理报》上"十分理智地"和"完全按孟什维克方式"分析了中国革命的任务之后，孟什维克最新一期中央期刊的社论又声明，"未必能对提纲（斯大林同志的）中勾勒的'路线'的实质有许多反对意见"。这一政治路线的吻合未必需要特别加以说明。

不仅如此，《社会主义通报》接下来以嘲弄的口吻说道（我们逐字引用）："拉狄克的路线，它使人可以在'左'的口号（退出国民党，宣扬'苏维埃制度'等）的掩饰下，事实上干脆'退出游戏'，走到一边……"

在这家杂志上，用《真理报》社论和小品文的语言来说明拉狄克路线的特点。否则，这是完全不可能的：须知拉狄克不能在刊物上公开谈论自己的路线，不然的话，党就会知道，拉狄克的路线已经被发展的整个进程所证实。

但是，《社会主义通报》编辑部不仅用《真理报》的语言叙述拉狄克的路线，还用与《真理报》上的文章完全一致的观点来评论它：唐恩认为，反对派路线使人可以"在'左'的口号的掩饰下，事实上干脆退出游戏，走到一边"。

我们在《真理报》的社论上已经读到过，如果采用反对派的路线，就应该为中国革命"哭丧"，中国共产党就应该退回到"自身之中"，放弃"伟大事业"和"宏伟计划"，这是"宣扬取消中国革命"。1927年3月16日《真理报》的社论就是这么说的。就像我们看到的那样，这与唐恩说的一字不差，更确切地说，唐恩关于反对派所说的话，与《真理报》在其一系列文章中所

---

① 《社会主义通报》第9期（总第151期），第1页。

说的，一字不差。唐恩赞成斯大林的提纲，嘲弄用极左词句来掩盖其取消派行为的"取消派分子"拉狄克。现在，一切都清楚了：拉狄克的取消派是著名的革命家唐恩认为的那种取消派。这就是《社会主义通报》的社论要教给那些还能学习的人的东西。

正好是在共产国际执行委员会在莫斯科开幕前夕收到了所摘引的那期《社会主义通报》，真是意味深长。因为在这次会议上要充分讨论中国革命问题。

列·托洛茨基
1927年5月17日

关于中国革命的第一次讲话
——在共产国际执行委员会第八次全体会议上的讲话*

关于中国革命问题，已经给你们散发了季诺维也夫同志的提纲，而这份提纲至今仍不为俄国共产党所知。你们剥夺了季诺维也夫在这次会议上捍卫这个提纲的机会，虽然在政治上和形式上他都有这样做的权利。我在此捍卫这份提纲，把它作为我们的共同提纲。

对群众性的政党的政治教育的首要原则是：它不仅应该知道中央委员会通过了什么，还要知道它否定了什么，因为只有通过二者对比，才能充分、清晰地描绘出领导路线。过去一直都是这样。拒绝对党公布季诺维也夫同志和我的提纲，就是思想上的软弱、缺乏自信，害怕反对派的提纲会让党觉得它比多数派的提纲更加令人信服。没有也不可能有任何其他隐瞒的理由。

我在党的刊物上公布我对斯大林提纲的批评的尝试，在中央委员会的直接禁止下失败了，因为我的批评就是反对它的。中央委员会同样禁止公布季诺维也夫和我的关于中国革命的其他文章。

昨天公布了库雷拉①同志签署的编委会决议。它涉及关于我们的工作的报道。它的目标何在，还不清楚。此时，我们的全会在刊物古怪的沉默的条件下进行。关于全会，在《真理报》上只发表了一篇文章，其中有一句极其无耻

---

* 译自 Архив Троцкого, т. 1, cc. 188 – 203。

这是托洛茨基在共产国际执行委员会第八次全会上的讲话。这次全会在上海政变之后举行，主要议题是中国革命。由于第七次全会制定的中国革命路线已经被事实彻底否定，这次全会的主要任务是挽救斯大林—布哈林派的威望，打击反对派。——译注

① 库雷拉（Alfred kurella，1895—1975）德国作家、社会活动家。1918 年加入德国共产党，1920—1924 年任青年共产国际执行委员会委员，1934—1954 年侨居苏联。1958 年为德国统一社会党中央委员，1958—1963 年为德国统一社会党中央书记。著有反法西斯长篇小说《大搏斗中的一名小卒》（1941；1961）以及政治文化和文艺学方面的著作。——译注

的话:"现在谁想动摇共产国际队伍的统一,谁就是罪人……"等等。谁都知道,在《真理报》的语言中,这意味着什么。在公布决议草案之前,《真理报》称所有不同意它的人为罪人。可以想象,《真理报》将怎样给党提供关于这里所发生的一切的消息。同时在这里,在莫斯科,在关于中国革命的基本问题上,口头和书面表达的与反对派精神一致的每个意见,都被认为是党内犯罪行为。斯大林的根本错误的提纲事实上被宣布为不可侵犯的。更有甚者,甚至在现在,在执行委员会会议的日子里,干脆把那些在自己的支部会议上抗议对季诺维也夫诽谤的同志开除出党,或以开除出党来威胁他们。同志们,你们就是在这种气氛下开会和解决问题的。出路只有一条,执行委员会应该责成包括俄国共产党在内的所有的党,充分认真地公布执行委员会工作的全部记录,并附上执行委员会讨论的所有文件。不能把中国革命问题驱入瓶中,把它封起来。这是任何瓶子都承受不了的。

同志们!所有危险中最危险的一个,就是日益恶化的党内制度。领导的每个错误都借助于反对反对派的措施来"纠正"。在莫斯科收到蒋介石政变消息的第一天,我们就互相说:反对派不得不为此付出沉重的代价,尤其是为它在近期提出了充分的警告。

在领导集团中,总有机会无休止地制造新的季诺维也夫、加米涅夫、托洛茨基、皮达可夫①、斯米尔加②等人的"案件",以这种方式把党的注意力从更加引人关注的迫切问题上引开。我在此为你们列举了部分被迫充当外交官的反对派成员。如果打算严肃地通过工会进行外交(布哈林的解释)的话,那么仅用反对派的外交官就可以建成一个完整的工会。虽然党的代表大会临近,或更确切地说,正是由于它的临近,把反对派成员派出的现象越来越频繁。这些方法应用在党的所有阶层中、在每个工厂中、在每个区里、在每个城市中。而在这种情况下,那些事先就准备接受来自上面的一切——因为他们自己的头脑

---

① 皮达可夫(Юрий Пятаков,1890—1937)老布尔什维克,十月革命后历任乌克兰临时工农政府主席、国家计划委员会和最高国民经济委员会副主席等职。多次当选中央委员。列宁在其遗嘱中称他和布哈林是"党内两个最杰出的年轻人"。1923年他成为左派反对派,1927年被开除出党,1928年投降并恢复党籍,任副重工业人民委员,在1930年代国家工业化中起了重大作用。他在1936年被开除出党,在莫斯科第二次审判中被判处死刑。——译注

② 斯米尔加(Иван Тенисович Смилга,1892—1938)1907年加入俄国社会民主工党,老布尔什维克。1917年二月革命后任芬兰陆军、海军和工人区域执行委员会主席。十月革命后历任俄罗斯联邦人民委员会驻芬兰全权代表、共和国革命军事委员会委员、国家计划委员会副主席(1927年)。他是左派反对派的领袖之一,1928年被流放,1929年投降。他在莫斯科审判期间失踪。——译注

中什么也没有——的人的扶摇直上,就是不可避免的了。

在"解决"了托洛茨基或季诺维也夫之后,一切都将进入正轨,人们用这种希望安慰自己。这是绝不可能的,因为制度有其内在的逻辑,轮次刚刚开始,还没有结束。在这条道路上只能有新的困难和新的震荡。这个制度也统治着共产国际。在不给苏联造成损害的虚假的借口下,谁也不敢说一句批评的话。但正是这样给我们造成了最大的损害。我们的国内政策要求经常的、革命的国际批评,因为在所有问题上表现出来的政策的错误倾向,只不过是国内政策的错误倾向的继续而已。

现在,我说一下布哈林同志的决议草案。首先对涉及要讨论的条款的问题说几句话。同志们,请你们听听决议说的是什么:

> 共产国际认为,凡是自称是工人组织的政党或其他团体,不为反对干涉中国而进行最坚决的斗争,而是麻痹工人阶级的警惕性,在这个问题上宣扬消极态度,就是在客观上(有时是在主观上)帮助帝国主义分子……准备反苏战争和策划世界大战。

这听起来就像是诚实的话。但只有在把它们用到英俄委员会的情况下,它们才能是诚实的。因为,难道它"为反对干涉中国而进行最坚决的斗争"了吗?没有。它没有麻痹"工人阶级的警惕性"吗?麻痹了。它没有在这个问题上宣扬消极态度吗?无疑是宣扬了。它没有以此在客观上(而其英国部分则是在主观上)帮助英国帝国主义分子准备战争的工作吗?这是不言而喻的和无可置疑的。与此相对照,库西宁[①]昨天在这里关于英俄委员会所说的话,他是用库西宁化的珀赛尔主义对我们朗诵的。这种双重语言是从哪里来的?海关签条哲学在边境城市的外省海关里,远比在共产国际的讲坛上要体面得多。应该手执扫帚尽快清除这个虚假的、不体面的哲学。

我们接着听布哈林的决议:共产国际执行委员会确认——这已成为仪式,事件"证实"了预见:

[①] 库西宁(Отто Вильгельмович Кусинен,1881—1964)曾任芬兰社会民主党领袖,1918年芬兰革命失败以后逃往苏维埃俄国,后来成为斯大林分子。历任共产国际执行委员会书记(1921—1939年)、芬兰苏维埃共和国最高苏维埃主席团主席(1940—1956年)、苏联最高苏维埃主席团副主席等职。——译注

共产国际执行委员会特别强调,事件的进程完全证实了第七次扩大全会的预见,即资产阶级必将背离民族革命统一战线,而转到反革命一边。

当人们对上海和汉口的工人宣读,四月事件是完全按照布哈林为中国革命制定的历史路线完成的时,他们一定会惊讶不已。能够想象对马克思主义更加恶毒的漫画和更加堪称笑柄的学究气吗?中国无产阶级先锋队被那些与他们加入同一个国民党的民族资产阶级分子所粉碎,而这个国民党领导他们,让共产党在所有基本问题上都服从它。在对中国工人和绝大多数世界工人不啻晴天霹雳的反革命政变之后,决议声称:所有这一切都是按照布哈林预见的最好原则发生的。这听起来真像是不合时宜的玩笑!

在此对预见是怎么理解的?资产阶级在资产阶级革命的一定阶段肯定会背离人民群众,仅仅是空洞的话。热情奔放地称这样的老生常谈为预见,就是把马克思主义庸俗化。这种老生常谈不是把布尔什维主义与孟什维主义区分开,而是相反,把它们混为一谈。请你们问一下考茨基、奥托·鲍威尔,甚至是唐恩,他们也会告诉你们:在民族革命中,无产阶级与资产阶级的联盟不可能是永恒的。不久前,唐恩就在自己的那本庸俗的杂志上说过这点。

但全部实质在于:说资产阶级必然背离民族革命是一回事,说资产阶级必然掌握对无产阶级的领导权,欺骗无产阶级,然后再解除它的武装,粉碎它并让它失血,这完全是另一回事。资产阶级革命的全部哲学建立在把这两个预见混为一谈的基础之上。而这意味着承认,布尔什维主义和孟什维主义在对资产阶级革命的预见上,是一样的。

让我们听听列宁关于这个题目是怎么说的:

一切资产阶级革命中,一切资产阶级政客一贯都用诺言来"款待"人民和愚弄工人。我国革命是资产阶级革命,因此工人应该支持资产阶级——波特列索夫之流、格沃兹杰夫之流、齐赫泽之流这样说道,正如普列汉诺夫昨天说过的一样。我国革命是资产阶级革命,——我们马克思主义者说道。——因此工人应该让人民群众看清资产阶级政客的欺骗,教导人民不要相信空话,只能依靠本身的力量、本身的组织、本身的团结、本身的武装。①

布尔什维克的政策不是宿命的，而是能动的，它在预见到资产阶级的背离不可避免时，力求尽早建立无产阶级的独立组织，尽可能深入地培养无产阶级对资产阶级的不信任，尽可能广泛地展开反对资产阶级的罢工，尽早广泛地组织和武装工人，最勇敢地唤起农民群众。

在预见到了资产阶级必然会背离时，孟什维克的政策是力求尽可能推迟这个时刻，放弃无产阶级政策和组织的独立性，竭尽全力地让工人相信资产阶级的进步角色，明白让自己的政策适应它的利益的必要性。为了保持与大工贼珀赛尔的联盟，应该为珀赛尔涂脂抹粉，应该夸夸其谈与他的诚挚关系和政治上的完全一致。

为了维持与中国资产阶级的所谓的联盟，需要一次又一次地粉饰资产阶级，以这种方式来帮助资产阶级政治家欺骗群众。

因此，资产阶级背离的时机被推迟了。但是，资产阶级正是利用了这个延期来反对无产阶级：由于自己巨大的社会优势，它掌握着运动的领导权，建立了自己的武装部队，它阻止在政治上和军事上武装无产阶级，在妥协派的帮助下，它获得了优势，一遇到无产阶级的严肃运动，就对它进行血腥镇压。同志们，把资产阶级抛到一边，或是相反，让它成功地把无产阶级先锋队抛到一边，这完全不是一回事。这是两条革命道路。在政变前革命走的是其中哪条道路？走的是过去所有资产阶级革命的典型道路，关于它们，列宁是这样说的："一切资产阶级革命中，一切资产阶级政客一贯都用诺言来款待人民和愚弄工人。"

在共产国际的领导下，中国共产党的政策帮助了这两条道路中的哪一条？只能这样提出问题。我们反对派提供的答案是：由于错误的方针，共产国际的政策促成的结果，是资产阶级对革命的必然背离，而且是发生在削弱无产阶级、加强资产阶级的条件下。

错误的领导方针是阻碍还是有利于中国资产阶级走这条资产阶级革命的经典道路？是有利，而且是在最大的程度上。为了让资产阶级的背离不变成对无产阶级的打击，必须从一开始就否定四个阶级联盟的可鄙理论，它是对中国革

---

① 《列宁全集》第二版第29卷，人民出版社1985年版，第19页。

命真正的理论上和政治上的背叛。是否做了此事？没有，而是做了相反的事。

我的时间不够，不能提供对革命发展和分歧发展的历史描述。布哈林有充分的机会这样做，他提供了如此广博和如此错误的描述。我完全准备好在党或共产国际的理论刊物上着手这项回溯评价。遗憾的是，布哈林只有在他的对手没有任何机会以应有的方式用手中掌握的事实和数据答复他的时间和地点时，才提出这类问题。

如果我还有时间的话，我就会朗读拉狄克同志致中央委员会的这封信。此信写于去年9月，是对他写于1926年7月的信的重复，用于探讨今天使我们彼此对立的中国革命的最重要的问题。

从我们的角度来看，下面的事实对今天来说就足够了：3月16日，在离蒋介石政变不到一个月时，《真理报》发表了一篇社论，指责反对派关于以资产阶级为首的国民党和国民政府在筹备叛变的判断。《真理报》不对工人说明这个真相，而是断言蒋介石服从国民党的纪律。似乎阶级矛盾，尤其是在革命迅猛发展时，能够服从超阶级的政治纪律似的！我们在括弧中指出：如果反对派真的没有对官方路线发表反对意见，那么，为什么布哈林和其他人在最近一年的讲话和文章中恰恰是在中国革命的热点问题上充满了对反对派的指责呢？

4月5日，即在蒋介石政变的一周前，斯大林在莫斯科积极分子会议上愤怒地驳斥了拉狄克的警告，声称蒋介石服从纪律，没有担心的必要，因为鲍罗廷精力充沛，我们可以利用中国资产阶级，然后把它像榨干的柠檬一样扔掉。斯大林的整个讲话都是在安慰，平息担忧，催眠我党和中国共产党。数千名同志听了这个讲话。这是在4月5日。此时预见事态，真的不像布哈林所想描绘的那样了不起。

精心地对党隐瞒了斯大林的这份讲话速记，因为才过了几天，这个被"榨干了的柠檬"就掌握了政权和军队。作为中央委员，我有充分权利得到这个速记稿，但是虽然尽了全部努力和要求，我也没有得到它。同志们，请你们试试得到它。也许你们会比我走运，但我对此十分怀疑。仅这一份被隐瞒的速记就能揭露领导路线的全部错误和决议的头几行文字中的断言的文过饰非，它说上海和广州的事件肯定了斯大林在一周前在莫斯科捍卫的那条路线。

3月17日，中央委员会收到了我党的三位同志（纳佐诺夫、福金、阿尔勃列希特）从中国发来的一封信，他们被中央委员会派到中国贯彻它的路线。这份文件为共产国际的路线在实践中的表现情况提供了事实性描述。据文件的说法，鲍罗廷的所作所为，时而像右派国民党员，时而像左派国民党员，但从来就不像一个共产党员。共产国际的其他代表也是这样。他们阻止无产阶级的独立政策、它的独立组织，特别是它的武装。他们认为自己的神圣职责就是把武装降到最低程度。别，千万别这样！无产阶级手里拿着武器，可能会吓着飘浮在所有阶级之上的民族革命的幽灵。请你们要求得到这份文件，阅读它，研究它，否则你们的投票就将是盲目的。

我能再给你们引用近一年半和两年来的一打文章、讲话和文件。我准备在任何时候用书面方式完成这项工作，十分精确地标出日期和页码。但所说过的一切已经足够证明，说什么事件完全证实了过去的预见的断言是多么虚假。

我们接着读决议："共产国际执行委员会认为，与民族资产阶级联盟的策略，对过去的革命阶段来说，是完全正确的。"

此外，布哈林还在今天断言，马尔丁诺夫关于国民政府是四个阶级联盟的政府的著名公式，只有一点不足，就是马尔丁诺夫忘了提示，这个联盟的首脑是资产阶级。十足的废话！遗憾的是，马尔丁诺夫艺术的产品还有一些其他的不足。须知马尔丁诺夫在自己发表在《真理报》上的文章中，公然明确地宣称，蒋介石的国民政府不是资产阶级政府（不是资产阶级的！），而是（而是！）四个阶级联盟的政府。在他的圣书中就是这么说的。

（喊声：拉狄克呢？）

拉狄克在1925年依据错误的、乐观的官方消息也这样写过。

（喊声：是在1927年！）

1927年？我怀疑。他依据完全是虚假乐观的消息写过工农政府。（笑声）对，同志们，如果你们认为，能够在这里立即确定广州政府的性质……（彼得罗夫：他在说俄语。）一位同志问，我现在说的依据的是哪些文件。例如除了其他的文件之外，还依据了三位同志的报告，我已经说了他们的名字（纳佐诺夫、福金和阿尔勃列希特）。请你们在这里散发这份文件。把它交给所有执行委员会的成员。须知你们有这份文件……但今天布哈林肯定了马尔丁诺夫关于国民政府不是资产阶级的，而是四个阶级联盟的政府的断言是正确的。这事关的就不是来自中国的信息，而是马克思主义的最基本的东西。布哈林直接承认，四个阶级联盟的政府的概念是正确的。只需要补充，它的首脑是资产阶级。而须知马尔丁诺夫干脆把这两个概念——资产阶级政府和四个阶级联盟的政府——对立起来。无疑，拉狄克对广州政府是工农政府的过去的评价，是完全错误的。

（布哈林：莫非这是琐事？）

不，这无论如何都不是琐事。在开始时，在消息不充分的情况下，在莫斯科有可能对在中国发生的事作出错误判断。肯定超阶级政府的反马克思主义的、庸俗民主的或自由派的概念，则完全是另一回事。

（布哈林：那季诺维也夫的全民族联合呢？）

我完全准备好在所有我能够回答您的地方，提出问题，并与您进行任何争论。只有在您能堵住对手的嘴时，您才是强大的。

（布哈林：您能够连续几个小时在这里发表您的无耻言论。）

但我清楚地知道，有耻的布哈林不给我在《真理报》上驳斥他的粗暴的歪曲和篡改的机会。

（布哈林：我们的中央委员会不给您机会，在与英国外交关系破裂的情况下，您的讲话就是犯罪行为。）

（赞成。）

如果布哈林认为，与英国关系的破裂当然是个危险（我也这样认为），它会在所有人身上引起回击的愿望，如果认为这个破裂能够掩盖《真理报》的最粗暴的反马克思主义、反布尔什维主义的倾向，那他就错了。您不能用张伯伦的手来掩盖所有这些错误。

（海因茨·诺伊曼①：但张伯伦将利用您的手。）

我希望，当真正的战斗来临时，那些在这里反对反对派叫喊得最凶的人，将同样能够最坚决地进行战斗。

再让我们回到马尔丁诺夫的完整的公式上。四个阶级联盟到底意味着什么？你们以前在马克思主义的文献中是否见过这种说法？我从来没有见过。当资产阶级在其资产阶级的旗帜下率领受压迫的人民群众，并在他们的帮助下掌握了国家政权，则须知这不是联盟，而是对被压迫阶级的政治剥削。"但须知民族革命不是进步的吗？"你们会这样说。这是无可争议的。落后国家的资本主义发展同样是进步的。但它的进步性不是由各阶级的经济合作决定的，而是

---

① 海因茨·诺伊曼（Heinch Neuman，1902—1937）德国社会民主运动活动家，德共党员（1921年起）。1925年起为德共驻共产国际执行委员会代表，1927年起为德共中央政治局委员。曾任共产国际驻中国代表，参与1927年12月的广州起义。因与台尔曼的矛盾，于1932年遭到批判。此后在欧洲完成了一系列共产国际下达的任务。1935年起侨居苏联。1937年在大清洗中被捕，并被枪毙。——译注

由资产阶级对无产阶级和农民的经济剥削决定的。谁不说阶级斗争，而说阶级合作，以此来强调资本主义的进步性，他就不是马克思主义者，而是社会调和的预言家。谁说四个阶级联盟，以此来强调资产阶级对无产阶级和农民的政治剥削的"进步性"，他就与马克思主义没有任何共同之处。因为宣扬阶级调和的机会主义者和妥协分子的政治功能，就在这种理想的粉饰之中。

国民党问题与此有最紧密的联系。布哈林就此说了一堆堪称是政治巫术的东西。你们没有看到，国民党是一种如此特殊的空前绝后的东西，只能用蓝色的旗帜和蓝色的烟雾来说明它的特点。如果一个普通人不明白这个特殊性的话，是不足为奇的，因为按布哈林的说法，它太独特了，不好理解。但是，布哈林本人是怎么理解这个特殊性的，你是无论如何都不能从他的话中搞清楚的。国民党是政党，可以认为它是革命时代的政党。这个党在最近一个时期体现的不是四个阶级的联盟，而是资产阶级凌驾于小资产阶级群众和包括共产党在内的无产阶级之上的领导角色。

滥用"联盟"一词是不允许的，特别是在当前的情况下，它完全有利于资产阶级。从政治上讲，联盟是"平等"各方的结盟的表现，它们商量好进行某些共同行动。但在中国，迄今为止都谈不上这点。共产党是另一个党的从属部分，后者的首脑是自由派民族资产阶级。去年5月，共产党保证不批评孙中山的三民主义，即小资产阶级学说，它不仅反对帝国主义，还反对无产阶级的阶级斗争。

这个"独特"的国民党掌握了一党专政的学说，并从中得出了对共产党员的结论："闭嘴"，因为在俄罗斯，领导革命的也只有一个党。

我们党的专政是无产阶级的社会主义专政的体现（斯大林在理论上完全错误地争辩说）。我们在中国面临的是资产阶级革命，国民党的专政不仅反对帝国主义分子和军阀，还是反对无产阶级的阶级斗争。在小资产阶级激进分子的支持下，资产阶级以这种方式妨碍无产阶级运动和农民起义，以人民群众和革命为代价使自己得到加强。我们容忍这点，我们助长了它的这种行动方式。我们现在就想确认它，因为我们没有对无产阶级说明，过去和现在在这个"独特性"之后隐藏是什么样的敌对阶级的手腕，而是夸夸其谈国民党的"独特性"。

一党专政说明了我们的社会主义革命的特点。在资产阶级革命中，无产阶级首先应该不惜代价地保证自己的党的独立性。中国共产党在过去是一个被束缚的党。它甚至没有自己的报纸。你们能够明白，这意味着什么，尤其是在革命的时候。为什么它过去没有、直到今天还没有自己的报纸？因为国民党不想让它有。我们能否容忍类似的情况？这意味着在政治上解除无产阶级的武装。

（布哈林喊道："这不是意味着退出国民党吗？为什么？也就是说，您想以此表明，共产党作为一个党，它不能存在于'革命的'国民党内？"）

只有在共产党保持政治上和组织上充分独立、保证国民党和共产党的共同行动领域的条件下，我才能同意共产党留在革命的国民党内。在季诺维也夫和我的提纲（第39条）中，阐述了这种合作的政治条件，并十分准确地标出"a""b""c""d""e""f""g""h"。这是留在左派国民党内的条件。如果布哈林赞成在任何情况下、不惜任何代价、无条件地留在其中，那我们和他走的就不是同一条道路。

（雷梅尔①：关于这点决议是怎么说的？）

不惜一切地维持一定的联盟形式，必将导致跪倒在伙伴面前。在这方面，英俄委员会的柏林会议已经给了我们足够的教训。

共产党首先应该不惜任何代价创立自己独立的日报。只有以这种途径，它作为一个政党才能开始真正的生存和行动。

我们接着读。

> 共产国际执行委员会认为，说什么中国革命的危机意味着长期的失败的取消派（瞧，瞧！）观点，是完全错误的。

关于这点，我们已经在自己的提纲中说得十分清楚了。失败是巨大的，我认为这是不言而喻的。对失败轻描淡写，就是妨碍教育中国共产党。失败影响的时间长短，今天谁也不能对此作出准确的预言。在我们的提纲中，至少是从可能迅速克服无产阶级的失败出发的。但前提是我方的正确政策。陈独秀同志（党的领袖）在中国共产党最近一次代表大会上的讲话（不久前，它刊登在《真理报》上）中所阐述的政策，在两个最重要的问题——革命政府和土地革

---

① 雷梅尔（Hermann Remmele，1880—1939）德国共产党领导人。早年参加德国社会民主党，1917年加入德国独立社会民主党左派。1920年12月，该党左派同德共合并为德国统一共产党时，被选入党中央书记处。1924年2月取代布兰德勒任德共主席。1926年任共产国际执委会主席团委员和书记处书记。1932年因被控参加反对台尔曼的诺伊曼集团而受到批判。1933年被撤销在共产国际和德共的一切领导职务。希特勒上台后到苏联避难，1937年在苏联的大清洗中被捕，1939年被处决。——译注

命——上是根本错误的。如果我们在这两个决定性的问题上不全力以赴地纠正中国共产党（和我们自己的党）的政策，那么失败将不可避免地深化，它将长期地压抑着中国的工人群众。这方面最必要的东西，在我就陈独秀同志讲话所写的提纲附录中说过了。因此我应该限制引用提纲和其他文件。我当然也不能反驳那些关于我想交出铁路的轻率的，甚至是无意义的断言，因为布哈林和我都没有任何相关文件。这个问题只是在政治局的一次会议上匆匆讨论的。

（布哈林：否认这点是无耻的。）

只要给我三分钟的时间，我就能驳倒有耻的布哈林，因为他的断言是谎言。鲁祖塔克同志的发言说，铁路是我们的负担，它成了帝国主义手中的武器，遭到布哈林的攻击。此后，我做的唯一的建议是，我方再次最坚决和庄严地宣布，一旦在中国成立统一的民主政府，我们就根据北京决议，在最有利的条件下把铁路转交给中国人民。当时，政治局委员们说：不行，在当前，这样的声明会被理解为我们的软弱；我们在一个月后再做这样的声明。我没有对此进行抗议。这是匆匆的讨论，只是在事后，才以最可耻的方式改造成一种特殊的形式，刊登在刊物上，通过暗示的方式传播，总之，在最近已经成为我们的手段、习惯、时髦和制度的一切都动用了。

（主席：托洛茨基同志，我应该提请您注意，您只有 8 分钟了。主席团给了您 45 分钟，我应该请求全会解决是否延长时间的问题。雷梅尔：除此之外，我应该请求主席团抗议某些歪曲和用词。说无耻的布哈林，这是我迄今所听到的最令人愤怒的说法。）

当人们在这里把"无耻"一词甩向我时，我说了有耻一词，马上就对我进行抗议。我说的只是有耻的布哈林，他指责我无耻。须知无耻一词是您自己说的，我说的只是有耻。

（主席：我坚决要求您避免这类的用词。您别以为可以在这里随心所欲。）

我服从主席的公允，收回对有耻的所有猜疑。

我不能在这里宣读拉狄克的信的全文。拉狄克写给中央委员会的信涉及我们今天所争论的所有热点问题，它与我和季诺维也夫完全一致。它至今没有得到政治局的任何答复。

我只能作出由中国革命十分严重的失败中得出的一般政治结论。

布哈林同志试图以张伯伦中断外交关系为借口。我们曾经——关于这点我已经提到过——处于十分艰难的局面中，在敌人的包围下，布哈林和其他同志

托洛茨基论中国革命（1925—1927）

参加了一场重大的党内争论①，其目的是寻找摆脱困境的出路。为得出必要的政治结论，与在有利的形势中相比，革命党在艰难处境中更不能拒绝对形势进行分析的权利。我再重申一次，在有利的形势下，错误的政策可能不会演变为危险，但在艰难的形势下，错误路线也许是致命的。

我们的分歧大吗？很大，非常重大，十分重要。此外，在最近一年中，它们无可争议地变得更加深刻。一年前，谁也不会预见到英俄委员会的柏林决议。谁也不会相信，在《真理报》上会阐述四个阶级联盟的哲学，斯大林会在蒋介石政变前夕为我们献上"榨干的柠檬"，或库西宁会在共产国际的讲坛上阐述关税签条的理论。为什么事态居然能够这样迅速地发展？因为错误路线经受了一年来两个最重大的事件的检验：英国总罢工和中国革命。革命是强大的火车头。在所谓的正常时期，错误的积累是缓慢的，而在革命冲突中，错误路线很快就会遭到彻底失败。但迅猛的革命发展对错误观点的医治力量也正在于此，哪怕这些错误观点在特定时期是我们两次世界代表大会之间的最高机关——共产国际执行委员会——的观点。

在这里发言的同志们说，因为矛盾深化，意味着这条道路必将导致两个党，这种声音我们无疑在以后还会听到。我否认这点。我们生活在这样的时代，因为伟大的事件的教导，矛盾不会僵化。共产国际整个路线的巨大危险的向右偏移是无可置疑的。但我们对布尔什维主义的思想和伟大事件的力量有充分的信心，因此我们断然抛弃所有有关分裂的预言。在一些人那里，这样的话是空洞的预言，在另一些人那里，则是恶毒的威胁。无论是前者还是后者，我们都把它扫到一边。

是否想迫使我们认为，根本就不能、也不允许改正那些上面授意的东西？不，这是不可能的。那些当真以为世界事件的发生只是为了巩固他们的错误提纲的人，将被迫根据事实修改自己的提纲。

布哈林同志的提纲的错误是最危险的。它们模糊了问题中最重要的要点。它们蕴涵着的危险是，我们不仅不能弥补失去的时间，还将再次错过机会。不要三番五次地就退出国民党一事大喊大叫（须知建议的并不是这点），而是必须把共产党的独立性问题凌驾于包括留在国民党内的所有其他考虑之上。

自己的日报和对左派国民党的无情的批评！

---

① 指的是 1918 年布列斯特和谈期间，在联共（布）党内爆发了一场严重的危机，布哈林当时为"左派共产主义者"的领袖，该派坚决主战，反对主和的列宁。——译注

把土地革命推迟到领土得到军事保障之时的观点——陈独秀的观点——应该受到正式谴责。因为这个纲领对革命有致命的危险。

把政府改组推迟到军事胜利之后的观点——陈独秀的第二个观点——也应该被界定为对革命是致命的。上层的联盟在任何情况下都不是革命政府。无论对此抱什么幻想，都意味着注定会葬送革命。革命政府的基础只能是工农、小资产阶级和士兵代表苏维埃。不言而喻，汉口政府将或是以这种或那种方式适应苏维埃，或是消失。

共产党和真正革命的国民党的联盟不仅应该保持，还应该在群众苏维埃的基础上扩展和深化。

谁只说武装工人，却同时不允许工人建立苏维埃，他说的武装就不严肃。如果革命今后将继续发展——我们有所有理由寄希望于这点，那么工人对建立苏维埃的渴望就会增强。我们应该为这个运动做准备，加强它、扩展它，而绝不是像决议所建议的那样阻碍它、制止它。

支持最坏的右倾倾向，允许在布尔什维主义的海关签条下传播孟什维主义私货（昨天，库西宁同志在这里讲了整整一个小时），一方面机械地压制真正的革命警告，就不可能引领中国革命前进。

布哈林的决议是错误的、危险的。它进行对左边的进攻。在革命烈火中终将成为真正的布尔什维主义政党的中国共产党，是不能接受这个提纲的。我党和整个共产国际不能承认这个决议是自己的。世界历史问题应该由整个共产国际公开、真诚地进行研究。无论讨论在政治上多么尖锐，都不应该用恶毒的个人中伤和诽谤的调子进行。所有文件、讲话和文章应该让共产国际所有成员都能够得到。

谁也不能把中国革命装进瓶子，并在上面贴上封条。

列·托洛茨基
1927年5月24日共产国际执行委员会晚间会议

关于中国问题的第二次讲话[*]

我们都承认，中国革命没有死亡，它还将继续生存下去。也就是说，主要问题不是反对派是否提出警告，怎样和在什么时候提的警告（我肯定它曾发出过警告，并保证为此提供证明），也不在于托洛茨基是否把中东路交给马斯洛夫。[①] 问题是怎样做，才能让中国革命摆脱错误路线使它陷入的泥潭，走上正路。我想用几句话突出问题的主要实质，它使我们的立场与斯大林的立场不可调和地区分开来。

在这里，斯大林再次以国民党和武汉政府是土地革命的充分工具为依据，表达了反对工农苏维埃的观点。这样，斯大林就承担了对国民党和武汉政府的政策的责任，就像他不止一次地承担了对以前蒋介石的"国民政府"政策的责任一样（尤其是在他的4月5日的讲话中，它的速记稿至今仍对共产国际隐瞒），并想让共产国际也对此负责。

我们与这个政策没有任何共同之处。我们对武汉政府和国民党领导的政策不承担丝毫责任，并坚决地劝告共产国际否定这个责任。我们直接对中国农民说：如果你们不建立自己的苏维埃，而是追随武汉上层，那么汪精卫之流的左派国民党的领导人就不可避免地会欺骗你们。土地革命是严肃的事。在困难条件下，汪精卫的政策将是十倍地与蒋介石联合，反对工农，共产党员在资产阶级政府中将是软弱无力的人质，如果不干脆是对劳动群众筹备新的打击的掩饰的话。我们对中国工人说："如果不是你们，而是小资产阶级激进派领导农民，他们就不会把土地革命进行到底。因此，建设自己的工人苏维埃，把它与

---

[*] 译自 *Архив Троцкого*, т.1, cc. 204–210。
[①] 指的是把中东路交还中国，但"托洛茨基是否把中东路交给马斯洛夫"的确切意思无法确定。——编注

农民苏维埃联合起来，并通过苏维埃武装自己，吸引士兵代表加入苏维埃，枪毙不承认苏维埃的将军，枪毙组织反对苏维埃暴动的官僚和自由派资产者。只有通过农民和士兵苏维埃，你们才能把蒋介石的多数士兵争取到自己一边来。你们是先进的中国无产者，如果你们相信其人数不超过三万五千人的上层的、小资产阶级的、就其领导精神来说是妥协派的组织（参见谭平山的报告）能用自己取代有数百万之众的工农兵代表苏维埃的话，在历史使命上，你们就将是自己阶级的叛徒。中国资产阶级民主革命不是在苏维埃的形式中前进并取得胜利，就是彻底失败。"

我们对中国共产党员说：陈独秀把"改组"汉口政府和没收地主土地推迟到军事危险消除之后的纲领，是最可靠的死亡捷径。军事危险实质上是阶级危险。对付这种危险只能通过粉碎地主，粉碎官僚机关，消灭帝国主义的代理人和蒋介石，建立苏维埃。土地革命、人民革命、工农革命，即真正的民族革命（在列宁的意义上，而不是在马尔丁诺夫的意义上）就在于此。

现在谈谈俄国共产党的内部问题。

在像我们今天所经历的如此危难的时刻，革命政策的主要原则就是把问题考虑透彻，十分清晰、没有任何虚假、毫无保留地说出一切。问题关系到俄国共产党内的反对派，关系到与国际困境和战争前景相关的今后形势。

认为反对派可以干脆放弃自己的观点，当然是荒谬的。这样的问题将通过事件的检验来解决。我们认为，第七次扩大全会之后近半年的检验表明并证明，反对派的路线经受住了中国革命最伟大的事件的考验，为在英俄委员会所有阶段的问题上（就事情的实质来说，是在阿姆斯特丹问题上），然后是在第二国际问题上作出正确的预见和预言提供了机会。

共同工作可能吗？我给你们列举我们的外交官，只提最有名的。我能列举在各个岗位上工作的数百名和数千名反对派成员。谁敢说，如邮电人民委员伊万·斯米尔诺夫，或工农海军监察穆拉洛夫①、内务人民委员别洛博罗多夫②

---

① 穆拉洛夫（Николай Иванович Муралов，1877—1937）老布尔什维克（1903年起），历任莫斯科军区司令（1918年）、东线军事委员会委员（1919—1920年），内战结束后任莫斯科军区司令。1923年反对派成员，1927年被开除出党，并被流放到塔拉，1937年在"反苏托洛茨基中心案"中被判处死刑。——译注

② 别洛博罗多夫（Александр Георгиевич Белобородов，1891—1938）苏联国务活动家，苏共党员（1907年起），1918年任乌拉尔州苏维埃执行委员会主席，签署了苏维埃关于处决尼古拉二世及其一家的决定，1923—1927年任俄罗斯联邦内务人民委员，1919年为苏共中央委员，1920年为中央候补委员，20年代中期参加反对派，在党的第十五次代表大会上被开除出党，被流放到乌斯季—库洛姆，1929年投降，恢复党籍，后来再次被开除出党。1938年被枪毙。——译注

托洛茨基论中国革命(1925—1927)

等反对派成员在履行自己职责上比其他人差?但全部实质在于,党的机关系统地解除反对派成员的工作,从工厂的熟练工人开始。他们受到迫害,反复调动工作,驱赶他们,完全不管他们完成的工作的质量,而只根据他们用党的手段捍卫的反对派的观点。

中央委员斯米尔加同志是最老的布尔什维克,是十月革命和内战的英雄,是我们最出色的经济工作者,由于代表大会的临近,人们企图把他发配到远东,去哈巴罗夫斯克从事计划工作,即干脆是为了政治隔离。现在人们企图以同样方式打发走萨法罗夫①同志,他已经连续不断地为党工作了二十年,建议他尽快离开,或是去美国,或是去土耳其,或是去火地岛,或是去火星,反正都一样,只要离开就行。千方百计地想把最老的党员之一、地道的无产者、前中央委员(因他是反对派成员而被开除出中央委员会)库克林扔到英国,他在那里将会觉得自己像一条被扔到岸上的鱼。所有这些人都是无可指责的十月革命和内战的战士。这类例子不胜枚举。这种方法是致命的,它瓦解着党。齐心协力的实际工作是完全可能的,所有经验都证明了这点。为工人国家的利益保证这种齐心协力的工作,完完全全取决于中央委员会,但它采取的是完全相反的方针。

我再重申一次,虽然近一年来,分歧深化了,但善意的共同工作是可能的。在国际问题上,分歧暴露得更加明显,因为那里发生了宏伟的事件。但现在,在国内问题上,发展进入了新阶段。不仅是战争,还有战争危险的本身,尖锐地提出了所有问题。每个阶级在战前都必然要检验政策的基本问题。富农、官员、耐普曼②抬起了头,问道:这将是什么战争,它会给我带来什么,将以什么方法进行战争?另一方面,工人、雇农、农村贫农在面对战争威胁时,将更加严厉地检验革命的成果、苏维埃制度的得失,他们会问:战争将使力量对比朝哪个方向改变?它将增强上层的作用还是底层的作用?它将改进无产阶级的阶级路线,或是在"民族战争"——斯大林解释下的——的幌子下扩大向上层的偏移?

我国的资产阶级分子有了极大的增长,两个倾向的斗争蕴涵于阶级之中,

---

① 萨法罗夫(Георгий Иванович Сафаров,1891—1942)季诺维也夫列宁格勒集团成员和共青团领袖。1927年被开除出党,拒绝与季诺维也夫分子一起投降,与托洛茨基派成员一起被流放,但很快就投降了。1935年被判处流放两年,1936年被捕,判处监禁5年。1942年被枪毙。——译注

② 耐普曼系在推行新经济政策时新生的资产阶级分子,因新经济政策简称耐普,故这些人就被称为耐普曼。——译注

因为我们国家只有一个党，这场斗争将通过我党进行。

在这里最轻率地，甚至是以犯罪的轻率说粉碎反对派、开除反对派的那些演说者，就他们的全部历史来说，是最没有权利这么做的人。但我不说他们。这些人只会随波逐流。

乌斯特里亚洛夫①是布尔什维主义最主要的敌人，他早就要求把反对派成员流放，把反对派开除出党。乌斯特里亚洛夫是由新经济政策中产生的新生资产阶级和想依靠新资产阶级的最有活力的老资产阶级的代表，他不想"超越阶段"，公然支持斯大林的政策，只要求斯大林更加坚决地镇压反对派。请你们考虑一下这个事实。另一方面，麦克唐纳在反对武装干涉时，要求别妨碍清醒的"实际的政治家"了结"第三国际的宣传家"——这是麦克唐纳的原话，即别妨碍斯大林粉碎反对派。而张伯伦想以自己的强盗行径来加速这个过程。各种不同的方法指向同一个目的：粉碎无产阶级路线，粉碎苏联的国际联系，迫使俄国无产阶级放弃介入国际无产阶级事务。无须怀疑，你们不允许季诺维也夫出席共产国际的会议，麦克唐纳是不会反对的。如果你们推行粉碎反对派，把它开除出党的政策，麦克唐纳将吹嘘自己的敏锐。麦克唐纳将会说：这是讲求实际的政治家与第三国际的宣传家的决裂。

把反对派描写成一个上层集团的企图，是不可饶恕的自欺欺人。反对派代表的是阶级路线。反对派组织上的软弱与它在党内和工人阶级内的比重完全不相符。顺便说一句，党的现行制度的过错，就在于它用人为的方式改变党内的力量对比。党内今天沉重的官僚制度，反映了其他阶级对无产阶级的压力。昨天，八十名老党员、久经考验的布尔什维克向中央委员会提交了一份声明，他们在这份声明中完全支持我们在这里阐述的观点。他们都连续不断地在布尔什维克党内工作了十到二十年之久。由于这个事实而指责什么托洛茨基主义，就是可笑地、可悲地伪造问题。改良主义者为了方便进行反对马克思主义的革命精髓的斗争，把它称为布朗基②主义。从布尔什维主义路线倒退的同志们现在

---

① 乌斯特里亚洛夫（Николай Васильевич Устрялов，1890—1938）俄国政治活动家、立宪民主党人（1917年起）、政论家，1920年移居国外（哈尔滨），路标转换派思想家之一；1935年回到苏联。1935—1937年为地理经济学教授。1937年被捕，被最高军事法庭判处死刑。——译注

② 布朗基（Louis Auguste Blanqi，1805—1881）法国空想社会主义者，1830年和1848年革命的参加者，19世纪30年代曾领导秘密的共和团体，1871年在监狱中被缺席选为巴黎公社委员，奉行宗派主义策略，认为社会革命的成功依靠革命党人秘密组织和精心策划的密谋，革命党人在关键时刻会得到人民群众的支持。这一理论被称为布朗基主义。——译注

为了进行反对列宁主义的革命精髓的斗争,而把它称为托洛茨基主义。我们在库西宁的讲话中看到了这种斗争方式的经典的例子,是孤陋寡闻的德国社会民主党员通过他的嘴在说话。

在党的发展的最近一个时期,枪口一直对着左边。它的主要原因是无产阶级在国际范围内遭受了一系列的失败,以及由此产生的右倾方针的加强。工人运动的全部历史证明,重大的失败之后会造成机会主义路线的暂时胜利。在英国大罢工和中国革命失败之后,想对反对派,即俄国共产党内和共产国际内的左派革命路线进行更加沉重的打击。新方针的新领袖、四个阶级联盟的喉舌马尔丁诺夫在此发表了最重要、最完整的讲话,并非偶然。这意味着什么?向右偏移的进一步加强。这意味着乌斯特里亚洛夫胜利的危险。乌斯特里亚洛夫们不想跨越台阶和超越阶段,因此他们现在公开支持斯大林。但他们当然不打算停留在他那里。斯大林对于他们来说,只是一个台阶。对他们来说,事关的是粉碎俄国共产党内的左的障碍,削弱无产阶级路线,把苏维埃制度变成小资产阶级的工具,以便此后直接复辟资本主义。更确切地说,是以波拿巴主义的形式。

战争危险尖锐地提出了所有问题。斯大林路线是半途而废的路线,在实际支持右倾方针的情况下,在左右两种倾向之间摇摆。战争危险的加剧将迫使斯大林进行选择。他在这里努力对我们证明,选择已经做了。在资产阶级粉碎了中国工人之后,在政治局对珀赛尔投降之后,在《真理报》上刊登陈独秀的讲话之后,斯大林只看到来自左边的敌人,把火力对准他们。主要是在莫斯科和列宁格勒的几十名久经考验的老党员—布尔什维克以一封集体签名的信让党警惕严重的内部危险。我们不怀疑,数千名党员战士将和他们在一起,不惧怕威胁和诽谤,他们将不顾一切机械障碍,诉诸党的舆论,并以党内手段恢复布尔什维主义的革命路线。

与珀赛尔称兄道弟,诽谤季诺维也夫,粉饰和吹捧左派国民党的领袖,中伤俄国共产党和其他国家的反对派,一环紧扣一环。这是确定的方针。我们将把反对这个方针的斗争进行到底。斯大林说过,反对派与张伯伦、墨索里尼和张作霖在同一阵线之中。对此我回答说:没有比斯大林的错误政策(特别是在中国的)更方便张伯伦及其他人工作的了。不能让革命半途而废。伦敦的打击是对马尔丁诺夫在中国的方针的清算。在这条路上只能积累失败。

看来,斯大林试图把反对派几乎描绘成张伯伦的助手。这完全符合他的方法的精神。昨天是米哈伊尔·罗曼诺夫①，今天是张伯伦。但他在这点上的失算，比他对蒋介石和珀赛尔所寄的希望上的失算更大。反对张伯伦应该进行真正的斗争，而为此应该唤起和团结国内和全世界的工人群众。只有正确的阶级路线才能唤起、团结和加强群众。为正确的革命路线而斗争，反对斯大林的路线，我们以此为反对张伯伦的斗争准备了最好的条件。帮助张伯伦的不是我们，而是错误的政治路线。

没有一个正直的无产者会相信关于张伯伦和托洛茨基的统一阵线的毫无道理的卑鄙说法。但小资产阶级的反动部分、不断增强的黑色百人团的富农会相信或装作相信这点，以便把粉碎革命的无产阶级路线和它的代表的斗争进行到底。把手指递给沙文主义的魔鬼，必死无疑。斯大林以自己恶毒的中伤把这个手指伸了过去。我们在这里这样说，还将公然对全世界无产阶级这样说。

列·托洛茨基
1927年5月24日

---

① 在1926年11—12月间举行的共产国际执行委员会全会上，为了损害联合反对派领袖的声誉，斯大林对他们进行人身攻击。他在其报告中突然"回忆"起，加米涅夫在二月革命后，曾与一群西伯利亚富商一起给米哈伊尔·罗曼诺夫致贺电。此事纯属凭空捏造。米哈伊尔·罗曼诺夫（Михаил Алексадрович Романов，1878—1918）系末代沙皇尼古拉二世的弟弟，后者在二月革命中逊位后，把皇位传给了他，但被他拒绝。——译注

是该明白的时候了*

今天在"塔斯社"内参《电讯》（116期）中，有几条在政治上极其重要的电讯。这些电讯之所以对舆论隐瞒，并不是因为它们能够对苏联或中国革命造成损害，而是因为它们证明了官方方针的错误和反对派的正确。我们只引两条最鲜明的。

5月24日塔斯社上海电。南京中央政治会议①决定冯玉祥为该会议委员。

蒋介石已任命冯玉祥为政治会议委员（可能目前尚未得到谨慎的冯玉祥的同意）一事，现在全世界都知道了。但这应该对苏联工人保密。为什么？因为最近一段时间，我们把冯玉祥描绘成真正的"工人"（或"农民"），是可靠的革命家等，即在与冯玉祥的关系上重犯了之前与蒋介石的关系上所犯的所有错误。现在，在最近几个星期，我们隐瞒了所有关于冯玉祥的比模棱两可更甚的行动的电讯。为什么？显然是怀着希望——也许他不会叛变——等待。如果他叛变了，我们就说：这完全符合我们关于资产阶级背离民族革命的预见。可现在呢？不去警告中国工人和党，不去发动工农兵群众采取真正的革命措施反对将军们的背叛，我们沉默、隐瞒，把电讯藏到口袋里。这没有用。不能把革命的阶级逻辑藏在口袋里！

第二条电讯：《汉口形势》。

---

* 译自 Архив Троцкого, т. 1, cc. 211–213。
① 应是行政院。——译注

5月23日塔斯社汉口电。共产党中央委员会建议"湖北革命战线巩固同盟"协调好工人与小资产阶级之间的关系。中央委员会指出，必须加强工人的纪律，尊重国民政府的指令，并解释说，工会无权逮捕人，在它们认为必须逮捕某人时，每次都应该向政府申请。

这条电讯比第一条更加重要。对每个严肃的革命者来说，它像闪电一样照亮了整个形势，证明官方路线的绝对错误，这条路线是致命的，反对派的路线是无条件正确的。

只要认真地考虑一下，工会在汉口政府辖区内逮捕革命的敌人，这意味着形势的全部逻辑迫使它承担起苏维埃的任务。共产党中央委员会在干什么？建议工会克制不合法的行为，服从武汉上层的"指令"，在需要逮捕和枪毙反革命分子、叛徒、阴谋家时，要毕恭毕敬地向上司请示（而他显然是这个阴谋家的亲戚，或是姻亲）。这难道不是嘲弄革命，嘲弄它的要求和基本任务？武汉政府不直接号召群众就地解决敌人，反而禁止他们这样做。不仅如此，它还不是以自己的名义，而是通过中国共产党来禁止。共产党中央委员会在这种情况下扮演的是怯懦的资产阶级激进分子和假激进分子的政治管家的角色，后者害怕革命群众，与马尔丁诺夫一样，认为革命可以通过仲裁委员会来完成，而不是通过群众对它的敌人的惩治。这岂非咄咄怪事？这不是对革命的嘲弄吗？同志们，我们将走向何方？

除此之外，值得注意的是，特别委托湖北"工会为加强革命阵线""协调工人与小资产阶级之间的关系"。协调这些关系可以不通过特殊的联盟，不根据特别的订货，而是通过正确的政策。工人和城市半无产阶级贫民代表苏维埃应该是这样的革命日常政策的广泛机构。当工会被迫承担起苏维埃的职能时，它们几乎必然会在一定情况下忽视或破坏城市小资产阶级下层的合法利益。这样，苏维埃的缺席打击着小资产阶级，破坏了它与无产阶级的联盟。

情况就是这样。被群众推动的工会试图纠正中国和莫斯科领导的错误，着手直接惩治敌人。而本来应该是这种严厉惩治的鼓动者和领导者的共产党中央委员会却呵斥工人，命令他们加强"纪律"（对资产阶级），默默地接受汉口克伦斯基和策列铁里对帝国主义的资产阶级代理和蒋介石的怨恿。这就是马尔丁诺夫反动政策，不是在口头上，而是在行动上！

一系列电报，特别是来自东京的电报，都说到汉口政府的"瓦解"，它近在咫尺的灭亡等。应该十分谨慎地对待这样的电报，这是敌人的电报，他们期待革命的灭亡，希望它的灭亡，暗中窥伺、虚构和扯谎。但上面引的两份电报像其他许多这类的每天都会来的电报一样，迫使人承认，汉口政府的情况可能是绝望的。如果妨碍工农惩治反革命分子的话，它必将灭亡。共产党中央委员会以其错误的政策促进它的灭亡。如果汉口政府在工农兵苏维埃的猛攻下灭亡，我们当然不会对此表示惋惜。但它的灭亡是因为它反对建立苏维埃。在这个致命的政策下，中国共产党支持汉口政府，制止中国工农直接惩处敌人，不让他们建立苏维埃，促成了汉口政府在最短期内死亡，而且是可悲的死亡，不是死于工农群众之手，而是死于资产阶级反动派之手。不过，在这样的政策下，汉口政府很可能在"灭亡"前就与蒋介石联合起来，共同反对工农。难道还不是该明白这点的时候吗？！

列·托洛茨基

1927年5月26日

汉口和莫斯科*

现在在汉口发生的是什么,我们可以根据塔斯社内参上的支离破碎的电讯来判断。

左派国民党继续咀嚼工人、农民和资产阶级在"民族革命"中团结一致的理论,因此号召工农对资产阶级遵守纪律。

共产党中央委员会(或国民党中央委员会?)劝告工会干"自己的事",把与反革命分子的斗争交给国民党当局。

共产党领袖陈独秀劝告农民,土地问题等到战胜了内部敌人再说。

莫斯科发出警告,反对"过早地"建立苏维埃。

此时帝国主义对蒋介石施压,而蒋介石通过汉口的资产阶级对左派国民党施压。左派国民党要求工人和农民遵守纪律和忍耐。

整个画面就是这样。它的意义是十分清楚的。

在这些日子里,莫斯科的领导在干什么呢?我们不得而知。但无须怀疑,在最近来自汉口的令人十分担忧的电报的影响下,从莫斯科往那里发送内容大致如下的建议:"尽可能扩展土地革命","让尽可能多的群众加入国民党"等。共产党员部长把这些建议转交给政府和国民党中央执行委员会。

这样,共产党的工作就一分为二:大声地劝告工农等待,而悄悄地附在资产阶级政府的耳边劝它赶快。但革命之所以是革命,是因为群众不想再等待。可资产阶级"激进分子"之所以是资产阶级激进分子,就是他们害怕赶快。共产党不是唤起群众夺取土地,建立苏维埃,而是根据马尔丁诺夫关于四个阶级联盟和用仲裁委员会取代革命的神圣处方,在无效地劝说双方中浪费时间。

---

* 译自 Архив Троцкого, т. 1, с. 214。

这个政策的失败是绝对不可避免的。如果我们不断然、急剧、大胆地纠正它，失败在不远的将来就会来临。那时将事后对我们出示写着莫斯科的建议的纸条："尽可能扩大土地革命，让尽可能多的群众加入国民党"。但那时我们会重申今天说过的话：这类建议是废话。不能让革命进程取决于胆怯的市侩国民党领导是否接受我们的好意劝告。它是不可能接受的。土地革命不能指望汪精卫的同意，而恰恰应该在不顾他的反对和与他斗争的情况下完成。

因此，首要任务是放开自己的手脚，共产党员部长退出国民政府，号召群众夺取土地，立即建立苏维埃。

而为此需要真正独立的共产党，它不是劝说上层，而是大胆地率领底层追随自己。

没有也不可能有其他道路。

列·托洛茨基
1927 年 5 月 28 日

共产党和国民党*

我认为,新形势要求重新审查共产党和国民党的相互关系问题。我们为什么应该留在左派国民党内?

1. 在这点上经常重复这样的理由:"由于工农还追随左派国民党,我们就应该留在国民党内,以便把他们引向共产党一边。"这种理由未必能站得住脚。追随社会民主党和阿姆斯特丹的工人要比追随国民党的工人多得多。这个理由完全可以用到英俄委员会上。

据一般原则,当我们想赢得工人,把他们吸引到自己一边来时,我们不是加入另一个组织,而是从中退出。

2. 另一个理由是:"现在,在我们和左派国民党人遭到打击时,退出是不允许的。"我认为,在我们遭受打击时,组织上的混淆比在我们打击别人时更加危险。库恩·贝拉①在匈牙利的经验雄辩地证明了这点。

与汪精卫们留在同一个组织中,我们就为他们的动摇和背叛承担了部分责任。

共同回击敌人,各自承担责任。

3. 从第一个理由中得出的结论是,只要还没有把所有工人农民从左派国民党那里拉走,我们就应该留在其中。但若这样,我们就永远不能退出国民党:第一,是因为中国民族民主的旗帜将在很长时间内不仅引导农民追随自己,还有工人。第二,留在国民党内,我们不能让工人面对必须在共产党和国

---

* 译自 Архив Троцкого, т.1, сс. 215–218。

① 库恩·贝拉(Bela Kun, 1886—1939)1919年匈牙利革命的领袖之一,是短暂的匈牙利苏维埃共和国首脑。来到莫斯科后,成为共产国际官员。1937年被捕,1938年被判处死刑,被枪毙。——译注

民党之间进行的抉择。

对农民来说,国民党就像我国的社会革命党一样,在无产阶级专政之前,一直是他们自己的党。联盟的必要性就是由此而来的。

第二个理由说,在退却(粉碎)结束前,我们应该留在国民党内。但退却可能被进攻所取代,那时就会说:不能以退出国民党来破坏进攻。

4. 与英国共产党加入工党的类比理所当然地不能成立。英国工党就其构成来说,是无产阶级政党。政治上的分化进行得相对缓慢。国民党是不同阶级的"政党",由于革命,它们之间政治上的分化进行得异常迅速。中国共产党一直落后于这种分化。

5. 在蒋介石政变后,问题变得更加尖锐。就像汪精卫在最近一次国民党全会上提出的反对共产党和工人阶级的最卑鄙的建议所表明的那样。这是政变的前夕。所有证据表明,现在汉口政府在继续这条路线,而共产党是国民党内的左派反对派。在莫斯科可以这样说:"在保持政治和组织上(?!)的充分独立性的条件下留在国民党内。"但在实践中这意味着什么?

须知,在汉口,所有这些问题都已摆在刀刃上。中国共产党中央委员会无论如何都不明白,我们应该提什么建议。在这样的危机时刻,不确定性是最糟糕的。

6. 提出了这样的理由:退出国民党是必须的,但应该给共产党一定的准备时间。这种提问题的方式最容易被接受。但这就需要把它公开地告诉中国共产党。准备的必要性在于,退出国民党将以与它的联盟和全面合作来接替,但各自承担自己的政治责任。遗憾的是,这个务实的问题的提法被推到一边,被上面扼要地分析过的一般理由所取代。

7. 然而,无须怀疑,共产党留在左派国民党内,将继续让共产党的政策服从它在组织上的依附性的事实,由于共产党的年轻和没有经验,必然会导致它重蹈上一个时期的覆辙。

1927 年 5 月 10 日

拉狄克同志在 3 月 3 日的信中以下面的方式为在一定时间内留在国民党内的必要性提供依据:

共产党和国民党

国民党的全部行动，更确切地说，是它的右翼和部分军人的全部行动都是反对群众利益、保卫地主资本家的利益的，正如国民党中央委员会的路易·布朗政策一样，但还没有在群众中造成反对国民党的运动，还没有让无产阶级和最贫苦农民理解自己的阶级政党的必要性。

当时，我反对这种理由，因为它把建立独立的工人政党推迟到群众明白这样的政党的必要性时。但现在，我把问题的原则性提法放到一边。上引拉狄克的话的意思是明白的：应该等待右翼和部分军人的这样的行动让群众明白自己的党的必要性。"四月政变"对此来说是否已经足够了？看来是够了。

但现在出现了新的困难：据3月3日的信，"四月政变"应该作为党的独立性信号，今天却被宣布为这一独立性的主要障碍。自己制造了组织陷阱，收集越来越多的政治论据，让我们无论如何都不能从中挣脱出来。

我十分清楚，在这个问题上，我们之间的分歧没有任何原则性，但这个组织问题在今天的中国条件下的折射，具有重大的意义。那些曾经充当蒋介石的左的招牌的中国共产党党员，由于继承性，在一两年内仍将充当汪精卫的左的招牌。

1927年6月8日

又及：

上面的几行字写于一个月前。从那时起所发生的一切，证明搞清楚中国共产党的独立性这个基本问题，是必要的。把国民党描绘成不承担任何义务的散漫的组织，就是歪曲问题的实质。国民党的外围无论如何散漫，它的中央机关把革命专政牢牢地掌握在自己的手中。广州国民党在这方面模仿俄国共产党。汉口国民党模仿广州国民党（或是南京的）。对汉口的共产党中央委员会建议加入国民党，同时保持政治上和组织上的充分独立性，意味着无法猜破的谜，仅此而已。我们知道，甚至是今天的中国共产党中央委员会早在去年就表示赞成以党外联盟取代党内联盟，即赞成退出国民党。现在，中国共产党中央委员会无疑会重复："你们看，甚至俄国共产党反对派都反对退出国民党。"这个论据在中国将无疑会被广泛利用，就像在我国利用反对派赞成退出国民党的论据一样。

谭平山在其部长就职演说时,十分清楚地表明,共产党留在国民党内,不是一般的,而是在特定的具体时间地点的条件下,使共产党领袖可以声明,他们将实行国民党的纲领,而不是自己的党的纲领。更糟的是,让党容忍抹杀政党之间的界限的领袖。这种现象无论如何都不能再继续下去了。在共产党内,应该在这个问题上进行布尔什维克和孟什维克的分化。

现在必须的是什么?必须阐述让我们至今仍留在国民党内的那些原因。此外,最重要的是同样清晰准确地阐述那些明天让我们退出国民党的原因。每天都有退出的理由,只要看看"内参"上的电讯就足够了。拖延这个问题只能使形势更加恶化。

列·托洛茨基
1927年6月9日

致共产国际执行委员会主席团[*]

来自中国的最新消息表明,把宝押在作为"革命组织中心"的武汉政府上的做法遭到了彻底失败。在武汉政府辖区内,反革命自由地组织起来,同时,工农运动遭到镇压。对中国革命和苏联来说,形势极其严重,因为中国革命的失败十倍地加剧了战争危险。

有鉴于此,我们认为应该立即召开共产国际执行委员会主席团会议,与在莫斯科的执行委员会委员和候补委员一起讨论形势,纠正共产国际在中国推行的、得到最近一次共产国际执行委员会赞成的错误路线。

格·叶夫多基莫夫

格·季诺维也夫

列·托洛茨基

1927 年 7 月

---

[*] 译自 Архив Троцкого,т. 1,с. 219。

中国革命的新阶段
——从蒋介石到汪精卫*

中国的新事件对中国革命和整个共产国际的命运有如此重大的意义,我们认为有责任不顾一切地再次向你们呼吁。在斯大林—布哈林的坚持下,共产国际执行委员会第八次全会赞成中国政策中过去的妥协路线,维持它的效力。在任何一个实践问题上,它都没有向前迈出一步。检验接踵而至。全会还没有散会,长沙的事件就把所有问题都重新翻了出来,证明全会的指令维持不了几个星期。革命时代的机会主义路线总是这样。

伴随着对工农血腥镇压的长沙政变、在武汉的所谓"左派"国民党中的事件、前线事件的发展,冯玉祥,看来还有汪精卫和蒋介石的妥协,所有这一切都再次完全充分地证明和肯定了我们在致我党中央委员会和共产国际的一系列文件中所做的分析和预见。不幸的是——因为这一切都是在中国工人阶级的脊背上发生的——这些以骇人听闻的错误和损失为代价的教训,对共产国际来说是十分沉重的。

一、蒋介石政变后,中国发生了什么?

1927年6月16日的《真理报》报道说,长沙的反革命政变于5月16日已经开始,只是在一个月后,党和共产国际才从《真理报》的电讯中得知这个最重要的事件。而关于冯玉祥当选为南京行政院(即蒋介石白卫政府的)委员的电报,塔斯社于5月24日就及时收到了(参见塔斯社电讯"内参")。这成了制度。如果不能隐瞒,就最大限度地拖延,用对反对派的新的攻击来让

---

* 译自 *Коммунистическая оппозиции в СССР*, т. 3, сс. 223–248。
在文件的第一页上有托洛茨基手写的字样:"看来是季诺维也夫写的。——列·托·"——编注

中国革命的新阶段

党对此"有所准备"。难道还不清楚，在这些手段中，是不需要正确的政策的吗？

在长沙和湖南省的其他地方发生了什么？

无疑是在唐生智——今天"左派"国民党的主人——知情和赞成的情况下，地方卫戍部队的军官率领几百名士兵，于5月19日着手解除工农纠察队的武装，5月21日，35军的几支部队包围和解散了几个工农协会。解除了500人的武装，杀死了12人，逮捕了约20名协会领导人。得知政变消息，附近地区的农民迅速组织起队伍，开赴长沙。但由于武装差，他们被机枪火力击退，撤了下来。第三国民革命军军长决定驱逐军队中的"左派"。根据他的命令，共产党人—政治工作者被清除出部队。众所周知，在长沙政变前，发生了夏斗寅暴乱，更早是杨森的暴乱。扼要的事件表就是这样。其中的主角是"军官团"。没有士兵代表苏维埃。是因为它不可能吗？不是，因为反对派早就要求建立它，而被斯大林—布哈林禁止了。

唐生智几乎像照片一样地重复了蒋介石的做法。他从誓言和声明开始，以枪杀工农和夺取政权结束。十分明显，他用"征讨"北方来掩饰在自己的"左派"政府的后方筹备反革命政变，后者又以自己的政策来方便这并不狡猾的工作。5月10日塔斯社讯：武汉政府成员孙科发誓（在采访中）自己相信中国的非资本主义发展道路。反动分子孙科不是悲观主义者，也不是信念不坚定的人！5月19日，即9天以后，在长沙爆发了武汉军队与纠察队的最初的冲突。唐生智——国民革命军事实上的司令——赞成长沙政变。此时冯玉祥在与蒋介石谈判。

6月11日塔斯社上海讯："湖南农民运动往往表现为一系列的过火行为（！）。如出现了禁止把稻米运出县城，强占店铺，私分财产。"哪个阿夫克森齐耶夫[①]写的这个反动、愚钝的卑鄙报道？这怎么能刊登？没有发现？对这种杰作视而不见的能力并非偶然，它是马尔丁诺夫方针培养出来的。

塔斯社的另一个通讯员为了尽可能地为自己的报道添油加醋，不得不承认，在武汉政府的辖区内，接军事胜利之踵而至的是让农民和工人阶级丧失革命基本成果的新的反动。这不仅出现在南方和东南方，还出现在整个湖南省和

---

① 阿夫克森齐耶夫（Николай Дмитриевич Авксентьев，1878—1943）俄国社会革命党领袖之一。1917年任全俄农民代表苏维埃和预备议会主席、临时政府内务部长。国内战争时期参加反苏阴谋活动和反革命政府。后逃亡国外。——译注

湖北省的部分地区（《真理报》6月16日）。事件的发展几乎是自动的，不是斯大林—布哈林的策略所能阻止的。

1927年6月17日，《真理报》刊登了《武汉政府军事委员会命令》，其中说道："可能，没有经验的（!）农民组织犯了一些错误。国民党执行委员会业已采取措施，禁止没收士兵（!）和军官的财产。破坏此决议者将严惩不贷。散布企图在农民和军队间挑起纠纷的流言者，亦将受到严惩。"全部发展依令而行。

中国的克伦斯基欺骗人民，说什么有人剥夺士兵土地的神话。事实上，剥夺的都是地主—将军、军官等的土地。这是我们的盛加略夫①和阿夫克森齐耶夫进行的欺骗，真是一字不差。而《真理报》把这一切都当成真的。农政部长共产党员谭平山保持沉默。斯大林—布哈林则粉碎反对派。

武汉军官是由资产者和地主构成的。看来，政府不触动军官土地的决议是得到了共产党的同意。军队对地主来说，成了保护他们的组织。革命党应该采取截然相反的方针：剥夺军官土地，不仅把农民，也把士兵引入这项工作中，让他们驱逐军队中的地主军官，消灭反革命指挥官。这可能会妨碍这个或那个军事"讨伐"，然而被压迫者对压迫者的讨伐会获得巨大的好处。解放和统一中国，即完成民族革命，不能走唐生智和蒋介石联盟的北伐之路，而是工农反对本土和外来的压迫者的革命讨伐。

二、左派国民党和土地革命

谁是中国革命的体现者？蒋介石政变后的民族运动是什么？在蒋介石政变后首先应该解决的是这些问题。斯大林—布哈林的观点是，"左派"国民党目前不应该打扰蒋介石，让他率领自己的军队北进。1927年5月13日，斯大林在中山大学说："倒不如暂时让蒋介石在上海地区挣扎，跟帝国主义者在那里纠缠"。② 事实如何？"挣扎"的不是蒋介石，"挣扎"的是斯大林和他的错误政策。蒋介石赢得了时间，在很大程度上瓦解了"左派"国民党中央委员会和它的"革命"将军，并把他们争取到自己的一边。那时我们继续用"我们的革命"将军仍在北进来安慰自己，我们就是在自欺欺人。忘记了事实上这

---

① 盛加略夫（Андрей Иванович Шангарёв，1869—1918）俄国地方自治人士、医生、政论家、立宪民主党领袖之一，第二、三、四届国家杜马代表。1917年任临时政府农业和财政部长。——译注

② 《斯大林全集》第9卷，人民出版社1954年版，第230页。

不是我们的、也不是革命的将军们，他们前往北京，恰恰是为了与英国人和日本人达成与蒋介石或是与张作霖"和平"分享权力的协议。

塔斯社 6 月 3 日的电报突然报道好消息，说："国民政府决定与南京进行有力的斗争。"无疑，这是新的欺骗。谁要想与南京斗争，他首先要镇压自己队伍中的南京分子。

如果对蒋介石来说，进军上海和南京就足以保证自己准备政变，如果唐生智进军河南省就足以保证在"左派"政府后方的政变，那么宣布讨伐南京，显然应该是在为不远的将来的政变做掩饰：驱逐和枪毙可恶的共产党员部长和汉口的共产党中央委员会。

事件几乎是自动地朝这个方向发展。东方通讯社（塔斯社 5 月 31 日）报道，"看来，两个集团（武汉和蒋介石）的妥协逐渐具有具体的形式。"形势的"关键"是革命力量根本不可能与反革命力量对抗：整个此前的政策导致工农没有武装。

长沙事件不是偶然的，像伪造车间的"乐观主义者"企图再次把它描绘成的那样。政变波及整个湖南省和部分湖北省。几个星期内，白色恐怖在那里肆虐。湖南是农民运动的中心，长沙是 150 万居民的革命中心，打击正中要害，不是斯大林—布哈林的政策能够抵挡的。

事情的实质不在于武汉的二流蒋介石的"退出"和"背叛"，像习惯上所说的那样。事情的实质是"左派"国民党和武汉的背叛和破产。

为了斥责信念不坚定者，《真理报》6 月 18 日汉口讯称："虽然长沙和湖南省其他重要地方的白色恐怖猖獗，农民起义仍在不断增长，很多地区仍在农民政权之下。在农村，在农民和士绅之间进行着武装斗争。"

运动的规模越是宏大，领导的犯罪的机会主义就会变得更加清楚。须知掌握在农民手中的政权是反对武汉政府的。也就是说，汪精卫将一次又一次地粉碎这些农民。我们将给他们什么建议？也许是扩展运动？与城市工人携手？建立自己的苏维埃？或是我们对农民说，赶走地主，夺取政权，让他们以最不能容忍的方式超越斯大林的"阶段"？机会主义的领导在每一个新阶段都把革命运动驱入绝境。农民能够夺取土地，赶走地主，打死高利贷者和暴吏。但以国家方式巩固土地革命，分散的农民是做不到的，为此它需要领导。国民党（实际存在的国民党，而不是斯大林虚构的国民党的"理想"）不会提供这样的领导。国民党进行反对土地革命的斗争。如果无产阶级先锋队不领导农村，

农民起义必然将被粉碎,数世纪以来一直是这样。

曾几何时,劈头盖脸地指责反对派对作为农民革命策源地的武汉中心"估计不足"。而事实如何?共产党人不是扩展在工农群众中的基地,而是踏上"北伐"的道路,迎合力图扩展自己的军事影响的将军们,以便对革命的领土扩张进行总结。像在蒋介石的统治下一样,真正的人民群众的革命只是"后方",仅限于满足前线的需要,并服从后者。新的北伐不可能是革命目的授意的,因为军队越是北进,它们就越是失去了与革命基地的联系,将军们就越强大,对冯玉祥、唐生智和其他军阀来说,找到与蒋介石的共同语言,以便和他一起与帝国主义分子勾结起来的任务就变得越容易。对我党隐瞒了事件的真正机制。可是现在,新北伐产生的整个反革命和妥协的混乱砸在了党的头上,像是"突如其来"的灾难一样。然而在事件中没有任何突然的东西:种瓜得瓜,种豆得豆。

"左派"汪精卫帮助蒋介石召开南京会议。在他和陈独秀签署的呼吁书中,他安慰即将被枪毙的工人。在蒋介石匪帮解除上海工人武装面前,汪精卫显然扮演的是两面派角色。根据与"左派"汪精卫的协议,中国共产党总书记在枪杀事件的几天前写道,"中国共产党之爱好和平和秩序,不亚于其他政党。"

正如已经说过的那样,在蒋介石政变后,"左派"国民党的政策是右派国民党政策的继续,把它应用于南方领土中革命斗争的新阶段。汉口的"左派"政府像右派政府一样,媚惑讨好反革命将军们,把在上海已经声誉扫地的国民党旗租给他们。它不允许工农接近这面旗帜,迫使他们只能服从、追随将军们。在"左派"国民党和武汉"左派"政府中,还留有明显的右派、蒋介石的志同道合者,如孙科、徐谦、陈友仁①和其他人。军权交到了冯玉祥和唐生智的手中,他们中的前者与蒋介石毫无区别,后者与他的区别无非是比他更加反动而已。没有进行对军事力量的任何改组。看来,郑州会议的图景与此前由蒋介石主持的会议是一样的。"左派"国民党中央委员会的"一致"、它的纪律都是反对工人阶级的,反对土地革命的。它的政策是由虚伪的摇摆构成的,

---

① 陈友仁(1878—1945)英文名 Eugene Chen,生于英属殖民地特立尼达,1911 年辛亥革命成功后回国效力,曾任袁世凯政府交通部法律顾问,后辞职创办《京报》。曾任孙中山英文秘书和外文顾问,后任国民政府外交部长。1927 年曾主持与英方代表就汉口和九江租界的谈判,签订收回这两个租界的协议,获得极大成功。蒋介石政变之后,他持反蒋立场,被迫流亡国外。——译注

完全是为随着自己的成熟而从国民党的障眼法下爬出来的反革命力量扩展服务的。而中国共产党中央委员会扮演的是"左派"国民党中央委员会附庸的角色，左派国民党资产阶级阵营中的人质的角色。在军队和国家机关的疯狂的敌视下，在共产党的无力的等待观望下，农民运动像工人革命运动一样，仍是分散的、受压制的，将再度被赶入地下。

4月24日来自汉口的报道，在外国企业中，在工人与企业主之间发生冲突的所有情况下，"左派"政府都把强制性仲裁强加给工人。事实上这会导致禁止所有罢工，因为不能把外国企业和中国资本家的企业截然区分开。

在长沙政变之后，"左派"国民党中央委员会公布了它根据湖南省形势而采取的措施的报道：

从事调查期间，暂时（！）保持目前的（即反动的）武汉政府；改组湖南省的国民党及工农组织（朝什么方向"改组"，是不难猜测的）；湖南省的所有军队统归周澜将军调度，他是国民党中央派遣到湖南的特派员；工农协会与军队双方发生的所有武装冲突，应该停止（即在枪杀工农之时，他们应该保持沉默），否则将根据革命纪律采取严厉措施；将任命特别委员会解决湖南省形势的问题。

《真理报》称这些措施是"不彻底的"。事实上，它们是叛卖的。但《真理报》对国民党反革命分子只有温和的话，因为它的所有粗暴的储备都用在了反对派的身上。事实上，"左派"国民党的"决定"是从克伦斯基和盛加略夫为掩护科尔尼洛夫①和阿列克谢耶夫②所写的东西上抄来的。

1927年6月8日，在《真理报》上刊登了最卑鄙的反动分子、大地主唐生智的"庄严"声明，他几乎一字不差地重复了蒋介石忠于"孙中山的三民主义"、国民党与共产党员的联盟等著名誓言。我党中央机关报再次把唐生智的戏法当真，对它没有一个字的批评。《真理报》所做的一切都是窒息批评的嗅觉，它哪里会有这种嗅觉呢！1927年5月9日，斯大林在答复季诺维也夫的提纲时写道："事实上建立了两个国民党——革命的（！）国民党和反革

---

① 科尔尼洛夫（Лавр Георгиевич Корнилов，1870—1918）俄国将军，1917年任总司令，同年8月末发动反革命暴乱，旨在在俄国建立军事专政，被赤卫队和革命军队平息。1917年11—12月组织白卫志愿军，在战斗中被击毙。——译注

② 阿列克谢耶夫（Михаил Васильевич Алексеев，1857—1918）俄国步兵上将。第一次世界大战中任西南方面军参谋长，西北方面军司令，1915年任大本营参谋长，1917年3—5月任最高统帅。十月革命后是白卫军首领。——译注

的国民党,武汉的国民党和南京的国民党。"

国民党分裂成两个国民党,蓬勃展开的土地革命就这样在武汉的革命的(!!)国民党身上得到了(!)清除了右派国民党的革命中心(!!)。

在不久前结束的共产国际执行委员会会议上,斯大林同志讲了大致相同的话。

在斯大林—布哈林的压力下,共产国际执行委员会坚决否定了对武汉提出苏维埃口号。斯大林甚至对共产国际执行委员会证明,似乎在1905年,我们"只有"两个苏维埃:彼得格勒苏维埃和莫斯科苏维埃(参见《布尔什维克》杂志第10期第22页)。然而,这是完全错误的。1905年,我们至少有30个苏维埃,其中包括在下述城市中的苏维埃,如伊万诺沃—沃兹涅先斯克、敖德萨、尼古拉耶夫、科斯特罗马、萨拉托夫、奥列霍沃—祖耶沃、叶卡捷林堡、纳杰日金斯克和沃特金斯克厂、基辅、叶卡捷林斯拉夫、尤佐夫卡、顿河畔罗斯托夫、塔甘罗格、巴库、克拉斯诺亚尔斯克、伊尔库斯克、赤塔、利巴瓦、雷瓦尔苏维埃等(《1905年》波克罗夫斯基编)。斯大林甚至不惜冒天下之大不韪,歪曲1905年的实际历史,只要能达到否定对武汉提出的苏维埃口号的目的就行,那里的土地革命已经在唐生智和汪精卫身上"得到了"现成的中心。

但检验没有拖延。斯大林的"革命中心"("我们的"国民党)在自己的军队(而这现在是唯一实际的力量)中,已经开始效法"我们的"蒋介石,即右派国民党了。

根据马克思列宁主义的观点,这个事实是完全可以解释的,但不是根据布哈林的观点。

布哈林说:

> 在左派国民党中有小资产阶级、工人、农民和某些资产阶级激进知识分子和某些扮演相对次要(!)角色的来自大资产阶级激进(!)阶层的追随者。(参见关于共产国际执行委员会全会的总结报告,《真理报》6月18日。)

原来还有这样"大资产阶级的激进阶层",他们为了让布哈林满意,而满足于追随者的角色,但实质在于,这些"激进分子"扮演的不是"次要角色",而是主角。布哈林现在还以为,"左派国民党处于共产党的影响(?)之下"。事实固执地断定了完全相反的东西：不是谭平山和陈独秀影响徐谦、孙科和陈友仁，而是相反。因此，汪精卫不是和谭平山走在一起，而是和徐谦、唐生智甚至蒋介石走在一起。

中国"所有阶级"的党实际上原来是有共产党员追随者的资产阶级的党。布哈林再次表明，他分不清尾巴和脑袋。①

检验来临了，并表明斯大林—布哈林的中国政策不断地削弱共产党和无产阶级的阵地，让它服从大资产阶级和小资产阶级妥协派上层的利益。相反，中国资产阶级推行的是清晰的阶级政策：在莫斯科错误政策的掩盖下，它在对它有利的情况下利用工农。当它看到不断增长的人民革命的威胁时，它就枪毙工人。过去和现在都在重演1848年的历史，就像世界上从来没有1905年、1917年，没有马克思主义理论，也没有布尔什维主义的经验似的。

三、中国共产党和"左派"国民党

土地革命从下面进逼，力求为自己打开一条道路。但汉口的"左派"政府从上面疯狂地反对它。这时共产党在做什么？共产党的农政部长谭平山在就职演说时，阐述了只能称之为软弱无力地讨好与官员、地主、高利贷者有血缘关系的资产阶级的纲领。中国共产党总书记陈独秀同志在共产党汉口代表大会（5月3日）上声明，"为了剥夺大中地产，必须等待（！）军事行动的进一步发展"。类似的犯罪式地让农民革命的利益和任务服从于反革命将军的"军事考虑"，事实上预先为蒋介石的政变创造了前提，后来又为长沙政变、夏斗寅的暴乱和所有将来的反革命政变创造前提。无须再提，我们的中央机关报刊登了陈独秀的讲话，没有一个字的批评。及时对后果发出警告的反对派却遭到了惩罚。

然而，"接军事胜利之踵而来的是新的（汉口）反动"，在夏斗寅暴乱和长沙政变之后，中国共产党中央委员会给国民党中央委员会写了一封毕恭毕敬的规劝信。中国布尔什维克（？）在这封信中劝说中国的社会革命党—立宪民主党是该考虑"如何实施土地改革（！）的某些（？）措施（！）"的时候了。就是在国民党改良派枪杀或不阻止枪杀完成土地革命的农民的日子里！

此信想让对方相信："未来的革命取决于国民党的坚决行动"。不取决于

---

① 俄文追随者一词是охвостье，词形与尾巴一词хвост相近。——译注

农民起义,不取决于工人和共产党本身的领导,而是取决于对农民起义持反革命立场的国民党中央委员会。

共产党中央委员会在信中不要求武装工人,而只是把没收的武器还给他们。它提出了这样的"革命要求",如"从速兴问罪之师镇压叛乱,授全权予唐生智(!!)派军队到长沙镇压反革命分子"。派唐生智平息长沙的反革命分子,这与当初克伦斯基派遣阿列克谢耶夫将军"平息"科尔尼洛夫一般无二。

中央委员会的信抱怨封建军阀举起武器反对农民,这"在革命领导的圈子里(即在国民党中央委员会里)引起了动摇"。由此得出了唯一的结论:"军队应该支持国民党和国民政府实施土地改革。"不是革命,而是改革,由不希望它的国民政府来实施。在反动军官领导下的粉碎农民的军队应该支持改革。平息暴徒的应该是他们的父亲和庇护者唐生智。

这封规劝信的后果是什么?《真理报》(6月16日)电讯以高深莫测的外交风格报道说:"据我们掌握的情况,国民党中央委员会是不可能接受共产党提出的建议的。"

即使它口头上接受了,这难道会使事态有丝毫的改变吗?国民党中央委员会知道,它是"唯一"领导革命的党;共产党服从它;共产国际不允许共产党退出国民党;注定要服从资产阶级政党的共产党,不能是独立的,不习惯于表达独立性,因而也不能独立。国民党和中国共产党的相互关系就像在共产党中央委员会的信中所表达的那样,是资产阶级战胜起义的工农群众的最可靠的保障。谁现在还不愿明白这点,布尔什维克与他就没什么可说的。

"马尔丁诺夫"路线对中国共产党的瓦解作用有多大,可以从1927年5月23日中国共产党的呼吁书(刊登在今年5月23日汉口报纸《民国日报》)上看到。在蒋介石的将军和军官们在国民党"左派"领袖们的保护下枪杀起义的农民时,中国共产(!?)党一字不差地写了下述的话:

> 农民的轻率(!)行动、特别是在武汉的,在军队中引起骚动。夏斗寅企图利用军队中的骚动实现自己的反革命目的。中国共产党的纲领对小地主的态度是有明确规定的。农民的轻率行动与共产党的行动截然对立……共产党反对没收小地主和军官的土地……如果小地主满意地(!)承认一定的租金标准,那他们就不会反对作为革命支柱的农民运动……只有农民群众在(枪毙他们的)国民政府周围联合起来,才能巩固革命的

基础。

这是孟什维克的语言，而不是布尔什维克的。是李伯尔、唐恩和阿夫克森齐耶夫的语言，他们保卫克伦斯基的政府，反对被科尔尼洛夫的军官们粉碎的"农民的轻率行动"。错误的政策不仅带来失败，它还瓦解了胜利的唯一的工具——共产党。

整个图景就是这样。虽然在4月残酷地粉碎了工人组织，失去领导的农民仍发动起义。汉口的军人粉碎他们。汉口政府经过一阵犹豫，支持了军人集团。共产党恳求克伦斯基—科尔尼洛夫联盟最终着手土地改革、马尔丁诺夫对所有这一切进行理论总结。斯大林和布哈林因反对派对左派国民党缺乏信心而粉碎它。对中国没有作出一个马克思主义的结论。对反对派的组织结论要多少有多少！

某些同志（特别是伏罗西洛夫）用"缺乏革命干部"来解释中国无产阶级的全部失败和灾难。好像革命干部能够在不革命的政治路线下培养出来似的！布尔什维主义路线是培养布尔什维克干部的前提。随着后者的成长，路线本身也会深化和巩固。

如果共产党依靠最少量的年轻干部，一开始就为争取对无产阶级的影响而进行独立的斗争，那么它就能够领导罢工，在工会中赢得领导角色；如果它无情地揭露资产阶级对民族革命的领导权的觊觎，无畏地投入城乡被压迫群众的不满的表现的话；如果它不倦地对无产阶级先锋队说明它对自己的阶级和中国所有受压迫群众的伟大历史使命的话，在迅猛展开的革命的条件下，共产党不仅会在这个工作中培养出更坚定的革命干部，还能赢得对无产阶级和农民的大得多的影响。

* * *

难道在侧翼（在海上）和后方（在长江上）停泊着帝国主义者的军舰的情况下，能同时进行反对蒋介石和张作霖的斗争吗？现在，许多马尔丁诺夫学派的门徒这样提出问题。他们说："须知敌人有正规军和高水平的指挥、高技术装备，来自海上的公然的帮助。而我们有什么？"

"而我们有革命！"一切都被遗忘，所有伟大革命的教训，特别是1917年革命的教训，都被埋葬在马尔丁诺夫的垃圾下。在敌人那里有将军，因此我们将把"革命"军队交给将军。不许触动将军，否则军队就会瓦解，不能完成"北伐"。最好别得罪蒋介石，小心翼翼地绕开他，否则"我们的"将军们就会聚集在他的周围。不应该过分地让地主、银行家和所有私有者反对自己，应该"巧妙地应付"他们（即夹起尾巴），否则外国军舰在20分钟内就把武汉和其他革命中心夷为平地。今天整个马尔丁诺夫路线的真正内蕴就是这样。

这条路线是致命的。在这条道路上，革命永远不会取得胜利。用指头指出困难，然后"绕开"它们，就是绕开革命，即放弃构成我们的力量的东西。

无畏地进行的工农革命是我们最有威力的大炮，它能同时炮打蒋介石和张作霖，以及帝国主义分子，首先是唐生智和整个武汉的那帮反动分子。粉碎武汉的地主和反革命军官，英勇坚决的、大规模的粉碎，将对蒋介石和张作霖的军队以及这些军队后方的农民群众产生直接的感染性的影响。我们只有在工人领导下完成的土地革命的内核中，才能建立真正的革命军队。无论是唐生智、蒋介石还是张作霖都不能在这些条件下建立牢固稳定的军事力量，尽管他们有其技术装备和大量军官。我们越是少与外国帝国主义分子的国内代理人调情，不规劝后者，不抓住他们不放，不留给他们自由的行动空间，这些帝国主义者就将越软弱无力。中国革命越是激发起群众，越是无情地惩处革命的敌人，帝国主义的士兵和水兵就会受到更加强烈的影响。

"但我们能反对土地革命吗？"（布哈林及其一伙说。）

谁企图开始与蒋介石，然后与唐生智，现在与汪精卫携手完成革命；谁先让共产党服从蒋介石，然后服从汪精卫，谁否定苏维埃，认为它在将军们军队的后方是不允许的，他就是事实上的土地革命的反对者，至少是它的道路上的最大障碍。

四、再论中国革命的性质

斯大林—布哈林在中国问题上的机会主义路线的出发点是什么？

出发点是中国革命的实质——说什么反对派不明白这个实质——是反对帝国主义的斗争。但是，从这个基本的和无可争议的论点得出了根本错误的结论。据斯大林—布哈林—马尔丁诺夫的观点，外国帝国主义的压力把中国所有阶级团结起来，创造了"四个阶级联盟"，甚至是四个阶级的、特殊的非资本主义政府的可能性（马尔丁诺夫、鲁祖塔克、加里宁等）。

其后果就是国内政治矛盾（似乎）被帝国主义缓和，服从于与"外来"的暴力斗争的需要（事实上，帝国主义激化了基本的对抗）。奇迹发生了，在1905年和1917年革命中遭受了如此可耻的失败的马尔丁诺夫的旧理论，原来是为中国量体缝制的。马尔丁诺夫满意地得知，实质上，他一直是布尔什维克，只不过不是俄国的，而是中国的。

至于工农（土地）问题，马尔丁诺夫在《共产国际》杂志上建议，为了民族革命力量的经济利益，应该通过仲裁委员会来解决所有的社会冲突。把这个右派孟什维主义的无知冒充为布尔什维主义，而且没有受到任何惩罚。

旧资产阶级革命的"经典"进程是，无产阶级帮助资产阶级骑上马，然后被它用脚踢在脑袋上，被踢到一边。中国革命的进程至今仍是这样。为了保证这个经典进程，为了适应新时代，需要新手段。斯大林—布哈林—马尔丁诺夫的理论与实践在这方面为资产阶级提供了巨大的协助，他们违背自己的意愿，过去和现在都在帮助资产阶级隐瞒它领导的党的阶级性质。过去和现在都责成中国共产党服从国民党，直到让它放弃对三民主义的批评，这个主义是小资产阶级的理论，它在大资产阶级的手中成了反对无产阶级的强大的反革命工具。

阶级斗争变成了抽象物。资产阶级在民族革命中不可避免的背叛变成了与实际推行的政策没有任何关系的空话。用全部力量和手段帮助中国资产阶级，让无产阶级在政治上服从它，帮助它骑上马，然后一脚把无产阶级踢开。当这一切发生时，布哈林居然有可悲的勇气声明："这是我们早就预见到的。"别诽谤自己，你们根本就没有预见到这点！你们希望通过诡计"利用"资产阶级，然后再把它扔掉，像"榨干的柠檬"一样。你们的真正的预见被阶级斗争打得粉碎。

企图用北伐①——它没有唤起工农运动——来为马尔丁诺夫的政策辩护，就只能凸显自己的不称职，突出了自己的破产。总的来说，资本主义发展"唤醒"群众，但是，对革命者来说，不能从中得出与资产阶级结盟的结论。经典的资产阶级革命总是先唤起群众，以便然后再粉碎和奴役他们。在上海和广州粉碎工人之后，继续吹嘘蒋介石的北伐唤起群众的共产党员，他的所作所为就是一个资产阶级辩护士，而不是无产阶级革命家。我们帮助资产阶级，按

---

① 顺便说说，在北伐取得重大胜利之前，斯大林和布哈林是一直反对它的，当开始取得胜利之后，他们忘记了谁在进行北伐和它的矛头所向。

它的调子,即按资产阶级的方式唤起群众;但我们没有做任何防止它粉碎他们的事。在所有经典资产阶级革命中,小资产阶级激进分子扮演的角色就是这样。马尔丁诺夫的反动理论是小资产阶级激进主义,只不过是迟到和腐朽的,因为我们生活在帝国主义时代。

没有直接从首先粉碎无产阶级的蒋介石政变中受害的农民运动,继续增长,它违背了斯大林民族因素高于阶级因素和"四个阶级联盟"的理论,也不顾马尔丁诺夫的天才许诺:在对帝国主义的共同胜利之后,通过仲裁委员会来解决土地问题。最终不得不相信和承认事实:农民在进行反对地主、官员、军官和高利贷者的内战,但要核对一下,这些先生是否加入了国民党。

斯大林和布哈林的机会主义路线经过了反复犹豫之后,在这里出现摇摆:与帝国主义的斗争消失了,取代它的是与封建主义的斗争。土地运动被称为是基本内容。中国革命的所有"特点"在此都烟消云散。新的摇摆意味着惊慌失措和混乱。但像我们现在看到的那样,这个摇摆是在机会主义的范围内。

斯大林同志在其在共产国际执行委员会上的讲话中,无力地企图嘲弄反对派的下述观点,即它认为关税问题是中国革命的基本任务之一。你们看到了吗,这是官吏的观点。真想知道,斯大林本人是如何理解帝国主义对中国的压迫的?很像他使用了现成的词句,却没有考虑它们的内容。

在军事力量的庇护下,帝国主义以现成的商品、对铁路和工业投资的形式,以为国内高利贷加冕的银行的形式,以保证夺取国民收入中相当大的一部分以国家借贷的形式植入中国。中国的半殖民地状态的基础,是它的经济落后。外国资本侵入中国,在一定程度上推动了国家向前发展。在帝国主义战争时期,在这方面取得了重大结果,它们只是使提出无产阶级在民族革命中的领导权的问题成为可能。但外国资本对中国经济的促进是不平衡的。在一定的时刻推动某些部门向前发展时,它蓄意地阻止另一些部门的发展。它榨取巨额利润,阻碍了国内的积累。从整体来说,帝国主义现在阻止和瓦解了中国生产力的发展,为此它把经济、政治和军事措施结合起来。在这方面,它手中最重要的工具是关税机关。中国的半殖民地性质,归根到底正是表现在中国人民或他的有产阶级失去了通过相应的关税保护自己国家工业发展的机会。而没有关税自主,落后国家是不能摆脱落后的。这是事关中国经济主权的问题。通过外部强加的低关税,世界资本强行为自己的商品打开了中国的大门。国家工业的独立发展受到阻碍，手工业破产。这又导致农业后方的衰朽，居民人口过剩的增长和赤贫化的加剧。衰朽的最不幸的表现是高利贷的无所不能。农奴奴役的关系正是在这种土壤上维持，重新产生和增强。对国家的大部分来说，它们的源头不是本来意义上的封建主义残余，而是被强行阻止的资本主义发展产生的经济关系。在与帝国主义斗争的路线上，关税问题是基础。斯大林对此一点也不理解。他把海关问题当成是官僚部门的问题，而不是中国经济与世界帝国主义的相互关系问题。"废除不平等条约！"这意味着首先消除中国海关的不自主现象。

　　这是否意味着我们否定或缩小土地问题的意义呢？这类荒诞的指责竟然进入了列宁格勒积极分子的决议中。顺便说说，这个例子最好地证明，今天不断争论的制度带来了何等致命的混乱，争论只是用来反对不在场的人和不许他们说话的人。事实上，正是反对派用无产阶级经济进攻和农民土地革命的口号来反对马尔丁诺夫的阶级联盟理论和仲裁委员会方案。只有通过土地革命，才能吸引农民真正地加入与帝国主义的斗争，把农民与工人联系起来，建立真正的革命军队。

　　在中国农村、在农村与城市之间，在某种程度上甚至在城市中，高利贷—奴役、农奴制和半农奴制的关系占有重要地位，这是完全无可争议的。但资本主义的商品关系，在中国无可争议地起着主导作用。正是这点为无产阶级在包括土地革命在内的整个革命中扮演领导角色创造了机会。为了极度缩小无产阶级可能扮演的政治角色，为今天让它服从资产阶级或小资产阶级妥协分子辩解，布哈林需要"封建主义"占优势。

　　综上所述，把整个中国革命归结为土地革命，是完全错误的。但是，在没有生产力总体发展，即在没有工业化的情况下，最激进地改变土地关系（这无论如何都是应该进行的），也不能提供摆脱经济困境的出路。而没有中国海关自治，工业的发展是不可能的。这个问题对中国经济的意义，不亚于外贸垄断对我们的意义。近期，中国生产力的发展不管走什么道路——资本主义的或社会主义的，中国反正都必须为自己赢得经济主权。与帝国主义斗争——即民族革命的经济内容就在于此。无产阶级和农民不赢得政权，这个问题就不能解决，就像土地问题一样。

　　在完成从抽象地理解"民族"革命到同样抽象地理解土地革命的摇摆时，斯大林和布哈林完全保持了自己的机会主义方针。民族革命应该由在蒋介石的指挥下的国民党领导。土地革命的领导应该是以汪精卫为首的"左派"国民党。正是因为"左派"国民党对土地革命来说就足够了，斯大林就否定了苏维埃。这个新的预言的深刻与准确，与过去关于蒋介石的预言一般无二。

禁止建立苏维埃的理由是必须维护与国民党代表的小资产阶级的联盟。这里重复了布尔什维主义早就揭露和批判过的谎言：不是把必须与之在紧密的联盟中共进的小资产阶级理解为城乡中受压迫最深和最革命的贫民，而是妥协派的资产阶级知识分子上层，他们在中国革命中扮演的角色，就是我国的社会革命党人和孟什维克的军队委员会、全俄铁路工会执行委员会①以及所有克伦斯基反动分子曾经扮演的角色。正是因为波澜壮阔的土地革命的展开，共产党和汪精卫国民党的条件苛刻的联盟，成了工农联盟道路上的主要障碍。

资产阶级的退出，是以上海工人的鲜血为标记的。此后，它成了官方承认的事实，至少是在口头上。如果这样，今天的革命的承载者无论如何只能是无产阶级和城乡受压迫的劳动群众。然而，人们告诉我们，建立工农苏维埃将意味着反对武汉政府的起义，正是因此，不能建立苏维埃。武汉政府代表的是哪个阶级？斯大林和布哈林不回答这个问题。严肃的阶级分析根本就不能与机会主义调和。斯大林和布哈林不得不支持超阶级的（四个阶级的非资本主义的政府）武汉政府的假面具。

武汉政府在社会意义上是什么？它与中国的主要阶级的关系如何？尽管中国阶级关系"特殊"，也不能不看到，就其社会角色来说，武汉政府是中国的克伦斯基反动政府。汪精卫对蒋介石的态度，大致就像克伦斯基对米留可夫—科尔尼洛夫的态度一样。米留可夫直接代表资产阶级。克伦斯基是它在困难的历史时刻的总管。在一定时期内，小资产阶级的妥协派上层和全俄铁路工会执行委员会的上层是唯一可能的资产阶级政权，它以对群众的次要让步来拯救私有者的财产。汪精卫和蒋介石之间的斗争的性质，基本上与克伦斯基和科尔尼洛夫之间的冲突一样。这些插曲无论多么激烈，都不能改变这个事实：两个集团通过分工，完成的是同一个反革命使命。

在这些条件下，革命党的角色是什么？就是不仅让无产阶级、还有小资产阶级的革命底层与扮演有产阶级政府角色的妥协派上层对立。让群众相信中国的克伦斯基反动政策，是直接反对革命的犯罪。所有断言"左派"国民党能

---

① 全俄铁路工会执行委员会（1917年8月—1918年1月）十月革命后进行反苏维埃活动，被铁路员工摒弃。全俄铁路员工非常代表大会选举产生了全俄铁路员工执行委员会。——译注

进行土地革命，工人农民因此不需要苏维埃的人，都是这个罪行的罪人。斯大林的立场就是这样。斯大林把自己对利用资产阶级和"榨干的柠檬"的幻想，从主人转到管家身上，从资产阶级转到它的妥协派地主身上。

"是否意味着应该立即推翻武汉政府？"斯大林和布哈林反驳说。对他们来说，存在的或是应该立即推翻武汉政府，或是在群众面前对它负全责，加入其中，为汪精卫政府的利益拒绝苏维埃，为汪精卫国民党的利益而放弃独立的党，二者必居其一。然而，真正的革命政策应该是在自己的旗帜下动员劳动群众反对资产阶级妥协派的政府，以此为推翻它做准备。在群众面前支持汪精卫，同时唱着"我们早就知道他会叛变"来保全自己的声誉，就是从马克思主义到孟什维主义的蜕变的最鲜明表现。工人农民应该实际准备粉碎资产阶级和它的妥协派管家。对反对派预言的资产阶级的武汉管家将再次粉碎工农的新情况，布哈林只是为自己准备了口头的应急手段。在新阶段上，有这样两条不可调和的路线：列宁路线和马尔丁诺夫路线。

五、共产党必须退出国民党！

围绕着共产党与国民党关系的问题，党的现在的领导善于放出浓浓的烟雾，把基本问题搞成混乱和矛盾的一团乱麻。与国民党的关系基本上是无产阶级民主与资产阶级民主的关系。时而把国民党与苏维埃相提并论（布哈林），时而把它与革命议会相提并论（斯大林），只能为掩盖这个对马克思列宁主义者来说没有任何含糊之处的问题服务。

因此必须在此对争论进行扼要的总结，即共产党退出国民党和退出的期限，与国民党上层和它的底层的关系。

只有在真正的工人群众运动还没有从工人运动的因素中破壳而出之时，在一定的条件下，才允许共产党员加入国民党——只能是短时的！这对我们来说，从一开始就是清楚的。主要条件是，共产党的真正的独立、它的不打折扣的马克思主义的纲领、独立的组织和鼓动工作。

接受国民党加入共产国际（作为"同情"党），也只能作为一个短期的政治策略，才是允许的，其目的是给国民党的领导提出一系列硬性条件，揭露它的反革命本质，在中国劳动群众眼前把它赶出共产国际，把我们支持的全部力量转向中国共产党，用于发展和巩固它与国民党下层和整个农民的联盟。先是蒋介石的国民党，现在是汪精卫的国民党留在共产国际内，意味的只是我们对在其政党掩盖下的中国资产阶级的直接帮助,反对工农。

至于我们,我们早在1925年大规模的工人群众运动发展之后,就共产党继续留在国民党内、它没有组织上的独立、没有彻底的革命口号等现实,提出了问题。我们一分钟也不相信国民党上层。一切都越来越清楚地表明,这是资产阶级上层,应该与它决裂,接近它的下层,即接近加入国民党的工农。我们中的一些人早在1925年底就要求在组织上与国民党上层决裂——用与国民党的党外联盟取代党内联盟。另一些人在1925年上海罢工后立即提出武装工人的口号,而在1926年初,对国民党中央委员会提出一系列条件,它们应该不可避免地导致共产党组织上的解放,导致它与国民党上层的破裂,与它的"下层"接近。在中国共产党中央全会上,它自己得出了退出国民党的结论。但斯大林和布哈林撤销了它的决议。

在遭受了一个又一个失败之后,斯大林及其一伙以十倍的力量中伤我们。我们的文章不予刊登,我们的声明(如季诺维也夫同志在1926年6月中央全会上就中国问题的声明)没有附到记录中。同时,把我们的立场描述为我们不仅想与国民党上层决裂,还与它的工农"下层"决裂,孤立共产党,让它退出革命等。粗暴的伪造持续了一年半之久。对工人说,我们是中国革命和中国革命军队的敌人。我们反对中国革命队伍的统一,说我们是取消派①。我们甚至没有机会称谎言为谎言,称诽谤为诽谤。

蒋介石政变后,与国民党中央的破裂,用独立的共产党与国民党"下层"的紧密联盟来对抗它变得更加紧迫。我们再次阐述了一系列条件,它们是从已经形成的局势中得出的,只有在真正地遵循它们的情况下,中国共产党还可能短期留在国民党内,以便聚集力量,带领更多的工农追随自己。

我们十分清楚,汪精卫这样的"左派"妥协分子肯定会出卖工农。我们为共产党继续留在武汉"左派"国民党内提出了这样的条件,旨在在最短的时期内让这些"左派"领袖原形毕露。

斯大林和布哈林及其一伙不仅不走上这条道路,他们还继续封锁我们的真正观点,同时还断言我们不仅想与汪精卫帮派决裂,还想与左派国民党的工农

---

① 取消派系1907年在俄国社会民主工党内出现的机会主义派别,孟什维主义的右翼。主张取消秘密的无产阶级革命政党,建立合法的改良主义政党,放弃俄国社会民主工党的革命纲领。出版杂志《我们的曙光》。受到俄国社会民主工党第五次代表会议的谴责(1908年)。1912年俄国社会民主工党第六次代表会议(布拉格代表会议)把孟什维克取消派清除出党。——译注

破裂。他们继续把包括冯玉祥在内的汪精卫及其一伙描绘成可靠的革命家，是无产阶级的盟友等。

事实表明，我们的整个路线都是正确的。斯大林及其一伙客观上是冯玉祥、唐生智和汪精卫的助手。

现在还继续保持与汪精卫中央的联系，就意味着留在与工农的枪杀者的联盟中。应该立即退出"左派"国民党和它的叛卖的政府。应该把中国共产党从资产阶级的羁绊中解放出来，保障它的独立性，帮助它进入与"左派"国民党工农下层的真诚联合中，反对克伦斯基—科尔尼洛夫上层。

说什么退出国民党就意味着"孤立"共产党，这种断言干脆就是对布尔什维主义的理论和经验的嘲弄。共产党现在被孤立于土地运动之外。主要的孤立者是国民党中央。1917年，当人们用会被孤立于社会革命党人和孟什维克的军队委员会、全俄铁路工会执行委员会和所有其他俄国的汪精卫反动分子之外来吓唬我们时，曾受到我们何等的嘲笑！我们以对蒋介石的支持，使自己与上海工人彻底隔绝。我们以自己对汪精卫的支持，使自己与农民隔绝。只有独立的共产党能够领导工会，并通过工人掌握土地运动。不应该追随异己的蓝色旗帜，而应该亮出自己的红旗。只有共产党争取工农的独立斗争，才能把真正的革命分化带入国民党中，才能在今天当政的妥协分子以及有产阶级的管家和能够与共产党联盟的革命者和下层之间打入分裂的楔子。这个联盟应该通过在群众面前的公开的政治协议的方式实现。越是往后，联盟的基础就越应该是工农兵代表苏维埃。

退出国民党意味着共产党员退出武汉政府，揭露后者在与土地运动和工人组织关系上扮演的反革命角色。

退出国民党意味着谴责陈独秀和谭平山在土地和其他革命问题上的路线，因为上述同志的路线不是别的，就是共产党依赖国民党的政治表现。

* * *

在列宁领导下，共产国际提出正确的口号："全世界无产者和各国被压迫人民联合起来！"在斯大林和布哈林的领导下，这个口号变成了让殖民地无产阶级服从"民族"资产阶级的工具。

在列宁领导下的共产国际吸收人民革命组织（在巴库召开的东方各国人

民代表大会、在莫斯科召开的远东各国人民代表大会），其目的是唤起被压迫民族的农民组织（整个小资产阶级），带领它追随工人阶级。在斯大林和布哈林领导下，共产国际在中国事务上，把领导角色交给了国民党中央委员会，即被压迫民族的资产阶级压迫者的上层。

对中国共产党本身教授的不是列宁主义的课程，而是马尔丁诺夫反动政策的课程。这说明，它的上层现在推行的是孟什维克政策。

我们为中国共产党的独立性而斗争。斯大林中伤我们。我们能够指责自己的只有一点：我们反对斯大林在中国的致命路线的斗争，进行得太不够了。斯大林的党内制度妨碍了这一斗争，歪曲了我们的立场，对苏联、中国工人和整个共产国际诽谤我们。我们的过错是，我们未能成功地阻止斯大林和布哈林把中国共产党上层变成国民党资产阶级上层的附庸。

共产党的独立性，是成功的最基本的首要条件，是中国工人阶级的首要革命杠杆。斯大林和布哈林出卖了列宁主义的这个基本原则，因此他们应该为所发生的一切承担政治责任。

为了辩解他们犯下的无可辩解的错误，斯大林和布哈林现在不得不缩小资本主义在中国发展的程度，降低无产阶级的经济和政治作用，夸大帝国主义（它的士兵、它的大炮）的厉害。总之，从力量对比上，从缺乏经过锻炼的干部、有经验的革命指挥员上，等等、等等，证明中国革命根本就不能走向胜利。机会主义总是以此而告终，为了给自己的半途而废、软弱和怯懦辩护而夸大敌人的力量，缩小革命的力量。

六、为了拯救革命，必须彻底改变整个领导方针

中国革命被粉碎了，但没有被征服。它的任务仍没有解决，它的力量还没有消耗殆尽。中国革命有巨大的后备力量：年轻的工人阶级，它从新技术的主导角色和资本主义生产方法中汲取自己的力量；整个形势推动数百万沦为赤贫的农民以越来越紧密团结的群体挺身而起，投入斗争。中国工人阶级和农民不惜自我牺牲、不惜放弃一切，以日益增长的群体投入反对帝国主义和本国资产阶级、地主和高利贷者的斗争，在正确的领导下，他们是不可战胜的力量。在通向胜利的道路上，主要障碍是今天的斯大林—布哈林的领导路线。无论如何都应该结束它。

为此需要什么？

1. 武汉政府的共产党成员应该立即退出。共产党员现在留在武汉政府中，意味着为枪杀工农承担责任。退出应该带有明显的示威性质，应该揭露武汉政府反对工农的罪行，在这个揭露的基础上在全国进行广泛的宣传鼓动工作。

2. 共产党退出国民党，充分展开独立的革命路线，创办自己的共产党报纸，组织起来，在可能的地方以合法的形式，在不可能的地方以非法的形式，鞭挞"左派"国民党的背叛，批评动摇者。中国共产党发动"底层"（工农）反对国民党的叛变和动摇的领袖，说明将与左派国民党真正革命的部分结成紧密联盟，在革命纲领的基础上进行共同的斗争。

3. 共产国际立即把"左派"国民党从"同情"党中开除出去。它公然说明，国际无产阶级先锋队与那些应对在长沙枪杀工农和数十种其他罪行承担责任者，没有任何共同之处。

4. 中国共产党立即着手在所有可能的地方建立工农兵和城市贫民代表苏维埃，把革命群众集中在自己周围的苏维埃，领导他们进行反对反革命，反对帮助地主、反革命军官、资产阶级的政权的斗争。在所有苏维埃中，都组织起力求掌握苏维埃领导权的共产党党团。

5. 共产党从在全中国系统地进行口头和书面宣传苏维埃思想开始。

6. 共产党不仅宣传武装工人和贫农，而且在所有可能的地方为夺取武器、建立工农武装队伍采取实际措施。

7. 共产党在武汉政府的军队中、在他们的盟友和敌人的军队中广泛进行不懈的革命宣传，号召士兵镇压反革命分子，支持农民夺取土地的斗争。应该用国家基金保障士兵分到土地。士兵苏维埃应该推出监督军官行动的革命政委。

8. 为争取无产阶级和农民的革命专政口号是把革命群众联合起来的口号，这个专政通过苏维埃实现，它反对帝国主义分子、中国资产阶级、地主、军阀、高利贷者和士绅。

9. 共产国际立即根据上述建议的精神写一封致中国共产党的公开信。应该要求中国共产党坚决与那些坚持与今天的武汉政府联盟的共产党员决裂，或是将进行反对他们的斗争。

10. 政治局应该立即撤销禁止在我们的刊物上讨论中国革命问题的禁令。在今天的形势下，能够禁止讨论对整个共产国际生死攸关的问题，这个想法本身就是十足的疯狂。

* * *

是该以布尔什维克的方式真诚地承认所犯下的巨大错误的时候了。是该停止我们什么都预见到了,"盟友"的背叛只是加强了我们这些套话的时候了。这种"乐观的"胡说是没人相信的。中国革命处在巨大的危险中。在正确的策略下,中国革命本来是可以胜利的。如果彻底纠正路线,中国革命仍可能取得胜利。

浪费了太多的时间了。中国工人和农民完全没有必要连续起义两三次,才使我们最终打破反动的联盟,纠正犯下的错误。不断地阻止革命高涨,可能在很长时期内把它化为乌有。不能再放过一个小时了。党是革命行动的主要杠杆。应该从组织上解放中国共产党,让它站在自己的脚上,感到独立性和责任,在群众面前采取自己的方针。是该停止追随——按斯大林—布哈林的方式——国民党的丑陋的旗帜,犯罪地玷污我们自己的旗帜的时候了!

现在我们为事件的进一步发展承担直接的责任。我们建议采取的决定,不仅从中国革命发展的角度,而且从我国国防的角度,都具有巨大的实际意义。经验表明,斯大林—布哈林的错误路线阻止了革命斗争,加强了敌人,必然会导致英国帝国主义加强对苏联的进攻。沿着布尔什维主义路线展开的中国革命,会让"头脑愚钝"的人明白,与两场革命斗争,要比对付一场革命更困难。

事关的不单单是中央委员会领导集团的声誉,而是在最困难的历史转折关头的革命的命运。至于"声誉",那么真正能保障它的只有一点,就是正确的革命路线。

格·叶夫多基莫夫

格·季诺维也夫

卡·拉狄克

格·萨法罗夫

列·托洛茨基

1927 年 7 月 2 日

后记：布哈林继续让中国共产党误入歧途

布哈林同志以其最后一篇文章《中国革命的目前局势》(《真理报》1927年6月30日) 表明，他不想也不能学习。就其思维方式，布哈林不是马克思主义者，而是烦琐的注释者。他总是把自己烦琐刻板的公式附到别人的政策上，就像"实践"中的考茨基一样。在革命的第一个时期，他在事实的左面建立自己的刻板公式。现在，他在事实的右面建立它们。在这样做时，他以为改正了自己原来的错误。事实上，布哈林从来没有像现在这样，混乱到这种地步。

我们扼要地看看布哈林对"中国革命的目前局势"的评价中的混乱。

1."显著的特点是，三个社会阶级阵营……有三个国家组织中心"（奉天、南京、武汉）。

"显著特点"只在于布哈林的无知：三个国家中心几乎存在于所有的大革命中；被君主制取代的国家杜马的东方阵线；小资产阶级的格鲁吉亚与弗兰格尔的君主制——地主中心一起进行反对我们的斗争；等等、等等。布哈林什么时候从列宁的解说中得知了这些现象，在马尔丁诺夫的解说中，它们成了另一种样子，他认不出它们了。

2."阶级划分产生了蒋介石。蒋介石'生'了冯。十分可能，冯又将生出其他将军的叛变，给武汉造成了最大的威胁。"

这个福音书的文体真是妙极了。蒋介石"生"了冯。谁又是接生婆呢？猜不着？照照镜子，最亲爱的。

3."这个自由派反革命阵营（蒋介石——冯）的力量首先在它的武装部队人数上的优势；其次是它的政治立场……"

是谁亲自帮助自由派反革命分子保障他们的军事优势？是谁让人相信蒋介

石？是谁要求共产党人事实上服从蒋介石？是谁支持和宣传冯玉祥？是谁禁止共产党员号召组织士兵委员会？

在自由派反革命分子的"政治立场"上，情况还要糟。他们利用了——布哈林不知是教训，还是抱怨——"民族解放斗争的传统"。还是这些问题：是谁用这个传统武装了自由派分子？是谁为他们制造了在四个阶级联盟的帮助下完成民族革命的抽象理论？是谁制造了蒋介石国民党的旗帜的偶像？是谁从革命的第一个阶段就妨碍，甚至干脆禁止共产党人形成自己的布尔什维主义的传统？布哈林必须再次照照镜子，别抱怨脸长得歪。

4. 据布哈林的看法，封建阵营是张作霖。资产阶级自由派阵营是蒋介石和冯（匆匆地把后者从工农阵营中排除）。第三个阵营是武汉。第三个阵营的阶级性质没有确定。这干脆就是"我们的"阵营，只是有些许缺陷。由于国民党"几乎"就是苏维埃，所以武汉"几乎"就是工农政府。诚然，武汉的将军正在叛变还将继续叛变，但是，——啊，甜蜜的希望，上天的使者！——汪精卫比其他人更坚定。一切正常。前天"坚定的"是蒋介石，昨天是冯玉祥，今天是汪精卫。这几天的事就够他操心的了。明天才轮到对汪精卫的罪行进行清算。那时可以再把这个提拔起来的人急忙归入自由派反革命的阵营。何况所有这些都一劳永逸地在布哈林的决议中"预见到了"，这些决议哪儿都能用，就是不能帮助中国无产阶级取得胜利。

5. 第三个阵营是武汉。但是，哎，"这个阵营……没有足够可靠的武装力量。它的军队在融化"。但须知斯大林—布哈林的全部政策都旨在别吓着将军们，别把他们推到反动派的阵营中。须知斯大林认为，"在革命军队的后方"建立苏维埃是不允许的。须知整个革命都自称是将军们的后方。莫斯科的全部权威都被用来不许建立苏维埃。苏维埃就真的没有了。但是，哎！因此就没有革命军队。只有在反革命分子指挥下的军队粉碎工农。我们以自己的全部政策妨碍建立工农武装力量。共产国际驻中国代表完全符合马尔丁诺夫和唐恩的精神，宣扬最低限度地武装工人！阶级间的仲裁委员会！鲍罗廷要求把专政政权交给蒋介石（参见陈独秀同志的报告）。而斯大林于1927年4月5日，在莫斯科积极分子会议上安慰说：事情掌握在可靠的手中；鲍罗廷没有睡觉！布哈林路线就这样"生"了武汉，它什么都好，只可惜成了反革命的工具。

6. 布哈林抱怨说："如果共产国际的指令能够实际执行的话；如果没有刹住土地革命的话；如果强有力地推行武装工农的话；如果把可靠的部队结合起

来的话；如果有群众清楚的政治路线的话；如果认真执行使国民党民主化的指令的话，等等，形势对武汉政府就不会这么危险。"如果，如果……这不是讽刺性模拟，而是一字不差地从布哈林的文章中摘引的。如果布哈林稍稍了解一点马克思主义，他就不会在议论中落到如此出丑和沦为笑柄的地步了。是谁没有完成这些神圣的指令？它们为什么没有执行？为什么下达它们？斯大林的著名公式：路线是正确的，但执行者不好。今天，布哈林莫非打算把自己的盲目的责任推到中国共产党的头上？无稽之谈！路线的正确性就在于它为自己创造执行者。布哈林的指令没有执行的原因，是它们什么用也没有，即使是执行了，它们也不是为规定它们为之服务的那个阶级服务的。

在蒋介石的领导下，不可能"把可靠的部队结合起来"，而斯大林—布哈林要求维护蒋介石的领导。是啊，谁把它们结合起来？共产党？但我们强迫它服从蒋介石的纪律。武装可靠的部队只能在公开的斗争中——昨天和蒋介石，今天和唐生智。为此不应该诉诸四个阶级的联盟，而是群众对上层的社会仇恨。应该从下面，通过士兵、农民、工人肃清军队和行政机构，别害怕"无政府"和"过火"。应该就地枪毙叛逃的将军，剥夺地主—军官的土地，把它们交给士兵，通过苏维埃代表，士兵和农民工人就会联合起来。

布哈林抱怨说："如果有群众清楚的政治路线的话。"正是如此：哎，如果在今天所有路线的作者的头脑中清楚一些的话。

"如果认真（！）执行使国民党民主化的指令的话。"为什么这个出色的指令仍没有执行？不会吗？这个指令是给谁下的？唱吧，亲爱的，别不好意思！先是劝蒋介石"大量吸收工人"。现在又劝"可靠的"汪精卫。为劝说国民党上层一事，专门派去了中国共产党。它就是这样培养的。总之，群众起义，国民党枪毙他们，共产党在劝说，布哈林在写那些没有执行的指令。

7. 在所做的一切之后（所做的一切都是为了破坏革命），布哈林今天想出了下面的基本口号：

工人农民只寄希望于自己的力量！别相信将军们和军官们！组织自己的武装力量！

所有这些听起来都十分坚决。但不幸在于，布哈林没把自己的坚决当真。实质上他做得对。

为了让工农只寄希望于自己的力量，首先应该把这些力量组织起来：需要工农代表苏维埃。需要能够在与反革命武汉的直接斗争中领导建立苏维埃的党。需要独立的共产党。

"别相信将军们和军官们！"这听起来十分勇敢。但须知指挥的是将军们？但须知将军们有枪炮？或是枪炮在士兵手中？那就应该让士兵与将军对立。那时就应该赶走和枪毙反动将军。但是，谁能做这些事呢？在工人的领导下，起义农民与士兵携起手来。而为此需要工农兵代表苏维埃。

8. 然而布哈林的这个最基本的、主要的、无条件的、不可抗拒的要求是不能接受的。对他来说，共产党实际上不是在资产阶级革命中为争取工农民主专政而斗争的无产阶级的阶级政党。对他来说，共产党只不过是国民党的左翼，昨天它由自由派资产者领导，今天领导它的是资产阶级的妥协派管家。现在，当阶级关系已经用鲜血写出时，布哈林仍坚持让共产党服从国民党，这在政治上意味着让无产阶级进一步服从资产阶级，从而彻底消灭工农革命。

9. 但须知"共产党在国民党内的影响在不断增长，这是众所周知的"。但还知道其他事情：在布哈林的领导下，中国共产党的政策表明，它在基本问题上发展成小资产阶级妥协派的党（参见上面摘录的反对农民"轻率"行动的声明），它仅仅是国民党的左翼而已。这个左翼影响的增长证明了群众的压力。但为了为胜利而组织这个压力，应该让共产党退出国民党，清除共产党的国民党精神，应该把它从错误的领导下解放出来，应该帮助它在布尔什维主义路线的基础上激进地重组。我们越是拖延这项拯救工作，它就会采取更加病态的形式，对中国革命的要求来说，它就更迟了。

10. 但须知武汉右派不是也要求把共产党员驱逐出国民党吗？布哈林揶揄说："莫非我们要迎合这个政纲？"回答这类发霉的孟什维克的论据，真是不好意思。右派国民党想驱逐共产党人，是为了镇压他们。而共产党员解脱国民党的羁绊，是为了掌握群众，粉碎自己的敌人。在此起决定作用的是生死攸关的斗争。兴登堡无疑反对资产阶级政党与社会民主党结盟，更反对社会民主党与共产党融合。对我们来说，难道会由此得出与社会民主党联合，与资产阶级政党结盟的结论吗？在十月革命过去了十年之后，在列宁的党内居然能用这样庸俗的说法来捍卫继续让资产阶级政党在政治上奴役工人党的必要性！应该用烧红的烙铁烫去共产国际的这条可耻的路线。

后记：布哈林继续让中国共产党误入歧途

＊　　＊　　＊

　　什么时候中国真正的革命者明白了布哈林的指令是致命的，中国革命命运的转折就开始了。在这方面帮助中国革命者和整个共产国际，是反对派的直接责任。

叶夫多基莫夫
季诺维也夫
拉狄克
萨法罗夫
托洛茨基
1927年7月2日

致联共（布）中央监察委员会、联共（布）中央政治局*

在武汉政府辖区内，反革命逐渐建立了蒋介石的制度。武汉各地政权根据反革命将军、"总司令"冯玉祥的命令，在汉口解除了工人纠察队的武装，解散工人赤卫队，捣毁了工会。让工人和他们的组织屈膝投降，然后照上海的处方把他们枪毙。在武汉"革命"政权和"左派"国民党上层的支持下，明目张胆的将军—地主和资产阶级反革命在湖南得到加强，正在夺取湖北，已经成了汉口的主人。冯玉祥、蒋介石和其他武汉和南京的将军刽子手们正在策划对中国工人和农民进行新的屠杀。在这个时刻，《真理报》十分平静，显然是完全自觉地力图与塔斯社的"外派"记者一起对苏联工人和农民掩盖、抹杀和隐瞒反革命在武汉的猖獗。在7月3日《真理报》第148期第二版的一个角落里，在《上海居民与市政当局的冲突》的总标题下，在《汉口形势》的标题下，刊登了几则塔斯社电讯。没有一字的批评，却有令人愤怒的嘲弄性评论。下面就是几个例子，表明塔斯社是如何把反动将军的反革命镇压介绍给我们报纸的工人读者的，布尔什维克党的中央机关报《真理报》又是如何注释这些可耻的、犯罪的电讯的。

1.《士兵和工人亲如兄弟——帝国主义刊物毫无根据的喧嚣》，在这个标题下，刊登了塔斯社发自上海的几条报道：

> 工会代表与军事当局之间谈判的结果，中国全国劳动联盟和工会自愿地交出了他们手中的武器。

---

* 译自 *Архив Троцкого*, т. 1, сс. 220 - 222。

致联共（布）中央监察委员会、联共（布）中央政治局

开始时军队占领工人组织的驻地是出于误会。

2.《湖北省工会声明》，这是《真理报》编辑部对塔斯社下面一则报道的注释：

湖北省工会发表声明，其中指出，解散工人赤卫队的决定是工会"自愿"接受的。

3.《评军事委员会的命令》，《真理报》是这样注释的，并这样确定了下面这则塔斯社电讯的含义和政治意义，该电讯称"导致军事委员会发布保护工会的命令的原因，显然是由于士兵经常掠夺工会委员会的驻地"。

4.《军事委员会命令》，《真理报》是这样理解并注释下面这则苏联通讯社发自汉口的报道的：

……为了维护统一战线和消除恶意流言的借口，湖北省工会委员会自己下达了解散纠察队的命令。

等等、等等，不一而足。

每天都是这样。

当工人纠察队被武汉反革命当局解除武装时，塔斯社把这描绘成工人自愿把武器交给刽子手，而《真理报》把这说成是"士兵和工人亲如兄弟"！

当军队占领工人组织驻地，捣毁它们时，当他们解散工人赤卫队等时，苏联通讯社把这种反革命的猖獗说成是"误会"，"工会自愿同意解除无产阶级的武装"，反革命力图"保护工会"。而《真理报》呢？《真理报》把这一切都称为"帝国主义刊物毫无根据的喧嚣"，或用《军事委员会命令》、《评军事委员会命令》等这样什么也没说的注释来隐瞒、犯罪地抹杀武汉反革命的猖獗。

我们的布尔什维克刊物的历史还从来没有见过这样的耻辱。正是在现在，当人们解除中国无产阶级的武装，以便之后把他们枪毙，当工人赤卫队被驱散，当工会和工人组织被捣毁时，社论、布尔什维克对反革命的揭露、呼吁我国和全世界工人去帮助中国无产阶级的号召都到哪里去了？

这些都没有。《真理报》或是沉默，或是让人的头脑平静下来！

塔斯社关于这些事件的电讯是用这样的词写的，无须怀疑，它们是工人的公然的敌人写的。

我们建议，中央监察委员会应该采取措施反对类似的对布尔什维主义的闻所未闻的嘲弄，反对类似的从未见过的对列宁党的中央机关报权威的滥用。

我们坚决要求中央监察委员会把《真理报》编辑部和上海、汉口电讯的作者送上党的法庭；立即清除刊登这些李伯尔唐恩式的电讯和这些副标题的责任人。

我们希望，中央监察委员会对党员解释，造成类似情况的不是校对员的疏忽，而是迹近直接帮助敌人的反党罪行。

我们希望，中央监察委员会这次能保证让党免除类似的"意外"，以相应的方式改组《真理报》编辑部。

我们希望任何派别障碍都不会妨碍对那些人的以儆效尤的惩罚，他们胆大妄为到了居然敢对在蒋介石、冯玉祥和唐生智的"兄弟般"的拥抱中窒息的中国革命进行骇人听闻的嘲弄。

格·叶夫多基莫夫
格·季诺维也夫
列·托洛茨基
1927 年 7 月 4 日

致联共（布）中央政治局和联共（布）中央监察委员会主席团*

尽管对发生在中国的事件的阐述不充分、不清晰，对我党的报纸来说已经习以为常，报刊关于中国事件的最新消息仍表明，把宝押在作为"革命组织中心"的武汉政府身上，遭到了对中国革命来说是灾难性的失败。显然是在冯玉祥和唐生智的要求下，右派国民党分子正在或已经进入武汉政府。反革命给武汉工人农民戴上了枷锁。工人被解除武装。此前武汉政府以伪装的形式进行反对土地革命的斗争，现在采取了公然的形式。《真理报》（唯一允许编造某种接近中国共产党立场的概念的官方消息）的一篇社论，使本来就是灾难性的局势更加复杂化了。从这篇社论中可以得出结论，中国共产党在这最关键的时刻，在最有利的情况下也不能对反革命政变进行应有的回击。另一类消息（青年共产国际代表、希塔罗夫同志的电报，其内容我们只能大致了解）讲的情况要糟糕得多。如果传到我们耳中的关于这份电报内容的消息符合实际，那就意味着中国共产党中央政治局批准了反革命政变。只能把这评价为中国共产党自我消灭的最致命的步骤。

即使传到我们耳中的关于希塔罗夫同志电报的内容不完全符合事实，汉口的最近事件意味着汉口政府转向蒋介石一边，也是无可置疑的。而且通过它与日本和英国帝国主义勾结，完整的圈形成了。我党领导在中国采用的策略，是在资产阶级民主革命中推行的孟什维克策略的"经典"经验。结果很快就表现出来。事关的是中国工人阶级的最沉重的失败。

今后会怎样？

我们的观点——反对派的观点——的正确现在已经在全世界面前得到完全彻底的证明。斯大林同志和布哈林同志在共产国际推行的路线的破产，也暴露

---

* 译自 Архив Троцкого, т. 1, с. 257。

在全世界的睽睽众目之下。

怎么办？

有两条道路。

第一条道路：继续颠倒黑白。继续把解除工人武装说成是"与士兵亲如兄弟"，继续靠自我欺骗为生。继续寻找新的"革命"将军，并推出这些"新的"候选人来"拯救"中国革命。总之，继续盲目固执地葬送中国革命，葬送共产国际，亲手加速反苏战争危险的来临。

第二条道路：严肃、真诚地彻底思考犯下的错误和采取措施纠正它们，虽然已经晚了许多。

当我们及时指出在中国犯下的罪行的错误时，及时对新错误提出警告时，指责我们"拿困难来投机"，说我们是"失败主义者"，我们不相信中国革命的力量等。个别无耻之徒居然敢称我们是"张伯伦的助手"。

在最困难的时刻，我们认为自己的职责是再一次尝试以对党来说是最无痛苦的方式、以共同力量纠正在领导中国革命中犯下的致命的错误。我们党内分歧的加剧不应该妨碍我们在中国革命危急时刻进行拯救局势的共同尝试。我们建议立即召开政治局、中央监察委员会和在莫斯科的中央委员的闭门会议，一起讨论现在需要在中国问题上采取的措施。离中央全会几乎只剩下两个星期。别把这些问题的解决拖到两个星期之后。

事关的不仅是中国革命的命运，还有苏联的命运，因为战争危险会随着汉口事件而迫近并极度激化，这是不容置疑的。

在斯大林—布哈林路线的每一次政治失败后，都掀起反对反对派的新的中伤战役，却不纠正真正的政治错误，迄今为止一直这样。如果这次仍这么做的话，中国革命和苏联将为此付出沉重的代价。国际工人运动的利益、布尔什维主义的利益要求离开这条致命的道路。如果我们现在不预先为纠正我党历史上空前的骇人听闻的错误采取必要措施的话，共产国际和我党的中央委员会就将使自己声誉扫地。事关的是共产国际的命运和苏联的命运，正是因此，我方准备在对党、对它的中央委员会、对中国共产党、对共产国际的领导来说最小消耗的情况下竭尽全力地消灭犯下的错误。我们建议的道路是唯一正确的道路。

格·叶夫多基莫夫

格·季诺维也夫

列·托洛茨基

1927 年 7 月 7 日

中国革命的失败及其原因*

中国革命的失败使实际力量对比变得对帝国主义有利,当然只是暂时的。在中国,新的革命战争和新的革命都是不可避免的。整个局势都能保证这点。

事后,机会主义领导者用所谓的"客观力量对比"来解释自己的破产。忘了自己昨天的有关中国革命即将来临的预言,而这场革命应该是由同样的力量对比产生的。

什么决定了中国革命在现阶段的不利的结局?就是俄共中央委员会和整个共产国际的根本错误的路线,它导致在关键阶段在中国事实上没有真正的布尔什维克党。现在把罪责完全推给中国共产党党员,是浅薄的、卑鄙的。

我们在中国遇到的是采用孟什维克资产阶级民主革命策略的典型经验。这就是为什么中国无产阶级不仅没有达到自己胜利的"1905年"(列宁),而只是基本上扮演了欧洲无产阶级在1848年革命中扮演的角色。

在今天的国际形势中,中国革命的特殊性绝不在于在中国似乎有"革命"的自由派资产阶级,对它的希望是斯大林—马尔丁诺夫—布哈林的整个路线的基础,而在于:

1. 比在沙皇制度下的俄国农民受压迫更深的、在本国而且还有外国压迫者的重压下呻吟的中国农民,可能会挺身而起,比1905年革命时期的俄国农民更有力地行动起来。

2. 列宁在1920年为中国提出的苏维埃口号,在1926—1927年中国的条件

---

* 译自 *Коммунистическая оппозиция в СССР* (1923—1927),т.4,cc.159 – 163。

这是联合反对派在1927年起草的《反对派政纲》中关于中国革命的部分。由于季诺维也夫在沦为反对派之前,曾参与了共产国际中国政策的制定,在撰写政纲时,他仍维护自己当初的立场,这在收入本卷的武约·武约维奇的讲话中也可以看到。这导致政纲中关于中国革命的部分不够充分,托洛茨基对此很不满意。——译注

下无疑仍有土壤。中国的苏维埃能够成为在无产阶级领导下团结农民力量的形式，成为真正的无产阶级和农民的革命民主专政机构，也就是真正抗击资产阶级国民党以及从其内核中产生的中国的卡芬雅克的机构。

列宁有关只有反对资产阶级的工人阶级和农民的联盟（在前者的领导下）才能把资产阶级民主革命进行到底的学说，不仅适用于中国和类似的殖民地半殖民地国家，而且指出了这些国家通向胜利的唯一道路。

从上述一切中可以得出结论，在今天的帝国主义战争和无产阶级革命的时代，在苏联存在的条件下，无产阶级和农民的革命民主专政在中国以苏维埃的形式出现，将具有相对迅速地变成社会主义革命的更多的机会。

此外，就是必将导致工人阶级失败的与自由派资产阶级联盟的孟什维克道路，正如1927年在中国所发生的那样。

共产国际第二次、第四次代表大会的所有有关在东方建立苏维埃、在民族革命运动国家中的工人共产党充分独立、工人阶级与农民结盟反对"自己的"和外国帝国主义的资产阶级的所有决议，都被忘得一干二净。

共产国际执行委员会第七次扩大会议（1926年11月）的决议不仅没有对在中国波澜壮阔地展开的事件作出列宁式的评价，而且完全转向了马尔丁诺夫的孟什维克路线。无论多么不可思议，对1926年3月的蒋介石第一次反革命政变，对1926年夏秋两季广东政府在许多地方枪杀工农和对他们进行的其他镇压，对实际上反对工人的强制仲裁，对广东政府镇压工人罢工，对广东政府庇护由企业主组成的黄色"工人"组织，对广东政府为扼杀农民运动而限制它，不让它发展，不让它站起来所做的努力，这份决议未置一词。在共产国际执行委员会第七次全会的决议中，没有把每个工人武装起来的口号，没有号召与反革命军官进行斗争，它把蒋介石的军队描绘成革命军队；其中没有建立共产党日报的口号，没有准确、明白、大声疾呼中国共产党真正的独立的必要性。除了上述一切之外，共产国际执行委员会第七次扩大会议还推动共产党员参加国民政府，在既成局势下，这只能带来极大的危害。

在共产国际执行委员会的决议中说，"国民革命政府的机关（即蒋介石的政府）为接近农民提供了切实可行的道路"，并接着预言（1926年11月），"甚至大资产阶级（？）的某些阶层在一定的时期内还能追随革命"。

中国共产党中央委员会承担起不批评三民主义的义务，放弃了独立的工人政党的最基本的权利，提出了立宪民主党的土地纲领，最后，中央委员会总书记陈独秀于1926年7月4日的公开信中承认三民主义是工人和资产阶级在民族运动中的"共同信仰",对所有这些,第七次全体会议的决议未置一词。

大约在这段时间,最主要的俄国负责同志提出这方面的建议,即农村内战的发展可能会削弱国民党的战斗力。换言之,就是禁止发展农民革命。

1927年4月5日,形势已经十分明朗,斯大林同志在圆柱大厅召开的莫斯科州党的积极分子会议上声明,蒋介石是反对帝国主义的斗士,蒋介石服从国民党的纪律,因此是我们的可靠的盟友。

1927年5月中旬,当时的局势更加明朗,斯大林同志声称,武汉国民党是"革命的国民党",是"清除了右派国民党员的革命中心"。

共产国际执行委员会扩大的第八次全体会议(1927年5月)没有力量纠正所有这些孟什维主义的错误。

在共产国际执行委员会第八次全体会议上,反对派提出下述建议:

> 如果全会否决布哈林的决议,并用几行字的决议来代替它,它就做对了。这几行文字是:
>
> 农民和工人不相信左派国民党领袖,建立自己的苏维埃,与士兵联合起来。苏维埃应该武装工人和进步农民。保证共产党充分独立,创办日报,领导创建苏维埃,立即剥夺地主的土地,立即铲除反动资产阶级,就地镇压背叛的将领和所有反革命分子。总方针应该是通过工农代表苏维埃建立民主专政。

反对派警告党,"武汉的国民党"根本不是革命的国民党,这一警告被斯大林和布哈林宣称为"反党斗争"、"攻击中国革命"等。

有关中国革命和反革命的真实进程的实际消息被隐瞒和歪曲,直到我党的机关报(《真理报》1927年7月3日)以《士兵和工人亲如兄弟》标题报道中国将军解除工人的武装。

斯大林嘲弄列宁的学说,他论证说,在中国提出苏维埃的口号,"就意味着提出马上转入无产阶级专政的口号"。然而在事实上,列宁在1905年革命中就提出了作为无产阶级和农民民主专政机关的苏维埃口号。

反对派及时为中国提出的苏维埃口号,从斯大林和布哈林那里招来"反革命帮凶"和类似的指责。当工人和农民的基地被"我们的革命的"将军们所粉碎之后,斯大林和布哈林为掩盖自己的破产,突然为中国提出了苏维埃口号,为的是在第二天就忘记它。

开始称中国共产党是"共产国际的模范支部",反对派对它的最轻微的批评——在错误还能够改正的时候——都被压制或被宣布为对中国共产党的"恶毒攻击"。后来,当马尔丁诺夫—斯大林—布哈林的破产已经明确,就企图把一切罪过都推到年轻的中国共产党的身上。

开始把宝押在蒋介石身上,后来押在唐生智身上,然后押在冯玉祥身上,最后押在"可靠的"汪精卫的身上。所有这些绞杀工人农民的刽子手都依次被称为"反对帝国主义的斗士"和"我们的"盟友。

孟什维主义政策以阉割列宁学说的革命内容而告终。斯大林、布哈林和"青年学派"忙于证明列宁有关民族革命运动的学说归结为宣传与"资产阶级"结盟。

早在1920年,在共产国际第二次代表大会上,列宁就说过:

> 剥削国家和殖民地国家的资产阶级已经有相当密切的关系,所以被压迫国家的资产阶级往往是,甚至可以说在多数场合下都是一方面支持民族运动,另一方面又按帝国主义资产阶级的意志行事,也就是同他们一起反对一切革命运动和一切革命阶级。[①]

列宁肯定会用这些话来痛斥今天这些胆敢引用他的话来为自己与蒋介石、汪精卫结盟的孟什维克政策辩护的人的。这些话是列宁本人在1917年3月说的:

> 我国革命是资产阶级革命,因此工人应该支持资产阶级——波特列索夫之流、格沃兹杰夫之流、齐赫泽之流这样说道,正如普列汉诺夫昨天说过的一样。我国革命是资产阶级革命,——我们马克思主义者说道,——因此工人应该让人民群众看清资产阶级政客的欺骗,教导人民不要相信空话,只能依靠本身的力量、本身的组织、本身的团结、本身的武装。[②]

[①]《列宁全集》第二版第39卷,人民出版社1984年版,第165页。
[②]《列宁全集》第二版第29卷,人民出版社1985年版,第19页。

在国际无产阶级面前，没有比现在把列宁说成是"与资产阶级结盟"的传播者更大的犯罪了。

马克思主义的预言如此迅速准确地被证实，像反对派对1926—1927年中国革命问题的观点被证实那样，在革命斗争史上是十分罕见的。

对中国革命的进程和它的失败的研究，对全世界共产党员来说是绝对必要的事。这些问题明天将成为不仅对中国和印度以及其他东方国家的工人阶级来说是生死攸关的问题，而且对全世界无产阶级来说都是生死攸关的问题。在关于这些触及马克思主义世界观的基本问题的争论中，将培养出未来革命的真正的布尔什维克干部。

1927年8月底

中国革命的新机会、新任务和新错误*

斯大林—布哈林现在竭尽全力地证明，反对派迄今为止在中国问题上始终与政治局多数完全一致。命令在共产国际的每个支部都大肆宣扬。这个出乎预料的转变只说明了斯大林集团破产的全部深度。昨天他们还在证明，反对派在所有问题上都持与斯大林—布哈林不同的立场，即社会民主党、半孟什维主义的立场。而现在则吹嘘，斯大林和布哈林所做和所说的，与反对派的一模一样。但由于昨天所写的东西还没有烧掉，所以反驳这个掩盖自己错误的可悲的企图，是毫无困难的。

1926年七月全会通过了下面的决议：

> 中央委员会全会赞成政治局和联共代表团在中国问题上的行动，确认反对派（季诺维也夫、托洛茨基）在这方面的建议显然是机会主义的，部分干脆是投降主义的：召回卡拉汉①同志，放弃中东路，退出国民党。中央委员会认为，只有在彻底消灭中国的民族革命运动的情况下，这样的立场才有意义……

如果反对派的"中国"政策早在1926年7月前就是"机会主义的，部分干脆是投降主义的"，现在怎么能说，中国问题的政策是一致推行的呢？召回

---

* 译自 Архив Троцкого, т. 1, сс. 274–286。

① 卡拉汉（Лев Михайлович Карахан，1889—1937）苏联国务活动家，苏共党员（1917年起），1904年参加革命运动。1917年十月革命的参加者（当时任彼得格勒苏维埃秘书、军事革命委员会委员）。布列斯特和谈苏俄代表团秘书。1918—1920年、1927—1934年任副外交人民委员，1921年任驻波兰全权代表，1923—1926年任驻中国全权代表，1934年起任驻土耳其全权代表。苏联中央执行委员会委员。1937年被召回莫斯科并被捕，同年9月被最高军事法庭判处死刑。——译注

卡拉汉同志和所谓的放弃中东路的问题未必值得一提。问题的关键是对国民党的态度。决议指责反对派力图与国民党决裂。反对派声明，它准备在共产党的充分、真正独立的条件下与国民党结盟，与它的下层达成协议，因为这个"独立"是布尔什维主义字母表上的第一个字母。在这条路线上的斗争从1925年就开始了。这一斗争在多数派无数的决议、发言稿和文章中都曾提及，正是依据反对派要求作为整个革命政策前提的共产党的独立性，称它的观点是投降主义的。

反对派揭露对蒋介石的错误政策。如果在政治局或中央委员会上的相关发言不是众所周知的话，那拉狄克同志4月5日在圆柱大厅的发言则广为人知。在这次会议上，最完整的机会主义盲目性的表现，是斯大林同志的讲话，它的速记稿至今仍对党隐瞒。只要把拉狄克和斯大林的这两份速记稿刊出，就不可能再说什么反对派没有反驳过斯大林的蒋介石路线了。

1927年5月，在蒋介石政变后，反对派向共产国际执行委员会全会递交了下述建议：

> 如果全会否决布哈林的决议，并用几行文字的决议来取代它，它就做对了。这几行文字是：
>
> 农民和工人不相信左派国民党领袖，建立自己的苏维埃，与士兵联合起来。苏维埃应该武装工人和进步农民，保证共产党充分的独立，创办日报，领导创建苏维埃，立即剥夺地主土地，立即铲除反动资产阶级。就地镇压背叛的将军和所有反革命分子。总方针是通过工农代表苏维埃建立民主专政。

这个建议只是反对派此前向政治局提交的一系列文件的扼要概括。很多时间都被白白浪费了。但是，如果共产国际执行委员会在1927年5月接受了反对派的建议，并把它实施的话，我们就不会有武汉的第二章，后者在可耻程度上超过了蒋介石的第一章。我们今天就会强大得多。

最后是现在，在1927年9月，我们提交了我们对中国事件发展的新阶段的建议。

1. 必须重新尖锐地提出中国革命问题。必须重新整体定向，因为官方领导企图以表面方式表现出行动的首倡精神（布哈林在最近一次政治局和中央监察委员会联席会议上关于贺龙、叶挺部队的讲话），事实上是在无舵无帆的情况下拼命挣扎。在这样的行动方式下，新的失败是不可避免的。这些失败将直接败坏中国共产党和共产国际的声誉，因为与此前不同，现在不再通过国民党的中介。

2. 看来是真正革命的贺龙和叶挺的部队的运动意味着什么？这是否是在巨大的历史性失败之后常见的极左翼的短暂出场的尾声，它不会或不能及时出场，因而注定会失败？或者这是中国革命新的伟大一章的直接开始？对我们的"战略"定向和决定由此产生的策略措施来说，这是根本问题。

3. 如果在阶级相互关系的意义上使这个问题变得更确切，就应该大致这样表述它。在资产阶级和妥协派小资产阶级上层利用了工农运动，利用了莫斯科的支持、布尔什维主义和共产国际的权威，并把这一切变成剥削和欺骗工农的政治工具之后，彻底转到了反革命阵营中，是否可以期待，在反资产阶级、反妥协派的阵营中找到足够的政治和组织力量，它们能够让被欺骗的、其相当大的部分已被打垮的和失血的群众相信自己，相信自己的领导（只有这才能保证中国革命的新高潮）？

4. 完全明确地回答这个问题是不可能的，何况是远离现场。但在中国——在这个广袤的、一盘散沙的国家中——未必有谁现在就能说，运动在新的、更高的阶级基础上复苏之前，中国或是注定要经历多久的革命衰落期；或是可以希望，由于处在可怕条件下的大量的群众，由于这些群众随时准备自我牺牲，由于有年轻的、广泛分布于全国各处的无产阶级，由于内战的素养，由于可能对它进行帮助的苏联的存在，起义的新时期——当然是在正确的领导之下——可能直接导致工农群众夺取政权的斗争的胜利。这两种可能性都不能排除。其中哪一种可能性会占上风，不仅取决于并不服从任何完整、先验考虑的所谓的客观条件，还取决于我们的政策，取决于它的正确性和积极性。

5. 两个月前，《真理报》出乎所有人（显然也出乎它自己的）的预料，推出了在中国建立苏维埃的口号。此前斯大林一直解释说，苏维埃只有在从资产阶级革命转向社会主义革命时，才是恰当的。

这个解释与我们的三次革命的经验、与我党的全部传统、列宁关于东方革命的理论学说处于令人发指的矛盾中。然而，斯大林的新学说仍成了党的，即它的机关的官方学说。（对党员群众来说，彼此矛盾，主要是与事实矛盾的这些新"发现"和"学说"很快就会消失，就像易褪的颜色一样；但这并不意味着它们是无害的，这些易褪的颜色混在一起，会染出脏灰色。）

6. 在7月（？）推出苏维埃口号，即在革命遭受了几次沉重的失败之后，显然应该意味着，中国革命直接进入它长入社会主义革命的时期。但这就需要问了，为什么这个口号只在唯一一篇社论中提出，此后就被彻底忘掉了，为什么现在，当革命军队运动在工农群众的协助下取得了一定的成功时，《真理报》却对这个口号只字不提呢？或是在一定时刻为掩护（斯大林—布哈林）退却服务的口号，原来对革命的新进攻并不适用？

7. 从《真理报》的某些评论中可以看到，官方领导克制和谨慎地对待与贺龙和叶挺部队相关的新的革命运动，实质上是不愿冒险为真正的工农革命运动公然承担责任，它曾经为蒋介石、冯玉祥和汪精卫的军队承担过这样的责任。

8. 事关的根本就不是为成功进行"担保"。事关的是在政治上把近期革命发展与这一运动的命运的等同，用正确的前景、正确的口号来武装这个运动，没有这点，胜利是不可思议的。只有在工人和农村底层积极地干预事件的情况下，特别是在建立作为政权机构的工农代表苏维埃的情况下，数量不大、武装当然也不精良的革命军队才可能成功。然而现在，《真理报》又把这个口号藏了起来。为什么？显然是因为它担心，运动会很快被粉碎。当然，运动被粉碎是可能的。但在没有正确口号的情况下，它的失败则是不可避免的。由于担心被粉碎而"暂时"不提出基本的、性命攸关的口号，就是由于害怕失败而为失败做准备。

9. 把革命与蒋介石的军队等同起来，不仅是最大的"不慎"，还是最大的历史错误和最大的罪行。为作为土地革命中心的武汉承担责任，是第二个同样的"不慎"和第二个同样的罪行。一日遭蛇咬，十年怕井绳。对工农独立运动的谨慎观望，不愿意以必要的口号及时武装这个运动，即公开地对中国工人和农民说："这个运动是你们的运动"，这样的"谨慎"有成为按顺序来说是第三个、又是最糟糕的谨慎的危险。

10. 这里说的不是对已经开始的军事革命运动的同情，甚至不是对它的组织和物质上的帮助。对此根本用不着多费唇舌。

以对革命军队或英国矿工的援助而自吹自擂的人，不是革命者，而是妄自尊大的官员。所有外来的援助都是必须的，但这个援助没有决定意义。起决定作用的是共产党、革命军队、工人和贫农之间的相互关系。而这些相互关系在很大程度上是由作为口号和行动体系的政策决定的。可以给起义的军队提供任何物质援助，但如果不尖锐地提出政权问题，不提出苏维埃口号，不提出完整的、与建立苏维埃政权相关的经济措施的体系，对军队的物质援助不会带来必要的结果，就像我们在我们与总委员会的政治联盟伴随下的对英国矿工的援助没有带来必要的结果一样。最终起决定作用的不是物质援助，而是正确的政治路线。

11. 刚刚在路上，我读了 9 月 13 日的乌克兰中央执行委员会机关报"Bicri"刊登的上海来电，说由于贺龙和叶挺的革命部队迫近汕头，国民党当局和卫戍部队弃城而去。编辑部给电讯加的标题是《国民党退出汕头》。在漫长的几个月中，我们一直生活在"轻视"的指责中，先是整个国民党，然后是斯大林把革命中心交给它的左派国民党。布哈林发誓说，决不交出国民党的蓝色旗帜，然而事实表明，手持蓝色旗帜的汕头国民党当局却"退出"汕头，因为英国人在类似情况下说得好，不能在射击狐狸的同时，又让猎犬追它。马尔丁诺夫的把红色和蓝色结合在一起——四个阶级联盟——是行不通的。布哈林发誓为三个阶级的联盟保持蓝色旗帜。但事实表明，在蓝色和红色旗帜之间是内战。只有愚蠢透顶的人才不明白，只有这个内战——反对地主、资产阶级和妥协派的——才能建立工人和城乡贫民之间的真正联盟。迄今一直让共产党孤立于工人和在中国占压倒多数的农村贫农的，正是那些追逐国民党蓝旗的、败坏无产阶级红旗的声誉的人。

12. 革命军队与国民党之间形成了内战关系。但从这一情况中产生了一个事实，革命运动只有在共产党的领导下，只有在工农兵代表苏维埃的形式中，才能取得胜利。这又以共产党承担对这个运动的领导为前提。而这又要求完整的纲领——在为夺取政权而斗争的时期，在夺取政权的时期，在建立新制度之后。

13. 此前的政策对培养共产党来说，是致命的。前一个时期的错误路线的最沉重的结果，与其说是物质上的失败和牺牲，不如说是浪费了从某点来说是培养革命干部，锻炼无产阶级先锋队，加强它的独立感，对自己的力量和领导的信心的绝无仅有的历史条件。现在，在革命新时期的门槛上之时，共产党比它应该和可能的要软弱得多。但应该从既成事实着手，它是条件结合的产物，领导的犯罪的错误路线也包括在内。现在，只有共产党能够承担革命运动的领导。现在，掌握国民党的蓝旗不能以新的联盟，而是以内战，即把它作为战利品从被打败的敌人手中夺过来。因此应该结束这些可耻的虚构：应该公开宣布共产党与国民党的决裂，应该公开宣布国民党是资产阶级反动派的工具，应该以把国民党赶出共产国际来雪耻。不这样做，就意味着注定让新运动陷入动摇、混乱和失败。

14. 这不意味着，在最近一个时期，共产党是唯一一个革命的政治组织。在农民协会和"赤卫队"的基础上，在与国民党当局和军队的直接斗争中，可能除共产党之外还会形成在不同程度上独立于它的、依靠部分农村贫农的政治组织。猜测这将如何产生，是无益的，至少是从这里，在很难看清运动的组织和人员因素的情况下。但有一点是清楚的：共产党应该明确地意识到，只有通过它和在它的领导下，革命才可能获得胜利；只有在它的口号下，只有在它的直接的政治和组织的影响下，农民组织才可能成功地与它并肩战斗。而这只有在共产党本身清晰明确地提出革命的所有政治和经济任务的情况下，才有可能。

15. 为了给在革命中与资产阶级合作（即孟什维克的政策）辩解，斯大林—布哈林先后提出两个因素。一是外国帝国主义，似乎它把中国所有阶级团结起来。但是很快就暴露出来，资产阶级与外国帝国主义联盟，粉碎了工人和农民。于是就提出了第二个因素——中国的封建主义，它似乎激起了资产阶级的另一个更"左的"部分、真正的革命盟友、忠诚的汪精卫与工农一起进行反对封建主义的斗争。但事实表明，资产阶级没有推出一个能同意参加反布哈林的封建主义的革命斗争的政治集团。而且并非偶然。在中国没有与资产阶级对立的地主阶层。一般来说，土地所有者就是城市资产者。小土地所有者、富农、士绅与高利贷者和城市资产者紧密相连。如果不是玩弄字眼的话，在中国没有封建主义。在中国农村存在农奴奴役关系，但维持它们的不是所有制的封建形式，而是资产阶级形式和资产阶级社会国家制度。在资本主义发展迟缓的情况下，从农业人口过剩中产生的这种农奴奴役关系，当然也可以——在更加"缓和的"形式中——在某些巴尔干国家中遇到，它们在从土耳其的枷锁下解放出来以后，既不知道封建主义，也不知道贵族阶层。当然，中国的贫困和奴役有如此之多的非人形式，它们未必能在封建时代经常遇到。然而在中国建立封建主义，而且还是居主导地位的，依据的就不是事实，而是为与资产阶级合作辩护的赤裸裸的意愿。事实为自己进行了报复。在中国找不到这样的资产阶级或资产阶级的这样的部分，它同意与封建主义，即与自己进行革命斗争。这就是革命军队迫近汕头时,国民党挟着蓝旗、口袋里装着共产国际的成员证溜之大吉的原因。

16. 土地革命斗争是反资产阶级的斗争,就是反对国民党的斗争。过去和现在,资产阶级的任何一个部分都没有支持这场斗争。在农村,主要的人数众多的敌人是士绅、富农和小土地所有者。放弃剥夺小剥削者、富农,在中国就意味着放弃土地革命。在中国的土地革命——不是布哈林式的,而是实际上的——是反资产阶级的革命。

因此,也只是因此,马尔丁诺夫—布哈林的公式失败了。但这意味着,土地革命将由率领着中国农村贫农,即十之八九的农民的无产阶级,在进行直接或间接的反对资产者、土地所有者、富农和他们的政治代理公司——国民党——的斗争中来完成。

17. 这决定了关于革命政权的提法。

与蒋介石的经验意味着在反对帝国主义和封建主义斗争中的整个"资产阶级民族"联盟思想的失败。

与汪精卫的经验意味着克伦斯基—策列铁里式的"革命民主"联盟的失败。

现在对无产阶级来说,事关的是从"革命民主派"那里争取城乡底层贫民,率领他们为夺取政权、土地和争取国家独立和劳动群众更好的物质生活条件而斗争。换言之,事关的是无产阶级专政。

18. 无产阶级和农民的民主专政口号,如果是从北伐开始时,就把它与苏维埃和武装工农的口号结合在一起提出的话,它在中国革命的发展中就能发挥巨大作用,保障它的完全不同的进程,孤立资产阶级,然后再孤立妥协派,导致在比今天更加有利的条件下提出无产阶级专政的问题。但历史是不可逆转的。资产阶级主动背离了革命,在它选择的对它最有利的条件下。妥协分子也是这样。由于我们害怕及时孤立他们,他们就成功地孤立了我们。历来如此,而且不仅是在上海,还在爱丁堡,就像最近一次工会代表大会所表明的那样。但无论如何,大中资产阶级和包括知识分子在内的城乡小资产阶级上层背离革命,是既成事实。在这些条件下,在新的革命高潮的情况下,无产阶级和农民的民主专政口号显得过于不确定和过于模糊。而在革命中,所有不确定和模糊的口号对革命党和被压迫群众来说,都是危险的。几乎无须怀疑,明天斯大林将会支持无产阶级和农民的民主专政的口号,并赋予它妥协的性质。认为斯大林和布哈林明白了自己的错误，是不对的。中国事件的进程推动他们向左，但他们固执地抗拒，拼命地向右转。他们今后将力求模糊任务，用与国民党的最后两个正人君子——孙中山的遗孀或他的侄子——的联盟来掩盖无产阶级的孤立。这种上层的、现在已经是纯粹伪装的联盟，却将要求无产阶级政党方面作出放弃坚决的口号和坚决的斗争方法上的牺牲。与蒋介石和汪精卫相比，孙中山夫人可能对中国革命来说更廉价些。

19. 如果革命运动增长，贺龙和叶挺军队的进一步的成功，必然会把部分左派妥协分子推到与革命力量"结盟"的道路上，而他们的目的是掌握运动并使它中性化。正是在无产阶级和农民的民主专政的口号下（为了更可靠地在更高阶段上让无产阶级服从自己，缩小运动的规模，准备新的第三次毁灭），妥协分子才能实现这个目的。

20. 没有及时采取的无产阶级和农民的民主专政这个列宁的口号，被机械地转用到在新的力量对比的基础上形成的第三阶段。应该清楚，在与整个国民党，特别是左派国民党的经验之后，历史性地迟到的口号将成为反对革命力量的工具。对我们来说，事关的已经不是无产阶级和农民的民主专政，而是依靠城乡绝大多数的贫民群众的无产阶级专政，事关的是给自己提出解决国家和它的群众的最紧迫的、性命攸关的任务的专政，它在这种情况下必然将转到社会主义地干预财产所有制的道路上。

21. 共产党的任务首先是建立革命军队。应该在实际展开的工农运动的基础上建设正规红军。应该用阶级征兵原则来取代雇佣原则。在苏维埃和共产党领导下的工会和农会应该是这种征兵的机构。应该善于坚定地把农民游击队（赤卫队）纳入正规军中。应该在俄国革命和中国革命的全部经验的基础上正确地解决指挥员队伍的问题。应该把剥削分子和反革命分子无情地驱逐出军队。

22. 军队给养和城市供应的任务提出了粮食政策的问题。在内战和封锁的条件下解决这个问题，没有铁的粮食纪律，不掌握大地主、富农和投机商的粮食储备，不规定这种或那种消费定额的措施，是不可能的。

23. 现阶段的内战，不剥夺富农是不可能的。苏维埃和革命军队的实际纲领的最重要的部分，仍是反对派不止一次地阐述过的，尤其是在共产国际执行委员会五月全会上阐述过的那些任务。

随着军队进展或地方起义的成功，应立即剥夺大小地主的土地，立即消灭

反动官僚,就地镇压叛徒、反革命分子、蒋介石和汪精卫的代理人

24. 尖锐地对革命政权提出工业和交通运输问题。布哈林在其无数关于中国的讲话中,有一次拖着哭腔地抱怨资产阶级怠工,转移资本,不留下周转资金,以此造成极大的困难,反对派却对此不予考虑。布哈林没有为克服这些困难提出任何建议。一般的以困难为借口来为自己的软弱辩解,这是机会主义常用的手段。十分明显,在内战条件下阻止资产阶级对经济,首先是工业和交通运输怠工,不能靠规劝,而是专政措施。在能够实施对工业有组织的监督的情况下,进行这种监督,在非工人夺取企业就不能保证生产连续进行的所有情况下,工人夺取企业。铁路和水路交通也是如此。总之,总的方针应该是让工业和交通运输最重要的、对此做好准备的企业转到苏维埃国家的手中。必须的阶段、必须的预备性的组织措施应该根据整个形势——取决于革命发展的整体进程、无产阶级组织的力量、敌人的反抗力量等——来考虑。

当然,所有这些首先用于外国租界。

25. 会有庸人开始大喊大叫,指责我们的乌托邦、我们的极左等。

对此,我们首先回答说,对中国,我们不打算在一国建成社会主义。中国革命不是独立的、孤立的事件,它不应该在中国一国范围内解决革命提出的所有问题。中国革命是由许多链环组成的链条——苏联、迫近的帝国主义战争、迫在眉睫的无产阶级起义等,总之,即构成今天的帝国主义时代内容的战争与革命的链条——中的一环。正是帝国主义时代使中国的阶级关系变得如此尖锐,使得不仅在资产阶级的领导下,而且在小资产阶级和无产阶级的民主专政的形式下,都不能解决革命的最重要的任务,从而把依靠城乡贫民的无产阶级专政提上日程。无产阶级专政意味着社会主义介入到财产所有制的关系中,转到国家负担生产费用,即转到社会主义革命的轨道上。在这条道路上的成功将为欧洲无产阶级革命提供巨大的推动,巩固苏联,从而为中国革命开辟新的可能性。

26. 但中国无产阶级是否没有足够的力量率领数亿中国贫民追随自己,掌握政权,建立军队和国家机关,在封锁和怠工中坚持下去,保障国家最重要的经济职能等?这个问题实质上与另一个问题差不多,即中国革命是否有机会进一步发展和胜利——因为除了上面指出的外,没有其他道路和其他方法。当然,谁也不能信心十足地说,中国无产阶级近期一定能成功地走向政权。只有真正的斗争才能提供检验。只有正确的领导才能带来胜利。我们这里所说的革命的"限度",即那个限制所有其他东西的量,在当前根本就不是中国无产阶级,而是中国共产党,错误理论、错误路线、错误领导最大限度地削弱了它。

就其定义来说,在其数量上,在其生产角色上,中国无产阶级在国家中是巨大的力量,在中国共产党迅速成长和锻炼的情况下,它可以成为国家的领导和统治力量。它是否能弥补失去的、浪费的时间?有这种可能。如果革命事件将走向高潮,党就能迅速地提升到事件的水平上。但为此,它应该有明确的前景。绝对不要半途而废、吞吞吐吐,绝对不要参与孙中山夫人的假面舞会。在贫农的国家中,无产阶级专政的任务应该明确、清晰和充分地提出。

非这样,支持贺龙和叶挺的军队就纯属冒险。它的唯一结果只能是运动再次被击溃,新的可怕的失血,反动派的力量再次得到巩固。

中国革命在其新阶段上,它或是作为无产阶级专政取得胜利,或是完全失去胜利的可能。

列·托洛茨基
1927年9月13日

新阶段上的旧错误*

如果中国今天的革命运动,即工农运动哪怕被反动派所镇压,在半年、一年或几年后,它的主要特点也必然会随着革命高潮的恢复而复苏。因此,研究并批评地阐明正在展开的事件具有巨大的实际意义。中国革命的官方"理论家"只是一味地断定中国条件的极度特殊性。正是因此,他们禁止讨论中国革命的问题。结果是,条件越是特殊,它们越是不同寻常和复杂,就越不需要再在对它们进行研究、寻找到道路方面集思广益了。

从叶挺和贺龙的部队运动时起,倒霉的中国革命的官方"理论家"就保持沉默。我们刊物的电讯和评论日复一日地说,中国革命运动不断增长,农民纷纷起义,工农军队不断前进,罢工日益增长等。没有为说明运动的真正规模进行任何尝试,哪怕是对读者指出它的真正区域都没有做。抛给读者的是大喊大叫的标题,空泛的喧嚣,以便在醉后头痛发作时,找到辜负了某些人希望的新的"叛徒"。

由于官方理论家保持沉默,半官方理论家洛佐夫斯基[①]同志出面说明中国革命的新阶段。洛佐夫斯基同志的"特点"在于他总是比官方路线稍稍左一点。如果给马尔丁诺夫补充百分之五的"左倾",就成了洛佐夫斯基。正是因此,他的最新一篇文章值得关注。

1. 洛佐夫斯基同志解释说:"南京和武汉的分裂不是无产阶级和农民为一方,资产阶级为另一方之间的分裂。谁这样看待分裂的意义,他无疑是错误的。"

---

* 译自 Архив Троцкого, т. 1, сс. 287–296。

[①] 洛佐夫斯基(Лозовский А., 1878—1952)原名索罗门·阿布拉莫维奇·德里佐,苏共党员,历史学博士,1921 年起为红色工会国际总书记,1937 年起任国家文学出版社社长,1939—1946 年任苏联外交副人民委员,1939 年起任联共(布)中央委员,1952 年在反犹运动中,斯大林下令将他逮捕并处决。——译注

对的就是对的。只是没有说是谁错了，没有提到。斯大林称苏维埃之所以不需要，正是因为武汉政权属于负有成为土地革命领袖使命的左派国民党。某人"无疑是错误的"，在这点上洛佐夫斯基没说错。需要的只是说出到底是谁错了。

2. 现在（1927年9月），洛佐夫斯基承认，左派国民党资产阶级对工农运动的害怕，并不亚于右派国民党资产阶级。

可惜的是，他就是在1927年四五月都还不明白这点，没有警告共产国际执行委员会反对斯大林的立场，我们知道，正是在这个决定性的问题上，斯大林"无疑是错误的"。

我们现在从洛佐夫斯基那里得知，为了掩盖自己的害怕，左派国民党制造了一个特别的理论："先胜利，然后再改革，左派国民党的官方理论就是这样"。

3. 这只是左派国民党的吗？中国共产党领袖陈独秀在它的最近一次代表大会上的整篇讲话渗透了同一个哲学："先胜利，然后再改革"。陈独秀的讲话刊登在《真理报》上。《真理报》编辑部没有为指出这个讲话的反革命性质说一个字。我们对陈独秀致命方针的指责在那时被称为是对中国共产党的令人愤怒的诽谤。洛佐夫斯基把这点忘掉了。

4. 关于武汉和南京的联合，洛佐夫斯基写道："国民党统一的恢复意味着什么？它意味着建立反对工农运动的整个资产阶级的统一战线。"

对的就是对的。但须知曾这样教导我们，国民党是在特殊的世界形势下的中国特殊条件所固有独特的组织。布哈林还在荷兰的某些岛屿上找到了国民党的独特性的某种类似物。但官方理论家没有发现一个主要的东西，即国民党是在革命时期的中国资产阶级的政党；国民党的最主要的特殊性就在于此，它利用中国受压迫的情况对工农进行更充分的欺骗。而我们的官方理论家在这点上全力以赴地帮助国民党，用共产国际的旗帜来掩护它的工作，责成中国共产党服从蒋介石的纪律。

这样，由于洛佐夫斯基涉及的是昨天，他不得不承认，官方领导的路线是不中用的。看来，洛佐夫斯基本人认为，他不对这条路线负责，因为他比马尔丁诺夫左了几度。但洛佐夫斯基转向分析今天的革命运动，并试图指出它的前景时，他本人的立场的不独立性就致命地暴露出来。

5. 洛佐夫斯基写道："今天中国形势的特殊性，是时期、阶段的极其迅速的交替，简直像影片中的事件切换一样。"

这个观点后来几乎一字不差地反复重申。在中国革命的官方"理论家"以前的写作中，它也不止一次地遇到过。当对官方路线的外国支持者（如克雷比赫①）指出布哈林写作中的无法调和的矛盾，把他们逼得万般无奈时，他们就含糊不清地回答说，根本就没有什么矛盾，而只是事件的电影切换。

6. 事件的电影切换是任意的，是不能预见的，因而能让人措手不及。中国革命的官方理论家每一次都被事件的切换搞得措手不及，这是无可争议的。但中国革命的事件进程基本上是完全符合规律的，是以数百万群众的运动和阶级之间的相互关系为条件的，它不可能是"影片式的切换"。例如蒋介石的上海政变是完全有规律可循的，它是可以预见的。反对派预见到了这点，并预先提出警告。不是别人，正是斯大林，在政变的几天之前，为蒋介石担保，为自己利用蒋介石的能力担保，对他来说，上海政变应该是电影事件。正是宣称左派国民党负有成为土地革命领袖使命的斯大林，不用历史唯物主义，而用电影来说明左派国民党的反革命角色。

7. 领导一直与阶级斗争的实际进程背道而驰，忽视实际力量，抓住虚构不放。如果这仅仅是败坏莫斯科"理论家"的声誉，还不是太大的灾难。但倒霉的"理论家"意味着在政治上直接解除中国共产党即无产阶级先锋队的武装。应该直言不讳地说，没有斯大林和布哈林的干扰，中国革命的进程、中国无产阶级的独立性和力量的增长，会平稳和顺利得多。如果让中国共产党听凭自己的力量的话，它任何时候都不会在右的道路上走得如此之远。需要把共产国际、十月革命、布尔什维克党的全部权威都集中在斯大林—布哈林的手中，才能让年轻的革命党不可思议地偏移到孟什维克的道路上。真正的革命运动，即工农运动，实际上是在没有领导的情况下进行的，而在最关键的时刻，是违背领导进行的。在其阶级基础上是完全符合规律的运动，由于上面的强制而失去了正确的政治表达。没有积聚力量和巩固无产阶级先锋队的阵地，实际上出现的是摇摆、动摇和胜利后的"出乎意料"的失败，总之，就是洛佐夫斯基称之为"事件的电影切换"的东西。

8. 对叶挺和贺龙的运动的前景的问题，洛佐夫斯基把手一摊，再次以电影切换来回答。不能说中国的1905或1906年，1907或1917年，因为"在中

---

① 克雷比赫（Karel Kreibich，1883—1966）捷克共产党的创建人之一（1921年）。1902年参加革命运动。1923—1927年为捷克斯洛伐克共产党中央委员。1924年起为共产国际执行委员会监察委员会委员，1935—1938年为议员。——译注

国革命的涨潮和退潮之间的阶段都是非常短暂的"。但是，像我们过去和现在所看到的那样，灾难根本就不在于短暂的阶段中，而是在于短暂的记忆中。还没有来得及走过"一个阶段"，人们已经忘记了昨天的错误，这意味着记忆比阶段更短暂。

为了避免无意中陷入悲观主义和没有信心，洛佐夫斯基在文章的结尾部分竭力发誓。中国革命将会胜利，必将胜利，因为"世界上没有任何力量现在能够让旧关系万世长存，世界上没有任何力量能够阻止或推迟新的高涨……"，等等。这一次，乐观的空话要多少有多少。

但叶挺和贺龙起义的前景究竟如何？中国工农是否应该支持这个运动？如何支持？在什么口号下？洛佐夫斯基对此保持沉默。中国共产党在中国革命的新阶段中的任务是什么？政权问题是如何对中国共产党提出的？对此不见片言只字。

9. 诚然，联系到贺龙和叶挺向广州推进，洛佐夫斯基写道："如果产生不同于以前的另一种类型的国家机构，如果在广州产生工农政府，这当然是对武汉—南京的反革命的威胁。"但这些话与其说是说明问题，不如说是把问题搞得模糊不清。"另一种类型的国家机构"是什么？是不是苏维埃政权？为什么存心含糊不清？莫非苏维埃公式在中国是反对派的公式，被禁止使用？如果我们不给自己提出建立"新型国家机构"的任务，它将怎么产生？在这些观望的客观主义之下掩盖的是什么？除了误入歧途的人消灭罪证的"历史需求"外，什么也没有。如果"产生"的话，就把它收为义子，如果"没有产生"的话，就闭口不谈。但是，在这样的政策下，"产生"的只能是新的失败。

10. 在事件的电影切换中，洛佐夫斯基幸运地发现了两个牢固的支点：孙中山遗孀和"左派"国民党员谭延闿。他们的"声明"充满了洛佐夫斯基的新的朝气。他这样写道："孙中山遗孀和谭延闿的声明不仅指出了这两个著名的左派国民党员的个人感受（！），还有在雅各宾式的小资产阶级政党中对中国革命的需求（！！）。"

不知为什么在此避开了曾携女儿访问莫斯科，在我们的报纸上批评左右两派国民党的领导的陈友仁。他的"声明"显然也反映了中国资产阶级的某个部分企图再次领导中国工农，以便再次粉碎他们的"历史需求"。我们的报纸刊登陈友仁的启示时，未加只字的批评。而洛佐夫斯基在孙中山遗孀身上建立了整个的历史哲学。看见了吗，中国革命的"特点"——我们倒霉的理论家永远花不完的卢布——要求雅各宾式的小资产阶级政党。这是为什么？我们曾听列宁说过，把自己与工人运动联系在一起的雅各宾分子，是社会民主党人，在今天则是共产党员。这个转变是小资产阶级角色的历史性的衰落和无产阶级历史意义的巨大增长形成的。洛佐夫斯基可能听到过，我党中的雅各宾分子的角色，过去和现在都由布尔什维克来完成。莫非洛佐夫斯基不认为，关于雅各宾分子的话应该用于中国共产党，而不是可敬的孙中山遗孀和左派谭延闿吗？

11. 我党的第一个宣言①（1898年）宣称，越往东方，资产阶级就越卑鄙。中国是否推翻了这个原理？不，没有推翻。

中国资产阶级利用中国受压迫的情况，对工农进行更加巧妙、更加卑鄙的奴役。中国资产阶级剽窃了布尔什维主义的外在机制（中央委员会、中央监察委员会、政治局等），以便——同时——更加无耻地利用外国帝国主义的金钱、经验和武器来反对本国的工人和农民。事实表明，出于同一个原因，中国的克伦斯基政府的反动政策（汪精卫政府的反动政策）比我国的更加腐朽。

12. 但由此得出的结论是，中国共产党承担的历史任务，比我党负有使命解决的任务更加巨大。中国共产党应该明白它面临的布尔什维主义—雅各宾主义精神的任务。它应该明白，除了政权归工农苏维埃以外，中国的革命运动没有其他道路。领导这个政权转移，从而把政权掌握在自己手中的，只能是中国共产党。关于所有这些，洛佐夫斯基的文章只字未提。

我们听到他说，恢复国民党的统一，就是建立整个资产阶级反对工农运动的统一战线。这是正确的，无可争议的。现在，连瞎子都能看到这点。没有任何工农国民党。现在在中国，所有真正的革命运动预先就被宣布为布尔什维主义和共产主义。在这些条件下，洛佐夫斯基除了把孙中山遗孀变成雅各宾的鼻祖之外，体验不到任何其他的"历史要求"。在这点上，真是没有任何独特性。最害怕夺取政权的马尔丁诺夫（他对已经夺得的政权有兴趣）是地方自治运动②的三流角色，当初曾抓住民粹派老师的脚，以便把他们改造成社会民

---

① 指在明斯克召开的俄国社会民主工党成立大会上通过的宣言，它的作者是彼得·司徒卢威。——译注

② 俄国资产阶级化的地主和资产阶级知识分子在19世纪中叶至20世纪初开展的自由主义反对派运动。其宗旨是扩大地方自治权，将地方自治权扩大到高级国家机关。19世纪后半叶地方自治运动的活动方式是上书沙皇和向政府递交请愿书。20世纪初出现了一些地下政治组织，如"座谈会""立宪派地方自治局人士协会""解放社"等，曾召开过几次全俄地方自治机关代表大会。在1905—1907年革命过程中，由于出现了政党，地方自治运动遂告解体。——译注

主党可以追随的雅各宾党。马尔丁诺夫什么也没有搞成。洛佐夫斯基也将一事无成。

13. 洛佐夫斯基自己知道，没有任何革命的国民党。但他反驳说："这是否意味着我们应该反对形成（？）革命的国民党，在最近经验的基础上放弃对这个（？）新国民党的所有支持。决不。"立场的关键就在于此。洛佐夫斯基赞成，孙中山遗孀、左派谭延闿和好像在左派中的陈友仁在莫斯科和共产国际的良好祝愿和帮助下，"形成"革命的国民党。洛佐夫斯基许诺，不放弃支持"这个"革命的国民党。在这整个历史构架中，现实的只有一点，即洛佐夫斯基本人抓住资产阶级尾巴的不可遏止的"历史要求"。

在这条路上，洛佐夫斯基同志恐怕会艰难缓慢地走到无产阶级和农民的民主专政。

共产党将得到加入孙中山遗孀和其他著名活动家——他们正是因此而为洛佐夫斯基迫切需要——领导的新国民党的指示。将命令共产党别用过"左"吓着孙中山遗孀。这将做得相当模棱两可，以便布哈林能够在任何时刻否认自己的指令。

总之，为把中国共产党党员彻底搞糊涂，一切都将重演一次。

14. 在洛佐夫斯基进行的现场勘察之后，可以假定，斯大林将会提出无产阶级和农民的民主专政口号。众所周知，他并不倾向于反对派所固有的超越阶段。斯大林是现实主义者。而众所周知，现实主义就在于鼠目寸光。当蒋介石在我们的帮助下，把全部政权摄取到手中，并粉碎了工人时，斯大林才明白：蒋介石是反革命分子。而此前、在政变前的几个月甚至是五天前，谁若这么说，他就超越了阶段。在冯玉祥身上重蹈覆辙，在武汉再次重蹈覆辙。尤其是在汪精卫那里也重蹈覆辙。现在，斯大林在"无产阶级和农民的民主专政"的翻新的口号下，可能再次重演旧的经验，并严厉训令中国共产党不得超越孙中山遗孀的新台阶。所有这一切都将在作为革命问题的理论顾问洛佐夫斯基的促进下，在布尔什维主义的名义下进行。

15. 现在中国所需要的不是让人民群众养成对雅各宾国民党的愚蠢的希望，而是对以它的左右刽子手为代表的真正现实存在的国民党的强烈仇恨，对所有新的妥协派候选人——先是领袖的，后是刽子手的——坚决的不信任。需要对中国人民群众，首先是中国共产党党员说明，只有在中国无产阶级和贫农结成最紧密的联盟，在中国共产党的领导下，才有可能履行伟大的历史使命。

真正的中国雅各宾主义的共同基础就在于此，它的政治界限就在于此。

16. 在我们的革命中，左派社会革命党人仅仅是一段插曲。这段插曲之所以能够出现在世界上，并不是因为我们宣扬左派社会革命党人，而是因为与左派社会革命党人的无情的斗争。左派社会革命党人没有葬送革命，只是因为我党为巩固自己的阵地进行的不倦的斗争，没有把自己的组织和社会革命党的组织混淆在一起，并公开提出夺取政权和把政权掌握在自己手中的课题。

在中国是否可能出现类似于左派社会革命党人式的插曲性的组织？可能。但只有在政治力量对比在我们的革命中更加有力地转向中国共产党的一边的情况下，他们才不能葬送革命。

17. 现在整个任务都在于，中国共产党作为负有使命的领导者独立地站在实际发展的工农运动的基础上。它只有在用战斗夺取政权并解决任务的工农苏维埃的形式中才能做到这点。共产党当然要利用每一个盟友。但从今以后，政治协议的唯一实际的基础应该只能是工农兵苏维埃。

18. 今年7月，《真理报》以电影式的突然给中国提出了苏维埃的口号。它是在谁的倡议下提出的？它是否得到中央委员会和共产国际的批准？这个口号现在还剩下了什么？为什么现在对它保持沉默？它是否被取消了？取消它的是谁：中央委员会，共产国际？情况的"独特之处"在于，一切都是在幕后完成的，普通人什么都看不到，什么都不明白。

如果我们认为，苏维埃口号不合时宜，共产党就不应该为夺取政权而斗争，而是等待出现真正革命的国民党，那么，贺龙和叶挺的运动就是冒险，它将使工农付出沉重的代价。那时就应该马上后退。

如果——据我们所掌握的报纸上的消息所能做出的判断——以贺龙和叶挺的军队形式出现的革命在军事路线上最终挣脱了资产阶级的监护，走上了被压迫群众的独立运动的道路，走上了与资产阶级公然内战的道路，如果我们认为这是革命的新阶段，并把它的进一步发展与此联系起来（我们的立场就是这样），则应该全线调整政治阵线。应该正确地提出革命政权的问题。应该正确地提出革命军队的问题。应该把工人罢工运动与建立苏维埃联系起来。应该在实践中教这些苏维埃领导群众运动。应该建设农民苏维埃，把它作为镇压地主、反动官员、高利贷者的机构。应该让共产党意识到自己是整个运动的领导者。应该明白党的自我意识、它的责任感、它对宏大的历史规模的行动的准备和能力。只有这条路才能保证胜利。

* * *

中国事件还在发展,新的危险正在迫近,我党和共产国际甚至失去了讨论它们的可能。禁止讨论的官方理由是,这可能会恶化苏联的国际处境。真是令人愤怒的谎言!事实上,对中国革命问题的争论一直在不断地进行,但这个争论是单方面的。世界资产阶级能从两方面争论中知道的东西,即使没有这种争论它也能知道。彻头彻尾虚假的、虚伪的禁止的理由,同时也是彻头彻尾庸人的和投降的理由。你们看见了吗,不能讨论中国革命的基本问题,是因为世界资产阶级会被激怒。但须知它对讨论革命问题,首先是对共产国际的存在根本就不满意。我们能在这个问题上对资产阶级让步吗?苏联的利益似乎要求为它牺牲中国革命的利益,我们能够接受这种观点吗?须知这意味着在苏联利益和共产国际利益之间制造矛盾。若没有自由、全面地讨论中国革命的问题,后者当前的发展是不可思议的。

就事情的实质来说,禁止争论的目的就是不让揭露领导的错误。但斯大林抓住的理由,比这个真正的理由更糟糕(如果可能的话)。一国社会主义理论在此提供了自己的果实。人们商量好,认为可以以工人国家的利益为借口,作为禁止讨论中国革命的命运的理由,好像我国的命运与中国革命的命运不是紧密地联系在一起似的,好像中国革命在不对错误方针进行讨论和谴责的情况下就能走向胜利似的。

斯大林的方针越是固执地捍卫自己,它的不可避免的失败就越具灾难性。

列·托洛茨基
1927年9月20日

在共产国际执行委员会主席团会议上的讲话*

你们指责我破坏纪律。我不怀疑，你们已经做出了判决。现在，没有一个组织对此进行讨论和决定，只是执行而已。甚至连共产国际主席团也不例外。

你们把什么称为派别工作？所有苏联共产党书记处不允许的东西，而这个书记处践踏党章，撼动了党纪的最基础的东西，禁止每个党员履行不可剥夺的权利和最起码的义务。

中国革命

这是摆在你们面前的一个鲜活的例子。今天的报纸报道，革命军队占领了汕头。贺龙、叶挺的军队进军已经有几个星期了。《真理报》称这支军队为革命军队。至少在这一次，比这样称蒋介石、冯玉祥或唐生智的军队，更加接近实际。

但我问你们：占领了汕头的革命军队运动为中国革命开辟了什么前景？运动的口号是什么？它的纲领是什么？它的组织形式应该是什么样的？《真理报》在7月仅突然提了一天的中国苏维埃口号又藏到什么地方去了？关于这点，我们没有在报刊上看到一个词，如果不算洛佐夫斯基同志的根本错误的文章的话。

联共（布）的刊物为什么沉默？共产国际为什么沉默？须知根据布哈林的报告在最近一次执行委员会通过的决议至今仍然有效。这是一份彻头彻尾错误的决议。它帮助武汉政府完成了蒋介石未竟之事。

导致中国革命遭受两次最沉重的失败的斯大林—布哈林的机会主义提纲和

---

* 译自 Архив Троцкого, т. 1, cc. 316－327。

这里译的只是托洛茨基讲话中有关中国革命的部分。——编注决议，堂而皇之地刊登在报刊上。马克思主义的批评和马克思主义地提出问题却被禁止。谁若散发我们的提纲，就会受到破坏纪律的指责，被开除出党。而我们呼吁：每个正直的党员都必须要求刊登有关中国问题的所有文件，必须竭尽全力、用所有方式来散发我们对斯大林—布哈林的机会主义路线的批评。中国革命的命运问题，要远远高于伪装为无产阶级革命纪律的中央书记处的官僚命令和禁令。

我说过，共产国际机关报对中国革命的第三阶段保持沉默，这个阶段可能会成为革命高涨的起点，但在错误的政策下，也可能为它准备最沉重的、最具毁灭性的失败，让它在几年之内不能恢复元气。

在所有刊物的一片寂静和共产国际的沉默中，符合斯大林—布哈林的整个中国政策精神的新的机会主义谋略正在悄悄地筹备中。在莫斯科，围绕着孙中山遗孀和蒋介石的战友陈友仁形成了最新的国民党。第一个台阶是蒋介石，第二个台阶是汪精卫，第三个台阶是陈友仁之流的人。前两个台阶以工农被粉碎和被枪毙而告终。第三个台阶也将导致同样的结果。不去保证中国共产党的充分独立，提高它的自我意识，扩展它的视野，为它提出能把中国无产阶级和数百万穷人联合起来的苏维埃专政的任务，斯大林—布哈林为中国共产党准备新的督察，它的小资产阶级妥协派的新监督，即束缚无产阶级先锋队手脚的新镣铐，我们告诉你们：这将以第三次灾难而告终。莫非你们认为，我们会从此不再作声？

从1925年起，我们就为中国共产党的独立性和让它摆脱蒋介石的纪律而斗争。这个布尔什维主义的活生生的和基本的口号被称为托洛茨基主义。共产国际在中国的代理人把真正的无产阶级革命家称为托派分子，后者捍卫布尔什维主义政策的基本前提：无产阶级政党的独立。他们反对这些人，而支持把马尔丁诺夫政策翻译成中文的陈独秀。反对派有何过错？只是它过于在乎斯大林书记处的对革命的致命的禁令，没有立即坚决、果敢地公然对整个共产国际提出中国共产党充分独立的口号。

今年5月，在执行委员会全会上，我们用简短的建议来反对布哈林的彻头彻尾机会主义的决议。它说："如果全会否决布哈林的决议，并用几行字的决议来代替它，它就做对了。这几行文字是：农民和工人不相信左派国民党领袖，建立自己的苏维埃，与士兵联合起来。苏维埃应该武装工人和进步农民。保证共产党充分独立，创办日报，领导创建苏维埃，立即剥夺地主的土地，立即铲除反动资产阶级，就地镇压背叛的将领和所有反革命分子。总方针应该是通过工农代表苏维埃建立民主专政。"

这几行文字，是暂时被为机会主义政策服务的官僚机关窒息的布尔什维主义的声音。你们以为，我们不会让中国和全世界无产阶级了解这几行文字吗？谁这样想，他就不是革命者。

迄今为止，最近一次共产国际执行委员会的决议还没有撤销。斯大林的立场还没有受到谴责，他先号召相信蒋介石，后来又称武汉政府是土地革命的领导中心。

特雷恩同志说，在整个共产国际组织的沉默下，斯大林—布哈林的政策把国际无产阶级先锋队引入迷途，难道他说得不对吗？难道《人道报》没有给蒋介石致贺电，把这个刽子手称为上海公社的英雄？难道混淆无产阶级公社和加利费①将军之间的分水岭的政策，不是犯罪的政策，它不仅应该受到谴责，还应该钉上历史的耻辱柱吗？

此外，国民党至今仍留在共产国际内。它是蒋介石的国民党，还是汪精卫的国民党？但现在它们联合起来了。也就是说，进入共产国际的是蒋介石和汪精卫的联合国民党。你们匆匆忙忙地把我们和武约维奇开除。但你们却忘了开除你们的战友蒋介石和汪精卫。

也许你们同意把这个问题提上今天的日程。

为共产党的独立性而进行的斗争，无产阶级为争取农民反对资产阶级而进行的斗争，为工农兵代表苏维埃而进行的斗争，被机会主义分子称为托洛茨基主义。为什么？为了更有把握地进行反对列宁主义的斗争。破产者在无话可说时，他们就用托洛茨基主义这个词来掩盖自己。共产国际对正在我们眼前展开的中国革命的最新阶段的问题上保持沉默，就是闻所未闻的惊慌失措的表现。应该明确地指出目的和道路。沉默是不允许的。我们不会沉默，因为我们是革命者，而不是官员。

1927年9月27—28日

---

① 加利费（Gaston Alexandre-Auguste Galliffet，1830—1919）法国将军，凡尔赛指挥官之一。以残酷镇压巴黎公社而闻名。1899—1900年出任国防部长。——译注

附录1 中国问题提纲*

1. 我们丝毫没有改变中国共产党不能加入国民党的观点。这一隶属性束缚了无产阶级政党的独立性。共产党不仅在军阀统治地区是非法的,在广州政府辖区内也是非法的。在数百万之众的工会运动、数千万人卷入革命运动的情况下,它没有自己的机关报。只有在极少数的情况下,共产党员才在自己的旗帜下行动。整个运动都是在国民党的旗帜下。这一情况导致在国民党上层向右转时,脱离国民党的群众就失去了组织轴心。在这种情况下,我们的全部策略路线应该建立在力求从共产党加入国民党转到独立的共产党与国民党的联盟上。

2. 如果在相对平静时期,这个转变可以简单地通过党的决定来完成,现在,这样简单地摆脱困境的出路就不可能了。数百万群众加入运动,在国民党的旗帜下罢工,在国民党的旗帜下战斗,在国民党的旗帜下进行民族解放战争。国民党的全部行动,更确切地说,是它的右翼和部分军人的全部行动,都是反对群众利益,保卫地主和资本家的利益的,正如国民党中央委员会的路易·布朗政策一样,但这还没有在群众中形成反对国民党的运动,还没有让无产阶级和最贫苦农民理解自己的阶级政党的必要性。对广大工人群众来说,共产党目前还只是一个不独立的附属组织,对农民来说,就更是如此。这使得当前绝对不能公然提出退出国民党的口号,而是为共产党走出地下做准备,即共产党员公然出现在公众集会上,在所有可能的地方出版共产党的报纸,公然批评国民党政府和各部门的每一个反对工农和民族革命利益的措施。

3. 这个批评应该在一系列的实际口号中尖锐化,这些口号是:①消灭地

---

* 译自 *Коммунистическая оппозиция СССР*, т.2, сс. 192–193。
　收入本书的1927年3月4日托洛茨基致拉狄克的信就是针对这份提纲的。——译注

租；②打倒强制仲裁，充分自由的阶级斗争，8小时工作制；③对大资产阶级课税，兴建银行，扶持手工业者小手艺人的组合。

我们的批评和政治口号的全部任务都应该建立在力求对工农群众和城市贫民证明广东政府的阶级性，它甚至不敢哪怕是从资产阶级政策转到小资产阶级政策上。

4. 中国现在经历的是从三个阶级——资产阶级、农民和无产阶级——的联盟转到无产阶级和农民的联盟。这个转变在席卷全中国的宏伟的阶级斗争中完成。它要求在致力于完成创建能够领导运动的独立的无产阶级政党的任务时，极大地关注从现在的加入国民党转到与它联盟的方式上，以免我们在这方面的错误会哪怕是暂时地帮助小资产阶级与大资产阶级的联合。否则中国革命会因失败而推迟若干年。

卡尔·拉狄克
1927年3月3日

附录2 中国革命提纲
——致苏联共产党中央委员会政治局[①]

由于中国革命问题的极端重要性和复杂性,我必须将我的观点形成文字。由于斯大林和布哈林同志在讨论中国问题的莫斯科积极分子会议上将我实际上不同意的观点强加给我,我认为这样做就更有必要。我请求将我的提纲散发给出席全会的全体成员,因为我想请他们否决中央委员会提交的关于在占领上海和其他当前事件后的中国形势的决议。

格·季诺维也夫
1927年4月15日
于莫斯科

* * *

目前在中国发生的事件十分重要,正如1923年10月在德国发生的事件一样。如果那时我党的全部注意力都转向德国,现在也必须这样对待中国,由于国际形势变得更加复杂,对我们来说更加不利,就更应该这样。

作为1923年德国事件的结果,我党的中央委员会召开了地方党组织的特别代表会议(与全会联席),通过了动员全党的特别提纲,通过国际在共产国际执行委员会的代表召开了国际代表特别会议等。

---

① 译自 Leon Trotsky, *Problems of the Chinese Revolution*, New Park Publication Ltd., pp. 255–303.

现在也必须这么做。

一、列宁主义原则和民族解放运动

中国革命具有世界历史的意义。为理解和正确地评价中国事件,必须彻底搞清楚列宁主义对整个殖民地和半殖民地国家中的民族解放运动的立场。

列宁写道:

> 社会革命只能是指一个时代,期间既有先进国家的无产阶级同资产阶级的国内战争,又有不发达的、落后的和被压迫的民族所掀起的一系列民主的革命运动,其中包括民族解放运动。
>
> 为什么呢?因为资本主义发展的不平衡。而客观现实使我们看到,除了高度发达的资本主义民族,还有许多在经济上不那么发达和完全不发达的民族。①

因而,据列宁的观点,被压迫国家的民族解放运动是世界社会主义革命的组成部分,虽然列宁把它界定为民主革命,后者就其直接目的来说,是一场资产阶级运动。被压迫人民的民族解放运动是国际社会主义革命的因素。不过,这不意味着任何民族运动、在任何时刻、在任何条件下都是革命因素。这只意味着整个民族解放运动归根到底是这种因素。

民族解放运动可以通过各种不同的阶段。当芬兰人民(资产阶级包括在内)进行他们的反对沙皇专制的斗争时(那时这是反对俄国帝国主义的斗争),它是民族解放斗争。一度由斯温胡武德②(他本人曾被沙皇专制制度流放)领导的芬兰资产阶级进行了反对克伦斯基帝国主义政府的斗争。客观上,这削弱了俄国资产阶级的政权,它为准备俄国无产阶级在1917年10月的胜利服务。十月革命的第二天,刚刚从苏维埃得到独立保障的斯温胡武德们,为"他们的"准备十月革命的工人所做的,只是给他们曼纳海姆③这个屠夫,他

---

① 《列宁全集》第二版第28卷,人民出版社1990年版,第153页。
② 斯温胡武德(Pehr Evind Svinhuvud,1861—1944)芬兰第一任总理(1917年11月—1918年5月)。芬兰1918年革命期间任瓦萨反革命政府首脑。1918年5—12月代理国家元首。1918—1919年白色恐怖的策划人之一。1930—1931年任总理,1931—1937年任总统。——译注
③ 曼纳海姆(Carl Gustaf Emil Mannerheim,1867—1951)芬兰国务活动家、元帅。1939—1944年任芬兰军队总司令,1944—1946年任芬兰总统。——译注

附录 2　中国革命提纲

把芬兰无产阶级革命淹没在血泊中。芬兰资产阶级今天仍在某种程度上进行争取民族独立的斗争。不能说芬兰是帝国主义国家，只能说它是帝国主义的"工具"。尽管如此，那时仍不能说芬兰民族运动的革命意义。芬兰的民族解放运动发展为资产阶级的反动，这是因为从全面考虑来说，无产阶级没有足够的力量把运动提到更高的层面上，即在芬兰建立胜利的无产阶级的国家。

另一个例子是波兰的民族解放运动。俄国精神的最杰出的代表赫尔岑①、车尔尼雪夫斯基②同情波兰起义。在第一国际时期，马克思和恩格斯正确地认为波兰民族解放运动应该得到国际无产阶级的支持。在俄国大地主压迫下的波兰人民产生了对沙皇专制制度的仇恨，是有革命意义的，虽然以毕苏斯基为首的波兰资产阶级在帝国主义战争开始后，把民族运动变成德国帝国主义的玩具，后来又变成法英帝国主义的工具。

土耳其为我们提供了更加有趣的例子。在基马尔·帕沙的领导下，土耳其的民族运动长期以来具有无可置疑的革命性，完全应该称为民族革命运动。它直接反对国内旧的封建制度、反对苏丹，也反对帝国主义，首先是英国帝国主义。这个运动使大量的农民群众，在某种程度上还有工人阶级卷入其中。那时的基马尔的党在某种程度上类似于今天的国民党。（但是，一刻也不能忘记，

---

①　赫尔岑（Александр Иванович Герцен，1812—1870）俄国革命家、作家、哲学家。大地主 И. А. 雅科夫列夫的私生子。在十二月党人的影响下，与 Н. П. 奥迦辽夫一起走上革命道路。1833 年莫斯科大学毕业，在那里曾领导革命小组。1834 年被捕，被流放 6 年。1836 年起用笔名伊斯康捷尔发表文章。1842 年回到莫斯科，成为西欧派左翼领袖。其著作有《科学中的一知半解》（1842—1843 年）、《自然研究通信》（1844—1845 年）等。在长篇小说《谁之罪》（1841—1846 年）、《克鲁波夫医生》（1847 年）和《乌鸦》（1848 年）中，对农奴制进行尖锐的批判。1847 年移居国外。1848 年欧洲革命失败后，对西方革命的可能性感到悲观失望，提出"俄国社会主义"理论，成为民粹派的创始人之一。1853 年在伦敦建立自由俄国印刷所。在《钟声》报上揭露俄国专制制度，从事革命宣传，要求解放农民和土地改革。在准备 1861 年农民改革期间，产生动摇，并与车尔尼雪夫斯基和杜勃罗留波夫展开争论。1861 年又坚决站到革命民主派一边，协助建立"土地和自由社"、支持波兰 1863—1864 年起义。晚年，赫尔岑关心第一国际的活动和工人阶级的斗争事业。1870 年逝世于巴黎。所著的自传体作品《往事与随想》（1852—1868 年）是俄国古典文学的杰作之一。——译注

②　车尔尼雪夫斯基（Николай Гаврилович Чернышевский，1828—1889）俄国革命民主主义者、学者、作家、文学批评家。1856—1862 年为《现代人》杂志领导人之一，发展了别林斯基的传统，始终不渝地捍卫现实主义。19 世纪 60 年代俄国革命运动领袖，"土地和自由社"的思想鼓舞者。《致地主农民书》的作者。1862 年被捕，并监禁在彼得保罗要塞，1864 年被流放到西伯利亚服苦役；1883 年获释。他研究过哲学、社会学、美学、教育学问题。坚持人本主义唯物论的立场。对资本主义进行深刻的批判，认为社会主义是由人类全部发展所决定的。所著长篇小说《怎么办》（1863 年）和《序幕》（约 1867—1869 年）阐述了社会主义的理想，塑造了革命者的形象，对教育俄国革命后代起到了巨大作用。——译注

土耳其工人阶级当然比中国工人阶级要弱得多。)基马尔的党有其"人民委员会",它强调它与苏维埃俄国的团结一致,等等。1920年11月29日,在基马尔致契切林①的一封电报中,他是这么说的:"我深信,一方面是西方的劳苦大众,另一方面是亚洲和非洲被压迫人民,总有一天会明白,国际资本利用他们进行彼此毁灭和奴役,只是为了他们的主人。世界劳苦大众从内心意识到殖民政策的罪恶的那一天,就是资产阶级政权末日的来临之时!"这并没有妨碍基马尔本人在稍晚些时候割断共产党领袖的喉咙,让劳工运动陷于非法,把土地改革降到最低点,走资产阶级和富裕农民的道路的国内政策。这一切之所以发生,是由于土耳其无产阶级过于软弱,不能建立独立的阶级政权,并帮助农民,在无产阶级的领导权下建立不依赖资产阶级自由派、资产阶级官员的土耳其革命的领导中心,等等。现在,基马尔主义不再是民族革命运动,不再是世界社会主义运动的一个分支。土耳其的国家统一取得进展,但是"以基马尔的方式",即以资产阶级的方式,正如德国的民族统一当初是"以俾斯麦的方式"完成的一样。土耳其的民族运动没有直接成长为与国际无产阶级运动联系在一起的革命运动。

在波斯,有产阶级在开始时也曾为民族解放运动的口号提供过口头服务,但后来它转入自己的反面,成为礼萨·萨赫·巴列维②军人法西斯专制制度,它在很大程度上是英国的真正的工具。在"民族统一"和"进步"("集中化"、"现代化")的口号下,掩盖的是真正在农村维持的农奴制,劳苦大众的政治不满的最轻微的表达都会遭到镇压。

还可以从印度、埃及等的民族运动史中找到许多这样的例子,尤其是在帝国主义战争时期和紧随其后的几年中。

革命史表明,每一场不能变成社会主义革命的资产阶级革命,都不可避免地走上资产阶级反动的道路。它或是前进或是后退,但它不能保持原地不动,或是沿着上升路线或是下降路线。这个规律像一条红线一样贯穿所有的大革

---

① 契切林(Георгий Васильевич Чичерин,1872—1936)苏联党和国务的活动家。俄国社会民主工党党员(1905年起)、孟什维克、苏共党员(1918年起)。他的外交官生涯从沙俄外交部开始。在1905年革命中支持社会革命党,被迫流亡国外。1917年为政治侨民返回俄国的组织者之一。1918年1月返回俄国,1918年继托洛茨基任外交人民委员,直至1930年。他签订了《布列斯特和约》,率领苏联代表团出席热那亚会议(1922年)、洛桑会议(1922—1923年)。1925—1930年为党中央委员,历任全俄中央执行委员会委员、苏联中央执行委员会委员。——译者

② 礼萨·萨赫·巴列维(Reza Shah Pahlavij,1878—1944)伊朗国王(1925—1941年),巴列维王朝的创建人。1941年8月退位。——译注

命，从法国大革命开始，经过 1848 年革命、1905 年俄国革命，直到 1918 年德国革命。

当列宁为 1905 年第一场俄国革命提出"无产阶级和农民专政"的口号，并为资产阶级革命的迅速胜利只能由无产阶级和农民的革命专政来实现的观点辩护时，他同时写道，"这个专政必然是暂时的现象（要么过渡到资产阶级专政，导致无产阶级的失败，要么过渡到社会主义专政）"。①

同一规律对民族解放运动也基本适用。只要民族解放运动和民族统一是在资产阶级领导下前进，在民族解放运动的范围内，哪怕它具有极大的规模，它也会在一定时期走资产阶级反动的道路。近十年来的整个民族解放运动对帝国主义的基础造成了不小的震动，尽管如此，过去几年的这些民族运动的具体过程和结论，必须让国际无产阶级先锋队清醒地意识到这个事实，即只要民族运动处在资产阶级的领导下，它们不会永远具有同一种性质，它们一定会在某个时期扮演反无产阶级的角色，它们将会变成帝国主义的工具。

二、资产阶级民主和民族革命运动

每一场民族革命运动都是资产阶级运动，但不是每一场资产阶级民主运动都是民族革命运动，正如每一场农民革命都是资产阶级革命，但不是每一场资产阶级革命都是农民革命一样。列宁区分了落后国家的"资产阶级民主"运动和在这些国家中的"民族解放运动"。在列宁在共产国际第二次代表大会上的报告中，他在讨论民族和殖民地问题时说：

> 第三，我想特别强调一下落后国家的资产阶级民主运动问题。正是这个问题引起了某些意见分歧。我们争论的问题是：共产国际和各国共产党应该支持落后国家的资产阶级民主运动，这样说在原则上和理论上是否正确。讨论的结果我们一致同意不提"资产阶级民主"运动，而改提民族革命运动。毫无疑问，任何民族运动都只能是资产阶级民主性质的，因为落后国家的主要居民群众是农民，而农民是资本主义关系的体现者。认为无产阶级政党（如果一般地说能够在这类国家里产生的话）不同农民运动发生一点关系，不在实际上支持农民运动，就能在这些落后国家里实行

---

① 《列宁全集》第二版第 10 卷，人民出版社 1987 年版，第 347 页。

共产主义的策略和共产主义的政策,这就是空想。但是当时有人反对说,我们提资产阶级民主运动,那就抹杀了改良主义运动和革命运动之间的一切区别。实际上,在落后国家和殖民地国家里,这种区别已经表现得十分明显,因为帝国主义资产阶级也极力在被压迫民族中培植改良主义运动。剥削国家和殖民地国家的资产阶级已经有相当密切的关系,所以被压迫国家的资产阶级往往是,甚至可以说在大多数场合下都是一方面支持民族运动,另一方面又按照帝国主义资产阶级的意志行事,也就是同他们一起来反对一切革命运动和革命阶级。在委员会中已经无可辩驳地证明了这点,所以我们认为,唯有注意到这种区别,把"资产阶级民主"这样的提法一般都改为"民族革命"才是正确的。我们这样修改的意思是说,只有在殖民地国家的资产阶级解放运动真正具有革命性质,即它的代表不妨碍我们用革命的精神教育和组织农民和受压迫的广大群众时,作为共产党员,我们才支持它。如果没有这些条件,共产党人在这些国家里就应该反对第二国际的英雄们这样的改良派资产阶级。殖民地国家中早就存在着改良主义的政党,这些党的代表有时也自命为社会民主党人或社会党人。①

在列宁的提纲中,我们已经有了解决中国革命的所有策略问题的钥匙。哪怕是为了无产阶级的利益而利用资产阶级和小资产阶级的机会主义运动时,作为共产党人,我们也不支持每一个民族运动,而只支持那些它的代表不妨碍我们教育和组织农民和广大受压迫群众的运动。受压迫国家的资产阶级学会一方面"支持"民族运动,另一方面与帝国主义资产阶级进行反对革命阶级的所有革命运动。

如果我们把这点运用于今天的中国,我们必须说:国民党已经成为执政党,并仍保持这个地位,右派国民党也一方面"支持"民族运动,另一方面与帝国主义分子(美国、日本和英国)联盟,反对革命阶级(无产阶级和农民)。

当我们着手解决中国革命的课题时,必须把在共产国际第二次代表大会上通过的列宁的这些基本指示牢牢地铭刻在头脑中。

---

① 《列宁全集》第二版第39卷,人民出版社1984年版,第230—231页。

三、中国革命的整个前景

近二十年来，资本主义在中国的发展取得了重大进展。如果相信中国的资本主义资产阶级在中国工业中只占很小的一部分，那就错了。煤炭工业中的60%、钢铁工业中的20%、纺织工业中的67%、火柴业的70%、制糖业的25%、铁路的58%、水运的26%属于中国资本家。27家中国银行有2.5亿大洋的资本。除此之外，中国本国资产阶级有比这更大的商业资本。我们回忆下面的事实作为比较，19世纪末，俄国工业也主要靠外国资本为生，总资本中只有21%属于俄国（M. H. 波克罗夫斯基①的数字）。截止到1917年，外国在俄国工、商、银行业中的投资总额约计为2万亿或1.5万亿卢布。外国在中国的投资显然要大得多。

恩格斯于1895年写道："资本主义征服中国的同时也就会对欧洲和美洲资本主义的崩溃起推动作用。"②

更早些时候，马克思写道："欧洲各国人民下一次的起义……在更大程度上恐怕要取决于天朝（即中国）帝国（欧洲的直接对立国）目前所发生的事件。"

"所以可以大胆地预言，中国革命将把火星抛到现代工业体系即将爆炸的地雷上，使酝酿已久的普遍危机爆发，这个普遍危机一旦扩展到国外，直接随之而来的将是欧洲大陆的政治革命。"③

马克思认为，"在资产阶级机体中，猛烈的震荡在四肢自然要比在心脏发生得早一些，因此心脏得到补救的可能性要大些。"④ 在这个意义上，他赋予中国革命和俄国革命以伟大的世界历史意义。

现在，无产阶级专政在俄国取得胜利，而在中国，如果能够为中国无产阶级和国际工人阶级先锋队提供供他们推行的正确策略的话，无产阶级领导下的革命民主专政才可能获胜，并成长为社会主义专政。那时，欧洲大陆上的社会

---

① 波克罗夫斯基（Микаил Николаевич Покровский，1868—1932）苏联历史学家、党和国务活动家、苏联科学院院士（1929年）。苏共党员（1905年起），1907年当选俄国社会民主工党候补中央委员。历任副教育人民委员（1918年）、共产主义学院和红色教授学院领导人。著有《远古以来的俄国历史》（共五卷，1901—1913年）、《俄国历史概要》（上下册，1920年）以及对外政策史、革命运动史、编纂学方面的著作。——译注

② 《马克思恩格斯全集》第39卷，人民出版社1974年版，第297页。
③ 《马克思恩格斯全集》第9卷，人民出版社1961年版，第114页。
④ 《马克思恩格斯全集》第7卷，人民出版社1959年版，第114页。

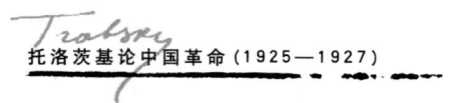

主义革命将会向前迈进一大步。

今天在中国我们几乎有500万领工资的工人,其中包括在矿山、铁路、纺织厂、大型炼铁厂等中工作的300万产业工人。

还有大量的手工业者和小职员与工人联合起来,在当前条件下,他们可以追随工人阶级。

贫农构成农民人口的63%,他们的人均土地不超过两亩,受大地主和富农的剥削和奴役。这63%的贫农具有的耕地只占所有耕地的1/4。5%的富农和大地主占有耕地总数的30%,10%的人占有20%的地产;中农占农民总数的20%,26%的土地在他们的手中。

贫农和中农受到税收、高地租和当局专制等的重重压迫。数亿农民可以成为无产阶级的同盟。

如果再加上中国的民族资产阶级还相对软弱,买办阶级受到人民的憎恨;农村的高利贷者、士绅和富农不断激起农民骚动的爆发(由于前者的镇压措施);数量众多的技术小资产阶级、数千万城市贫民和小商贩为一方,知识分子的重要部分大学生为另一方,他们中的绝大多数都对当前局势感到不满;如果我们再进一步回忆起中国无产阶级在上海、香港、天津、汉口等关键地方所表现出的强大力量,无产阶级在中国资产阶级民主革命发展中的领导权,是十分可能的。

中国革命或是在工人阶级的领导下取得胜利,或是根本就不能胜利。否则,资产阶级将把整个事情掌握在它的手中,以这种或那种方式与外国帝国主义达成妥协(与这个或那个国家集团,或是与某一个国家),然后在一定时期内把中国引上资产阶级道路,像基马尔·帕沙一样残酷地把工人阶级先锋队消灭。

中国非资本主义(即社会主义)发展的前景没有排除,并有许多对它有利的条件,如果有正确的政策的话,帝国主义在这几年中没有发展中国的生产力,在今后的几年中它也不打算这么做:

1. 因为它国内的生产机构没有充分利用;
2. 因为帝国主义害怕当地无产阶级的增长;
3. 因为中国的整个形势对帝国主义来说没有充分"保障",不够"安全"。

在我们生活的世界革命时代中,中国生产力的发展,可以走非资本主义道路。由于存在着苏联,它占全球陆地总面积的1/6,已经对中国革命有着巨大的影响；由于苏联的无产阶级革命已经存在了 10 年之久；由于共产国际的存在，它把世界无产阶级先锋队团结在它的行列中；由于民族解放运动在全球不断增长；由于严重的冲突继续分裂着帝国主义者的阵营，由于在中国存在着强壮、年轻、迅速革命化的工人阶级，它有数百万之众，所以中国的非资本主义发展道路是可能的。

列宁在第二次代表大会上说：

> 问题是这样提出的：目前正在争取解放，而战后已经有了进步运动的落后民族的国民经济必然要经过资本主义发展阶段的说法究竟对不对，我们对这个问题的回答是否定的。如果胜利了的革命无产阶级对落后民族进行系统的宣传，而各苏维埃政府以其拥有的一切手段去帮助它，那么说落后民族无法避免资本主义发展阶段就不对了。①

非资本主义发展道路对中国来说是可能的，如果：

1）工人阶级真正成为为自己的独立而战斗的阶级力量，如果它建立强大的、能够领导农民群众追随自己的共产党，如果它不允许大小资产阶级把工人阶级并入一个小资产阶级的、"能够包含整个民族"的联盟，简言之，如果它明白如何成为整个中国革命运动的真正领袖和指导者的话，如果它能把统一中国的领导权掌握在自己的手中；

2）苏联竭尽全力地支持中国工人阶级；

3）在先进资本主义国家（英国、法国、日本、美国）中的无产阶级革命日臻成熟，如果这些国家的无产阶级明白如何防止本国资产阶级用军事力量扼杀中国革命；

4. 中国革命在如印度、印度支那那样的其他受压迫国家中得到有力的反响。

争取中国的非资本主义（社会主义）发展道路的成功的斗争是可能的，只有在我们首先有力地、一劳永逸地把孟什维克的主要公式——工人阶级必须让它在革命中的政策服从这种考虑，即不让自由派资产阶级退出革命，因为这将削弱革命的动力——扔到一边。

---

① 《列宁全集》第二版第 39 卷，人民出版社 1984 年版，第 233 页。

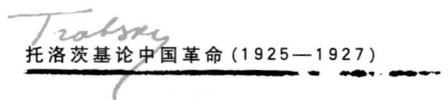

列宁在1907年写道:

> 我们这里的人总是从我们革命的内容是资产阶级的这个事实得出肤浅的结论,认为资产阶级是革命的动力,而无产阶级在这场革命中则负担次要的附属的任务。认为无产阶级不能领导这个革命。①

中国革命在其现阶段,仍是资产阶级民主革命,这是无可怀疑的,赋予它尽可能大的规模,帮助它把反对帝国主义分子的斗争进行到底,实现中国真正的统一,把它引到资产阶级民族民主革命长入社会主义革命的阶段,只有在工人阶级成功地、彻底地把运动的领导权从资产阶级的手中夺过来,在土地革命的口号下,引领整个小资产阶级追随自己,所有这一切才有可能。

换言之,只有在中国民族解放运动阵营中进行彻底的阶级分化,所有一切才有可能,分化已经开始,从今以后每一天都会深化。担心这个分化,坚持与民族资产阶级的统一战线,力求"别吓着"这个资产阶级领袖,把中国革命中的统一战线的策略解释为无产阶级与资产阶级的联盟,国民党政府是"四个阶级联盟"的政府(马尔丁诺夫,《真理报》1927年4月10日),就是消灭群众的革命精神,强把它塞进资产阶级孟什维克口号的普罗克拉斯忒斯的床②,换言之,即抛弃中国的非资本主义的社会主义发展前景。

当列宁在共产国际第二次代表大会上勾勒出落后国家的非资本主义发展道路时,他立即将东方的苏维埃口号与这种前景联系起来,同时宣扬不惜一切代价在这些国家中建立独立的共产主义组织。列宁说:

> 在一切殖民地和落后国家,我们不仅组成能够独立进行斗争的基干队伍,即党的组织,不仅应该立即宣传组织农民苏维埃并使这种苏维埃适应资本主义前的条件,而且共产国际还应该指出,还应该必须从理论上说明,在先进国家无产阶级的帮助下,落后国家可以不经过资本主义发展阶段而过渡到苏维埃制度,然后经过一定的发展阶段过渡到共产主义。③

---

① 《列宁全集》第二版第14卷,人民出版社1988年版,第375页。
② 普罗克拉斯忒斯的床,源于希腊神话,普罗克拉斯忒斯是阿蒂卡巨人,羁留旅客,缚之于床,比床短的人则强行拉长,比床长的人则截其下肢。比喻强求一致的制度。——译注
③ 《列宁全集》第二版第39卷,人民出版社1984年版,第233页。

接下来是：

> 苏维埃组织这一思想很简单，不仅可以应用于无产阶级的关系，而且可以应用于农民的封建和半封建的关系。我们在这方面的经验暂时还不很丰富。但是委员会里有几个殖民地国家的代表参加的讨论，无可辩驳地证明了共产国际的提纲必须指出，农民苏维埃、被剥削者苏维埃这种手段不仅适用于资本主义国家，也适用于还保留资本主义前的关系的国家；无论在落后国家或者在殖民地，普遍宣传建立农民苏维埃、劳动者苏维埃这一思想，是各国共产党和准备建立共产党的人的责无旁贷的义务：只要是条件允许的地方，都应该立即进行建立劳动人民苏维埃的尝试。①

在列宁的这个报告后，在共产国际第二次代表大会上通过的关于民族和殖民地问题的提纲中，是一字不差地这么说的：

> 必须特别援助落后国家中反对地主、反对大地主占有制、反对各种封建主义残余的农民运动，竭力使农民运动具有最大的革命性，使西欧共产主义无产阶级与东方各殖民地一切落后国家的农民革命运动结成尽可能紧密的联盟。②

如果我们把列宁在共产国际第二次代表大会上的极其重要的指示牢牢地记在头脑中，如果我们考虑到在中国工人群众中兴起的波澜壮阔的运动，它导致占领上海，把这个两千万人口的地区统一在国民政府的政权之下，对中国提出苏维埃口号，就是刻不容缓的必要了。

中国革命已经到了这种地步，苏维埃口号变成了主要口号。

不管是谁说中国的非资本主义的发展，现在（在夺取上海之后）却拒绝苏维埃口号，那他就没有严肃地对待他关于中国的非资本主义发展的说法。

四、落后国家无产阶级运动的阶级独立性

无产阶级运动的阶级独立性的思想，首先是在落后国家、殖民地和半殖民

---

① 《列宁全集》第二版第39卷，人民出版社1984年版，第232页。
② 《列宁全集》第二版第39卷，人民出版社1984年版，第164—165页。

地国家中建立独立的无产阶级政党的思想，是列宁关于世界革命的主要教导之一。它与这些国家在最有利的条件下能够避免资本主义发展阶段的可能性的思想最紧密地联系在一起。落后国家、殖民地和半殖民地的反帝斗争，对世界革命运动力量的总体平衡当然具有重大意义，在一定时间内，为无产阶级与人口中的非无产阶级部分共同行动、为反对共同的帝国主义敌人的联盟和达成协议创造了条件。但正是因此，共产党员必须格外强调无产阶级运动或无产阶级分子在运动中的充分独立性，就不必说共产党的独立性了。在共产国际第二次代表大会通过的列宁的提纲——至今仍保持它的全部力量——中，是这样论述这个问题的：

> 必须坚决反对把落后国家内的资产阶级民族解放思潮涂上共产主义色彩：共产国际援助殖民地和落后国家的资产阶级民主民族运动只能是有条件的，这个条件就是各落后国家未来的无产阶级政党（不仅名义上是共产党）分子集结起来，并且通过教育认识到同本国资产阶级民主运动作斗争是自己的特殊任务。共产国际应当同殖民地和落后国家的资产阶级民主派结成临时联盟，但是不要与他们融合，要绝对保持无产阶级运动的独立性，即使这一运动还处在最初的萌芽状态也应如此。①

长期以来，布尔什维克和孟什维克之间的争论的要点，归根到底是，在落后的沙皇俄国，是否能够建立完全独立的马克思主义的无产阶级政党，工人阶级和它的党是否能够在革命中担任领导角色？孟什维克的政策实际上放弃了这点。正是这个放弃导致孟什维克进入无产阶级革命的敌人的阵营中。

列宁说，布尔什维克党"不应该害怕与革命的资产阶级民主派携手共同打击敌人，条件只有一个（提得很适时）：不混淆组织；分进，合击；不掩盖利益的不同；像监视自己的敌人一样监视自己的同盟者"，等等。②

我们现在在中国没有权利忘记的，正是这个"绝对的规定"，否则，我们就放弃了布尔什维主义的道路。

对作为一个政党的国民党，我们现在做一些必要的修改就可以说的，就像当初马克思和恩格斯关于德国小资产阶级民主党和工人阶级对它的态度曾经说

---

① 《列宁全集》第二版第39卷，人民出版社1984年版，第165页。
② 《列宁全集》第二版第10卷，人民出版社1987年版，第14页。

过的那样:

> 革命的工人政党对小资产阶级民主派的态度是这样的:同小资产阶级民主派一起去反对工人政党所要推翻的派别,小资产阶级民主派想要巩固本身地位来谋私利的时候,就要加以反对。①

> 对新政府公开表示不信任。同时他们应该立即成立自己的革命工人政府,如地方自治机关即地方代表会、工人俱乐部或工人委员会以与正式的新政府并立,这样使得资产阶级民主政府不仅立即失去工人的支持,一开始就看到自己受着得到整个工人群众所拥护的政权机关的监督和威胁。总之:从胜利的最初一瞬间起,工人的不信任态度就不是针对着已被打倒的反动政党,而必须针对着自己从前的同盟者,即针对着那个想要利用共同胜利来专门图谋私利的政党。……必须立刻使整个无产阶级用步枪、马枪、大炮和弹药武装起来,必须制止过去那种专门对付工人的市民自卫团的复活……同时,工人不应为民主派的词句,例如说这种做法将使民主派陷于分裂而使反动派可能获得胜利之类的词句所欺骗。所有这一类词句,归根到底不外是为了要蒙哄无产阶级……但是,为了达到自己的最后胜利,首先还是要靠他们自己的努力,他们应该认清自己的阶级利益,尽快地采取自己独立政党的立场,一时一刻也不要由于受到民主主义的小资产阶级的花言巧语的诱惑而离开无产阶级政党保持独立组织的道路。②

这是共产党人为解决中国革命最重要的问题,特别是中国共产党和国民党相互关系的问题而必须采用的总体原则。

五、中国资产阶级和它现在在革命中扮演的角色

中国革命的主要课题是由哪个阶级来领导农民的问题。
中国资产阶级能够领导农民追随自己吗?
中国资产阶级不是单一的,它首先是商业资产阶级再加上高利贷者。由于一系列的原因,首先由于外国资本在某种程度上起到这个资产阶级发展的制动器的事实,商业积累的资本集中在土地所有者的手中,从而保留了剥削中国农

---

① 《马克思恩格斯全集》第7卷,人民出版社1959年版,第291页。
② 《马克思恩格斯全集》第7卷,人民出版社1959年版,第295—299页。

民的封建的根。

在某些地区，75%的耕地属于商人。高利贷者从农民那里收取从120%到360%的年息。商业资本彻底征服了农村的家庭工业和手工业，首先是家庭纺织工业，后者在中国扮演着重要的角色。采用封建形式剥削农民的中国地主，在城市里又是商人，他与中国资产阶级的其他部分联系在一起。但内战在农村已经开始。农民组织农会，入会的农民有500万之多，它建立自己的武装自卫队伍，早已投入了反对大地主和绅士的往往是组织牢固的武装队伍——民团——的武装斗争。

农村的内战早已成了事实，毫无疑问，这场战争的战线将会很快扩展，在这场战争中，城市商业资产阶级的重要部分早已站在革命街垒的另一边，围绕着右派国民党集合起来，更不用说纯粹的大地主了。

在城市中，无产阶级反对本国工业资产阶级的更加紧张的斗争，在波澜壮阔的罢工浪潮中表现出来。在武汉被国民革命军占领后的头两个半月里，20万工人的罢工结果，只是赢得了以13小时工作制取代原来的17小时工作制，10.5小时工作制代替了11小时工作制。在广州，罢工斗争的发展几乎到了号召总罢工的地步。

在组织为更加强大的工会的工人阶级的压力下，中国资产阶级退出民族革命，与大地主结盟，并同意与外国帝国主义妥协，为了镇压工人阶级和农民运动，它力求与后者联合。

中国大资产阶级不能解决土地问题，它不能领导农民追随它，因为它自己与土地财产有着千丝万缕的联系，它在政治上与大地主联盟，这意味着中国资产阶级不能领导农民，它不能推动革命前进。随着工农运动的发展，中国资产阶级正在转变为反革命因素。

在国民党政府和中央委员会中的危机，只不过是农村内战和城镇阶级斗争的政治表现的开始。国民革命政府在这场内战中只能是有偏袒性的，它或是工人阶级、农民和城市贫民的政府，或是大地主和大资产阶级的政府，即与外国帝国主义达成协议的政府。

六、国民党是什么？

国民党是什么？在这点上我们必须搞得十分清楚，否则就会犯大错误。

这个党的组建要回溯到1922年，在共产党人加入国民党的时候。它在

1924年1月国民党全国代表大会的重组中体现出来。早在那时,国民党的向左发展表现为试图让自己建立在工农群众和城市贫民的基础上,这引发了广州资产阶级的暴动("纸老虎"暴动①),反对国民党的这条路线。在工农的帮助下,于1924年对广州资产阶级的镇压,使这些工农分子涌入党内。现在,这些分子形成了国民党的多数。1926年12月,广州组织共计党员15万人,其中包括3.2万工人、3万大学生和6.4万农民。如果我们除去农民中的25%(在它的旗帜下,绅士和大地主把他们的习惯私带进来)的话,我们仍有激进左翼分子的绝大多数。但这个左翼多数并不领导这个党。它被右翼少数所领导,后者以国民革命军的军官为基础,因此,国民党右翼继续统治南方军队占领的所有地区。资产阶级和大地主在军队军官的帮助下,不仅把国家机关掌握在它的手中,他们走得更远,解散不遵循纯资产阶级路线的国民党委员会(李济深在广州的武装政变)。国民党就这样变成一个在右翼领导下的散漫的组织。各组织几乎不再共同召开会议,政治行动和建立国家的问题没有得到讨论。由于这里没有集会,党员无法影响当局的政策。这些情况又导致了下面的情况,国民党是一个大党,它在客观上与把持着领导权和地方最高权力的右翼对立。中国共产党人在很大程度上以该党的左翼多数为自己的基础。他们必须与左翼多数一起推翻右翼分子,让他们退出党和政府。这样的清洗与武装工农联系在一起,因为右翼国民党得到国民革命军军官的支持,他们无疑会用武器来对抗任何左翼夺取国家政权和党的权力的尝试。直到今天,工人纠察队或是没有武装,或是被当局(广州)解除了武装。农民协会用简陋的长矛武装起来。武装他们需要时间。因此,在革命更好地武装起来之前,就需要来自上面的策略。现在,它采取的形式是支持唐生智,反对蒋介石。这样的策略是不可避免的。但甚至是唐生智,他在政府向左转的问题上什么也解决不了,因为他是一个比蒋介石更加反动的将军,是一个依附日本帝国主义的大地主,他于1926年加入国民党。

国民党的官方意识形态是孙中山的学说。列宁把他的三民主义界定为特殊的中国民粹主义。事实上,"纯粹的"三民主义是适用于中国条件的民粹主义,再加上民族主义。列宁称孙中山的党为自由派的党。三民主义是曾在俄国

---

① "纸老虎"暴动系汇丰银行买办陈谦伯受英帝国主义指使,勾结军阀,联络国民党右派,于1924年8月底组织商团反对孙中山和广州工人,在双十节发动暴动,屠杀工农群众。旋即被工农和革命士兵所平息。——译注

存在过的社会革命党的中国学说,加上民族主义、立宪民主主义。与孟什维克不同,列宁在俄国的民粹主义中发现的不仅是它的小资产阶级性和反动性(它是小资产阶级的"俄国社会主义"),还发现了它的进步的资产阶级民主的精髓,在它还作为俄国成熟的土地革命的表现时。我们必须不仅看到它的小资产阶级的民族"社会主义"的反动内容,还要看到它的进步的民主精髓。三民主义首先表达的是对中国民族统一的追求,因此在某种程度上还有农民革命的趋势。这个民族运动在更大的程度上变成了农民运动。但在三民主义中(像在当初的俄国民粹派运动中一样),知识分子扮演重要角色,在现在的国民党中,他们形成了强大和有影响力的一翼,代表民族资产阶级的利益。

1894年,孙中山建立了"兴中会"。这个党几乎是彻头彻尾的资产阶级政党。1905年,孙中山组织了新党——同盟会,它已经在某种程度上寻求农民的支持。1911年,在第一次中国革命前不久,孙中山为现在的人民革命党——国民党——奠定了基础。他吸收了自由派资产阶级、知识分子、城市小资产阶级和家庭手工业工人,同时寻求与工人阶级和农民联系。

孙中山是一个正派的民主主义者,受压迫群众的真诚的朋友,不过,他还是让工人阶级在他的学说中只扮演一个无足轻重的角色。多年来,他一直是美国民主的热烈崇拜者,认为林肯是他的理想,宣称美帝国主义在夏威夷群岛上建立的社会制度是人间天堂。

在孙中山的学说中,恰恰没有详尽阐述农民问题。

只是在他生命的最后两年中,在俄国革命和不断增长的中国工人阶级的影响下,孙中山开始更多地关注劳工运动,并开始相信工人将在中国革命中扮演重要的角色。

孙中山的三个主要口号是:民族,民主,民生。它们合在一起,代表的是模糊的小资产阶级的"社会主义"。

显然,这个小资产阶级意识形态无论如何都不是中国无产阶级的意识形态,它的先锋早就站在马克思列宁主义的基础上了。作为一个为中国解放运动作出了无可估价的贡献的真诚革命家,孙中山应该受到纪念和尊敬。能够也应该把孙中山看做是无产阶级革命在中国的某个阶段上的同盟。但必须清楚地看到,三民主义不能是中国无产阶级的意识形态,只有马克思列宁主义才能够和应该是它的意识形态。马克思主义还是三民主义?这是问题之所在。

作为一个政治组织的国民党是什么?国民政府是什么?国民革命军是

附录 2　中国革命提纲

什么？

常常说，现在的国民革命军是红军。但根本不是这么回事。它既不能与我们革命中的赤卫队相比，也不能与红军相比，因为它不像我们的赤卫队那样，是纯粹的无产阶级队伍，也不像红军那样，是工人和无产阶级的党领导的农民军队。国民革命军是大杂烩。它的广州核心的增长是由于组织得很糟糕的队伍加入其中的结果。现在的 40 个师，其中有 35 个是在战斗中倒向南方的。这些军队是由雇佣兵构成的，志愿兵只占其中微不足道的一部分。但总体形势是把它改造成一支出色的农民军队，革命的、渴望战斗的军队。全体指挥员的角色是十分重要的。但他们是很不可靠的。国民革命军的指挥员中的多数不仅是工人运动的异己分子，也是农民运动的异己分子，他们属于资产阶级和大地主。国民革命军中的多数军官在不久前还为北方服务。共产党人在军队中是微不足道的少数。总司令蒋介石属于右派，即国民党的资产阶级分子，而且早就反复表明他是无产阶级运动的公开的敌人，是一个能背叛中国革命的人。他最近的一次声明（1927 年 3 月）被说成是共产党人和国民党左翼的"胜利"，实际上是外交手腕。很久以前，克伦斯基就对社会革命党的中央委员会说过这样的话，那时这个中央委员会仍寻求保持中派主义的立场，差别是，现在在蒋介石手中掌握着比在克伦斯基手中更加实际的权力。蒋介石的第一次政变是在 1926 年 3 月 20 日，这不是蒋介石和汪精卫之间的"野心之争"（像政治庸人所描绘的那样），而是阶级斗争的反映。蒋介石的胜利导致广东省反动派的胜利。武装的反革命队伍（所谓的民团）立即着手粉碎农民协会，解除农民的武装。旧官员又回到了政府中。工人遭到了严重的打击。

迄今为止，国民政府一直是将军们手中的工具。只有群众的压力遏止了政府的右派趋势，使一些激进分子进入政府（外长陈友仁是某种费边社①社员式的人物）。国民政府经常公然反对工农运动：它在许多地方镇压工人罢工，扼杀农民运动，不允许它扩展，限制它，诉诸解散组织和逮捕人员的手段，并竭力把农民运动与土匪"运动"混为一谈，支持罢工破坏者的组织反对工人。拒绝农民最公正和最基本的要求。没有任何"来自上面"的对农民的保证，同时不允许这个运动从下面发展。从 1925 年开始，大资产阶级就是国民运动

---

① 费边社系英国资产阶级知识分子的组织，1884 年建立，得名于罗马统帅费边。宣传通过改革将资本主义社会逐渐改造成社会主义社会的改良主义思想。工党成立（1900 年）后，费边社并入其中。——译注

中的首席提琴手。

直到不久前,广州还是国民运动的主要支撑点。长期以来,国民政府的驻地就在这里。1917年以来,广州工人的实际工资降了50%。广州工人的平均月工资在3到10元之间。只有构成工人贵族的少数有技能的产业工人(是广州20万工人中微不足道的一部分),每月收入在15—27元之间。正是这个工人贵族集团建立了机械师工会,它不是阶级工会的分支,而是追随右派国民党。

在"内部和平"的口号下,国民政府要求工人克制自己不在"国民革命军的后方"搞罢工,让所有经济冲突服从政府仲裁委员会的决定。工人欣然同意,但在绝大多数场合,政府的仲裁都对雇主有利。政府劳工局作出的仲裁决定旨在让工人陷于饥饿,蓄意站在资本家一边。在国民党中,有一个"劳工部",它是"商民部"的补充。资产阶级对商民部施加压力,在绝大多数情况下都能把官方机构争取到自己的一边。

在孙中山在世时就是这样,现在是有过之而无不及。

在反对所谓的"红色恐怖"的借口下,资产阶级组织起它的武装队伍。目前,已经到了雇主对工人施以私刑的地步,就不用说被解雇的工人了。广州国民政府不仅经常对雇主的这些行为闭眼不看,甚至还鼓励建立在已经投靠雇主的前劳工领袖领导下的黄色工会。政府反对武装工人。1926年8月6日,国民革命军总司令蒋介石命令解除工人武装,逮捕他们,把那些用他们的武器反对雇主的雇佣队伍的工人送交军事法庭。1926年12月,在政府和国民党中央委员会离开广州前往武汉时,下达了坚决解除工人武装的命令,为这个目的动用了军队。

政府离开广州后,"革命"将军李济深解散了国民党广州委员会("左翼"在其中的"影响太大"),他实际任命了右翼的委员会。在5万国民党员中,这里只留下1.3万人,工人都已离去。但在这个委员会中还有共产党人。虽然如此,这个"革命将军"还为来到广州的共产国际代表团举行了欢迎仪式。不过,在后者的干预下,共产党人掩盖了李济深的所有这些行动,后者是广州的真正主人。

国民政府的警察始终保护罢工破坏者的工会,反对真正的工会。在警察的保护下,雇主不断地镇压罢工。1926年10月,第3军第25营的一队士兵在深夜闯进车厢厂,对工人开火,造成不少工人死伤。这个"事件"与铁路劳资之间的和平冲突有关,其中国民党右翼的挑唆也起了不小的作用。

在广州所发生的一切，在国民革命军占领的地区也发生了。各省政府模仿广州中央政府。1926年7月，在广西省梧州发生了枪杀工人和逮捕共产党员的事。借口是罢工工人破坏了北伐的后方。在被枪杀的工人中，有三人参加过香港罢工。

对农民组织也一样。东莞县的一支农民自卫队被残酷地消灭了。

在湖北省，在1926年10—11月间，发生了农民组织被解散的一系列事件。例如，在麻城县，在一次工人农民的示威被驱散时，有10人受了致命伤。在湖南，在解散农会时，这个组织的一个领袖被绞死。国民党右派事实上领导着最重要的政府机构和军队，利用它们来粉碎工农运动。国民党的法庭和报纸一示意，各地的官员和各地方军的军官就一致行动，反对工人和农民。

政府要求从农民协会的纲领中删去所有政治条文。农民组织被称为"土匪"。在国民党的机关报上可以读到下面的宣言。1926年6月，《人权》杂志写道："目前的不幸……在于我们相信匪徒和与匪徒混在一起的农民组织。这是最大的不幸，我们强烈希望当局采取强硬措施消灭它们。"

1926年7月17日的《民国日报》在其社论中写道："农民协会仍在继续煽动，破坏农村的和平。"《国话报》也攻击农民协会。

减租25%还是在孙中山在世时就"决定的"，但至今尚未实施，因为国民政府和国民党的所有机关都与资产阶级、并通过它与大地主有着千丝万缕的联系。

国民政府最近对工人采取了一项不能允许的政策。1927年1月5日，广州政府根据国民党中央委员会的决定，公布了新的罢工法，它禁止工人在示威游行时携带武器，禁止专门的罢工纠察队，几乎在所有行业中建立了对工人的强制性的仲裁制。在仲裁委员会的仲裁中，国民政府代表对问题的裁决总是直接对资产阶级有利，反对工人，帮老板反对伙计。蒋介石的党徒驱散不合蒋介石之意的工人集会（在汉口），类似的事情不胜枚举。甚至不承认工会的存在，在广州和国民政府的所有其他辖区，从即日起，宣布工人组织为"非法组织"。

革命不仅不能保证工人阶级8小时工作制，甚至不能保证它每周休息一天、劳动保险、广泛的社会立法。老板和工厂主仍然对苦力和工人进行体罚。中国产业工人的处境至今仍十分悲惨，只比苦力稍稍好一点。

劳工问题的情况就是这样。

国民党形式上有 30 万党员。政府官员入党是"出于工作考虑"。它的组织是极其散漫的。没有一个人能够准确地说出党的基本单位是什么，或党从哪里开始，在哪里结束。一般党员对其领袖的政策的影响是十分微弱的，中央委员会具有无限的权力，但同时，它在政治上是极其靠不住的。

实际上，蒋介石和其他将军们的手中掌握着几乎是无限的权力。

也许，在国民党最近一次全会上着手对中央委员会的改组，可以带来一些改善。但事实是在政治局之外，建立了一个"特别委员会"，它拥有无限的全权。

在社会问题上，国民党中央委员会执行的政策很像是旧俄国的立宪民主党的政策。政府只对工农许诺些许真正的经济改善。国民党的政治立法机构同样吝啬，深受资产阶级原则的浸染。

不幸的是，在我们共产党的报纸上，特别是在我党的报纸上，国民党的真正实质，现在被涂上光荣的色彩。在我们这里，国民党政府过去和现在都被说成是"全中国人民的政府"，或是"四个阶级的联盟"等。

好像马克思主义不再适用于中国，好像"超阶级"的政府可以在这里存在似的！我们报纸的一般读者必然得到这种印象，即国民党员"几乎"就是共产党员（他们与我们只有"细节"上的差别），当前在中国进行的就是社会主义革命。甚至对蒋介石在 1926 年 3 月 20 日的造反，在中国逮捕俄国共产党员，我们的报纸都只字不提，苏联工人就像全世界无产阶级一样，对这个事件一无所知。只是在不久前，在 1927 年 3 月，出现了第一篇文章，在共产国际执行委员会的评论中，揭露了在国民党内发生的大量事实。在这篇编辑部文章中，这样写道：

> 国民政府已经掌握在中派手中，它近来在多数情况下都公然地转向右派。中国南方各省政府的情况更是这样。……国家要员、中国资产阶级阶层的代表和类似的人都属于国民党右翼。就他们的过去、他们的现在、他们的社会和政治联系来说，右翼国民党员注定要与帝国主义分子妥协，放弃彻底的社会改革，阻止工农革命运动的发展。①

---

① 《共产国际》杂志（德文版），1927 年 3 月 22 日第 12 期，第 554 页。

在同一篇文章中我们看到，国民党和国民政府对劳工运动的增长十分担忧，它们正在公布实际反对罢工的法律。

在所有这些之后，《共产国际》杂志社论声称，"国民党现在正受着缺乏革命工农血液的困扰。中国共产党必须关心输血的事，那时形势就会发生急剧的变化。"① 这样特殊的诊断和治疗贫血的独特方法，只证明了这篇评论的编辑本人的极其错误的态度。

国民革命军当前的胜利大大地扩展了国民党的地盘，汉口和上海两个具有大量工人阶级的中心也包括在内。在有利的形势下，它能够导致加强国民党左翼。但甚至在现在，还能看到右翼的同步加强。中国资产阶级的一部分改变了对国民党的态度，转到它的一边，力求加入其中，其目的是为砍掉这个组织的头而成为它的领导，这无疑得到了外国帝国主义分子的完全赞成。

> 资产阶级涌入国民党的队伍中，后者也从加入国民革命军队伍的军官中获得新党员。这两个源泉导致右翼的极大增强。右翼不掌握群众，它的强大是通过它与整个国家和军事机关的紧密联系。②

"在当前这个时刻，运动的左翼力量比右翼的大。但不能不看到事情的另一个方面，即在广州军队胜利的过程中，许多追随者会涌入其中，他们很容易被利用来反对工农群众的利益，如果共产党和国民党的革命左翼不能不断地保卫革命利益的话。"拉费斯这样写道（《中国的革命》第131页）。甚至是拉费斯，也与马尔丁诺夫一起在中国革命问题上十分明显地倒退回孟什维主义。

把现在的国民党比做工农苏维埃，哪怕只是1917年2月那个时期的苏维埃，把中国共产党人留在其中比做俄国共产党员加入那时的苏维埃，是巨大的错误。首先，国民党在它的队伍中只有30万党员（在4亿人口中），而在2月的苏维埃中，已有数千万人。其次，布尔什维克在加入2月的苏维埃时，保持了自己的党的充分独立性，这与中国的情况完全不同。最后，如果国民党与苏维埃是同一个东西，那为什么还要在中国提出苏维埃口号？

1927年4月4日，布哈林同志在莫斯科积极分子会议上说："国民党是从政党到苏维埃之间的过渡。"

---

① 《共产国际》杂志（德文版），1927年3月22日第12期，第557页。
② 摘自红色工会国际驻中国正式代表L. 赫勒的文章。

斯大林同志在同一个会议上补充说："国民党和它的主席团、中央委员会是某种革命议会。蒋介石比策列铁里和克伦斯基高一头，形势的力量使他领导反对帝国主义分子的战争。"

这两个断言都同样错误！

如果国民党是从政党到苏维埃之间的过渡的话，那它为什么不接受苏维埃口号？国民党当前的领袖们肯定会反对这个口号。

如果国民党是革命议会的话，各政党在其中的斗争是不可避免的和必须的，那为什么中国共产党在这个革命议会中没有政治和组织上的充分独立呢？

"与俄国相比"，把国民党比作旧社会革命党（再加上部分左派立宪民主党人）更合适，当然是在它还是进步政党的日子里。

但把现在的国民党比作1920年的基马尔的党，更加准确。在那时，基马尔的党努力摆出革命党的样子，"几乎"就是布尔什维克党，它讨好工人，号召农民站到它的一边，允诺与共产党人合作，把它的政府称为"人民委员会"等。但时机一到，它就宣布共产党为非法，割断了它的几个领袖的喉咙（杀害了苏布希①同志和其他人），建立了一个推行保守的国内政策的资产阶级民族政府。

当然，土耳其在任何事情上都不能与中国相比。首先，在中国有一个人数众多的工人阶级，它能扮演伟大的革命角色。这个主要区别一刻也不能忘记。但中国工人阶级只有在它变成独立力量，不再是国民党的附庸时，它才能在政治上扮演这个角色。国民党的命运也会由于我方的正确策略而不同于基马尔党的命运。在左派国民党中，有许多工农联盟的真诚支持者。在更加正确的策略下，左派国民党人将会与右派彻底决裂，从而促进建立能够扮演伟大革命角色的群众组织。但我们不应该忘记基马尔党发展的历史经验。

"中国将走土耳其和基马尔·帕沙党的道路，还是走列宁和布尔什维克的革命道路？"帝国主义分子是这样提出问题的（《京津泰晤士报》1927年3月6日）。对世界革命，特别是对苏联的最大危险，是国民党的演变，即它的右翼的胜利以及这个"基马尔"一翼在蒋介石或某个其他人领导下与美国或英美帝国主义的妥协。这样的后果可能比我们面临夺取上海之前的形势更加糟糕。这将为国际帝国主义的"和平"征服打开中国市场，这将为巩固资本主

---

① 苏布希（Mustafa Subhi，1882—1921）土耳其共产党创始人之一，该党主席（1920年）。1921年1月28日在特拉布宗同另外一些共产党员一起被宪兵杀害。——译注

义的稳定服务。它将放开英国帝国主义的手脚，加速国际帝国主义讨伐苏联的时刻的到来。这种结局的危险是绝对应该看到的。

仅基于这一点，我们绝对有责任对自己和整个工人阶级说出现在的国民党的全部真相，让整个国际无产阶级清楚地了解此事，打消用外交方式解决应由阶级斗争解决的问题的企图。利用一个将军反对另一个，对革命利益来说是必须的。但这种利用将军们之间的对抗和竞争的策略，是不能取代阶级路线的。我们的方向是群众。在我们的革命的某个阶段上，正是右派和左派社会革命党人之间的斗争曾有过重大意义，所以，国民党左右两派之间现在的斗争也有同样的意义。但在任何情况下，我们都需要一个独立于国民党左右两派的中国共产党。

七、中国共产党

中国共产党相对比较年轻。只是在四个月的上海政治罢工（1924年6—10月）和几乎长达一年半的香港工人的抵制罢工（1925年6月起）之后，中国共产党才成长为一个有1.5万名党员的党（共青团的团员人数也差不多）。不过，在中国工会中约有150万工人，年轻的共产党对他们有很大的影响。中国共产党对农会也有相当的影响，在有利的条件和正确的政策下，它的成长会更加迅速。

中国共产党在极度模糊的条件下，成了国民党的一部分。它被迫同意不批评三民主义，这一学说与共产主义没有任何共同之处。

1927年3月23日塔斯社电讯（这则电讯没有在我们的报纸上刊登）报道了1927年3月13日的国民党全会，其中的一个决定是"凡破坏中国共产党与国民党合作的言论，不得在共产党机关报上刊登"。这样的说法实际上意味着禁止中国共产党批评国民党。任何一个共产党都不能接受这样的条件。

共产党组织是真正不定型的。在人民的眼中，共产党人为国民党的包括反对工农的行动在内的所有行动承担责任，因为它放弃对国民党的尖锐的批评。共产党人在其在人民群众中的宣传中，从来或几乎从来不以自己的党的名义，而以国民党的名义出现。在这种情况下，党在与群众的接触中，往往失去了共产主义的面貌。虽然事件的规模宏大，共产党至今没有自己的日报，或总的来说，没有广泛发行的布尔什维克的刊物，虽然它在国民政府中已经有了两个部长。没有共产党的日报确实意味着没有共产党的组织中心。总之，共产党真的变成了国民党的附庸。确实,甚至在中国共产党人中也"有些人认为不能在农村掀起革命,他们害怕把农民卷入革命以后会破坏反帝国主义的统一战线"(斯大林在共产国际执行委员会第七次全会上的讲话)。①

中国共产党在政治上和组织上对国民党的依附,使党不能对工人阶级和农民履行它的责任。

中国共产党的政治路线是极度摇摆的。它的基本定向既不清晰,也不稳定。例如,1926年中国共产党中央委员会的6月全会通过了下面的决议:

> 减轻这些苦难是中国人民最迫切的要求。这不是布尔什维主义。不过可以说,这是在拯救我国人民名义下的布尔什维主义,而不是在马克思主义名义下的布尔什维主义。……
>
> 他们(资产阶级)不明白,如在工人组织和罢工中出现这样最低限的阶级斗争,决不会削弱反帝或反军阀力量的能力。除此之外,他们还不明白,中国资产阶级的福利取决于它与无产阶级共同反帝反军阀的战争的成功,而绝不是无产阶级阶级斗争的继续。

这个观点绝对不是布尔什维克的,它是真正的孟什维克的立场。由于共产党这样的政策,工人阶级在中国革命中的失败就是不可避免的了。但在这种极右偏向的同时,我们还在中国共产党员中观察到了极左情绪。如类似的宣言:"1926年3月20日后,国民党已经死亡,5月15日②后,它已经腐烂。为什么我们还要用我们的手来支持这具腐烂的尸体呢?"③ 这样的观点当然是错误的。像共产党的组织一样,国民党是不可能死亡的,因为它不是一个整体。作为一个小资产阶级的组织,它的中心是强大的资产阶级核心,它是不会死的。这样的极左情绪只能解释为对错误的极右的,几乎是孟什维克政策的反动来解释,这种政策是中国共产党错误的政治态度导致的。

首先,中国共产党必须完整地贯彻共产国际第二次代表大会通过的列宁的提纲,因为只有它才能提供保证胜利的正确方向。

---

① 《斯大林全集》第8卷,人民出版社1954年版,第330页。
② 指1926年5月15日召开的国民党中央全会,它通过了一系列反共产党的决议,其中最重要的是蒋介石提出的《整理党务案》。——译注
③ 《共产国际》杂志,1927年3月1日,第409页。

中国共产党必须在国民革命军占领的地区合法化。因为在多数情况下，那里的共产党仍是非法的，因为军队首脑利用每个机会消灭共产党人。必须创办共产党的群众性报纸。共产党人必须以自己的名义对群众讲话。

八、中国共产党和国民党

中国共产党不惜代价地留在国民党内，就是强烈地对抗共产国际第二次代表大会通过的列宁的提纲。为这条路线的辩护，显然是把发展路线想象如下：我们首先让国民革命军取得彻底的胜利，即统一中国，然后，将开始让共产党脱离国民党。换言之，首先让我们在与资产阶级的联盟中进行资产阶级革命，然后，无产阶级将作为一个独立的阶级力量和一个完全独立的工人阶级的党等开始行动。这是彻头彻尾的孟什维克的概念。

一种国家独立可能与另一种完全不同。1911年革命之后，中国在袁世凯（他是中国的斯托雷平和维特①的杂交）的领导下的统一，是众所周知的。后来，中国在吴佩孚（直系时期）之下统一，他现在是张作霖的盟友。在孙中山领导下，在1911年革命开始的中国统一是多么短暂，这也是众所周知的，因为这里没有一个能够保证这种统一的真正的阶级力量。

在为统一而斗争的过程中，中国无产阶级必须赢得领导角色。因为如果统一在资产阶级（哪怕是最民主的）的领导下进行的话，无产阶级进一步斗争的条件就会糟得多。占据有利地位的资产阶级会使无产阶级处于比现在更加不利的条件下。无产阶级必须为中国的统一服务，这是中国资产阶级的公式。中国的国家统一必须为中国和国际无产阶级的事业服务，这才是工人阶级的公式。因为无产阶级只有解放全世界，最后才能解放无产阶级自己。

在中国，资产阶级革命和社会主义革命之间没有隔着"一道万里长城"。但只有无产阶级在资产阶级革命中赢得更大的领导角色，资产阶级革命才能最终发展为社会主义革命。列宁坚持这点：

---

① 维特（Сергей Юльевич Витте，1849—1915）伯爵、俄国国务活动家，代表俄国垄断资产阶级利益。曾任交通大臣（1892年）、财政大臣（1892年起）、大臣委员会主席（1903年起）、大臣会议主席（1905—1906年）。他建立了酒类专卖（1894年），实行了货币改革（1897年），修建了西伯利亚铁路，还签订了《朴次茅斯和约》（1905年），制定了斯托雷平土地改革（1903—1905年）的基本原则，拟定了1905年10月17日宣言。采取吸引资产阶级与沙皇政府合作的政策。写有3卷《回忆录》。——译注

共产国际应当同殖民地和落后国家的资产阶级民主派结成临时联盟，但是不要与他们融合，要绝对保持无产阶级运动的独立性，即使这一运动还处在最初的萌芽状态也应如此。①

更何况，中国的无产阶级运动已经不再处于萌芽状态了。像在每一场大革命中一样，中国的国内对抗迅速地成熟。

共产党人能够也必须支持国民革命军和国民政府。在某些条件下，共产党员能够也必须加入国民政府。列宁是同意布尔什维克加入临时革命政府的，但他当然反对加入一个像李沃夫伯爵或克伦斯基的临时政府那样的政府。

在下述条件下，中国共产党人可以加入国民政府：

1. 中国共产党在政治上和组织上的充分独立，有充分的机会进行它的宣传、鼓动、组织工作，武装工人等。

2. 共产党人有充分机会在群众面前批评国民党的折中和错误。

3. 共产党本身和共产国际最严密地监督它在国民政府中的代表。

4. 中国共产党人有充分的机会在党认为是合适的时机在群众面前提出苏维埃口号，并捍卫这个口号。

5. 政府政纲一定不能是那种阻止我们"用革命精神教育和组织农民和广大受压迫群众"的（列宁）。

在没有这些条件的情况下，共产党人加入国民政府就孕育着极大的危险，可能会实际打断年轻的中国共产党的脊梁。

如果我们在国民党运动中有几个部长，但没有一份党的日报，那么这种情况对年轻的中国共产党就不仅是危险了，这使人怀疑共产党部长能否履行他们的重要的职责。可以肯定地说，如果共产党仍是国民党的附庸的话，共产党部长加入国民政府将会败坏党的声誉。

从《共产国际》杂志第 12 期（1927 年 3 月）的社论中，我党才刚刚得知：

>中国共产党中央委员会六月全会制定了对国民党的下述任务：
>从党内联盟的政策过渡到党外联合的政策；制定清晰独立的政治路

---

① 《列宁全集》第二版第 39 卷，人民出版社 1984 年版，第 165 页。

线；努力使现有的城市小资产阶级民主派变成国民党的基础；使国民党不要建成一个集中的党，让它的地方组织更像是俱乐部。（1927年3月22日，第555页。）

接下来，它报道说，中国共产党认为，在国民党内的左派组织是必不可少的。《共产国际》编辑部的意见是，"所有这些决定都必须修改"。然而这些决定的主要倾向无可否认是正确的。而更需要"修改"的，是让中国共产党仍是国民党附庸的那条路线。

一般来说，共产党加入一个非共产主义组织是否可以呢？在有些情况下是可以的，某些特殊形势甚至使这种加入成为必须的。例如，在关于英国工党的问题上，我们曾经面对的就是这种形势。列宁用形势的特殊性来说明这种必要性。他说：

> 必须指出，英国工党的情况非常特殊，它是一个非常独特的党。确切一点说，完全不是通常所说的那种党。它是由所有工会组织的会员组成的，现在将近400万党员，所有加入它的政党都享有相当的自由。[1]

列宁继续说：

> 英国社会党在工党的队伍里有充分的自由，可以写文章说工党的某某领袖是叛徒，说这些老领袖代表资产阶级利益，是工人运动中的资产阶级代理人……既然共产党有这种自由……就应该加入工党。[2]

此外，一定不能忽略，列宁说的不是当革命已经在英国进行时，他赞成英国共产党加入工党，而是在英国生活中相对"和平"的时期。以现在的英国总罢工为例，它表明，一旦运动兴起，工党与共产党之间的关系立即激化。

不过，中国正在经历革命兴起时期。运动在发展，工人阶级与国民党资产阶级之间的对抗也在增长。

当然，不能简单地把国民党与英国工党相比。一方面，在英国工党中，工

---

[1] 《列宁全集》第二版第39卷，人民出版社1984年版，第250页。
[2] 《列宁全集》第二版第39卷，人民出版社1984年版，第250页。

人占绝大多数,这里有与我们自己的阶级成员的统一战线策略问题。除此之外,我们一定不能忘记下面列宁关于英国工党所说的话:

> 当然,工党的大部分是由工人组成的,但是,确定一个党是不是真正工人的政党,不仅要看它是不是由工人组成的,而且要看它是由什么人领导以及它的行动和政治策略的内容如何。只有根据后者,才能确定这个党是不是真正的无产阶级的政党。从这个唯一正确的观点来看,工党完全是一个资产阶级的政党,虽然它是由工人组成的。但是领导它的是反动分子,是完全按照资产阶级意图行事的最糟糕的反动分子。①

英国工党的领袖们是帝国主义分子的帮凶,而且往往他们本人就是"劳工"帝国主义分子。

另一方面,左派国民党仍与共产党员一起工作,当前客观上仍扮演着反帝的角色,因而当然有着巨大的差异。不过,同时一定不能忘记,在国民党中,工人成员不占多数。直到现在,资产阶级分子在国民党的领导中扮演着重要角色,他们甚至能够在明天就以某种形式和在某种程度上变成帝国主义的盟友和帮凶。国民党的右派领袖早就是帝国主义的盟友。

必须记住,作为一个整体的国民党进行的反帝斗争,到某一点就会停止。国民党要求取缔强加给中国的不平等条约,废除海关极度不自主的形式,但仅此而已。不能忘记,只要海关不自主能维持,那英国就认为可以迁就印度,从而解除部分印度民族资产阶级的武装。必须清楚地看到,国民党的右派和中派力求与美国、日本甚至还有英国妥协,因为他们想从后者那里得到贷款。当前国民党的领导核心进行的反对帝国主义的斗争,很快就会为与帝国主义的妥协让路。

我们对国民党左派领袖们,特别是汪精卫,也不能抱幻想。在决定性的关头,他们将表明他们丝毫不比英国工会的领袖们强。但为了把国民党左派党员引上革命道路,应该尽一切努力,不过不能变成左派的尾巴,后者本身又是右派的尾巴。

原则上,必须这样提出问题:中国共产党能够和必须依附国民党,但只能

---

① 《列宁全集》第二版第39卷,人民出版社1984年版,第247页。

在列宁赞成英国共产党加入工党的那些条件下。直到现在,情况根本就不是这样。

在当前的军事和政治形势下,中国共产党能够也必须留在国民党中。但只是为了积聚自己的力量,为立即开始把群众招集到自己的旗帜下,进行反对国民党右派的无情的斗争,争取把它开除或瓦解。在当前的形势下,我们的口号不是退出国民党,而是立即宣布和实现中国共产党对国民党的充分的、无条件的政治和组织上的独立,这是中国共产党在政治和组织上的完全自主。

中国共产党必须公开声明,它不再接受强加给它的哪怕是最轻微的对它的政治和组织独立的限制,此前它所接受的类似限制,现在废除。中国共产党在对人民的宣言和一系列传单中,必须为这样的声明奠定基础。中国共产党必须立即创建自己的日报。

共产党不惜代价地留在国民党内的路线,不仅导致不加批评地颂扬国民党,不仅导致掩盖枪杀工农的骇人听闻的事实,以及工人的最糟糕的物质条件,还导致包括中国共产党在内的共产国际各党直接迷失方向。

1927年3月23日,法国共产党在巴黎召开大型集会,法国共产党领袖塞马尔、蒙慕梭①和加香②等出席集会,给国民党发了下面的电报:

> 巴黎工人祝贺革命的中国军队开进上海。在巴黎公社的56年之后和俄国革命的10年之后,中国公社标志着世界革命发展的新阶段。

显然,法国工人共产党员被告知,现在的国民党是中国公社!

德国共产党机关报《红旗报》在其1927年3月17日号上刊登了一幅蒋介石的照片,称他为中国革命工人的领袖。没有对德国工人解释蒋介石实际上是什么人。

1927年3月18日的《红旗报》报道说,"三百万中国工人站在红色工会国际的队伍中"。

---

① 蒙慕梭(Gaston Monmousseau,1883—1960)曾是革命工团主义者,后来成为法国共产党和总工会的领袖之一,是忠实的斯大林分子。——译注

② 加香(Marcel Cachin,1869—1958)法国和国际共运活动家,法国共产党创始人(1920年)之一。1920年起当选为法共中央委员和政治局委员,1924—1943年任共产国际执行委员会主席团委员。1905—1920年为法国社会党领导人之一。1940—1944年参加抵抗运动,1918—1958年任法国《人道报》社长。——译注

俄国共产党的最大的报纸之一《巴库工人报》以这种方式解释我党对中国问题的立场。它建议国民政府"在国际政策领域中暂时推行布列斯特—里托夫斯克政策"（《巴库工人报》1927年4月5日）。

《巴库工人报》忘了，是在无产阶级夺取政权之后，在苏维埃共和国建立之后，"布列斯特政策"才是正确的。但我们的党没有理由对例如克伦斯基的政府建议布列斯特政策。在威廉皇帝被推翻之后，谢德曼①和哈阿兹②的政府也实施"布列斯特政策"，但这没有导致无产阶级革命的胜利，而是资产阶级的胜利。社会民主党人实施的布列斯特政策意味着凡尔赛，同时是资产阶级对无产阶级革命的胜利。蒋介石实施的布列斯特政策将意味着与英美帝国主义的联盟。《巴库工人报》犯了个把国民党政府等同于无产阶级政府的"小错误"。当然，如果这个"小"错误是可以允许的话，那么就可以允许国民党粉碎罢工，因为它也被称为"中国公社"。在没有共产党人的情况下，国民党的右派和中派将很快就能与英美帝国主义达成协议。

但中国共产党总书记陈独秀在1927年4月5日签署国民党与中国共产党的联合声明时，达到了错误的顶点。声明说："即使我们的主要观点在细节上完全不同，我们也必须联合。"镇压工人罢工，解除工人武装，枪杀工人农民，都仅仅是"细节"！

文件否认关于"共产党准备组织工人政府，它想用武力侵犯租界，推翻国民政府"的流言。好像工人收复帝国主义租界与推翻国民党政府是一回事似的。这是绝对错误的。在汉口，工人收复了租界，但这根本不意味着推翻国民党政府。中国共产党不把国民党的革命分子提升到工人阶级先锋队的水平，而是在这个号召中把自己降到国民党领袖的思想水平上。这样的提问题方式孕育着最大的危险。

同时，这个号召表达了这种思想，即现在共产党在国民党内的合作形式可以用两党的"联盟"所取代。显然是部分共产党员坚持这点。

我们的立场根本就不是把国民党改造成用来取代和同化共产党的"工农"党。我们在东方不需要工人党，而是工农党的观点，是与马克思列宁的观点彻

---

① 谢德曼（Philipp Scheidemann，1865—1939）德国社会民主党右翼领袖之一。1911年起领导该党。1918年11月—1919年2月为人民代表会议主席之一（另一主席为F.艾伯特）。1919年2—6月为政府首脑。——译注

② 哈阿兹（Hugo Haase，1863—1919）德国社会民主党领袖（1911—1917年），中派分子。1918年十一月革命期间同F.艾伯特共同担任人民代表会议主席，曾为镇压革命运动卖力。——译注

底决裂。从来就没有任何"工农"党能够捍卫工人的事业。"工农"党的理想是诺伊·饶尔丹尼亚①在格鲁吉亚实现的,但所有人都知道,格鲁吉亚孟什维克实际上扮演的是什么角色。国民党是一个小资产阶级组织,只要它进行反对帝国主义的斗争,我们就支持它。形势的特殊性甚至允许我们在国民党内的合作,但只是在我们的政治和组织上的独立性得到百分之百的保障的情况下。但如果国民党领袖们把事情强行搞到这种地步,不给中国共产党在这种条件(即在充分的组织和政治上独立的条件)下与国民党合作的可能,即如果它把共产党开除出国民党的话,共产党也不能因为害怕而放弃这点。当然,即使这样,只要国民党进行反对帝国主义分子的斗争,共产党也将实施与国民党联合的政策。但工人党政治和组织上的完全独立,是一刻也不能忘记的。

在共产国际和中国共产党正确的策略下,左派国民党员将足够强大,能够反抗右派,为共产党人在上面强调的条件下留在国民党内创造机会,这是完全可能的。但如果共产党人不立即公开地提出组织和政治上完全独立的问题,如果共产党人放弃帮助左派国民党员建立他们自己的反对右派的派别的话,那么国民党右派的政治胜利就不成问题。这个胜利将给中国革命带来毁灭性的后果,也将给整个世界革命事业造成最大的损害。

只有这样的政策才能保证工人阶级在中国革命中的领导角色,并把农民和整个小资产阶级争取到它的一边来。

> 对于无产阶级在俄国资产阶级革命中能否起领导作用的问题,我们的回答是:能够起领导作用,如果小资产阶级在决定关头向左摆的话;而推动小资产阶级向左摆的力量,不仅是我们的宣传,而且是经济、财政(战争的重担)、军事、政治等方面的许多客观因素。②

列宁在1915年是这样写的。只有采用正确独立的阶级政策,中国共产党才能帮助小资产阶级在中国革命中向左转,转到无产阶级一边来。

---

① 饶尔丹尼亚(Ной Николаевич Жордания,1869—1953)格鲁吉亚孟什维克领袖,1893—1898年"麦撒墨达西社"领导人之一,1907—1912年为俄国社会民主工党中央委员,第一届国家杜马代表,1917年梯弗里斯苏维埃主席,1918年格鲁吉亚孟什维克政府主席,1921年起为白俄流亡分子。——译注

② 《列宁全集》第二版第27卷,人民出版社1990年版,第55页。

九、论苏维埃口号

现在,在占领上海后,国民政府控制了有两亿人口的地区,几个大工人中心也在它的管辖之下,在大规模的工人罢工已经激起了农民运动之后,建立苏维埃的口号可以也应该提出的时候到了:建立工农和劳动者苏维埃,苏维埃中必须有国民革命军的士兵代表,不允许资产阶级代表进入苏维埃。共产国际第二次代表大会(参照上面)已经说过在东方需要宣传苏维埃思想,只要有机会就必须建立苏维埃。这个时机在中国已经来临。只有建立苏维埃,才能保证中国的非资本主义发展的道路,为它做准备。只有苏维埃才能粉碎资产阶级旧的统治机关,并开始建设新的机关,直到现在,旧官员实际上仍在履行行政职责。

当前的苏维埃政纲可以如下:

1. 土地国有化(这个要求也包括了孙中山的第一个纲领。必须用真正的布尔什维克的精神来解释它)。

2. 真正的土地革命(不仅仅是改革)及其一切后果,即贫农和小农完全从地租和他们的债务下解放出来,清除所有封建残余等。(国民党目前的纲领是极其模糊的:确定税率;取消一切特税;改组乡村行政机构;改善农民状况;解散所有反对农民的武装队伍;禁止高利贷;制定租税上限,等等。无论如何,这不是土地革命的纲领。)

3. 铁路国有化。

4. 工人8小时工作制(以及一系列的其他劳动法)。

5. 废除"不平等条约",还要提出外债问题。

6. 没收中国的作坊和工厂(大中型)。中国银行国有化,如果它们的所有者反对国民革命的话。

7. 没收外国的作坊和工厂,收回租界以及种植场和其他土地财产的前景等。凡与革命妥协的外国人,允许他们出资赎买,凡参加干涉者,均予以没收。

8. 建立真正的正规红军,它是工农军队,领导它的是工人,而不是职业军官(必须以俄国革命头几年的经验的精神吸引和利用后者)。

9. 武装工人。

10. 解放妇女。

11. 一系列根除封建残余的法律。

中国的苏维埃当然必须适应中国的条件,即必须"适应资本主义前的条件"(列宁)。在现在的条件下,人口的大多数、首先是绝大多数农民,能够也必须接近苏维埃。当前这个时期,中国的苏维埃不可能是无产阶级专政的机构,而是无产阶级、农民和城市贫民的专政。

我们现在必须提出下面的要求,作为农民的口号:

1. 取消地租,或至少削减50%的地租。
2. 禁止非法税收和征敛。
3. 驱逐劣绅。
4. 解除民团武装。
5. 武装农民。

还必须有组织和武装起来的革命,这就是建立作为真正革命中心的苏维埃(苏维埃既可以成为国民党的活动舞台,也可以成为共产党的活动舞台)。在正确的政策下,同情国民党的人民群众也会支持建立苏维埃的思想。在我们成功地赢得城市行政权的地方,共产党人必须尽一切可能武装工人,并把地方机关改造成革命运动的支点,深化反对资产阶级和大地主的运动。

应该明白,即使在苏维埃在中国胜利的情况下,中国的新经济政策也将是必要的,甚至在开始时要对小资产阶级做更大的让步。

中国共产党必须以为苏维埃和上面指出的纲领进行公开广泛的宣传来展开进攻,决不允许国民党在这方面束缚它的手脚。这对左派国民党员来说,是严肃的政治考验。这也将意味着中国共产党实现了真正的政治和组织上的独立。它也意味着工农运动在中国真正的深化。反对帝国主义者的真正力量将建立起来,这是现在的斗争不会最终变成仅仅是没有深刻社会内容的南北方之间斗争的重要保障。

英美帝国主义分子的大规模屠杀,不会因放弃让运动上升到更高阶段的尝试而停止。只有在如果所有事情都转到右派国民党员那里,即转到明天就可能变成帝国主义代理人的资产阶级手中,帝国主义分子才会满意。只有更多的工农群众站起来,武装起来,建立苏维埃,它能够在"不胜利,毋宁死"的口号下组织起数千万、数亿中国人民抗击帝国主义,才能够制止帝国主义的攻击。

十、中国革命的国内外形势

中国革命成为世界帝国主义的焦点。这里是国际帝国主义武装力量聚集的场所和地区（目前规模还不大）。世界上几个最大国家的帝国主义分子的统一战线的机会，在这里已经大致出现，虽然还远不牢固。炮击南京表明，国际帝国主义一旦看到中国革命最初的重大胜利，就会兽性大发。

中国革命的彻底胜利会对帝国主义分子造成下面的威胁：
①数十亿的直接损失（包括租界等）；
②失去市场，尤其是在市场问题已经成为决定性因素的时代；
③令"传染"蔓延到印度、印度支那等。

这也解释了，迄今为止，美国帝国主义一直最清楚如何以表面上的善行掩盖它对中国革命的仇恨，现在终于彻底抛弃了它的妥协态度。

国际帝国主义的可观的武装力量出现在中国的港口、上海的租界等地，给中国革命造成了极端困难的形势。无疑，在中国革命的正确大胆的政策下，残忍的帝国主义只能派遣更多的军队到中国，只能导致帝国主义军队中"可靠"部分的瓦解，这将会导致欧美工人愤怒的进一步爆发。只有这样才能防止帝国主义分子的统一战线。无论如何，只有工人阶级的领导能够在如此紧张和沉重的气氛中保证胜利。

1922 年 4 月，列宁写道：

> 而印度和中国都在沸腾。这里有七亿多人。再加上和它们完全相似的亚洲各国，那就占全世界人口的一大半。那里的 1905 年即将到来，而且正以不可阻挡之势愈来愈快地到来，但有一个根本的很大的不同之处，俄国的 1905 年革命尚能孤立地进行（至少在开始时），没有一下子把其他各国卷入革命，而印度和中国的日益发展的革命现在正在或已经卷入革命斗争，卷入革命运动，卷入国际革命。①

列宁在 1922 年就认为中国已经"沸腾"，那么现在，在 1927 年，他会怎么说它呢？

---

① 《列宁全集》第二版第 43 卷，人民出版社 1987 年版，第 176 页。

只有中国革命把其他国家也卷入革命之中，把它们卷入世界革命之中，它才能取得胜利。

只有在中国革命进入为苏维埃而进行的斗争中，它才能得到国际无产阶级最大限度的同情和支持。与"为国民党"的口号相比，"为中国的苏维埃"的号召将赢得国际无产阶级的更多的理解和支持。

不管国民党怎么动摇和使它对可能作为"调解者"的国际帝国主义变得更加"可以接受"的前景等的企图有多大，这样的企图只能破坏事业。

蒋介石并没有把整个北伐看做是革命对反革命的讨伐，而不过是改善孤立的广州的战略步骤。强大的工农运动把它转变为（至少是部分地）革命对反革命的讨伐，这不是给蒋介石的贷款。数百万工人和数千万农民群众本身赋予民族斗争以社会和革命的内容，反对国民党的领袖们，至少是反对国民党的右派领袖们。伴随着北伐发生的事件、群众的激荡和迸发表明，中国有多少可燃物质，中国革命有多少取之不竭的力量源泉，深化中国革命和给予它以巨大推动的可能性有多大。

中国革命的国内外形势是彼此紧密相连的。

在当前时期，帝国主义分子把他们的策略扩展到两条战线上。

一方面，他们正在准备反对民族革命运动的直接战争，而且早就开始局部进行了。舰队在中国的所有港口集结，占领了战略据点，调来了大量的部队。轰炸南京不仅是一个插曲，还是血腥的"开始"，可能随之而来的是可怕的更加血腥的继续。狂热的战争准备不仅在上海的外国租界中进行，还在广州的租界中进行。毫无疑问，在接下来的一个时期，外国帝国主义将扔掉面具，着手进行反对中国革命的公然的、惩戒性的讨伐，毫无顾忌地试图扶持张作霖或他们的其他直接代理人为"中国的主人"。

另一方面，他们更愿意与国民党的"温和"（不仅是公然的右派）分子达成协议，为这一目的使用的不仅是行贿和"哄骗"，还有恫吓和最后通牒等。美国、日本和法国无疑更愿意通过与"温和分子"达成"和平"协议和妥协来分化民族运动，因而对中国的剥削形式可能会发生一些变化，而不是它的实质。归根结底，英国帝国主义最负责的集团也将会选择这条道路。为帮助孙传芳而派往上海的帝国主义军队来得太迟了，但他们现在在适当的时机变成了右派国民党人的同盟。

中国革命必须看到这两个危险。克服这两个危险的道路只有一条：让所有工人、数千万乃至数亿农民站起来，清楚地表达民族运动的社会性质，不怕吓走资产阶级，在建立苏维埃的道路上迈出有力的一步，立即展开土地革命，立即实现8小时工作制，立即以富人为代价真正帮助城乡贫困人口，开始彻底粉碎资产阶级的束缚给予整个运动以强有力的推动。只有这样才能击退帝国主义的进攻。只有这样，国民党阵营中的右派和"温和的"叛徒才能受到严厉的惩罚。只有这样，才能挽救中国革命。只有这样的一场雪崩才能阻止帝国主义分子。努力以"别吓走"中国资产阶级，别"拒绝"国民党右派和温和派的领袖，别"激怒"外国资产阶级的方式行动，只能毁掉一切。只要帝国主义分子看到这种努力，他们就会变得十倍傲慢，国民党的资产阶级部分就会采取背叛措施。

在我们千方百计地动员国际无产阶级反对战争危险时，我们必须同时坚决支持中国革命前进，上一个新台阶，不怕中国资产阶级投入反动派的阵营。

中国资产阶级"不能"背叛中国工人，因为它"需要他们进行反对外国帝国主义的斗争"，这个论据是孟什维克的论据。孟什维克总是说，俄国资产阶级当然像是要背叛工人，但它"不能"，因为它"需要他们进行反对沙皇专制的斗争"。（马尔丁诺夫现在加入了布尔什维克党，在中国革命问题上却重复孟什维克的老生常谈，与他当初还是一个孟什维克时关于俄国革命所宣扬的东西一般无二。）实际上，中国资产阶级刚刚看到工人阶级不想仅仅充当它手中的反对外国资产阶级的工具，而要独立地提出它自己的任务时，就开始背叛民族革命运动了（就不用说无产阶级运动了）。只有在无产阶级掌握领导权的情况下，中国革命才能胜利。

反对外国帝国主义的一贯革命政策，首先要有对中国资产阶级领袖们，即国民党右派党员的一贯的革命政策，反之亦然。

只要最高指挥权保持在蒋介石的手中，只要政府的重要职位保留在国民党员的手中，只要这些资产阶级代表在国民党中央委员会中有他们最重要的支点，革命事业就一直处在严重的危险中。在当前的形势下，对中国革命来说，来自内部的背叛（无论是直接或间接，是快或慢）要比轰炸南京和军队占领上海要危险得多。如果孙中山过去的战友陈炯明能够投到反革命一边去，蒋介石为什么就不能呢？他早就表明他是工农的敌人，整个帝国主义报纸都把宝押在他的身上，最有影响的帝国主义机关报都认为他与张作霖进行秘密谈判。把最高指挥权留在这个人的手中（哪怕是在监督下）是优柔寡断，它是内部最大的危险的征兆。如果共产党员为此承担哪怕是丝毫的责任，就是在走一条险路。他们必须马上离开这条路。

十一、整体国际形势

当前时期的事件反复确认了国际资本主义稳定的全部相对性。中国的形势像一条绷紧的琴弦。不管下一个时期可能如何发展，世界的平衡无论如何都会变得更不稳定。新的战争（或几场新的战争）前景日益迫近。在世界政治中正在积累着越来越多的炸药。

苏联被包围的形势变得更加清楚。张伯伦最近的照会不仅仅是一篇"报刊小品文"，不仅是"扔给死硬敌人的一块骨头"（英国保守党两派之间的矛盾一般来说是不应该夸大的），无疑是以外交方式为更加有力的措施做准备。这份照会是"切口手术"，它的目的是使英国外交能在适当时机采取更加激烈有效的方法。这份照会是整个政策链条的一环。

在某些条件下，美英帝国主义在中国准备的统一战线，对欧洲也孕育着极大的不利。

德国局部稳定的某种程度的加强，导致德国资产阶级对"西方"的好感。在德国以某种形式加入反苏阵线的时机已经临近并变得更加清楚时，近来的德国外交也变得更加积极。

意大利法西斯主义完全落入了英国的影响范围（承认罗马尼亚兼并比萨拉比亚①）。立陶宛发生的法西斯政变，无疑得到了英国的赞成。在波兰，在其他条件不变的情况下，极度激化的阶级对抗加速了毕苏斯基的冒险计划。在这样的条件下，与拉脱维亚签订的和准备与波兰签订的互不侵犯条约，当然不会给苏联最小的真正安全，虽然它们对苏联有一定的积极意义。

在北京和中国的其他大城市中对苏联机构的袭击，无疑是英国组织的，并且也得到了美国的部分支持。它们是整个挑衅链条中的一环，对此，苏联不会也不想做任何反应。北京的袭击指望激起苏联政府在满洲里采取激烈措施，从而把日本卷入反苏斗争中，使英美两国腾出手来。但除了其他目的，它还指望

---

① 比萨拉比亚系历史地区名。位于德涅斯特河及普鲁特河之间（相当于现今的摩尔达维亚共和国的大部分地区和敖德萨州南部）。10—11世纪属于基辅罗斯，后来又属于加里西亚—沃伦公国，14世纪属于摩尔多瓦公国，16世纪处于土耳其的统治之下，1812年归属俄罗斯帝国，1918—1940年被大贵族执政的罗马尼亚非法侵占。——译注

方便国民党右派的工作，首先是吓唬国民党最温和的领袖们。张伯伦也不是不可能引用在北方军队袭击和逮捕我们的同志们之后制造的"文件"，以便在反对我们的斗争中采取新措施，在全世界资产阶级报纸上发动一场战役，也许甚至会断绝与苏联的外交关系。

由于工会总委员会显然准备做最下贱的事，这对张伯伦就变得更加容易了。在英俄委员会的柏林"真诚"审议之后的第二天，总工会就与工党中央委员会一起声明，它为"英国国旗在中国受到侮辱感到痛心"，建议把与国民政府的"冲突"提交国际联盟，这也是张伯伦的决定。

我们对帝国主义分子在北京行动的答复也必须是双重的：一方面别落入圈套，冷静克制地继续执行和平政策来应对挑衅；同时千方百计地在中国本身深化群众运动，激起更多的劳动群众反对帝国主义分子，反对他们在北方和国民党右派中的仆从。

总体来说，这种情况持续的时间越长，国际形势就会变得更加紧张。

中国问题正在变成世界革命当前命运的主要问题。它可能对苏联的当前命运产生直接的影响。现在到来的时刻，正是列宁在写其政治遗嘱时预见的时刻：

> 为了保证我们能存在到反革命的帝国主义的西方同革命的和民族主义的东方，在世界上最文明的国家同东方那样落后的但占人口多数的国家发生下一次军事冲突的时候，这个大多数必须能赶上建立文明国家。我们的文明程度也够不上直接向社会主义过渡，虽然我们已经具有这样做的政治前提。①

或是我们是否能得到"第二次喘息"（列宁，同上），或是对苏联的新的十字军远征会失败，它"由于东西方剥削者——日本和美国——阵营内部的对抗而流产"，列宁赋予这些事情以决定性的意义。

这就是我党和共产国际现在承担着最重要的责任的原因。

当前的策略问题基本由下述几点构成：

1. 在全方位援助中国革命的同时，我们必须千方百计地防止国际帝国主

---

① 《列宁全集》第二版第43卷，人民出版社1987年版，第391页。

义扩大其对南方的公然干涉。

2. 苏联必须像以前一样地推行和平政策，呼吁所有国家的劳动者起来帮助保卫现在已经处于十分危险境地的和平事业。

3. 同时，千方百计地把中国革命尽可能地向前推进，竭尽全力地使它不仅具有民族性，还具有深刻的社会性。

4. 为了实现这个目的，我们必须努力建立中国工农群众革命运动的真正中心，它的名字是苏维埃。

5. 必须不惜任何代价地帮助中国共产党实现真正的政治和组织上的独立。所有束缚和限制中国共产党独立的东西都必须予以粉碎。

解除上海工人武装，国民革命军军官枪杀上海工人，逮捕上海总工会主席，解除中国其他城市的工人的武装，所有这些事件都具有极其重大的意义。

当前的国民党领袖们直接接过了卡芬雅克的角色。枪杀上海工人和解除他们的武装，从国际的角度，直接使他们投入外国帝国主义的怀抱中。最近的事件完全证实了在所附文件中阐述的路线。

格·季诺维也夫
1927年4月14日
于莫斯科

附录3　中国革命的失败[*]

一、中国大资产阶级"背叛"民族运动

1927年4月12日将作为标志着中国革命命运最重大的转折的一天载入它的史册。这一天，此前一直与民族解放运动共同前进的中国大资产阶级的那些部分转而反对工农，反对民族革命，转到了与世界帝国主义勾结的道路上。4月12日事件的发生并非偶然，这天的事件是中国革命中各阶级之间的相互关系深刻变动的结果。在这一天，民族运动中的大资产阶级面临着在与帝国主义作斗争还是与工人阶级和农民作斗争之间做抉择，它选择了后者。数百名工人的鲜血染红了上海的马路。只有在中国和国际无产阶级能够明确地、毫不含糊地认识到所发生的事情的情况下，这一鲜血才能给工人阶级带来果实。首先应该了解酝酿蒋介石政变的事实。

政变的演习

1925年的上海事件和香港罢工向全世界展示了中国无产阶级的革命力量，在中国资产阶级中引起了恐慌。此前，资产阶级的各个派别一直是民族运动的主宰，从1919年开始，扮演领导角色的实质上是工业资产阶级。1925年，革命领导权的新的觊觎者登上了历史舞台。资产阶级加入革命以组织学生示威、抵制英国货为限。无产阶级在上海和香港扼住了英国资产阶级的喉咙。它让小资产阶级、学生、商贩、手工业者追随自己。无产阶级掀起了强大的运动，后者暂时让资产阶级服从它。

但无产阶级的斗争不仅反对外国资产阶级，也反对中国资产阶级。无产阶

---

[*] 译自 Архив Троцкого, т.1, сс. 80－141。

级迫使本国资产阶级提高工资，缩短工作日。资产阶级明白，应该采取措施来反对工人阶级在民族运动中不断增长的影响。孙中山逝世后，不仅是在北京西山组成的公然的国民党右翼①要求与共产党员决裂，准备战斗。准备战斗的还有中派分子，他们那时还不敢公然要求驱逐共产党人。

属于前者的有国民政府现总理、孙中山的儿子孙科，属于后者的有胡汉民，左派国民党员怀疑他参与谋杀国民党左派领袖廖仲恺。蒋介石也属于这个中派，他于1926年3月20日逮捕了在广州军队中工作的共产党员，撤销了左派国民党领袖汪精卫的政府领导职务，采取了右倾方针。但蒋介石受到了基层党组织的反抗，他诚然被迫停止了对左派的公然进攻，但仍然争取到了一点，即限制共产党人在国民党政府和党的机关的数量，使他们不能对抗资产阶级的领导角色。同时，蒋介石要求共产党员不得批评三民主义。

蒋介石十分成功地掩盖了自己政变的性质。在逮捕了共产党员之后，他驱逐了几个极右分子，如邹鲁，英国代理人，3月20日前曾是广州政府成员。

蒋介石试图宣誓忠于苏维埃俄国，同时要求作为中国革命唯一领导者的国民党加入共产国际。蒋介石采取的所有思想和组织上的伪装，都不能掩盖他的政策的实质，这是显而易见的。国民党中央委员会农民部在其对广东省国民党12月代表大会的报告中，对1926年3月20日事件的后果描写如下：

> 1926年3月20日导致广州政府内个人之间的摩擦。它们在农村得到反响，导致对农民组织的讨伐。县政府官员改变了自己对农会的态度，并散布流言，将采取反对工农的措施。在许多地区禁止农民集会，开始称农民领袖为土匪。在5月15日国民党执行委员会中的党内争论的基础上，反农民的斗争激化了。关于解散农会，国民党将转而反对工农的流言不胫而走。

这表明，上层的政变企图、上层的向右转，作为对农民的反革命压力，立即在基层——农村——反映出来。

北伐

蒋介石的这个政策在国民党的基层引起不安，并对他的威信造成了极大损

---

① 史称西山会议派。——译注

害。此时,吴佩孚为消灭企图摆脱他的领导的唐生智将军而挥师南下。唐生智是一般的军阀,他向广州求救。蒋介石利用这一进军在广州引起的担心,为了提高自己的威信,决定援助他。

主导蒋介石的理由有两个。第一个是物质理由。广州政府创建的军队有10万人,它要求的开销日益增大。受地主、高利贷商业资本压迫的农民不能为政府提供大量资金,为了提高它的支付能力,需要进行土地改革,至少要减轻农民给地主交纳的地租。但蒋介石害怕与作为资产阶级组成部分的地主的斗争。因此,为了维持军队,他不得不求助于扩展广州政府统辖的地盘。

蒋介石领导下的广州政府决定北伐的第二个原因,是希望用军事胜利的桂冠来巩固自己的政治声誉,由于3月20日政变的结果,它在群众的眼中已经动摇。所有这一切都是如此明显,这次讨伐的参加者之一、共产党员席念怡(音译)在1926年8月7日写道:

> 北伐在其现在的政治界定下,只是由于客观条件,才能认为它不是帮军阀的忙,而是帮资产阶级革命的忙。

中国共产党总书记陈独秀同志在其1926年7月2日的文章中,谈到了有些共产党员十分谨慎地提出的反对北伐的论据:

> 在这个问题上,我与某些同志的意见不同。当然,他们也不反对北进。他们在这个问题上的观点是,他们认为,广州在北进之前,应该为此聚集力量,而不是不顾在这条道路上可能遇到的危险,盲目地向前冲。

许多中国共产党人明白,蒋介石的讨伐并非出于革命动机,而是出于反革命动机,他们认为,必须先在广州进行内部斗争,把广州建成真正的革命基地,从而预先决定北伐的革命性。多数负责中国事务的俄国同志也持这个观点。(中国共产党人的论据证明他们对布哈林体现出的阶级混淆的深刻认识。布哈林反对我,因我要求预先在广东展开解放农民的斗争,否则,投入北伐就是把后方的政权留在反革命的手中。)

下述客观条件使由于害怕与地主斗争和寻求军事力量而产生的北伐成为革

命因素；北伐暴露了吴佩孚军阀制度的彻底腐朽，几个月之间就使他的军队土崩瓦解；北伐显示了民族思想的巨大力量；最后，北伐使各地工农站了起来。这些客观条件迫使蒋介石利用他昨天逮捕的共产党人，国民革命军的一半力量不在于它的刺刀中，而在于没有左派国民党员和共产党人，蒋介石就不能展开的宣传鼓动中。

国民革命军的力量还在于北伐期间农民给予它的支持中。希望在与地主的斗争中得到国民革命军的支持，农民给军队提供粮食，为它进行侦察，进攻军阀较弱的部队，总之，他们全力以赴地支持国民革命军。

组织政权

蒋介石明白隐藏在广州军队胜利之中的危险。因此，他在掌握了政府、中央委员会和军队指挥权之后，把全部权力集中在自己的手中。在有两亿人口的广袤领土上，地主和资本家开始聚集在蒋介石的周围，他的主要任务是不允许旧机关瓦解，即拯救地主和资产阶级压迫工农的旧机关。所有革命都是从破坏旧的政府机关开始的。

广州政府在广东省没有触动各地方的地主和商人的旧政权。第六次扩大全会的决议断言，"国民党在广州创立的革命政府已经与工农和城市民主派的最广大群众建立了联系，依靠他们打垮了帝国主义分子支持的反革命匪帮，并为使广东省的整个政治生活彻底民主化而工作"，看来纯属臆想。因此，说什么"这样，广州政府是中国人民为独立而斗争的先锋队，它将是在国家进行未来的革命民主建设的榜样"的接下来的声明，也应该认为是臆想。

在共产国际报告中的这种彻头彻尾虚假的报道、粉饰现实，是我对广州政府阶级性的错误评价的根源。① 依据共产国际东方工作人员的报告（被国民党的呼吁书所加强），我认为，广州政府真的是"真正的革命民主建设的榜样"，即工农政府。如果《真理报》（4月29日）就此攻击我，那它就是在嘲弄自己。因为在相信了共产国际对广州情况的错误的解说时，我说出了它的真相。而1927年4月1日的《真理报》，即在枪杀工人的12天以前，猛烈抨击阿尔斯基同志，因为他在研究当地事实的基础上，在其著作中把广州政府界定为"自由派资产阶级的政府"。他们攻击阿尔斯基，指责他背离第

---

① 参见《关于中国革命的第一次讲话》中相关部分。——译注

七次扩大全会关于中国问题的决议:"共产国际执行委员会第七次全会给中国共产党下达了加入国民政府的指令。显然,如果这个政府真的是'自由派商人的'、只是'在一定程度上是民主的',它推行的'只是有利于一个地方的工商资产阶级利益的政策'的话,建议中国共产党加入国民政府,就是右倾倾向,彻头彻尾的机会主义。"共产国际执行委员会第七次全会把国民政府看成是工农、小资产阶级和资产阶级中反帝部分的四个阶级联盟的革命民主政府。

这样,1927年4月1日的《真理报》坚持捍卫广州政府是民主专政,即工农政府的观点。如果在此之后,《真理报》有勇气让一个躲在名字首字母 Н. Д. ("Набитый дурак"①,是否应该这样破解?)后面的非常卖力气的年轻人来反对我,因我在今年春天把广州政府界定为工农政府而责骂我,可它自己直到1927年4月1日还如此起劲地捍卫这个界定,这证明,对某些现在在舆论中呼风唤雨的奥斯托任卡②的中学生来说,没有他们不能逾越的界限。看来,这些年轻人什么都行,但仅此而已。他们将会带来更大的好处,只是不知道给谁。

塔拉罕诺夫同志在其刊登在《广州》杂志第十期上的文章《广西省社会经济结构概述》中,展示了这个范例的实际情况。塔拉罕诺夫写道:

> 如果我们不阐明农村的政治情况,对农民情况(广西省)的描写就不完整。在这方面,东部和西部地区之间没有太大的差别。两个地区的农村都是地方官员和民团肆虐的天下,农民群众没有任何政治权利。无论是自然经济的瓦解、城市的增长,还是国民革命军的胜利,都没有丝毫改变农村的秩序……各县的官员是省政府任命的。几乎所有县级官员都是新的革命政府任命的。但是,他们所有人都是县里的旧官员,或在政变前担任过其他官职的人。政府一般力求在每个县里任命当地人为县官,这在实践中导致县官以亲属和老乡的纽带与当地地主和绅士联系在一起。法律机关中也都是清一色的旧官员。当然是依据旧法律审判,其中的某些已经有一千多年的历史,因为没有其他法律。在有政府驻军的地方,地方当局完全依附驻军,但由于这些军队的指挥官是比旧官员更加反动的群体,因而实

---

① 俄文,意为十足的蠢货。——译注
② 莫斯科地名。——译注

质上，如果这改变了整个图景的话，对农民来说只是变得更坏。在农村爆发阶级冲突时，军队毫无例外地站在农民的敌人一边，全力以赴地支持他们。①

在每一个广州军队新占领的省份中，国民革命军撤销的只是旧行政系统的首脑，用军人和在中派名义掩盖下的国民党右派来取代他。在那些未经战斗就转到广州政府一边来的省份中，甚至连行政首脑都没有变。那些过去为从农民那里收赋税和地租服务的政权的基层机关，都原封未动。到处产生了农民组织，它们力求赶走最可恶的官员——压迫者。

蒋介石以国民政府的名义制止农民组织干预行政。国民党农政部门建立农民组织，为它们提供资金，派指导员，找活动场所。但一遇到农民组织与地主组织或当局的冲突时，就宣布农民组织为土匪，开始镇压它们。早在1925年9月，共产党机关刊物《向导》就写道："关于广东农民在战争期间的情况，可以说它被敌人团团包围。"文章说，"现在，农民组织就像彼此达成了默契一样，一致要求从这些组织的纲领中消除所有政治……就像这些县的官员为其领导得到了某个秘密指令一样。"文章最后说："根据上述情况可以看到，反动政党的强大与所采取的限制农民组织的行政性措施有关，这将导致更大的危险。"在城市里，蒋介石政府同样有力地反对工人干预所谓的行政问题的任何尝试。事实上，在没有任何革命自治机构的情况下，这意味着整个权力保持在资产阶级地主行政机构的手中。

军队

军队是政权的主要机构，它以六七万的兵力投入北伐。广州军队是什么？形式上它是雇佣军，由失去阶级属性的农民构成。它由广州政府把广东各将军的游击队集中而成。这些将军都是出身于资产阶级、地主和资产阶级的知识分子，他们以前曾给孙中山制造了不少麻烦。在孙中山逝世后，汪精卫在其在汕头的讲话中说过，孙中山是如何对待自己的这些将军们的。1923年，他把他们召集起来，对他们说："你们请我到广州来，是为了为我的思想而斗争。你们戴着我的帽子，却使我的旗号蒙羞，因此我要离开你们。"

所有这些彼此为争夺权力而斗争的将军们不情愿地服从了蒋介石，但蒋介

---

① 《广州》杂志，第10期，第112—114页。——编注

石是国民党的代表，国民党的政治工作在广东省造成了这种局势，如果没有任何思想掩护，这些将军们就不能以旧方式来养活自己。他们应该顺应既成事实，于是他们身不由己地成了"革命者"。只有黄埔军校开始培养为革命目的从军的指挥官，而且这些指挥官分属于国民党左翼和右翼。

这样，广州军队是一支雇佣的农民军，只是不久前才受到革命宣传的影响。它的全体指挥官的多数都是从旧军官的代表中招募来的，少数是黄埔军校的学员，这个学校在22个月内（从1924年开始）培养了1700名军官，他们经历了一定的革命政治培训。被击溃的或自愿投到胜利者一边来的军阀的军队也涌入了这支军队。开始时，被俘的军阀军队的士兵被用作运送弹药、粮草和干所有重活的苦力。为了摆脱苦役式的劳动，只要国民政府提出建议，他们就满意地转入国民革命军的队伍中，但这绝不意味着他们成了革命者。在整支军队和它们的反动军官一起投到国民政府一边来的地方，情况就更糟。士兵们佩戴上了三色领带，自称是国民革命军的士兵，但率领他们的是反革命的旧军官。

在军队中进行一定的政治工作。但在艰苦的战斗中不断转移的情况下，政治教育不可能十分广泛、十分深刻，这是不言而喻的。大城市的形势——政治集会、示威游行——对军队的影响更大。中国资产阶级监视这二者，不让共产党的军官和共产党的宣传渗入军队中去。它最害怕的是建立工人和革命农民的团队。因此，蒋介石以国民政府的名义禁止所有武装示威游行，所有的武装工人。根据1927年2月下达的命令，工会必须交出它们的武器和装备，否则就被解散。根据这个命令，蒋介石在广州的傀儡李济深将军解除了广州工人的武装，汉口工人没有得到任何武器。工人战斗队手持棍棒行动。上海工人早在正规军进城前就通过解除警察的武装掌握了武器。

国民革命军革命战士的真正增长，被蒋介石视为革命的主要危险。解除上海工人武装时，他可以以政府首脑的身份，执行他于2月颁布的命令为借口，当时这个政府并没有反对他的命令。

对工人的态度

蒋介石政府对工人采取什么政策？当国民革命军出现在汉口——工业中心区的心脏——时，资产阶级迫使蒋介石采取明确的立场。在其1926年6月28日的讲话中，他声明，在中国没有资本家，只有实业家，对帝国主义分子的胜利取决于工人、资产阶级和农民的合作。他要求资本家承认改善工人状况的必要性，要求工人让自己的利益服从于全民族的利益，在战争期间不应该搞罢工，因此政府承担起调解工人问题的责任。

政府颁布强制仲裁法庭的法律，它不仅适用于军工企业，也适用于所有有社会意义的企业。这样一来，所有企业都可以归到这个概念中，只要发生任何罢工，掌握在地主和资本家手中的地方政权就会求助军队力量。移交仲裁法庭的冲突，往往要拖几个月之久。

政府对工人问题的态度，改变了资产阶级对国民政府的态度。在国民革命军开进汉口之前，资产阶级跑到上海，带走了现金，把所有有价值的东西存进英国银行。从蒋介石的政策确定之后，我们看到了彻底的变化。共产党机关刊物《向导》在1927年1月6日的文章中写道，开始时，"中国中部和长江流域的资本家和大商人咒骂国民政府，说它'赤化'了。"但后来，"资本家醒悟过来，开始匆忙弥补失去的东西。为了在革命时期维护自己的利益，他们开始渗入革命队伍中，从而保障自己在革命中的地位。"汉口工人组织立即搞清了领导国民政府的资产阶级政策。汉口工会早在1926年10月2日的呼吁书中宣布，如果国民政府在争取工人阶级的解放和权利的斗争中帮助它们，它们就支持它。工会声明："如果国民政府不帮助工人，政府怎么称呼对工会就无所谓。"

工人反对束缚他们手脚，与把没有保护的他们出卖给资产阶级的企图进行的斗争开始全面展开。在没有得到军事当局帮助的情况下，资产阶级开始在工会的幌子下，利用城市小资产阶级中的流氓无产阶级分子和工人阶级中最不觉悟的分子建立流氓组织。这些组织与工会进行斗争，捣毁工会的活动场所。在与这些流氓组织的斗争中，仅仅在广州就牺牲了数十名工人。在资产阶级力量不足的地方，依靠军事力量的地方行政机构进行干预。春节那天，在广州，警察与包围警察局和政府办公楼的工人之间发生了武装冲突。在这场战斗中，有不少死伤者。

在广西梧州，在载重汽车司机罢工中，逮捕了三位工人，不顾工人组织的抗议，第四旅旅长枪毙了他们。冲突的导火索是每人少发了三角钱的工资。"当把他们押往刑场时，他们哀伤地大声喊叫，说为三角钱把他们枪毙"，国民党的报纸《民国日报》就是这样报道的。蒋介石企图把这些事件的罪责推到几个省的个别不守纪律的将军们身上，但政府不想撤换这些将军们。指挥广东军队的李济深解散了国民党广州委员会，任命了一个新的委员会，还煞费苦心地用共产党员杨鲍安（音译）来掩饰。

但对工人运动的武装镇压并不只局限于南方各省。省会是汉口的湖北省发生了枪杀事件，即在政府的鼻子底下。1926年12月，工人纠察队与国民革命军第15军的士兵发生了第一次冲突。在试图化解这场冲突时，工人纠察队领导齐凯（音译）被打伤。1926年11月，为了平息爆发的罢工，军队包围了汉口的一家纺织厂，在一天的时间内不允许工人离厂，也不让妇女给他们送饭，甚至不允许工会代表进工厂。蒋介石的"革命活动"的大量类似表现不为我们所知，这是可以理解的，因为中国共产党至今没有一份日报，而国民党报纸只是在工人组织的压力下才刊登类似消息。

对农民的态度

蒋介石政策对农民的态度与对工人阶级的同样敌对。这是可以理解的。所有商人和所有工厂主都把自己的部分钱财投入土地，通过高利贷者、当铺、农产品收购者奴役农民，在这些条件苛刻的交易中，夺取后者的土地。因此，大中资产阶级害怕农民运动。政府颁布降地租25%的法令，某些地方的地租为收成的85%。甚至如此微不足道的降低地租都没有落实，原因很简单，地方行政机构掌握在资本家和地主手中，他们根本就不想贯彻它，反而更加起劲地着手粉碎农民组织，它们就像雨后春笋一样地出现在整个中国的南方。在广东省，它迫使独立的农民武装队伍与商人地主的队伍统一，并让这些队伍服从警察的领导，即实际上消灭这些独立的农民武装队伍。

农民争取改善自己条件的斗争被官员宣布为土匪运动。事情竟到了这种地步，在广州召开的国民党代表大会于1926年12月通过了关于农民问题的决议，承认了下述事实：

> 在近三年的农民运动中，党员犯了严重的错误。如果这些错误继续下去的话，它们将不仅对农民，而且对国民革命造成危险。这些错误是，党和政府的官员把农民运动看成是某种异己的，有时甚至是与革命敌对的东西。

反对农民组织和农民运动的斗争，不仅发生在南方。我们从政府驻地所在的湖北省得到下面的消息："1926年11月，第15革命军的士兵进攻游家河农会，摧毁了它，掠夺财物，逮捕农会委员。在应城，军队粉碎了农民组织，它的书记被绞死。官员为罪人辩护；水上警察攻击工农示威游行队伍，伤了数十人。在汉阳，在地方官员的唆使下，第8军士兵解除了农会的武装。"我们掌握大量关于类似情况的消息。

谭平山同志在其对共产国际的报告中写道："在大地主和贫农之间爆发冲突时，政府总是站在前者一边"（第34页）。这是在去年11月写的。遗憾的是，小册子在今年4月才出版。

群众反对蒋介石

据共产国际执行委员会1926年的决议，在1927年3月召开的国民党中央全会前，政府的六个成员中，有五个属于右翼。国民政府的政策引起了群众抗议的浪潮。对政府政策的愤怒表现在大量工农退出国民党，表现在工会、共产党人和以孙启恩（音译）为首的部分左翼国民党员领导的工人集会和示威的浪潮。1927年3月13日，在常德召开的数十万人的集会要求蒋介石下台，称他为新军阀，指责他与张作霖和日本搞交易。在汉口，在整个一至三月中，我们看到反对蒋介石的示威和集会斗争，指责他靠革命发家，与日本人进行秘密谈判，企图搞独裁。

中国共产党总书记陈独秀迄今一直以配得上最好目标的热心捍卫与大资产阶级的统一战线，这个运动迫使他于3月12日在《向导》刊登文章，标题是很有代表性的《孙中山逝世两周年祭》。不敢直呼蒋介石的名字，他指责"强硬党"力求破坏与工人阶级、农民和苏联的联盟。他指责他们力图与张作霖结盟。他没有从这些指责中得出任何实际结论，伴随这些指责的只是俗套的喊叫："难道这不可悲吗。"中国共产党总书记的这些眼泪、呻吟，是笼罩着党的领导层的优柔寡断的典型特征。这种优柔寡断甚至使它不能在最后时刻采取自卫措施，反对筹备中的反革命政变。

中央委员会的三月全会消灭了蒋介石的独裁权，把实际军权留在了他的手中。蒋介石口头上服从决定。他甚至把汪精卫当做自己的"老师"来欢迎，但他在实际上筹备政变。国民党右翼代表的是大资产阶级，它与不断增长的工农运动发生冲突，它决定分裂国民党，分裂国民政府，即把战线暴露给帝国主义敌人。

大资产阶级的背叛

国民党的"革命的"领导成员害怕削弱反帝阵线。他们希望与大资产阶级一起成功地统一中国，只有在拿下北京之后，才能冒与大资产阶级分手之险。但大资产阶级从一开始就没有打算与帝国主义斗争到底。它追求中国的资本主义发展，因此它争取与帝国主义做交易；只有与帝国主义妥协，才能使它得到它所需要的贷款。不没收大部分掌握在外国帝国主义者手中的大型资本主义企业和银行，不把它们国有化，就不能战胜帝国主义。但这样的国有化将把国家的经济命脉交到工农民主专政的手中，阻碍私人资本主义企业发展的条件。就像欧洲资产阶级不能是彻底的反封建战士一样，大资产阶级也不能是彻底的反帝战士。帝国主义揭去中国资本主义剥削的乳脂，因而它是中国民族资产阶级的竞争者，但工人阶级不仅要力求限制剥削，还要社会主义。因此，中国资产阶级害怕中国无产阶级甚于帝国主义。

农民力求消灭给资产阶级带来数亿财产的奴役性的地租。

因此对大资产阶级来说，与让政权转到工农民主专政的手中相比，开辟帝国主义战线只是小恶。

在粉碎工农组织的过程中，大资产阶级在蒋介石的领导下，为与世界帝国主义妥协奠定基础。英国外交部机关报《每日电讯报》报道，蒋介石说："只要不恢复上海的秩序，就别想从海关收入中得到一分钱。"3月23日的《泰晤士报》在说明从与国民党政府谈判的政策转到炮击南京的政策时，声称只要国民党右派不获胜，就达不成协议。蒋介石粉碎工农组织，解除工人武装，以此对帝国主义声明："先生们，你们为什么让自己的军队驻扎在中国。如果你们对我让步，与中国资产阶级做交易的话，我就能保卫你们的利益。"蒋介石的背叛是现场背叛，它不是军人的背叛，而是此前一直与民族运动共进的那部分大资产阶级的背叛。民族运动不是作为工农运动获胜，就是灭亡。

二、中国革命中的国民党和共产党

无产阶级是否一定要被打得措手不及

昨天还用指责我们惊慌失措来答复我们的警告的那些人说，对马克思主义者来说，蒋介石的背叛和枪杀中国工人一点儿也不令人感到"意外"。对，蒋介石的背叛是"理所当然的"。就像中国革命是民族解放型的资产阶级民主革命一样，枪杀中国工人，中国资产阶级背叛民族运动是所有资产阶级革命中的共同现象。

附录3 中国革命的失败

在17世纪的英国革命中，人民群众开始被长老宗①资产阶级出卖，后来被独立派②出卖，最后，当群众运动被镇压之后，资产阶级宣告了克伦威尔独裁。在法国大革命中，代表南方商业资产阶级的吉伦特派背叛了革命，只有迈过他们的尸体，革命才能继续前进。在欧洲资本主义发展的早期，尼德兰③资产阶级在反对封建的西班牙的斗争中，比利时资产阶级被比利时最发达地区手工业无产阶级的革命斗争吓破了胆，它在佛兰德和布拉班特掀起反对小手工业者、小商人、小手工业无产阶级的暴乱，后者在里霍夫和汉比兹的领导下夺取了政权。它与封建地主联合起来，推翻了革命民主政权，于1579年5月17日与腓力二世④签订和约，据这个和约，它割让了尼德兰北部几个省，服从西班牙专制制度。腓力二世不是马克思主义者，但他仍十分清楚民族资产阶级退出民族解放运动的原因。他在批准与比利时地主和资本家的和约时说，他们回到专制制度的卵翼下的原因，不仅是他们自己所说的他们对旧天主教教会的爱，还有"力图避免威胁他们财产的危险，它是由建立僧侣、贵族和有声望的市民阶层的民主专政的尝试所造成的"。中国资产阶级的新英雄蒋介石可以以此为例，对司徒卢威⑤的旧断言——越往东方，资产阶级就越卑鄙——提出异议。

中国大资产阶级转到了反革命一边，并没有背叛自己，而是背叛了民族革命事业。它的阶级利益是利润。在帝国主义的卵翼下，它好歹发展到了今天。不断发展的工农运动有让资产阶级失去这个利润的危险。它希望能与帝国主

---

① 长老宗系17世纪英国革命时期的宗教政治派别，清教徒的右翼，代表富商、伦敦银行家和部分资产阶级化的贵族的利益。1640—1648年实际处于执政地位（直到所谓"普莱德清洗国会"为止）。作为宗教派别的长老宗，是加尔文宗在英语国家的变种。——译注

② 独立派英国和其他一些国家中新教的派别之一（即公理会）。16世纪末由清教徒左翼形成。在17世纪英国革命时期成为一个政党，代表资产阶级激进派和资产阶级化的新贵族的利益；1649—1660年执政。——译注

③ 尼德兰系中世纪欧洲西北部的历史地区（今比利时、荷兰、卢森堡和法国的东北部）。由17个省组成（南部各省有：佛兰德、布拉班特、卢森堡、阿图瓦、亨内高等；北部各省为：荷兰、泽兰、弗里斯兰等）。15世纪末起属哈布斯堡王朝（1556年起受西班牙哈布斯堡王朝统治）。为尼德兰资产阶级革命的发源地。——译注

④ 腓力二世（Felipe Ⅱ，1527—1598）1556年起为西班牙国王，实行了巩固西班牙专制制度的政策。他加紧对尼德兰的压迫；支持宗教裁判所；进行对英法两国的战争。1581年将葡萄牙并入西班牙。——译注

⑤ 司徒卢威（Пётр Бернгардович Струве，1870—1944）俄国经济学家、哲学家、历史学家、政论家。"合法马克思主义"理论家，立宪民主党的领导人之一，《解放》杂志和《俄国思想》杂志编辑。《路标》文集作者之一（1909年）。白俄流亡者。——译注

义达成协议。资产阶级背叛革命，哪怕是资产阶级革命，是理所当然的事；应该及时地预见和考虑到这点。但蒋介石把中国工农打了个措手不及，这一事实是否同样是"理所当然的"呢？在所有过去的资产阶级革命中，大资产阶级都曾背叛，但它的背叛并非总是让革命群众措手不及。罗伯斯庇尔对吉伦特派的叛变发出警告，及时把他们处死。法国小资产阶级在雅各宾派的领导下，防止了叛变。1848年，工人群众被卡芬雅克打了个措手不及。法国无产阶级的准备不足，可以用下述原因来解释：年轻的工人运动还没有在思想上彻底与资产阶级划清界限，它没有自己的强大的党，后者用马克思主义方法武装起来，能够对周围的形势作出准确的判断，对对手运动的全部动因了如指掌。

马克思从这一经验中得出了全部结论。在共产主义者同盟1850年3月的呼吁书中，他天才地描述了大小资产阶级在革命中的策略。他描绘了自由派大资产阶级退出的画面，预言了民主派小资产阶级的叛徒角色，在几行文字中，给无产阶级做了详尽的指示，告诉他们如何自卫，反对这种叛卖。这几行文字不仅泛泛地提出无产阶级在资产阶级革命中的策略问题，还扼要地写出了实际具体的行动纲领。马克思对无产阶级指出，在小资产阶级还是革命的时，如何支持它，无产阶级应该双手捍卫自己的独立的党，自己的独立政策；为了反击小资产阶级未来的叛变，它应该建立群众组织，武装起来，在资产阶级掉过头来反对自己时，与它进行斗争。马克思逝世后的全部历史发展充分证明了他的警告的正确性，彻底暴露了西方资本主义国家中的自由派和小资产阶级民主派的腐朽。东方的大资产阶级与西方的扮演的是否是同一个角色，在革命刚刚在东方发展时，这个问题就摆在了无产阶级斗争先锋的面前。共产国际提出警告，中国共产党知道了危险。在共产国际第二次代表大会的决议中，列宁把马克思学说运用于帝国主义和世界革命时代造成的新形势。他强调：

> 共产国际援助殖民地和落后国家的资产阶级民主的民族运动，只能是有条件的，这个条件是各落后国家未来的无产阶级政党（不仅名义上的共产党）的分子应该集结起来，并通过教育认识到同本国资产阶级民主运动作斗争是自己的特殊任务。共产国际应当同殖民地和落后国家的资产阶级民主派结成临时联盟，但是不要同他们融合，要绝对保持无产阶级运

动的独立性，即使这一运动还处在最初的萌芽状态也应如此。①

他在补充自己的这个提纲时，指出：

> 剥削国家和殖民地国家的资产阶级已经有相当密切的关系。所以被压迫国家的资产阶级往往是，甚至可以说在多数场合下都是一方面支持民族运动，另一方面又按帝国主义资产阶级的意志行事，也就是同他们一起反对一切革命运动和一切革命阶级。只有殖民地国家中的资产阶级解放运动真正具有革命性质，在这种运动的代表人物不阻碍我们用革命精神去教育、组织农民和广大被剥削群众的时候，我们共产党员才应当支持并一定支持这种运动。②

1922年春，共产国际决定，为支持中国的民族解放运动，年轻的共产党应该加入国民党，以便战斗在民族革命的最前线，为自己赢得广大群众的信任，从而在日后斗争的进程中，把革命领导权掌握在自己的手中。共产国际第四次代表大会在关于东方问题的决议中指出，"殖民地共产党人以保卫独立的阶级利益为借口而拒绝参加反对帝国主义暴力的斗争，是最糟糕的一种机会主义，它只能败坏东方的无产阶级革命。为'国家统一'和与资产阶级民主派的'国内和平'而推迟争取工人阶级日常的和最紧迫的利益的斗争，也同样有害。"

共产国际第四次代表大会决议指出："存在着在资产阶级民族主义与一个或几个处于争夺半殖民地国家（中国、波斯）的斗争中的帝国主义强国之间达成协议的危险。"并得出结论："东方落后国家中的革命运动如果不依靠广大农民群众的运动，就不可能取得胜利。因此，东方国家的革命党应该制定新的革命纲领。它们必须迫使民族资产阶级政党完全接受这个纲领。"

在1924年召开的共产国际第五次代表大会上，曼努伊尔斯基同志在其关于民族和殖民地问题的报告中说："我们的各支部面临着双重危险：或是虚无主义地忽视使东方革命化的这类新现象的危险，或是让无产阶级错误地走上与小资产阶级庸俗合作的道路，使它失去独立的阶级面貌的危险。"早在1926年

---

① 《列宁全集》第二版第39卷，人民出版社1984年版，第165页。
② 《列宁全集》第二版第39卷，人民出版社1984年版，第231页。

托洛茨基论中国革命(1925—1927)

2月17日至3月15日——即在蒋介石政变的几天之前——召开的共产国际执行委员会第六次扩大全会上，在关于中国问题上通过的决议中说：

中国共产党只有在整个斗争过程中都将不断地巩固作为中国无产阶级的阶级政党和共产国际支部的自己的组织与自己的影响的情况下，才能完成它面临的在反对帝国主义分子的斗争中领导中国劳动群众的历史任务。由于在党的领导下进行的广泛的经济和政治罢工，近一年来，中国共产党的自主权大大提高，然而，党的组织上的定型还远未完成。中国共产党员的政治自主权将在反对两个同样有害的倾向中发展：反对忽视中国无产阶级独立的阶级任务的右倾取消派，它导致它们消融于一般民主和社会运动中；反对力求超越运动的革命民主阶段，直接完成无产阶级专政和苏维埃政权的任务，忘记了农民这个中国民族解放运动的主要决定因素。尽管情况特殊，中国民族解放运动的策略问题十分接近1905年俄国第一次革命时期俄国无产阶级所面对的问题。中国共产党汲取列宁主义所阐述的这次革命的教训，在政治上和组织上加强党，有助于克服和警告这里指出的偏离正确的策略路线的两种倾向。

在同一份决议中还说：

中国共产党人在国民党中的基本任务，是对全中国的农民群众解释，只有在工人阶级和农民联盟的基础上建立独立的革命民主政权，才能彻底改善农民的物质和政治状况，在能够把农民可以理解的、与它休戚相关的政治经济要求结合起来的战斗口号和反对帝国主义分子和军阀的一般政治任务下，吸引他们投入积极的斗争。

中国共产党在经过了顽强斗争之后，才同意加入国民党。开始时，它的所有领导者都反对加入国民党。其中反映的不是中国无产阶级的行会利益，那时党与工人群众的联系还很少，而是对国民党的不信任，它是由广州政府的一系列旨在反对工人阶级的行动——镇压罢工等——引起的。只是共产国际的权威迫使中国共产党于1922年夏在广州召开的代表会议服从，加入了国民党。

在1922年11月召开的共产国际第四次代表大会上，中国共产党代表刘仁

附录3 中国革命的失败

静同志说：

> 国民党是中国的民族革命党，近三年来，它推行的是军事革命计划。它不在国内进行群众性的宣传，不组织群众。它企图仅仅通过军事手段来实现目的。早在占领广东省之前，国民党就组建了政府。它想利用该省的全部资源讨伐北方，反对封建军阀和世界帝国主义代理人的政府。开始时，这个计划似乎是可行的，因为所有党员表面上都赞成它。但在夺取了广东省后，军人省长、国民党员拒绝了所有这些计划，变得一天比一天保守，倾向于只满足于省内情况，不管外面发生的事。国民党内有不少这样的党员。在没有夺取政权时，他们是革命者。夺取政权后，就成了保守分子。这个抛弃了广州政府的将军，只是许多属于国民党的这类分子之一。国民党的多数是由实质上是反动的人构成的。

在对国民党做了这样的界定之后，中国共产党代表声明：

> 我党赞成与国民党的统一战线。这一统一战线的形式是，我们作为个人，以自己的名义加入国民党。我们以此可以达到两个目的：一、在国民党的工人党员中进行宣传，旨在争取他们；二、只有把无产阶级和小资产阶级的力量联合起来，我们才能与帝国主义进行斗争。我们想在组织群众和宣传争取群众上与这个党竞争。如果不加入这个党，我们就仍将孤立，我们宣传共产主义，群众不会追随我们。群众追随小资产阶级政党，它为自己的目的利用他们。如果我们加入该党，我们就能对群众证明，我们赞成革命民主，但它对我们来说，只是实现目的的手段。我们就有可能对群众指出，我们在推出更长远的目的时，并没有忘记群众的日常需求。这样我们就能把群众联合起来，分裂国民党。

在1924年共产国际第五次代表大会上，中国共产党代表秦汉（音译）同志声明：

> 根据共产国际执行委员会的指令，我党党员和共青团员以个人名义加入国民党，目的是改组它，改变它的纲领，这样提出问题，让它能够与群

众建立紧密联系。孙中山和国民党左翼决定在我们的建议的基础上对党进行改组。作为总结，我想说，我们在国民党中工作的主要目的，是唤醒群众的革命精神，领导他们反对国际帝国主义分子和国内军阀。在国民党内，我们把左翼拉到了我们一边，以此加速了革命浪潮的增长。

加入国民党后，我党独立领导无产阶级运动，打着自己的旗帜或工会的旗帜，从京汉铁路罢工开始。在广州，共产党人加入国民党，以共产主义精神进行工作，进入了国民党的机关，通过它组织农民和小资产阶级进行斗争。这在工人运动的基础上加强了共产党员和对国民党的利用，恰恰导致建立了国民党自觉的右翼组织孙文主义学会和其他组织，它们的目的是排挤共产党员，如果可能的话，把他们赶出国民党。众所周知，蒋介石1926年3月20日政变的尝试，就是由此产生的。

国民党资产阶级对共产党的进攻

这次政变的目的是限制共产党员对国民党的利用，展开反对工农的战线。众所周知，由于蒋介石受到了党的基层、它的某些领导人和黄埔军校部分师生的反抗，他只能满足于部分实现自己的目的。1926年5月15日国民党全会的决议说道：

1. 凡他党党员（共产党）加入国民党者，各该党应训练其党员明了国民党的基础是孙中山所创的三民主义，对于孙中山总理及三民主义不得加以怀疑和批评；

2. 凡他党党员加入国民党者，各该党应将加入本党党员的名册交给本党中央执行委员会主席保存；

3. 凡他党党员加入国民党者，在高级党部任执行委员时，其额数不得超过该党部执行委员总数的三分之一；

4. 凡他党党员加入国民党者，不得充任国民党中央机关的部长；

5. 凡属于国民党党籍者，不得在党部许可之外以任何国民党名义召集党务集会；

6. 凡属国民党党籍者，非得有最高级党部许可，不得有政治关系的组织及行动；

7. 对于加入国民党的其他党党员，各该党所发的一切训令，应先交国共两党联席会议通过，如有特别紧急事故，来不及提出通过时，应将此项训令请求联席会议追认。

为给这些决定找理由，蒋介石在国民党中央全会闭幕式上的讲话中声明：

> 须知中国革命是世界革命的一部分。世界革命应该是统一的，中国革命也应该是统一的。世界革命有第三国际这个唯一的领导。中国革命有国民党的领导。在领导这场民族革命时，一方面需要集中和联合革命分子，另一方面，由于中国革命是世界革命的一部分，它应该与第三国际联合；同时应该承认第三国际的领导地位。但也应该明白，所说的统一领导绝不意味着对军事和政治事务的干涉；应该在总目标——推翻帝国主义——上接受第三国际的领导。而在策略上，则不能有统一的计划。但这种帮助绝不是英国和日本为吴佩孚和张作霖提供的那种帮助。我们应该十分警惕，不要不知不觉地重蹈吴佩孚、帝国主义和军阀的覆辙。
>
> 还应该知道，共产党是代表无产阶级的政党，这个党不可能不存在。即使共产党灭亡了，无产阶级也不能灭亡。由于存在着这个阶级，它应该有代表它的自己的政党。至于共产党员的阶级斗争的观点。国民党不应该反对。既然有阶级，斗争就是不可避免的。但是，资产阶级是与无产阶级对立的阶级，所以不能说在中国没有无产阶级。既然有无产阶级，就有资产阶级。只是在当前、应该限制阶级斗争。从总体来说，阶级斗争不是民族革命的障碍。为什么把工农运动结合起来？用什么方法结合它们？同时，在统一的革命领导的框架内，怎样做才能使工农运动得到真正的好处，又不破坏统一战线？所有这些都非常重要。总之，全会批准了决议，并抛弃了不正确的方法，现在剩下的就是我党真正能够巩固和发展。

这样，蒋介石在口头上同意国民党服从共产国际，只是警告说，国民党不能陷入对世界无产阶级组织的依赖中，像张作霖对日本，吴佩孚对英国那样。他同时承认共产党和阶级斗争存在的必要性，但要求阶级斗争不能破坏民族统一战线。但众所周知，往往会得寸进尺。发现共产党员不知所措（不仅是中国共产党党员），6月7日，蒋介石在黄埔军校发表讲话，在其中再次重复，中国的民族革命是世界革命的一部分，共产国际是世界革命的领导者，国民党应该服从它，他还要求共产党服从国民党：

> 俄国革命之所以能够迅速地走向胜利，社会民主党从克伦斯基政府手中夺取了政权，占领了首都，把它变成革命中心，对整个国家发号施令。所有革命都源自一个政党，这样的革命才能称作真正成功的革命。我们渴望革命的中国人，承认集中所有自己的力量是必需的，应该学习俄国革命的方法。没有一党专政，就不能进行革命。如果没有一党专政，这样的革命就不能成功。

什么样的党应该领导中国革命？

> 国民党已经有了三十多年的活动经历，而中国共产党的历史还不足十年。需要三十多年的紧张努力，才能号召现代中国社会接受三民主义的领导。现在已经做到了这点。国民党不可能灭亡。没有任何其他党能够取代它，因此，任何想实现我们的革命力量统一的人，都应该实际上履行我提出的观点，即在党内应该联合我们的革命力量，建立统一的革命精神。

因此蒋介石提出要求：

> 应该让我党党员只是国民党党员。只有避免所有敌对和怀疑，知识分子的力量才能够联合起来，党的力量才能击溃我们的敌人。如果我们不能做到这点，在一个党内有两个集团的成员，我们不仅不能击溃我们的外部敌人，甚至在自己的内部都不能避免相互冲突和两败俱伤。因此我现在的观点是，在国民党内的共产党员同志应该暂时退出共产党，成为单纯的国民党员。我们以此来避免现在已经在国民党员中看到的怀疑和敌对的毛病。

为了安慰共产党人，蒋介石把他们的注意力转向这点，即"我们应该明白，共产党员为什么最终要加入国民党。为了争取成功地完成中国民族革命，为了集中革命力量……我们需要帮助加强国民党，因此，单单为了争取成功地实现我们的目的，我们的小党就应该暂时牺牲自己"。

蒋介石的纲领是毫不含糊的。他要求中国共产党实际上服从国民党，即实际上让中国无产阶级服从中国资产阶级。

共产党人加入国民党，是为了赢得在民族运动中的领导权。但以蒋介石为代表的资产阶级答复他们说：服从我，承认我的领导权。对此，共产党人作何答复？

中国共产党服从国民党

作出决定的时刻已经来临：中国共产党或留在国民党内，服从大资产阶级的代表，他们要求它放弃独立的政策，力求把它变成自己的资产阶级政策的工具；或是退出国民党的组织，尝试不仅捍卫工人的利益，还捍卫农民和城市小资产阶级的利益，赢得它们的信任，使它们脱离大资产阶级的影响；在这种情况下，分裂国民党，与它的左翼结盟，即为实现共同的目的而结成的两个独立政党之间的联盟。根据共产国际的决定，中国共产党服从了蒋介石的要求，虽然它十分清楚，蒋介石的政变意味着什么，它代表的是什么样的阶级趋势。

在中国共产党通过的中央全会的决议中，毫不掩饰地说道，"广州3月20日事件、国民党5月15日的全会、蒋介石6月7日在黄埔军校对共产党人的建议，追逐的都是一个不变的目的，即掌握党的权力的国民党中派分子的军人集团以及全国右派分子对共产党员的进攻。"

在共产党中央委员会对共产国际所做的关于农民运动的报告中写道：

> 在国民党的决议中说：中国民族革命就其性质来说，是农民革命。我党为了巩固民族革命的基础，应该首先解放农民。任何政治或经济运动都应该以农民运动为自己的基础。党的政策首先应该注意农民本身的利益，无产阶级的行动也应该以农民利益和它的解放为基础。

但是，国民党是否能够履行这点？国民党是囊括所有阶级的政党，就其实质来说，是不能以农民为基础的。除此之外，从去年5月30日（上海事件）起，中国的客观形势是，阶级分化变得越来越明显。这样的大分化在国民党的组织中开始了。国民党日益接近资本家。这一倾向每一步都变得更加明显。现在在国民党中还保留着部分买办和大地主。因此，国民党和国民政府当然不能坚决地反对买办和大地主。相反，对他们来说，有可能与大地主联合起来，对农民施压。例如，发生了多起广东省民团攻击农民协会的事件。对所有这一切，军队和政府往往睁一只眼闭一只眼，不为保卫农民而采取坚决措施。5月

15日的中央委员会代表大会除此之外还作出了关于组织工农运动的决议：东江的农民已经因国民党和国民政府的行动而产生了怀疑。因此，我们十分坚决地说，国民党已经不能领导农民斗争。未来，在阶级对抗变得更加明显时，这一倾向也将变得更加明显。但在现在，我们还不认为，农民应该与国民党决裂，而只是应该让农民集体加入国民党，而不是个人。换言之，应该在国民党中建立农民党，它能够加入或脱离各个阶级的联合战线。

3月20日和5月15日在国民党中发生的混乱，实际上是阶级冲突，确切地说，一方面是资产阶级思想的代表蒋介石想让小资产阶级服从自己，剥削无产阶级，另一方面是他对买办的不满，因而对他们进行攻击。《整理党务案》是反对左派的。如果我们现在就积极地与蒋介石进行斗争，我们就会以此迫使他与买办和大地主妥协，加强剥削。因此现在我们应该对蒋让步，即与资产阶级联合，打击买办和大地主。只有这点才能对农民运动产生影响。

中国共产党清楚大资产阶级分子在国民党内的胜利，也明白国民党就其阶级结构来说，是不能领导农民运动的。但站在服从国民党的道路上，为避免与它决裂，共产党开始考虑为自己的这个政策辩解。辩解归结为不应该吓走大资产阶级，别把它推到与更加反动的地主联合的地步。中国共产党失去了对这个基本事实——地主和资产阶级或是同一个阶级，或是二者之间有着千丝万缕的联系——的理解，这一事实在广东省比在任何其他地方都更加明显。在共产国际的同意下，中国共产党中央决定服从国民党，它开始用庸俗的孟什维克语言与无产阶级说话。在共产国际远东局知情的情况下，在中国共产党中央全会公布的呼吁书中，我们读到庸俗不堪的、有损共产主义声誉的话：

> 减轻这些苦难，是中国人民最迫切的要求。这不是布尔什维主义。可以说，这是在拯救我国人民名义下的布尔什维主义，但不是马克思主义名义下的布尔什维主义。他们（资产阶级）不明白，如在工人组织和罢工中出现的这样最低限度的阶级斗争，决不会削弱反帝或反军阀力量的战斗力。除此之外，他们还不明白，中国资产阶级的福利取决于它与无产阶级共同反帝反军阀的战争的成功，而绝不是无产阶级阶级斗争的继续。

附录3 中国革命的失败

这是什么，是被吓坏的、迷失方向的人的失言？不，党的奠基人、中央委员会总书记陈独秀于1926年6月4日致蒋介石一封公开信，它是中国共产党领导人对国民党的原则上的投降：

> 我并不反对季陶主张一个党要有"共信"，三民主义就是国民党的"共信"；然国民党究竟是各阶级合作的党，而不是单纯一阶级的党，所以"共信"之外，也应容认有各阶级的"别信"，也就是各阶级共同需要所构成的共同主义之外，还有各阶级各别需要所构成的各别主义之存在。譬如工人加入国民党，于信仰三民主义外，不必禁止他兼信共产主义；工商业家加入国民党，于信仰三民主义外，亦不必禁止他兼信资本主义……凡属国民党党员，只要他信仰三民主义为三民主义工作，便够了；若一定禁止他不兼信别种主义，若一定于共信之外不许有别信，若一定在一个团体里面不许有两个主义，似乎是不可能，而且也不必要。[1]
>
> 至于先生说："拿国民党三民主义来做招牌，暗地里来做共产主义工作。"这是右派历来攻击国民党中共产分子的话，我们听得十分耳熟了……[2]

陈独秀同志大声疾呼，共产党以孙中山的小资产阶级思想为基础，这个思想对备受折磨的小资产阶级来说是进了一步，但它对已经在上海进行了数月的罢工、对在香港进行了16个月之久的抵制的中国工人来说，却是可耻的倒退。他要求的只是中国革命未来的领导允许在他的心灵的一角保持他对共产主义的"特殊信仰"。站在马克思和列宁的旗帜下的党的领袖陈独秀接着说：

> ……因此国民党的唯一领袖仍旧是孙总理，即使将来能有名义上的总理，工作上的领袖，而理论上的领袖精神上的领袖，仍旧是中山先生，这是毫无疑义的事，我不懂得先生为什么要提出这个问题？我不相信国民党中任何人（共产分子当然也在内）承认国民党有孙总理同样的两个领袖……若说国民党中共产分子有污蔑总理人格抹杀总理历史的事，这个问题很容易解决，便是不再委屈他做国民党党员，国民党中的共产分子，并

---

[1] 《陈独秀文集》第3卷，人民出版社2013年版，第459页。
[2] 《陈独秀文集》第3卷，人民出版社2013年版，第460页。

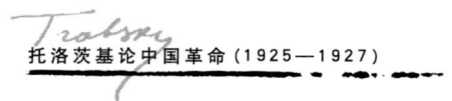

不是不受制裁的黄带子。①

陈独秀同志走得更远。承认孙中山是中国无产阶级的唯一领袖，对原则低头，对蒋介石低头，对这个刚刚为资产阶级的利益发动政变，要求消灭共产党的人低头。他以中国共产党的名义、以中国无产阶级的名义把革命的感恩证明交给他。陈独秀写道：

> 建设工农政府自然不是一件很坏的事，可是现在就主张实行起来，便是大＜错＞；倒蒋必以蒋确有不可挽回的不断的反革命行动为前提，而事实上从建立黄埔军校一直到三月二十日，都找不出蒋有一件反革命的行动，如此而欲倒蒋，且正当英日吴张反动势力大联合，攻破北方国民军之时，复在广州阴谋倒蒋，这是何等助长反动势力，这是何等反革命！介石先生！如果中国共产党是这样一个反革命的党，你就应该起来打倒他，为世界革命去掉一个反革命团体；如果是共产党同志中那一个人有这样反革命的阴谋，你就应该枪毙他，丝毫用不着客气。②

许多同志读着这个声明，以这是策略手腕来安慰自己。须知加入国民党，我们就承认了三民主义。但就是在我手中这份贫乏的材料的基础上就很清楚，这不是手腕，而是党的领导折断了自己的脊梁。党在实际工作中开始歪曲革命路线，卷起了革命的旗帜。在我们上面引用过的那份描绘了农民运动的画面，说明了中国共产党的农村策略的报告中，我们找到了下面的令人惊讶的地方：

> 四川同志提出"打倒地主"的口号。这迫使一些能够和我们一起工作的开明士绅害怕并逃避我们。这是我们工作没有经验的征兆。"打倒地主"的口号很容易引起误解。在外国文献中，地主称的不是那些有土地的人，而是那些除了土地之外还有政治权力的人。在中国文献中，可以把所有靠地租为生的人称为"地主"。如果他们看到"打倒地主"的口号，他们所有人都会被吓得要死，将会反抗我们。因此，我们一定应该利用所有机会取消这些轻易瓦解现成的革命力量的口号，只提出"打倒劣绅"等口号。

---

① 《陈独秀文集》第3卷，人民出版社2013年版，第458页。
② 《陈独秀文集》第3卷，人民出版社2013年版，第454页。

"打倒地主"成了左派共产主义者的口号,因为有革命地主。共产党应该爱惜的这些革命地主是谁?他们显然是身为国民党员的地主。这些地主不仅加入国民党,甚至还加入农民组织,为了从内部瓦解和粉碎它们。共产党反对"打倒地主"的口号,实际上不仅削弱了农民运动的规模,还把它交到了地主手中。

如何歪曲我们在无产阶级中的工作,从下面这点就可以看出来,党服从了政府禁止在北伐期间甚至在远离前线 1000 多公里的地方罢工的命令。不仅兵工厂的罢工,所有有社会意义的工厂的罢工都要服从强制性仲裁法庭。在这个禁令的基础上,地方行政当局开始在许多地方粉碎工人组织。工人全力反抗,作为一个整体组织的党却服从了。

为了避免与国民党领导人的冲突,党没有提出武装工人和革命农民的口号,没有为进行这种武装而采取措施。投入北伐的广州军队有 7 万人。它在这次征伐中激增为 25 万人。它的增员是由于在战斗中被它击溃的吴佩孚、孙传芳的军队的俘虏,还由于投到广州方面的湖南军人省长唐生智的军队。雇佣兵从来没有听到过革命语言,他昨天还掠夺农民,现在就戴上了三色领结,拿起了枪。这样,就在过去的反革命指挥官的领导下建立了新的"革命军队"。那些不幸成为军人的工农,是用自己的脊梁承担着震撼了帝国主义在中国的基础的革命群众斗争的全部重负的无产者,以及确实是用自己的脊梁把大炮和弹药从广州运到上海的革命农民。以蒋介石为首的资产阶级把无产阶级和革命农民看成是能够挣脱铁链的猛兽。民族资产阶级害怕无产阶级和革命农民,中国共产党的领导人害怕"刺激"资产阶级。中国无产阶级和农民渴望武装。广州工人凑钱向广州政府购买武器。汉口工人建立了工人纠察队,在帽子上戴上红星,但手持的是棍棒。只有上海工人从孙传芳的警察局缴获了 2000 支步枪,这 2000 支枪对国民革命军的 30 万支枪。1926 年 3 月 20 日以后,中国共产党方针的收支表就是这样。

三、共产国际和中国共产党的投降

我们在此引用的所有文件,都曾在中文刊物上刊登过,或是在执行委员会十一月至十二月扩大全会之前寄给共产国际的。所有这些文件都发出了中国共产党将有折断自己脖子的严重危险的警报。能够拯救它的只有坚决的方针,共产国际的彻底公开的转变。这个转变不能在幕后进行。在没有公然尖锐地批评和坚决地抨击这样的取消派的罪人——不管他们是谁,在什么位置上——的情况下,这个转变是不能通过新的总路线来完成的。没有明确、实际、具体的纲领,这个转变是不可能的。

我们不知道,在共产国际的幕后发生了什么。扩大的执行委员会通过的决议证明,共产国际执行委员会没有采取任何坚决的转变。因为哪怕就是假定共产国际的所有决定并没有全部公布,而公布的决议,大体上排除了有关未公布的决议中含有纠正所犯错误的措施的任何假设。决议确认,在革命的第一阶段中,"在无产阶级和小资产阶级队伍中寻求支持的民族资产阶级是动力之一",此后,在第二阶段,"在中国的舞台上,工人阶级成了首要政治因素",它"与积极为自己的利益而斗争的农民、城市小资产阶级和部分资本家资产阶级结盟"。这种结合在国民党和中国政府中得到体现。决议说:"现在,运动处于第三阶段的门槛上,在新的阶级重组的前夜。"

在发展的这个阶段上,更加革命性的联盟、即排除了大部分大资本主义资产阶级的无产阶级、农民和城市小资产阶级的联盟,是运动的主要力量。这个联盟建立无产阶级、农民和其他被压迫阶级的民主专政政府。决议提出这个正确的前景,却折断了它的锋芒,声称"这不意味着作为一个阶级的整个资产阶级被排除出民族解放斗争的舞台"。除了中小资产阶级外,甚至大资产阶级的某些力量在一定时间内仍能与革命共同前进。在这个转折关头,当历史决定大资产阶级必然会逐渐背离革命时,无产阶级当然应该广泛利用资产阶级中的那些现在还实际进行反对帝国主义和军阀的阶层。

在此前一直由帝国主义通过中国地主和资本家的军阀集团统治的国家中,工农民主专政是如此之大的社会和政治进步,共产国际提出这个前景不是作为遥远的未来的前景,而是面临的现实前景,那它就应该把决议的重心转到为这个转变做准备上。即使大资产阶级的一些阶层真的留在民族运动的队伍中,在这种情况下,核心任务也不是教无产阶级利用这些在"一定时间内"还不会叛卖的阶层,而是在政治和组织上为夺取政权做准备。须知,如果资产阶级离开,是不会从邮局寄来告别信的,而是用大炮和机关枪送来子弹。国民党和国民政府的全部权力都掌握在控制着军队和国家机器的资产阶级军人集团的手中。资产阶级主要部分的背离应该在这些军人集团中反映出来。

可以假定,共产国际领导人有多少理由相信蒋介石,在有起码的警惕性的情况下,就应该有多少原因不相信他。但须知问题不在蒋介石身上。在国民革命军队中，有数十个比蒋介石更右的将军，资产阶级背离革命显然意味着这些将军率领部队必然的造反尝试。共产国际创立的为在士兵中进行宣传的报纸在哪里？这支军队中的士兵委员会在哪里？武装工农的宣传和准备在哪里？这些根本就不存在。

　　怎样才能建立民主专政？通过国民党中央委员会中的多数的胜利，用布哈林的话来说，这个组织像苏维埃，而用斯大林的话来说，它是革命议会。苏维埃是群众性的基层组织。在国民党中根本就没有这样的组织。无论是工会还是农民组织，都不是国民党的基础。在很多地方，"国民党"，即它的军队和政权机关都与"基础"进行斗争。国民党与这个苏维埃的相似程度，就像拳头与鼻子的相似程度一样。如果甚至哪怕是采用斯大林把国民党比作革命议会的说法，如果没有群众的压力，没有对议会施加压力的基层组织的话，那么在任何一个革命议会中都不会通过决定性的革命变革。国民公会①在巴黎武装的各区的压力下，把吉伦特派送上断头台。只说民主专政日益迫近的阶段，而对建立基层的运动中心不置一词，就确实是忘记了所有革命的所有教训。只有在存在把无产阶级与农民和城市贫民联合在一起的群众组织的情况下，才能在不彻底瓦解军队、没有重大损失的情况下建立民主专政。只有这些组织能够通过双重政权时期为消灭至今仍存在于国民政府统辖区域所有地方的地主和商人的政权做准备。不消灭这些地方政权，任何工农民主专政都是空话。共产国际没有提出创立这些基层群众组织的口号，这样的组织就其类型来说，显然是中国式的苏维埃。

　　整个这种组织上的准备，只有在反对民族运动的大资产阶级一翼、反对控制着国民政府的集团的政策的广泛政治斗争存在的情况下，才能想象。他们拒绝推行土地改革，他们迫害工农组织的政策，所有这些都应该是广泛的政治斗争揭露的对象。任何类似的东西都不存在。中国共产党出版的一些小型日报在角落里抱怨迫害。中国共产党机关报就蒋介石准备的政变倾泻自己的忧伤，但不仅没有勇气告诉工人如何自卫（参见我们在这本小册子开始时引过的陈独秀同志刊登在1927年3月12日的《向导》周刊上的文章），也没有勇气告诉

---

　　① 国民公会系法兰西第一共和国的最高立法机构和最高行政机构。存在于1792年9月21日到1795年10月26日。代表分为三派：吉伦特派、雅各宾派和沼泽派。1792—1793年5月由吉伦特派领导，1793年5月31日至1793年6月2日的人民起义从公会赶走吉伦特派后由雅各宾派领导。在雅各宾派控制的公会中，全部权力实际上集中在社会拯救委员会和社会安全委员会的手中。热月政变（1794年7月）建立了所谓的热月公会，这个公会为向五人执政内阁过渡做准备。——译注

工人，应该为反对谁而自卫。只是向国民政府诉苦。据我们所知，只有汉口工会进行了革命揭露的战斗，这引起了负责同志的极大不满，指责他们为"托洛茨基主义"，太可怕了。大概，其他地方的某些工会也做了同样的事。

共产国际是如何对待中国事件的，我们在莫斯科就有现成的检验。这个检验就是俄国共产党中央报纸和共产国际领导人的讲话。俄国共产党中央报纸系统地隐瞒国民政府的反对工农运动的行动。或是机关报编辑对这些事件一无所知，共产国际对他们隐瞒了中国的真相，或是他们知道这些事实，奉命对苏联舆论保持沉默。

我决定突破沉默的阴谋，在1927年3月17日孙中山逝世两周年纪念会上，在中山大学做了报告，第二天，3月18日，共产主义科学院就实实在在地动员了从共产国际执行委员会东方书记处的彼得罗夫①同志到国家政治保卫总局经济顾问彼得罗夫同志。《共产国际》杂志编辑之一拉费斯、马尔丁诺夫，东方劳动者共产主义大学校长舒米亚茨基②，国防人民委员伏罗希洛夫的外事秘书越飞，所有这些人的发言都是一个腔调："什么危机也没有，一切都很好。谁不这么说，就是散布惊慌失措，谁就是极左，不相信中国无产阶级的力量。"布哈林同志在4月安慰莫斯科党的积极分子说，枪杀工农说明中国的辽阔幅员妨碍政府对地方当局的监督，在国民党中没有纪律。

由地理和缺乏决定子弹射击方向的纪律导致的枪杀，这一切都是把脑袋埋在沙子里、不敢正视现实的鸵鸟政策。这种企图最鲜明地表现在斯大林同志的讲话中。在蒋介石将军造反前的一个星期，这位以现实主义著称的同志在3000名党员前宣称：拉狄克同志是错误的，不应该与资产阶级决裂——资本家部长们为我们服务。他们帮助我们瓦解敌人的后方。没有一个农民会放弃一匹驽马，哪怕它再不好。我们把他们像柠檬一样榨干，然后，如果他们不听我们的话，就把他们扔掉。

坚持刊物对有关中国发生的事的最重要的消息保持沉默，斯大林同志声称，"鲍罗廷精力充沛"，事情掌握在可靠的人的手中。他称蒋介石比策列铁里和克伦斯基高十头，因为蒋介石与帝国主义进行斗争，而克伦斯基当初是进

---

① 即拉斯科尔尼科夫。——译注

② 舒米亚茨基（Борис Захарович Шумяцкий，1886—1938）苏联党和国务活动家、苏共党员（1903年起）。在西伯利亚参加1905—1907年俄国革命和1917年十月革命。1917年任西伯利亚苏维埃中央委员会主席。1919—1920年任西伯利亚革命委员会副主席、远东共和国人民委员会主席。后来从事苏维埃领导工作。1938年因反苏恐怖活动的间谍罪名被捕，同年判处死刑。——译注

行帝国主义战争的。接下来,斯大林同志声明,蒋介石对反帝国主义的斗争还有用。所有依据来自中国现实的事实和阶级矛盾极度激化所做的警告,都被斯大林同志斥责为"反革命"。

斯大林同志的讲话的明确性使听众产生了深刻的印象,没有给人留下对他的信心和局势的稳定性产生任何怀疑的余地,这是政治定向破产的最鲜明的例子。在共产国际的整个历史上,没有一个领导人在评价局势时犯过像与斯大林同志一样严重的错误。如果共产国际不是在口头上,而是在实际上在中国实施旨在促进从资产阶级政权向工农民主专政过渡的方针的话,所有这一切可能就不会发生。但共产国际执行委员会没有采取这样的方针。马尔丁诺夫同志在其发表在4月10日——在蒋介石政变的两天之前——《真理报》上的文章中公开地承认了这点,此文的发表未加说明它不代表编辑部的观点,是一篇争论文章。马尔丁诺夫同志是这样写的:

> 不言而喻,如果采用拉狄克同志的前提,即今天中国的国民政府是"资本家资产阶级的政府"(而不是四个阶级联盟的政府),那么这个问题的答案就很清楚了。在这样的政府中,共产党员没什么可做的。不仅如此,共产党员现在就应该开始反对这个政府的斗争,他现在就准备提出反对领导革命的反帝斗争的中国国民政府的口号——"打倒10个资本家部长",这是布尔什维克在1917年反对进行帝国主义战争的克伦斯基政府时提出的。推翻资本家政府——对共产国际执行委员会全会来说只是作为前景,是无产阶级赢得革命领导权的结果(工业资产阶级脱离),对拉狄克同志来说是出发点。

我在此将不会涉及马尔丁诺夫的非孟什维克的,而干脆是立宪民主党的观点——超阶级的国民政府是四个阶级联盟的政府,列宁创立的机关报《真理报》刊登这样的观点都不脸红。我只想确认,马尔丁诺夫证明,民主专政只是作为远景方针,它与当前时刻没有任何关系。我再重复一次,这是在蒋介石政变前两天刊登在《真理报》上的。

只是因为对共产国际领导人来说,"资产阶级的退出"的前景十分遥远。"利用资产阶级"成了任务,共产国际领导人没有把加速政治和组织上让群众对日益迫近的资产阶级的背离做好准备当做紧迫任务来提出。无论援引这个或那个展开运动、武装工人的指令，都无济于事。我十分确定地说：世界上不存在共产国际代表关于为应对资产阶级背离时刻所做准备的报告；这样的报告不会提供的原因十分简单，因为根本就没有进行这样的准备。我们再次重申，任何想把责任推到"糟糕的执行者"身上的企图，只是力图逃避承认自己的错误，没有任何其他根据。许多执行者真的是毫无用处，但中国革命的失败不是共产国际代表贯彻它的路线不力的结果，而是共产国际根本错误的路线的结果。

比把责任推到共产国际糟糕的代表身上更加荒谬的，是对中国共产党判处辱刑，把所有罪责都推到它身上。我们已经在第二章中引过的那些文件证明，中国共产党领导不仅没有让党对它现在的角色有所准备，而是从1926年3月20日起就对国民党投降，束缚住了党的手脚，为它的破产做铺垫。但中国共产党领导本身与其说是罪人，不如说是牺牲品。不能要求一个仅有六年历史的、刚刚离开大学生小组的年轻政党的领导站到应有的高度；不能把所犯的错误的责任推到党的中央委员会身上，其中的多数是由过去的无政府主义者组成，他们习惯于把共产国际看成是永远正确的领导机关。中国共产党的领导能够用文件来证明，一系列经它签署公布的投降文件，是在共产国际代表紧密参与下写的。它的一个依据是，抑制工人运动规模的政策是在得到共产国际代表赞成后开始推行的。另一个依据是，它没有得到任何说这条基本路线是不正确的指示。

至于党的工人党员，至于追随共产党的群众，他们处在共产国际官方领袖不可企及的高度上。中国工人群众、中国工人党员表明他们是革命战士，完全不相信资产阶级，预料到它会背叛，积极地力求武装起来，充满了自我牺牲精神。共产国际的领袖现在说，中国党是"托洛茨基主义的"，它想超越阶段，过早地投入夺取政权的斗争，他们重复的只是切列瓦宁①的老调子，后者证明，孟什维克的策略是正确的，只是群众不好，不能理解这个政策。

共产国际领导人制定了过渡到革命第三阶段的宏伟计划。资产阶级应该慢慢地、一部分一部分地退出；它的某些阶层应该在一定时间内帮助我们把资产阶级地主的官员机关和平地改造成工农机关。工农应该顺从地、平静地展示力量，组织起来，为了别吓着资产阶级，对所发生的事闭口不提。

---

① 切列瓦宁（Н. Череванин，1868—1938）俄国孟什维克领袖之一，取消派分子。20世纪20年代在苏维埃机构中工作。两次被流放。1931年被捕，判处5年徒刑，1935年被判处流放5年。1938年被判处死刑。——译注

马尔丁诺夫和布哈林科学论证的计划是完美的。不幸的是，无论是中国资产阶级还是中国工农都不想扮演天才的军事计划的作者指派给他们的角色，没有按上面给他们指定的速度展开自己的阵地。这个堪称笑柄的理论证明，当人们捍卫错误、破产的路线时，不想或不能承认自己的错误时，甚至是聪明人都没有他不会反复干的蠢事，事隔二十年后，布哈林重蹈切列瓦宁的覆辙，布哈林在《两个专政》的作者的拥抱中，谁能期待这样的镜头？但刊登马尔丁诺夫论中国资本主义前的性质和无产阶级领导权的文章的布哈林，以及赞叹布哈林的策略是现实的、健康的马尔丁诺夫的镜头，并非偶然。

中国革命失败的根子就是布哈林和马尔丁诺夫的这个思想杂交，口头上的布尔什维克政策，实际上的孟什维克政策。

谁不明白这点，对他来说，上海工人就白白地牺牲了，他就没有从上海工人的教训中学到任何东西。因此，这个报告没有分析马尔丁诺夫和布哈林的历史哲学的一章，就不完整。

四、中国革命的孟什维克理论

布哈林同志为共产国际提供了中国革命的理论。布哈林最初是在俄国共产党第十五次代表会议上阐述了自己的理论，第二次是在共产国际执行委员会的扩大全会上，第三次是在东方劳动者共产主义大学的报告中，第四次是在4月4日的莫斯科积极分子会议上。

布哈林去年10月在我们的代表会议上、在共产国际全会上和1月在东方劳动者共产主义大学里阐述的中国革命的理论，与他在4月4日在莫斯科积极分子会议上阐述的，有着根本的不同，该理论以新面貌（即经过大量修改）出现在《中国革命问题》的小册子中，修改是在他的理论已经百分之百地彻底破产之后做的。请允许我先揭示，布哈林去年11月到今年1月的观点与4月的观点有何区别，然后再表明，虽然有这些区别，布哈林在两个阶段上的理论与布尔什维主义没有任何共同之处，而是再现1905年的孟什维克观点，在这样的再现中，像在这类过渡中常见的那样，有许多以所有"从一方面""从另一方面"的形式表达的老布尔什维克观点的夹层。

有封建主义的和没有封建主义的两种中国革命的理论

从中国内部阶级力量结合的角度，情况是这样的：软弱的资产阶级、大量的农民、手工业者和小商贩的巨大阶层，工人阶级在人数上并不特别多，但已经是相当团结的力量，在最大限度上扮演着重要的政治角色。与外国资本的对抗是如此严重，大部分资产阶级目前与广大群众在同一个联盟中前进，他们在国民党的领导角色中找到了自己独特的政治表现。

你读着这几句话，简直不敢相信自己的眼睛。封建主义到哪儿去了？在布哈林4月4日的报告中，这个封建主义对界定中国革命的性质有着决定性的意义。

布哈林在4月4日的莫斯科积极分子会议上说道：

形形色色的特征一起构成了中国革命的独特面貌，必须稍稍详尽地分析其中的帝国主义、封建主义和革命在中国的相互关系。

他补充说：

所有资产阶级革命无论是在工人阶级领导下或是在小资产阶级领导下进行的，它的主要意义都在于消灭这些或那些封建主义残余。据拉狄克的说法，中国没有封建主义。那么资产阶级革命又从何说起？它在国内反对谁？广州反对吴佩孚、孙传芳和张作霖的斗争，就是资产阶级民主反对封建主义的斗争。盘踞在自己省份中的所谓的军阀，不是别的，就是封建残余。……如果我们这样提出问题，就会得到下面的画面。在国内战场上，进行的是反对北方军阀的战争。资产阶级革命将自己的矛头指向封建强盗，指向封建地主，他们中的部分合法地拥有土地，某些人在法律上没有而实际上拥有土地，可以支配大部分土地收入。正是因此，争论发生在所谓的军阀身上，他们代表封建道路和历史发展桎梏，民族资产阶级在一定时间内能够挺身反对他们。由于说的是国内阶级力量，中国资产阶级革命的主要内容就在于此。（布哈林：《中国革命问题》第23—24页）

这样，在三个月时间里，布哈林同志找到了中国革命的主要内容，而在布哈林在共产国际执行委员会全会上的报告中，在他对应该作为指导革命斗争中的中国共产党人的决议的论证中，没有这一内容。布哈林把他们从共产国际执行委员会扩大全会上派往革命战场，但他们不知道在那里应该为什么而斗争。在布哈林的决议和报告中当然提到了"封建主义"一词，说封建主义注定要被摧毁，但任何把民族革命与军阀之间的斗争说成是资产阶级与封建主义之间的斗争的理论，都是不可能的。出于什么原因？在党的代表会议上和共产国际执行委员会全会上，布哈林讲述的一个事实以最鲜明的形象推翻了他的那个资产阶级南方反对封建北方的斗争的全部理论。他在其报告中说了下面几句话：

> 应该强调，恰恰是在广东省，大型农业比在中国其他省份更加发达，东江北部、西部和东部流域全部土地的85%都属于大土地所有者。

这样，布哈林自己在党的代表会议上、在共产国际全会上的讲话中指出，广州政府没有消灭无情地压迫广东政府的大型土地所有制，因此在投入北伐时，它也不能为与封建主义斗争而这样做。只有把这一切都从自己的记忆中勾销，布哈林才能在4月间突然端出了他的封建主义的理论。不仅如此，他在党的第十五次代表会议上还提出了截然相反的理论。让我们从布哈林在党的代表会议上的报告中摘引所有有关土地问题与民族革命的联系相关的地方。它不仅揭露了布哈林理论体系的轻浮，还揭示了某个更加严重的问题。

> 同志们，现在中国革命在其当前的发展阶段上，最主要的困难和问题是什么？这些困难在于：一方面，十分清楚，中国人民、国民党、中国共产党现在应该把主要的打击集中在与外国帝国主义分子的斗争上。为中国的独立存在、它的民族解放而斗争，是核心任务。为了解决这个任务，必须保持统一的民族革命阵线。这个阵线现在不仅由农民、不仅由工人、不仅由手工业者、不仅由民主派激进知识分子构成，还由商人和工厂主构成，当然不是全部，而是其中那些与外国资本没有直接联系，不能把他们划为买办的人，买办被称为外国资本与中国之间的掮客。但这个工商资产阶级现在客观上起着革命作用，在革命运动发展的现阶段与它结盟之所以是必要的，是为了把最大限度的力量投入反对外国帝国主义分子的斗争中，这个资产阶级通过政府与农村的绅士和富农分子联系在一起。
>
> 应该告诉你们，在中国还有极其发达的转租制，在这种制度下，某个大股份公司租赁土地，是为了以后再把它出租；新的租赁者再把土地出

租,这个环节就这样继续下去……你们触动它,就要开始缝补这个土地所有制,它马上就会波及工商界。在广东省这个广州政府的主要基地上,大量土地掌握在与支持广州政府的工商资产阶级联系在一起的大土地所有者的手中。你们一触动他们,它就开始动摇。整个中国革命的最大困难就在于此。国民党内的力量相互对比是这样的,国民党内有三翼:右翼、中派和左翼。国民党右翼表达的恰恰是那个资产阶级本身的,甚至是它的最右的倾向的阶级利益。另一方面,革命的发展必然会碰上吸引农民的要求。现在不能在反对农民的情况下进行统治,不能在不让农民成为这个革命的基础的情况下组织革命力量。不能这么做。中国当前状况的主要困难就在于此。现在在我看来,中国革命的主要问题也在于此。现在的情况是这样,中国共产党必须坚决着手为推行土地改革而斗争。虽然核心任务仍是驱赶外国帝国主义分子,虽然保持民族革命统一战线极其重要,仍需要推行土地改革和组织农民。把这个极其巨大的后备力量引上舞台,是中国革命切身利益的要求,这场革命刚刚进入现代阶级斗争的更加深刻的分化阶段。不言而喻,这将与某些更加不愉快的事联系在一起,即国民党右翼部分的进一步动摇。不言而喻,这样提出问题可能有诱发左派幼稚病的危险,应该与它作斗争,即反对过早地中途换马,过早地破坏全民族事业的倾向。应该为反对这些倾向而斗争。这里的情况极其复杂,可以用这种方式描述它:站在以民族统一战线反对外国帝国主义的斗争的基础上,必须推行土改,以这种方式为中国革命奠定广泛的农民基础。

在这段冗长的引文中布哈林说了什么?第一,地主以最紧密的方式与工商资产阶级联系在一起。也就是说,在12月时,在布哈林那里封建地主与资产阶级还没有任何矛盾。没有任何对相互厮杀的资产阶级南方和封建主义北方的区分,在这段引文中,民族革命的整个哲学没有了,消失不见了。双方不知道为什么彼此厮杀,须知布哈林4月的音乐会是多么动听。第二,资产阶级助手之间的联系发生在经济中和广州政府中。第三,打击地主引起右派国民党的动摇和"某些不愉快的事"。最后,尽管反帝统一战线的必要性,布哈林决心头朝下往下跳……他决定要求……土改,即他留下地主,只是削减地租,否则他就不说土改,而说革命了。他做所有这一切都是出于"革命的发展必然会碰上吸引农民的要求"。革命发展不是因为农民反对地主的起义,而是革命碰上了对作为反帝炮灰的农夫的需求，因此，反封建主义的伟大战士 Н. И. 布哈林，他还是用土改来奖赏农民的布尔什维克。布哈林就这样把害怕提出"打倒地主"口号的中国共产党人投入革命战争，他在 4 月把这场战争界定为在中国消灭封建主义的战争。

共产国际决议和布哈林的理论

为了使读者不要认为，我们在此涉及的只是布哈林同志的个人创作，需要回忆一下共产国际执行委员会第七次扩大全会通过的决议。在土地制度和革命的相互关系问题上，在其基本概念中，都以 11—12 月的布哈林为基础，而不是以 4 月的布哈林为基础。决议称：

> 当前形势的组织特点是它的过渡性。此时无产阶级应该在与资产阶级多数阶层联盟的前景和进一步巩固自己与农民的联盟的前景之间做抉择。

这意味着什么？为什么在基本是反封建性质的革命——这是布哈林在 4 月时开始这么界定它的——下，巩固与农民的联盟必然会导致与资产阶级多数阶层的破裂？这意味着，"封建、半封建、封建残余"这些词虽然在决议中反复出现，实质上决议并没有把南方与北方的斗争看做是资产阶级与封建主义的斗争，它模糊地明白，虽然在中国存在着封建残余，土地问题基本上在中国完全处于另一个阶段上。

非但如此，决议没有把军阀看做是封建主义的代表。它说："中国军阀的特殊性在于，它虽然作为一个军事组织，同时还是中国资本主义积累的主要渠道之一，这种积累依靠的是半封建性的国家机构的整个体系。"尽管决议从头到尾充斥着理论混乱，在它的字里行间还是透露出下面的思想，即虽然在中国保持着许多封建形式的残余，但实质上，地主属于资产阶级，军阀基本上是资本主义积累的渠道之一，因此，打击地主就是打击资产阶级。但典型的是，在党的代表会议上和在共产国际执行委员会上，布哈林在评价土地问题上比他在 4 月讲话中更加接近真理，因为他现在被中国革命的发展和它成长为平民革命吓坏了，他臆想出作为中国统治形式的中国封建主义，在这两种情况下，他不是像一个布尔什维克那样对待土地问题，而是作为孟什维克或立宪民主党人。他说的只是改革，而不是土地革命。这个观点给共产国际决议留下了印记。这个决议说的只是"最大限度地降低地租"，即它保留了地租。

解读布哈林立场的钥匙

在布哈林在共产国际执行委员会扩大全会上的讲话中，我们找到了下面的内容，它为我们理解他的整个政策提供了钥匙：

> 最主要的任务是战胜外国帝国主义，胜利的保障是民族革命的统一战线。这个阵线现在不仅由农民、不仅由工人、不仅由手工业者、不仅由民主派激进知识分子构成，还由工商资产阶级、商人和工厂主构成，当然不是全部。而是其中那些与外国资本没有直接联系的、不能划入买办的人。买办被称为外国资本和中国之间的掮客。

这个原理需要最详细的分析，因为它是布哈林错误立场的核心。共产国际中国政策的全部毛病都源于它。为了抓住要害，应该说，在人类历史上，从来没有一场革命是只反对外部敌人的。长期占领该领土的外部敌人在进行统治时，总是与当地的这一或那一压迫居民的阶级有联系。人民群众若不同时与每天压迫他们的，他们每天在村里、城市中都能看到的人进行斗争，他们就不能挺身而起与外国压迫者斗争。中国革命胜利的保障是被压迫者的统一战线，即工农和城市小资产阶级的统一战线。但为了让农民上升到民族斗争的高度，它应该与地主斗争，工人应该与资本家斗争，城市小资产阶级应该与资本家斗争，他们都应该与地主—资本家制度斗争。这样，建立被压迫阶级的统一战线的条件，就是这些阶级与资产阶级和地主的当前的统一战线的破裂。我们为什么加入国民党，尽管我们知道其中有商人、地主、工厂主、高利贷者、包税人？我们加入其中，是为了争取其中的仍在追随这些阶层的小资产阶级和农民。中国共产党的代表十分清楚这点，他在共产国际第四次代表大会上说，我们加入国民党，是为了分裂它。布哈林不明白这点，或是把它忘记了，因此他滚入了孟什维主义的泥潭，马尔丁诺夫这个孟什维主义的施洗约翰[①]在那里接住他，吻他。

接受了孟什维克的观点，即革命胜利的保障是保持与资产阶级的统一联盟，布哈林面对农民运动全身战栗，求助于土地改革的口号，即拒绝"打倒

[①] 施洗约翰系基督教《圣经》故事人物，曾预言救世主即将到来；耶稣·基督的先行者。外号"施洗者"，因他在约旦河畔常为人施洗。——译注

地主"的口号；所有这一切都迫使他缩小和缓和中国的阶级矛盾，最后导致他的中国封建主义的荒诞理论。布哈林的这一理论和他的基本观点、他的基本政治方针之间有什么联系？十分简单。这种联系十分清楚，如果考虑一下马尔丁诺夫的文章《中国革命问题》，它在蒋介石政变的两天之前刊登在《真理报》上。在这篇文章中，马尔丁诺夫因蒋介石欢迎南京的农民联盟，他服从汉口政府和上海工人"在国民革命军开进上海后仍保持了手中的武器"而得意（这是在解除上海工人武装的两天前写的），马尔丁诺夫没有阐述任何封建主义理论，但他抓住了列宁的一个词，证明在中国居统治地位的是资本主义前的关系。明白类似的断言对一个拥有 400 万产业工人的国家没有意义，马尔丁诺夫纠正说，"占优势的是资本主义前的关系，更确切地说，是工业资本主义时代前的关系"。这意味着什么？从实际的角度来说，是胡说八道。在一个国家中，占优势的因素是那个对经济起最有力影响的因素。中国经济的特点是本国和外国生产的工业商品破坏了农民的家庭手工业和手工业，破坏了中国金融体系，导致它的山河破碎、帝国主义的统治，以高税收和作为帝国主义影响的传播者的军阀之间永无休止的内讧使农村破产。在中国的农村经济中，主导因素是破坏了封建主义的高利贷者和商业资本，它们现在破坏着农民经济。称这种其中交织着商业资本时期和工业资本主义和帝国主义时期的五光十色的秩序为资本主义前的，在理论上是完全没有意义的，因为国家体制是由该国的主导经济因素决定的。

为什么马尔丁诺夫需要这种胡说八道？他需要它是为了对无产阶级说：千万别与资产阶级破裂。在资本主义前的国家中，你怎么能认真地考虑真正的革命领导权？中国资本主义前的性质的概念和无产阶级领导权之间的矛盾很好解释：无产阶级领导权，是对布尔什维主义的神像膜拜，这是他在 1922 年挂在自己的房间里的，而中国的资本主义前的性质的论据，则是放弃领导权，是追随在资产阶级后面、国民党后面的论据，就像马尔丁诺夫一生都追随在立宪民主党人后面一样。

同样的需要，在 55 岁时成为布尔什维克的倒霉的马尔丁诺夫那里，产生了资本主义前的中国的概念，在经历了左倾激进的青年时代之后，在国家官员年龄的坎上转向了机会主义的布哈林那里，产生了中国革命的反封建性质的理论。布哈林被波澜壮阔地展开的阶级斗争吓破了胆，它有破坏与资产阶级的统一战线的危险，有在布哈林因确信能在一国建成社会主义而想"撇开"的国际事务中引起巨大震荡的危险,他寻找巩固中国瓦解的统一战线的新手段。因为此人清楚地知道,马克思在分析高利贷资本对农村关系的影响时,指出"高利贷一方面是封建财富和封建所有制的破坏者"时,"高利贷才表现为形成新生产方式的一种手段,同时又表现为使封建主、反资产阶级要素的支柱遭到毁灭"①,所以他臆想出了现在在中国作为主导经济形式的封建主义。

整部著作和全部汗水不知为什么而流,因为哪怕在中国的斗争内容真的是与封建主义的斗争,那从中也不应该得出这样的结论,即这一斗争应该与大资产阶级一起进行。在世界任何地方,大资产阶级都不是消灭封建主义斗争的盟主。它到处与城市平民做交易。但布哈林忘记了列宁主义的常识。中国土地危机的全部尖锐性恰恰在于,高利贷"不改变这种生产方式,而是像寄生虫那样紧紧地吸在它身上,使它虚弱不堪。高利贷者吮吸它的脂膏,使它精疲力竭,并迫使再生产在每况愈下的条件下进行。由此产生了民众对高利贷者的憎恶"②,这才是中国土地问题的核心,而不是封建主义,虽然存在着它的残余,虽然由于中国货币体系的完全崩溃,租金在很多地方是实物性的。

高利贷和农村商业资本——即中国资产阶级最有影响的派别——在农村的统治,其后果将是反对资产阶级的土地革命,它将使中国革命具有宏大的规模。害怕在国民党内的"某些不愉快的事",布哈林用自己的封建主义理论施放烟雾,然后隔着烟雾问我:"如果那里没有封建主义,为什么在现阶段还需要资产阶级革命?莫非农民争取被高利贷破坏的私人财产的斗争是争取资产阶级私有制的斗争?莫非争取中国统一的斗争不是为争取中国资本主义发展的斗争?"

我将在其他地方力求在现有文献材料的基础上提供土地关系的画面,并在其中努力阐述在这里所说的一切。但已经说过的就足够清楚,所有布哈林的有封建主义的和没有封建主义的理论都只为一个目的服务:不惜任何代价保持与资产阶级的统一战线。这个愿望以中国革命的惨重失败和折断中国共产党现领导的脊梁骨为代价。与这个布尔什维主义的记忆和孟什维主义政策的杂交彻底决裂,是正确领导中国革命的条件。放弃布哈林的中国革命理论,是紧迫的实际任务。只有这样才能帮助中国无产阶级从它所受到的中国资产阶级的打击中恢复过来。

---

① 《马克思恩格斯全集》第 26 卷第 3 册,人民出版社 1974 年版,第 589—590 页。
② 《马克思恩格斯全集》第 26 卷第 3 册,人民出版社 1974 年版,第 589—590 页。

布哈林在共产国际全会上的报告中说："应该指出，共产国际面临在世界范围内宣传中国运动，让西欧工人群众了解它的任务，仔细研究东方国家中独特的经济和政治条件的任务。没有这种研究，就不能在极其复杂的形势下决定政策，因为在这个国家中的经济政治独特性与各个不同帝国主义集团和它们的外交游戏的彼此交错、往往相互矛盾的影响交织在一起。"①

但在这个能让人想起共产国际最好的时候——那时在列宁的领导下一起工作，在对国际无产阶级作出相应的建议前，极其谨慎和仔细地研究所有问题——的开场白之后，作为共产国际唯一的思想领袖的布哈林，在事实残片的基础上炮制了一系列理论，把它们联系在一起的只有一个愿望，即看不到伟大和危险的现实，从而避免被迫得出革命的结论。

五、失败的教训

失败的意义

中国革命遭受了惨重的失败。目前，它放弃了北伐时获得的大量领土。它所依靠的军队分成了两个阵营。革命指挥官中的大部分都转到了反革命一边。中国主要的无产阶级中心目前已经失去。在此前属于国民政府的广袤领土的大部分地方，工人阶级都被粉碎。湛江、福建、广东、广西的工会组织都被粉碎。工人阶级的相当一部分组织者牺牲了，或是被关押在监狱中。现在的斗争首先要保持作为革命基地的湖北湖南两省，今后革命的进攻应该从那里开始，在以如此之高的代价获得的经验的基础上，在革命国家的帮助下进一步组织革命。

中国革命的失败使此前在不同程度上与民族运动共进退的那部分大资产阶级（本地资产阶级、首先与国内市场联系在一起的商业资产阶级）转到了反革命一边。这个转变意味着，它走上与帝国主义和作为后者工具的军阀做交易的道路。这已经是谁也不能否认的了。中国大资产阶级在所有决定性的战斗中，都将彻底成为反革命的了。

今后，中国资产阶级不能继续扮演以它的名义行动的军阀集团的领导者的角色了。它甚至不能是在资本主义的基础上统一中国了。这样的统一的工具是军阀，他们今后将为争取最大的影响力而彼此斗争。推动他们这样做的不仅是

---

① 布哈林：《资本主义的稳定》，第140页。

对财富的贪婪,还有中国资产阶级各部分让其他部分服从自己的追求。没有帝国主义的重大经济帮助,没有帝国主义的重大让步,中国资产阶级就不能稳定自己的地位,不能在中国建立牢固的资产阶级制度。只有为大量失去土地和在什么地方都找不到栖身之所的群众提供工作,才能减少土地问题的尖锐性,只有中国工业的增长,才能为暂时缓解农村革命危机创造社会环境。帝国主义不像能对中国资产阶级作出重大让步,即在中国现在所处的崩溃状态中,它会决定为中国经济发展提供大量物资。帝国主义列强为建立统一的资产阶级政府的目的而共同行动,也同样不可能。他们的利益彼此矛盾,今后它们无疑将把赌注押在各个军阀身上,在他们之间挑起战争,允许他们达成暂时协议,以便今后力求削弱和分裂中国。这样,应该认为,中国的社会形势今后将会激化,现在遭到失败的革命的基本力量将增长和加强。无产阶级、农民、城市小资产阶级联盟进行的中国革命在大资产阶级那里遭到了残酷的失败,后者领导的联盟迅速振作起来,并战胜了无产阶级领导的工农和城市贫民的革命联盟。

正是由于这个中国革命进一步发展的远景,研究中国共产党和共产国际所犯的错误具有巨大的实践意义。不搞清楚这些错误的实质,就不能在失败造成的新形势中推行正确政策。

失败的根源

共产国际的主要错误是对中国无产阶级与资产阶级之间的阶级矛盾的发展程度估计不足,对帝国主义和中国资产阶级之间存在的矛盾估计不足。臆想中国的斗争首先是在封建主义和资产阶级之间进行的,而在现实中,中国农村遭到城市即资产阶级的剥削,中国地主阶级或者就是中国的大中资产阶级,或是与它有着千丝万缕的联系;看不到商业资本在中国农村的统治角色,以及资产阶级为一方,无产阶级和农民为另一方之间的矛盾的尖锐性。从这些不正确的前提出发,共产国际才会认为资产阶级各阶层将缓慢地、一部分一部分地退出民族革命,希望延长它参加民族运动的时期,也许会直到中国统一。

只是由于不明白,甚至是参加民族运动的工业资产阶级,也不能把反帝斗争进行到底(就不用说买办资产阶级了),共产国际希望,由于民族解放运动的反帝性质,资产阶级会长期加入其中。工业资产阶级只是为从帝国主义那里争取到完全可以达到的让步而斗争,例如,保护性关税,英国殖民地印度在很大程度上已经争取到了这点。完全沉湎于反帝的统一民族运动的理论,不允许共产国际考虑一个简单的事实,即甚至在国民党的宣传中,把外国矿山、矿井和银行国有化的口号都没有起任何作用，然而没有这种国有化，彻底战胜帝国主义是不可能的。

夸大了资产阶级参加民族运动的长期性，从而夸大反帝统一战线的力量，闭眼不看作为地主与资产阶级紧密联系的后果的广州政府的反农民政策，闭眼不看国民政府对不断增长的工农运动的日益加剧的仇恨，闭眼不看中国资产阶级背离革命的日益增多的证据，共产国际把避免国民党分裂作为自己策略的核心。因此在 1926 年，共产国际命令中国共产党留在国民党内，虽然国民党给它提出了与它的独立政治路线不相容的条件。因此，共产国际对下述事实没有反应，即中国共产党中央委员会没有充分展开工农运动，中国共产党中央委员会为了找到与国民党的共同语言，开始用民族布尔什维主义的语言说话。从 1926 年春天起，共产国际在中国问题上的全部政策都意味着消灭独立的中国共产党，使它变成国民党的附庸。

共产国际绝不允许共产党进行战斗准备（而在资产阶级背离民族运动时，战斗是不可避免的），是让中国共产党、中国工农群众服从中国资产阶级政策的最鲜明表现。共产国际不帮助中国共产党建立这样的组织，没有它们就不可能用革命精神教育群众。没有每天揭露中国资产阶级政策，动员人民群众反对右派国民党的日报，侈谈工农民主专政日益临近的新阶段，就是空话。

国民党资产阶级让地方政权保留在地主和商人的手中。共产国际没有提出建立工农兵、城市贫民的苏维埃的口号。它以此让工农运动处于完全分散的状态，拒绝完成最主要的革命任务——破坏剥削压迫的旧机关。军队完全掌握在军官的手中，其中绝大部分都是反革命分子。党没有在军队中建立秘密的、非法的革命组织，没有争取到在军队指挥官中建立政委制，即听任资产阶级把作为反革命工具的军队掌握在它的手中。党允许所有武器集中在失去阶级属性的、昨天还为反革命服务的军队的手中，它让工人阶级没有任何武装，甚至没有号召他们参军。民族运动的领导者无产阶级，实际上被排除在军队之外，而使民族战争获得彻底胜利的，应该是这支军队。

甚至在汉口、长沙等地的工人群众自发地投入与国民党右翼的战斗，投入反蒋介石的战斗，以此强迫共产党和左派国民党的领导人开始在上层进行斗争时，共产国际领导人反对"加速事件"，满足于蒋介石的欺骗性解释和许诺，蒙蔽群众的警惕性，唤起他们对妥协的希望。共产国际执行委员会第七次扩大全会谈到面临的资产阶级背离的决议，就好像是一份远景决议，同时主要注意

力集中在资产阶级将分期分批地退出，剩下来的那些部分还应该利用。没有在思想上武装工人群众，使他们被打了个措手不及，甚至在上海也被解除了武装，那里的群众曾以重大的牺牲为代价夺取了相当数量的武器。

这样，中国共产党的四月失败，是近一年来共产国际根本错误的路线的结果，它没有利用国民党，反而被国民党所利用，它不是自觉地追求无产阶级在民族运动中的领导权，而是实际上服从资产阶级的领导权。

违背列宁关于无产阶级对民主革命的态度的教导，违背共产国际第二次代表大会的提纲，违背第四次代表大会的决议，违背1926年3月共产国际执行委员会第六次扩大全会的决定，共产国际在中国实际上推行的是孟什维克政策，因此，什么也没学会、什么也没忘记的老牌孟什维克分子拉费斯和马尔丁诺夫成了这个政策的执行者，并非偶然。这一切之所以会出现，是因为我们自己的路线开始转向孟什维主义。

怎么办

当前的形势是，国民政府在很大程度上依靠右派将军唐生智，他的军队驻扎在湖南湖北两省。如果表明正在前线的部分广州军队将站在国民政府一边，国民政府就有可能在一定时间内用其他军事力量——虽然并不是十分可靠的支柱——对抗唐生智。这使国民政府有可能武装工农。

留在汉口的这部分政府，在其队伍中还有像投机分子孙科这样的大资产阶级分子，谭平山同志在其报告中把他和财政部长宋子文界定为地主买办的极右代表。地主和商人的旧的地方政权没有被破坏。这样，政府还是由工人、大小资产阶级代表组成的。布哈林同志断言说，它现在是"左翼联盟的政府"（《中国革命问题》第59页），干脆就是自我欺骗。即使汉口政府已经从自己的队伍中开除了大资产阶级的代表，它也还不是工农民主专政政府，如果政府悬在空中，如果地方存在的还是旧政权的话，如果政府不能依靠对它想代表的社会力量进行武装的话，就什么专政也谈不上。汉口政府不明白这个事实，它将彻底破产。

中国共产党和左派国民党的首要任务是用它们所能采用的一切手段来武装湖北、湖南工人，立即解除旧地方政权的武装。应该用工农和城市小资产阶级的政权，排除地主、大中资产阶级、旧官员的革命自治机构来与它对抗。这样的机构只能是工农兵、小商贩、手工业者的苏维埃。把苏维埃口号与罢工委员会、工会、农会的口号对立起来，意味着彻底瓦解群众，而且是在应该把它们集中起来，形成战斗的打击之拳的时候。不仅如此，由于没有破坏旧政权，农会、罢工委员会、工会经常处在地主资本家的地方政权的威胁之下。

斯大林同志断言，建立苏维埃意味着"提出反对该地区现存政权的斗争口号"，没有击中要害。在武汉地区，在汉口的大厦中存在着一个政府，虽然它还不是真正的左派政府。不是抛弃它，应该的只是从中铲除右派分子。但正像我们在上面说过的那样，这个政府悬在空中。各地方存在的是地主资本家政权。不仅应该提出推翻后者的口号，而且还应该在苏维埃的帮助下推翻它。只有推翻了这个地方政权，才能说在武汉地区存在着左派政府。斯大林同志用"全部政权归革命的国民党"的口号与苏维埃口号对立。斯大林同志把国民党等同于革命议会。这样，他就是用议会政权的口号来对抗底层人民——工农、城市贫民——政权的口号。

斯大林提问题方式的机会主义性质，直接来自这个公式。斯大林同志担心，苏维埃口号会为那些说"莫斯科的苏维埃化"的人提供口实，这种担心是错觉，好像中国资产阶级和帝国主义的敌对程度不是取决于中国革命干了什么，而是取决于它如何称呼自己的机构。如果它称自己的政权是议会政权，它对应该被剥夺土地的地主的作用，就像可卡因在拔牙时的作用一样。如果把这个论据考虑透彻的话，斯大林同志应该得出的第一个结论是，作为志愿者被派往中国的俄国共产党员应该拒绝帮助中国革命，因为他们在中国和世界资产阶级的眼里早就是莫斯科的"苏维埃化"的证据了。

在中国放弃苏维埃口号，就是放弃列宁的立场，他在1920年共产国际第二次代表大会上说：

> 显然，处于半封建依附状态的农民能够出色地领会苏维埃组织这一思想，并把它付诸实现。同样明显的是，那些不仅受商业资本剥削而且也受封建主和封建国家剥削的被压迫群众，在本国条件下也能够运用这种武器，这种组织形式。建立苏维埃组织这一思想很简单地不仅可以应用于无产阶级的关系中，而且可以应用于农民的封建和半封建的关系中。我们在这方面的经验暂时还不很丰富，但是委员会里有几个殖民地国家的代表参加的讨论，无可辩驳地证明了共产国际的提纲必须指出，农民苏维埃、被压迫者苏维埃这种手段不仅适用于资本主义国家，也适用于还保留资本主义前的关系的国家；无论在落后国家或者在殖民地，普遍宣传建立农民苏

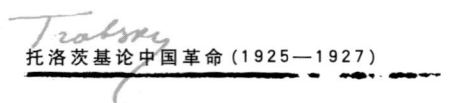

托洛茨基论中国革命(1925—1927)

维埃、劳动者苏维埃这一思想,是各国共产党和准备建立共产党的人的责无旁贷的义务:只要是条件允许的地方,都应该立即进行建立劳动人民苏维埃的尝试。①

列宁对那些"几乎没有产业无产阶级"的国家是这样说的。在一个像中国那样有着几百万产业工人的国家中,对共产党人的这一责任还能有什么怀疑吗?

汉口政府应该立即着手落实一系列涉及工人阶级、城市小资产阶级和农民的社会改革。禁止向地主、商人交纳地租的禁令应该立即颁布,任何强行勒索地租的企图都应该受到民主专政力量的镇压。八小时工作制,提高工资,劳动保护的贯彻应该立即实施。应该为小商贩和手工业者建立信贷基金采取措施。应该为向军队提供军需而把这些商贩和手工业者组织起来。蒋介石寄希望可以通过许诺社会改革来缓和他与上海工人的尖锐关系,这一简单的事实表明,汉口政府迄今为止在这个领域中什么都没有做,应该抓紧。

只有在保持共产党人和左派国民党联盟的情况下,汉口地区才能作为国民革命的桥头堡。只有在整个国民党中从上到下地驱逐右派国民党员,才能维护这个联盟。谁是右派,谁是左派,唯一的检验只能是"消灭地租,实施八小时工作制,武装工农,建立苏维埃"。谁反对这些口号,他在国民党中就不应该有位置。斯大林同志是知道这个立场的。如果他指名道姓地说我现在提出了退出国民党的口号,他就心里明白他是在蓄意扯谎。

他看过我在共产主义科学院的报告,我在莫斯科积极分子会议上发言时他也在场,我在那里准确明白地说,在革命发展的现阶段,不必要求退出国民党,如果国民党把右派资产阶级的代表开除的话。与我捍卫同一个观点的同志,无论是在季诺维也夫同志的提纲中、在六位中央委员的决议中,还是在季诺维也夫和托洛茨基同志在中央全会上的讲话中,都没有退出左派国民党的口号。斯大林同志臆想出子虚乌有的要求,是为了掩盖真正的争论对象:中国共产党的独立政策。

由于迟迟不创办共产党的日报,导致革命的重大失败,现在虽然已晚,是否还需要创办它,斯大林同志对此未置一词。共产党人是否应该公然在共产主

---

① 《列宁全集》第二版第39卷,人民出版社1984年版,第232页。

义旗帜下行动,他们是否需要巩固与左派国民党的联盟而批评它的小资产阶级领袖们的所有动摇,应该回答这个问题,斯大林同志没有回答。如果在它的下面掩盖的是维持服从国民党的旧政策的话,那么中国无产阶级将被汪精卫和宋子文出卖,就像它曾被蒋介石出卖一样。

国际形势与中国革命

蒋介石转到反革命阵营和国民革命军的分裂,空前地增加了威胁中国革命的危险。国际帝国主义没有利用这个局面。也许它为了不彻底败坏蒋介石的声誉,要亲自承担屠杀汉口政府的刽子手的角色。日本内阁的变动没有一点儿好兆头。局势异常严峻,但很清楚,这要求的正是布尔什维克的果断和勇敢。在当前的局势下,重心是最有力地推行保卫武昌地区的措施,通过唤起工农破坏对手的后方。

中国革命的失败恶化了我们的国际地位,使战争威胁比在冬季时更加严重。但认为我们通过收敛我们的中国政策,就能避免战争,是幼稚的。相反,只有动用我们所能动用的全部力量——遗憾的是,军事力量不属于其中——帮助中国革命,保卫自己,保住武昌地区,我们才能让对手相信我们的果断,才能保住作为盟友的中国革命。

帮助中国革命的首要条件,是考虑失败的教训,让国际无产阶级了解在中国发生的阶级斗争,让它更进一步地理解不仅是作为民族解放运动的、而且还是作为工农阶级斗争的中国革命。因此,应该彻底与为孟什维主义的中国革命理论而掩盖阶级斗争的事实,掩盖失败的政策决裂。只有知道在中国发生了什么,中国工农为什么而斗争,欧洲工人才能帮助保卫中国革命。昨天还被全部共产党刊物宣称为解放斗争英雄的蒋介石的背叛,在国际无产阶级中引发了困惑。只有在中国革命策略问题上的充分的公开性,才能为动员世界无产阶级力量保卫中国革命创造基础。

卡尔·拉狄克

1927年4月底5月初

附录4 武约·武约维奇在共产国际执行委员会第八次全会上的讲话[①]

布哈林同志从历史陈述开始他的讲话。请允许我把他的陈述推得更远,越过他停止的地方,因为伟大的中国革命运动的终点不是北伐前夕,相反,它正是从此开始了它的最重要的阶段。

首先,扼要介绍一下在共产国际第六次扩大全会之前,即1926年春天之前的我们的中国政策。昨天,彼得罗夫同志以无数引文为依据,表明第六次全会前后中国党的主要决定和政策以及共产国际执行委员会作出的决议都是正确的。

彼得罗夫同志依据文件证明,直到1926年春天,在季诺维也夫同志一直积极地参与下确立的中国的政治路线,还有中国党和共产国际的所有重要决议,在那时都是正确的。我对此十分感谢。[②]

这是对布哈林同志论点的最好答复。

彼得罗夫同志想为共产国际第六次全会之前的中国政策承担责任,这是十分令人满意的,但在他要求季诺维也夫为在共产国际执行委员会第六次全会之后,即在北伐之后的政策负责,他就言过其实了。因为所有关于中国共产党的政治独立性和保持它自己的面貌的决议,实际上都被践踏,只是为了不惜任何

---

① 译自 Problems of the Chinese Revolution, pp. 304-305。

② 武约·武约维奇系青年国际前书记,联合反对派中季诺维也夫派的支持者,因此试图把季诺维也夫整个方针都说成是正确的。不过,这个观点与事实不符。1927年以前,他在中国革命问题上的立场不仅是不正确的(它们与斯大林和布哈林的立场相当吻合),就是在联合反对派时期也是十分软弱的。这可以从他的《提纲》中看到,甚至在其对官方路线进行有力的批评时,他实际上捍卫的也是半中派主义的立场。机关支持者在这个时期的讲话和文章中,将他们揭露的季诺维也夫立场和托洛茨基立场之间的矛盾加以对照。——英译者注

附录4　武约·武约维奇在共产国际执行委员会第八次全会上的讲话

代价地保持与蒋介石的联盟，已是一个臭名昭著的事实。

彼得罗夫同志走得更远，为了证明中国共产党一直关注保持它的独立和独立政策，引证了中国共产党中央委员会1926年7月的全会决议。彼得罗夫，或者还有马尔丁诺夫在《共产国际》杂志第11期上曾对这次全会的决议进行过严厉的批评。共产国际执行委员会的官方机关杂志建议中国共产党下一次代表大会修改它们。现在，在蒋介石政变之后，彼得罗夫同志仍以这些他要求修改的决议为依据，想证明中国共产党始终是正确的。当然，没有比这更大的虚伪了。

在此我们重申：中国共产党一再努力想纠正它的路线，退出与蒋介石的不惜代价的联盟，我们在提纲中建议立即给中国共产党中央委员会发一封电报，告诉它七月全会的决议基本是正确的，必须立即着手落实。不幸的是，中国党纠正这条政治路线以及它的错误策略的所有尝试，都与鲍罗廷同志和共产国际执行委员会驻中国代表的官方立场相冲突。

如果你们想知道这些决议实施的情况如何，这些决议在两个月前曾遭到彼得罗夫同志的指责，但在昨天、在这里又受到他的称赞，那你们就看看摆在你们面前的三位同志从上海的来信，你们就能够获得中国过去和现在正在发生的一切的鲜活画面。那时你们就更容易领会，蒋介石的政变是如何成为可能的。

但让我们回到历史上来。有人在这里说，在蒋介石的政变前，反对派一直保持沉默，它现在正力图利用这个政变来实现它的"派别"目的。真实情况是什么样的呢？

在共产国际执行委员会第六次全会之后，拉狄克同志于1926年7月致政治局的第一封信中，要求对在中国出现的一系列问题作出答复，以便作为中山大学校长的他能在行动中与党的政治路线保持一致。这封信一直没有得到答复。由于中国发生的重大事件，拉狄克同志在学年开始时又给政治局寄了第二封信，要求澄清以下几个主要问题：

1. 1926年3月20日以后建立了蒋介石军人独裁，我们对它的态度。这个问题的困难之处在于一个事实，即蒋介石是国民党领袖以及鲍罗廷对他的官方支持。我们投入反对蒋介石，在这里有着巨大的政治意义。

2. 国民党农民工作的结果。

3. 国民党要求共产党员放弃对三民主义的批评。

4. 国民党是否能在无产阶级中工作?

5. 我们将怎样支持国民党左翼分子?

6. 中共中央执行委员会全会的最近一份宣言的半孟什维克语调的问题,它说,我们必须把阶级斗争降到最低点,当我们称共产党的政策是布尔什维克政策时,这指的不是马克思主义名义下的布尔什维主义,而是在整个民族利益下的布尔什维主义。

我认为我有责任提出这些问题,并请你们召我前去汇报。

在拉狄克同志于1926年7月寄出这第二封信后,于同年9月再次提出所有这些问题。绝对沉默是政治局的唯一答复。

1927年1月,拉狄克同志受命在斯维尔德洛夫大学举办系列讲座,他再一次提出了中国革命的最重要的问题。但事件的进程如此迅速,错误的危险积累已经到了这种程度,在汉口危机后,拉狄克同志认为他有责任公开提出这些问题。只是在这时,他最终在共产主义学院的讲演中,以下面的方式提出了问题:

中国革命最后的命运将在汉口而不是上海决定。决定革命进展的不是眼前的军事胜利,而是国民革命运动内部的阶级斗争的结果。蒋介石的将军们在所有地方枪杀工农,为决定性的战斗进行动员。左派国民党和共产党必须拿出勇气和必要的力量把右翼开除,夺取运动的领导权。为这个目的,必须立即武装工农,必须把工农队伍组建成军队,土地革命必须完成,必须通过满足工人要求来解决社会问题,首先必须确立共产党组织上的独立,因为这一独立性实际上尚不存在,我们必须为在实现民族革命运动中的真正的同质性而斗争。

"预见到所有事情,他们的预见已经被事实所证实"的历史学家布哈林和多数派的其他同志的答复是什么?

他们不严肃地考虑拉狄克同志提出的问题,而是大喊大叫地指责这是惊慌失措,因为恰恰是与蒋介石的冲突已经解决了,他服从国民党中央委员会,他声明忠于中央委员会,已经引发了震耳欲聋的胜利的欢呼。但他们忘记了,在革命中像在所有其他事情中一样,资产阶级从来不服从决议,而只服从武力。

附录4 武约·武约维奇在共产国际执行委员会第八次全会上的讲话

几天之后,夺取了上海,又发出了新的欢呼声。

就在此时,事件的发展表明,蒋介石进军上海不是讨伐帝国主义分子,而是为了与驻扎在上海的帝国主义军队建立联系,为了给它提供后卫,而走向帝国主义分子,并通过这种方式为实施在一个月前以失败而告终的政变做准备。

他们为什么发出指责惊慌失措的叫喊,而不是为解决我们自己队伍中的敌人而立即采取必要的措施?由于对中国事件的错误评价,由于低估了资产阶级在中国革命中扮演的角色。最有代表性的答复是什么?

1. 资产阶级早就想进行反对工农的斗争,但它不能这么做,因为它是反帝的,它需要工农来进行它的反帝斗争(马尔丁诺夫)。

2. 大资产阶级为了给工业发展奠定经济基础,想消灭封建主义。因而它进军讨伐北方的封建军阀,反对支持封建主义残余的帝国主义分子(布哈林)。

3. 资产阶级是国民党建立的革命议会中的少数。它服从左翼和共产党人构成的多数。它不能给我们造成麻烦,我们一定要为自己的利益而利用它,然后把它扔到一边(斯大林)。

我认为,在这三个观点中没有实质性的分歧,不幸的是,我没有时间对此进行分析。

但由于我承担了历史学者的角色,我想让你们注意一段真正的历史演讲,否则,它可能会不为历史所知。这是1927年4月6日斯大林同志在莫斯科党的积极分子会议上的讲话,这几乎正是工人的鲜血将要在上海街道上流成河的时候。我冒着被指责为不忠诚,或是进行个人攻击的危险,因为斯大林同志没有触及昨天的问题,也许他把它算在个人问题之列。不过,我做了准确的记录,希望能相当忠实地提供这篇讲话的内容,无愧我曾是共产国际代表大会的翻译的名声。斯大林同志总有机会通过把他的讲话速记放在我们面前,来纠正非蓄意造成的不准确。斯大林同志说了什么?(我只涉及最重要的问题。)

中国革命与1905年俄国革命的不同在于,它主要是一场反帝革命。拉狄克同志的主要错误在于他不明白,中国革命的发展速度不能像他希望的那样快。他太急躁,他希望事件迅速发展,他不明白,1917年的俄国革命有许多困难要克服,虽然帝国主义分子分成了两个阵营;中国革命将不得不克服更大的困难,因为帝国主义分子在中国结成统一战线。这就是发展速度将是缓慢的原因。拉狄克提出了非常革命的口号：粉碎右派国民党，开除右派。这样革命的口号再多一点，中国革命就会被葬送。由于对国际形势、中国革命和它的发展速度的错误估计，导致了拉狄克的所有其他错误。国民党是一个联盟，是某种革命议会，其中有右派、左派和共产党人。为什么要政变？在我们是多数，右派听我们的话时，为什么要开除右派？

一匹衰弱的老马只要还有用，农民就需要它。他不会把它赶走。所以我们也是这样。当右派对我们不再有用，我们就会把它开除。现在，我们需要右派。他们是些能干的人，他们还指挥着军队，领导它反对帝国主义分子。蒋介石也许不同情革命，但他领导着军队，他只能率领它反对帝国主义分子。

除此之外，右派分子还与张作霖的将军们有联系，知道怎么才能让他们士气低落。无须打击就能让他们彻底转到革命一边来。而且他们还与富商有联系，可以从他们那里筹款。在彻底地利用完他们之后，就把他们扔掉，像榨干的柠檬一样。

请你们记住，这是在政变前几天说的。

中国革命由一个广泛的革命党领导，它的中央委员会形成某种革命议会。领导权属于共产党人。如果共产党人向国民党挑衅，他们可能被粉碎，领导权就会转到右派手中，等等。

斯大林同志以什么方式看待国民革命军的将军们对工农的屠杀呢？这些"个人问题"布哈林在莫斯科是鞭长莫及的。斯大林同志说：这样的事情以前发生过，今后还将更多。认为一场已经持续了两年之久的革命能够在没有这类事情的情况下发展，是可笑的。我们是否隐瞒了这点？不，这不是事实。我们没有隐瞒这点，但我们也不希望在我们的报纸上夸大它。斯大林得出结论，为了保证实现我们的目的，这里除了拉狄克建议的那些之外，还有其他途径，虽然没有那么迅速，却更加可靠。

讲话是在政变前几天做的，但从来没有公布。① 我们抗议没收反对派的文

---

① 此说不确切。这篇讲话曾在《共产国际》杂志上刊出。在蒋介石政变之后，共产国际为了维护斯大林的威望，命令各国共产党员销毁该期杂志上载有斯大林这次讲话的几页。——译注

附录4 武约·武约维奇在共产国际执行委员会第八次全会上的讲话

章，反对强迫我们沉默。但我们相当民主，也抗议斯大林同志强加给自己的沉默，反对这种自我没收，它很有可能被用来取代自我批评。在所有这一切之后，我们的新历史学家布哈林同志出现在这里，并对季诺维也夫同志在1925年没有预见到1927年事件的进程，允许胡汉民于1926年在共产国际执行委员会扩大会议上讲话表示愤怒。但布哈林同志忘了读季诺维也夫同志的小册子里的接下来的一段，在这段话中，季诺维也夫早在1925年就提出了武装工农的口号，你们没有执行这个口号，因为你们想不惜任何代价保持与蒋介石的联盟。如果你们在适当的时机武装了中国工农的话，革命进程就会截然不同，蒋介石的政变也就不可能了。

政治局3月3日的秘密指令肯定在这里已经引用了。如果这些指令真的意味着中国的政治路线的改变，为什么它对我们报纸的态度，对斯大林同志和布哈林同志在一个月后对莫斯科积极分子的讲话没有产生任何影响？如果真的明白路线是错误的、必须纠正的，对大资产阶级和蒋介石必须采取另一种态度，那为什么在我们所有党的队伍中产生了混乱？为什么如此害怕承认犯下的错误？3月3日的指令只是使多数派和共产国际负责机构的政治责任变得更大，因为关注中国问题的是这个机构，而远不是主席团。

1927年4月6日，斯大林同志反而指责拉狄克同志对首先是反帝的中国革命问题一无所知。它的主要任务是战胜北方军阀，过早地与右派决裂就是破坏革命。我们不用着急，我们用不着过于坚决，因为大资产阶级很顺从，我们在利用它。顺便指出，不是我们利用大资产阶级，而是它在利用我们，它迅速地占据了国民党已经占领的大半个中国后，蒋介石为了进行政变，杀害了数千无产者。

迄今为止，在中国犯下的所有错误都用"特殊策略"的说法来辩解，这种策略是符合归咎于帝国主义在中国扮演的角色而形成的"特殊条件"的。今天，帝国主义完全从斯大林同志的描述中消失了。对中国的帝国主义未置一词。土地革命占据了帝国主义的位置。现在，企图以这个名义来为同样错误的政策辩护，其方式与用帝国主义在中国的角色来为在蒋介石政变前的错误政策辩护一样。

但在蒋介石政变前，土地问题在哪里？莫非土地革命不是整个民族革命的基点？因为政变前你们以相同手法推迟解决武装工农的问题，推迟解决土地问题，推迟土地革命的完成，就是为了维持与资产阶级的联盟，据布哈林的看法,它是彻底反封建和反帝的。以前,你们想利用资产阶级来打垮北方军阀,消灭封建残余。我们已经看到了成绩。这表明中国大资产阶级能够进行反对封建主义残余的斗争,正像已经达到了资本主义发展同样水平的其他国家的大资产阶级一样。

同志们,现在你们说,中国的土地革命已经提上日程,你们争辩说,汉口政府负有完成土地革命的使命,并且正在指导它。你们以前说过,绝对不能驱逐蒋介石,他不会背叛我们。相反,我们对你们说,只有把大资产阶级和蒋介石从国民党军队的领导中赶出去,才能打垮军阀和帝国主义分子。现在,你们正在与汉口政府重复同样的错误,你们争辩说小资产阶级已经以土地革命为目标,并持在中国把土地革命进行到底的立场。你们说,"土地革命前不能建立苏维埃"!只有在左派国民党完成了土地革命之后,只有我们在这个意义上利用了他们之后,我们才能在中国建立苏维埃。我们向中国工人和农民呼吁,在小资产阶级的领导下,你们永远不会有土地革命,并以此来回答你们。你们在继续同样的错误和罪恶政策,它们为蒋介石政变的重演做准备,这次是犹豫不决的国民党左派领袖和汉口国民革命军的将军们的政变。

只有无产阶级在这个地区的领导权有保障时,汉口政府才能完成土地革命。而且实现无产阶级在汉口政府和左派国民党中的领导权的唯一手段,不是对总是在无产阶级和大资产阶级之间摇摆、最终会转向强者一边的小资产阶级让步;唯一的手段是组织无产阶级和农民的力量,并且赋予它以苏维埃的组织形式,这不仅会使我们能够动员广泛的群众,还能为共产党在苏维埃和国民党中赢得对这些群众的领导权。

同志们,你们在这方面只是继续实施让步政策,只不过这次是对小资产阶级让步。布哈林同志不能引证一个具体事实,能表明汉口政府在党的中央委员会之后,或至少是在蒋介石政变之后真正地武装工农,帮助农民取得对土地的所有权。

(海因茨·诺伊曼:汉口政府打败了中国的北洋军阀!)

诺伊曼同志,蒋介石也打败了北洋军阀。我们衷心地祝贺这个胜利。但我们对你们再重申一次,最主要的东西根本就不是一般的打倒北洋军阀,而是它们被国民革命军和国民运动所打倒,后者的领导权掌握在真正有能力完成土地革命的唯一一个阶级,即无产阶级的手中。

我们不知道,当前汉口政府的将军们——唐生智和冯玉祥——明天会给我们带来什么意外。你们也不知道。前者是真正的封建领主，后者只是刚刚加入国民党。最近一期《曼彻斯特卫报》报道，冯玉祥给上海的蒋介石发了一封电报，向后者报告他本人的军事胜利。

当前，唯一一个能够动员工农群众，保障共产党在国民党内和国民革命运动地区内的组织，就是苏维埃。

（塞马尔：前言不搭后语……）

这里没有任何矛盾。如果汉口政府真的像你们所争辩的那样是革命的，如果它能够完成土地革命，那么这个汉口政府为什么反对苏维埃，反对这个工农的革命组织呢？因为这是反对它的，因为只有在我们足够强大，能够在共产党的领导下的苏维埃中巩固武装的工农，它才能帮助完成土地革命。只有在这种情况下，小资产阶级才能完成土地革命。不过在相反的情况下，它最终将跑到大资产阶级的一边。

我在我的讲话的最后指出，中国同志说，只有在列宁的旗帜下，中国革命才能胜利，他是正确的。同志们，这是正确的；中国革命，甚至是土地革命的胜利，不是在对我们的布哈林同志如此宝贵的国民党的旗帜下，而是只能在苏维埃的红旗和列宁主义的旗帜下。

武·武约维奇

1927年5月

于莫斯科

第二部分
流放、流亡时期

致普列奥布拉任斯基的第一封信*

在几期《真理报》上连载了一篇长文《广州起义的意义和教训》。就其中所包含的建立在一手资料上最有价值的报道,以及对主要矛盾和混乱的出色描述来说,这篇文章确实是出色的。

文章从评价革命本身的社会性质开始。我们知道,这是一场资产阶级民主革命、工农革命。以前,它应该在国民党的旗帜下展开……现在则是反对国民党。

但是,据作者和整个官方政策的评价,革命的性质仍是资产阶级民主革命。现在我们来看看阐述苏维埃政权政策的一章。在这里说:"为了工人的利益,广州苏维埃颁布的法令规定:……工人监督生产,通过工厂委员会实施这一监督……并将大型工业企业、运输业和银行收归国有。"

接下来列举了这样的措施:"没收的资产阶级的所有房屋分给劳动者"……

这样,广州工人掌握了苏维埃形式的政权。事实上,政权属于共产党,即无产阶级政党。纲领不仅仅是没收地主土地,因为这种纲领在中国已经有了;不仅仅是工人监督生产,而是把大型工业企业、银行和运输业国有化,还有没收大资产阶级的房屋和全部财产分配给劳动者。请问,如果这些措施是资产阶

---

* 译自 Лев Троцкий, *Письма из ссылки*, cc. 10 – 12, составлен Ю. Г. Фельстинским, издан Издадельством гуманитарной литературы》。

托洛茨基写这三封信,是由于普列奥布拉任斯基批评反对派和托洛茨基的中国革命的策略,也反对托洛茨基的不断革命论,向斯大林的中国政策靠拢,是他其后向斯大林投降的前奏。这三封信反映了左派反对派内部思想斗争的民主方式和托洛茨基如何对待自己派别内的不同意见者:他希望保持自己队伍的统一,并不同意"不妥协派"对普列奥布拉任斯基和拉狄克等人的批评攻击,但并不是无原则地与他们妥协,而是通过澄清思想、辨明是非的方式。——译注

级革命的措施,那么中国的社会主义革命将是什么样的呢?哪个其他阶级用什么措施来完成它呢?我们看到,在革命的实际发展中,资产阶级民主革命、工农革命的公式,应用于发展的现时期、现阶段的中国,纯属毫无内容的虚构和空洞无物的标签。那些在广州起义前、甚至直到现在,在起义的经验之后仍坚持这一公式的人,是在不同条件下重复季诺维也夫、加米涅夫、李可夫①等人在1917年犯的严重错误。有人可能会说,土地革命在中国尚未完成!没错,但我们这里,在无产阶级专政建立之前也没有完成。我们的土地革命,是比在中国土地所有制的历史条件下所能产生的更深刻的土地革命,根本就不是资产阶级民主革命,而是无产阶级社会主义革命。有人可能会说,中国尚未成熟到可以进行社会主义革命的程度。但这是抽象的、没有生命力的问题的提法。莫非孤立地看,对社会主义来说俄国已经成熟了吗?对无产阶级专政来说,它已经成熟了,因为专政是解决所有民族问题的唯一方法;至于社会主义的发展,则是从与世界革命的今后发展不可分割地联系在一起的国家的经济文化条件为出发点。这完完全全适用于中国。如果八或十个月前这是预见(那也是太迟的预见)的话,现在这就是广州起义得出的无可辩驳的结论。推说广州起义在很大程度上是冒险主义的,其中阶级关系是以歪曲的形式表现出来的,这是错误的。

  首先,所引文章的作者认为,广州起义绝不是冒险,而是中国革命发展中的一个完全符合规律的阶段。整个官方观点就是这样,一方面把革命评价为资产阶级民主革命,另一方面赞同广州政府的行动纲领,把二者混为一谈。但即使是从把广州起义评价为阴谋分子制造的叛乱的角度,也不能得出资产阶级民主革命的公式是有生命力的结论。起义显然不是及时发动的——在革命浪潮在全国衰退的情况下,但是各阶级的力量以及不可遏止地从中产生的各自的纲领被起义完全合规律地表现出来。这点的最好的证明,就是在广州起义中暴露出来的力量对比是应该能够预见的,也预见到了。

  这个问题与关于国民党的最重要的问题最紧密地联系在一起。顺便说一下,文章作者不得不满意地说,广州政变的战斗口号之一是"打倒国民党"。国民党的旗帜被扯碎,帽徽被扯下,并用脚践踏。而须知在不久以前,在蒋介

---

① 李可夫(Алексей Иванович Рыков,1881—1938)老布尔什维克,1917年当选内务人民委员,列宁逝世后任人民委员会主席(1924—1930),他与斯大林合作粉碎、清除左派反对派;后来他作为右派反对派领袖被撤销职务,1937年被开除出党,1938年莫斯科审判后被处决。——译注

石"背叛"和汪精卫"背叛"之后，我们还听到庄严的许诺："我们绝不放弃国民党的旗帜"。唉，不幸的革命者……广州工人取缔了国民党，宣布它的所有派别均属非法。这意味着什么？这意味着，对解决基本民族问题来说，无论是大资产阶级还是小资产阶级，都不能推出无产阶级可以与之并肩解决"资产阶级民主革命"的任务的力量。但是，你们忘记了几亿农民和土地革命？……卑鄙的说法。须知局势的关键是掌握农民运动的任务落在无产阶级身上，即直接落在共产党身上。这个任务在实践中只能以广州工人的方式来解决，即以无产阶级专政的方式，最初的方法必将在近期内转变为社会主义的方法。这些方法的整体命运像整个专政一样，最终由世界发展的进程来决定，这当然不排除无产阶级专政的正确政策，而是相反，是以它的正确政策为前提，它表现为巩固和发展工农联盟。一方面完全适应民族条件，另一方面适应世界发展进程。在广州起义的经验之后再玩弄资产阶级民主革命的公式，就意味着反对中国的十月。因为没有正确的总体政治定向，无论怎样英勇、怎样忘我的革命起义都不能取得胜利。

确实，中国革命"进入更高的新阶段"，但它的正确性不是在这个意义上，即它将在明天或后天就会再度崛起，而是它暴露了资产阶级民主革命的口号没有任何内容。恩格斯说过，错过了有利形势而因此遭受失败的党将化为乌有。这对中国共产党也适用。中国革命的失败无论如何不亚于1923年德国革命的失败。当然，应该合理地理解"化为乌有"。很多情况都表明，在中国的近一个时期是革命退潮，慢慢地吸取沉重的失败教训，共产党直接影响削弱的时期。由此产生了它在原则和策略上深化所有问题的必要性。而不公开全面地讨论迄今为止所犯的全部致命的错误，这就是不可能的。当然，自我深化的工作不应该是自我孤立的工作。应该牢牢把握工人阶级的脉搏，以便正确地评价速度，不仅及时了解新的高潮，而且要为新的高潮做准备。

列·托洛茨基
1928年3月2日

我对普列奥布拉任斯基的答复
——致普列奥布拉任斯基的第二封信*

您的信也走了大约22天了。在这种条件下很难就紧迫问题交换意见。而我把中国问题归入最紧迫的问题,因为那里还在进行战斗,游击队在行动,武装起义已经提上日程,您想必知道共产国际最近一次全会的决议。

首先把令人不愉快的琐碎问题说清楚。您别说我枉然假借与季诺维也夫论战的名义实际上与您论战。这点您是完全错误的。不过我认为,误会是由写信的时间不一致造成的。我写广州起义是在得到两位骑士①的著名的信之后,而且从莫斯科传来消息,说为了揭发"托洛茨基主义",给他们派了秘书。我不怀疑,季诺维也夫会把我关于中国问题的信件公之于众,我在这些信中证明,作为革命特殊时期的无产阶级和农民的民主专政,无论如何在中国都不会成功,因为在那里为此所必需的前提比当时我们这里还要少,而且根据经验(不是根据理论)已经得知,无产阶级和农民的民主专政本身在我们这里没有实现。这样一来,我的所有信都是从季诺维也夫过去和未来的"揭发"的角度写的。在我说到对我忽视农民的指责时,我一点也没有忘记我与您关于中国的某些争论——但我无论如何不会把对我的这种刻板指责放到您的口中,我希望您承认,只有一点儿也不忽视农民,才能得出解决农民问题唯一的途径是无产阶级专政的结论。亲爱的 E. A.,您完全是徒劳地充当了吱吱乱叫的野兔的角色(请您别为用打猎的比喻而生气),它以为枪是瞄准它的,其实对准的完全是另一个目标。

关于在中国不会出现任何无产阶级和农民的民主专政,我是从武汉政府成

---

* 译自 *Письма из ссылки*,cc. 26 – 32。

① 两位骑士指的是季诺维也夫和加米涅夫。——译注

立时开始思考这个问题的,我在思考时依据的正是对社会事实本身的分析,而不是它们的政治折射,众所周知,这些事实相当独特,因为它们还取决于包括民族传统在内的一些次要因素。当武汉政府的垮台从根儿上粉碎了关于似乎控制整个国民党的十分之九的左派国民党的神话时,我确信这是基本社会事实已经通过政治上层建筑的独特性为自己开辟了道路。须知在1924—1925年间,"国民党是工农党"几乎是老生常谈。"突然"表明它原来是一个资产阶级—资本家的党。当时创造了一种说法,说这不过是它的上层,十分之九的国民党是革命的农民党。又"突然"表明左派国民党彻底粉碎了农民运动,众所周知,这种运动在中国有丰富的传统,有其传统的组织形式,它在最近几年中广泛地展开。这就是为什么您以绝对抽象的精神写道:"不能说中国的小资产阶级推出了什么类似我们的社会革命党的政党,或由退党的右派共产党人创立这样的党"等,我对这一"非常论"的论据则是这样答复的,第一,即使社会革命党能够创立,也未必能从中产生什么无产阶级和农民的民主专政,像我们这里一样,尽管条件有利得多,也没有出现。第二,与其猜测小资产阶级今后——即在阶级关系进一步激化的情况下——是否能扮演或多或少的独立角色,棍子能否变成枪?还不如问一下,为什么不久前它不能扮演这样的角色,那时它拥有为此所需要的最有利的条件:把共产党赶进国民党内,把后者称为工农党,并以共产国际和苏联的全部权威来支持它,农民运动汹涌澎湃,期待领导出现,从1919年起,知识分子就被广泛地动员起来,等等、等等。

您写道,中国"面临着为如中国民族统一这类最基本的东西进行大规模、残酷、长久的血腥斗争"。这是正确的,但小资产阶级对革命的领导甚至是半领导是不可能的,就是由此得出的结论。现在中国的统一是一个国际任务,与苏联的存在是国际任务一样,这个任务的解决只能通过与世界帝国主义和它在中国的经济政治代理人——包括"民族"资产阶级在内的资产阶级——进行"大规模、残酷、长久的血腥斗争"。

您写道,中国面临的是"资产阶级土地革命这一宏大课题"。对列宁来说,问题的根子就在这里。列宁指出,农民作为一个阶层,它能够在反对地方贵族和与它紧密联系的沙皇专制为其顶点的官僚的斗争中起革命作用。列宁说,在下一个阶段,富农离开工人,相当大部分中农也离开工人,但这是转入作为世界革命一部分的无产阶级革命阶段了。中国的情况如何?那里没有地方贵族，那里没有由唯一的利益联系起来的反对地主的农民阶层。中国的土地革命的锋芒指向城乡资产阶级。拉狄克不止一次以此为依据——现在甚至布哈林对此都明白了一半。问题的根子就在这里。

您写道，"未来中国第三次革命的第一阶段，它的社会内容也不能定性为社会主义变革"。但在此我们有这样的危险，或是撞上布哈林的烦琐哲学，或是以从事术语分辨来代替对辩证过程做生动的界定。从1917年10月到1918年7月间，我们的革命的内容是什么？我们把工厂留在资本家手中，以工人监督来限制，没收了地主的土地，实施小资产阶级社会革命党的土地社会化的纲领；除此之外，我们在这个时期还有左派社会革命党人与我们共同执政。完全有权说，"十月革命的第一阶段的社会内容不能界定为社会主义变革"。雅可夫列夫①，好像还有某个红色教授对此嘲弄了一番。列宁说，我们顺带着完成了资产阶级革命。中国革命（第三次）将不得不在其第一阶段就打击富农，剥夺外国资本家的租赁，否则就不可能有在真正的国家主权意义上的中国经济政治上的统一；换言之，中国第三次革命的第一阶段，就将比十月革命第一阶段含有更少的资产阶级内容。

广州事件（像以前的中国其他事件一样）表明，在其身后有香港和外国顾问、外国军舰的"民族"资产阶级对所有稍稍独立的工农运动持这样的立场，使工人对生产的监督比我们这里更难成为现实。完全有可能，在未来的"第三次中国革命"的初期就必须剥夺所有有价值的工厂。

诚然，您企图干脆排除广州起义的证明。您说：因为"广州起义是冒险，即不是群众运动的产物，那么这样的事怎么能造成新形势呢"？……哎，您知道，这是完全不能容忍的简单化地对待问题的方式。在广州起义中有冒险成分，对此我毫无异议。但把广州事件描述为从中不能得出任何结论的小把戏，这就是过于简单地企图躲避考虑广州经验的内容。冒险表现在哪里？在于领导力图弥补自己过去的罪行，吓人地加速事件的进程，并导致流产。群众运动是存在的，但不够充分，还不成熟。认为流产在母体和生育过程方面不能给我们任何教益，是错误的。广州事件对中国革命的基本问题的巨大的理论决定意义

---

① 雅可夫列夫（В. И. Яковлев，1884—1941）俄国社会民主工党党员（1904年起），1916—1918年为布尔什维克党莫斯科州委会书记处书记。1917年起先后在最高国民经济委员会、全俄肃反委员会、粮食人民委员部工作；1918年为"左派共产主义者"，1923—1928年为托洛茨基派成员；忏悔后，于1929—1937年任俄联邦财政人民委员。第三次莫斯科审判中的被告，判处监禁，死于狱中。——译注

就在于，我们在此——"由于"冒险（对、对）——得到了在历史和政治中难得的东西：几乎是大规模的实验室实验。我们为它付出了沉重的代价，因而我们更没有权利抛弃它的教训。

实验的条件几乎具有"化学般纯粹"的性质。所有此前的决议都记录下来，得到确认，并且背熟，革命是资产阶级的土地革命，像二二得四一样，只有那些"超越"阶段的人才会说什么无产阶级专政（依靠它与构成中国农民80%的贫农的联盟）等等、等等。中国共产党最近一次代表大会就是在这个标志下举行的。共产国际的特派代表R.同志①出席了大会。人们对我们说，中国共产党新一届中央委员会是无可置疑的。与所谓的托洛茨基主义的斗争当时正以最疯狂的速度展开，在中国也一样。然而，据《真理报》说，在广州事件前夕，中国共产党中央委员会作出决议，中国革命具有不断的性质，而且共产国际代表H.同志也持这种观点。在这种情况下，对革命的"不断"性质应该理解如下：面临极其重要的实际任务（虽然是过早提出的），中国共产党党员甚至还有共产国际的代表考虑到过去的全部经验和所谓的全部政治资本后，得出结论，率领农民反对大地主（城乡资产阶级）的只能是在共产党领导下的工人，而从这样的胜利中产生的只能是依靠与数亿贫农联盟的无产阶级专政，像巴黎公社一样，后者也含有实验室实验的成分（因为那里的起义是在一个孤立于全国的城市中展开的），蒲鲁东分子和布朗基分子的行动完全违背自己的学说，从而更加清晰地暴露出阶级关系的实际逻辑（马克思语），头脑中充斥着对可怕的"不断革命"的偏见的广州领导人一进入行动，从第一步起就陷入这个不断的原罪中。以前注射的马尔丁诺夫派的大剂量的珍贵的解毒药哪儿去了？不对，如果这仅仅是冒险，即是什么不表明也不证明的把戏的话，那么这次冒险就是按其创造者的样子完成的；啊不，冒险接触到渗透了实际（尽管还不成熟）群众运动汁液的土地，因此这次"冒险"抓住自己的创造者的胯裆，不客气地把他们举起来在空中摇晃，在为了稳固而用天灵盖敲广州的马路后，把他们头朝下放在那里。正如近期就这个革命题目所写的文章证明的那样，这些"创造者"还倒立在那里，两脚"不断"在空中乱蹬。

---

① R.同志即罗易（Manabendra Math Roy, 1892—1948）印度共产党员，当时拥护斯大林路线，一度任共产国际驻中国代表，出席中国共产党第五次代表大会。后来脱党。1940年起领导印度人民党。——译注

托洛茨基论中国革命(1925—1927)

说从每个工人革命者都应该深入思考的活生生的事件中得出"不合时宜"的结论,是可笑的、不能容忍的结论。在贺龙、叶挺起义时,我想公开地提出的问题是,在国民党发展轨迹完成后,政权的竞争者只能是无产阶级先锋队。这以它的新目标、新的自我评价——在对客观定位的重新评价后——为前提,从而排除对待事情的冒险主义方式:"我们在某个角落里等待,农夫可能会响应,什么人好歹能夺取政权并做点什么。"一些同志那时对我说:"根据看来已经被镇压的贺龙提这个问题是不合时宜的。"我一点也没有过高地评价贺龙的起义,但仍认为,它是有利于在中国革命问题上必须重新定向的最新信号。如果那时及时提出这些问题,它们也许会迫使广州冒险的策划者们深入思考,中国共产党可能就不会如此无情地被消灭;即便没有,也会在我们的预见和警告下,广州事件会像拉狄克在蒋介石政变前夕的警告一样,作为最沉痛的教训进入数百、数千人的头脑中。不,所有教训都经历了,但中国革命什么时候复苏,我不知道。不过,留给我们支配的时间应该全部用于为之做准备,而且应该紧紧追随事件。

您写道,应该研究中国历史、经济、统计等。不能反对这点(如果这不是把问题无限期地拖下去的理由的话)。但是,应该说句为自己辩解的话,从我抵达阿拉木图之时起,我只研究中国(研究印度、波利尼西亚等是为了做比较)。当然,我的空白比填补上的地方要多得多,但仍应该说,在我今天仍在阅读新书(对我来说)时,我已经碰不到任何全新的东西了。而主要仍是通过经验来证实预见:首先是对整个国民党,然后是对左派国民党和武汉政府,最后是对以广州起义的形式为第三次革命下的"定金"。这就是我认为不能拖延的原因。

最后两个问题。您问,列宁在战时反对布哈林,捍卫俄国仍面临着资产阶级革命的思想,他对吗?对,他是对的。布哈林的提法是教条的、烦琐哲学的,即是现在布哈林偷偷塞给我的对不断革命本身的漫画。但要知道,这个问题有另一方面:当列宁反对斯大林、李可夫、季诺维也夫、加米涅夫、伏龙芝[①]、加里

---

① 伏龙芝(Михаил Васильевич Фрунзе,1885—1925)苏联党和国务活动家、军事活动家、军事理论家,苏共党员(1904年起)。国内战争时期先后任东方面集团军司令、东方面军南方集群司令和东南方面军司令,1924—1925年先后任苏联革命军事委员会副主席、主席、陆海军副人民委员和人民委员兼工农红军参谋长、劳动国防委员会委员等职。——译注

宁、托姆斯基①等（我就不提所有的李亚多夫们了），提出他的四月提纲时，他是正确的吗？当他反对季诺维也夫、加米涅夫、李可夫、米柳亭②等，捍卫无产阶级夺取政权，他是正确的吗？您比我更清楚，如果列宁在1917年4月不能返回彼得堡，就不会有十月革命。1917年2月以前，无产阶级和农民专政的口号是历史进步的口号；在二月革命以后，斯大林和加米涅夫等人的同一个口号就是反动口号了。

从1927年4月到5月，我坚持无产阶级和农民民主专政的口号适用于中国（更确切地说，我赞成这个口号），由于社会力量尚未作出自己的检验，虽然中国的形势对这个口号要比在俄国不利得多；在宏大的历史行动（武汉的经验）已经提供这个检验之后，民主专政的口号成了反动力量，它必然不是导致机会主义，就是导致冒险主义。

您进一步推说，在十月的跳跃之前我们有二月的助跑。这是正确的。如果我们在北伐初期开始在"解放"的地区建设苏维埃（群众对此十分向往）的话，我们就有了必要的助跑，就能瓦解敌人的军队，得到自己的军队，就能得到政权，即使不是一下子在全中国，也是在它的相当大的部分中。现在，革命当然是在退潮。轻浮的多产作家指出，革命处于新的高潮，因为中国无数的人被处死，严重的工商业危机，竟有这样犯罪的白痴。在经历了三次严重的失败后，危机不能激发无产阶级，相反是压抑它，死刑破坏在政治上已经被孤立的党。我们进入了退潮期。新的涨潮从哪里开始？或换言之，什么样的形势能为领导工农群众的无产阶级先锋队提供必要的助跑？我不知道，对此仅仅是内部过程就足够了，或是还需要外部的推动，这要让时间来证实。我假设，运动的第一阶段可能以压缩的方式和改变的形式重复革命已经走过的几个阶段（如对反对张作霖的"全民族统一战线"的某个新的拙劣模仿），但这个第一阶段将足以使共产党对群众提出和公布自己的"四月提纲"，即它自己的无产阶级夺取政权的纲领和战略。如果我们进入另一个发展速度比以前快得多的高潮

---

① 托姆斯基（Михаил Павлович Томский，1886—1936）苏共党员（1904年起），1918—1919年、1922—1929年为全俄工会中央理事会主席，1919—1934年为中央委员，1922—1930为政治局委员，1929—1930年为全苏工会中央理事会副主席，1929年起领导全苏化学工业工会联合会。立场与李可夫、布哈林一致，反对取消新经济政策，被指责为右倾分子。1936年得知季诺维也夫和加米涅夫在法庭上提供不利于他的证词，开枪自杀。——译注

② 米柳亭（Владимир Павлович Милютин，1884—1937）老布尔什维克，1917年起任农业人民委员，1918—1921年任最高国民经济委员会副主席，1928年起任中央统计局局长、国家计划委员会副主席等职。1937年被枪毙。——译注

时，还用今天已成笑柄的过时的"民主专政"，那就可以拿自己的脑袋来打赌了，在中国有太多的李亚多夫，但未必能找到一个列宁，以便在革命震荡的第二天（反对所有的李亚多夫们）在策略上重新武装党。

列·托洛茨基
1928年4月底

致普列奥布拉任斯基的第三封信[*]

亲爱的 E. A.：

昨天收到了您的航空信。这样一来，所有的信都到了，而且最后一封信走了 16 天，比一般的信快了 6 天。

两天前我给您寄去了对您就中国革命部分的反驳的详尽答复。而今天一觉醒来，想起（似乎）还没有答复您认为是最重要的——据我的理解——一个论据。您写道：

> 您的主要错误在于，您是在谁、哪个阶级进行革命的基础上确定革命的性质的，即根据行动的主体，而对过程的客观内容好像只赋予次要意义。

接下来您把德国十一月革命、法国 1789 年革命和中国未来的革命作为例子来引证。

这个论据实质上只是对您的所有其他具体的经济和历史看法的"社会学"（用崇高的语体说）总结。但我想以它们的概括的社会学公式来答复您的看法，因为在这种情况下，主要错误（您的，而不是我的）将暴露得格外清楚。

怎样界定革命的性质：根据进行革命的阶级，还是根据它所具有的社会内容。以如此一般的形式把二者对立起来，本身就有理论陷阱。法国革命的雅各宾时期，当然是小资产阶级专政时期，而且小资产阶级为大资产阶级开辟道路是完全符合它的"社会学"本质的。德国的十一月革命是无产阶级革命的开

---

[*] 译自 *Письма из ссылки*, cc. 33 – 35。

始,但在它的头几步被小资产阶级领导掣肘,它只来得及做一些资产阶级革命未完成的事。怎么称呼十一月革命:资产阶级革命还是无产阶级革命?两者都不对。只有在我们为十一月革命提供动力并确定了它的结果时,它的地位才能确定。在这种情况下,动力(这个词指的当然不仅仅是推动力,还有领导)和结果之间是没有矛盾的:动力和结果都带有"社会学"的不确定性。但我斗胆问您,您怎么称呼1919年的匈牙利革命?您会说,无产阶级革命。为什么,须知匈牙利共和国的"社会内容"原来是资本主义的。您回答说,这是反革命的社会内容,而不是革命的。完全正确。现在您把它用于中国。在无产阶级专政(依靠与农民的联盟)的情况下,在一定的时期内,社会内容还不是社会主义的,但从无产阶级专政通向资产阶级发展的道路,只有通过反革命。因此在社会内容方面,只能说:"走着瞧。"

问题就在这里,革命的政治动力最终当然依赖经济基础(不仅仅是民族的,还有国际的),但是不能抽象逻辑地把它从这个经济基础中分离出来。第一,基础本身是十分矛盾的,它的"成熟"与否是不能靠单纯的统计界定的;第二,经济基础像政治形势一样,不应只限于民族范围内,而要在国际范围内,要考虑到民族和国际经济之间的辩证的相互影响;第三,阶级斗争和它的政治表现在经济基础上发展,但有其独特的发展逻辑,而且它是十分威严的、不可抗拒的。列宁在1917年4月说,拯救俄国免于瓦解和灭亡的只能是无产阶级专政,苏汉诺夫[①](最彻底的反对者)以两个主要理由回答:第一,资产阶级革命的社会内容还没有实现;第二,俄国经济还没有成熟到能够进行社会主义革命的地步。列宁是怎么回答的?它成熟与否还得"走着瞧",这是不能用统计学来确定的,这将由事物的进程,而且只能是国际规模的进程来决定。列宁接着说,不管这个社会内容最终如何确定,现在、今天,拯救国家摆脱饥饿、战争和奴役,除了无产阶级夺取政权外,没有其他途径。

现在对中国,必须说的也正是这点。错误首先在于,似乎土地革命构成今天历史斗争的基本内容。这场土地革命的内容应该是什么?平分土地。但这样的平分土地在中国历史上并不罕见。后来的发展又"恢复原状"。土地革命是

---

① 苏汉诺夫(Николай Николаевич Суханов,1882—1940)俄国革命运动参加者、经济学家、政论家,1903年参加社会革命党,1917年起为孟什维克,全俄中央执行委员会委员,十月革命后在苏维埃经济机关工作,1931年因所谓的孟什维克组织案而被判刑,1939年再次被判刑,死于监禁中。著有7卷本《革命札记》。——译注

消灭中国的土地所有者和中国的官员。而中国的国家统一和经济主权意味着从世界帝国主义的统治下解放出来,对后者来说,中国今天是防止欧洲崩溃、明天则是美国资本主义崩溃的最重要的安全阀。在没有国家统一和关税自主(实质是对外贸易垄断制)的情况下的土地革命,不会给中国开辟任何出路和前景。在所有的参加者完成的那个实验之后,中国面临的斗争的巨大规模和骇人听闻的激烈程度,正是由它预先决定的。在这些条件下,中国共产党人应该对自己说什么?他难道能这样议论:中国革命的内容只是资产阶级的(这已经由这么多的统计表证明了);因此不能给自己提出无产阶级专政的任务;社会内容规定,这顶多是工农联合专政;但对联合(说的当然是政治联合,而不是阶级的"社会学"的联盟)来说,需要的是伙伴;莫斯科教导我,国民党——开始时是全体,然后是除去右派,再后来是左派国民党——就是这样的伙伴;但是,左派国民党根本就没有;那该怎么办呢?显然,一个中国共产党党员只能以这样的想法来安慰自己,"现在还不能说,中国的小资产阶级能否推出一些政党……"也许推不出来。也可能会突然推出来呢?中国共产党人如果照这个方子议论,他就割断了中国革命的喉咙。事情涉及的当然根本不是号召中国共产党马上进行夺取政权的起义。速度完全取决于形势。任务是让这样的信念渗透整个共产党:只有在共产党领导下的无产阶级专政,才能胜利完成第三次中国革命。而且这个领导不应该理解为"一般的",而是在直接掌握整个革命政权的意义上。而以什么速度建设中国的社会主义,这我们将"走着瞧"。

列·托洛茨基

1928年4月底

中国革命的总结与前瞻
——它对东方国家和整个共产国际的教训*

在对 1905 年革命的经验、错误和趋势的分析中,最终形成了布尔什维主义和孟什维主义以及德国和社会党国际的左翼。对中国革命经验的分析,对今天的国际无产阶级来说,也有同样的意义。

不过,这个分析甚至还没有开始,就被禁止了。官方文献沉湎于匆匆搜集适合共产国际执行委员会决议的事实,这些决议的站不住脚早已暴露无遗。纲领草案尽可能缓和中国问题的最尖锐的地方,但基本上巩固共产国际执行委员会在中国问题上的致命路线。对伟大历史进程的分析被用文字捍卫破产的方案所取代。

一、论殖民地资产阶级的性质

纲领草案宣称:"只有在资产阶级不妨碍工人和农民的革命组织,并且真正与帝国主义进行斗争的情况下,(与殖民地国家的民族资产阶级达成)的暂时协议,才是可以允许的。"

这个公式虽然被蓄意当作一个附加建议插入,却是草案的一个核心条件,至少是对东方国家的核心条件。主要条件当然是"使工农摆脱民族资产阶级的影响"。但我们不是从语法角度,而是从政治角度来评判,何况是在经验的基础上,因而我们说:在此,主要条件成了附加条件,而附加条件含有最重要的内容。对东方无产阶级来说,整个这个公式是典型的孟什维克的绞索。

在这里说的是什么样的"暂时协议"?在政治中,就像在自然界一样,所

---

* 此文系列·托洛茨基的《共产国际纲领批判》的第三章,译自网上下载的 Критика программы Коммунистического Интернационала。

有东西都是"暂时的"。也许,我们在此讨论的是从一种情况到另一种情况之间的纯粹实际的协议?无须说,我们不能事先拒绝每次都为明确的目的服务的这种严格限制的、纯属实践型的协议。例如,为组织反帝示威游行而与国民党内的年轻学生达成的协议,或是协助商人在外国租界罢市等,就属于这种情况。今后,就是在中国,这样的情况也不能完全排除。但在这种情况下,为什么要列举"只有在资产阶级不妨碍工农革命组织,并且真正(!)与帝国主义进行斗争的情况下"这种一般的政治条件呢?

在与资产阶级达成的每一个单独的、实际的协议,是适用于特定情况的权宜之计,它的唯一"条件"是不允许组织和旗帜上的直接或间接的混淆,哪怕是一天、一个小时也不行;是区分红色和蓝色,丝毫不相信资产阶级有能力或准备领导真正的反帝斗争,或不阻碍工农。对具体和权宜的协议,我们完全不需要这个条件。相反,这只能给我们造成损害,打乱我们反对资本主义斗争的总路线——它在"协议"的短暂时间内也没有中止。像早就说过的那样,不会约束我们,在政治上强迫我们承担任何责任的纯粹具体的协议,如果在特定时间内有利的话,甚至可以和魔鬼签订。但在这种情况下,如果要求魔鬼真正皈依基督教,它不用它的角来反对工农,只做好事,那就荒谬了。提出这样的条件,我们实际上就是魔鬼的辩护人,并请求它让我们充当它的教父。

用这些事先给资产阶级涂上亮丽颜色的荒谬条件,纲领草案清楚明确地说,这里涉及的正是长期的政治联盟,而不是在特定情况下,据实际结论为严格的实际目的而达成的一次性的协议。但在这种情况下,要求资产阶级进行"真正的"斗争,让它"不妨碍"工人,又意味着什么?我们是否对资产阶级本身提出这些要求,并要求它公然承诺?它会对你做出你希望的任何承诺!它甚至会派它的代表团前往莫斯科,加入农民国际,作为"同情"党依附共产国际,觊觎红色工会国际。简言之,它什么都会承诺,只是为它在我们的帮助下更有效、更容易、更成功地欺骗、蒙蔽工农提供机会,直到像上海那样的机会来临。

但也许,这里涉及的并非要求资产阶级履行政治义务吧?我们再重复一次,如果能以此把我们变成它在工人群众面前的担保人的话,它会立即同意的。也许这里涉及的问题是对某个特定的民族资产阶级的"客观、科学"的评价,比如说是对资产阶级进行斗争和不妨碍的能力进行先验的"社会学"的专家鉴定?可悲的是,正如最近的新鲜经验表明的那样,这样的先验的鉴定

托洛茨基论中国革命(1925—1927)

总是使专家受到愚弄。如果受愚弄的仅仅是专家，也就罢了⋯⋯

文本涉及的正是长期的政治联盟，对此是不能有丝毫怀疑的。无须把偶然为实际目的达成协议的问题纳入纲领中。为此一个"关于我们当前的任务"的务实策略决议就足够了。这里涉及的是为昨天的国民党方针进行辩护，并以纲领的形式来巩固它，它葬送了第二次中国革命，还可能再葬送一个。

根据草案真正作者布哈林提出的观点，全部的宝都正是押在对殖民地资产阶级的总体评价上；殖民地资产阶级进行斗争和不会妨碍的能力，不是通过它的誓言来证明，而是以严格的"社会学"的方式，即通过为机会主义目的而制定的第一千零一个烦琐哲学的方案来证明。

为了让这点暴露得更加明显，我们在此引用布哈林对殖民地资产阶级的评价。在列举殖民地革命的"反帝内容"和援引列宁的话（完全不恰当）后，布哈林宣称：

> 在长达几年之久而不是几个月的时期中，中国自由派资产阶级客观上扮演着革命角色。此后它会把自己消耗殆尽。这根本不是1905年俄国自由派革命型的24小时的政治休假。

这几句话从头到尾都是错误的。

列宁确实教导我们严格区分受压迫国家和压迫国家的资产阶级。由此得出几个极其重要的结论。例如我们对帝国主义国家和殖民地国家之间的战争的态度。对一个和平主义者来说，这样的战争与其他战争并无区别。对一个共产党员来说，殖民地国家反对帝国主义国家的战争是资产阶级革命战争。这样，列宁就把民族解放运动、殖民地起义、受压迫国家的战争提高到资产阶级民主革命的水平，提高到1905年俄国革命的水平。但列宁根本就没有让民族解放战争超越资产阶级民主革命，像现在布哈林在其180度转弯之后所做的那样。① 列宁坚持区分被压迫的资产阶级国家和资产阶级压迫者的国家。但列宁从来没有，也不可能这样提出问题，即在民族解放斗争时代，殖民地或半殖民地资产阶级似乎一定比在民主革命时代的非殖民地国家的资产阶级更进步、更革命。

---

① 十月革命后的头几年，布哈林一直持极左立场。布列斯特和谈期间，他是"左派共产主义者"的领袖之一；新经济政策开始时，他仍坚持战时共产主义，反对新经济政策。从1922年起，他就转而主张放松甚至取消对外贸易垄断制，在内外政策上都持右的立场。——译注

这既不能从理论上找到任何根据，也不能得到历史的证明。举例来说，俄国自由派无论多么可悲，它的左面一半小资产阶级民主派、社会革命党人和孟什维克无论多么无能，但很难说，中国的自由派和中国的资产阶级民主派就比它的俄国原型更高、更革命。

把事情说成是这样，似乎从殖民压迫这个事实中，一定会产生民族资产阶级的革命性，完全是孟什维主义的主要错误的改头换面，后者认为，俄国资产阶级的革命性应该是封建主义和贵族压迫的必然产物。

在进行革命斗争的国家中，资产阶级的性质和政策的问题，是由该国家的整个内部阶级关系决定的，是由斗争在其中展开的历史时代决定的，由民族资产阶级在经济、政治和军事上对整个帝国主义或它的个别部分的依赖程度决定的，最后也是最重要的一点，是由当地无产阶级的阶级积极性以及它与国际革命运动的联系状况决定的。

民主或民族解放革命可能为资产阶级提供深化和扩展剥削的机会。无产阶级独立走上革命舞台，有完全剥夺它的剥削机会的威胁。

让我们更加深入地观察这些事实。

共产国际现在的鼓舞者不倦地重复说，蒋介石进行"反帝"战争，而当时克伦斯基与帝国主义分子携手共进。结论是：必须对克伦斯基进行不可调和的斗争，而应该支持蒋介石。

克伦斯基与帝国主义之间的联系是无可争议的。可以回溯得更远，直到俄国资产阶级在英法帝国主义的祝福下"废黜"了尼古拉二世。不仅是米留可夫、克伦斯基支持劳合·乔治—彭加勒进行的战争，劳合·乔治—彭加勒也支持米留可夫—克伦斯基的革命，先是支持他们反对沙皇的革命，后来是支持他们反对工农的斗争。这是绝对无可争议的。

但在这方面，在中国的情况又是如何呢？中国的"二月"革命爆发于1911年。这场革命是伟大和进步的事件，虽然它是在帝国主义分子直接参与下完成的。孙中山在其回忆录中谈道，他的组织如何在所有工作中依赖帝国主义国家的"支持"，时而是日本，时而是法国，时而是美国。如果克伦斯基在1917年仍继续参加帝国主义战争，"民族的"、"革命的"中国资产阶级则支持威尔逊参战，希望协约国能够帮助中国得到解放。1918年，孙中山致函协约国各国政府，告知他的中国经济发展和政治解放的计划。断言中国资产阶级在其反对清王朝的斗争中，比俄国资产阶级在反对沙皇专制的斗争中表现出更

高的革命品质,或蒋介石和克伦斯基在对待帝国主义的态度上有原则性的区别,都是没有任何根据的。

但是,共产国际执行委员会说,蒋介石进行过反对帝国主义的战争。把事情说成这样,就是粗暴地掩盖现实。蒋介石进行过反对作为某个帝国主义国家代理人的中国军阀的战争。这与进行反对帝国主义的战争根本就不是一回事。甚至谭平山都明白这点。在其在共产国际执行委员会第七次全会(1926年末)上的报告中,谭平山把以蒋介石为首的国民党中央的政策的特点界定如下:

> 在国际政策方面,它采取完全消极的立场……它倾向于只反对英国帝国主义,然而对日本帝国主义分子,它准备在一定的条件下与他们妥协。①

国民党对帝国主义的态度从一开始就不是革命的,而是彻头彻尾机会主义的。它努力消灭和孤立某个帝国主义强国的代理人,以便在对中国资产阶级更加有利的条件下,与同一个或其他帝国主义强国搞交易。仅此而已。

但关键是,问题的整个提法都是错误的。没有必要衡量每个特定的民族资产阶级对待帝国主义的"一般"态度,而是衡量它对其本民族当前革命历史任务的态度。俄国资产阶级是帝国主义压迫者国家的资产阶级,而中国资产阶级是受压迫的殖民地国家的资产阶级。在旧俄国,推翻封建沙皇专制是一个进步的任务。在中国,推翻帝国主义羁绊是一项进步的历史任务。不过,中国资产阶级对待帝国主义、无产阶级和农民的态度,并不比俄国资产阶级对待沙皇专制和俄国的其他革命阶级的态度更革命,如果有区别的话,则是更卑鄙,更反动。这是提出该问题的唯一方式。

中国资产阶级十分现实并相当清楚地了解世界帝国主义的本质,因此它知道,真正反对后者的严肃斗争要求革命群众的激情,而这首先是对资产阶级本身的威胁。如果反对清王朝的斗争与推翻沙皇专制相比,是规模较小的历史任务的话,那么反对世界帝国主义的斗争,则是规模大得多的任务。如果我们从一开始就教育俄国工人不相信自由派和准备推翻沙皇专制制度,摧毁农奴制,不相信小资产阶级民主派有能力这样做的话,我们就应该在同样程度上从一开

---

① 《共产国际执行委员会第七次全会记录》第1卷,第406页。

始培养中国工人这种不信任感。斯大林—布哈林颁布的关于革命精神为殖民地资产阶级"所固有"的新的、绝对错误的理论，实质上是把孟什维主义翻译成中国政治的语言。这个理论的唯一作用是把中国受压迫的地位转变成对中国资产阶级的内部政治保险，在资产阶级与三倍受压迫的中国无产阶级的天平上，为前者增加了额外的砝码。

但纲领草案的作者斯大林和布哈林告诉我们，蒋介石的北伐在工农群众中掀起了强大的运动。这是无可争议的。但莫非古契柯夫①和舒尔金②率领他们前往彼得格勒，迫使尼古拉二世退位的事实，没有发挥革命作用吗？它没有唤起备受蹂躏、精疲力竭和胆怯的民众阶层？昨天的劳动派③成员克伦斯基成为总理和总司令的事实，不是也激发起士兵群众，推动他们参加集会吗？不是也使农村挺身而起反对地主吗？这个问题还可以提得更加广泛：莫非整个资本主义的活动不曾激发群众，拯救他们——用《共产党宣言》的话来说——摆脱愚蠢的农村生活，难道它没有推动无产阶级队伍进行斗争吗？但莫非我们对整个资本主义的客观作用或某些资产阶级活动的历史评价，能够取代我们对待资本主义或对待资产阶级行动所应采取的积极的阶级革命态度吗？机会主义政策总是建立在这种非辩证的、保守的、尾巴主义的"客观主义"之上。相反，马克思主义始终如一地教导说，在与资产阶级的关系中，无产阶级先锋队越是保持它的独立性，越是不愿意把自己的手指放在资产阶级的口中，越是不给它涂脂抹粉，拒绝过高评价它的革命精神或它准备建立"统一战线"和反帝斗争的意愿，资产阶级由其处境所迫完成的这个或那个行动的革命后果就将更加充分，更有决定意义，更加毋庸置疑，更加可靠。

斯大林和布哈林对殖民地资产阶级的评价是经不起批评的，无论是理论的、历史的还是政治的。然而正如我们已经看到的，纲领草案寻求巩固的，正

---

① 古契柯夫（Александр Иванович Гучков，1862—1936）俄国资本家，十月党人领袖，第三届杜马代表，1910 年起任主席。1915—1917 年任中央军事工业委员会主席，1917 年任临时政府陆海军部长。科尔尼洛夫叛乱的组织者之一。——译注

② 舒尔金（Василий Витальевич Шульгин，1878—1976）俄国政治活动家、君主主义者。第 2—4 届国家杜马右翼领袖之一，国家杜马临时委员会委员。十月革命后策划反对苏维埃政权的活动。白俄流亡分子。1944—1956 年因从事反革命活动被苏联法院判处监禁。60 年代曾号召俄国侨民放弃对苏联的敌视态度。写有回忆录《时代》（1920 年）。——译注

③ 劳动派系 1906—1917 年第 1—4 届国家杜马中由农民和民粹派知识分子代表组成的小资产阶级民主主义者派别。其纲领为：民主自由，以和平方式使土地（农民份地除外）国有化。第 2 届杜马时与全俄农民联盟联合。机关报为《劳动人民报》。1917 年 7 月与人民社会党合并。——译注

是这个评价。

* * *

一个没有揭露的，未经谴责的错误总会导致另一个错误，或为它准备土壤。

如果昨天，中国资产阶级还被接纳进革命统一战线，今天却宣布它已经"彻底地转入了反革命阵营"。要揭露这些转变和接纳是多么没有根据，并不困难，因为它们都是以纯行政方式进行的，没有任何马克思主义的严肃分析。

资产阶级加入革命阵营绝非偶然，不是因为它的轻率，而是受其阶级利益的驱使，这绝对是不言而喻的。由于害怕群众，资产阶级后来抛弃了革命，或公然表示它对革命隐藏的仇恨。但只是在阶级的根本利益以革命的方式或是其他方式（如俾斯麦的方式）得到充分满足的情况下，这个资产阶级才能够"彻底地"转入"反革命阵营中"，这使它可以免除"支持"革命，至少是与它调情的必要性。让我们回忆一下1848—1871年的历史。让我们回忆一下俄国资产阶级能够断然背弃1905年革命，只是因为它从革命中得到了国家杜马，即直接影响官僚的途径，并与后者进行交易的途径。不过，当1914—1917年的战争暴露，"更新的"制度是不可能保障资产阶级基本利益时，它再次转向革命，并使它的转变比1905年时更加急剧。

是否可以说，1925—1927年中国革命哪怕是部分满足中国资本主义的基本利益？没有。今天的中国距离真正的民族统一和海关自主，与1925年前一样遥远。创造统一的国内市场，并保护它避免国外廉价商品的侵犯，对中国资产阶级来说，是生死攸关的问题，它的重要性仅次于维持这个阶级对无产阶级和贫农统治的基础。但是，对日本和英国资产阶级来说，维持中国殖民地状态的问题的重要性，不亚于经济自主对中国资产阶级的重要性。中国资产阶级政策中还会有不少的向左摇摆，原因就在于此。对"民族统一战线"爱好者来说，今后也不缺乏诱惑。今天对中国共产党员说，从1924年起直到1927年末，他们与资产阶级的联盟是正确的，但因为资产阶级已经彻底地转到了反革命阵营中，现在这个联盟就没用了，这意味着在未来形势发生客观变化，中国资产阶级不可避免地向左摇摆面前，再次解除中国共产党员的武装。现在，蒋介石进行的北伐战争，早已彻底推翻了纲领草案作者的机械公式。

中国革命的总结与前瞻

* * *

但是，如果我们回忆一下在我们头脑中记忆犹新的事实，即沙皇俄国是压迫民族和被压迫民族的组合，大俄罗斯和"异族"，后者中许多处于殖民地和半殖民地状态，在这个问题上的官方公式的主要错误，无疑将会变得更加显眼、更加有说服力、更加无可辩驳。列宁不仅要求极度关注沙皇俄国各族人民的民族问题，而且宣布（反对布哈林等人）支持被压迫民族争取它们的自决权、直至分离权的斗争，是居统治地位民族的无产阶级的基本义务。但党是否由此得出结论，受沙皇专制制度压迫的民族（波兰、乌克兰、鞑靼、犹太、亚美尼亚和其他民族）的资产阶级比俄国资产阶级更加进步、更加激进、更加革命呢？

历史经验证明一个事实，波兰资产阶级——尽管它受到专制制度和民族羁绊的双重压迫——比俄国资产阶级更加反动，它在国家杜马中不是倾向于立宪民主党人，而是十月党人。① 对鞑靼资产阶级来说，也一样。事实是，犹太人的绝对没有权利不能防止犹太资产阶级比俄国资产阶级更胆怯、更反动和更卑鄙。也许，爱沙尼亚、拉脱维亚、格鲁吉亚或亚美尼亚资产阶级比大俄罗斯资产阶级更革命？怎么能忘记这样的历史教训！

与崩得②分子、达什纳克楚纯党③人、波兰社会党人、格鲁吉亚及其他孟什维克不同，布尔什维克一直号召沙皇俄国的所有被压迫民族、所有殖民地民族的工人在资产阶级民主革命刚刚开始时，把自己分离出来，形成他们自己的

---

① 十月党即"十月十七日同盟"，1905—1917年俄国大地主和工商业资产阶级的反革命政党。因1905年10月17日的诏书而得名。这份诏书完全符合他们的政治要求。领导人有 А. И. 古契柯夫、М. В. 罗将柯等。出版的机关刊物有《言论报》和《莫斯科呼声报》。在国家杜马中先后与立宪民主党和保皇派联合。十月革命后成为内战的组织者，并参加白卫军政府。——译注

② 崩得即立陶宛、波兰和俄罗斯犹太工人总联盟，小资产阶级民族主义政党，1897年建于维尔诺。1898—1903和1906年起为俄国社会民主工党的独立组织，支持"经济派"、孟什维克和取消派。1912年被俄国社会民主工党第六次代表会议开除出党。在第一次世界大战期间持社会沙文主义立场，1917年支持临时政府。十月革命后，崩得领导机关同反革命相勾结。1920年崩得不再反对苏维埃政权，于1921年自行解散，部分成员被接纳加入俄共（布）。——译注

③ 达什纳克楚纯党系亚美尼亚资产阶级民族主义政党。1890年成立。纲领是：在欧洲列强和沙皇俄国的帮助下争取土属西亚美尼亚自治。反对工人革命运动，1919年后力图使亚美尼亚脱离苏维埃俄国。1918年5月—1920年11月为亚美尼亚共和国的执政党。1921年2月组织反对苏维埃的叛乱。叛乱被粉碎后，在一些国家建立反对苏维埃的组织。——译注

独立阶级组织,不仅无情地砍断与自由派资产阶级,而且还有与革命的小资产阶级政党的所有组织联系,并在与它们的斗争中争取工人阶级,通过工人为影响农民与它们进行斗争。今天,我们也许应该在事后承认布尔什维主义是错误的?我们那时是否犯了"托洛茨基主义"的错误?我们对这些受压迫的、在多数情况下都是极其落后的民族是否超越了发展的国民党的阶段?

何等容易就可以创造一个理论:波兰社会党、达什纳克楚纯党、崩得等,是在反对专制制度和反对民族压迫的斗争中,必须建立的各阶级合作的"特殊"形式!怎么能够忘记这样的历史教训?

甚至在近3年的中国事件出现以前,对马克思主义者来说已经十分清楚,今天甚至连瞎子都能看清,外国帝国主义是中国国内生活中的直接因素,它使中国的米留可夫们和中国的克伦斯基们最终比俄国的原型更可耻。难怪我党公布的第一份宣言指出,越是往东方,资产阶级就变得越胆怯、越卑鄙,因而落在无产阶级肩头的任务就更艰巨。这个历史规律完全适用于中国。

> 我们的革命是资产阶级革命,因此工人应该支持资产阶级,波特列索夫、格沃兹杰夫和齐赫泽都这样说,像普列汉诺夫昨天所说的一样。我们马克思主义者说,我国的革命是资产阶级革命,因而工人应该使人民看清资产阶级政客的欺骗,教导人民不要相信诺言,只能依靠本身的力量、本身的组织、本身的团结和本身的武器。①

这个列宁主义的提纲对整个东方都是必需的。它无论如何都应该在共产国际的纲领中有一席之地。

二、中国革命的阶段

国民党的第一阶段是在"四个阶级联盟"的寓言性招牌下的民族资产阶级统治时期。在蒋介石政变后的第二个时期,是以"左派"汪精卫的汉口政府形式出现的中国克伦斯基式的平行"独立"统治的实验。如果俄国的民粹派曾和孟什维克一起赋予他们的短命的"专政"以公然的双重政权的形式,中国的"革命民主派"还没有达到这个阶段。因为历史一般来说不是为订货

---

① 《列宁全集》第二版第29卷,人民出版社1985年版,第19页。

而工作的，因而对我们来说，这里除了 1925 年以来国民党实施的专政之外，还没有也不可能有任何其他的"民主专政"。不管是国民党实现的中国的半统一在不远的将来是否能够维持下去，或是国家再度四分五裂，这都是正确的。但正是在革命的阶级辩证法把自己的所有其他资源都用尽之后，明确无误地把率领着数百万城乡一无所有的受压迫群众的无产阶级的专政提上了日程时，共产国际执行委员会提出了工农民主（即资产阶级民主）专政的口号。广州起义就是对这个公式的回答。尽管这次起义不太成熟，它的领导的冒险主义，但是它揭开了新阶段的序幕，或更确切地说，是揭开了即将来临的第三次中国革命的序幕。在这点上，必须进行比较详细的分析。

为了力求保护自己免受过去的罪过的惩罚，领导集团在去年年底荒谬地强行加速事件的进程，导致广州起义的流产。不过，即使流产也能教我们学到有关母亲机体和分娩过程的知识。从理论角度，广州事件对中国革命的基本问题的巨大的、决定性的意义，正是由这个事实决定的：即我们在这里得到的是一种在历史和政治上罕见的，几乎是一个规模庞大的实验室实验。我们为此付出了沉重的代价，但这迫使我们更多地汲取它的经验教训。

据《真理报》（第 31 期）的报道，广州起义的战斗口号之一是喊出了"打倒国民党！"国民党的旗帜和徽章被扯下，践踏。但甚至在蒋介石的"背叛"以及后来的汪精卫的"背叛"（不是背叛他们自己的阶级，而是我们的……幻想）之后，共产国际执行委员会发出庄重的承诺："我们绝不放弃国民党的旗帜！"广州工人禁止了国民党，**宣布它的所有派别为非法**。这意味着，为解决主要民族任务，不仅是大资产阶级，就连小资产阶级都不能产生一个无产阶级政党能与之携手解决资产阶级民主革命的任务的政治力量、一个政党、一个派别。局势的关键就在于此，**即掌握贫农运动的任务完全落在无产阶级的肩上**，直接落在共产党的肩上；着手真正解决革命的资产阶级民主的任务，要求把全部权力集中在无产阶级手中。

《真理报》对短命的广州苏维埃政府的政策做了下述报道：

> 为了工人的利益，广州苏维埃命令……工人通过工厂委员会实现把监督生产掌握在自己的手中……把大型工业、运输业、银行收归国有。

接下来提到的类似措施有：

没收大资产者的全部住宅分配给劳动者……

这样,掌权的是广州工人,此外,政权实际上属于共产党。新政权的纲领不仅仅是没收所有广东的地主土地,不仅仅是工人监督生产,还有把大企业、银行和运输业收归国有,甚至没收资产阶级的住宅和资产阶级的所有财产,把它们分配给劳动者。不禁要问:如果这是资产阶级革命的方式,那么中国的无产阶级革命又应该如何呢?

尽管共产国际执行委员会的指令对无产阶级专政和社会主义措施未置一词,尽管与上海、汉口和这个国家的其他工业中心相比,广州就其性质毋宁说是一座小资产阶级城市,然而反对国民党的革命起义自然而然地导致建立无产阶级专政,在其刚刚开始的阶段上,就发现自己被整个形势所迫,必须采取比十月革命开始时更加激进的措施。这个事实虽然表面上荒谬,却完全是中国社会关系和革命整个发展的合乎规律的产物。

大规模和中等规模的地产(按中国的规模)与包括外国资本在内的城市资本最紧密地联系在一起。在中国,没有与资产阶级对立的封建地主阶层。农村最广泛、最普遍和最遭人仇恨的剥削者是富农—高利贷者,他们是城市金融资本的代理人。因而,土地革命的反资产阶级性不亚于它的反封建性。在中国,实际上没有我们的十月革命的第一阶段,在这个阶段中,富农与中农和贫农共同前进,反对地主,往往还是后者的带头人。中国的土地革命从一开始就意味着,而且今后仍将意味着不仅是一场反对少数真正的地主和官僚的起义,还是一场反对富农和高利贷者的起义。如果在我国,贫农委员会是在十月革命的第二个阶段、在1918年中才出现在舞台上的话,在中国则相反,土地运动一旦复苏,它们就会以这种或那种形式立即出现在舞台上。中国的十月的第一步就是反对富农的,而不是第二步。

不过,土地革命不是中国当前历史斗争的唯一内容。最极端的土地革命,即平分土地(共产党当然要对此事支持到底),本身并不能提供摆脱经济绝境的出路。中国同样紧迫地要求国家统一和经济主权,即关税自主,更确切地说,是外贸垄断制。这意味着**从世界帝国主义压迫下的解放**。对帝国主义来说,中国不仅是未来最重要的发财源泉,而且是它实际生存下去的最重要的源泉,是今天的欧洲资本主义和明天的美国资本主义防止内部爆炸的安全阀。这一切预先决定了中国群众所面临的斗争必然具有巨大的规模和极其尖锐的性质，尤其是现在，因为斗争的所有参加者都已经衡量和探测到了斗争渠道的深度。

外国资本在中国工业中的巨大作用，以及直接依赖本"民族"的刺刀来保卫它的掠夺习惯，使工人监督生产的纲领比在我国更加难以实现。在起义胜利后的第二天，斗争进程很可能会导致直接剥夺外国资本主义企业，然后剥夺中国资本主义企业的必要性。

曾经预先决定了俄国革命的"十月"结局的这些客观社会历史原因，现在在中国以更加尖锐的形式出现在我们面前。如果可能的话，中华民族的资产阶级和无产阶级两极对立的情况，比在俄国的情况更加不可调和，因为一方面，中国资产阶级直接与外国帝国主义和它的军事机器联系在一起，另一方面，中国无产阶级从一开始就与共产国际和苏联建立了紧密的联系。中国农民的数量比俄国农民是更加压倒的多数。但是，由于在世界矛盾的夹击下而困难重重，中国农民的命运取决于矛盾的不同的解决方式，因此它比俄国农民更加不能扮演领导角色。现在，这不再是理论预见的问题，而是一个全方位得到证实的事实。

这些基本的、同时也是第三次中国革命的无可争议的社会政治前提，不仅表明民主专政已经是一个毫无希望的过时的公式，而且尽管中国十分落后，或更确切地说，正是因为与俄国相比更加巨大的落后，第三次中国革命将没有"民主"时期，甚至连十月革命曾有过的8个月（1917年11月至1918年7月）的时期都没有；它将从一开始就不得不最坚决地撼动和取消城乡的资产阶级财产所有制。

显然，这个前景不符合关于经济和政治相互关系的迂腐、古板的概念。但是，使最近才生根的、已经受到十月革命的不小打击的偏见受到如此震动的这个不一致，不应由"托洛茨基主义"负责，而应该**由发展不平衡规律负责**。这个规律特别适用于这种情况。

如果把布尔什维克的政策运用到1925—1927年的革命中，中国共产党肯定已经掌握了政权，持这种观点是不明智的、迂腐的。如果断言这种可能性根本就不存在，就是可悲的庸俗。对此来说，工农群众运动是足够的，正如统治阶级的瓦解。民族资产阶级之所以派遣蒋介石和汪精卫之流作为特使前往莫斯科，通过胡汉民之流敲共产国际的大门，正是因为它在革命群众面前十分软弱；它意识到自己的软弱，力图得到保障。如果我们自己不用绳索拽他们的话，无论是工人还是农民，都不会追随民族资产阶级的。在共产国际多少正确的政策下，共产党争取群众的斗争的结果就可以预先决定——中国无产阶级可以支持共产党员，而农民战争本来也可以支持革命的无产阶级。

如果从北伐的一开始，我们就着手在"已经解放"的地区组建苏维埃（群众本能地愿意全力以赴地这样做），我们就能保证必要的基础和革命的起点，我们就能把农民暴动整合在我们周围，我们就能建立我们自己的军队，我们就能瓦解敌人的军队；虽然中国共产党年轻，它也能在共产国际的正确领导下，在这非同寻常的几年中成熟起来，并夺取政权，如果不是一下子在整个中国，至少也是在中国相当大的部分中夺取政权。最重要的是，我们就会有一个党。

但是，正是在领导领域中，发生了荒谬绝伦的事——一场真正的历史性的灾难。苏联、布尔什维克党和共产国际的权威首先完全用来支持蒋介石反对共产党的独立政策，然后支持作为土地革命领袖的汪精卫。在践踏了列宁主义政策的基本常识，并打断了年轻的中国共产党的脊梁骨之后，共产国际执行委员会预先决定了中国的克伦斯基反动政策对布尔什维主义的胜利，中国的米留可夫反动政策对克伦斯基反动政策的胜利，英国和日本帝国主义对中国的米留可夫反动政策的胜利。

1925—1927年间在中国发生的一切的意义就在于此，而且仅在于此。

三、民主专政还是无产阶级专政？

但是，最近一次共产国际执行委员会全会是如何评价包括广州起义经验在内的中国革命的经验的呢？它是如何描绘它今后的前景的呢？二月全会（1928年）的决议是理解纲领草案中相应部分的钥匙，关于中国革命，它是这样说的：

> 把这场革命界定为"不断的"革命是错误的（共产国际执行委员会代表的立场）。这种在把革命评价为"不断的"同时，又想超越（？）革命的资产阶级民主阶段的倾向，是错误的，它类似于托洛茨基在1905年犯下的错误（？）。

在列宁离开共产国际的领导岗位以后，也就是在1923年以后，它的思想生活主要就是反对所谓的"托洛茨基主义"、特别是反对"不断革命论"的斗争。那么，在这个中国革命的基本问题上，不仅是中国共产党中央委员会，还有共产国际的官方代表——即持有特别指令而被派去的领导者，怎么会犯下数百人因此而被流放到西伯利亚或被关进监狱的错误呢？围绕着中国问题而进行的斗争已经进行了两年半之久。当反对派宣布，中国共产党上一届中央委员会（陈独秀）在共产国际的错误指示的影响下，推行的是机会主义政策时，这一评价被宣布为"诬蔑"。声称中国共产党的领导是无可指责的。备受称赞的谭平山在共产国际第七次全会的一致赞扬中声明：

> 在托洛茨基主义刚刚露出苗头时，中国共产党和共产主义青年团就立即一致通过了反对托洛茨基主义的决议。（《记录》第205页）

尽管有这些"成果"，一旦事件呈现出它的悲剧性的逻辑，导致革命的第一次和继之而来第二次更加可怕的崩溃时，在24小时内，以前是典范的中国共产党领导，现在被更名为孟什维克，并被解除职务。同时宣布，新的领导完全反映了共产国际的路线。但刚刚经历了一场新的严肃考验，就立刻发现中国共产党新一届中央委员会犯了转向所谓的不断革命的立场的错误（正如我们早已不是在语言中，而是在行动中看到的那样）。共产国际代表走的是同一条路。这个令人震惊、确实莫名其妙的事实，只能用共产国际执行委员会和革命的真正动力之间的"剪刀差"来解释。

在此，我们不详细讨论关于1905年的"不断革命论"的神话，它是在1924年散布的，旨在制造混乱，引起迷惑。我们只限于考察这个神话是如何在中国革命问题上折射出来的。

二月决议的第一段——上面引的一段话就是摘自那里——对所谓的不断革命论的否定态度是出于下述理由：

> 中国革命的现阶段是资产阶级民主革命阶段，无论是从经济角度（土地革命和废除封建关系），还是从民族反帝斗争的角度（中国的统一和实现民族独立），还是从政权的阶级性质的角度（无产阶级和农民的专政），它都没有完成……

这个理由是错误和矛盾形成的一根完整的链条。

共产国际执行委员会教导说，中国革命必须保证中国有机会沿着社会主义道路发展。只有革命不仅仅限于解决资产阶级民主任务，而是从一个阶段进入下一个阶段，即继续不间断（或不断）地展开，从而导致中国的社会主义发展，这个目的才能实现。这正是马克思对"不断革命"这个术语的理解。那我们怎么能一方面说中国的非资本主义的发展道路，一方面又一般地否定革命的不断性呢？

共产国际执行委员会决议反驳：但是，无论是从土地革命的角度，或是从反帝民族斗争的角度，革命都还没有完成。因而它得出"中国革命现阶段"的性质是资产阶级民主革命。实际上，"现阶段"是反革命阶段。共产国际执行委员会无疑想说，中国革命的新的复苏、或第三次中国革命，由于1925—1927年的第二次中国革命既没有解决土地问题，也没有解决民族问题，所以它带有资产阶级民主的性质。不过，即使经过这样的修改，这个理由仍是建立在对中国和俄国革命的经验教训的根本不了解的基础上。

所有导致革命的问题——农村的农奴制度、旧的官僚制度、战争、经济崩溃——1917年2月的俄国革命都没有解决。不仅是社会革命党人和孟什维克，还有我党上层的相当一部分都以此为出发点，试图对列宁证明，"革命的当前时期是资产阶级民主革命时期"。在这点上，从它的基本考虑来说，共产国际执行委员会仅仅是抄袭了机会主义者在1917年反对列宁为建立无产阶级专政而进行的斗争的论据。

此外，原来资产阶级民主革命不仅从经济和民族角度没有完成，而且从"政权的阶级性（无产阶级和农民的专政）的角度"也没有完成。这只能意味着一件事：只要在中国掌权的政府不是"真正的"民主政府，就禁止中国无产阶级为夺取政权而斗争。不幸的是，没有任何指示可以告诉我们，从哪里可以得到这样的政府。

在这两年间，在中国建立苏维埃的口号被否决，理由是只有在转入无产阶级革命时，建立苏维埃才是可以允许的、可能的（斯大林的"理论"），这进一步加剧了混乱。但当在广州爆发了苏维埃革命，当这次革命的参加者得出结论，认为这正是向无产阶级革命过渡的时候，指责他们的"托洛茨基主义"。能够用这种方式教育党吗？这是帮助它解决最伟大的任务的途径吗？

为了拯救毫无希望的立场，在与思想的所有其他进程没有任何联系的情况下，共产国际执行委员会的决议匆匆求助于从帝国主义那里拿来的最后一个论据，即超越资产阶级民主阶段的倾向似乎"……更具（！）危害性，在这样提出问题的情况下，消除了作为一场半殖民地革命的中国革命的最主要的民族特点"。

这些含糊不清的词语的唯一意义，是帝国主义的压迫会由某种非无产阶级专政所推翻。但这意味着为了给中国民族资产阶级或中国的市民"民主"涂上亮丽的颜色，而在最后时刻硬把"最重要的民族特点"拽过来。这个论据不可能有其他意义。但这个唯一的"意义"我们已经在我们的《论殖民地资产阶级的性质》一章中充分地考察过了。在此没有必要回过头来重新讨论这个问题。

为了消灭最"亚洲式的"奴役方式，取得民族解放和国家统一这些最基本的东西，中国至今仍然面临着大规模、残酷、血腥和漫长的战争。但是，事件的进程已经表明，小资产阶级今后在革命中的领导甚至是半领导都是不可能的，正是由此产生的。在今天，中国的统一和解放是一项国际任务，如苏联的存在是国际性的一样。这个任务只能由在无产阶级先锋队直接领导下的备受践踏、饥寒交迫和受压迫群众以拼死斗争的方式来解决，这场斗争不仅反对世界帝国主义，也反对它在中国的经济政治代理人，反对包括"民族"资产阶级和它的所有民主走卒在内的资产阶级。而这正是走向无产阶级专政的道路。

从1917年4月开始，列宁对那些指责他转到了"不断革命"立场的对手解释说，无产阶级和农民的专政可以在双重政权时期部分地实现。他后来解释说，在从1917年11月至1918年7月的苏维埃政权的第一阶段中，这个专政有了进一步的扩展，那时全体农民和工人一起进行了土地革命，但工人阶级还没有着手没收工厂，只是进行工人监督工厂的实验。在"政权的阶级性质"方面，社会革命党人—孟什维克的民主"专政"提供了它所能提供的一切——使双重政权流产。至于土地革命，这场革命诞生了一个健康强壮的婴儿，但接生婆是无产阶级专政。换言之，在理论公式上，无产阶级和农民的专政是结合在一起的，但被阶级斗争的进程分开。半政权的空壳临时委托给克伦斯基、策列铁里，而土地—民主革命的真正核心，则交给了战无不胜的工人阶级。这个与民主专政的辩证的分离，是共产国际执行委员会的领导人所不能理解的。他们通过机械地指责"超越资产阶级民主阶段"，试图用通告领导历史过程，从而把自己赶入了政治绝境。**如果把资产阶级民主革命阶段理解为用**

托洛茨基论中国革命(1925—1927)

"民主专政"的方式完成土地革命，那么十月革命本身就大胆地"超越"了资产阶级民主阶段。难道不应该因此而谴责它吗？

那么，为什么在俄国作为布尔什维主义历史性不可避免的和最高表现的东西，在中国就应该是"托洛茨基主义"呢？这无疑应归功于把马尔丁诺夫的理论称为适用于中国的同一个逻辑，在俄国，布尔什维主义抨击了它20年。

但是，一般来说是否允许与俄国进行类比呢？我们的答复是，无产阶级和农民的民主专政的口号，是共产国际执行委员会的领导们完全彻底地根据类比方法建立的，但只是形式和文字的类比，而不是唯物的和历史的类比。中国和俄国之间的类比是完全允许的，只要我们找到正确的门，列宁做出了利用这种类比的范例。而且他不是在事后，而是在事前，好像他预见到了不肖之徒后来的迷误似的。列宁数百次地捍卫无产阶级的十月革命，虽然资产阶级民主任务尚未解决是事实，它仍然大胆地夺取了政权。列宁回答说，正是因为这种情况，正是为了要这样做。对那些以俄国经济对社会主义来说还不成熟为论据而反对夺取政权的迂腐之人，列宁回答说，这是"正是因此，正是为此"。列宁于1923年1月16日写道：

> 他们甚至没有想到，例如，俄国是个介乎文明国家和初次被这次战争最终卷入文明之列的整个东方各国即欧洲以外各国之间的国家，所以俄国能够表现出而且势必表现出某些特殊性，这些特殊性当然符合世界发展的总的路线，但却使俄国革命有别于以前西欧各国的革命，而且这些特殊性到了东方国家又会产生某些局部的新东西。①

年轻的无产阶级必须在清早拿起扫帚，清除在它通往社会主义道路上的封建野蛮和形形色色的垃圾，列宁正是在这个事实中看到使俄国更加接近东方各国的"特点"的。

因此，如果我们从列宁的中国和俄国之间的类比出发的话，就必须说：从"**政权的政治性质**"的角度，所有能够通过中国的民主专政得到的东西，都已经尝试过了，先是在孙中山的广东，然后是在从广东到上海的路上，最后一幕是上海政变，其后在武汉，那里的左派国民党在化学般的纯粹形式中出现，据

---

① 《列宁全集》第二版第43卷，人民出版社1987年版，第370页。

共产国际执行委员会的指示，它是土地革命的组织者，但实际上是屠杀后者的刽子手。但是，未来的中国无产阶级和贫农专政的开始时期，将充满着资产阶级民主革命的**社会内容**。不仅是中国资产阶级、而且还有中国"民主派"的角色已经经过彻底检验，在这个"民主派"在今后的战斗中将比在以前的战斗中扮演更大的刽子手角色已经是绝对无可争议的之后，现在再提出无产阶级和农民的民主专政口号，就纯粹是为掩盖国民党反动政策的新变种创造条件，为无产阶级准备绞索。

为了完整起见，让我们回忆一下列宁关于那些坚持用"真正的"民主专政口号来对抗社会革命党人和孟什维克的经验的布尔什维克曾简洁地说过的话：

> 现在谁只谈"无产阶级和农民的民主专政"，就是落在生活的后面，因而实际上跑到小资产阶级方面去反对无产阶级的阶级斗争，这种人应当送进革命前"布尔什维克"古董保管库（也可以叫作"老布尔什维克"保管库）。①

这些话就是今天听起来，也是鲜活的。

当然，问题根本就不是号召中国共产党立即进行夺取政权的起义。速度完全取决于形势。失败的结果不仅仅是通过修正策略就可以消除的。现在革命进入低潮。在共产国际执行委员会决议的掩盖下，夸夸其谈地说什么革命面临新的高潮，因为在中国有无数的处决、可怕的工商业危机，就仅仅是犯罪的轻率而已。在三次巨大的失败之后，一场经济危机不会激发无产阶级，而是相反，是压制这个已经失血过多的无产阶级，处决只能破坏政治上已经被削弱的党。我们在中国进入的是退潮期，因而是进入这样的时期，党在理论上要深化，进行批判性的自我教育，在工人阶级运动的所有领域中建立和巩固联合起来的根据地，创建农村支部，领导和统一局部的、先是防御然后是进攻的工人和贫农的斗争。

新的群众涨潮何时开始？什么样的形势会给予站在数百万群众前列的无产阶级先锋队以必要的革命推动？这是不能预言的。未来会表明，仅内部过程是

---

① 《列宁全集》第二版第29卷，人民出版社1985年版，第138页。

否就已经足够，或是还需要补充外来的推动。

已有足够的证据断定，由于错误领导而直接被粉碎的中国革命会使中国和外国资产阶级在大小不同的程度上克服现在在这个国家肆虐的可怕的经济危机。当然，这将在工人农民的脊梁和白骨上完成。这个"稳定"阶段将再一次把工人组织和融合起来，恢复他们的阶级自信心，从而更有力地推动他们进入与敌人的冲突中，然而是在更高的历史阶段上。只有在无产阶级运动进入新的进攻涨潮的条件下，才能严肃地谈土地革命的前景。

这不能排除即将来临的第三次革命的第一阶段会以极其紧凑和变形的方式重复已经过去的几个阶段，例如是对"全国"战线的某种新的讽刺性模拟。但是，这个第一阶段只要能给共产党提供机会，让它对人民群众提出和宣布它的"四月提纲"，即它的夺取政权的纲领和策略，就足够了。

但纲领草案对此是怎么说的？

> 在这里（在中国），只有经历一系列准备阶段，只有作为资产阶级民主革命长入社会主义革命的整个时期的结果，向无产阶级专政的过渡才是可能的。

换言之，所有已经过去的阶段都不予考虑。纲领草案仍在前面寻找已经过去的东西。这就是尾巴主义的立场。以此完全为在国民党方针的精神下进行新的实验敞开大门。这样，隐瞒过去的错误，必然会为新错误开辟道路。

如果我们进入其发展速度将比前几次高涨的速度要快得多的新的高涨时，还带着早就过时的"民主专政"的蓝图，那就毫无疑问，第三次中国革命将与第二次一样，必将毁灭。

四、冒险主义是机会主义的产物

共产国际执行委员会二月全会的同一份决议的第二段说：

> 主要是在这些口号下、在很大程度上是在共产党领导下进行的广泛的工农革命运动的第一次浪潮已经过去了。其结局是在几个革命运动的中心，工农遭受了惨重的失败，共产党员和工农运动的一般革命干部在肉体上被消灭。

当"浪潮"高涨时，共产国际执行委员会说，整个运动完全是处在国民党的蓝色旗帜和领导之下，后者甚至取代了苏维埃的位置。共产党正是因此服从了国民党。但中国革命正是因此而以"惨重的失败"而告终。现在，当这些失败已经得到承认，企图把国民党从过去抹去，就像它从来没有存在过似的，就像共产国际执行委员会从来没有宣布过蓝色旗帜是自己的旗帜似的。

这里不曾有过任何失败，无论在上海还是在武汉都没有，这里有的只是革命向"更高的阶段"的过渡。过去一直是这样教导我们的。现在，整个这些过渡突然被宣布为"工农最惨重的失败"。不过，为了在某种程度上掩盖这个预见和评价的空前的政治失败，决议的最后一段宣称：

  共产国际执行委员会责成共产国际所有支部承担义务，为反对社会民主党和托洛茨基分子说中国革命已经被消灭（？）的诬蔑进行斗争。

决议的第一段告诉我们，"托洛茨基主义"是承认中国革命是**不断的**，即中国革命现在正从资产阶级阶段长入社会主义阶段；从最后一段中，我们得知，根据"托洛茨基分子"的说法，"中国革命已经被消灭"。一场**已经被消灭的**革命又怎么能够变成一场**不断的**革命呢？这里是不折不扣的布哈林。只有彻底的、胆大妄为的不负责任，才能允许这些从根本上腐蚀所有革命思想的矛盾。

如果我们把革命的"被消灭"理解为这个事实，即工农的进攻被击退，并被浸泡在血泊中，群众处于退却和退潮的状态中，在新的进攻开始之前，除了许多其他条件外，还需要在群众出现一个分子过程，这个过程需要一定的时间，它的长短不能预先决定；如果以这种方式理解"被消灭"，它与共产国际最终被迫承认的"惨重失败"没有任何区别。

或是应该从字面上理解消灭，是中国革命的消除，即它在新的阶段上复苏的可能性和不可避免性的本身的消除？只有在两种情况下，才能严肃地谈到这种前景，并不会引起混乱——如果中国注定会解体和彻底的毁灭（这种假设是没有任何根据的），或是中国资产阶级将表明它有能力以其非革命的方式来解决中国生活的基本问题。直接把共产党赶进资产阶级羁绊下的"四个阶级联盟"的理论家，现在是否想把这个最后的说法强加到我们头上？

历史是可以重演的。这些不明白1923年失败的规模的瞎子，在一年半内指责我们对德国革命的"取消派"态度。但甚至是这个使国际付出如此沉重代价的教训,也没有教会他们任何东西。现在,他们重新祭出他们的橡皮图章,只不过这次是用中国取代了德国。今天,他们比在4年前更加迫切地需要找到"取消派分子",因为这一次过于明显,如果有人"取消"了第二次中国革命,那这个人就是"国民党"方针的制定者。

马克思主义力量就在于它的预见能力。在这个意义上,反对派的预见已经得到了充分的肯定。先是关于整个国民党的,然后是关于"左派"国民党和武汉政府的,最后是关于第三次中国革命的"押金",即广州起义。还需要怎么证明理论的正确性呢?

通过对资产阶级投降的政策,已经给头两个阶段的革命带来了惨重的失败的同一条机会主义路线,在第三阶段"发展成"对资产阶级冒险袭击的政策,将以此造成彻底的失败。

领导如果在昨天不是急于超越他们自己带来的失败,它首先应该对中国共产党解释,胜利是不能一蹴而就的,在通向武装起义的道路上,还有一个为对工农施加政治影响的紧张不断地努力斗争的时期。

1927年9月27日,我们对共产国际执行委员会主席团说:

> 今天的报纸报道,革命军队已经占领了汕头。贺龙叶挺的军队已经向前挺进了几个星期。《真理报》称这支军队为革命军队……但是,我要问你们:占领汕头的革命军队运动为中国革命提供了什么样的前景?运动的口号是什么?它的纲领是什么?它应该采取什么样的组织形式?7月间,《真理报》突然提出了一天的中国苏维埃的口号哪里去了?

没有预先让共产党对抗整个国民党,没有共产党在群众中为苏维埃和苏维埃政权进行的宣传鼓动工作,没有在土地革命和民族解放的口号下独立进行的对群众的动员,在不建立、扩展和加强地方工农兵苏维埃的情况下,贺龙叶挺的起义,即使不谈它的机会主义政策,必然也只能是一次孤立的冒险,是假共产党员马赫诺①式的政策,在自己的孤立上撞得粉身碎骨的命运是不可避免

---

① 马赫诺(Нестор Иванович Махно,1889—1934)国内战争时期南乌克兰小资产阶级反革命首领之一,无政府主义者。在德国武装干涉和邓尼金统治期间,他领导的武装部队依靠劳动人民反对地主,而后又依靠富农反对苏维埃政权。他们的口号是"无政权国家"和"自由苏维埃"。在其队伍被红军消灭后,他于1921年逃往罗马尼亚。——译注

的。它已经被粉碎了。

广州起义是贺龙叶挺起义冒险的更加广泛和深入的重演，只是结局更加悲惨。

共产国际执行委员会二月决议反对中国共产党的盲动主义情绪，即搞武装起义的倾向。不过，它没有说，这些倾向是对1925—1927年间的整个机会主义政策的反动，是来自上面的"要改变步调"的纯军事命令的不可避免的结果，却未经对所做过的一切做出评价，没有对基本策略的公然重新评价，没有一个明确的前景。在这样的情况下，贺龙的征讨和广州起义只能是冒险主义的温床。

盲动主义的真正的解毒剂只能是明确地明白这个真理，即工人和贫农的武装起义、夺取政权、建立革命专政的领导，今后完全落在中国共产党的肩上。如果后者彻底明白这个前景，它就不会仓促地进行对城镇的军事袭击，在敌人的包围下发动武装起义，也不会低声下气地追随敌人的旗帜。

共产国际执行委员会决议在以最抽象的方式讨论不允许超越阶段和盲动主义的危害时，完全忽略了广州起义和这次起义建立的短命的苏维埃制度的阶级内容，仅这一个事实就注定了决议的完全没有结果。我们反对派成员认为，这次起义是领导努力挽救自己的"声望"而进行的冒险。即使是冒险的发展，也要符合由社会内部结构决定的规律，这对我们来说是清楚的。这就是我们从广州起义寻找中国革命未来阶段的特点的原因。这些特点完全符合我们在广州起义之前提供的理论分析。但是，对认为广州起义是斗争链条中正确、符合规律的一环的共产国际执行委员会来说，更为迫切的是为广州起义提供明确的阶级界定。不过，在共产国际执行委员会的决议中，对此只字未提，虽然全会是在广州事件后立即召开的。这难道还不能最令人信服地证明，共产国际今天的领导由于固守错误路线，被迫对1905年和其他年份的虚构的错误大做文章，而不敢面对1927年的广州起义，而这次起义的意义完全颠覆了纲领草案制定的东方革命的蓝图吗？

五、苏维埃与革命

共产国际执行委员会的二月决议提出，共产国际代表"H. 同志等"应对"在广州没有**选举产生的**作为起义机构的苏维埃"负责（黑体字是原有的）。在这个指责之后，实际上隐藏着一个令人震惊的承认。

《真理报》（第31号）根据第一手文件写道，在广州建立了苏维埃政权。但一个字也没有提到，广州苏维埃不是一个选举产生的机构，即它不是苏维埃，因为苏维埃怎么能够是不经选举产生的呢？我们是从决议中得知这点的。让我们想一想这个事实的意义。共产国际执行委员会现在教导说，要进行武装起义，就必须要有苏维埃，无论如何不是在此之前。但当起义日期已经确定，这里还没有苏维埃。建立选举产生的苏维埃根本不是一件简单的事。必须要让群众根据经验知道，什么是苏维埃，让他们知道它的形式，让他们过去了解的东西使他们习惯于经选举产生的苏维埃组织。关于这些现在在中国根本谈不上，因为恰恰是在苏维埃的口号应该成为整个运动的神经中枢的时期，这个口号被宣布为托洛茨基主义的口号。不过，在为超越自己的失败而手忙脚乱地确定了起义日期时，他们同时就不得不指派一个苏维埃，如果不彻底揭露这个错误的根源，苏维埃口号就能变成扼杀革命的绞索。

列宁当初曾对孟什维克解释过，苏维埃的基本历史任务是组织或帮助组织夺取政权的斗争，以便在胜利后的那天，它就变成政权机构。不肖之徒——而不是学生——从中得出结论，在起义的钟声已经敲响之后，才能组织苏维埃。列宁的广泛概括被他们在事后变成一个不是为革命利益服务，而是危害它的小小的处方。

布尔什维克的苏维埃在1917年10月夺取政权之前，社会革命党人和孟什维克的苏维埃已经存在9个月了。12年前，最早的苏维埃就已经在彼得格勒、莫斯科和许多其他城市存在过了。在1905年的苏维埃扩展到首都的工厂时，在莫斯科，在罢工期间建立了一个印刷工人代表苏维埃。在几个月前，在1905年5月，伊万诺沃·沃兹涅先斯克的群众罢工建立了一个领导机构，它早已具备工人代表苏维埃的所有基本特点。从建立工人代表苏维埃的初次尝试到建立苏维埃政府的宏伟实验之间，相隔了大约12年。当然，对包括中国在内的所有其他国家来说，这么长的时期是根本不需要的。但是，如果认为中国工人能够在用来代替列宁的广泛概括的小小处方的基础上建立苏维埃，就是用迂腐、软弱无力、强词夺理来取代革命行动的辩证法。

苏维埃绝对不能在起义的前夕、在立刻夺取政权的口号下建立，因为如果事情已经达到了夺取政权的程度，如果群众已经准备好在没有苏维埃的情况下进行武装起义，这意味着这里已经有其他的组织形式和方法，保证起义成功的准备工作能够进行。那么，苏维埃的问题应变为次要问题，它就降低为组织技术的问题或仅仅是名称的问题。苏维埃的任务不仅仅是发出起义号召或发动起义，还要**带领群众通过几个必要阶段走向起义**。最初，苏维埃不是把群众集合在武装起义的口号下，而是集合在局部的口号下，只是在后来，才一步步地把群众带到武装起义的口号下，既不让群众散落在道路上，也不允许先锋队脱离阶级。

　　苏维埃往往首先出现在具有革命发展前景的罢工斗争中，但它在当前还仅限于经济要求。群众必须在行动中感到并明白苏维埃是他们自己的组织，它能调动力量进行斗争、抵抗、自卫和进攻。他们能够感到并明白这点并非只是由于一天的行动，也不仅仅是一次行动，而是由于连续不断的几个星期、几个月、甚至几年的经验——有时有中断或是没有中断。在国家经历革命动荡时代，工人阶级和贫农已经面临夺取政权的前景——哪怕这只是其后几个阶段之一的前景，哪怕这个前景在现阶段只有少数人才能看到——的条件下，为什么只有不肖之徒和官僚的领导能够遏止觉醒和造反的群众建立苏维埃，原因就在这里。我们总是这样理解苏维埃的。我们的苏维埃是一种广泛、灵活的组织形式，它适用于刚刚觉醒的、在其革命高涨头几个阶段的群众；它能够把整个工人阶级团结起来，不管在现阶段早已成熟到能够理解夺取政权的任务的那部分人有多少。

　　莫非真的需要文件证据吗？例如列宁关于第一次革命时期的苏维埃，就是这么写的：

> 　　另一方面，在革命有某种程度的高涨时，俄国社会民主工党（这是党在那时的名称。——列·托·）从来不拒绝利用类似工人代表苏维埃那样的非党组织，来加强社会民主党在工人阶级中的影响和巩固社会民主工人运动。①

　　可以连篇累牍地引用这类的历史文献的证明。但是，没有这些，这个问题也足够清楚了。

　　与此相反，不肖之徒把苏维埃变成检阅仪式时穿的组织制服，只是在夺取政权的前夕，党才给无产阶级穿上。但马上表明，苏维埃是不能通过命令，为

---

① 《列宁全集》第二版第15卷，人民出版社1988年版，第8页。

了武装起义的直接目的,在 24 小时内即兴建立起来的。这种实验必然会具有虚假的性质,徒有其表的苏维埃制度会掩盖缺乏夺取政权的最必要的条件的事实。在广州发生的就是这种情况,那里的苏维埃是为了遵循仪轨简单地指定的。这就是不肖之徒提这个问题的方式所导致的结果。

*　　*　　*

在关于中国事件的争论期间,指责反对派下述似乎是惊人的矛盾:从 1926 年起,反对派为中国提出苏维埃口号,可在 1923 年秋,它的代表反对为德国提出苏维埃的口号。也许,学究式的政治思维在这个指责中,比在任何其他方面都暴露得更加明显。对,在革命浪潮不断高涨时,我们的确要求及时在中国着手建立作为工农独立组织的苏维埃。

苏维埃的主要意义是**让工农与国民党资产阶级**和它的左派国民党代理人**对立**。中国的苏维埃口号首先意味着与自杀性的、可耻的"四个阶级联盟"决裂,共产党退出国民党。重心当然不在单纯的组织形式,而是阶级路线。

1923 年秋,德国的问题仅仅是组织形式。由于共产国际和德国共产党领导的极端消极、落后和迟缓,及时号召组织苏维埃的时机被错过了。由于来自下面的压力和自身的要求,工厂委员会在 1923 年秋的德国工人运动中已经占据了这样的位置,如果在共产党正确、大胆的政策下,这个位置无疑将被苏维埃更加成功地占据。当时,形势紧张到了极点。多浪费一点时间都意味着彻底错过革命形势。起义最终提上了日程,时间已所剩无几。

在这样的条件下提出苏维埃口号,是可以想象的最大的死守教条的愚蠢。苏维埃不是具有救命力量的护身符。在已经发展形成的局势下,匆匆建立的苏维埃只能与工厂委员会重叠。这就势必剥夺后者的革命职能,把它转交给刚刚建立的、还完全没有权威的苏维埃。在什么时候?在每天的日程都排满的条件下。这将意味着用最有害的、华而不实的组织游戏来代替革命行动。

苏维埃的组织形式十分重要,这是无可争议的;但这只是在它能够及时表达正确的政治路线的情况下。反之,如果把它变成一种幻象、护身符和无足轻重的东西,它就会获得同样的否定意义。在最后时刻于 1923 年秋建立的德国苏维埃,在政治上于事无补;它只能造成组织上的混乱。在广州发生的事件还要糟。匆匆遵循仪轨建立的苏维埃是为了掩盖冒险的盲动。因此,在一切都已成为过去后，我们发现广州苏维埃干脆就像是画在纸上的一条中国古代的龙。烂绳和纸龙的政策，不是我们的政策。我们反对通过电报于1923年秋在德国即兴建立的苏维埃。我们赞成1926年在中国建立苏维埃。我们反对1927年在广州的苏维埃的假象。这里没有任何矛盾。这是对革命运动动力概念与它的组织形式的理解的深刻的统一。

苏维埃的角色和意义的问题，被近几年的理论与实践搞得面目全非、混乱不堪、模糊不清，在纲领草案中也没有得到任何澄清。

六、即将来临的中国革命的性质问题

率领贫农的无产阶级的专政的口号，与即将来临的中国第三次革命的社会主义性质的问题不可分割地联系在一起。因为不仅是历史会重演，而且违背历史要求的人的错误也会重演，我们已经听到这样的反驳：对社会主义革命来说，中国还不够成熟。但这是问题的抽象的、没有活力的提法。莫非俄国本身对社会主义来说已经成熟了？据列宁的说法，没有！它对无产阶级专政来说已经成熟，它是解决刻不容缓的民族任务的唯一方法。但是，整个专政的整体命运，最终是由世界发展进程决定的，当然，后者与其说是排除，毋宁说是以一方面全面适应国内条件，另一方面适应世界发展进程的无产阶级专政的正确政策、工农联盟的巩固和发展为前提。这对中国来说，也完全适用。

在标题是《论我国革命》的同一篇文章中（1923年1月16日），列宁确定了沿着东方国家发展的特殊性道路发展的俄国的特点，他把欧洲社会民主党的下述论据说成是"万古不变的金科玉律"。这个论据就是"我们还没有成长到实现社会主义的地步，或像他们中间各种'博学的'先生们所说的那样，我们还没有实现社会主义的客观经济前提"。但是，列宁嘲笑这些"博学的"先生们，并不是因为他本人承认在俄国已经存在社会主义的经济前提，而是因为他认为，拒绝夺取政权，并不像学究和庸人所认为的那样，是由于缺乏独立地建设社会主义的必要前提。在这篇文章中，列宁一百零一次、或是一千零一次反驳第二国际的英雄们的诡辩："这个**无可争辩的道理**（俄国还没有成长到实现社会主义的地步）……对于评价我国革命并无决定意义。"① 这是纲领草案的作者们不愿也不能理解的。中国在经济和文化上都和俄国一样不成熟——

---

① 《列宁全集》第二版第43卷，人民出版社1987年版，第371页。

当然，中国比俄国更加不成熟——这是无可争辩的。但是根本不能由此得出结论，当一个国家的整个历史条件和革命形势都要求夺取政权时，无产阶级应该拒绝夺取政权。

具体的、历史政治的、现实的问题不是归结为中国在经济上对"它自己的"社会主义是否已经成熟，而是中国是否在政治上已经成熟到了实现无产阶级专政的地步。在这两个问题之间根本就不能画等号。如果世界上不存在发展不平衡的规律，就可以把它们等量齐观。这个规律适合并完全扩展到经济和政治之间的相互关系上。那么，中国对无产阶级专政来说，是否已经成熟？只有斗争经验才能提供对这个问题的无可争议的答复。同理，只有斗争才能解决下面的问题：什么时候、在什么条件下，中国才能真正地统一、解放和复兴。谁说中国对无产阶级专政来说还不成熟，他就是在说，中国第三次革命将被推迟数年之久。

当然，如果真的像共产国际执行委员会决议所断言的那样，封建残余真的统治中国的经济生活的话，事情就相当绝望了。但幸运的是，一般来说，残余是不能起统治作用的。纲领草案在这点上，没有纠正已经犯下的错误，而是以闪烁其词和模糊不清的方式肯定了它们。草案说，在国家的经济和政治上层建筑中，中世纪封建关系都"占优势"。这是完全错误的。**占优势**意味着什么？这是否是涉及人口数量的问题？或是在国家经济中的统治和领导角色？在商业和银行资本无孔不入的基础上，国内工业的十分迅速的增长；最重要的农业地区对市场的彻底依赖；对外贸易的巨大的和仍在增长的作用；中国农村对城市的全面服从，所有这一切都说明，资本主义关系在中国的无条件的优势，它的直接的统治。无可否认，农奴和半农奴的社会关系是十分强大的。它们部分起源于封建时代；这部分是一种新现象，即旧的关系在生产力发展滞后、剩余的农业人口、商业和高利贷资本的活跃等的基础上的复苏。不过，占统治地位的是资本主义关系，而不是"封建"关系（更确切地说是农奴制的关系、即一般前资本主义的关系）。只是由于资本主义关系的统治作用，我们才能严肃地说无产阶级在民族革命中的领导权的前景。否则，就不能自圆其说了。

在任何一个资本主义国家中，无产阶级的力量都要比无产阶级在人口总数中所占的比重大得多。这是因为无产阶级在经济上控制着整个资本主义经济体系的中心和神经，还因为无产阶级在经济上和政治上代表资本主义制度下大多数劳动者的真正利益。

因此，甚至当无产阶级占人口少数时（或者说当觉悟的和真正革命的无产阶级先锋队占人口少数时），它也能够推翻资产阶级，然后从人数众多的半无产阶级和小资产者中把同盟者吸引过来，因为半无产阶级和小资产者从来不会预先就表示拥护无产阶级统治，不会懂得无产阶级统治的条件和任务，而只是根据自己以后的经验才确信无产阶级专政是必然的、正确的和合乎规律的。①

中国无产阶级在生产中所扮演的角色早已十分巨大。在今后的几年中，这个角色只能进一步增长。正如事件已经表明的那样，它本来也可以起巨大的政治作用的。但是，整个领导路线是直接完全反对无产阶级赢得领导角色的。

纲领草案说，"只有在得到无产阶级专政下的国家的直接支持的条件下"，在中国才能成功地进行社会主义建设。因而，党在俄国问题上一直承认的原则，在中国问题上也得到承认。但是，如果在中国缺乏独立建设社会主义社会的足够的内部力量，根据斯大林—布哈林的理论，中国无产阶级在革命的任何一个阶段上都不能夺取政权。或是这个问题可能因为苏联的存在而在相反的意义上得到解决。于是，由此得出的结论是，我们的技术不仅对在苏联建设社会主义社会是足够的，对中国也是足够的，即在两个经济上最落后的国家中，它们的人口共计 6 亿人。也许，在中国不可避免的无产阶级专政是"可以允许的"，是因为这个专政将被纳入世界范围的社会主义革命的链条之中，从而不仅成为它的一个环节，而且还将成为它的推动力？但这正是列宁对十月革命的基本立场，其"特点"正好符合东方国家的发展路线。这样一来，我们看到，每次在新的重大革命课题来临时，为进行反对托洛茨基主义的斗争而于1924年炮制的修正主义的一国社会主义理论，在对待每一个新的重大革命问题时，是如何歪曲和混淆的。

纲领草案在同一条道路上走得更远。它把中国和印度与"1917年以前的俄国"和波兰（"等等"？）国家对立起来，认为后者是具有"足以保证胜利地建设社会主义的最低限度的工业"的国家，或是（在其他地方更加明确，因而也更加错误地说过的那样）具有"建成社会主义所必需而且足够的一切

---

① 《列宁全集》第二版第38卷，人民出版社1986年版，第24页。

吗?"我们早就知道,这仅仅是玩弄列宁的"必需而且足够的"前提的说法,这是骗人的、不能容忍的把戏,因为列宁明确地列出了**政治和组织**前提,是包括技术、文化和国际前提在内的。但是,要点仍是:既然建成社会主义是在两种经济体系和两种社会制度之间的不断的世界斗争的问题,而且在这场斗争中,我们的经济基础要软弱得多,那么,又应该怎样先验地确定建成社会主义的足够的"最低限度的工业"呢?

如果我们仅仅考虑经济杠杆,就很清楚,我们苏联的杠杆要比世界资本主义的杠杆短得多,就不用说中国和印度的了。但是,全部问题是由世界范围内的两种制度之间的革命斗争解决的。在政治斗争中,长杠杆在我们一边,或更加确切地说,如果我们的政策正确的话,它就可能并必将在我们的手中。

在《论我国革命》这篇文章中,在阐述了"建设社会主义所需要有的一定的文化水平"后,列宁再次补充说:"虽然谁也说不出这个一定的'文化水平'究竟是怎样的?……"① 为什么谁也说不出呢?因为问题将通过斗争、通过世界范围内的两种社会制度和两种文化之间的竞争来解决。纲领草案完全背离了列宁从问题实质中得出的观点,断言1917年的俄国恰好具备了"最低限度的技术",因而也具备了在一国建设社会主义所必需的文化。纲领草案的作者们想在这个纲领中说出事先"谁也说不出"的东西。

在整个问题应该由国际动力学来解决时,在民族国家("1917年以前的俄国")静力学内寻找"足够的最低限度"标准,是不能允许的、不可能的和荒谬的。政治上的民族狭隘性的理论基础,就在这个错误、专横、孤立的民族标准中,它是未来不可避免的民族改良主义和社会护国主义的迷误的前提。

七、论东方的"工农两个阶级的政党"的反动思想

第二次中国革命的教训是整个共产国际的教训,但首先是所有东方国家的教训。

为了捍卫中国革命中的孟什维克路线所使用的全部论据,如果把它们当真的话,则对印度有三倍的力量。印度作为一个典型的殖民地,它的帝国主义压迫要比在中国有更加直接、更加明显的形式。印度的封建残余和农奴关系更加根深蒂固、更加巨大。然而,或毋宁说正是因此,在中国运用的破坏革命的方

---

① 《列宁全集》第二版第43卷,人民出版社1987年版,第371页。

法，在印度必将导致更加致命的结果。推翻印度的农奴制、英国—印度的官僚和英国的军国主义，只能通过规模宏大、不屈不挠的人民群众的运动才能完成，正是因为这个运动的迅猛和不可抗拒、它的国际目的和联系，它不能容忍领导的任何半途而废和妥协的机会主义措施。

共产国际的领导早就在印度犯下了不少错误。条件还不允许这些错误以中国的那种规模暴露出来。不过可以希望，中国事件的教训会使更加及时地纠正印度和其他东方国家的领导政策成为可能。

在这里像在所有其他地方和所有时间中一样，对我们来说，关键问题是共产党的完全独立和它的不可调和的阶级性。在这条路上的最大危险是在东方国家中建立所谓的"工农党"。

1924年将作为公然修正马克思和列宁的许多基本原理的一年而载入史册，从这一年开始，斯大林对东方国家推出了"工农两个阶级的政党"的公式。它以同样的民族压迫为依据，在东方为掩盖机会主义服务，就像"稳定"在西方一样。来自印度的电报像来自并没有民族压迫的日本的电报一样，经常提到外省的"工农党"的活动，像对待与共产国际接近和友好的组织一样对待它们，好像它们是我们"自己的"组织一样，不过，没有给它们的政治面貌做具体界定；总而言之，关于它们所说和所写的一切，都与不久前关于国民党所说和所写的一样。

早在1924年，《真理报》报道说："种种迹象表明，朝鲜的民族解放运动正逐渐在组织上成形，表现为建立工农党的形式。"（1924年3月2日）

同时，斯大林教导东方共产党员说：

> 共产党人应该从民族统一战线的政策改行……工人和小资产阶级革命联盟的政策。在这类国家中，这一联盟可以采取类似国民党的统一政党的形式，即工农政党的形式，它的成员将来自工人阶级和农民。[①]

后面就共产党的独立（显然是先知约拿在鲸鱼肚子里的"独立"）所做的小小的"保留"，只是为伪装的目的而服务。我们深信，第六次代表大会必将说明，在这方面的任何最轻微的含糊其词都是致命的，不能允许的。

[①] 《斯大林全集》第7卷，人民出版社1958年版，第124页。原文中没有"类似国民党的"这几个字。

这是一个全新的问题，它是完全错误的，在关于党，关于它与自己的阶级和其他阶级的关系的基本问题上，它是一个彻头彻尾的反马克思主义的公式。

国民党就其社会构成来说是工农党，以此来为中国共产党必须加入国民党做辩护。国民党的9/10（这个比例重复了数百遍）属于革命派，随时准备与共产党携手共进。然而，在上海和武汉政变时和之后，国民党的这个革命的9/10消失得无影无踪。谁也找不到它的痕迹。中国的阶级合作的理论家——斯大林、布哈林等人甚至都不愿意麻烦自己解释一下，国民党的这个完全是我们"自己的"9/10的工农、革命家、同情者到哪里去了。如果想明白斯大林宣扬的所有这些"两个阶级"的政党的命运，如果我们搞清楚这个不仅把我们抛在1919年俄国共产党的纲领后面，也把我们抛在1847年《共产党宣言》后面的概念本身，对这个问题的答复就有了决定性的意义。

只有了解下面两点之后，我们才能搞清楚，这个著名的9/10消失到哪里去了的问题：首先是同时表达两种彼此对立的历史路线——无产阶级和小资产阶级路线——的双重组合的，即两个阶级的政党是不可能的；其次，在资本主义社会中，独立的农民党，即表达农民利益，同时又独立于无产阶级和资产阶级的党，是不存在的。

马克思主义一直教导我们说，布尔什维主义接受了这个教导，也同样教导说，农民和无产阶级是两个不同的阶级，以任何方式把它们的阶级利益在资本主义社会中等同起来，都是错误的，一个农民只有在财产观点上接受无产阶级的观点，他才能加入共产党。无产阶级专政下的工农联盟并不能改变这个原理，而是以不同的方式在不同环境下对它的确认。如果这里不是具有不同利益的不同的阶级，那就谈不上联盟了。只有在进入了无产阶级专政的铁的框架中之后，这个联盟才能与社会主义革命相融。在我国，专政与所谓的农民联盟的存在是水火不相容的，正是因为觊觎解决全民族政治问题的任何一个"独立"的农民组织，最终必然会变成资产阶级手中的工具。

在资本主义国家中称自己为农民党的组织，实际上是资产阶级政党的变种。每个没有从私有者观点转到无产阶级立场上的农民，在基本政治问题上必然会追随资产阶级。当然，每个依靠和寻求依靠农民的，在可能的情况下依靠工人的资产阶级政党都不得不伪装自己，即不得不涂上两三种适当的颜色。"工农党"的臭名昭著的思想似乎是专门为了掩盖寻求农民支持并准备吸收工人加入它的队伍的资产阶级政党创造的。国民党将永远作为这种政党的典型载入史册。

众所周知，资产阶级社会是这样构成的，一无所有、不满和被欺骗的群众在底层，得意洋洋的骗子在顶层。每个资产阶级政党如果是真正的政党的话，即如果它拥有相当多的群众的话，都是建立在同一个原则上的。压迫者、骗子和暴君构成阶级社会中的少数。每个资本家的政党不得不在其内部关系中，以这种或那种方式再现和反映整个资产阶级社会的关系。因此在每一个群众性的资产阶级政党中，它的底层比上层更加民主和更加"左倾"。这种情况适用于德国中派、法国激进派，尤其是适用于社会民主党。斯大林、布哈林和其他人不断抱怨国民党的上层没有反映"左的"国民党的基层、"绝大多数"、"9/10"等等，他们的抱怨是多么幼稚和不可饶恕，其原因就在这里。在他们可笑的哭诉中，被他们说成是可以通过组织措施、指令和通报的手段消除的暂时的、不愉快的误解，其实是资产阶级政党的一个主要的基本特点，尤其是在革命时期。

纲领草案作者们捍卫所有机会主义的联盟——在英国和中国——的主要论据，应该从这个角度加以评价。据他们的话，之所以与上层称兄道弟，完全是为了下层的利益。众所周知，反对派坚持共产党退出国民党。布哈林说：

> 不禁要问，为什么？是否因为国民党上层的领袖们的动摇？国民党的群众呢？难道他们是"群氓"？从什么时候开始，对一个群众组织的态度要由"最高层"所做的事来决定呢！（《中国革命的当前时刻》）

提出这样的论据本身，在一个革命党中似乎都是不可思议的。布哈林问，"国民党的群众呢？"他们当然是群氓。任何一个资产阶级政党的群众都是群氓，尽管程度不同。但对我们来说，群众不是群氓，不是吗？不是，正是出于这个原因，我们不能把他们驱入资产阶级的怀抱中，并用工农党的名称来掩盖后者。正是出于这个原因，我们不能让无产阶级政党服从资产阶级政党，而是相反，每一步都让前者与后者对立。布哈林以如此嘲弄的口气当作某种次要的、偶然的和暂时的东西谈到的国民党的"最高"层，实际上是国民党的灵魂，它的社会本质。当然，资产阶级仅仅是政党和社会的"高层"。但这个高层因拥有资本、知识和联系而强大；它永远可以背靠帝国主义分子的支持，最重要的是它永远可以依靠实际的国家和军事权力，这种权力与国民党本身的领导直接融合在一起。正是这个高层制定了反罢工法，扼杀农民起义，把共产党员推进了阴暗的角落里，在最好的情况下，只允许他们占据党的 1/3 的席位，并迫使他们发誓让小资产阶级的三民主义凌驾于马克思主义之上。

挑选出来的底层追随这个高层，为它服务，像莫斯科一样，充当"来自左边的"支柱，正如将军们、买办们和帝国主义分子是来自右边的支柱一样。**认为国民党不是资产阶级政党，而是争取群众的斗争的中立的舞台**，玩弄 9/10 的左派基层的字眼，就是为了掩盖谁是真正的主人的问题，就是加强这个高层的力量和权力，并协助后者把更广大的群众变成"群氓"，并在最有利的条件下准备上海政变。

斯大林和布哈林幻想共产党员与"左派"一起能够获得在国民党中的多数，从而取得国家政权，因为中国的政权掌握在国民党的手中。换言之，他们幻想**通过在国民党代表大会上的简单的改选，政权就能从资产阶级手中转到无产阶级手中**。难道能够想象对"党内民主"——而且是在一个资产阶级政党内——更加动人、更加理想的崇拜吗？因为全部军队、官僚、报刊和资本肯定都掌握在资产阶级手中。正是因此而且只是因此，它才能够执掌执政党的舵轮。

只是在左派不敢大胆地反对军队、官僚、报刊，不反对资本的情况下，资产阶级的"高层"现在和过去才能容忍"9/10"的左派，**而且是这种类型的左派**。凭着这些强有力的手段，资产阶级上层不仅让这所谓的 9/10 的"左派党员"，而且还让所有群众处于受支配的地位。几个阶级联盟的理论，即国民党是工农党的理论，在这方面为资产阶级提供了最大限度的帮助。后来，当资产阶级与群众发生敌对冲突并枪杀他们时，在这场两个真正力量——资产阶级与无产阶级——之间的冲突中，甚至连著名的 9/10 的哀号都听不到了。在阶级斗争的血腥事实面前，可怜的民主幻想消失得无影无踪。

"东方的工农两个阶级的政党"的真正的、唯一可能的政治机制就是这样。这里没有也不可能有另外的机制。

* * *

虽然两个阶级的政党的思想以民族压迫为依据，似乎这种压迫取代了马克思的阶级学说，但我们早就听说过在根本没有民族压迫的日本也有"工人和农民"的混血儿。但事情并没有至此为止，问题不仅仅限于东方。"两个阶级"的思想力求获得全球性。在这方面，上面提到的美国共产党的尝试最具漫画的特点，它全力支持资产者、"反托拉斯的"议员拉福莱特①竞选总统，想以这种方式让美国农民加入社会革命。佩珀②是这种策略的理论家，他是葬送了匈牙利革命的人中的一个，因为他忽视了匈牙利的农民，现在显然是为了补偿，他又极其努力地通过把美国共产党消融在农民中来葬送它。佩珀的理论是，美国资本主义的超额利润使美国无产阶级变成了世界的工人贵族，而农业危机使农民破产，从而把他们引上了社会主义革命的道路。据佩珀的想法，一个主要是由侨民构成的有几千党员的党，必须通过资产阶级政党的中介与农民融为一体，从而建立一个"两个阶级"的政党，在被超额利润腐蚀的无产阶级的消极和中立的情况下保证社会主义革命。

这个极其愚蠢的思想在共产国际的上层领导中找到了支持者和半支持者。在好几个星期中，这个问题一直悬而未决，直到最后才对马克思主义的起码常识（幕后说是：托洛茨基主义的偏见）让步。为了让美国共产党脱离拉福莱特的党，必须给它套上绳索。而拉福莱特的党比它的创始人死得更早。

时髦的修正主义为东方所发明的一切，后来都被搬到了西方。如果佩珀在大西洋彼岸试图通过两个阶级政党的手段来驱赶历史前进的话，那么，报刊上的最新消息告诉我们，国民党的实验在意大利找到了模仿者。在意大利，显然有人企图把"在工农委员会的基础上（？！）建立共和议会"这个荒谬绝伦的口号强加给我党。在这个口号中，蒋介石的灵魂和希法亭③的灵魂拥抱在一起。我们真的要走到这一步吗？

---

① 拉福莱特（Robert Marion La Follet，1855—1925）美国反对共和党和民主党传统政策的所谓进步运动的领袖之一，1906年起任参议员。1924年总统选举的独立候选人。主张限制垄断组织的权力。——译注

② 佩珀（John Pepper，1886—1937）美国共产党领袖、匈牙利人，在1919年匈牙利革命中他的表现并不突出；他于1922年作为共产国际代表团成员来到美国，利用这个优势通过耍手腕成为美国共产党中央委员。在20世纪30年代的大清洗中，他被逮捕并处决。——译注

③ 希法亭（Rudolf Hilferding，1877—1941）奥地利和德国社会民主党及第二国际的领袖之一。在第一次世界大战期间是和平主义者，曾在斯特莱斯曼内阁（1922—1923年）和米勒内阁（1928—1930年）任财政部长。1933年逃往法国。1940年贝当政府把他引渡给盖世太保，死于狱中。著有《金融资本》（1910年），在此书中，他试图解释在帝国主义初期阶段资本主义经济中的某些新现象，提出"有组织的资本主义"理论，受到列宁的批判。——译注

* * *

在结束时,我们还需要的只是回忆一下,工农党的思想把布尔什维主义反对民粹派的整个斗争从历史中删除了,而没有这场斗争,就不会有布尔什维克党。这场历史斗争的意义是什么?列宁关于社会革命党人写了下面的话:

> 他们纲领的基本思想根本不是认为需要无产阶级和农民这两种"力量的联盟",而是否认两者之间的阶级差别,认为不需要在他们之间划一条阶级界限,说社会民主党人关于农民同无产阶级不同,农民有小资产阶级性的思想是根本错误的。①

换言之,工农两个阶级的政党是俄国民粹派的核心思想。在农民的俄国,只有与这种思想进行斗争,无产阶级先锋队的党才能发展。在1905年革命期间,列宁坚持不懈、毫不倦怠地反复说:

> 如果农民以反动的或反无产阶级的面貌出现,就对他们采取不信任态度,**摆脱他们而单独组织**起来,并准备同他们作斗争。② (黑体字是我们用的。)

1906年,列宁写道:

> 第三个即最后一个建议:城市和农村的无产者和半无产者,你们要单独组织起来。不要信赖任何业主,哪怕是小业主,是"劳动的"业主。……我们要始终不渝地支持农民运动,但是我们应当记住,这是另一个阶级的运动,而不是那个能够实现并且定会实现社会主义革命的阶级的运动。③

---

① 《列宁全集》第二版第17卷,人民出版社1988年版,第315页。
② 《列宁全集》第二版第9卷,人民出版社1987年版,第326—327页。
③ 《列宁全集》第二版第12卷,人民出版社1987年版,第237页。

这个思想反复出现在列宁的数以百计的篇幅大小不一的著作中。1908年，列宁解释说：

> 决不能把"无产阶级和农民的联盟"理解为无产阶级和农民的不同**阶级或不同的政党的合并**。不要说是合并，就是**任何长期的协议**，都会危害工人阶级的社会主义政党，削弱革命民主斗争。① （黑体字是我们用的。）

对工农党这个思想，有谁能够进行比这更严厉、更无情、更致命的谴责吗？

斯大林却教导说：

> 革命的反帝联盟可以采取表面上（？）由统一纲领联系起来的统一的工农政党的形式，但不是永远（！）必须采取这种形式。②

列宁教导我们，工农联盟在任何情况下，在任何时候都不能导致政党的合并。但是斯大林只是对列宁做了一个让步：据斯大林说，虽然阶级的联盟必须采取类似国民党这样的"统一的工农党的形式"，但这并**不是永远需要的**。我们至少为这个让步而感谢他。

在十月革命期间，列宁同样不可调和地提出这个问题。从1918年开始，在概括三次俄国革命经验时，列宁不放过任何机会反复重申，在资本主义关系占支配地位的社会中，有两个决定性的力量，即资产阶级和无产阶级。

> 农民由于自己在资产阶级社会中所处的经济地位，必然或者跟工人走，或者跟资产阶级走。中间道路是没有的。③

然而，"工农党"正是创造一条中间道路的企图。

如果俄国无产阶级先锋队不让自己与农民对抗，没有与农民的吞噬一切的

---

① 《列宁全集》第二版第17卷，人民出版社1988年版，第37页。
② 《斯大林全集》第7卷，人民出版社1954年版，第125页。
③ 《列宁全集》第二版第36卷，人民出版社1985年版，第352页。

小资产阶级分散状态进行无情的斗争，它就必然会通过社会革命党或某个其他"两个阶级的政党"的中介而消融在小资产阶级的本能之中，而这个政党又必然会让先锋队服从资产阶级的领导。为了和农民结成革命的联盟——这不会是白来的，首先必须把无产阶级先锋队，然后把整个工人阶级从小资产阶级群众中分离出来。只有通过用坚定的阶级的不可调和性来训练无产阶级政党，才能实现这点。

无产阶级越年轻，它与农民的"血缘"就越近、越直接，农民在总人口中所占的比例越大，反对任何形式的"两个阶级"的政治炼金术的斗争的意义就更大。在西方，工农党的思想干脆就是笑柄。在东方，它是致命的。在中国、印度和日本，这个思想不仅与无产阶级在革命中的领导权势不两立，与无产阶级先锋队的最基本的独立也势不两立。工农党只能是资产阶级的基地、屏障和跳板。

在这个对整个东方来说是基本的问题上，现代修正主义注定只能重蹈社会民主党机会主义在革命前的日子里的覆辙。欧洲社会民主党的多数领袖认为我党反对社会革命党的斗争是错误的，并坚决建议两党合并，坚持对"东方"的俄国来说，工农两个阶级的政党是完全合适的。如果我们听从他们的劝告，我们就永远不能实现工农联盟，也不能实现无产阶级专政。社会革命党人的工农"两个阶级"的政党，在我国变成也不可能不变成帝国主义资产阶级的代理人，即它徒劳地尝试扮演国民党在中国以不同的、"特殊的"中国方式，在修正布尔什维主义的人的帮助下，成功地扮演过的同一个角色。不无情地谴责为东方建立工农党的思想，就没有也不可能有共产国际的纲领。

八、必须检验农民国际的贡献

对反对派的主要指责之一（如果不是最主要的指责的话），是它"轻视"农民。在这点上，生活做出了它的检验，并在国内路线和国际路线上都做出了裁决。官方领导人在整个路线上都犯了轻视无产阶级在与农民关系中的作用和意义的错误。在此可以记录下在经济、政治、国际路线上的最大的偏离和错误。

1923年以后，国内错误的根子在于对无产阶级管理下的国家工业对整个国家经济和与农民的联盟的意义估计不足。在中国，由于不明白无产阶级在土地革命中的决定性的领导角色，革命就被葬送了。

出于同一个角度，必须检验并评价农民国际的全部工作。它从一开始就仅仅是一场实验，还是一场要求极其谨慎、最严格地坚持原则的实验。其理由是不难明白的。

农民，由于它的全部历史和它生活的条件，是所有阶级中最缺乏国际性的。农民正是被称为民族特点的东西的主要源泉。在农民中，只有半无产阶级的贫农群众能够被引上国际主义的道路，而且只能是在无产阶级的领导下。任何走捷径的企图，都不过是与各阶级的游戏而已，而这些游戏总是会损害无产阶级的利益。只有在无产阶级使本国农民摆脱本国资产阶级影响的情况下，只有在农民学会不仅把无产阶级看成是它的同盟，而且还是它的领导的情况下，才能把农民吸引到国际主义政治的道路上。相反，越过无产阶级，不理会各国共产党而把各个国家的农民组织成一个独立的国际组织的企图，是预先注定要失败的。最终，这样的企图只能损害每个国家的无产阶级为争取对贫雇农的影响的斗争。

在所有的资产阶级革命以及反革命中，从 16 世纪的农民战争开始甚至在那之前，农民的各个阶层扮演着巨大的、有时甚至是决定性的角色。但它从来没有扮演过独立的角色。农民总是直接或间接地支持一个政治力量反对另一个。它自己从来不是给自己提出全民族政治任务的独立力量。与资本主义发展之前的阶段相比，在金融资本时代，资本主义社会的两极分化更加严重。这意味着农民的比重不是增加了，而是缩小了。无论如何，在帝国主义时代，农民比在工业资本主义时代更加不能在民族范围内有独立的政治路线，就不用说国际范围了。今天美国的农民比在 40 或 50 年前更加不能扮演独立的政治角色，那时的民粹运动的经验表明，他们不能也没有组织起一个独立的全国性政党。

战争造成的经济衰退导致的暂时而又迅猛的欧洲农业化，使人对"农民"可能扮演的角色，即装腔作势地把自己与资产阶级政党对立起来的资产阶级的假农民政党产生幻想。如果在战后的几年中，在农民运动风起云涌的时期，还可以冒险进行组织农民国际的尝试，旨在检验在无产阶级和农民之间以及农民和资产阶级之间的新关系，那么现在正是对 5 年的农民国际的实验做理论和政治总结，是彻底揭露它的严重不足和尝试指出它的积极方面的时候了。

至少有一个结论是无可争议的。在保加利亚、波兰、罗马尼亚、南斯拉夫（即所有落后国家）中的"农民"党的实验、我们的社会革命党人过去的实验、新近的国民党的实验（血还没有凉）、在先进国家中的插曲式的实验、特

别是拉福莱特—佩珀在美国的实验,都不容置疑地表明,在资本主义衰退时期比在资本主义上升时期更没有道理寻求建立独立的、革命的、反资产阶级的农民党。

> 城市不可能和农村平等。在这个时代的历史条件下,农村也不可能和城市平等。城市必然要带领农村。农村必然要跟城市走。问题仅仅在于,城市阶级中的哪个阶级能够带领农村,能够担当这个任务。①

在东方革命中,农民仍将起着决定性的作用,但再重申一次,这个作用既不是领导的,也不是独立的。湖北、广东或孟加拉的贫农不仅能够在民族范围内起作用,还能在国际范围内起作用,但只有在他们支持上海、广州、汉口和加尔各答工人的情况下。这是革命农民走上国际主义道路的唯一方式。直接把湖北农民和加利西亚或多布卢加农民、埃及农民和美国西部农民联系在一起的尝试,是没有希望的。

就政治本质来说,任何东西如果不为直接目的服务的话,它就必然会变成其他目的——往往是截然相反的——的工具。一个资产阶级政党依赖农民或寻求依赖农民,为了在自己的国家中保障自己免受共产党的打击,因而认为必须在农民国际中为自己寻找长期或短期的保证,如果它不能在共产国际中得到这种保证的话,我们难道没有遇到过这种例子吗?像工会领域中的珀赛尔那样,通过英俄委员会来保护自己。如果拉福莱特没有尝试在农民国际中登记,这只是因为美国共产党太弱了。何况,无须这样,那时它的领导人佩珀就不请自来,完全无私地拥抱拉福莱特。但是,克罗地亚富农的银行家领袖拉迪奇②认为有必要在其通往内阁的道路上给农民国际留一张名片。国民党走得更远,它不仅在农民国际和反帝同盟中为自己谋得了一席之地,甚至还叩响了共产国际的大门,并得到了俄国共产党政治局的祝福,只有一票反对。③

当有利于取消红色工会国际的趋势十分强大(苏联工会甚至把它的名称

---

① 《列宁全集》第二版第38卷,人民出版社1986年版,第6页。
② 拉迪奇(Stjepan Radic)与其兄A.拉迪奇一起创建了克罗地亚农民党,发展了"农民权利"论(农民的利益的一致性及其在政治生活中的领导地位等)。1924年访问苏联,参加了农民国际,因而突然被莫斯科称为"真正的人民领袖"。1925年在塞尔维亚—克罗地亚—斯洛文尼亚王国任部长,被大塞尔维亚沙文主义者刺杀。——译注
③ 托洛茨基投了反对票。——译注

从自己的章程中删除）时，据我们回忆所及，任何地方都没有提出过农民国际究竟取得了什么成果的问题。这非常能够说明近几年来的政治主导情绪的特点。

共产国际第六次代表大会必须从无产阶级国际主义的角度严肃地审查农民国际的工作。现在正是对这个已经拖了几年之久的实验做出马克思主义的决算的时候了。这个决算必须以这种或那种形式纳入共产国际的纲领中。现在的草案对农民国际中的"数百万人"只字不提，因而对这个国际的存在也只字不提。

结　论

我们对纲领草案的某些基本论点进行了批判。由于时间极其紧迫，我们不能对所有问题都加以讨论。我们能够用于这项工作的时间只有两个星期。因而我们不得不仅限于最紧迫的问题，限于当前时期与革命斗争和党内斗争直接联系的最紧迫的问题。

据以前所谓的"争论"的经验，我们早就知道，一些词语和笔误都能变成消灭"托洛茨基主义"的新理论的胎生源泉。这类圆满胜利的喧嚣充斥着整个时期。但是我们极其冷静地看待这次也可能落在我们头上的廉价的理论蝎尾鞭。

不过十分可能，纲领草案的作者们宁愿求助于对旧的刑法58条①的详尽解释，而不是散发新的批评揭露文章。无须说，我们认为这样的理由更加没有说服力。

第六次世界代表大会面对通过一个纲领的任务。我们力图通过整个这部著作表明，布哈林和斯大林制定的草案没有任何可能成为这个纲领的基础。

当前这个时刻是俄国共产党和整个共产国际生活的转折点。我党中央委员会和共产国际执行委员会二月全会现在做出的决议和采取的措施就是证明。这些措施是完全不充分的，决议是矛盾的，其中的某些决议（如共产国际执行委员会二月全会关于中国革命的决议）是根本错误的。尽管如此，所有这些决议都贯穿着向左转的倾向。我们无论如何没有理由过高地估计这点，特别是这一倾向与粉碎革命的一翼携手共进，庇护右翼。尽管存在着这一切，我们一

---

① 据刑法58条，本文作者被流放。——列·托·注

刻也没有忽视由于旧方针造成的绝境而形成的向左倾向。在党内引起最小的困难和震动的情况下，每个真正的革命者在他的岗位上都应该竭尽全力地促进这些向左摇摆发展成革命的列宁主义方针。但我们今天距此还很遥远。现在，共产国际也许正在经历其发展中的最病态的时期，在这个时期中，旧的方针还远未受到清算，而新方针又带有大量的异己因素进入其中。纲领草案整体或部分地反映了这个过渡状态。然而这种时刻就其实质来说，是最不利于为我们的国际主义政党制定决定它今后几年的活动的文件的。我们必须等待时机，在已经浪费了如此之多的时间之后，无论这是多么困难。我们必须等待。应该让浑水澄清。混乱必须过去，矛盾必须消除，新的转向才能明确。

已经4年没有召开代表大会了。9年来，共产国际是在没有明确的纲领的情况下存在的。当前的出路只有一条：第七次世界代表大会在今后的一年内召开，一劳永逸地制止篡夺整个共产国际最高领导权的企图，在所有各国党内，即在整个共产国际内恢复正常制度，这种制度允许我们对纲领草案进行真正的讨论，使我们可以用马克思主义的草案反对折中主义的草案。对共产国际、对它的各支部的会议和它的报刊，不应该有禁止讨论的问题。在这一年之中，全部土壤必须用马克思主义的犁进行深翻。只有经过这样的工作，无产阶级的国际政党才能获得一个纲领，它像一座伟大的灯塔一样，照亮过去，并向遥远的未来投去可靠的光芒。

1928年6月
于阿拉木图

第六次代表大会之后的中国问题[*]

对国际无产阶级来说，中国革命的战略和策略的教训和任务现在是最重要的学校。1917年获得的经验已经遭到被世界工人阶级革命失败的浪潮抬上权力宝座的不肖之徒的篡改、歪曲和伪造，弄得面目全非。现在，人们被迫只能从堆积在1917年革命上的如山的垃圾下挖掘它。中国革命通过归谬法检验了布尔什维主义的政策。共产国际在中国的战略是"送子求胜"的大棋局。应该通过十月经验的中国反题来学习，并教会年轻一代革命者布尔什维主义的基础知识。中国本身具有世界意义。但在这个国家中发生的事不仅决定它自己的命运，还决定着真正意义上的共产国际的命运。第六次代表大会不仅没有得出正确的结论，或是澄清一切，而是相反，把所犯下的所有错误神圣化，并用可能导致中国共产党在整整几年内处于无出路境地的新混乱来补充它们。在世界革命生死攸关之时，革出教门的官僚雷霆也不能迫使我们沉默。那些想把我们革出教门的人，正是那些应该对失败负有直接责任的人，因此他们害怕见光。

* * *

在过去的5年中，没有一个党像中国共产党那样，受共产国际的机会主义领导之害如此之烈。在中国，我们有了堪称是把孟什维克政策运用到革命时代的完整的、因而也是灾难性的范例。此外，孟什维主义被置于垄断条件下，因为共产国际的权威和苏联政权的物质机关保护它免遭布尔什维主义的批评。这样的条件结合是独一无二的。结果是，就其可能性来说是最伟大的一场革命，

---

[*] 译自网上下载的 Китайский вопрос после VI Конгресса。
据保存在哈佛大学的托洛茨基档案文件夹 bMs Russ 13 T – 3142 中的拷贝打印。——火星探索网站注

完全被中国资产阶级打断,为加强后者服务,据我们所掌握的一切来说,这一切是资产阶级根本就没有理由指望的。机会主义的错误至今仍还没有得到纠正。代表大会辩论的整个进程、布哈林和库西宁的报告、中国共产党员的发言,所有这一切都表明,中国政策的领导路线不仅在过去是错误的,直到今天仍是错误的。以公然妥协形式出现的机会主义(1924—1927年),于1927年底突然急剧摇摆,转向冒险主义。在广州起义之后,它否决了盲动主义,进入了第三阶段,这是最没有结果的一个,它寻求把旧的机会主义前提与纯形式的、无效的激进主义结合起来,在我们这里一度被称为"最后通牒派"①和"召回派"②,它是极左的最糟糕的变种。

不首先正确评价导致在三个阶段(上海、武汉、广州)失败的机会主义领导,不充分理解这些失败在中国社会和政治上、在国内和国际形势中产生的巨大转变,就没有一个中国共产党员能够前进一步。

代表大会的辩论表明,在中国共产党领袖的头脑中,不能容忍的、危险的幻想依然存在。在为广州起义辩解时,中国代表团的一个成员郑重其事地以在起义失败后,这个城市中的党员不仅没有减少,反而增加了的事实为依据。能够对世界代表大会提供如此骇人听闻的信息,而且没有立即受到愤怒的反驳,甚至在这里,在离革命事件舞台几千公里之外,仍令人难以置信。不过,从另一个发言人就另一个问题发表的看法中,我们得知,中国共产党在农民中已经得到(多久?)数万名新党员,另一方面,它失去了工人党员的多数。这个危险过程准确无误地说明党的一定的衰落阶段的特征,却被中国共产党员描述为增长和上升的标志。当革命在城市和工农运动的最重要的中心被摧毁时,在一个像中国这样幅员辽阔的国家中,总会有新的地区——它们的新正是由于它们的落后——仍保持着尚未耗尽的革命力量。在边远的外围,革命浪潮的冲击可能还会有长期的高涨。没有关于中国西北穆斯林地区状态的直接资料,很难准确地说在即将来临的时期中在那里发生革命骚动的可能性。但中国的整个过去都使这种前景成为可能。很可能,这个运动只是上海、汉口和广州战斗的过迟

---

① 最后通牒派系原布尔什维克队伍中的一个派别,变相的召回派,产生于1908年(以 А.В.卢那察尔斯基、М.Н.波克罗夫斯基等人为代表)。最后通牒派要求国家杜马中的社会民主党党团服从中央委员会,如不执行就召回他们。1909年加入"前进派"。——译注

② 召回派系原布尔什维克内部的派别,1908年形成(以 А.А.波格丹诺夫、Г.А.阿列克辛斯基等人为代表)。要求召回国家杜马中的社会民主党人,停止在合法组织中的工作。1909年加入"前进派"。——译注

的回声。革命在城市遭到决定性的失败之后，党在一定的时间内仍能吸收数万名来自觉醒的农民中的新党员。这个事实作为未来的巨大可能性的先兆，是重要的。但在当下，这只是中国共产党瓦解和被消灭的一种形式，因为失去了它的无产阶级核心，它不再符合它的历史使命。

革命退潮时期，就其本质来说，对革命党是一个危险的时期。1852年，恩格斯说过，一个已经错过革命形势，或是在其中遭到决定性失败的党，必然会在一定的时期中退出历史舞台。如果革命被粉碎不是由于不利的力量对比造成的，而是显然由领导的无可争议的错误导致的话，革命在反革命时代所遭到的打击，将更加残酷，中国的情况就是这样。除此之外，再加上中国党的年轻，它没有久经考验的干部和牢固的传统；最后，再加上如此轻率的变动领导层，它在那里像在所有其他地方一样，变成了共产国际错误的替罪羊。总之，所有这些为处在反革命时期的中国共产党形成了真正致命的条件，而这个时期能延续多久，现在还难以判断。

只有清楚和勇敢地提出今天和昨天的主要问题，才能防止中国共产党遭到恩格斯所说的那种命运，即在一定时期内的政治上的被消灭。

我们在对共产国际纲领基本条例的批判中的专门一章中，已经考察了中国革命的阶级动力。今天，我们看不到有对此加以任何补充或修改的必要。我们在此得出结论，中国革命今后的发展，只能以率领数亿贫苦农民夺取政权的中国无产阶级斗争的形式出现。中国资产阶级革命的基本问题的解决，将完全取决于无产阶级专政。用无产阶级和农民的民主专政来与之对立的人，表明他力图把革命拖回到已经经历过的国民党内联合阶段上的反动企图。这个总的政治诊断含有中国革命即将来临的时期的，或更加确切地说，是中国未来第三次革命的战略路线，它并没有消除今天和明天的策略任务的问题。

一、不断革命和广州起义

1927年11月，中国共产党中央委员会全会做出决定：

> 现在在中国存在的客观条件是，直接的革命形势的持续不是几周和几个月，而是几年。中国革命具有持续性，但从另一方面来说，它是不休止的。按其性质，它构成了马克思所称的不断革命。

这正确吗？理智地理解的话，这是正确的。但必须是按照马克思的方式，而不是按照罗明纳兹①的方式来理解。布哈林揭露罗明纳兹确实赞成这个公式，但他并不比后者更加接近马克思。在资本主义社会中，每一场真正的革命、首先是发生在一个幅员广阔的国家中的革命，特别是在现在的帝国主义时代，都有转变成一场不断革命的趋势，即不是停留在它所达到的任何一个阶段上，不局限在民族国家的边界内，而是不断扩展和深化，直到彻底改造社会，彻底消灭阶级差别，最终完全彻底地消除新的革命的可能性为止。马克思主义的无产阶级革命概念就是这样，它是因此而有别于受其民族规模和其特殊目的制约的资产阶级和小资产阶级的革命。中国革命只要还蕴含着无产阶级夺取政权的可能性，它就含有变成不断革命的趋势。不谈这种可能性或离开这种可能性而谈论不断革命，就是钵中捣水。只有无产阶级在夺取国家政权，并把它变成反对国内外的所有剥削和压迫形式的斗争工具之后，才能以此赢得保障革命不断性的机会，即把它引向充分的社会主义社会的建设。因而，对此来说的一个必要条件就是及时地让无产阶级为夺取政权做好准备的政策。现在，罗明纳兹已经把革命不断发展（在共产党政策正确的条件下）的可能性变成一个经院哲学的公式，它保证一下子就永远让革命形势维持"几年之久"。革命的不断性就这样变成了一个凌驾于历史之上的规律，它与领导的政策和革命事件的物质发展无关。像在这种情况下常见的那样，罗明纳兹及其一伙只是在斯大林、布哈林、陈独秀和谭平山的政治领导已经破坏和葬送了革命形势之后，才猜到要宣布关于革命不断性的形而上学的公式。

在已经确认革命将持续几年之久后，中国共产党中央委员会全会在没有重大怀疑的情况下，从这个公式中得出起义条件已经具备的结论。

……中国劳动群众的革命运动的力量不仅没有耗尽，而且恰恰是在现在才开始在革命的新高涨中展现自己。所有这些让中国共产党中央全会承

---

① 罗明纳兹（Виссарион Виссарионович Ломинадзе，1897—1935）苏联政治活动家、青年共产国际活动家。1917年3月加入布尔什维克。历任第比利斯委员会主席（1918—1919年）、俄共（布）阿塞拜疆中央委员会主席团委员（1919—1920年）、青年共产国际执行委员会书记、全苏列宁共青团中央执行局委员（1925—1927年）、共产国际执委会主席团委员（1926年当选）。1927年7—11月作为共产国际代表来华，参加中共中央八七会议和中央临时政治局扩大会议。后任联共（布）外高加索边疆区委第一书记。在联共（布）第十四、十五次代表大会上当选候补中央委员，在第十六次代表大会上当选中央委员。1930年12月被指控反对斯大林的农业集体化政策、组织"左一右倾集团"而被解除中央委员职务，1934年被开除出党，1935年自杀。——译注

认,今天(1927年11月)在整个中国都存在着直接的革命形势。

在对形势的这种评价下,广州起义就变成是理所当然的事了。革命形势若真的存在的话,广州起义失败的事实就只是一个个别的插曲,无论如何都不能把广州起义变成冒险。即使是在对广州市市区或其周边的起义不那么有利的条件下,为了击溃和削弱敌人,为了让在国家的其他地方的起义胜利变得更加容易,领导必须为尽快举行起义做所有必须的一切。

不过,不是在几年之久以后,而是在几个月之后,它就被迫承认,政治形势已经急剧恶化,而且是在广州起义之前。贺龙和叶挺的起义就是在革命的退潮期,工人脱离革命,离心趋势日益增强的情况下发生的。这与在个别省份中存在的农民运动的事实毫不矛盾。一直都是这样。

现在,让中国共产党员问问自己:当他们在12月之前就明白革命的主要力量当时已经耗尽,巨大的退潮已经开始时,他们是否还敢决定把广州起义定在12月?显然,如果他们及时明白形势的根本性的变化的话,他们无论如何都不会把广州武装起义的号召提上日程。对领导确定和执行起义的政策的唯一解释,就是它不明白上海和湖北失败的意义和后果。领导的政策没有也不能有任何其他的解释。但是,因为反对派已经及时地对新形势和新危险提出了警告,缺乏理解就丝毫不能成为原谅共产国际领导的理由。前者反而因此被白痴和诽谤者诬蔑为取消派。

第六次代表大会决议承认了对"盲动主义情绪"抵制不利,导致了在湖南、湖北等地的不成功的起义。该如何理解"盲动主义情绪"呢?中国共产党员根据斯大林和布哈林的指示,判断中国的形势是直接的革命形势,这些局部的起义有所有机会成功地扩展为全国性的起义。因而,在对1927年下半年中国形成的时局的错误判断的基础上发动突然进攻,其结果只能是失败。

在莫斯科,他们能够胡说什么"直接的革命形势",指责反对派是取消派,同时用关于"盲动主义"的保留,为自己保险(特别是在广州起义之后)。但是,在事件的舞台上,在中国国内,每一个正直的革命者都有责任为从他所处的那个角落为促进起义而做所能做的一切,因为共产国际已经宣布,总体形势是对全国规模的起义有利的。在这个问题上,表里不一的制度暴露了它蓄意犯罪的性质。

同时,代表大会的决议称:

> 代表大会认为,说广州起义是盲动的企图是完全错误的。它曾经是发生在中国革命过去那个时期的中国无产阶级英勇的后卫战(??);尽管领导犯了严重的错误,起义仍是革命的苏维埃新阶段的旗帜。

在这里,混乱到了无以复加的地步。广州无产阶级的英勇显然成了错误领导的掩护,不是广州的(它已被决议彻底抛弃),而是莫斯科的,它在昨天说的还不是"后卫战",而是推翻国民党。

为什么在广州起义的经验之后把号召起义贬为盲动主义?因为广州经验证明了起义的不合时宜。共产国际的领导需要新的实物课,以便揭露其实没有它也已经完全清楚的事。但是,这堂对落后人民的附加实物课,对无产阶级来说,是否太昂贵了?

罗明纳兹是一个革命战略的少年天才,他在苏联共产党第十五次代表大会上信誓旦旦地说,广州起义是必须的、正确的和拯救性的,正是因为它开创了工农夺取政权的直接斗争的时代。他得到了认同。在第六次代表大会上,罗明纳兹承认这次起义没有开创胜利的时代,而是以又一次失败而告终。尽管如此,仍像以前一样,认为起义是必须的、正确的和拯救性的。只是把它的名字改了:他们把各种力量冲突的前锋战改成了"后卫战"。其余的一切都保留不变。这一藏在广州工人的英雄主义后面来逃避反对派批评的企图,其分量就像伦南坎普夫将军①隐藏在俄国士兵的英勇后面的企图一样,后者是被他的战略淹死在马祖里沼泽中的。广州无产阶级是无辜的,他们的过错只是过于信任他们的领导而已。他们的领导的过错就是盲目地相信共产国际的领导,这个领导把政治上的盲目和冒险主义精神集于一身。

把广州起义和1905年的莫斯科起义相提并论,是根本错误的。整个1905年,俄国无产阶级从一个台阶上升到一个台阶,迫使敌人让步,瓦解后者的队伍,把越来越多的人民群众集中在自己的先锋队周围。1905年10月的罢工是一个巨大的胜利,具有世界历史意义。俄国无产阶级有自己的党,它不服从任何资产阶级或小资产阶级的纪律。党的独立性、不妥协性、进攻性从一个阶段到一个阶段不断巩固。俄国无产阶级在几十个城市中创建了苏维埃,不是在起

---

① 伦南坎普夫(Павел Карлович Ренненкампф,1854—1918)俄国骑兵上将。日俄战争中指挥哥萨克旅和哥萨克师。1905—1906年任东西伯利亚警察武装部队司令。第一次世界大战初期任集团军司令,东普鲁士战役失利的祸首之一,1918年被革命法庭判处枪决。——译注

义前夕，而是在群众罢工斗争的过程中。通过这些苏维埃，党与广大群众建立了联系；通过对他们的动员，检验了他们的革命情绪。沙皇政府看到每一天都带来对革命有利的力量对比的变化，因而投入反攻，从而让革命领导失去了为进一步动员自己的力量赢得时间的机会。在这些条件下，领导能够并应该孤注一掷，以便能够通过行动检验决定性因素——军队——的情绪。这是 1905 年 12 月起义的意义。

在中国，事件是朝截然相反的方向发展。中国共产党的斯大林政策是由对资产阶级的一系列投降构成的，让工人先锋队习惯于驯服地承受国民党的牛轭。1926 年 3 月，党向蒋介石投降，它巩固了后者的阵地，削弱了自己的；它玷污了马克思主义的旗帜，让自己成为资产阶级领导的附属工具。党贯彻共产国际执行委员会关于四个阶级联盟的指令，压制土地运动和工人罢工。为了不破坏中国将军的后方，它拒绝建立苏维埃。党以这种方式把上海工人的头颅出卖给了蒋介石。在上海被镇压之后，党根据共产国际执行委员会的指示，把全部希望转到了作为"土地革命中心"的左派国民党的身上。共产党员加入镇压工人罢工和农民起义的武汉政府。他们为对革命群众的新的、更加残酷的蹂躏做准备。在所有这些之后，发出了彻头彻尾冒险的指令，接受起义的紧急方针。从这个命令中，首先产生的是贺龙和叶挺的冒险，然后是更加痛苦的广州起义。

不，所有这些与 1905 年的 12 月起义没有任何共同之处。

如果一个机会主义分子把广州事件称为冒险，这是因为它是一场起义。如果一个布尔什维克称呼同一些事件为冒险，因为它是一场不合时宜的起义。德国谚语说，两个人说的一样，但指的不是同一个东西，并非没有道理。

台尔曼①的官员们可以就中国起义的题目，继续对德国共产党员说反对派的"背叛"。我们教德国共产党员对台尔曼们背过身去。实际上，对广州起义的评价问题，是第三次代表大会教训的问题，即事关德国无产阶级性命的问题。

---

① 台尔曼（Ernst Thaelmann，1886—1944）从 1925 年起任德国共产党主席，1923 年当选为德共中央委员，1924—1943 年先后任共产国际执行委员会候补委员、委员和主席团委员，1924 至 1933 年任德国国会议员，1925 和 1932 年作为德国共产党候选人参加总统选举。他无批评地支持共产国际的政策，坚决推行斯大林的第三时期政策，在德国法西斯成为对共产主义运动的最大威胁时，却把矛头指向德国社会民主党，称其为社会法西斯党，让真正的法西斯坐收渔人之利，导致希特勒的胜利。他于 1933 年被纳粹逮捕，1944 年在布痕瓦尔集中营被杀害。——译注

托洛茨基论中国革命（1925—1927）

1921年3月，面对因此前的一系列失败的结果而疲惫、丧失信心和观望的多数的消极精神，德国共产党依靠德国无产阶级积极的少数，尝试发动起义。当时那些这一尝试的领导人也企图用工人在3月战斗中表现出来的英雄主义来掩盖自己。不过，第三次代表大会在谴责领导的冒险主义时，并没有因这一企图而称赞他们。我们那时是怎么评判三月事件的？我们写道："其实质可以归结为这个事实，即年轻的共产党因工人运动中的显而易见的革命退潮吓坏了，进行了绝望的尝试，利用无产阶级的情绪最积极的队伍的行动来'激活'工人阶级，尽可能让斗争进入决定性阶段。"①

台尔曼对所有这些都不理解。

1923年7月，要求确定德国起义的日子，这让克拉拉·蔡特金②、瓦尔斯基③和其他一些可敬的、很老的、但不可救药的老社会民主党人惊讶不已。后来，在1924年初，当蔡特金宣布她现在比去年更加"乐观"地看待起义的可能性时，我们只能同情地耸耸肩膀。

> 社会主义无产阶级的策略在有革命形势和没有革命形势时是不可能一样的，这是马克思主义的起码的真理。④

今天，所有人口头上都承认这个基本常识，但从这里距把它运用到实际中是多么遥远！

问题不在于当群众自发地造反时，共产党员该怎么做。这是事件的问题。当群众起来时，共产党员应该和群众在一起，组织和教育他们。但在广州起义的几个星期和几个月前，领导做了什么和它应该怎么做？这个问题就不一样了。领导有责任对革命工人解释，由于错误政策导致的失败的结果，力量对比

---

① 列·托洛茨基：《共产国际五年》，第333页。
② 蔡特金（Klara Zetkin, 1857—1933）德国共产党创始人之一、工人运动老战士、妇女运动的创始人、理论家和活动家。1881—1918年为德国社会民主党党员（左翼），1889年参加第二国际创建工作，1910年哥本哈根国际妇女代表大会根据她的倡议通过以3月8日为国际妇女节的决议；斯巴达克同盟的创始人之一，1919年起为德共中央委员。1921年被选为共产国际执行委员会主席团委员，在共产国际领导国际妇女书记处的工作；国际革命战士救济会的领导人；1920年起为德国国会议员。——译注
③ 瓦尔斯基（Adolf Warski, 1868—1937）波兰老革命家，波兰王国和立陶宛社会民主党和波兰共产党的创建人之一，波共中央委员（1919—1929）和政治局委员（1923—1929）。1937年在苏联被捕，同年被枪毙。——译注
④ 《列宁全集》第二版第35卷，人民出版社1992年版，第291页。

变得完全对无产阶级不利。广大工人群众进行了规模宏大的战斗，被连续的失败所震撼，退出了战场。当无产阶级群众退潮时，相信能够推行农民起义的方针，是荒谬的。必须把他们重新组织起来，进行防御战，避免显然毫无希望的总决战。虽然进行了这样的解释和教育工作，广州群众仍然违背它，起来造反（这不太可能），共产党员则应该站在他们的前列。但实际发生的正好相反。起义是预先自觉地指定的，基于对整个形势的错误评价。无产阶级的一支队伍投入显然没有希望的战斗，使得敌人能够更加容易地消灭工人阶级的精华。不公然地说出这点，就是欺骗中国工人，为新的失败做准备。第六次代表大会没有这么说。

这是否意味着广州起义是纯粹的冒险，其结论只能是它的领导完全不称职？不，根本不是。广州起义表明，即使遭到了巨大失败之后，在革命退潮的情况下，在有三民主义小资产阶级传统的非工业城市的广州，无产阶级仍能挺身投入起义，英勇战斗并夺取政权。这是一个意义重大的事实。它再次表明无产阶级的比重有多大，它能够扮演的政治角色有多重要，虽然它数量相对较少，在一个历史性落后的国家里，其主要人口是分散的农民和市民。继1905和1917年之后，它彻底推翻了库西宁、马尔丁诺夫之流的庸人，他们教导我们，不能在"农业国"中国侈谈无产阶级专政。须知马尔丁诺夫们和库西宁们当前还是共产国际的日常鼓舞者。

广州起义同时还表明，在关键时刻，无产阶级不能在三民主义的小资产阶级首都中找到一个政治上成形的盟友，哪怕是在国民党的左派或极左派的废墟中也找不到。这意味着建立工人和贫农的联盟的极其重要的任务，就完全直接地落到了共产党的肩上。完成这个任务，是即将来临的中国第三次革命胜利的条件之一。这次革命的胜利将把政权转交给依靠工人和贫农联盟的无产阶级先锋队。

如果非要说"背叛"不可的话，广州起义的英雄和牺牲者的叛徒，正是那些为掩盖领导罪行而试图摆脱这次起义的教训的人。从中得出的教训如下：

第一，广州起义表明，只有无产阶级先锋队，才能在中国举行起义，并夺取政权。暴动表明，在共产党与国民党合作的经验之后，无产阶级和农民的民主专政口号完全失去了生命力，是反动的，它与率领贫农的无产阶级的专政口号是截然对立的。

第二，广州起义的策划和推行是违背革命发展进程的，它加速和加深了革命的退潮，方便资产阶级反革命消灭无产阶级的力量。这标志着革命间歇期是痛苦的、漫长的。现在最大的问题是作为无产阶级先锋队组织的共产党的复兴。

这两个结论同样重要。只有同时考虑它们，才能判断形势，确定前景。第六次代表大会二者都没有做。从共产国际执行委员会第九次全会（1928年2月）决议说中国革命"仍在继续"的说法上，代表大会鬼祟地退到了下面的断言上：革命现在进入了准备阶段。这种鬼祟是帮不了忙的。我们必须清楚、诚实地说，坚决、公开、断然地承认已经发生的变化，调整策略来适应它，同时，这样推行路线，把无产阶级先锋队从起义引向它在未来的苏维埃中的主人的角色。

二、革命间隙期和在这一过程中的任务

布尔什维克政策的特点不仅是它的革命气魄，还有它的政治现实主义。布尔什维主义的这两个方面是不可分割的。最伟大的任务是及时认清革命形势并彻底利用它。但明白这一形势何时耗尽，并在政治上转向自己的反面，也同样重要。最没有用的、最不体面的，就是在打架之后才挥动拳头。不过，这正是布哈林的专长之所在。他首先证明，国民党和苏维埃是同一个东西，共产党可以通过国民党上台，不经战斗。当这个国民党在布哈林的帮助下粉碎了工人时，他开始挥动他的拳头。当布哈林只限于修改或"补充"列宁时，他的漫画性还没有超越起码的界限。当他企图利用斯大林、李可夫和莫洛托夫完全没有国际问题的知识而胆敢独立领导时，小布哈林就膨胀为布尔什维主义的一幅巨大的漫画。布哈林的战略归结为在退潮和衰退时期，把在被错过被玷污的革命时期存活下来的一切都打死和搞残。

必须搞清楚，在当前，中国并不存在革命形势。它已经被反革命形势取代了，而后者将变成革命间隙期，它将持续多久，还无法确定。谁对你们说这是悲观主义和缺乏信心，就轻蔑地离开他。闭眼不看事实，才是缺乏信心的最无耻的形式。

在中国，在其深处，潜在的革命形势仍然保留着，因为这个国家的国内和国际矛盾只能通过革命解决。但在这个意义上来看，在世界上没有一个国家不存在革命形势以及它的公然展现，只有苏联除外。在苏联，虽然机会主义的倒退已经进行了5年，无产阶级专政的苏维埃形式仍为用改革方法复苏十月革命提供机会。

在某些国家中，从潜在的革命转入真正的革命，近一些，在另一些国家中，距离则远些。顺序的猜测很困难，因为二者的交替不仅由国内矛盾的尖锐性决定，也由与世界因素的交织决定。可能有充分的理由假定，革命在欧洲的来临将早于北美。但预言革命在亚洲的爆发比在欧洲更早，这显然更具相对性。这是可能的，甚至是十分可能的，但不是必然的。就像1923年占领鲁尔一样，新的困难和复杂化，或是在美国压力下的工商业危机的激化，可能会在不远的将来使欧洲国家面对直接的革命形势，就像1923年的德国、1926年的英国、1927年的奥地利的情况一样。

事实是，仅仅在昨天还在经历波澜壮阔的革命阶段的中国，今天或明天没有让革命更加接近，而是相反，使它离得更远。在1905年革命之后这个时期中，产生了巨大的革命震荡，在东方国家（波斯、土耳其、中国）中发生了政变。但在俄国，由于帝国主义战争，仅过了12年，革命就复苏了。当然，中国不一定要经历这样长的间隙。现在，世界矛盾的总体发展速度加快了。这就是所能说的一切。但必须考虑到，当前，中国革命已经被延期到不确定的未来，并把这点铭记于心。此外，革命失败的伤口还没有愈合。在俄国，浪潮的下降和衰退经历了1907—1908、1909以及1910年的部分时间，在很大程度上是在工业大规模复苏的影响下，工人阶级开始活跃起来。中国共产党也面临着同样陡峭的下坡。在这个陡峭的下坡上，必须善于抓住每一个突出部，牢牢地抓住每一个支点，以免跌倒，摔得粉身碎骨。

中国无产阶级从它的先锋队开始，必须汲取失败的巨大经验，用新的方法在新形势中辨明方向，它必须集合自己的被粉碎的队伍，它必须更新自己的群众组织，它必须在国家所面临的任务——国家的统一和解放，革命的土地改革——的基础上，比以前更清晰、更准确地确立自己对社会各阶级的态度。

另一方面，中国资产阶级必将浪费它的胜利所积累的资本。在它自身中的矛盾和它与外部世界之间的矛盾，必将重新暴露出来，并日益激化。新的力量重组必将在农民中反映出来，提高他们的积极性。这将标志革命形势在更高的历史基础上的复苏。

列宁在1918年2月23日说过：

> ……但是那些在革命高涨时期和在革命低落时期，即向群众发出革命号召得不到反响的时期，经历过长年累月的革命战斗的人都知道，革命终

托洛茨基论中国革命(1925—1927)

究是要重新高涨起来的……①

中国革命"重新崛起"的速度,将不仅取决于客观条件,还将取决于共产国际的政策。

代表大会的决议以外交方式对待这些基本问题,用救命的补充说明来左右搪塞,就像预先制造既能压下案子,也能让它起诉的理由的律师一样。

确实,决议承认"群众起义的口号正在变成一个宣传口号,只有在革命新的崛起已经成熟时,它才能重新成为直接行动的口号"。让我们顺便指出,至少在今年2月,这样的立场会被宣布为托洛茨基主义。显然应该明白,这个名称指的是比共产国际的领导更加迅速地领悟事实和它们的后果的能力。

但代表大会的决议没有超越把武装起义变成宣传口号。会上的报告对此未置一词。它对下一个时期的期待是什么?必须做什么准备?据什么路线进行工作?没有任何前景……

为了明白在这个问题上彻底地重新学起是多么需要,让我们简单地回顾一下昨天,回顾一下中国共产党中央委员会的那个决议,它提供了在机会主义基础上的"革命"轻率的触目惊心的表现。②

在中派主义左翼的少年奇才领导的中国共产党中央委员会全会上,在1927年11月、即广州起义的前夕决定:

> 在对武汉反革命政变之后中国形成的总体政治形势的评价中,中国共产党中央委员会早就在它的八月提纲中确认,在当代社会、经济和政治的关系上,资产阶级军阀反动统治的稳定是绝对不可能的。

在这个著名的提纲中,对稳定的研究和对革命形势的估价,用的是同一种方法。这两个概念实质上变成彼此截然对立的东西。如果不管出现什么情况,革命形势都能保证延续"几年",那就十分清楚,不管发生什么情况,稳定都是"绝对不可能的"。在形而上学的原则体系中,二者彼此补充。布哈林和他

---

① 《列宁全集》第二版第33卷,人民出版社1992年版,第394页。

② 无须说,《真理报》没有刊登我们在上面已经引用过的这份决议。它刊登在很难得到的《中国问题资料》(1928年第10期,中山大学版)上。就是这份决议被官方指责为"托洛茨基主义",虽然它事实上是彻头彻尾的斯大林—布哈林机会主义。——列·托·注

的友好的敌人罗明纳兹同样不明白，在这种情况下，革命形势和它的对立面的稳定，不仅仅是阶级斗争的前提，还构成它的鲜活的内容。在这个斗争之外，无论是稳定还是革命形势，都不可能存在。我们曾写过，稳定是阶级斗争的对象，而不是预先给定的它的舞台。无产阶级希望发展和利用危机形势，资产阶级希望通过稳定来结束和消除它。稳定是这些主要阶级力量斗争的"对象"。布哈林先是讥笑这个界定；后来，他以走私的方式逐字把它引用到自己已出版的在共产国际执行委员会的一次全会的报告中。但在引用我们专门反对他和他的烦琐哲学的公式时，布哈林绝对不能理解我们的定义的意义。至于罗明纳兹向左的任性的跳跃，它的半径是有限的，大胆的少年奇才不敢扯断布哈林的牵线。

当然，绝对的稳定与绝对的革命形势是截然对立的。把这些绝对相互转化，是"绝对不可能的"。但如果从这些堪称笑柄的理论高峰降下来，就可以看到，在社会主义完全彻底的胜利之前，相对的革命形势会转变成相对的稳定（反之亦然），很可能还不止一次。在所有其他条件都一样的情况下，无产阶级领导利用形势的能力越小，从革命形势转化为资产阶级稳定的危险就越大。蒋介石集团的领导比陈独秀和谭平山的要优越。但起决定作用的不是这个领导：外国帝国主义的威胁和利诱，以及它的直接帮助。共产国际指导陈独秀。两个世界规模的领导在这里进行决斗。共产国际在斗争的所有阶段上，都表现出是完全不中用的，这在最大程度上减轻了帝国主义领导的任务。在这样的条件下，革命形势转化为资产阶级的稳定，就不仅不是"不可能的"，而且是完全不可避免的。更有甚者：它正在完成，在一定的范围内，它已经完成。

布哈林已经宣布了欧洲"本性固有的"稳定的新时期。他保证，在未来几年中，别再寄希望于维也纳事件的重演或任何革命震荡。为什么？谁也不知道。对欧洲来说，夺取政权的斗争完全被反战斗争推到了一边。另一方面，中国的稳定被否认，正如在1923年革命失败后，第五次代表大会否认德国的稳定一样。一切都在流动，一切都在变化，只有共产国际领导的错误除外。

与中国工农失败相应的必然是中国统治阶级在政治上的加强；而这正是经济稳定的起点。随着内战的停止和战区的缩小，国内流通秩序和与外国商业关系的建立，必然会导致经济活动的提升。这个被蹂躏和消耗殆尽的国家的生活需要必然会为自己在某种程度上开辟道路。商业和工业应该开始康复。在职工人的数量必将增加。

只有瞎子才会对国家生产力今后的发展——当然是采取资本奴役的方式——的某些政治前提的出现视而不见。仅这些政治前提是不够的。还需要经济推动，没有它，瓦解的克服将会相对缓慢得多。外国资本的注入可能是外来的推动。美国在这方面走了捷径，形式上同意"平等条约"，它超过了日本和欧洲。在自由资金过剩的情况下，国内的萧条使得美国对中国的广泛的经济干预是十分可能的，国民党将为此敞开大门。无须怀疑，包括德国在内的欧洲国家在与日益加剧的危机做斗争时，将走上中国市场。

中国领土广袤，人口众多，哪怕是在道路建设上的微小成绩，哪怕是运输安全稍稍增加，再伴随着一定程度的汇率的调整，必将自然地导致商业流通的可观的增长，从而复苏工业。现在，最主要的资本主义国家，专注于汽车销售的美国在其中远不是最后一位，对在中国建设各种道路很感兴趣。

为了稳定中国的汇率和道路建设，需要大量的海外贷款。在英国有影响的金融刊物上对贷款的可能性进行了讨论，并承认这是十分现实的。它们劝一个国际财团让中国分期偿还旧的债务，并为它提供大量新贷款。消息灵通的报刊早就称之为"世界历史中最重要的"未来的交易。

不更好地了解材料，部分是幕后材料，是不可能预言这些宏伟的策划在什么程度内是可以实施的。但在不远的未来，将沿着这条路线发展，这是毋庸置疑的。正是在现在，报刊带来几十条消息，证明中国十分相对的平定和它的更加相对的统一，推动了经济生活的各个领域。几乎是全国性的好收成起着同样的作用。国内流通和进出口图表显示出明显的上升趋势。

当然无须把昨天的错误翻个底朝天。无须给半殖民地的资本主义稳定硬性地附上某些一成不变的形而上学的特点。这将是一种非常瘸腿的稳定，它完全处于世界政治和仍未消除的内部危险的影响中。尽管如此，这个相当相对的资产阶级稳定与革命形势有着根本的区别。无须怀疑，阶级之间的主要物质联系依然如故。但对这个时期来说，阶级力量的政治上的相互关系已经发生了剧烈的变化。这还在共产党几乎完全被抛回到它的出发点的事实上表现出来。为了重新赢得它的政治影响，它将不得不几乎是从头开始来。可以从中获得经验。但为了让这个获得是正面的而非负面的，还需要一个条件，即正确地汲取经验。在当前，资产阶级的行动更加自信，具有更大的内聚力。它转入进攻，它将给自己制定明天的重大任务。无产阶级在退却中，远非总能够抵抗打击。农民失去多少集中的领导，它的零星骚动没有任何真正成功的机会。现在，世界资本前来帮助中国资产阶级,它显然企图通过后者的中介,进一步让中国劳动群众屈服。稳定过程的机制就在于此。后天,当布哈林的脑袋撞上事实时,他会宣布,现在清楚,此前认为是"偶然的"稳定,原来是"本性固有的"。换言之,他在这里跳过了界,只是不大走运。

经济提升的过程又意味着对数万、数十万的中国新工人的动员,把他们团结成队伍,提高他们在国家社会生活中的比重,从而增强他们的革命自信心。无须解释,中国工商业的复苏将很快激化帝国主义的问题。不过,受布哈林和罗明纳兹烦琐哲学影响的中国共产党,不理睬在国内发生的真实过程,它将会失去工人运动高涨的经济支点。在开始时,无产阶级的比重和阶级自信的增长,能够在罢工斗争的复苏和工会的巩固中表现出来。无须说,为中国共产党展现出多么重大的机会。谁也不知道,它的地下状态将持续多久。无论如何,它必须在最近一个时期加强和完善它的非法组织。但这个任务不能在群众的生活和斗争之外完成。如果被合法和半合法的工人阶级组织紧密地围绕着的非法机关,更深入地扎根到它们之中的话,它就有更大的发展机会。中国共产党必须扔掉教条主义的眼罩,必须用它的手来触摸国家经济生活的脉搏。它必须及时站在罢工的前列,承担起倡议复苏工会和为 8 小时工作制而斗争的责任。只有在这些条件下,它才能获得参加国家政治生活的牢固基础。

*　　*　　*

一位中国代表在代表大会上说:"国民党政权巩固的问题是根本谈不上的。"(《真理报》1928 年 8 月 28 日)这是错误的。完全可以说,在某个特定的时期,甚至是真正重要时期,国民党政权的某种程度的巩固,是完全没有"问题"的。

中国资产阶级从来不敢奢望在这个时期这么容易就获得对工农的决定性的胜利。随之而来的他们的阶级意识的提升,在上海 6 月末召开的经济会议上明显地反映出来,这次会议是中国资产阶级的经济预备国会①。它表明它想收获

---

① 预备国会正式名称为俄罗斯共和国临时议会,存在于 1917 年 10 月 3 日至 11 月 7 日(俄历 9 月 20 日至 10 月 25 日)。在社会革命党人和孟什维克失去在苏维埃中的多数党地位后,他们和其他资产阶级政党、临时政府一起,试图以预备国会来削弱、制衡苏维埃。布尔什维克宣布抵制预备国会,因而它在俄国当时的政治生活中没有起到预期的作用。11 月 7 日,预备国会被彼得格勒军事革命委员会解散。——译注

自己的胜利果实。在这条道路上有军阀和帝国主义分子，它就是在他们的帮助下战胜群众的。资产阶级希望海关自主，它是经济独立的基石，可能也是中国完全统一的基石；废除破坏市场的国内关税壁垒，抑制征用铁路车辆和侵占私人财产的军事当局的专横，最后还有削减已经成为国家经济的沉重负担的军队。建立统一的货币和整顿行政机关也属于其中。资产阶级在它的经济国会中阐述了它的所有要求。国民党在形式上答应了这些要求，但由于它内部分裂为地方军阀集团，国民党在当前是实现这些措施的障碍。

外国帝国主义者是更大的障碍。资产阶级并非无缘无故地考虑到，它能够日益成功地利用帝国主义分子之间的矛盾，它可以从他们那里得到越来越有利的妥协，它可以成功地迫使国民党的军阀集团服从集中的资产阶级国家的机关。资产阶级最"进步"的分子和小资产阶级民主派的努力，现在正朝着这个方向。此外，还产生了为赢得的胜利加冕的国民会议的思想，它是约束军阀的工具，它是与外国资本交易的中国资产阶级的权威国家代表。呈现在前面的经济复苏赋予资产阶级以勇气，使它格外仇视所有损害商品流通的规律性和瓦解国内市场的东西。经济稳定的第一个阶段肯定会增加中国议会的机会，并最终要求中国共产党也在这个问题上及时提出政治倡议。

对战胜了工人和农民的中国资产阶级来说，问题可能是召开议会，也许只是简单地在工商联代表处，并在此基础上召开上海经济会议。小资产阶级民主派必然会开始行动，它看到革命衰落，会提出更加"民主"的口号。它将以这种方式寻求建立与城乡群众上层的接触。

中国"宪政"的发展，至少在它的下一个阶段上，直接取决于国民党的内部演变，现在，国家政权全部集中在它的手中。据我们了解，在8月召开的国民党最近一次全会决定，于1929年1月召开党的代表大会，它拖了如此之久，就是因为害怕丧失政权（据我们看，中国的特殊性并不那么特殊）。代表大会的日程包括中国的宪法问题。某些国内和国外的事件可能不仅导致国民党1月代表大会的流产，还有中国资产阶级的整个宪法—稳定时代的终止。这样的可能性永远是存在的。但除非有新的因素介入，否则，中国国家制度的问题、宪法课题将是下一个时期公众关注的中心。

共产党将持什么态度？它将如何反对国民党的宪法草案？共产党是否能说，由于它正在筹备在未来的新高潮下建立苏维埃，因而在中国是否存在国民会议对它来说无所谓，国民会议以财产标准还是以普选方式召开，也是小事一桩？这种立场是浅薄的、空洞的和消极的。

共产党能够并将制定由普遍、平等、直接和不记名投票选举产生的享有全权的立宪会议的口号。在为这个口号进行鼓动的过程中，它显然有必要对群众解释，这样的会议未必能够召开，即使是召开的话，只要物质权力还保留在国民党将军的手中，它也是软弱无力的。由此产生以新的方式提出武装工人和农民的口号。

与经济复苏相关的政治活动的活跃，将重新把土地问题摆到台面上。但在某个时期，它可能在议会层面上被提出，在资产阶级，主要是小资产阶级民主派企图通过立法"解决"它的层面上。共产党当然不能让自己只是适应资产阶级的合法性，即对资产阶级财产权投降。它能够并将有它自己完整的、全面的解决土地问题的方案，它建立在剥夺超出一定标准的私有土地上，而这个标准在不同的省份各有不同。共产党的土地法方案实质上应该是未来的土地革命的公式。但共产党能够而且将把它自己的公式引入为争取国民会议而进行的斗争中，并引入到议会本身之中，如果它能够召开的话。

国民（立宪）会议的口号与 8 小时工作制、剥夺地主土地和中国充分的民族独立这些口号紧密地联系在一起。正是在这些口号中，反映出中国革命发展的民主阶段。在国际政策领域内，共产党将提出与苏联联盟的要求。通过明智地把这些口号结合起来，通过在适当的时候提出其中的每一个口号，共产党将能使自己摆脱地下存在的处境，与群众联合，赢得他们的信任，以此加速建立苏维埃和直接为政权而斗争的时期的来临。

革命的民主阶段产生了几个明确的历史任务。但这些任务的民主性质本身根本就没有决定，这些任务将由哪些阶级、在什么样的组合中解决。说到底，所有资产阶级的大革命要解决的都是同一类型的问题，但它们是通过不同的阶级机制做到的。在革命间歇期，在为解决中国的民主任务而进行的斗争中，共产党将重新聚集起自己的力量，检验自己的口号和行动方法。在这种情况下，它如果能够经历议会时期（这是可能的，甚至是十分可能的，但不是必然的），就能为无产阶级先锋队提供用议会的三棱镜检验和观察敌人和对手的力量的机会。在预备议会时期和议会时期，无产阶级先锋队应该为争取对农民的影响和直接从政治上领导他们而与形形色色的资产阶级进行不可调和的斗争。不过，哪怕国民会议真的是以极其民主的方式实现，根本问题还是要通过力量来解决。通过议会时期，中国共产党将进入直接马上夺取政权的斗争中，但是在更加成熟的历史基础上,即有了更加可靠的胜利的前提。

我们已经说过,议会阶段的存在是十分可能的,但不是必然的。妨碍它实现的可能是中国新的分裂或是外部原因;在前一种情况下,首先应该进行争取各地区议会的运动。但所有这些都不能抹去争取民主地召开国民会议的斗争的意义,它本身就像一个打进各有产阶级之间的楔子,拓宽了无产阶级积极活动的范围。

我们早就知道,宣扬四个阶级联盟,主张用仲裁委员会代替罢工的"领导们",他们打电报命令不许展开土地运动,劝告不要惊吓资产阶级,禁止建立苏维埃,让共产党服从国民党,宣布汪精卫是土地革命的领袖等——所有这些机会主义者都是革命失败的罪人,现在他们又企图跑到左翼,指责我们提问题的方式含有"立宪幻想"和"社会民主党倾向"。我们认为必须及时警告中国共产党员、中国进步工人,反对那些蒋介石昨天的宠儿的虚假空洞的激进主义。是不能靠断章取义、混淆视听和冗长的决议、种种机关文字把戏来逃避事实、阶级、历史过程的。事件将会继续发生,并进行检验。那些认为过去的检验还不充分的人,就让他们等待吧。只是让他们不要忘记,这个检验是在无产阶级先锋队的尸骨上进行的。

三、苏维埃和立宪会议

我们希望在这里没有必要提一般的形式问题,即资产阶级民主的问题。我们对这个问题的态度,与无政府主义者的单纯的否定没有任何共同之处。形式民主的口号和规范是资产阶级社会发展到一定阶段的产物,而且在不同的国家中以不同的方式产生。在一定时期内,民主口号不仅是幻想和欺骗,还是历史的动力。

> 在工人阶级夺取全部政权的斗争还没有提到日程上的时候,我们一定要利用资产阶级民主的各种形式。①

对我们来说,关于形式民主的政治问题不仅仅是与小资产阶级的关系问题,而且是与尚未获得革命的阶级意识的工人的关系问题。在革命涨潮的条件

---

① 《列宁全集》第二版第35卷,人民出版社1992年版,第428页。

下，在无产阶级进攻时，小资产阶级底层闯入政治生活在中国的农民暴动、与政府军的冲突、形形色色的罢工、捣毁基层行政机关中表现出来。现在，这类运动显然正在低落，获胜的国民党军人凌驾于社会之上，稳定的日子的每一天，都会导致这些军阀和官僚为一方，不仅与进步工人、占城乡人口绝大多数的小资产阶级群众、在一定限度内还有大资产阶级为另一方之间的越来越严重的冲突。在这些冲突发展成公然的革命斗争之前，就所有事实来看，将通过"立宪"阶段。资产阶级与它自己的军人集团之间的冲突，必然会通过"第三党"或其他手段，把小资产阶级群众的上层卷进来。在经济和文化上，这些群众是十分软弱的。他们潜在的政治力量就在于人数众多。因此，形式民主的口号不仅赢得和能够赢得小资产阶级群众，而且赢得或能够赢得广大的工人群众，正是因为这些口号使他们感到有可能（实质上是幻想）以自己的意志来对抗将军、大地主和资本家的意志。无产阶级先锋队要利用这个经验来教育群众，引领他们前进。

俄国经验表明，在革命涨潮期，在苏维埃中组织起来的无产阶级，在以夺取政权为目的的正确政策下，能够引领农民追随自己，让它与以立宪会议形式出现的形式民主发生正面冲突，从而让它转上苏维埃民主的道路。无论如何，这些结果的实现，并非简单地通过以苏维埃去对抗立宪会议，而是通过把群众引向苏维埃，同时又保留形式民主的口号，直到夺取政权，甚至是在夺取政权之后。

> 至于1917年9—11月间，由于种种特殊条件俄国的城市工人阶级、士兵和农民对于采用苏维埃制度和解散当时最民主的资产阶级议会已经有了非常充分的准备，这是丝毫不容争辩的、明明白白的历史事实。虽然如此，布尔什维克还是没有抵制立宪会议，而是在无产阶级夺取政权以前和以后都参加立宪会议的选举……
>
> 甚至在苏维埃共和国胜利以前的几个星期里，甚至在胜利以后，参加资产阶级民主议会不仅对革命无产阶级没有害处，反而使它易于向落后群众证明为什么这种议会应该解散，易于把这种议会解散，易于促使资产阶级议会制"在政治上过时"。[①]

[①]《列宁全集》第二版第39卷，人民出版社1984年版，第39—40页。

当我们采取直接实际的措施解散立宪会议时,我记得列宁特别坚持派一两个主要是由农业工人构成的拉脱维亚轻步兵团开赴彼得格勒。列宁是这样表达他的担心的:"彼得格勒卫戍部队几乎都是农民,他们千万别在立宪会议前动摇。"这根本不是政治"传统"的问题,当然,俄国农民根本就不可能有严肃的议会民主传统。问题的实质在于这个事实,觉醒并投入历史生活的农民群众,绝不事先就倾向于信任来自城市的领导,即使它是无产阶级的领导,尤其是在非革命时期;这些群众寻找能够直接表现自己的政治力量的简单的政治公式,即他们的人口众多的优势。形式民主是多数统治的政治表现。

当然,如果断言人民群众在任何条件下都不能也不应该"超越""立宪"阶段,表现的就是斯大林式的可笑的迂腐。在某些国家中,议会制时代延续了几十甚至几百年。在俄国,它的假宪制仅持续了几年,立宪会议仅存在了一天。从历史的角度,无须经历这几年和这一天的情况,是完全可以想象的。

还有,如果在正确的革命政策下,如果共产党完全独立于国民党,如果苏维埃在1925—1927年间已经建立,革命发展在今天已经超越民主阶段,把中国引到了无产阶级专政。但即使是在这种情况下,未经农民在最危急的时刻尝试过的、没有检验过的,因而还没有从幻想中清除的立宪会议的公式,也许会在胜利的第二天,当无产阶级和农民之间发生第一次严重分歧时,就会变成农民和城市小资产阶级反对无产阶级的口号。哪怕是在对联盟最有利的条件下,无产阶级和农民之间的严重冲突,也是不可避免的,正如十月革命的经验所证明的那样。我们最大的优势在于下面这个事实,即几个执政党在赞成继续战争,反对农民没收土地的斗争中成长为立宪会议的多数,因而早在召开立宪会议之前,就使自己在农民的眼中声誉扫地。

* * *

就布哈林的报告通过的代表大会的决议,是如何说明中国发展的当前这个时期的特点以及从这个时期产生的任务的特点呢?这个决议的第54节说:

> 现在,在两次革命高潮之间的时期,党的主要任务是进行争取群众的斗争,即在工农中做群众工作,恢复他们的组织,利用他们对土地所有者、资产阶级、将军和外国帝国主义分子的全部不满……

这是古代最有名的神谕式的一语双关的典型例子。当前这个时期被界定为"在两次革命高潮之间的时期"。我们知道这个公式。第五次代表大会曾把它运用于德国。每个革命形势都不是匀速发展的,都有涨潮和退潮。选择"两个革命高潮之间"的公式是蓄意的,以便今后可以把它解释为承认革命形势的存在,出现在这里的,无非是暴风雨前的短暂的"寂静"而已。同时,这个公式也可以解释为对两次革命之间的整个时期的承认。在两种情况下,他们都能用"我们已经预见到"或"我们已经预言过"这几个词开始一个新决议。

在每一个历史预测中,都必然含有条件的因素。所预测的时期越短,这个条件因素就越大。如果无产阶级的领导人认为,今后不再需要对形势进行独立的分析,那么一般来说,这样的预测根本就不可能了。预测并不具备命令的意义,而只具有导向的意义。它的条件性的程度可以也应该说明,在某些情况下,预言者可以提供未来的几种变化,深思熟虑地把它们区分开。最后,在十分混乱的形势中,可以暂时彻底放弃预测,而使自己仅仅限于提出建议:等等看!但所有这些都必须说得清楚、公开和光明磊落。可是近五年来,共产国际的预测,并不是指令,而是为各国共产党的领导设圈套。这些"预测"的主要目的,就是激起人们对领导的智慧的崇拜,在失败的情况下,则挽救他们的"声望"——这个弱者的最高偶像。这是宣告神谕的方法,而不是马克思主义研究的方法。它以在行动舞台上存在"替罪羊"为前提。这是一种瓦解性的制度。1923年德国领导犯下的极左错误,正是这个关于"两次革命高潮"之间的时期的背信弃义、模棱两可的公式的产物。第六次代表大会决议还能酿成更多的灾难。

我们已经知道之前的上海浪潮和其后的"武汉"浪潮。期间还有许多更局部的和地方的浪潮。所有这些都是1925—1927年间的革命整体高涨的产物。但是,这个历史高潮已经枯竭了。这是必须明白并明确地说出来的。最重要的战略结论是从这里演绎出来的。

决议说,必须"利用他们对地主、资产者、将军和帝国主义分子的不满"。这是无可争议的,但太笼统了。怎么利用呢?如果我们是处在两个相继的革命高潮之间,那么,每个多少有点儿意义的不满的表现,都可以看成是"第二次浪潮"的极好的"开始"(季诺维也夫和布哈林的名言)。于是,武装起义的宣传口号就应该立即变成行动的口号。由此可以产生盲动主义的"第二次浪潮"。党如果根据正确的历史前景来观察群众的不满的话,它将以完全不同的方式来利用这种不满。但第六次代表大会在任何问题上都忽略了"一件小事",即正确的历史前景。第五次代表大会就在这个忽略上撞破了自己的头。整个共产国际也将在这个地方撞破自己的头。

在再一次谴责共产国际本身为其奠定基础的盲动主义倾向之后,代表大会决议继续说:

> 另一方面,某些革命同志已经陷入了机会主义的错误:他们提出了国民会议的口号。

决议没有解释这个口号中含有的是什么样的机会主义。一朝被蛇咬,十年怕井绳。

只有一位中国代表斯特拉霍夫(瞿秋白)在他关于中国革命的教训的总结演讲中,试图提供解释。他是这么说的:

> 从中国革命的经验中,我们可以看到,当殖民地(?)的革命接近决定性的关头时,就会尖锐地提出一个问题:或是地主和资产阶级的专政,或是无产阶级和农民的专政。

当然,在革命——当然不仅是殖民地的——"接近决定性的关头时",所有国民党的反动政策,即所有的妥协,都是致命的罪行:这时才能设想,或是有产者专政,或是工人专政。但正如我们已经看到的那样,即使是在这种时刻,为了战胜议会制度,革命者的态度也与赤裸裸地否定它没有任何共同之处。但是,瞿秋白走得更远:

> 这里(在殖民地中),资产阶级民主是不可能的,可能的只是公然的资产阶级专政……任何立宪道路……都是不可能的。

这是一个正确思想的双重不正确的扩展。如果在革命的"决定性的关头",资产阶级民主制不可避免地会遭到破坏(不仅仅是在殖民地),但这根本不意味着它在革命的间歇期是不可能的。但实质在于,瞿秋白和整个代表大会都不愿意承认,这个"决定性的关头"——正是共产党员在国民党内忙于最糟糕的民主虚构时——已经过去了。而在新的"决定性的关头"到来之前，还有一个以新方式来处理旧问题的漫长时期。断言在殖民地不可能有立宪或议会的发展时期，就是最大限度地放弃利用最基本的斗争途径，彻底妨碍自己的正确的政治定向，从而使党陷入绝境中。

如果说，对中国以及世界所有其他国家来说，走议会道路，不是通往自由的即社会主义发展的出路，是一回事，这是正确的。但是宣称，在中国或所有殖民地的发展中，不可能有立宪时期或阶段，是另一回事，是错误的。在埃及曾有过议会，现在刚被解散。它还可能再度恢复。在爱尔兰也曾有过议会，虽然这个国家是半殖民地。对所有南美国家来说，也是这样，就更不用说英国的自治领了。在印度也有"议会"的幌子。它们还有发展的空间：在这些事情上，英国资产阶级是十分灵活的。有什么理由可以断言，刚刚经受了革命被粉碎的中国，将不会经历议会或假议会的阶段，或是不能通过严肃的斗争赢得发展中的这个阶段呢？这种断言是没有任何根据的。

还是那个瞿秋白说，中国的机会主义者正是要用国民会议口号来取代苏维埃口号。这是可能的、十分可能的，甚至是不可避免的。世界工人运动、尤其是俄国工人运动的全部经验表明，机会主义者总是首先抓住议会方法、所有议会制的类似物，或是接近它的东西。孟什维克牢牢抓住作为反对革命活动的杜马活动。利用议会方法，必然会带来所有与议会制相关的危险：立宪幻想、墨守法规、妥协倾向等。这些危险和疾病只能用全部政策中的革命方针来对抗。但机会主义者提出为争取国民会议而斗争的口号的事实，无论如何不能成为我们这方以真正的消极态度对待议会制的理由。1907年6月3日俄国政变①以后，布尔什维克党领导者中的多数都赞成抵制残缺不全的假杜马。这不能阻止列宁坚决地主张利用哪怕是6月3日的"议会制"。在那时还可能的党的联合代表会议上，列宁是与孟什维克一起投票赞成参加选举的唯一一个布尔什维克。像后来整个事件进程所表明的那样，列宁的"参加"显然与孟什维克的没有任何共同之处；它不是与革命任务对立，而是在两次革命的间歇期为它们服务。在利用6月3日的反革命假议会时，我党虽然有1905年苏维埃的伟大经验，仍继续进行争取立宪会议即争取最民主的代议制形式的斗争。只有把群

---

① 1907年，首相斯托雷平要求国家杜马交出55名社会民主党杜马代表，由政府逮捕并审判，遭到杜马拒绝。斯托雷平直接逮捕这些代表，解散杜马，宣布新的选举法。此举显然违背宪法。因此事发生在1907年6月3日，故有"六三"政变之称。——译注

众联合在党的周围,并率领他们进行公然的夺取政权的斗争时,才有权利拒绝议会制。试图简单地用拒绝革命地利用议会制矛盾的烦人的方法和形式来取代这种工作,就太幼稚了。这是代表大会决议的一个严重错误,它在这里做了一个轻率的极左跳跃。

请看,实际上,所有事情都被完全颠倒。按当今领导的逻辑,根据共产国际第六次代表大会决议的精神,中国不是正在走向它的1917年,而是1905年。因而领导理智地得出结论:打倒形式民主的口号!真的已经没有一个活的关节没有被不肖之徒处心积虑地打断的。在非革命时期的条件下,以前的革命又没有完成它的最直接的任务——统一中国和清除封建和军阀官僚的垃圾——的情况下,怎么能放弃民主口号,尤其是其中最根本的人民民主代表会议的口号呢?

据我所知,中国共产党没有自己的纲领。布尔什维克党在走近和完成十月革命时,还是在旧纲领的武装下,在这个纲领的政策部分中,民主口号占有重要的位置。当时,布哈林企图取消最低纲领,就像他后来反对共产国际纲领中的过渡要求一样。但是,布哈林的这个立场仅作为一则轶事载入党史。众所周知,俄国的民主革命是由无产阶级专政完成的。共产国际当前的领导无论如何都不想明白这点。但我们的党之所以能够领导无产阶级走向专政,只是因为它以最大的努力、坚韧和忘我捍卫了所有的民主口号和要求,其中包括建立在普选上的人民代表会议和政府对人民代表负责。只有这种鼓动才能使党保护无产阶级免受小资产阶级蛊惑的影响,破坏后者对农民的影响,为工农联盟做准备,把最坚定的革命分子吸收到自己的队伍中。或是所有这些都只是机会主义?唱吧,亲爱的,别害羞!

* * *

瞿秋白说:我们有苏维埃口号,只有机会主义者才会用国民会议口号取代它。这个论据最直观地揭露了代表大会决议的错误。在代表大会上,没有一个人反驳瞿秋白。相反,他的立场得到赞许,并被纳入主要的策略决议中。直到现在才能看清,现在的领导中有多少人曾经在事件过程的引领下,在列宁的领导下经历过一次、二次、甚至三次革命,自己却没有独立思考所发生的事情的意义,而且没有从中汲取最深刻的历史教训,因而不得不再次重申某些基本的真理。

在我对共产国际纲领的批评中，曾经指出，这些不肖之徒把列宁关于苏维埃是暴动机关和政权机关的思想歪曲得面目全非，搞得残缺不全。他们从中引出一个结论，即苏维埃只能在起义"前夕"建立。在我们不久前发现的中国共产党去年11月的中央全会的决议中，这个漫画似的观点得到最充分的体现。它说：

> 只有在我们处于群众革命运动无可争议的重大高涨中，当起义的胜利已经有了可靠的保证时，苏维埃才能够并将作为革命政权的机构而创立。

第一个条件"重大高涨"是无可争议的。第二个条件"胜利的保证"，何况还是"可靠的"，简直就是学究式的愚蠢。不过，在决议文本的其余部分中，这种愚蠢更是变本加厉。

> 在胜利还没有绝对保障时，显然是不能着手创建苏维埃的，因为这样将会导致把全部注意力集中到苏维埃的选举上，而不是在军事斗争上，其结果是小资产阶级民主制可能确立，它将削弱革命专政，会对党的领导造成危险。

通过少年奇才罗明纳兹的三棱镜，斯大林的精神在这几行不朽的文字中折射出来。不过，所有这一切都纯属胡说。在香港罢工期间，在上海罢工期间，在所有其后的工农运动汹涌澎湃期间，苏维埃都应该作为公开的革命群众斗争的机构而建立，这种斗争迟早会导致起义和夺取政权，但根本不是马上就导致这样的结果。如果斗争在这个阶段上不能上升为起义，则苏维埃当然将化为乌有。它不能成为资产阶级国家的"正常"机构。但就是在这种情况下，换言之，即苏维埃在武装暴动前就被消灭了的情况下，劳动群众还是有巨大的收获，他们在实践中了解了苏维埃，认同了它的机制。在革命的下一个阶段中，更成功、更广泛地建立苏维埃就将是有保障的：哪怕在这个阶段上，苏维埃还是不仅不能直接导致胜利，甚至不能引发暴动。

我们必须牢牢记住：苏维埃口号能够也应该从革命高涨的头几个阶段就提出来。但必须是真正的高涨。工人群众必须涌向革命，并站在革命的旗帜下。

苏维埃为革命高涨的向心力提供组织表现形式。但这些话也表明，在革命退潮期和群众的离心倾向加强时，苏维埃口号就是教条的、无生命力的，或与冒险主义分子的口号一样糟糕。广州经验以触目惊心的和悲惨的方式最好地证明了这点。

当前，只是从远景角度，苏维埃口号在中国才有意义，在这个意义上，它具有宣传价值。把第三次中国革命中的苏维埃口号与第二次中国革命溃败以后产生的国民会议口号对立起来，是绝对没有道理的。在两次革命的间歇期，尤其是在严重失败以后，采取抵制主义，是自杀性的政策。

有人会说（因为世界上有不少诡辩者），第六次代表大会决议根本就不意味着抵制主义，这里没有国民会议，没有人召开它或许诺召开它，结果是这里没有东西可抵制。不过，这样的推理，实在是太可怜了，是纯形式的、幼稚的、布哈林式的。如果国民党被迫召开国民会议的话，在这种情况下我们是否抵制？不。我们将无情地揭露国民党假议会的谎言和欺骗、小资产阶级的立宪幻想；我们将要求普选权，同时，我们将投身于政治舞台，在争取议会的斗争中，在选举过程中和在议会本身之中，使工人和贫农反对有产阶级和它的政党。谁也不能预言，现在这个被迫转入地下的、失血的党会取得多大的成果。如果政策正确的话，优势将是十分明显的。但在这种情况下，党可以也应该参加选举（如果国民党宣布进行选举的话），而且还要要求围绕着这个口号动员群众参加选举，难道还不明白吗？

从政治角度，这个问题早就提出来了，今后的每一天都会证实它。在我们对纲领的批评中，我们谈到中国一定程度的经济稳定的可能性。后来的报纸刊登了数十条关于经济活跃已经开始的消息（参见《中国劳动大学通报》）。现在，这已不再是假设，而是事实，虽然它还处于刚刚开始的阶段。但正是在这个第一阶段的过程中，就应该抓住这种趋势，否则，它就不是革命政策，而是尾巴主义了。

围绕着宪法问题的政治斗争也是一样。现在已经不再是理论预见，这是单纯的可能性，而且是某种更加具体的问题。中国代表之所以屡次提到国民会议的题目，而代表大会认为有必要在这个问题上通过一个特别的（特别错误的）决议，并非平白无故。这个问题不是反对派提出的，而是中国政治生活的发展提出的。在这里也必须知道，如何在趋势刚刚露头时就察觉它。共产党越是更加勇敢和坚决地提出民主立宪会议的口号，给所有中间政党留的空间就越少，自己的成功就越有把握。

如果中国无产阶级还不得不在国民党制度下再多生活几年的时间，哪怕只是一年，中国共产党是否能够放弃争取扩大一切合法机会——出版自由、集会自由、组织自由和罢工自由等——的斗争？一旦它放弃了这个斗争，它就会变成一个没有生命力的宗派。但是，这个斗争是在民主层面上的。苏维埃政权意味着出版、集会等垄断在无产阶级手中。莫非中国共产党现在就可以提出的正是这些口号吗？在现在的形势下，只有既幼稚又疯狂的人才会这么做。现在，共产党不是为夺取政权而斗争，而是为了以未来的夺取政权的斗争的名义而保持、巩固和发展它与群众的联系而斗争。争取群众的斗争必然与反对国民党官僚对群众组织、集会和出版的暴力压制的斗争联系在一起。在最近一个时期中，共产党将为争取出版自由而斗争，或是把它让给"第三党"来做？共产党将仅限于提出个别、局部的民主要求（出版、集会等的自由）——相当于自由派改良主义，还是提出最彻底的民主口号呢？在政治领域中，这意味着建立在普选权基础之上的人民代表制。

* * *

有人可能会问，在革命失败之后，民主立宪会议在被帝国主义包围的半殖民地的中国是否能够"实现"？这个问题只能以推测来回答。但在资产阶级社会的条件下或这种社会的某个特定状态的现有条件下，这个或那个要求可能实现的简单标准，对我们来说不是决定性的。十分可能，例如，在无产阶级革命专政建立之前，英国的君主制和上院可能还没有被消灭。不过，英国共产党必须在它的局部要求中提出这些。

起决定作用的不是对某个过渡要求是否可能实现的猜测，而是要解决与之相关的问题。起决定作用的是它的社会和历史性质：在社会今后发展的意义上它是否是进步的？它是否符合无产阶级的历史利益？它是否会增强后者的革命意识？它是否会使它更加接近自己的专政？例如，禁止托拉斯的要求就是小资产阶级的和反动的，是彻头彻尾的乌托邦，像美国的经验所表明的那样。在某些条件下则相反，工人监督托拉斯的要求就是进步的、正确的，虽然在资产阶级国家的框架内，这个要求的实现是十分成问题的。只要在资产阶级统治下这个要求没有得到满足，这个事实就必将会推动工人以革命的方式推翻资产阶级。这样，从政治角度，一个不能实现的口号，可能与能够实施的同样有效。

中国是否将会在一定时期进入民主议会制？它的民主的程度如何？它的力量如何，有多长时间？所有这些都是推测的问题。但如果有人假定议会制在中国是不能实现的，从而得出结论，认为我们不应该把国民党集团拖上中国人民的审判台，那就大错特错了。所有资产阶级革命，尤其是那些民族解放革命的经验表明，全民代表制的思想，是最基本、最简单、最适合于抓住真正最广泛的人民群众的思想。居统治地位的资产阶级越是对抗这个"全民"的要求，无产阶级先锋队就越是团结在我们的旗帜的周围，人民群众也越加团结在无产阶级先锋队的周围，真正战胜资产阶级国家的政治条件就更加成熟；它是国民党军人独裁国家还是议会国家的问题，就无足轻重了。

还可以说，只有通过苏维埃，即通过起义，才能召开真正的立宪会议。那么从苏维埃开始并仅限于苏维埃，不是更简单吗？不，并不会更简单。这就好像把嚼子戴在马尾巴上。只有经过苏维埃才能召开立宪会议，是十分可能的，然而在这种情况下，立宪会议本身可能在诞生之前就成为多余的。这可能发生，也可能不会发生。如果苏维埃早就存在，通过它的中介可以召集"真正的"立宪会议，那我们就要讨论，它是否还有必要性。但现在还没有苏维埃。在新的群众高涨开始之前，是不能着手建立它的，而这个高涨可能在两三年、五年甚至更久之后才会出现。中国根本没有苏维埃的传统。共产国际过去在中国进行的宣传，是反对而不是赞成苏维埃的。此时，立宪问题已经从所有缝隙中突现出来了。

在新阶段中，中国革命能否超越形式民主阶段？根据上面对此所说过的一切，从历史角度，这种可能性是不能排除的。但是，在这种可能性是遥不可及的、不大可能的条件下以它为目标，是完全不能允许的。这是政治上的轻率。共产国际通过的决议不只适用于一个月，据我们所知，甚至也不是只适用于一年。怎么能够用宣布在下一个阶段中可能获得最大意义的政治斗争形式为机会主义，来束缚中国共产党员的手脚呢？

* * *

转上为立宪会议而斗争的道路，中国共产党内的孟什维克倾向可能会死灰复燃并得到加强，这是无可置疑的。在政策转向议会制或为它而斗争时，反对机会主义的斗争的重要性，并不亚于在面临直接的革命进攻之时。但是，正如在上面已经说过的那样，不应该因此称这些民主口号是机会主义的，而是必须为为这些口号进行的斗争制定布尔什维克的保障和方法。这些方法和保障可以大致勾勒如下：

1. 党应该记住并澄清，与它的主要目的武装夺取政权相比，民主口号是辅助的、暂时的、次要的。这些口号的主要意义，就在于它们能够使我们走上革命道路。

2. 在为这些民主口号进行斗争的过程中，党应该解释国家政权不是通过投票的民主形式，而是通过财产所有制、对教育和武装的垄断获得的，以此来打破小资产阶级和它的改良主义代言人的立宪和民主幻想。

3. 党应该充分利用小资产阶级和大资产阶级之间在立宪问题上存在的分歧，全力以赴地冲上公开活动的舞台，为争取工会、工人俱乐部、工人出版物的合法存在而斗争，在所有可能的地方建立在党的直接影响下的无产阶级合法组织，只要有可能，努力使党的各个活动领域在不同程度上合法化，与此同时，党必须首先保证它的正确组建的、集中的党的非法机关的存在，它领导党的活动的所有领域，没有例外，无论是合法的还是非法的。

4. 党应该在资产阶级的军队中展开系统的革命工作。

5. 党的领导应该无情地揭露寻求以改良主义的方法解决中国无产阶级所面临的任务的机会主义动摇，必须清除所有那些自觉地让党服从资产阶级的合法性的分子。

只有严守这些条件，党才能保持在它的所有活动之间的必要的比例，才不会放过形势中的能够导致革命高潮的新转向，以便它的头几步就能走上建立苏维埃，动员群众集中在它的周围，并用苏维埃对抗资产阶级国家以及它的全部议会和民主掩盖物的道路，如果这个掩盖物能够成为现实的话。

四、再论民主专政口号

立宪会议口号与民主专政口号的公式没有什么冲突，正如它与无产阶级专政口号的公式没有什么冲突一样。理论分析和我们的三次革命的历史都证明了这点。

在俄国，无产阶级和农民的民主专政公式是代数公式，即是无产阶级与底层农民在民主革命中合作的最普遍和包罗万象的公式。这个公式的合理性是由这个事实决定的，即它的主要因素尚未受到行动的检验。尤其是不能十分明确地预言，在新时代的条件下，农民是否能够变成多少独立的政治力量，能够独立到什么程度，取决于此，在专政的两个盟友之间会形成什么样的政治相互关系？

1905年没有让问题受到决定性的检验。1917年表明，当农民把独立于无产阶级先锋队的党（社会革命党）驮在自己的背上时，这个党就表明它完全依附于帝国主义资产阶级。在1905到1917年这个期间，小资产阶级民主派和国际社会民主党的帝国主义退化，有了很大的进展。正是由于这点，1917年的无产阶级和农民的民主专政口号，是在引领农民群众追随自己的无产阶级的专政中真正实现的。由于这个标志，革命从民主阶段过渡到社会主义阶段的"转化"，是在无产阶级专政下完成的。

在中国，无产阶级和农民的民主专政的口号，如果它能在1925—1926年及时地提出来，用以检验革命的动力，以便日后能够及时地用引领贫农追随自己的无产阶级的专政来取代的话，它可能还有一定的政治合理性，但与俄国相比，已经有了更大的局限性和次要性。所有这些必要的话，我们在《共产国际纲领草案批判》中都已经说过了。在此，仍需要问一个问题：现在在两次革命的间歇期，由于阶级力量重新组合，是否有民主专政口号复活的可能性？对此我们回答说：不，它使这种可能性彻底消失。

两次革命间的稳定时期，意味着生产力的发展，民族资产阶级的壮大，无产阶级的增长和团结，农村分化的加剧，汪精卫的民主派或任何其他市民民主派和它的"第三党"等的进一步的资本主义退化。换言之，中国将经历大致类似俄国在6月3日制度下经历的过程。当时我们就确定，这个制度不会万古长存，也不会持续很长时间，它将被一场革命结束。结果真是这样（并非没有得到战争的帮助）。但是，脱离斯托雷平制度的俄国，已经不是进入斯托雷平制度时的俄国了。

两次革命间歇期会给中国带来什么样的社会变化，主要取决于这个制度的存在时间的长短。但是，这些变化的一般趋势，现在已经是不可争议的：阶级矛盾的激化和成为独立政治力量的小资产阶级民主派的彻底消灭。但这恰恰意味着，在中国第三次革命中，几个政党的"民主"联合，将比1925—1927年的国民党具有更加反动和更加反无产阶级的内容。因而，除了在无产阶级先锋队的直接领导下建立阶级联合之外，别无他法。这是十月的道路。它会带来不少困难，但其他道路是没有的。

1928年10月4日

附录 关于共产国际政策和制度的一份值得注意的文件

上面我们曾几次引用的中国共产党中央全会（1927年11月）的一份值得注意的决议，恰恰是被共产国际执行委员会第九次全会指责为"托洛茨基主义"的那个决议，对此罗明纳兹千方百计地为自己辩护，斯大林对它又是避而不谈。实际上，这个决议是机会主义和冒险主义的大杂烩，准确地反映了1927年7月前的共产国际执行委员会的政策。**在广州起义失败后**谴责这个决议，共产国际领袖们不仅没有公布它，甚至没有从中摘录引文。在中国这面镜子中照出自己，太让他们难堪了。这份决议收入很难看到的中山大学出版的《文件汇编》（第10期）中。

我们的文章（《第六次代表大会后的中国问题》）已经竣稿时，我们收到这份刊物的第14期，其中刊登了一份同样值得注意的文件，虽然具有不同的性质，即批判性：这是中国共产党江苏省委于1928年5月7日通过的决议①，它与共产国际执行委员会第九次全会的决议有关。提示一下，上海和汉口都是江苏省的一部分。②

像上面说过的那样，这个决议的确是一份值得注意的文件，尽管它含有原则性的错误和政治上的曲解。决议的精髓不仅是对共产国际执行委员会第九次全会决议的致命的谴责，总体来说，还是对在中国革命问题上共产国际的整个领导的致命的谴责。当然，与共产国际的整个现存制度一致，对共产国际执行委员会的批评带有伪装和圆滑的性质。决议的矛头直指本国的中央委员会，后

---

① 王若飞时任江苏省委书记，这份决议是他主持起草并通过的。——译注
② 上海属于江苏，汉口不是。显然，托洛茨基对中国地理不太熟悉。在托洛茨基后来致中国托派的一封信中，纠正了这点。——译注

者就像在一个不负责的君主下的一个负责的大臣一样，众所周知，君主是"永远正确的"。其中还有对共产国际执行委员会决议的某些部分的礼貌的颂扬。整个这个"随机应变"的处理问题的方式本身含有对共产国际制度的严厉批判，虚伪与官僚主义是分不开的。但决议实质上说的政治领导和它的方法，指责要严厉得多。

江苏省委说：

> 自八七会议后，中央委员会估量客观形势，认为革命虽然遭受三次失败，仍在高潮阶段。

这种评价完全符合布哈林对不断革命论所作的漫画，他最先把这幅漫画用于俄国，然后用于欧洲，最后用于亚洲。斗争的现实事件即三次失败是一回事，不断上升是另一回事，彼此毫不相干。

中国党的中央委员会根据共产国际执行委员会第八次全会（5月）通过的决议，得出下面的结论：

> 在任何地方，只要有客观的可能，党立即准备组织武装暴动。

它的政治前提是什么？江苏省委在1927年8月说：

> 中央委员会的政治报告指出，武汉工人在严重的失败以后，正在脱离党的领导，说明我们现在面对的不是客观的革命形势……虽然如此……中央委员会却毫不含糊地说，从经济、政治和社会（正是！——列·托·）的角度，整体形势是有利于起义的。在城市已无举行暴动之可能，必须将武装斗争转到乡村中去。于是，乡村必须是暴动的中心，而城市则成为辅助的力量。（第4页）

让我们回忆一下，在共产国际执行委员会把土地革命的领导权委托给左派国民党的五月全会结束后，后者就开始处决工人和农民。共产国际执行委员会的处境变得完全难以承受。要求不惜任何代价，而且立即在中国发动"左的"行动，以驳斥反对派的"诽谤"，即后者的无可指责的预见。这就是处于两面夹击中的中国党中央委员会被迫在 1927 年 8 月把无产阶级政策再次彻底颠倒的原因。这个委员会确认，即使这里没有革命形势，工人群众脱离了党，但经济和社会形势是"有利于起义的"。无论如何，胜利的起义对共产国际执行委员会的声誉是十分"有利的"。由于工人已经抛弃了革命的事实，它必须背对城镇，努力在农村发动零星的起义。

早在共产国际执行委员会的五月（1927 年）全会时，我们就指出了贺龙和叶挺冒险的起义因为缺乏政治准备，与群众运动没有联系，必然会以失败而告终。实际情况与我们预料的一样。江苏省委的决议对此是这么说的：

> 虽然贺龙和叶挺的起义在广东遭到了失败，中央甚至在十一月全会以后，仍然依据直接革命形势之估量，坚持即刻暴动的策略。

出于可以理解的原因，江苏省委对下面两个事实保持沉默，一是这个评价也是对共产国际执行委员会本身的评价，后者把那些正确的形势判断说成是"取消派的"。第二个事实是，中国党中央委员会在 1927 年 11 月，在立即撤换和开除出党的威胁下，被迫把革命的衰退说成是它的高涨。

广州起义的发动是对形势颠倒评价的产物。显然，没有把这次起义看成是后卫战——只有极度疯狂的人才会在"后卫战"中号召起义，并夺取政权，不，这次起义被看成是整个夺取全国政权的一部分。江苏决议称：

> 在 12 月的广州起义期间，中央又决定在湖南、湖北和江西立即开始暴动，响应广东，扩大运动于全国（见 11 月 16 日和 22 日的中央通告）。这些计划都是不符合客观形势的主观估量。在此种情形之下，失败自然是不可避免的。（第 5 页）

广州起义的经验不仅吓坏了中国的领袖们，还吓坏了莫斯科的领袖们。发出了对盲动主义的警告，但政治路线实质上没有改变，方针依然如故：发动起义。中国共产党中央把这个模棱两可的指令下达到基层组织，中央委员会也对盲目暴动提出警告，并在通报中阐述了学院式冒险主义的定义。江苏的决议正确地、一针见血地说：

> 中央对于革命运动的估量，即仍依据于革命不断的高潮，关于此一问题，并无根本改变。极大地低估了敌人的力量，同时又不注意我们的组织脱离群众。……因此中央虽发出反对盲动主义的第 28 号通告，然而并未改正自己的错误。（第 5 页）

再重申一次，这不是中国共产党中央委员会的问题。共产国际执行委员会的二月全会没有改变它的政策。当对盲目暴动发出笼统的警告（为了自我保险），这次全会的决议疯狂地攻击反对派，因为它说必须坚决地改变整个方向。1928 年 2 月，方针仍是进行武装起义。中国共产党中央委员会只是这个命令的传送机制。江苏省委说：

> 中央 3 月 6 日（注意一下这个日期：1928 年 3 月 6 日！——列·托·）的第 38 号通告，非常明显地表示中央还受着幻想的支配，认为当时的形势有利于湖南湖北江西的总暴动，而在广东全省有获得政权之可能。当时中央政治局与湖南湖北巡视员间，对于暴动的中心地点问题——长沙抑或武汉——仍继续着激烈的争论。（第 5 页）

二月全会决议的致命的意义就是这样，它不仅在原则上是错误的，而且在实践方面，它的模棱两可是蓄意的。在这个决议之后隐藏的总是同一个东西：如果起义获得意外的成功，我们就可以使用其中谈到反对取消派的那部分，如果起义未能超越小规模暴动的话，我们就可以指出决议反对盲动主义的警告部分。

即使江苏省委决议不敢批评共产国际执行委员会（谁都知道这将会付出什么样的代价），不过，反对派在它的任何一份文件中，都没有像江苏省委在其矛头直指中国共产党中央委员会的责难中那样给共产国际的领导带来致命的打击。在按时间顺序列举了月复一月地推行的冒险主义政策后，决议转向了致命的方针的总体原因。决议问道：

> 中央怎么会做出影响实际斗争，充满严重错误的对局势的错误的估量来呢？原因不外于：
> 1. 估量革命运动为不断的高涨（布哈林和罗明纳兹式的"不断革

命"！——列·托·）。

2. 不注意我党的脱离群众和革命转变后之群众组织的损坏。
3. 不注意在此转变后敌人营垒中阶级力量的重组。
4. 不注意领导城市的运动。
5. 不注意半殖民地国家中反帝国主义运动的重要性。
6. 暴动时不估量客观条件，又不知根据不同的客观条件，必须应用不同的斗争方法。
7. 发生了农民倾向。
8. 中央估量形势受主观意见之支配。

江苏省委是否已经读到过反对派关于这些问题所写和所说过的一切，是值得怀疑的。甚至可以肯定地说，它没有读过。如果它读过的话，它会害怕如此准确地阐述它的与我们这部分完全吻合的看法。江苏省委说着我们的言语，但没有猜到这点。

上引8条说明了中央委员会的错误路线的性质（即共产国际执行委员会的），它们是同样重要的。如果我们想对第5条说几句话的话，只是因为我们对最主要的路线的批评的正确性，"得到事实"格外明确的确认。

江苏省委的决议指责中央委员会的政策忽视在半殖民地国家中的反帝运动的任务。这是怎么发生的？由于错误的政治路线的辩证力量，错误像世界上所有其他东西一样，也有其辩证法。官方机会主义的出发点是中国革命基本上是一场反帝国主义的革命，帝国主义的奴役把所有阶级，至少是"国家的所有有生力量"联合起来。我们反驳说，反对帝国主义的成功的斗争只有用大胆地开展阶级斗争，也许还有土地革命的途径，才是可能的。我们毫不妥协地挺身反对让阶级斗争服从反对帝国主义的斗争（用仲裁委员会取代罢工运动，电令中国共产党中央别发动土地革命，禁止建立苏维埃等）的抽象标准。这是问题的第一个阶段。在蒋介石政变后，尤其是在"朋友"汪精卫"背叛"后，来了一个180度大转弯。现在，海关自主的问题，这个中国的经济（最终是政治）主权问题，原来却是次要的"官僚"课题（斯大林）。中国革命的实质在于农民造反。权力集中在资产阶级手中，工人脱离革命，党和群众的分离，与农民起义相比，都被认为是次要现象。不是无产阶级在反对帝国主义的斗争中以及土地斗争中，即整个民主革命中的真正的领导权成了对农民原始力量及其在城市里的"辅助"冒险的可悲的投降。然而，对农民的原始力量的投降是盲目暴动的主要前提。俄国以及其他国家的整个革命运动的历史是这种情况的见证人。去年中国的事件也肯定了这点。

反对派在其判断和警告中，从整体理论思考出发，依据的是很不完整的，有时是蓄意歪曲的官方信息。江苏省委以它在革命运动的中心直接观察到的事实为它的出发点，从理论角度，这个省委仍陷在布哈林烦琐哲学的网中。它的经验结论与我们的结论完全吻合，这个事实在政治上的意义，如同在实验室中发现了新元素，它的存在已经在化学般纯粹的理论推演中预见到了。不幸的是，在这个情况下，我们马克思主义分析的理论上的胜利，它的政治基础却是革命的致命的失败。

* * *

共产国际执行委员会在1927年中在政策上突然的、就其实质是冒险主义的转变，只能在中国共产党内引起痛苦的震荡，因为这次转变让它措手不及。在此，我们从共产国际执行委员会的政治路线转到共产国际制度和领导的组织方法上。江苏省委的决议对此是这么说的：

> 八七（1927年）会议以后，中央应负盲动主义倾向之责，因为中央严厉地要求各地党部实行新的政治路线，凡不赞成此新路线者即不许他登记，甚至开除已登记的同志。……此时全党盲动主义情绪越加普遍地发展，凡对于暴动政策表示怀疑者即是机会主义者，即对他施以无情的攻击。此种情况引起党内各组织间很大的冲突。

所有这些都是在对"一般"盲动主义危险的经院式的虔诚警告的伴随下出现的。

突然、匆忙即兴的武装起义要求对全党进行迅速的改造和改组。中央委员会只容忍那些在面对革命明显的衰退时默默地承认武装起义方针的人留在其中。如果能公布共产国际执行委员会在这个时期下达的指令，就好了。它们可以被归结为组织失败的领导。江苏省委的决议说：

中央继续无视失败和工人的情绪低落，看不到这种形势是它的领导错误的结果。

尤有甚者：

中央指责这个或那个人（正是如此！——列·托·），要他为下面的事实负责：
a) 地方党部未能在改组时充分地考察党员；
b) 没有提拔工农分子；
c) 地方党部没有肃清机会主义分子，等等。

所有这些都像电报一样突然发生：无论用什么方法，都得把反对派的嘴封上。然而，由于事情十分糟糕，中央委员会断言："……如果暴动的信号至少在一个省里发出，群众的情绪就会完全不同。"这种说法是否表明中央委员会本身百分之百的盲动主义？（第6页）江苏省委理直气壮地这么质问，同时谨慎地对中央委员会只是执行共产国际执行委员会的指示一事保持沉默。

5年来，党一直被机会主义精神引导和教育。在当前这个时刻，要求它变得极端激进，以及"让它立即推出"工人领袖。以什么方式？……十分简单：确立他们所占的百分比。江苏省委抱怨说：

1. 不注意领导干部须在斗争过程中训练出来。中央只预先机械地决定某党部的领导机关工农须占百分之几。

2. 不顾屡次失败，不注意党的恢复已到何种程度，只是机械地说党要改组。

3. 中央只独断地说地方组织没有推出新人，没有肃清机会主义；同时对干部工作者做毫无根据的攻击，而且轻率地撤换他们。

4. 中央不注意自身领导之错误，只要求下层工作者严守纪律。

所有这几段文字是否好像是从《反对派政纲》中抄下来的？不，它们是从生活中抄下来的。但由于《政纲》也是从生活中抄下来的，巧合就是这么来的。那么，中国条件的"特殊性"又在哪里呢？官僚主义消灭着所有一切特殊性。政策和制度是由共产国际执行委员会,更确切地说,是由苏联共产党中央委员会决定的。中国共产党中央委员会被这二者一级一级地往下降。据江苏省委的决议的说法,这是这样发生的:

> 一个区委同志的声明书,很有意义:"现在工作很困难,中央的主张十分主观。中央攻击省委说省委不好,省委转而攻击下级机关说区委不好,区委则攻击地方工作的同志不好,而同志们则怪群众不革命。"(第8页)

这是一幅十分鲜明的画面。只是其中根本就没有什么中国的特殊性。

共产国际执行委员会的每个决议在记录新的失败时,一方面声称它已经预见到了一切,另一方面则是"执行者"对失败负有罪责,因为他们不明白上面对他们指出的路线。但没有解释,为什么领导能够预见一切,唯独没有预见到这些执行者不能胜任其指令呢?领导的实质不是提出一条抽象的路线,写一封没有地址的信,而是选择和培养执行者。领导的正确与否恰恰是由执行者来检验的。领导的洞察力和可靠性只能由言行合一来确认。但如果长期以来,从一个阶段到另一个阶段,在长达几年的期间内,领导被迫在每一个转折时事后抱怨,执行者没有理解他,曲解了他,葬送了他的计划,这是错误完全在领导身上的可靠标志。这个"自我批评"越是不得已和不自觉,它就越致命。

根据第六次代表大会的意思,反对派领导必须为每个叛逃集团负责;但相反,共产国际的领导绝对无须在最关键的历史时刻对所有国家的党的中央委员会负责。但不对任何事情负责的领导是不负责任的领导。所有灾难的根子就在于此。

为保护自己反对来自基层的批评,中国共产党中央委员会以共产国际执行委员会为依据,用粉笔在地上画了一条不能跨越的线。江苏省委也没有跨越这条粉笔画的线。但在这条线之内,它对它的中央委员会说出了最痛苦的真理,它自然地波及共产国际执行委员会。我们不得不再次引用这份出色的江苏文件:

> 中央说:整个过去的领导都与共产国际的训令一致。好像一切动摇和错误都应由基层工作者负责。如此中央既不能改正自己的错误,也不能教

育同志们从这个经验中汲取教训，也不能巩固与基层机关的联系。中央总说它的领导是正确的，一切错误都是基层同志犯的，总是强调基层党委的动摇。

再多引一点：

> 若领导只是轻率地攻击下级领导同志和机关，指出他们的错误，而事实上又不去分析这些错误的根源，这只能在党内引起摩擦；这样的态度是不忠诚的（"粗暴的和不忠诚的。"① ——列·托·），对于革命和党是没有益处的。如果领导者隐瞒自己的错误，将罪过推到别人身上，这样的做法对党和对革命都不会有任何好处。（第10页）

这是对官僚中派主义瓦解和损害人的觉悟的工作的简单和经典的界定。

江苏省委决议以十分直观的方式表明，如何和用什么方法把中国革命引向一系列的失败，把中国党引向灭亡的边缘。可以占所有资本主义国家共产党员总人数的1/6的纸面上中国共产党十多万名党员的虚数只是严重的自欺而已。为对中国共产主义犯罪的领导所付的费用远未付完。

前面仍是下行。为了崛起需要付出巨大的努力。每个错误的措施都将把党抛入更深的低谷。第六次代表大会的决议注定中国共产党将继续犯错误和采取错误措施。在共产国际的现行方针下，在它的现行制度下，胜利是不可能的。必须改变方针，必须改变制度。江苏省委决议再次说的，就是这点。

列·托洛茨基

1928年10月4日

于阿拉木图

---

① 这是列宁在其《致代表大会的信》中对斯大林品质的界定。——译注

致流放的反对派成员

——对《第六次代表大会之后的中国问题》一文的补充*

这篇文章（《第六次代表大会之后的中国问题》）的历史由来如下：我想在对纲领（共产国际）的批判中加入在这个阶段为中国提出国民会议口号。后来决定，在批判纲领的文章中暂时只一般地界定在中国已经来临的反革命时期和革命间歇期，即资产阶级政治和经济一定程度的稳定时期（用列宁的说法是"49年"）。我认为，原则性争论只能是关于"49年"已来临还是未来临。如果来临了，作为实践口号的苏维埃口号当然会失去意义。正是因此，我除了证明"民主专政"的反动性之外，还证明在中国不存在革命形势，以及使政策适应稳定趋势的不可避免的条件的必要性。我承认，当时我还担心，如果顺便为界定政治转折提出我认为是特别重要的国民会议口号，布哈林和曼努伊尔斯基就会匆忙禁止国民会议。我决定等一等。但在代表大会上关于中国问题的辩论表明，不能再等待了。在我收到共产国际执行委员会宣布国民会议口号是机会主义口号的决议时，我的文章已经基本竣稿。于是我十分惋惜没有把国民会议口号纳入批判纲领的文章中。同时，我就为中国提出人民代表的民主口号的必要性简单扼要地给许多同志写了信。也许是因为过于扼要而产生了误会。我已经收到了几封反驳这个口号的电报，一些同志还在电报中告知，他们寄出了详细论述这个口号的信。我未等接到这些显然应该专门答复的信，就寄出了自己的文章。应该说，电报中的某些反驳我觉得有些不可思议。有两个同志这样说，国民会议口号"不是阶级口号"，因此他们否定这个口号。这样地理解这个要求的阶级性具有无政府工团主义的性质，而不是马克思主义的性

---

* 译自 Л. Троцкий, *Письма из ссылки*, сс. 195 – 196。

质。由于中国政治从革命轨道转到资产阶级稳定的轨道上，而且关于国民会议的问题已经成了核心问题（明天这将彻底暴露出来），因此正确理解的无产阶级阶级利益要求把民主口号进行"到底"。别忘了，在 1912 年，布尔什维克在合法报纸上自称为"始终不渝的民主主义者"。这个合乎书刊检查的笔名仍表达了那时党的工作中的非常重要的政治倾向。某些电报提出用苏维埃口号取代国民会议口号。这一点儿也不严肃。那就应该重新审查或是关于苏维埃作用的全部问题，或是关于中国正在经历的阶段的性质的问题。否则，我们只能让中国党和我们自己陷入混乱。但如上所说，关于所有这些，只能在收到信以后再说，如果我的这篇文章不能消除部分由我的信的扼要而引起的误会的话。

我认为，必须分别为最重要的国家写作品，在这个意义上，就像我尝试为中国所做的那样（《第六次代表大会之后的法国问题》《第六次代表大会之后的英国问题》等）。只有集体才能很好地完成这样的工作，例如，拉狄克同志能承担德国、荷兰和斯堪的纳维亚国家，也许还有英国这几个部分的工作，丁格尔施泰德[①]同志能承担印度的工作（拉柯夫斯基承担法国，也许还有英国的工作等）。其他同志可以把自己对专门问题或某个国家的看法寄给我。现在必须分别就每个国家十分具体地、而且及时地提出共产国际的所有问题。我们期待斯米尔加、帕拉特尼科夫、里夫希茨等同志以及所有经济学家关于国内"时局"的具体提纲。当然，我在此点的同志只是举例。但时不我待。

紧紧地握你们的手！

你们的列·托洛茨基
1928 年 10 月 4 日

---

① 丁格尔施泰德（Ф. Н. Дингельштедт）1923 年反对派成员，曾任林学院院长，1927 年被开除出党，并被流放，死于大清洗中。——译注

中国政治形势和布尔什维克—列宁主义者的任务[*]

在共产国际执行委员会二月全会和共产国际第六次代表大会上对中国的形势作出了根本错误的判断。为了抹杀令人震惊的失败,声称革命形势依然存在(参见《两次浪潮之间》),方针仍是进行武装起义和建立苏维埃。

事实上,第二次中国革命已经在1925年至1927年间被一系列失败所完结,没有完成其任务。我们现在经历的是革命的间歇期,是资产阶级反革命统治甚嚣尘上、外国帝国主义阵地得到巩固的革命间歇期。

革命间歇期将持续多久是无法预测的,因为这将取决于国内外的许多因素。但第三次革命的到来是不可避免的,它完整地存在于第二次革命失败的条件之中。

中国共产党反对派即布尔什维克—列宁主义者的任务是清楚地理解失败的原因,正确地评价今天的形势,聚集无产阶级先锋队最稳固、最勇敢和最坚定不移的分子,在过渡要求的基础上重新寻找通往群众的道路并在社会生活的所有领域中训练工人,为第三次中国革命做准备。

1927年,第二次中国革命分三次被粉碎:上海、武汉和广州。所有这三次粉碎都是共产国际和中国共产党中央委员会根本错误的政策的直接或间接的结果。

---

[*] 译自 Бюллетень оппозиции, No1 – 2, cc. 30 – 32。

这篇文章前加了编者的话:"下面刊登的这份文件是中国布尔什维克—列宁主义者(反对派)的政纲。在这份文件撰写之前,在中国反对派成员中进行了多次讨论。初稿后来得到俄国、法国和奥地利反对派活动家的赞同。因而,现在这份中国共产党左派反对派政纲同时也就是一份国际文件,不仅就其政治意义,而且就其产生过程。在频繁的商讨中,上述四个国家(中国、俄国、法国、奥地利)反对派集团的代表都认为必须马上筹建布尔什维克—列宁主义者的国际派别,以俄国反对派政纲为它的基础。建立国际反对派的理论和政治领导机构,应该是在上述这条路上迈出的第一步。"——译注共产国际彻头彻尾的机会主义路线表现在决定中国革命命运的四个问题上。

一、党的问题

中国共产党被引入了资产阶级政党——国民党——的框架中,而且这个政党的资产阶级性质被招摇撞骗的哲学打扮成"工农党"甚至是"四个阶级的政党"(斯大林—马尔丁诺夫)。这样,无产阶级在最关键的阶段失去了自己的党。更糟糕的是,假共产党变成了资产阶级欺骗工人的附加工具。世界革命史上从来没有如此严重的罪行。作为这个罪行的鼓舞者的共产国际执行委员会和斯大林应该对此负全部责任。

由于现在在印度、朝鲜和其他国家都建立了"工农党",即新的国民党,中国共产党反对派在第二次中国革命经验的基础上认为有必要声明:

在任何时候,在任何条件下,无产阶级政党都不能加入另一个阶级的政党或在组织上与它融合。无产阶级政党的绝对独立是共产党政策的首要和决定性的条件。

二、帝国主义问题

共产国际的错误方针的基础是,似乎帝国主义的压迫使所有"进步阶级"携手共进。换言之,据斯大林的共产国际的理论,帝国主义压迫改变了阶级斗争的规律。事实上,帝国主义在经济上、政治上和军事上侵入中国的生活,使国内的阶级斗争极度激化。

同时,在底层,在中国经济的农业基础上,资产阶级与农奴剥削形式有机地、不可分割地联系在一起。在上层,它与世界金融也有同样有机和不可分割的联系。中国资产阶级既不能与农业的农奴制决裂,同样也不能与外国帝国主义决裂。

在决定性关头,它与最反动的农奴主—军阀的冲突,像它与外国帝国主义的冲突一样,过去和将来都将退居它与工人和贫农的不可调和的矛盾之后。

在其身后总有现成的世界帝国主义武力支持的所谓"民族"资产阶级,比世界上的任何资产阶级都更加迅速、更无情地把阶级斗争变成内战,把工农浸入血泊中。

共产国际领导帮助中国民族资产阶级骑在中国工农的背上，并保护它免遭革命的布尔什维克的批评和抗议，这是最严重的历史罪行。在所有革命史上，资产阶级从来没有过像斯大林领导为中国资产阶级创造的这样的掩护和面具。

反对派提醒中国工人和全世界的工人，在蒋介石的上海政变的几天之前，斯大林不仅郑重其事地号召人们信任和支持蒋介石，而且还对给酝酿中的粉碎革命的阴谋及时提出警告的布尔什维克—列宁主义者进行疯狂镇压。

中国反对派应把那些人称为叛徒，他们支持、散布并捍卫过去的反革命神话，说什么"民族"资产阶级能够领导群众进行革命斗争。只有中国无产阶级领导被压迫的群众，抛弃资产阶级的政治领导并掌握政权，中国革命的任务才能真正地完成。

三、小资产阶级和农民的问题

在对中国和所有东方国家具有决定意义的这个问题上，共产国际的政策是孟什维主义的，是假马克思主义。当我们反对派说无产阶级必须和小资产阶级结成革命联盟时，我们指的是被压迫群众，是数千万、数亿城市贫民和贫农。共产国际领导过去和现在都把小资产阶级理解为小资产阶级上层，主要是上层知识分子，他们在民主政党和组织的旗号下剥削城市贫民和贫农，并在关键时刻把他们出卖给大资产阶级。对我们大家来说，不是与汪精卫结盟反对蒋介石，而是与劳动大众结盟反对汪精卫和蒋介石。

四、苏维埃问题

布尔什维克的苏维埃学说被机会主义的伪造所代替，尔后又用冒险主义的实践来加以补充。

像对西方国家一样，苏维埃对东方国家来说，也是在波澜壮阔的革命高涨的第一阶段就可以并应该建立的组织形式。苏维埃往往作为革命罢工运动的组织而产生，然后扩展其职能并在群众的眼中提高自己的威信。在下一个阶段中，它将成为革命起义的机构。最后，在起义胜利后，它们就会变成革命的政权机构。

阻碍中国工人农民建立苏维埃，斯大林的共产国际领导在资产阶级面前人为地解除了劳动群众的武装，削弱他们，为粉碎革命创造了机会。然后在

1927年12月，在24小时之内在广州建立苏维埃的企图，只能是犯罪的冒险主义，它只能是为肆无忌惮的军阀彻底粉碎英勇的广州工人做准备。

这就是共产国际的斯大林领导在中国犯下的主要罪行。总的来说，它们意味着用彻头彻尾的孟什维主义来取代布尔什维主义。中国第二次革命的溃败首先是这次以布尔什维主义面貌出现的孟什维主义战略的失败。难怪全世界的社会民主党在这个问题上都与斯大林—布哈林一致。

如果不理解中国工人阶级付出如此沉重代价得来的教训，就不能前进。中国左派反对派充分吸取这些教训。

中国资产阶级在粉碎了人民群众之后，不得不忍受军阀专政。对现阶段来说，这是唯一的国家政权形式，它一方面源于资产阶级和人民群众不可调和的对抗，另一方面源于资产阶级对外国帝国主义的依赖。资产阶级的个别阶层和外省集团不满意军刀统治，但整个大资产阶级只能凭借军刀来维持政权。

"民族"资产阶级不能成为革命民族的领导，议会民主对它来说是不能接受的。在"监护人民"的制度的名义之下，"民族"资产阶级建立的是军事集团的统治。

后者反映的是各个资产阶级集团的特殊的和地方的利益，它们彼此之间产生冲突和公然的战争，这是对它们镇压革命的报复。

现在再确定哪个将军是"进步的"，以便再次把革命斗争的命运与他的武器联系起来的企图，是可怜的、令人蔑视的。

反对派的任务是使全国工人和贫苦人民反对资产阶级的反革命机制。反对派的布尔什维主义路线，不是斯大林的耍手腕和与上层妥协的政策，而是布尔什维主义的不可调和的阶级政策。

从1927年底开始，中国革命让位给反革命。这个反革命过程还在继续深化。中国共产党的命运是这个过程的最鲜明的表现。在第六次代表大会上还吹嘘中国共产党有十万人之多。反对派那时就说，1927年后，党未必能保持一万人。事实上，现在党员人数不超过三四千人，而且这个瓦解过程还在继续。每一步都与事实格格不入的错误政策定向破坏中国共产党，并不可避免地导致它的灭亡，如果共产党反对派不能保证根本改变整个政策和整个党的制度的话。

今天的共产国际领导继续掩盖自己的错误，他们在中国工人运动中为两个敌人——社会民主党和无政府主义——开辟道路。保护革命运动免遭这两个彼此补充的危险的,只有既反对机会主义,也反对冒险主义的共产党反对派,而这两者是共产国际的斯大林领导的必然产物。

现在中国没有群众革命运动,只是应该为它做准备。准备工作是在反革命胜利时期的现有基础上,把越来越多的工人团体引入国家的政治生活之中。

现在把苏维埃口号当做现实的口号,就是冒险主义或胡说八道。

反对军人独裁必然应该采用过渡的革命民主要求的形式,这些要求可归结为召开立宪会议的要求,即在全民平等的不记名直接投票的基础上解决国家所面临的最重要的问题:实行八小时工作制,没收土地,保证民族独立,着手在反革命条件下动员群众。

共产国际第六次代表大会否决了过渡的革命民主口号,使中国共产党陷于无口号的状态,使它因而不能在反革命时代进行动员群众的工作。

中国反对派谴责这种没有生命力的政策。中国反对派预言说,只要工人开始走出瘫痪状态,他们就肯定会提出民主口号。如果共产党员落在后面,政治斗争的复苏就会有利于小资产阶级民主派,而且可以提前说,今天中国的斯大林分子就会追随其后,不是赋予民主口号以革命的解释,而是妥协的解释。

因此反对派认为必须事先说明,通过第三次中国革命彻底改变整个社会制度,是解决民族独立、提高人民群众生活水平任务的真正道路。

现在很难预言,国内革命复苏在什么时候、以什么途径开始。但是,在政治复苏之前是在外国资本不同程度的介入下的一定的经济复苏,可以让人得出这个结论的征兆已经出现了。

经济高涨哪怕只是微弱的、短暂的,也会把工人聚集到工厂中,提高他们的阶级感觉和自信心,以此为建立工会组织和重新扩大共产党的影响创造条件。工业高涨在任何条件下都不会消灭革命。相反,它最终会复苏并加剧所有悬而未决的问题和所有今天被压抑的阶级对抗和半阶级对抗(在军阀和资产阶级及"民主派"之间,在"民族"资产阶级和帝国主义之间,最后则是在无产阶级和整个资产阶级之间)。高涨会使中国的人民群众摆脱压迫和消极,此后必然是能够作为新的革命动力的新的危机。

当然,国际性的因素可以抑制或加速这些过程。

因此共产党反对派不用任何现成的公式束缚自己。它的责任是关注国内生活和整个国际形势的实际发展。我们政策的每一个策略转变都应该与每一个新阶段的实际形势相适应。我们的总体战略路线应该以夺取政权为目的。

中国无产阶级专政应该把中国革命纳入世界社会主义革命之中。社会主义在中国的胜利像在苏联一样，只有在所向披靡的世界革命的条件下才能想象。反对派断然拒绝斯大林的一国社会主义反动理论。

反对派面临的任务有：

1. 出版布尔什维克—列宁主义者（反对派）的最重要的文件。

2. 尽快着手出版反对派的政治理论周刊。

3. 在明确的概念的基础上选择共产主义的最杰出、坚定、能够顶住反革命压力的分子，创立布尔什维克—列宁主义者（反对派）的核心集团，使自己和别人为新的高涨做准备。

4. 与所有其他国家的左派反对派保持经常有效的联系，以便在更短的期限内建立布尔什维克—列宁主义者（反对派）的牢固的、思想上团结一致的国际派别。

在各国共产党内和它们之外都在自己的旗帜下公开勇敢地进攻，只有这样的派别才能拯救共产国际免于灭亡，使它复活并让它重新回到马克思和列宁的道路上。

1929 年 6 月

一份可悲的文件 *

像所有自尊的破产者一样，三人帮当然会用不断革命论来掩蔽自己。在雅罗斯拉夫斯基的鼻烟壶中，这种火药的储备取之不竭。投降者三人帮以它与不断革命论毫无共同之处的廉价发誓，从机会主义失败经验的最新历史中最具悲剧性的中国革命中脱身。这些先生在世界革命的基本问题上与马克思主义毫无共同之处，这样说要准确得多。

拉狄克和斯米尔加固执地坚持让中国共产党服从资产阶级的国民党，不仅在蒋介石政变前，而且在政变之后。普列奥布拉任斯基像往常一样，在政策问题上含糊不清地嘟囔几句。太妙了！在反对派的队伍中，所有坚持让共产党给国民党当奴隶的人都成了投降派。没有一个依然忠于自己的旗帜的反对派成员身上有这个污点。而这个斑点显然是不光彩的。在《共产党宣言》问世 3/4 世纪之后，在布尔什维克党诞生 1/4 世纪之后，这些倒霉的"马克思主义者"认为可以捍卫让共产党员留在国民党的笼子里的政策！拉狄克那时在答复我的指责时，完全和在今天的悔过信中一样，他害怕共产党退出资产阶级国民党会导致无产阶级与农民隔绝。此前不久，拉狄克称广东政府是工农政府，帮助斯大林掩盖资产阶级奴役无产阶级。用什么来掩盖由这种盲目、这种愚蠢、这种对马克思主义的背叛导致的这些可耻的行动？用什么，怎么掩饰？不断革命论！雅罗斯拉夫斯基的鼻烟壶为您效劳。

拉狄克从 1928 年 2 月开始为投降找理由时，就立即赞同 1928 年共产国际

---

* 译自 *Бюллетень оппозиции*，No3 - 4，cc. 5 - 11。

此文是在拉狄克、普列奥布拉任斯基和斯米尔加的投降声明公布后立即写的，声明公布的时间正好在 1929 年 7 月共产国际执行委员会全会召开的时候。本书收录的只是其中关于中国革命的部分。——译注

执行委员会二月全会就中国问题所做的决议。因托洛茨基主义者称失败为失败，不同意把胜利的反革命称为中国革命的最高阶段，这个决议宣布他们是取消派。在这个二月决议中宣布了武装起义和建立苏维埃的方针。对一个具有由革命经验所深化的起码的政治嗅觉的人来说，这份决议是令人厌恶的、不负责任的冒险主义的典范。拉狄克赞同它。斯米尔加若有所思地沉默着，当他已经开始嗅到五年计划数字的"具体"味道时，中国革命对他来说又算什么呢。普列奥布拉任斯基对待此事也和拉狄克同样明智，但是从另一个角度。他写道，中国革命已经被粉碎了，而且很久了。新的革命不会马上来临。在这种情况下还值得为它与中派分子争论吗？普列奥布拉任斯基就这个题目散发了几封长信。我在阿拉木图阅读它们时感到羞耻。我数十次地问自己，这些人在列宁的学校里学到了什么？普列奥布拉任斯基的信与拉狄克的信截然对立，结论却是相同的：他们两人都希望雅罗斯拉夫斯基通过明仁斯基①像兄弟一样地拥抱他们。当然是为了有利于革命。他们不是追逐名利地位的人，不，不是追逐名利地位的人，他们纯粹是软弱无力、思想空虚的人。

我那时就用包括中国立宪会议口号在内的民主口号动员中国工人的方针反对共产国际执行委员会二月全会（1928年）的冒险主义决议。在这点上不幸的三人帮又跑向极左，这是廉价的，它不用对此承担任何责任。民主口号？绝不行。"这是托洛茨基的严重错误。"只有在中国建立苏维埃是不能打一点折扣的。很难想象比这个不配称为立场的立场更荒谬的东西了。在资产阶级反动时期，苏维埃口号是叮当响的玩具，即对苏维埃的嘲弄。但即便是在革命时期，即在直接建立苏维埃的时期，我们也不放弃民主口号。在已经掌握了政权的现实的苏维埃在群众的眼中没有与现实的民主机构发生矛盾之前，我们是不会放弃民主口号的。这在列宁（而不是小市民斯大林和他的学舌者）的语言中意味着，不超越国家发展的民主阶段。

除了民主纲领——立宪会议、八小时工作制、没收地主土地、中国的民族独立、它的各民族的自决权等——之外，在这个民主纲领之外，中国共产党只能束缚着手脚，被迫消极地为中国的社会民主党清理场地，后者在斯大林、拉狄克一伙的帮助下可能取代它的位置。

---

① 明仁斯基（Вясеслав Рудольфович Менжинский，1874—1934）老布尔什维克，1917年起为俄罗斯联邦财政人民委员，1919年任乌克兰工农检查人民委员，1919年起为全俄肃反委员会主席团委员，1923年起任国家政治保卫总局副局长，1926年捷尔仁斯基去世后继任局长。——译注

这样一来，拉狄克乘在反对派的驳船上，仍错过了中国革命中的最重要的东西，因为他坚持共产党服从资产阶级的国民党。拉狄克也错过了中国的反革命，因为他在广州冒险之后支持武装起义的方针。拉狄克今天越过了反革命和为争取民主而斗争的阶段，以抽象的、超越时空的苏维埃思想来排斥过渡时期的任务。但是拉狄克发誓说他与不断革命论毫无共同之处，这是令人愉快的，这是令人安慰的。诚然，拉狄克不理解革命的动力，他不明白它的各个阶段之间的交替，不明白无产阶级政党的作用和意义，不明白民主口号和夺取政权的斗争之间的相互关系。但是，啊，但是他根本不往嘴里倒醉人的东西，如果他在困难的日子里寻找安慰的话，则不会是不断革命论的酒精，而是最无害地嗅几下雅罗斯拉夫斯基的鼻烟壶。

但是，"嗅"这几下并非那么无害。相反，它们是十分危险的。它们对未来的革命具有巨大的威胁。斯大林—拉狄克的反马克思主义理论含有对中国、印度和所有东方国家的国民党实验的不断变化的、但不会改善的重复。

在全部俄国和中国革命经验的基础上，在马克思和对这两场革命进行了深思熟虑的列宁主义学说的基础之上，反对派断言：

只有在无产阶级专政的形式下，新的中国革命才能推翻现行制度，把政权交到人民群众的手中；

与领导农民并实现民主纲领的无产阶级专政对立的"无产阶级和农民的民主专政"，是虚构，是自我欺骗，或比这还糟：克伦斯基反动政策或是国民党反动政策。

在克伦斯基与蒋介石的制度为一方面和无产阶级专政为另一方面的二者之间，不能也不可能有任何中间的、过渡的革命制度，而谁要是提出它的赤裸裸的公式，他就是在可耻地欺骗东方工人，酝酿着新的灾难。

反对派对东方工人说，空虚的投降者用党内诡计帮助斯大林播种中派主义，蒙蔽你们的眼睛，堵住你们的耳朵，搞糊涂你们的头脑。一方面，禁止你们为争取民主而斗争，让你们在赤裸裸的资产阶级专政面前失去力量。另一方面，又为你们描绘了某种救命的、非无产阶级专政的前景，以此来帮助今后国民党的新的再现，即进一步粉碎工农革命。

这样的说教者是叛徒。东方工人，请学会不相信他们，学会蔑视他们，学会把他们从自己的队伍中赶走。

*　　*　　*

　　近几天，我对资产阶级报刊的代表发表声明，并回答了他们的问题：如果因苏中冲突而把战争强加给苏维埃共和国，每一个反对派成员都将为苏维埃共和国而斗争，履行自己的责任。这太基本了，不必在此多费笔墨。但这仅仅是责任的一半。同样重要的另一半是对党说出真相。蒋介石的挑衅是对斯大林在他粉碎中国革命的事情上给他提供的效劳的回报。我们曾一字不差而且上百次地这样警告说：在斯大林帮助蒋介石乘上马鞍之后，后者一有适当的机会，就会狠狠地往他的帮手的脸上踢一脚。事情正是这么发生的。签写收条吧！
……

托洛茨基
1929 年 7 月 27 日
于君士坦丁堡

中国发生了什么？*
——每一个共产党员都应该对自己提出的问题

10月间，在《真理报》的电讯栏中用小号的铅字多次报道，朱德领导的共产党武装队伍成功地向潮州（广东省）挺进①，这支队伍也从5000人扩大为20000人等。这样，我们就从惜字如金的《真理报》的电讯中顺便得知，中国共产党党员正在进行反对蒋介石的武装斗争。这个斗争的意义是什么？它是怎样发生的？它的前景是什么？对这些方面只字未提。如果在中国，一场新的革命已经成熟到共产党员拿起武器的程度，那么在具有如此之大的历史意义的事件面前就应该动员整个共产国际。但是为什么没有听到一点动员的风声呢？如果中国的形势还没有到可以谈论共产党为夺取政权而进行武装斗争的地步，那么共产党的部队怎样和为什么展开反对蒋介石，即反对资产阶级军事独裁的武装斗争呢？

是啊，中国共产党人为什么起义？是否因为无产阶级已经治好了自己的伤口？士气低落和失血过多的共产党已经重新在革命浪潮中崛起？城市工人已经确保了与农村的革命群众的联系？罢工浪潮在全国已成燎原之势？总罢工把无产阶级引向起义？如果事情真是这样，那一切都可以理解，一切都是正常的。但在这种情况下，《真理报》为什么只用几行小号铅字报道这些事件呢？

或是中国共产党的起义可能得到了莫洛托夫对第三时期决议的最新解释？难怪与其他投降者不同的季诺维也夫装成活人，在《真理报》上刊登文章，证明蒋介石的统治与高尔察克的短暂的统治一般无二，都是革命高潮过程中的

---

* 译自 Бюллетень оппозиции, No7, cc. 27 – 28。

① 疑《真理报》报道有误。朱德与陈毅于1928年1月领导湘鄂粤起义，于同年8月上井冈山。在朱德传记和井冈山红军战史中，都没有朱德率部远征潮州的记录。——译注

一段纯粹的插曲。这个类比当然是很能鼓舞士气的。不幸的是，它不仅是虚假的，而且干脆就是愚蠢。高尔察克在远东组织暴动反对统治着国家最主要的几个中心的无产阶级专政。在中国统治国家的是资产阶级反革命分子。共产党在边远省份发动了几千人的小规模的起义。我想，我们有理由问，起义是中国局势的结果还是第三时期的指令的结果？我们进一步问，中国共产党在整个起义中的政治角色是什么？它动员群众的口号是什么？它在工人中的影响到什么程度？我们对此一无所知。朱德的起义似乎是贺龙、叶挺1927年冒险军事行动以及安排在把反对派开除出俄国共产党时的广州起义的重演。

也许，起义是自发产生的？就算是这样吧。但在这种情况下，飘扬在起义之上的共产党的旗帜又意味着什么？官方中国共产党对它的态度如何？在这个问题上共产国际持什么立场？最后一点，为什么莫斯科《真理报》对有关起义的报道未加任何评论？

但还有一个可能的解释，大概是最令人担心的：中国共产党党员起义会不会是与蒋介石占领了中东路有关？这次起义就其类型来说会不会只是游击型的，其目的只是在后方给蒋介石制造更多的麻烦？如果是这样，我们就要问：谁对中国共产党提出这样的建议？谁为他们转向游击战负政治责任？

不久前，我们坚决谴责有关必须把中东路这样重要的武器从俄国革命的手中交到中国的反革命手中的夸夸其谈。我们提醒说，国际无产阶级在这场冲突中的基本责任是挺身保卫苏维埃共和国，反对资产阶级中国以及它的所有可能的挑唆者和同盟者。但是，从另一方面来说，完全清楚，手中掌握政权和军队的苏联无产阶级不能要求中国无产阶级先锋队现在与蒋介石开战，即走上苏维埃共和国政府不能下决心走的那条道路（它这么做是对的）。如果苏联和中国之间，更确切地说，是苏联和中国的帝国主义保护者之间开始战争的话，中国共产党人的责任是尽快地把这场战争变成内战。但即便在这种情况下，内战的开始都应该服从革命的总体政策。中国共产党人不是在任何时候都可以随意地转入公开起义的道路，作为一个党，只有在赢得工人农民群众的必要支持后才行。在这种情况下，在蒋介石的后方起义就是苏联工农战线的继续。中国工人起义的命运以直接的方式与苏维埃共和国的命运联系起来。任务、目的、前景，一切都是明确的。

但是现在，在既没有战争也没有革命的情况下，中国共产党党员孤立的游击起义会有什么前景呢？遭到残酷镇压、共产党残余的冒险主义退化的前景。

但是应该坦率地说，对游击冒险的指望完全符合斯大林政策的一般实质。两年前，斯大林指望与英国总工会的帝国主义分子结盟能为国家安全赢得巨大的好处。现在他完全可能认为，共产党员在中国的起义虽然根本没有希望，仍可以在困境中带来"一点好处"。在第一种情况下的指望带有严重的机会主义性质；在第二种情况下，则带有明显的冒险主义性质。但在两种情况下的指望都是脱离世界工人运动的总体任务的，它与这些任务格格不入，并有损于正确理解的苏维埃共和国的利益。

我们手头没有必需的资料，因此不能下定论。所以我们问道，在中国发生了什么？请他们给我们做解释。一个共产党人如果不对自己或领导提出这个问题，他就不配共产党人的称号。领导则想谨慎地留在一边，以便在中国游击队失败的情况下能再次洗干净双手，把责任推到中国共产党中央委员会的身上。这样的领导以对世界革命利益的最严重的罪行败坏自己的声誉，诚然已不是第一次了。

我们问，在中国发生了什么？我们将继续提这个问题，直到得到答复。

托洛茨基
1929年11月9日

托洛茨基给中国反对派的回信*

亲爱的同志们：

我于12月20日收到了你们11月15日的信，它从上海到君士坦丁堡用了35天。你们至少需要同样多的时间才能收到我的回信。没办法，航空信和无线电联系目前都不为反对派的事业服务。

在你们的信中，最重要的是关于你们公布了《中国反对派政纲》的消息。你们应该立即至少把它翻译成一种欧洲语言。全部国际反对派都应该有可能了解这份极端重要的文件。我将急切地期盼着你们的政纲。

你们在信中提出了两个与政纲相关的问题：国民会议和亚洲联邦。这第二个问题完全是新问题，对它的答复我不得不推迟到专论这个问题的文章竣稿之时。关于国民会议的问题我将用几句话来回答：

被削弱的、被赶入地下的党的政治任务是，不仅动员工人，还要动员广大的城乡底层居民反对资产阶级军事独裁。在当前的局势下，为此服务的最简单和最自然的口号就是国民会议。应该在这个口号下进行不知疲倦的宣传鼓动，并且与其他民主革命的口号——把土地交给贫农、八小时工作制、中国的独立、中国各民族的自决权——联系起来。

鼓动工作必须用宣传来补充，至少应该对无产阶级先进阶层解释，通往国民会议的道路只能通过反对军队篡权者的起义，只有通过人民群众夺取政权。

工农胜利的革命推出的政府，只能是引导大多数被剥削、受压迫人民的无

---

* 译自 Бюллетень оппозиции，No9，сс. 29 – 31。

托洛茨基答复的那封中国反对派的信署名为 П。根据信的内容可以确定 П 是我们的话派的代表，但这里没有其他有关 П 到底是谁的信息。1931 年，我们的话派和十月社派以及其他两个反对派小组同意统一为"中国共产党左派反对派"。——《反对派通报》编辑部注

产阶级专政。但应该明白我们在理论宣传文章和演说中不知疲倦地阐述的一般革命前景,与我们今天就能用来动员群众、让他们事实上与军事独裁制度对立的实际政治口号之间的差别。国民会议口号就是这样的核心政治口号。

在由几位中国同志和外国同志在国外制定的中国反对派政纲中扼要地阐明了这个问题。据我所知,我的年轻的朋友 H[①] 把这份草案交给了你们。因而我更加急切地期盼着你们的政纲,以便能够手持文件进行判断:你们和 H 同志之间是否有分歧,两个集团的独立存在是否合理。在了解事实和文件之前,我不能对这个重要的问题下判断。

你们说,中国的斯大林分子在广州街道上向反对派成员开枪。这个事实无论怎样骇人听闻,我都不认为它是不可能的。列宁在其遗嘱中说斯大林有滥用权力(即暴力)的倾向。从那时起,这一特征在俄国共产党机关中得到骇人听闻的发展,并蔓延到了共产国际之中。当然,不使用暴力,其中包括对无产阶级本身的某些部分使用暴力,无产阶级专政是无法想象的。但是,在工人国家中,需要用工人民主对谁、怎样、以什么名义使用暴力进行最警惕的监督。在资产阶级国家中,这个问题就完全不同,那里,革命党只是工人阶级中的一小部分,必须为争取多数而斗争。在这些条件下,采用暴力反对思想上的对手——不是工贼,不是从角落里搞突然袭击的奸细、法西斯分子,而是思想上的对手,其中有正派的社会民主党的工人党员——是严重的犯罪和疯狂,它必将调转其锋芒反对革命政党本身。十月革命前,在布尔什维主义进行的长达15年的反对民粹派和孟什维克的残酷斗争中,根本谈不上对人采用暴力。至于个人恐怖活动,哪怕是对沙皇手下的暴吏进行的,我们马克思主义者都坚决反对。然而近年来,各国共产党,更确切地说是它们的机关,越来越频繁地采用破坏会议和其他窒息反对者,特别是左派反对派成员的机械手段。许多官僚真诚地相信,真正的布尔什维主义的真谛就在其中。他们把因他们对资本主义国家的软弱无力而产生的愤怒发泄到无产阶级的其他集团上,从而把资产阶级警察变成了他们之间的仲裁法庭。

不堪设想,这种无力和暴力的结合会产生什么样的道德败坏。青年越来越

---

① H 指的是中国共产党创始人之一刘仁静(1902—1987),他在刊物上发表文章用笔名 H。他于 1929 年返回中国途中前往王子群岛拜会托洛茨基。回国后他组织了十月社。1937 年他脱离了反对派并加入国民党。中国共产党在中国获胜后,他发表声明,否定他以前的政治观点。他先被安排在北京师范大学教书,后调到人民出版社,1989 年死于车祸。——译注

习惯于认为拳头比论据更可靠。这培养了政治上的厚颜无耻，它为人们转入法西斯阵营打下了最好的基础。应该与斯大林主义的粗暴和背信弃义的方法进行不可调和的斗争。在刊物集会上揭露它们，在工人中培养对所有不动脑筋而对他人大打出手的假革命者的仇恨和蔑视。

* * *

至于陈独秀集团，我对它在革命年代的政策相当了解：这是斯大林—布哈林—马尔丁诺夫的政策，实质上就是右派孟什维主义的政策。但是 H 同志在给我的信中说，陈独秀在革命经验的基础上与我们反对派十分接近。当然，对此只能表示欢迎。然而你们在信中坚决反对 H 同志的说法。你们甚至断言陈独秀没有与作为机会主义和冒险主义杂烩的斯大林政策划清界限。由于我至今没有读过陈独秀集团的一份纲领性的声明，所以我还是不能对这个问题发表意见。

我认为，只有在明确地回答下述问题的基础上，才能在中国问题上实现原则性的团结一致。

属于革命第一阶段的问题有：

1. 中国民族资产阶级的领导角色是由中国革命的反帝性质产生的吗（斯大林—布哈林）？

2. "四个阶级（大资产阶级、小资产阶级、农民和无产阶级）联盟"的口号（斯大林—布哈林）哪怕有片刻是正确的吗？

3. 可以允许中国共产党加入国民党并吸收国民党成为共产国际成员（联共政治局决议）吗？

4. 可以为了北伐的利益而阻止农民革命（联共政治局电令）吗？

5. 在工人农民运动汹涌澎湃时，即在 1925—1927 年间，能够允许拒绝苏维埃口号（斯大林—布哈林）吗？

6. 斯大林的"工农党"口号，即俄国民粹派的旧口号能适用于中国吗？哪怕只是一小时？

属于革命第二阶段的问题有：

7. 共产国际关于国民党左派右派粉碎工农运动意味着"革命进入最高阶段"（斯大林—布哈林）的决议正确吗？

8. 在这些条件下共产国际提出的武装起义口号正确吗？

9. 在工农运动退潮的形势下，共产国际赞成的贺龙叶挺的游击策略正确吗？

10. 共产国际代理人在广州组织武装起义正确吗？

属于整个过去的问题：

11. 1924—1927年间，共产国际在中国问题上反对反对派的斗争是列宁主义反对托洛茨基主义的斗争，或是相反，是孟什维主义反对布尔什维主义的斗争？

12. 1927—1928年间共产国际反对反对派的斗争是布尔什维主义反对"取消派"的斗争，或是相反，是冒险主义反对布尔什维主义的斗争？

属于未来的问题：

13. 在当今反革命胜利的条件下，像反对派认为的那样，在民主和国民会议口号下动员中国群众是必须的吗？还是像共产国际决定的那样，应该局限于抽象地宣传苏维埃？

14. "工农民主专政"口号是否像共产国际所认为的那样，仍保留其革命内容，或是相反，必须指出这个伪装的国民党的公式，并解释说，工农联盟的胜利在中国只能导致无产阶级专政？

15. 一国社会主义理论适用于中国吗，或是相反，只有作为世界革命中的一环，中国革命才能胜利，才能彻底完成其任务？

我认为，中国反对派在其政纲中必须回答的主要问题就是这些。这些问题对整个共产国际具有重大意义。今天，中国的反动时期，像历史上常见的那样，应该成为理论深化的时期。现在中国年轻革命者的特点就是理解、研究和全面把握问题的热情。共产国际无思想的官僚扼杀马克思主义的思考。我毫不怀疑，在与它的斗争中，无产阶级先锋队将推出一批杰出的马克思主义者，他们将共同为整个共产国际服务。

致以反对派的敬礼。

列·托洛茨基

1929年12月22日

于王子群岛

国民会议口号在中国
——答中国同志*

我觉得,我们的中国朋友把太多的形而上学的,甚至有些烦琐哲学的东西带进关于民主政治口号的问题中。

"细微之处"从名称开始,立宪会议或国民会议。在俄国,在革命前我们利用的是立宪会议口号,因为它最鲜明地强调了与过去的决裂。但你们写道,用中文这个口号很难转达。如果是这样,则只能接过国民会议口号了。在群众的意识中,这个口号将具有一方面是革命宣传赋予它的内容,另一方面是事件赋予它的内容。

能否在否定立宪会议可以实现的情况下为它进行宣传鼓动工作呢?你们问道。但为什么要事先决定它是不能实现的?我回答说。当然,只有在群众认为口号是可以实现的情况下,他们才会追随口号。谁来实现它,怎样实现?在这点上只能是假设。在国民党军事独裁制度进一步衰弱,群众,特别是城市群众的不满增长的情况下,部分国民党可能企图和"第三党"共同召开某种类似国民会议的东西。在这种情况下,当然会尽可能地削减最受压迫的阶级和阶层的权利。我们共产党员能否参加这种打了折扣、偷梁换柱的国民会议?如果我们没有力量取代它,即自己夺取政权机构的话,那当然得参加。在我们道路上的这一段无论如何不会削弱我们,相反,能帮助我们聚集和培养无产阶级先锋队的力量。甚至在假国民会议中,特别是在议会之外,我们继续为召开更加民主的议会进行宣传鼓动工作。在出现革命群众运动的情况下,我们将同时开始建立苏维埃。完全可能,小资产阶级政党认为在这种情况下必须召开更加民主

---

* 译自 *Бюллетень оппозиции*,No11,cc. 35 – 37。

的国民会议，从而把它变成反对苏维埃的桥头堡。我们是否参加这种代表的选举呢？当然参加，如果我们在这时仍没有足够的力量以更高的国家形式，即苏维埃来取代它的话。但这样的可能性只有在革命高潮的顶点才会出现。但须知我们尚未真正接近它的起点。

甚至苏维埃存在的事实——目前在中国还谈不上这点——本身也不是拒绝国民会议口号的充足理由。须知苏维埃中的大多数可能是在妥协派①和中派政党和组织的手中，在开始时则肯定是这样。让这些政党在国民会议的公开舞台上在人民面前表现自己，对我们来说是利害攸关的。苏维埃中的多数将通过这种途径更快更可靠地转到我们一边来。当争取多数的工作完成之后，我们将以苏维埃纲领反对国民会议纲领，在苏维埃的旗帜下聚集国家中劳动者和被压迫者的多数，以这种方式获得事实上的而不是纸面上的机会，用作为革命阶级专政机构的苏维埃取代作为议会民主机构的国民会议。

在俄国立宪会议仅仅存在了一天。为什么？因为它来得太晚了，那时苏维埃政权已经存在，会议与它发生冲突。在这个冲突中，立宪会议成了革命的昨天。但设想一下，资产阶级临时政府在3月和4月（1917年）有勇气召开立宪会议。这可能吗？当然可能。立宪民主党人从法律上百般刁难，拖延召开立宪会议，希望革命浪潮会衰退。孟什维克和社会革命党人唱立宪民主党的调子。如果孟什维克和社会革命党人的革命火药再稍稍多一点的话，他们就能够在几个星期内召开立宪会议。我们布尔什维克是否会参加选举和会议本身呢？当然，须知我们一直要求尽快召开立宪会议。在早召开立宪会议的情况下，革命进程会发生不利于无产阶级的变化吗？无论如何也不会。你们还记得，俄国有产阶级的代表和追随他们的妥协派把革命的所有重要问题拖延到"立宪会议"，同时又千方百计地拖延它的召开。这给地主和资本家在某种程度上掩饰自己在土地和工业等问题上的利益的机会。如果立宪会议在1917年4月召开的话，我们将会在其中尖锐地提出所有社会问题，有产阶级将被迫摊牌，妥协派的叛徒角色将暴露无遗，立宪会议中的布尔什维克党团将得到最大的声誉，它将帮助苏维埃把布尔什维克的多数聚集在自己的队伍中。在这些条件下，立宪会议的存在就不是一天，大概会是几个月，而且会极大地丰富劳动群众的政治经验。不仅不会推迟无产阶级起义，甚至还会使它提前。这本身具有重

---

① 妥协派是1917年布尔什维克用来称呼孟什维克、社会革命党人和其他激进党派的术语，它们支持资产阶级临时政府，并企图缓和反对它的阶级斗争。——译注

大的意义。如果第二次革命不在10月爆发,而是在7月或是8月,前线的军队就不会被打得遍体鳞伤,极度削弱,就可以在更有利的条件下与霍亨索伦王朝签订和约。即便假设革命没有由于立宪会议提前一天,革命议会这所学校在群众的政治水平上也不会不留下痕迹,这会减轻我们在十月革命后的任务。

在中国,类似的变化可能吗?不能排除。在肆无忌惮的资产阶级军人统治,工人阶级的消沉和溃败,农民运动极度低落的今天的条件下,期望并认为中国共产党马上会完成夺取政权的飞跃,就是相信奇迹。在实践上,这导致现在受到共产国际遮遮掩掩的保护的游击冒险主义政策的产生。我们应该谴责这个政策,并坚决地对革命工人警告这个危险。

根据今天的形势,即资产阶级军人反革命的形势,对无产阶级和追随它的农民进行政治动员,是应该解决的首要任务。被压迫群众的力量在于他们的数量。他们将力图在他们的觉醒中通过普选权在政治上把这个数量表现出来。人数不多的共产党员今天就知道,普选权是资产阶级统治的形式之一,这一统治只有通过无产阶级专政才能消灭。我们预先用这种精神教育无产阶级先锋队。但是数百万数百万的劳动群众只能在自己的政治经验的基础上走向无产阶级专政。国民会议是这条道路上的一个进步阶段。这就是我们为什么支持这个口号和其他四个民主革命口号——把土地交给贫农、八小时工作制、中国独立、它的各民族的民族自决权——的原因。

当然不能否定这样的前景,即中国无产阶级率领农民群众,在这种或那种形式的国民会议实现之前,就依靠苏维埃夺取了政权,它在理论上是可能的。但至少在近期,这种可能性不大,因为这首先要求以非常强大和集中的无产阶级革命党的存在为前提。在它不存在的情况下,哪种其他力量能够团结你们巨大国家的革命群众?然而不幸在于,中国没有强大集中的共产党。它还有待建设。对此来说,争取民主的斗争正是一个必不可少的条件。国民会议的口号把各省分散的运动和起义联合统一起来,为作为全国无产阶级和全体劳动群众的领袖的共产党的团结创造基础。

应该全力推出国民会议(在普遍、平等、直接和不记名投票的基础上)的口号,并为它进行勇敢坚决的斗争,原因就在于此。共产国际和中国共产党官方领导的今天的纯消极的立场,迟早会无情地暴露出它的完全无效,无非是晚一个月或早一个月。共产党左派反对派越是坚决地展开为民主口号而进行的战役，它就会越快地暴露。在这种情况下，共产国际政策不可避免的失败将极大巩固左派反对派，帮助它成为中国无产阶级的决定性力量。

列·托洛茨基

1930 年 4 月 2 日

斯大林和中国革命
——事实与文件[*]

1925—1927年的中国革命,是1917年俄国革命之后的新历史中最重大的事件。在中国革命问题上,共产主义的两个主要流派发生了冲突。今天共产国际的官方领袖斯大林在中国革命事件中清楚地展示了自己。有关中国革命的主要文件已经七零八落,被人遗忘,其中某些被刻意隐瞒。

在这几页中,我们打算在斯大林和他最亲密助手的文章、讲话以及斯大林授意的共产国际决议的烛照下,恢复中国革命的主要阶段。在这项工作中,我们利用了我们档案中的正式文本。特别是公布了斯大林对党隐瞒的希塔罗夫在俄国共产党第十五次代表大会上的讲话的摘录。读者会相信希塔罗夫供认的重大意义,他是中国事件的参与者,是年轻的斯大林派官员—钻营者,今天是青年共产国际[①]的领导人之一。

为了使下面的事实和引文更好理解,我们认为对读者提示一下中国革命中最重大事件的先后顺序是有益的。

1926年3月20日,蒋介石在广东发动第一次政变。[②]

1926年秋,蒋介石作为国民党代表出席了共产国际执行委员会第八次全会。

1927年4月12日,蒋介石在上海发动政变。

1927年5月末,共产国际执行委员会第八次全会责成共产党员留在"左

---

[*] 译自 Бюллетень оппозиции,No15 - 16,cc. 7 - 19。

① 青年共产国际是1919—1943年国际青年组织,共产国际的一个分部。共举行过6次代表大会:第一次成立代表大会在1919年11月;第二次在1921年7月;第三次在1922年12月;第四次在1924年6月;第五次在1928年3—9月;第六次在1935年9—10月。——译注

② 指"中山舰事件"。——译注

派"国民党内。

1927年8月，中国共产党公布了起义方针。

1927年12月，广州起义。

1928年2月，共产国际执行委员会第十一次全会公布了在中国进行武装起义和建立苏维埃的方针。

1928年7月，共产国际第六次代表大会放弃了把武装起义口号作为实际推行的口号。

一、四个阶级联盟

斯大林的中国政策建立在四个阶级联盟的基础上。孟什维克柏林机关报是这样评价这个政策的：

> 早在4月10日（1927年），马尔丁诺夫在《真理报》上就十分通俗易懂地……完全"以孟什维克的方式"……证明了官方政策的正确性，它坚持维护"四个阶级联盟"，不急于破坏工人与大资产阶级一起出席会议的联合政府，不过早地把"社会主义"的任务强加给它。①

与资产阶级联合的政策是什么样的？为此我们摘录《共产国际》杂志的一段话：

> 1927年1月5日，广东政府公布了新的罢工法，其中禁止工人携带武器参加示威游行，逮捕商人和企业主，没收他们的货物，在其中还规定了对一系列冲突的强制性仲裁。在这个法规中有保护工人利益的条款……但除了这些条款之外，还有限制超越革命战争期间防御利益所需的罢工自由的条款。②

在资产阶级束缚工人的绳索上寻找对工人有利的纤维（条款）。绞索的缺点是拉得太紧，超过了"防御利益"（中国资产阶级的）所需。这是在共产国际机关刊物上写的。是谁写的？马尔丁诺夫。什么时候写的？2月25日，在

---

① 《社会主义通报》1927年4月第8期，第4页。
② 《共产国际》杂志1927年第28期，第11页。

上海血腥屠杀的六个星期前。

二、斯大林所看到的革命前景

斯大林是如何评价他的盟友蒋介石所领导的革命的前景的呢？下面就是斯大林最不丢人的几份声明（最丢人的没有公布）：

> 中国的革命军队（即蒋介石的军队）是中国工农争取自身解放极重要的因素。……因为广东军队的推进就是对帝国主义的打击，对其中国走狗的打击，就是一般地给中国一切革命分子，特别是工人以集会自由、罢工自由、出版自由、结社自由。
>
> 蒋介石的军队是工农军队。它给全体人民，特别是工人带来自由。①

为了革命成功需要什么？不多：

> 学生青年（革命学生）、工人青年、农民青年——所有这些青年，如果他们受国民党的思想和政治影响的话，都是可以推动革命一日千里地前进的动力。②

这样一来，共产国际的任务就不是让工人和农民摆脱资产阶级的影响，而是相反，是让他们服从它的影响。这正是在那些日子里写的，当时，被斯大林武装起来的蒋介石率领着服从他的工人和农民"一日千里"地走向……上海政变。

三、斯大林和蒋介石

蒋介石在1926年3月完成广州政变，我们的报刊对此保持沉默，此时共产党员被降低为国民党的可怜的附庸的角色，甚至签署了不批评孙中山的保证书，此后蒋介石开始坚决要求共产国际接纳国民党（真是值得注意的细节！）：在准备扮演刽子手的角色时，他希望得到世界共产主义的掩护，而且他达到了目的。蒋介石、胡汉民领导的国民党（作为"同情"党）被接纳加入共产国

---

① 《斯大林全集》第8卷，人民出版社1954年版，第325页。
② 《斯大林全集》第8卷，人民出版社1954年版，第333页。

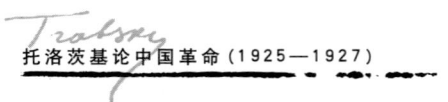

托洛茨基论中国革命(1925—1927)

际。在筹备1927年4月的坚决的反革命行动之时,蒋介石同时关注与斯大林互赠照片。这个友谊之结的加强,是由斯大林的代理人之一、中央委员布勃诺夫①前往拜会蒋介石奠定的。还有一个"细节",布勃诺夫前往广州之时,正值蒋介石的三月政变。布勃诺夫是怎么做的?他责成共产党员服从和沉默。

在上海政变之后,共产国际办事员们企图根据斯大林的指令否认刽子手蒋介石仍是共产国际成员。这些先生们一时激动,甚至声明,国民党从来就没有加入过共产国际。他们忘记了政治局的表决,除托洛茨基一人反对外,全票通过了国民党作为只有发言权的成员加入共产国际。他们忘记了,国民党代表"邵力子同志"出席了谴责左派反对派的共产国际执行委员会第七次全会。他顺便讲道:

> 蒋介石同志在其对国民党员的讲话中指出,如果中国革命不能正确地解决土地和农民的问题,革命就难以想象。国民党力求在民族革命后,在中国不要建立资产阶级统治,像在西方和现在除苏联以外的所有国家中那样……我们一致相信,在共产国际的领导下,国民党必将完成自己的历史任务。②

1926年秋第七次全会的情况就是这样。此后,许诺在共产国际领导下解决全部任务的共产国际成员"蒋介石同志",只解决了一个任务:恰恰是血腥粉碎革命,1927年5月的第八次全会在关于中国问题的决议中声明:

> 共产国际执行委员会确认,事件的进程完全证实了第七次扩大全会的预见。

证实,而且还是完全!如果这是幽默的话,它无论如何不是随意的。但我们不会忘记,这个幽默染上了浓浓的上海的鲜血。

---

① 布勃诺夫(Андрей Сергеевич Бубнов,1884—1940)苏联党和国务活动家,苏共党员(1903年起)。参加1905—1907年的革命活动。十月革命期间任党中央政治局委员,彼得格勒军事革命委员会委员。在南方参加国内战争,1924年任工农红军政治部主任。苏联革命军事委员会委员。1929年起任俄罗斯教育人民委员。1922—1923年起为候补中央委员,1917—1918年和1924年起为中央委员;1925年为中央书记。1937年被捕,1938年被判处死刑。——译注

② 俄文《记录》第1卷,第459页。

四、列宁的战略和斯大林的战略

列宁在共产国际对落后国家的关系上提出了什么任务?

> 必须坚决反对把落后国家内的资产阶级民主解放思潮涂上共产主义色彩。

为了履行这点,接受许诺不在中国建立"资产阶级制度"的国民党加入共产国际。

当然,列宁承认必须与资产阶级民主运动建立暂时的同盟,但他对此的理解,当然不是与欺骗和出卖小资产阶级(农民和城市贫民)革命民主派的资产阶级政党的联盟,而是与真正的群众组织和集团的反对民族资产阶级的联盟。列宁头脑中的与殖民地资产阶级民主派的联盟是什么样的?他在其为第二次代表大会所写的提纲中给出了答案:

> 共产国际应当同殖民地和落后国家的资产阶级民主派结成临时联盟,但是不要同他们融合,要绝对保持无产阶级运动的独立性,即使这一运动还处在最初的萌芽状态也应如此。①

显然,在执行第二次代表大会决议时,共产党加入了国民党,国民党又加入了共产国际。所有这一切都被称为列宁主义。

五、蒋介石政府是对国家阶级理论的公然否定

在蒋介石在广州发动第一次政变(1926年3月20日)的一年以后,俄国共产党领导人是如何评价他的政府的呢?政治局成员的公开讲话不错地表达出来。

1927年3月,加里宁在莫斯科国家印钞厂说:

> 从无产阶级到资产阶级的中国所有阶级都仇恨作为外国资本傀儡的军

---

① 《列宁全集》第二版第39卷,人民出版社1984年版,第165页。

阀；中国所有阶级都一致认为广州政府是中国的国民政府。①

几天后，另一位政治局委员鲁祖塔克在公交工人会议上讲话。《真理报》报道说：

在谈到中国形势时，鲁祖塔克同志指出，革命政府得到中国所有阶级的支持。②

伏罗希洛夫的多次讲话也是本着这种精神。

确实，列宁徒然地从小资产阶级垃圾下挖掘出马克思主义的国家理论。不肖之徒在很短的时间内把双倍的垃圾倾倒在它的上面。

4月5日，斯大林还在圆柱大厅里讲话，为共产党员加入蒋介石的党辩护，否认了自己的盟友背叛的危险："鲍罗廷精力充沛！"正好在一个星期后，政变就发生了。

六、上海政变是怎么发生的

在这方面，我们有证人和参与者、斯大林分子希塔罗夫的价值极高的供认，此人在第十五次代表大会前离开中国，在代表大会上做了汇报。在希塔罗夫本人同意的情况下，他的叙述中的最重要的地方被斯大林从记录中删除了：不能公布真相，如果它能充分证明反对派对斯大林的全部指控的话。但我们还是让希塔罗夫本人说话（第十五次代表大会第十六次会议，1927年12月11日）：

上海4月11—12日枪杀上海工人，给中国革命造成第一个流血的伤口。

我想详细地讲讲这场上海政变，因为据我所知，我们党内对此知之甚少。一个共产党员在其中占多数的被称为人民政府的政权在上海存在了21天。因此可以说，在这21天中，在上海有一个共产党政府。虽然来自蒋介石方面的政变每天都有可能发生，但这个共产党政府完全无所作为。

---

① 《消息报》1927年3月6日。
② 《真理报》1927年9月。

首先，共产党政府很长时间没有开始工作，一方面以政府中的资产阶级部分不想着手工作、怠工，另一方面以武汉政府还没有确认上海政府的组成为借口。所知道的这个政府的活动只有三个决议，其中之一说的还是隆重地欢迎即将开进上海的蒋介石。此时在上海，军队和工人之间的矛盾已经激化。众所周知，如军队（即蒋介石的军官——列·托·）有意识地把工人赶入屠宰场。部队在上海市城外停留了几天，因为他们知道工人在与山东军队作战，他们想让工人在这场战斗中流尽鲜血。他们打算那时候再投入战斗。后来军队开进上海。但在这些部队中，只有一个师同情工人，广州军队一师，该师师长薛岳不受蒋介石的赏识，后者知道他对群众运动的同情，因为薛岳出身底层，他从任排长开始，现在他是师长。

薛岳拜访上海的同志，告诉他们正在策划军事政变，蒋介石把他召到司令部，极其冷淡地接见了他，他，薛岳不会再去那里，因为担心会遭暗算。蒋介石建议薛岳率领自己的师离开城市，开赴前线，而他，薛岳建议共产党中央委员会在不服从蒋介石命令的问题上，与他达成协议。他准备留在上海，与上海工人一起反对筹备中的军事政变。对此，包括陈独秀在内的我们的中共主要领导人声明，他们知道正在策划中的政变，但他们不想过早地与蒋介石发生冲突，他们建议薛岳或是开赴前线，或是辞职来证明自己对蒋介石的忠诚。一师离开上海，白崇禧的二师占据了上海，两天后，上海工人遭到枪杀。

为什么这个真正令人震撼的叙述被从记录（第32页）中删去？因为事关的根本就不是中国共产党党员，而是联共（布）政治局。

5月24日（1927年），斯大林在共产国际执行委员会上说：

> 反对派不满上海工人没有去和帝国主义者及其走狗进行决战。但他们不懂得中国革命不能以很快的速度发展起来……他们不懂得在后备军没有跟上的不利条件下是不能进行决战的，反对派不懂得在不利的条件下不避免决战（在可以避免的时候），就是帮助革命的敌人……[①]

[①] 《斯大林全集》第9卷，人民出版社1954年版，第205页。

斯大林讲话的这一部分的标题是《反对派的错误》。斯大林在上海悲剧中找到了反对派的……错误。事实上，反对派那时还不知道上海局势的全部具体情况，即不知道在3月和4月初，形势对工人还是那么有利，尽管共产国际领导此前犯下的全部错误和罪行。甚至从希塔罗夫有意模糊的讲述中也十分清楚，形势在那时还能挽救。上海工人还掌握着政权。他们的一部分已经武装起来。完全有可能把他们武装得更好。蒋介石的部队不可靠。有的部分，甚至是它的指挥官都站在工人一边。但所有一切都被上面所瘫痪。不应该准备与蒋介石斗争，而是隆重地欢迎他。因为斯大林从莫斯科下了死命令，不仅不能反抗他的盟友蒋介石，而是相反，证明对他的忠诚。怎么证明？仰面躺在地上，举起双手和两脚。

在共产国际执行委员会五月全会上，斯大林再次用策略考虑来为这次令人震惊的不战而交出阵地辩解，它导致无产阶级和革命被粉碎。半年后，在联共第十五次代表大会上，斯大林已经不再说话。大会代表建议给希塔罗夫时间，让他把自己的引起他们极大关注的故事讲完。但斯大林找到简单的出路，命令从记录中删去希塔罗夫的讲述。我们在此首次公布这份真正的历史文件。

顺便指出一个有趣的情况：希塔罗夫尽可能地模糊事件进程，掩盖真正的罪人，他把责任推给陈独秀，可在此前，斯大林分子一直保护他免遭反对派的批评，因为他只不过是他们的命令的执行者。但在此时已经明确，陈独秀不同意扮演沉默的"替罪羊"的角色，他想公开揭露灾难的原因。共产国际的所有猎犬都扑向他，不是因为对革命的致命错误，而是他不同意欺骗工人，用自己来掩护斯大林。

七、"工农输血"的组织者

1927年3月18日，即在上海政变的三四个星期前，共产国际主导机关刊物写道：

> 国民党的领导现在极其缺乏革命工农的血液。中国共产党应该促成输送这个血液，那时情况就会彻底改观。

多么不祥的文字游戏！国民党需要"工农的血"。"促成"作用十分充分，四五月间，蒋介石、汪精卫得到了十分充足的工农的输血。

就斯大林政策的蒋介石一章，第八次全会（1927年5月）声明：

> 共产国际执行委员会认为，在已经过去的革命时期，与民族资产阶级结盟的策略是完全正确的。仅一个（!）北伐就是这个策略的历史辩护……

"仅！"整个斯大林就在于此。突然变成了对无产阶级讨伐的北伐是对与蒋介石的友谊的辩护。共产国际执行委员会所做的一切，都是为了不让从上海工人的鲜血中学到任何东西。

八、斯大林与"左派"国民党重复自己的实验

在希塔罗夫接下来的讲述中，透露了下面一个值得注意的地方：

> 在上海政变后，所有人都清楚，中国革命的新阶段开始了，资产阶级背离了革命。人们意识到这点，并马上确认了这点。但与此同时却忽视了一点，如果资产阶级背离了革命，则武汉政府不打算背离资产阶级。遗憾的是，我们同志中的多数不明白这点，还对武汉政府存有幻想。还认为武汉政府几乎是无产阶级和农民的民主专政的雏形和原型。（在记录33页上的这段话被删除）

"在上海政变后，所有人都清楚……资产阶级背离了革命"……

这听起来像是笑柄，如果不是可悲的话。当蒋介石屠杀了被斯大林解除武装的工人，革命已经被杀死时，洞察秋毫的战略家们才最终"明白"，资产阶级"背离了"。但在得知朋友蒋介石背离了之后，斯大林命令中国共产党人服从那个武汉政府，据希塔罗夫对第十五次代表大会的汇报，它"不打算背离资产阶级"。遗憾的是，"我们的同志不明白这点"。哪些同志？吊在斯大林的电话线上的鲍罗廷。希塔罗夫没有说出名字。因为中国革命对他来说虽然宝贵，但自己的生命更加宝贵。

但是，我们听到斯大林说：

> 蒋介石政变表明从此以后在中国南部将有两个阵营、两个政府、两个

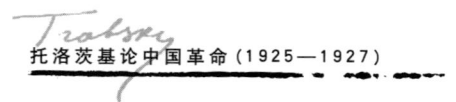

军队、两个中心：武汉的革命中心和南京的反革命中心。①

很清楚，革命中心在哪里？在武汉！

> 这意味着，进行坚决的反对军阀和帝国主义斗争的武汉革命的国民党，将实际变成无产阶级和农民革命民主专政的机构。

现在我们终于知道，无产阶级和农民的民主专政应该是什么样子！斯大林接着说：

> 由此可见，左派和共产党人在国民党内密切合作的政策在现阶段上具有特殊的力量和特殊的意义……没有这种合作，革命的胜利是不可能的。②

没有与左派国民党反革命匪帮的合作，"革命就不可能胜利"。在广州、上海、武汉，斯大林就这样一步步地保证了革命的胜利。

九、反对反对派，支持国民党

共产国际是怎么看待左派国民党的？共产国际执行委员会第八次全会在与反对派的斗争中，对这个问题作出了明确的回答：

> 共产国际执行委员会坚决否定退出国民党的要求……在中国，国民党正是那种特殊的中国组织形式，无产阶级在其中可以与小资产阶级和农民直接合作。

这样，共产国际执行委员会在国民党中看到了斯大林关于"工农双重成分的党"的思想的正确落实。

---

① 《斯大林全集》第9卷，人民出版社1954年版，第203页。
② 《斯大林全集》第9卷，人民出版社1954年版，第204页。

曾是彼得留拉①的部长,后来在中国贯彻斯大林指令的并非无名的拉费斯,于1927年5月在联共(布)中央理论刊物上写道:

> 众所周知,我们的俄国反对派也认为共产党员必须退出国民党。始终不渝地捍卫这个观点应该使支持者退出国民党,走向托洛茨基同志于1917年倡导的著名公式:"不要沙皇,而要工人政府"②,对中国来说,可以改变为"不要军阀,而要工人政府"。对这样始终不渝地捍卫退出国民党的人,我们连听都不想听。③

斯大林—拉费斯的口号是:"不要工人,而要蒋介石","不要农民,而要汪精卫"!"反对反对派,支持国民党"!

十、斯大林再次解除中国工农的武装

在革命的武汉时期,领导的政策如何?在这方面我们听听斯大林分子希塔罗夫是怎么说的。这就是我们在第十五次代表大会的记录中读到的:

> 共产党中央委员会这段(武汉)期间的政策如何?共产党中央委员会推行的是在撤退口号下的政策。……
>
> 共产党在撤退的口号下——在革命时期,在革命战斗最紧张的时刻——工作,在这个口号下,不经战斗就交出一个又一个的阵地。同意让所有工会、所有农会和其他革命组织服从国民党,拒绝未经国民党中央委员会允许的独立行动,决定自愿解除汉口工人纠察队的武装,解散武汉工人纠察队,在国民政府的领土上实际上解散所有农会等,都属于这样的交出阵地。

---

① 彼得留拉(Симон Васильевич Петлюра, 1879—1926)乌克兰小资产阶级民族主义反革命集团的首领之一,乌克兰社会民主工党领袖。1917年的中央拉达和1918年的执政内阁的组织者之一,1919年2月起成为执政内阁首脑。在苏维埃国家和波兰作战期间,他站在资产阶级波兰方面。1920年逃亡国外,在巴黎被打死。——译注

② 关于这个无稽之谈,可参见列·托洛茨基的《不断革命论》,第104—106页,柏林花岗岩出版公司。

③ 《无产阶级革命》,第54页。

在此相当坦率地描述了中国共产党的政策,它的领导事实上帮助"民族"资产阶级粉碎人民起义,并消灭无产阶级和农民的最优秀的战士。

但这种坦率也是背信弃义的。在记录上,这段话印在被删除的一段——我们用省略号标出——之后。被斯大林隐瞒的这一段是这么说的:

> 那时,某些中国和外国负责同志想出了所谓的撤退理论。他们声称:反动派从四面八方向我们进攻,为拯救合法工作的可能性,因此我们应该马上撤退,如果我们撤退的话,我们就能拯救这种可能性,如果我们自卫或企图进攻的话,我们就会失去一切。

正是在那些日子里(5月末),当以左派国民党面目出现的武汉反革命着手粉碎工人农民时,斯大林在共产国际执行委员会全会上声明(1927年5月24日):

> 土地革命是中国资产阶级民主革命的基础和内容。武汉的国民党和武汉政府是资产阶级民主革命运动的中心。①

对一位工人关于为什么不在武汉建立苏维埃的书面提问,斯大林回答说:

> 显然,谁号召在这个地区(武汉)立即成立工人代表苏维埃,谁就是企图跳过(!)中国革命的国民党阶段,谁就是冒险把中国革命置于极端困难的境地。②

正是如此,陷入"极端困难的"境地!

5月13日(1927年),在与大学生交谈时,斯大林声称:

> 在中国需要成立工农代表苏维埃?是的,需要成立。在武汉革命政府巩固以后,在土地革命展开以后,在从土地革命、从资产阶级民主革命过

---

① 《无产阶级革命》,第279页。
② 《斯大林全集》第9卷,人民出版社1954年版,第259页。

渡到无产阶级革命的时候,是必须成立苏维埃的。①

这样,斯大林认为,在反革命资产阶级的武汉政府得到巩固之前,通过苏维埃来巩固工农阵地是不允许的。

就斯大林论证其武汉政策的著名提纲,俄国孟什维克机关刊物那时写道:

> 对提纲中描绘的"路线"的实质,未必能有太多可反驳的。尽可能不退出国民党,竭尽全力地抓住它的左翼和武汉政府;"在不利的条件下避免决战";不提出"全部政权归苏维埃"的口号,不"给中国人民的敌人以新的武器来和革命作斗争,来制造新的传奇,说中国现在不是在进行民族革命,而是在人为地移植莫斯科的苏维埃化",事实上还能有什么比这更加明智吗?……②

1927年5月末,即在武汉已经开始粉碎工农组织时召开的共产国际执行委员会第八次全会,作出了下面的决议:

> 共产国际执行委员会坚持让中国共产党注意竭尽全力巩固和扩大所有工农群众组织的必要性……在所有这些组织中,必须进行加入国民党的宣传,以期使后者变成革命小资产阶级民主派和工人阶级的强大的群众组织。

加入国民党意味着自愿地把自己的脑袋放进屠宰场。上海的血腥教训没有留下任何痕迹。共产党员仍然变成了资产阶级刽子手政党的猎物,是汪精卫之流的"工农鲜血"的供血人。

十一、斯大林的米勒兰主义③实验

不顾俄国克伦斯基反动时期的经验和左派反对派的抗议,斯大林用米勒兰

---

① 《斯大林全集》第9卷,人民出版社1954年版,第237—238页。
② 《社会主义通报》1927年第9期,第1页。
③ 米勒兰主义又称内阁主义,社会党的一些机会主义领袖同资产阶级进行政治合作的一种思潮。"米勒兰主义"这个术语是因法国社会党人A. 米勒兰参加资产阶级政府而得名。"米勒兰事件"在国际社会主义运动中引起了机会主义倾向和革命倾向之间的尖锐斗争。——译注

主义的试验完成自己的国民党政策：两个共产党员作为劳工部长和农政部长——经典的人质岗位——进入了资产阶级政府。他们受共产国际的直接委托：为保持统一战线的目的而瘫痪阶级斗争。在1927年8月前，莫斯科不断地用电报发出这样的指令。

我们听听，希塔罗夫对联共第十五次代表大会的听众是如何描述实践中的共产党的"米勒兰主义"的："你们知道，两名共产党员在政府中"，希塔罗夫说。以下部分都被从记录中删除：

> 后来，他们（共产党员部长）完全停止去自己的部上班，自己不去，用一百名官员来代替自己。在这两个部长任职期间，没有颁布过一个减轻工农处境的法令。这个不光彩的行动以更加不光彩的、可耻的结局而告终。这两个部长声称，一个患病，一个打算出国，因此请求免去他们的职务。他们没有在辞职时发表政治声明，在其中说：你们是反革命，你们是叛徒，你们是变节分子，我们不想再与你们走一条路。不。他们声称，他们中的一个患病。除此之外，谭平山写道，他不能控制农民运动的规模，因此他请求允许他辞职。能想象更大的耻辱吗？共产党员部长声明，他不能控制农民运动。那谁能呢？显然是军队，再也没有别人了。这是公然地把武汉政府采取的对农民运动的残酷镇压合法化。

共产党员在工农"民主专政"中的命运就是这样。1927年12月，当斯大林的讲话和文章在人们的头脑中还记忆犹新时，不能刊登希塔罗夫的讲述，虽然此人——是个早熟的年轻人——关注自己的福祉，对中国米勒兰主义的莫斯科领导人只字未提，甚至对鲍罗廷，也只称为"非中国同志"。

希塔罗夫假装愤怒地说："谭平山抱怨说，他不能控制农民运动。"但须知希塔罗夫不能不知道，正是斯大林把这个任务摆到谭平山面前。1926年末，谭平山前往莫斯科请求指令，他在共产国际执行委员会全会上做报告，说他出色地战胜了"托派分子"，即那些为了组织工人和农民而想退出国民党的共产党人。斯大林给谭平山发电报指令，让他控制农民运动，以免刺激蒋介石和资产阶级军官。斯大林还同时指责反对派……轻视农民。

第八次全会甚至还专门作出了《关于托洛茨基和武约维奇在共产国际执行委员会会议上的讲话的决议》。它声称：

> 托洛茨基同志……在全会会议上要求，立即建立苏维埃形式的双重政权，立即采取推翻左派国民党政府的方针。这个表面上（！）极左（！！），实际上是机会主义（！！！）的要求不是别的，就是重蹈超越革命的小资产阶级农民阶段的托洛茨基旧立场的覆辙。

在此我们看到与托洛茨基主义斗争的赤裸裸的实质：保护资产阶级，使它免遭工农革命的打击。

十二、领袖与群众

工人阶级的所有组织都被"领袖们"用来控制、阻挠、瘫痪革命群众的斗争。希塔罗夫是这样说的：

> 工会代表大会（在武汉召开的）推迟了一天又一天，当最后召开时，也根本不试图利用它来组织反抗。相反，在大会的最后一天指定的在国民政府前的游行是为了表达对政府的忠诚感情。（洛佐夫斯基：我在那里的讲话把他们吓坏了）

洛佐夫斯基在这时恬不知耻地吹嘘自己。在用犀利的言辞"恫吓"已经被他搞糊涂的中国工会工作者时，洛佐夫斯基居然能够在当地、在中国什么也看不到，什么也不明白，什么也预见不到。从中国回来以后，这位"领袖"写道：

> 无产阶级成为争取中国民族解放斗争的领导者。①

这说的是脑袋被夹在蒋介石的铁枷中的无产阶级。工会国际的总书记就是这样愚弄全世界的工人的。在中国工人被粉碎（在所有"总书记"的协助下）之后，洛佐夫斯基还在嘲弄中国的工会会员：你们看，这些"胆小鬼"被最大胆的洛佐夫斯基的大胆语言吓坏了。今天的"领袖们"的所有技能、他们的整个机制、他们的全部道德，都在这个小插曲中！

---

① 《工人中国》，第6页。

托洛茨基论中国革命(1925—1927)

人民群众的革命运动的力量真正是不可比拟的。我们看到了，尽管有三年来犯下的各种错误，在上海仍能够挽救局势，如果不是把蒋介石作为解放者，而是死敌来迎接的话。不仅如此，甚至在上海政变之后，共产党人还能够在各省巩固自己。但命令他们服从"左派"国民党。希塔罗夫描述了左派国民党制造的第二次反革命的最鲜明的事件之一：

> 武汉政变发生在 5 月 21—22 日……政变干脆是在不可思议的情况下发生的。长沙军队只有 1700 人，而在长沙周围，多数是武装起来的农民组成的战斗队有 2 万人。尽管如此，军官们成功地夺取了政权，枪杀了所有农民积极分子，解散了所有革命组织，建立了自己的专政，这仅仅是由于长沙和武汉的领袖们的怯懦的、优柔寡断的、妥协的政策。当农民得知长沙政变之后，开始向长沙周围聚集，准备讨伐长沙。讨伐定在 5 月 31 日。农民开始加紧筹建自己进攻长沙的队伍。显然，他们拿下长沙不会有太大的困难。但此时中国共产党中央来信，陈独秀在信中写道，避免公开冲突，把问题提交到武汉。根据此信，省委对各支农民队伍下达撤退命令。不再进攻；但这个命令没有下达到两支队伍中。这两支队伍进攻长沙，被士兵消灭。（记录第 34 页）

其他省份的情况也大致如此。在鲍罗廷的监督下，共产党人严格执行斯大林的指令：不许与负有担当民主革命领袖使命的左派国民党决裂。长沙的投降发生在 5 月 31 日，即在共产国际执行委员会决议的几天以后，是完全符合这个决议的。

领袖们确实做了能够葬送群众事业的一切！

希塔罗夫在自己的那个讲话中声明：

> 我认为有责任声明，尽管中国共产党长期犯下骇人听闻的机会主义错误……但在这点上不能指责我们的中国党员群众……我深信（我见到过共产国际的许多支部），没有一个支部像中国共产党人那样如此忠诚于共产主义事业，如此英勇地为我们的事业而斗争。没有像中国同志那样英勇的其他共产党人。（记录第 36 页）

无疑，中国革命工人和农民在斗争中表现出难能可贵的自我牺牲精神。机会主义的领导把他们和革命一起葬送了。不是那个在广州、上海、武汉的领导，而是那个从莫斯科发号施令的领导。历史的判决将是这样！

十三、广州起义

1927年8月7日，中国共产党召开紧急会议，根据来自莫斯科的命令谴责自己的领导的机会主义政策，即自己的全部过去，并作出决议：准备武装起义。斯大林特使的任务是在联共（布）第十五次代表大会召开之际准备广州起义，用斯大林策略在中国的政治胜利来掩盖对俄国反对派的肉体消灭。

在退潮中，当城市群众已经笼罩在沮丧中时，匆匆在广州组织"苏维埃"起义，就工人的行动来说它是英勇的，就领导的冒险主义来说它是犯罪的。关于广州无产阶级再次被粉碎的消息恰恰是在第十五次代表大会召开之际传来。这样，斯大林粉碎布尔什维克—列宁主义者，正好与他昨天的盟友粉碎中国共产党党员同时发生。

应该得出新的结论，即再次把责任转嫁到执行者头上。1928年2月7日，《真理报》写道：

> 各省军队一致与红色广州斗争，在这里暴露出中国共产党的最大的老毛病，即没有为瓦解反动军队进行充分的政治工作。

"老毛病！"也就是说，中国共产党的任务是瓦解国民党的军队？这从什么时候起？

1927年2月25日，在上海失败的一个半月前，共产国际中央机关刊物写道：

> 中国共产党和有觉悟的中国工人无论如何都不能推行这样的策略，即因革命军队在很大程度上受到资产阶级的严重影响而瓦解它。①

而斯大林是这么说的，在1927年5月24日共产国际执行委员会全会上全

---

① 《共产国际》1927年2月第25期，第19页。

方位地重复：

> 在中国，不是没有武装的群众反对旧政府的军队，而是以革命军队形式出现的武装的人民。在中国，是武装的军队进行反对武装的反革命的战斗。

1927年夏秋两季，国民党军队被描绘成武装的人民。当这些军队粉碎广州起义时，《真理报》称中国共产党党员的老毛病是不善于瓦解"反革命"军队，就是那些在昨天还被称颂为"革命人民"的军队。

可耻的花言巧语！在真正的革命者中，什么时候见过类似的东西？

十四、盲动主义时期

共产国际执行委员会第九次全会在1928年2月召开，即在广州起义后不到两个月的时间。它是如何评价形势的？下面是它的决议中的语言，一字不差：

> 共产国际执行委员会责成共产国际所有支部为反对来自社会民主党和托洛茨基分子的诽谤而斗争。他们断言中国革命已经被消灭。

多么背信弃义的、同时又是可怜的诡辩！社会民主党实际认为，蒋介石的胜利是民族革命的胜利（头脑不清的乌尔班斯偏向了这个立场）。左派反对派认为，蒋介石的胜利是民族革命的失败。

反对派任何时候都没有说过，也不可能说，中国革命被彻底消灭。被消灭的、被搞乱的、被欺骗的和被粉碎的"只是"第二次中国革命（1925—1927年）。对这些领袖先生们来说，这一点就足够了！

从1927年秋开始，我们断言在中国面临着退潮期，无产阶级撤退，反革命的胜利。

斯大林持什么立场？

1928年2月，《真理报》写道：

> 中国共产党坚持武装起义的方针。中国的整个形势都表明，这个方针

是正确的……经验表明，中国共产党应该把自己的全部努力都集中到时时处处认真筹备武装起义的任务上。

共产国际执行委员会第九次全会对盲动主义做了模棱两可的、公文式的保留，确认了这个冒险路线。这样的保留的任务是众所周知的：为"领袖们"在新的撤退的情况下留后路。

第九次全会的犯罪的、轻率的决议对中国意味着：新的冒险、盲动主义、脱离群众、损失阵地，在冒险主义的烈焰中烧掉最优秀的革命分子，使党的残余士气低落。在1927年中国共产党的八七会议到1928年7月8日共产国际第六次代表大会期间，充斥着盲动主义的理论和实践。斯大林的领导就这样彻底葬送了中国革命和中国共产党。

只是在第六次代表大会上，共产国际的领导才承认：

> 广州起义客观上是撤退的革命的后卫战。①

"客观上！"而主观上呢？即在它的倡导人——领袖的头脑中呢？这样遮遮掩掩地承认广州起义的冒险主义性质。无论如何，在反对派提出这点的一年以后，更重要的是在一系列惨重的失败之后，共产国际承认，第二次中国革命和它的武汉时期一起结束，不能靠冒险主义把它复活。在共产国际第六次代表大会上，中国代表张飞荣（音译）在报告中说：

> 广州起义的失败给中国无产阶级带来更加沉重的打击。这样，革命的第一阶段以一系列的失败而告终。在工业中心可以感觉到工人运动中的沮丧。②

事实是固执的东西！第六次代表大会应该承认这点。武装起义口号被撤除。唯一留下的就是称第二次中国革命（1925—1927年）为"第一阶段"，一个难以确定的时期将它与未来，即第二阶段隔开。这是拯救些许声誉的术语尝试。

---

① 《真理报》，1928年7月27日。
② 《真理报》，1928年7月17日。

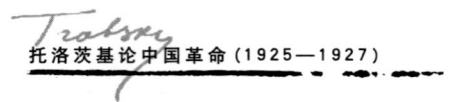

托洛茨基论中国革命(1925—1927)

十五、第六次代表大会之后

中国共产党代表苏（音译）在联共（布）第十六次代表大会上说：

> 只有叛徒—托洛茨基分子和中国的陈独秀分子才会说，中国民族资产阶级有独立（？）发展（？）和稳定（？）的前景。

把谩骂放在一边！这些不幸的人如果不辱骂反对派的话，就不能住在豪华公寓中。这是他们的唯一的资源。谭平山在投敌之前，在共产国际执行委员会第七次全会上，也是这样抨击反对派的。企图把对中国"民族资产阶级"和它的"独立发展"理想化强加给我们左派共产党人的做法，是公然无耻的钻营。斯大林的代理人像他们的领袖一样骂人，因为第六次代表大会后已经过去的那一段时间，再次暴露了他们完全不能理解形势的变化和它进一步发展的方向。

在广州起义被粉碎之后，在共产国际执行委员会于1928年2月确定了武装起义的方针时，我们做了反对它的声明：现在的形势朝截然相反的方向发展，工人群众将暂时脱离政治，党将被削弱，这不能排除农民起义的继续。将军们之间的战争的减弱，像无产阶级罢工和起义的减弱一样，必然会导致国家经济生活基本过程的某种程度的复苏，因而也会导致工商业的某种程度的，哪怕是微弱的高涨。后者会复苏工人的罢工斗争，使共产党能在正确策略的条件下，重新恢复自己的联系和自己的影响，以便在更高的阶段上让工人起义和农民战争结合在一起。我们的所谓的"取消派"就在于此。

除了谩骂之外，苏对近两年的中国局势说了些什么？首先是他的事后确认：

> 1928年，在中国工商业中可以观察到某种程度的活跃。

接下来是：

> 1928年罢工人数是40万人，1929年罢工人数就达到了75万人。1930年上半年，工人运动在发展速度上和内容上都得到了进一步的

加强。

当然，对共产国际的数字，苏的数字也包括在内，我们不得不极其谨慎。尽管数字可能是夸大的，但苏的陈述完全证实了我们在1927年底和1928年初的预见。

不幸的是，共产国际执行委员会和中国共产党的领导从截然相反的预见出发。武装起义口号直到第六次代表大会，即在1928年中才被取消。但除了这个纯粹消极的决定之外，党没有得到任何新的定向。它没有考虑到经济活跃的可能性。罢工运动在很大程度上与它失之交臂。

如果共产国际领导不荒谬地指责反对派的取消主义，而是与我们一起及时地理解局势的话，中国共产党现在就会强大得多，首先是在工会运动中，对此哪怕能有片刻的怀疑吗？我们再提示一下，在第二次革命最高潮时，即在1927年上半年，在共产党的影响下，工会组织中的工人高达280万人。现在，据苏的说法，约有六万人。这是在整个中国！

就是这些倒霉的、被彻底吓坏了的、制造了无数可怕的灾难的"领袖们"，说什么"叛徒—托洛茨基分子"，他们以为用这些谩骂就可以挽回一切。这就是斯大林学派！这就是它的果实！

十六、苏维埃和革命的阶级性

据斯大林的观点，苏维埃在中国革命中扮演什么角色？在它的各个阶段的交替中给予它们什么位置？它们与哪个阶级的统治联系在一起？

在北伐时期，像在武汉时期一样，我们从斯大林那里听到，只有在资产阶级民主革命完成之后，只有在无产阶级革命前夕，才能建立苏维埃。正是因此，政治局才追随斯大林否定了反对派提出的苏维埃口号：

> 苏维埃口号意味的不是别的，就是超越资产阶级民主革命的阶段，直接组织无产阶级政权。（摘自政治局1927年4月对反对派提纲的答复）

5月24日，在上海政变发生之后，在武汉政变期间，斯大林是这样论证苏维埃与资产阶级民主革命的不相容性的：

但在工人代表苏维埃的条件下，工人是不会满足于这一点的。他们会向共产党人说（而且他们是对的）：既然我们有苏维埃，而苏维埃又是政权机关，就不能压一压资产阶级，"稍稍"剥夺资产阶级一下吗？如果共产党人在工农代表苏维埃存在的条件下不走上剥夺资产阶级的道路，那他们就会成为空谈家了。试问，现在，在革命现阶段上，是否可以而且需要走这条道路呢？不，不需要。①

在转入无产阶级革命的情况下，又该如何对待国民党呢？斯大林考虑得很周到。在我们摘引过的与大学生的交谈（1927年5月13日）中，斯大林回答说：

我以为在中国成立工农代表苏维埃和准备中国的十月的时期，中国共产党必须以国民党党外联盟代替目前国民党党内的联盟。②

我们的伟大战略家一切都预见到了，绝对是一切，只是阶级斗争除外。甚至对转入无产阶级革命的事情上，斯大林也不忘给中国共产党提供盟友：还是那个国民党。为了完成社会主义革命，只允许共产党员退出国民党，而绝不是与它决裂，而是与它联盟。众所周知，与资产阶级联盟，是准备"中国的十月"的最好条件。所有这些都冠以列宁主义之名……

不管怎么样，但在1925—1927年间，斯大林已经十分明确地提出了关于苏维埃的问题，把苏维埃的建立与立即对资产阶级进行社会主义剥夺联系在一起。但问题的原则性提法至少是清楚的，苏维埃只能是社会主义革命的机构。联共（布）政治局的立场是这样，共产国际执行委员会的立场也是这样。

但在1927年底在广州发动了起义，并赋予它苏维埃的性质。共产党员当政。他们下令推行纯粹社会主义性质的措施（土地、银行、房屋、工业企业等国有化）。莫非我们面对的是无产阶级起义？不是那么回事。1928年2月共产国际执行委员会第九次全会对广州起义作出结论。到底是怎么说的？

中国革命的当前阶段是资产阶级民主革命阶段，它还没有完成……超

---

① 《斯大林全集》第9卷，人民出版社1954年版，第276—277页。
② 《斯大林全集》第9卷，人民出版社1954年版，第277页。

越资产阶级民主革命阶段，同时把革命评价为"不断"革命，是与托洛茨基在1905年犯下的类似的错误。

但须知在十个月前（1927年4月），政治局声明，苏维埃口号的本身（不是托洛茨基主义，而是苏维埃口号！）意味着超越资产阶级民主阶段，这是不能允许的。现在，当所有的国民党方案都耗尽时，不得不批准苏维埃口号，并对我们声称，把这个口号与无产阶级专政联系起来的只能是托洛茨基分子。这就暴露出，1925—1927年间，斯大林是……"托洛茨基分子"，虽然是从另一方面。

诚然，共产国际纲领在这个问题上完成了决定性的转变。纲领称"在苏维埃的基础上建立无产阶级和农民的民主专政"是殖民地国家中的主要任务之一。真是奇迹！那个昨天还是与民主革命水火不相容的东西，今天就被宣布为它的基础。你想寻找对这个里外自动翻转的理论的解释，是徒劳的。一切都是按照严格的行政程序做的。

在什么情况下斯大林是错误的？是在他宣称苏维埃与民主革命不相容时，或是在他宣布苏维埃是民主革命的基础时？在两种情况下都是错误的。因为斯大林完全不明白，什么是民主专政，什么是无产阶级专政，二者之间的相互关系如何，苏维埃在这种情况下扮演的是什么角色。

在第十六次代表大会上，虽然他对这个问题只说了几句话，仍再次最充分地暴露了这点。

十七、在联共（布）第十六次代表大会上的中国问题

斯大林在其十小时的报告中，虽然十分想绕开中国革命问题，但也不能完全绕开。他对这个问题只说了五句话。但是什么话？确实是"言简意赅"，像拉丁人所说的那样。想绕开所有旧的角落，避开有危险的总结，更要避开具体的预见，斯大林居然在五句话中完成了仍在他支配下的所有错误。斯大林说：

如果以为帝国主义者这样横行无忌不会受到惩罚，那就太可笑了。中国工人和农民已经用建立苏维埃和红军来回答了他们。据说那里已经成立了苏维埃政府。我认为，如果这是事实，那是毫不奇怪的。无可怀疑，只

有苏维埃才能把中国从彻底破产和贫困中拯救出来。①

"以为……那就太可笑了"。这就是所有接下来的结论的基础。如果帝国主义者这样横行无忌必然会产生以苏维埃和红军形式的答复,那么帝国主义怎么还能生存在世界上呢?

"据说那里已经成立了苏维埃政府"。"据说"意味着什么?谁说的?主要的是,中国共产党对此说了什么?须知它加入了共产国际,它的代表在代表大会上讲了话。也就是说,"苏维埃政府"是在共产党没有参与和不知情的情况下在中国建立的?领导这个政府的是谁?组成政府的是谁?当政的是哪个政党?斯大林不仅没有答复,甚至都没有提出这些问题。

"我认为,如果(!)这是事实,那(!)是毫不奇怪的"。在中国建立了苏维埃政府,中国共产党对它一无所知,中国革命的最高领导人对它的政治面貌什么也说不出来,这没有任何令人惊讶之处。那么在这个世界上还有什么可令人奇怪的呢?

"无可怀疑,只有苏维埃才能把中国从彻底破产和贫困中拯救出来"。什么样的苏维埃?迄今为止,我们见到过各种各样的苏维埃:一方面是策列铁里的、奥托·鲍威尔的、谢德曼的,另一方面是布尔什维克的。策列铁里的苏维埃不能拯救俄国避免瓦解和贫困。相反,它们的全部政策都旨在使俄国变成协约国的殖民地。只有布尔什维克把苏维埃变成解放劳动群众的武器。在中国说的是什么样的苏维埃呢?如果中国共产党对它们什么也说不出来的话,那就是说,领导它们的不是共产党。那它们的首脑又是谁呢?除了共产党员外,成为苏维埃首脑并建立苏维埃政府的只能是形形色色的中间分子,"第三党"的人,总之,二三流的国民党的残余。

昨天斯大林还认为,在民主革命完成前想在中国建立苏维埃,是可笑的。如果他的五句话还有什么意义的话,就是现在看来,他认为,在民主革命中,在没有共产党员领导的情况下,苏维埃就能拯救国家。

说到苏维埃政府,不提无产阶级专政,就是欺骗工人,帮助资产阶级欺骗农民。但说到无产阶级专政,不提共产党的领导角色,就仍是把专政口号变成无产阶级的陷阱。但是,中国共产党现在极其虚弱。它的工人党员只有几千

---

① 《斯大林全集》第 12 卷,人民出版社 1955 年版,第 220 页。

人。五万工人加入红色工会,在这些条件下把无产阶级专政说成是今天的任务,显然是不可思议的。另一方面,在中国南方展开了广泛的农民运动,游击队加入其中。虽然不肖之徒的领导已有几年之久,十月革命的影响在中国依然强大,农民把自己的运动称为"苏维埃"运动,而把自己的游击队称为"红军"。这又一次表明斯大林在那个时期的庸俗行为有多严重,他当时反对苏维埃,说不应该用"人为的苏维埃化"去吓跑中国人民群众。这只能吓跑蒋介石,而不是工人和农民,1917年以后,苏维埃对他们来说,是解放的象征。中国农民当然把不少幻想带入苏维埃口号中。对他们来说,这是可以原谅的。但对那些局限于胆怯、模糊地概括中国农民的幻想,不对无产阶级澄清事件真正意义的尾巴主义的领导来说,这也是可以饶恕的吗?

斯大林说,如果中国农民在没有工业中心参与、没有共产党领导的情况下建立了苏维埃政府,"是毫不奇怪的"。我们则说,苏维埃政府在这样的条件下产生,是根本不可能的。不仅是布尔什维克的,就连策列铁里的苏维埃政府或是半政府,都只能在城市基础上产生。认为农民可以独立建立自己的苏维埃政府,意味着相信奇迹。创建农民红军,也是这样的奇迹。农民游击队在俄国革命中扮演过重要的革命角色,但是在有无产阶级专政中心和集中的无产阶级红军的情况下,在当前中国工人运动软弱和更加软弱的共产党的情况下,是很难把无产阶级专政当做今天的任务来提的。这就是为什么斯大林跟在农民起义的后面,不得不违背自己以前所有的声明,把农民苏维埃和农民红军与资产阶级民主专政结合在一起。领导这个专政是共产党不能胜任的,就把它抛给另一个政党、革命的未知数。由于斯大林妨碍中国工人和农民把他们的斗争进行到建立无产阶级专政,现在就应该有人帮助斯大林把作为资产阶级民主专政机构的苏维埃政府掌握在自己的手中。在论证这个新前景时,在五句话中引用了五个论据,它们是:①"以为……那就太可笑了",②"据说",③"如果这是事实",④"那是毫不奇怪的",⑤"无可怀疑"。这就是强大、漂亮的行政论据!

我们提出警告,中国无产阶级将再次为所有这些可耻的编造付出沉重的代价!

十八、斯大林"错误"的性质

有各种各样的错误。由于对对象的研究不充分,实际资料不充足,所研究的事实过于复杂等，在人类思想的各个领域中都可能犯下十分重大的错误。我们说，气象学家在天气预报中的错误就属于其中，对政治领域中的一系列错误来说，它们是典型的。但是，学者和机敏的气象学家的错误对科学来说，往往比虽然偶尔被事实所证实的凭经验猜测更加有益。但对一个认为大地驮在三条鲸鱼身上的地理学者、极地勘探的领导人，该怎么说呢？然而，斯大林的错误几乎完全属于后一个范畴。从来没有升华到作为方法的马克思主义的水平，出于仪式的目的利用这个或那个"马克思主义式的"公式，斯大林在自己的实际活动中总是从最简陋的经验主义偏见出发。但过程的辩证法是这样的，在革命退潮期，这些偏见成了斯大林的主要力量。正是它们使他能够扮演他主观上不想扮演的角色。从夺取了政权的革命阶级中剥离出来的臃肿的官僚，牢牢抓住的正是斯大林的经验主义、他的事务主义、他在原则领域的寡廉鲜耻，让他成为自己的领袖，制造斯大林神话，它是官僚本身的装门面的神话。这能说明，为什么一个坚强的、但完全是平庸的人，他在革命高潮时是三四流的角色，在它退潮的年代里，在世界资产阶级稳定、社会民主党复苏、共产国际削弱和苏维埃官僚广泛阶层保守退化的岁月中，却负有扮演主要角色的使命。

法国人说有的人，他的优点就是他的毛病。对斯大林则可以这样说，他的缺点就是他的长处。阶级斗争的齿轮抓住了他的理论局限性、政治适应性、道德上的不苛求，总之，抓住他的作为革命家的毛病，使他成为小资产阶级摆脱十月、马克思主义、布尔什维主义时期的国务活动家。

中国革命是对斯大林的新角色的检验——用相反的方法。在背弃世界革命的阶层的帮助下，在敌对阶级的间接的、但十分有效的支持下，斯大林在苏联夺得政权，他自然而然地成了共产国际的领袖，从而成为中国革命的领导人。幕后机关机制的消极英雄应该在伟大的革命涨潮事件中展现自己的方法和素质。斯大林在中国的角色的悲惨和荒谬就在于此。让中国工人服从资产阶级，阻碍农民运动，支持反动将军，解除工人武装，阻止苏维埃的产生和消灭已经产生的，斯大林彻底完成了策列铁里打算在俄国完成的角色。差别就在于，策列铁里是在公开的舞台上，面对着自己的反对者布尔什维克，他不得不立即为把被束缚的、受蒙蔽的无产阶级出卖给资产阶级的企图承担责任。斯大林在中国的行动主要在幕后，得到最强大的机关的保护，得到布尔什维克旗帜的掩护。策列铁里靠资产阶级政权的镇压来反对布尔什维克。斯大林亲自用这些镇压来反对布尔什维克—列宁主义者（反对派）。资产阶级的镇压被高涨的浪潮所打碎。斯大林的镇压得到了退潮的滋养。这就是斯大林在中国革命中有可能把纯粹孟什维克政策的实验进行到底，即直到发生最悲惨的灾难的原因。

今天的斯大林左倾政策的发作是怎么回事？在这个插曲中看到——向左摇摆，虽然它有重要意义，但仍只能作为插曲载入史册——与上述一切矛盾的，只能是完全近视的人，完全不理解与历史过程的辩证法相关的人的意识的辩证法。革命退潮和它的涨潮一样，不是沿直线完成的。退潮的经验主义领袖——"你以为是你在行动，实际上是在推动你"（歌德）——不能不在一定时刻被社会变化的深渊吓得胆战心惊，1926—1927年，正是他的那些被半敌视和敌视无产阶级的力量所利用的品质，把他推到了这个深渊的边缘。由于机关的退化不是一个匀速的过程，在群众中，革命倾向还很强大，对从热月深渊的边缘向左转来说，支点和后备力量都是现成的。正是因为经验主义者没有走到悬崖边上就什么都预见不到，所以转向带有狼狈急转的性质。向左急转的思想是左派反对派准备的，剩下的只是以经验主义者所需要的支离破碎的方式利用它的工作就行了。但左倾的强烈发作不能改变官僚演变的基本过程，也不能改变斯大林本人的本质。

斯大林没有理论素养、广阔的视野和创造性想象（没有这些特征，是不能从事大规模的独立工作的），完全说明了为什么列宁虽然肯定作为实际助手的斯大林，一旦清楚总书记的职务能够获得独立意义，就建议党把他从这个职位上撤下来。列宁从来不认为斯大林是政治领袖。

在让斯大林自行其是的情况下，他在所有重大问题上总是持机会主义立场。如果斯大林与列宁没有发生过重大的理论和政治冲突，像布哈林、加米涅夫、季诺维也夫，甚至是李可夫一样，则是因为在所有出现严重分歧的情况下，斯大林从来都不坚持自己的原则观点，干脆不作声，躲到一边去等待。然而，列宁与斯大林之间在实践中，组织和道德方面的冲突不断，有时甚至是尖锐的冲突，正是由于斯大林的这些品质，列宁在其"遗嘱"中对它们做了形式上如此谨慎，政治上如此无情的界定。

对上述一切还应该加上这一情况，即列宁与一批助手携手共同工作，其中的每一个人都把自己的学识、个人倡议、一定的才干带到工作中。围绕斯大林的则是彻头彻尾的庸人，尤其是在消灭了右派集团之后，他们没有国际视野，在世界工人运动的任何一个问题上都不能形成自己的独立见解。

从列宁时代之后，机关的意义无限增长。斯大林在中国革命上的领导，是理论、政治和民族局限性与机关的无限强大结合的产物。斯大林证明他什么也学不会。他在第十六次代表大会上关于中国的五句话，渗透了斯大林本能的机会主义，就是它主导他此前在中国人民斗争的所有阶段上的政策。第二次中国革命的掘墓人在我们眼前葬送了萌芽状态的第三次中国革命。

列·托洛茨基
1930 年 8 月 26 日
于王子群岛

致中国同志的两封信*

亲爱的 H 同志：

　　这一部分是纠正《第六次代表大会之后的中国问题》中所犯的错误。广州被说成是江苏省的一个城市。这个错误在这篇文章的中译本中早就被纠正了，所以没有必要翻译这封信的这一部分。

　　今天我终于收到了陈独秀同志 1929 年 12 月 10 日的信的拷贝。我认为这封信是一份极好的文件。对所有重要问题的答复中，态度总体来说是清晰和正确的，特别是在民主专政问题上，陈独秀同志的立场是完全正确的。此时，您在给我的信中解释你们为什么不能与陈独秀联合，你们的理由是他似乎仍支持"民主专政"的观点。我认为，这是一个已经解决了的问题，因为如果你们没有领导贫农的无产阶级专政，那么这就是一个民主专政，在现实中，它无非是国民党新政策的别名罢了，仅此而已！在这个问题上是不能调和的。从 12 月 10 日的信中可以清楚地看到，陈独秀同志的立场是正确的。因此，我怎么能解释并捍卫你们的立场呢？你们有什么其他不同意见吗？我想没有，除了某些意想不到的困难之外。我们怎么能在国民会议问题上站在一起？议会制度将在中国扮演什么角色？在基本问题上我们是完全一致的。在意料不到的或更加复杂的问题上，某些仅仅是学术性的，其他的全是策略问题。这些问题将随着事件的展开而得到解决。在此，我必须开诚布公地对你们说，我认为，你们对国民会议和议会制度的看法是站不住脚的。《我们的话》确实说过这是考茨基①

---

　　* 译自 *Writings of Leon Trotsky*（1930），pp. 363 – 366。

　　① 考茨基（Karl Kautsky, 1854—1942）德国社会民主党和第二国际领袖和理论家之一，1883—1917 年任德国社会民主党理论刊物《新时代》编辑。第一次世界大战前几年走上同修正主义调和的道路，第一次世界大战开始后与马克思主义彻底决裂，提出帝国主义理论，实际上否定无产阶级革命的不可避免性，反对无产阶级专政，对俄国革命持敌对态度。——译注

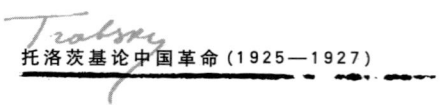

主义,但没有依据。

我们有像陈独秀这样杰出的革命家,他正式与党决裂,随后被抛出党外,他最终宣布他的立场与国际反对派百分之百一致。我们怎么能轻视他?你们可能有许多像陈独秀一样有经验的共产党员吗?过去,他犯了不少错误,但他已经承认了错误。对革命家和领袖来说,能承认自己过去的错误,是难能可贵的。在反对派中,我们有不少年轻人,他们能够从陈独秀同志那儿学到不少东西。

你们攻击我们的话派,因为它对整个中国政治形势的错误判断,并否认为民主而斗争的口号的益处。我已经收到了他们寄来的一封长信,它表明,你们说的原则分歧已经消除。您写道,他们修订了代表会议的日程。如果真是这样的话,他们修订也是为了代表会议开得更好,而且是为了更靠近我们。你们因他们的阴险手段(如挑起过去的争论,修改日程)而攻击他们。当然,这个问题有其自己的意义。但是,如果他们感到这里有某些毛病,并且每个人都同意修改日程,这就不是什么了不起的罪过。他们是根据马克思主义精神进行所有修改的,难道这不是事实吗?你们提出的另外三点(其中最重要的是在党内还是在党外工作的问题)确实不是原则问题,因为没有一个反对派支部会把建立第二党当成自己的使命。我们必须继续把自己看做党内的一个派别。当然,我们必须招募新成员到共产党的队伍中来,即到反对派的队伍中来。只有通过实践把在党内党外的工作结合起来。无论如何,我们在党外的工作必须遵循下述性质:党内同志必须把我们看成是他们的朋友,而不是敌人。让我们看一下欧洲的经验。在这种情况下,法国和德国的反对派近期与党更加接近,但这绝对没有缓和党与反对派之间的斗争。在法国,这一战略已经取得了最好的结果,因而在德国也在加紧行动。

《反对派通报》的最近一期为中国问题提供了相当大的篇幅。你们迄今没有寄来任何关于中国农民(苏维埃)运动的资料,以便我们能够采取正确的立场,这很不好。我们收集所有信息,认真地研究所有事实,这很重要。否则,我们会错失对整个局势施加影响的机会。农民战争是否仍有机会与工人运动结合在一起?这是一个十分重要的问题。从理论上讲,不能否认在地下工作时获得成就的可能性。在农民起义的影响下,城市中的革命猛烈迅速地发展。如果这能成为事实,那么农民起义将获得不同的客观意义。当然,我们的基本使命是改善一般的农民暴动,同时与它融合起来。此外,我们必须对工人说明农民暴动的性质,今后通过暴动可以获得什么。我们必须进而设想通过这些暴动提高工人士气的方式。与此同时,我们必须公然支持起义者的要求、纲领,同时反对地主、官员、资产阶级散布的流言蜚语、诽谤,反对他们的镇压。只有在这个唯一的基础上,我们才能揭露共产国际组织搞的骗局。他们说"苏维埃制度"已经在中国建立起来了——在没有建立无产阶级专政的情况下!而且是在工人拒绝积极地参加运动的情况下。我希望,"国际"(国际左派反对派)将就这个问题发表一个宣言,必须让中国共产党党员了解情况。

我觉得,对我来说,这是给你们寄一份《不断革命论》的拷贝的好机会。你们很快就会收到它。

我担心我手头的陈独秀的地址不太准确。请把我的看法转告他,并告诉他,我很高兴拜读了他去年 12 月 10 日的那封信。我坚信我们今后能够一起工作。

紧紧地握您的手!

列·托洛茨基
1930 年 8 月 22 日

亲爱的同志们:

我早就收到了你们 7 月 27 日的来信(十月社)。我只给你们一个简短的答复,因为这时国际左派反对派正准备讨论当前中国形势问题,并专门发表一篇宣言。因此,在这封信中我只重复在给其他集团的信中写过的东西。

1. 国际反对派的政策不支持中国左派反对派中的任何一个特定的派别,反对任何一个其他派别。理由是,在我们的所有材料中,没有任何东西使人认为存在着要求使不统一状态继续下去的严重分歧。

2. 在这种情况下,中国左派反对派中没有一个派别能够认为它自己是国际左派反对派的唯一代表并攻击其他派别。

3. 陈独秀同志的派别也一样。不久前,我收到了陈独秀同志 1929 年 12 月 10 日的公开信的英译文。陈同志表达的对基本问题的观点与我们的一般立场基本一致。意识到这一点,我便不能理解为什么我们的某些中国同志仍称陈独秀派为"右派"。同时,没有一个派别为我们提供一份能够证明这种指责的文件。

4. 因此，我们感到这四派①必须公开地联合成一个建立在共同原则基础上的真诚一致的派别。现在，国际反对派建议这些派别在这些基本点上、在政纲——它们将由政纲起草委员会写进章程——和组织方法的基础上统一起来。

5. 关于国民会议的问题，我在此前的几篇文章中已经讨论过了。看来，我们的某些中国同志在这个问题上对我们"吹毛求疵"。如果我们在我们之间就这个问题以及与此相关的问题展开斗争（我个人不认为会发生这种斗争），此后，这一争论肯定会通过起草党的政纲表现出来。只是在我们收到了可供选择的分析之后，国际反对派才能测定分歧的深度。不过，我们真诚地希望我们收到的这些分析不是以争论的方式写成的；它们应该以能够促进中国左派反对派在共同原则的牢固基础上统一起来的方式写成。

致以共产主义的敬礼！

列·托洛茨基
1930年9月1日

又及：

我寄给你们两份此信的拷贝，一份请转交陈独秀同志，因为我不知道他的地址。

---

① 这四派是：我们的话、十月社、无产者社、战斗社四个托派组织。1931年5月1日，中国反对派四派在上海召开全国代表会议，赞成统一为"中国共产党左派反对派"。他们通过了政纲和行动纲领，选举了全国执行委员会，并选择火星作为他们的报纸的刊名。不久，统一的反对派组织遭到了蒋介石政府的严厉镇压，许多成员被逮捕。——译注

致中国和全世界共产党员
——论中国革命的任务和前景*

最近几个月在中国南方的几个省中重新看到了大规模的农民运动。不仅是世界无产阶级刊物，就连敌人的刊物也充满了这场斗争的回声。被欺骗、被击溃、一蹶不振的中国革命表明它还活着。我们希望它重新昂起它的无产阶级头颅的时候的到来不会太远。为了为此做准备，应该把中国革命问题及时地提上世界工人阶级的日程。

我们国际共产党左派反对派（布尔什维克—列宁主义者）认为自己的责任是大声疾呼，让所有共产党员、所有先进的革命工人关注解放这个亚洲东方伟大国家的任务，并同时警惕共产国际领导集团的错误政策，它显然会有破坏中国未来的革命的危险，就像它已经葬送了1925—1927年革命一样。

中国革命在农村复苏的征兆是它内在力量和巨大的可能性的标志。但是，任务在于把这些可能性变成现实。成功的首要条件是理解所发生的一切，即对动力作出马克思主义的界定，正确地评价斗争当前所进入的阶段。在这两方面，共产国际的领导都处于错误的道路上。

斯大林分子的报刊充斥着关于似乎在红军的保护下在中国几个大省中已经建立的"苏维埃政权"的报道。各国工人兴高采烈地欢迎这个消息。那还用说！在中国大部分领土上建立苏维埃政权和中国红军的建立，意味

---

* 译自 Бюллетень оппозиции, No15–16, cc. 2–6。

此文写于第二次中国革命（1925—1927年）失败之后，在日本入侵中国前一年，这次革命的失败成了共产国际激烈争论的题目（参见托洛茨基著作《中国革命问题》和《列宁以后的第三国际》）。——《反对派通报》编辑部注

着世界革命的重大成功。但是，我们应该公然明确地说：这根本就是子虚乌有。

无论从广袤的中国传到我们耳朵中的报道多么贫乏，但对正在展开的过程的内在力量的马克思主义的理解，使我们坚信不疑地反驳斯大林对正在发生的事件的评价，并认为它对革命的进一步发展是极端危险的。

在漫长的几个世纪中，中国历史是一贫如洗、食不果腹的农民起义的历史。在近两千年中，中国农民至少有五次成功地重新分配土地所有权。土地集中的过程每一次都重新开始，直到人口的增长导致局部或全面的新的爆发。这个周而复始的过程是经济停滞和社会无出路的表现。

只有使中国进入世界经济，才能为中国人民开辟新的机会。资本主义从外面侵入中国。迟到的中国资产阶级成了外国资本和本国遭受残酷剥削的群众之间的中间人。外国帝国主义分子与中国资产阶级一起把资本主义剥削方法与农奴强制和高利贷奴役方法结合起来。

斯大林分子的主要思想是把中国资产阶级变成反对封建主义和帝国主义的民族革命的领导。由此产生的政治战略葬送了革命。资产阶级不能、不愿意，任何时候都不会进行反对所谓的"封建主义"的斗争，因为后者是它本身的剥削体系的重要组成部分。也不会进行反对帝国主义的斗争，因为它是后者的代理人，并得到后者的保护，中国无产阶级为认识这个真理付出了沉重的代价。

中国无产阶级尽管受到共产国际的重重阻碍，仍力图走上独立的革命道路。一旦看清这点，资产阶级就在外国帝国主义分子的帮助下粉碎了工人运动，从上海开始。一旦搞清，与莫斯科的友谊不能阻止农民起义，资产阶级就粉碎了农民运动。1927年春夏两季是中国资产阶级犯下滔天罪行的几个月。

被自己的错误后果吓坏了的斯大林派，企图在1927年末一举捞回它在几年内放过的东西。于是组织了广州起义。领导人从革命仍在继续高涨出发。事实上革命高潮已经完全被衰退所取代。广州先进工人的英雄主义不能逆转领导的冒险主义造成的灾难。广州起义被淹没在血泊中。第二次中国革命被彻底粉碎。

致中国和全世界共产党员

为独立的无产阶级政策,我们国际左派反对派①的代表、布尔什维克—列宁主义者从一开始就反对共产党加入国民党。从革命高潮刚刚开始,我们就要求建立工农兵代表苏维埃。我们要求工人承担起领导农民起义的责任,把土地革命进行到底。所有这些都被否决。我们的支持者遭受迫害,被开除出共产国际,而在苏联境内的人则遭到逮捕,被流放。为什么?为了与蒋介石的联盟!

在上海和武汉的反革命政变之后,我们左派共产党人再三警告,第二次中国革命已经结束,反革命的暂时胜利已经来临,在群众消沉和疲惫的情况下,让先进工人起义的企图必然意味着进一步罪恶地消灭革命力量。我们要求转入防御,巩固党的地下组织,参加无产阶级的经济斗争,在民主口号——中国的独立、它的各民族的自决权、国民会议、没收土地、八小时工作制——下动员群众。这样的政策应该为共产党先锋队提供逐渐摆脱遭受的失败、恢复与工会和城乡无组织群众联系的机会,以便今后全副武装地迎接新的革命高潮。

斯大林派称我们的政策是"取消派",而他自己则从机会主义转到冒险主义,这在历史上已经发生了不止一次了。1928年2月,在中国革命完全处于低潮时,共产国际执行委员会第九次全会提出在中国进行武装起义的方针。这种疯狂的结果是进一步粉碎工人运动,消灭最优秀的革命者,党的崩溃,工人群众的士气低落。

革命低潮和军阀之间的斗争的暂时缓和,为国内经济的一定程度的复苏创造了机会。工人罢工重新开始。但是,它们是在没有党的参与的情况下自行发展的,党不理解形势,根本不能为群众揭示新的前景,并用过渡时期的民主口号把他们联合起来。机会主义和冒险主义的结果是在今天共产党的队伍中只剩下几千名工人。据党自己提供的资料,在红色工会中大约有六万工人,而在革命高潮的几个月中,他们的人数有数百万之多。

---

① 左派反对派(布尔什维克—列宁主义者)1923年10月形成,作为俄国共产党的一个派别,国际左派反对派于1930年4月组成,作为共产国际的一个派别。斯大林分子和其他人称它的成员为"托洛茨基主义者"或"托洛茨基分子",托洛茨基不喜欢这个术语,在用它时往往加上引号。国际左派反对派的第一次国际代表会议直到1933年2月才召开。这年晚些时候,它决定建立一个新的国际,它也把它的名称改为国际共产主义者联盟。创建第四国际的代表会议于1938年9月举行。第四国际早期国际代表会议及其先驱通过的决议、提纲的报告已经结集为《第四国际形成岁月的文件(1933—1940年)》(开拓者出版社1973年版)。——译注

反革命在工人身上的反映比在农民身上的反映更直接、更残酷。中国工人的人数不多，集中在工业中心。农民在一定程度上得到其人数众多、分散在广袤的地域中的保护。革命的几年在农村中培养了不少地方领导人，反革命还没有来得及把他们全部消灭。无疑，大量的革命工人逃脱了军阀的屠杀，躲进了农村。近十年来，在全国散落了不少武器。在与地方政权或军队发生冲突时，农民把这些武器拿出来，组成红色游击队。在资产阶级反革命的军队中经常发生骚动，有时甚至是公然的暴动。一批批的士兵，有时甚至是整支队伍带着武器投奔农民。

因此，在革命被粉碎后，农民运动的浪潮继续在这个国家的各个省份此起彼伏，而今天则是格外猛烈地爆发，这一事实是理所当然的。武装的农民悉数驱赶、消灭他们各自地区的地主，主要是所谓的土豪劣绅，即统治阶级、官僚有产者、高利贷者和富农的地方代表。

当斯大林分子说农民在中国的大部分地区建立的苏维埃政权时，他们不单是在暴露他们的轻信和轻浮，而且是在模糊、歪曲中国革命的基本问题。农民，甚至是最革命的农民，是不能建立独立的政权的。它只能支持其他城市统治阶级的政权。在所有关键时刻，农民或是追随资产阶级，或是追随无产阶级。因此，所谓的"农民"党只能暂时掩盖这个事实，但不能改变它。苏维埃是反对资产阶级的革命阶级的政权机构。这意味着农民不能以自己的力量建立苏维埃制度。对军队来说也一样。在中国、俄国和其他国家中，农民不止一次建立过游击队，它们无比英勇顽强地进行战斗。但这是属于一定省份的游击队，它们不能进行大规模的集中战略行动。只有无产阶级在国家的决定性的工业中心和政治中心的统治，才能为建立红军和把苏维埃制度扩展到农村创造必需的前提。谁不明白这点，他就根本不理解革命。

中国无产阶级刚刚走出反革命造成的瘫痪。现在，农民运动在很大程度上是独立于工人、按照自己的规律、根据自己特有的速度而发展的。然而，中国革命的全部任务是无产阶级起义和农民起义在政治上和组织上的结合。在工业发达的北方地区消极的情况下，谁说中国苏维埃革命的胜利，哪怕是在南方个别省份，他就是忽视中国革命的两位一体的问题，即工农合作的问题以及工人在这个合作中的领导权的问题。

农民起义的汹涌澎湃无疑能推动工业中心的政治斗争的复苏。我们对此坚信不疑。但这无论如何不意味着无产阶级的革命苏醒将直接导致夺取政权或哪怕是为夺取政权而斗争。无产阶级的觉醒在开始时可能采取经济成分和政治成分、防御和进攻兼而有之的战斗性质。无产阶级，首先是它的共产党先锋队需要多少时间才能成熟到能够承担革命民族的领导角色？至少不是几个星期，不是几个月。官僚领导者的指挥不能取代阶级和其政党的独立成长。

中国共产党人现在需要的是长远政策。他们的任务不是把自己的力量投入零散的农民起义的发源地——党员人数不多的弱小的党反正也顾不过来。共产党员的责任是把自己的力量集中在工厂中、工人区中，对工人说明发生在农村的事情的意义，提高疲倦者和沮丧者的士气，把他们组织起来为经济要求、民主口号和土地革命进行斗争。只有在这条道路上，即通过工人的觉醒和把他们团结起来，共产党才能成为农民起义的领袖，也就是整个民族革命的领袖。

为了支撑冒险主义的幻想和掩盖无产阶级先锋队的软弱，斯大林分子说，须知现在说的还仅仅是民主专政，而不是无产阶级专政。在这个焦点上，冒险主义依靠的完全是机会主义的前提。不满意与国民党的实验，斯大林分子在"民主专政"的名义下，在未来的革命中为无产阶级准备了新的催眠剂，让它完全服从自己的新手段。

当中国的先进工人提出了苏维埃口号时，他们以此表明，他们想做俄国工人做过的事。昨天，斯大林分子对此是这么回答他们的："不行，不行，你们有国民党，它将做需要做的一切。"今天，还是这些领袖的答复更加闪烁其词："应该建立苏维埃，但不是为无产阶级专政，而是为了民主专政。"他们以此对无产阶级说，专政将不在它的手中。这意味着还有某个目前尚未知道的力量能够在中国实现革命专政。这样，民主专政的公式为从资产阶级民主方面来欺骗工农打开了新的大门。

为了给"民主专政"清理道路，斯大林分子把中国的反革命描绘成封建军阀和帝国主义的反革命。他们以此把中国资产阶级排除在反革命之外，即依然美化它。事实上，军阀代表的是与农奴主的利益和关系不可分割的中国资产阶级的利益。中国资产阶级与人民是如此敌对，它与外国帝国主义分子关系太密切，过于害怕革命，它不能以自己的名义用议会的方法来进行统治。中国的军阀法西斯制度表现的是中国资产阶级的反民族、反宗教的性质。中国的反革命不是封建主和农奴主反对资产阶级社会的反革命。这是所有有产者，即首先是资产阶级有产者反对工农的反革命。

中国的无产阶级起义可能、也只能是直接反对资产阶级的起义。中国的农民起义与俄国相比，在更大程度上是反对资产阶级的起义。中国根本没有独立的地主阶层，土地所有者也是资产者。农民起义直接反对的土豪劣绅是资产阶级的底层环节，也是帝国主义剥削的底层环节。然而在俄国，十月革命在其第一阶段中让整个农民阶层反对地主阶层，只是在几个月后，才让内战进入农民之中。在中国，每一场农民起义从其刚刚起步时起，就是贫农反对富农，即反对农村资产阶级的内战。

中国的中农微不足道。贫农占农民的80%。它，只有它才能扮演革命角色。事关的不是工人与全体农民的联盟，而是与贫农的联盟。他们有共同的敌人——资产阶级。除了无产阶级，没有人能领导贫农走向胜利。他们的共同胜利不能导致除无产阶级专政之外的任何制度。只有这个制度能够确立苏维埃制度和建立红军，后者是在贫农支持下的无产阶级专政的军事体现。

斯大林分子说，民主专政是革命的最近的阶段，此后它会发展为无产阶级专政。今天不仅适用于中国，而且适用于所有东方国家的共产国际的学说，就是这样。它与马克思的国家学说和列宁关于国家在革命中的角色的结论完全决裂。民主专政与无产阶级专政不同，它意味着资产阶级民主专政。但是，从资产阶级专政转到无产阶级专政是不能通过和平"长入"的道路的。无产阶级专政无论是取代民主专政还是法西斯专政的道路只能通过武装起义。

民主革命和平转入社会主义革命只有在同一个阶级，即无产阶级专政的情况下才有可能。在苏联，从民主措施到社会主义措施的转变是在无产阶级专政制度下进行的。在中国，从无产阶级专政的民主阶段到社会主义阶段的过渡将完成得更快，因为与俄国相比，中国的基本民主任务具有更大的反资本主义、反资产阶级的性质。

斯大林分子显然还需要一次用工人的鲜血为代价的破产，才能最终决定说出："革命进入了更高的阶段，它的口号是无产阶级专政。"

* * *

现在谁也不能说，第二次中国革命的反光与第三次革命的曙光在多大程度上在今天的农民起义中结合起来。任何人都不能预言，在无产阶级先锋队为巩固自己，率领工人阶级投入战斗并使它夺取政权的斗争与农民对其身边敌人的全面进攻协调起来所需要的整个漫长时期内，此起彼伏的农民起义的源头是否能一直持续下去。

这次农村运动的特点是农民力求赋予运动以苏维埃的形式，或至少是苏维埃的名称，使自己的游击队与红军相提并论。这证明了他们是多么紧张地寻找那种能帮助他们摆脱其彼此隔绝和软弱无力的政治形式。在这个基础上共产党人能够成功地进行建设。

但是需要事先搞清楚，在中国农民的头脑中，模糊的苏维埃口号根本不意味着无产阶级专政。农民根本不能先验地赞成无产阶级专政。只能靠斗争经验把它引向无产阶级专政，斗争以事实对农民表明并证明，只有无产阶级专政才能解决它的民主任务。

主要原因就是这样，由于它的影响，中国共产党只能从民主口号出发，才能领导无产阶级进行夺取政权的斗争。

农民运动尽管有苏维埃的名称，但仍是分散的、地方的、外省的。只有把争取土地、反对租税压迫和军阀横征暴敛的斗争与中国独立和民族主权的思想联系起来，才能把它提高到全民族的水平。这个联系的民主表现是享有全权的国民会议。在这个口号下共产党先锋队可以把广大工人群众、受压迫的城市贫民和千百万贫农团结在自己的周围，进行反对国内外压迫者的起义。

只有在城市革命高潮的情况下，才能着手建立工人苏维埃。它在什么时候来临，我们不得而知。目前我们只能为它做准备。做准备意味着聚集力量。现在只有在彻底、大胆的革命民主口号下，我们才能做到这点。

同时我们应该对工人阶级的先进分子说明，国民会议对我们来说只是革命道路上的一个阶段。我们所持的方针是以苏维埃制度形式出现的无产阶级专政。

这个专政对中国人民提出了最困难的经济和国际问题，对此我们并未闭眼不看。中国无产阶级在中国人中所占的比例比十月革命前俄国无产阶级所占的比例还要小。中国资本主义也比俄国的更加落后。但是，困难是不能靠幻想和撞大运的政策，对蒋介石或"民主专政"的希望来战胜的。困难靠明确的思想和革命意志来战胜。

中国无产阶级走向政权不是为了恢复中国的长城，在它的保护下建设民族社会主义。中国的命运像苏联的命运一样，不能脱离世界无产阶级革命运动来考查。伟大希望的源泉和最高革命勇气的辩解就在这里。

世界革命事业是中国工人的切身事业！
中国革命事业是世界无产阶级的切身事业！

共产党反对派国际书记处：罗斯默、兰道①、马尔金；
苏联左派反对派（布尔什维克—列宁主义者）代表：列·托洛茨基；
法国共产主义者同盟（反对派）代表：罗斯默；
德国共产党左翼联合反对派（布尔什维克—列宁主义者）代表：K. 兰道；
西班牙共产党反对派代表：安德拉德、高尔金；
比利时共产党反对派代表：根诺；
美国共产主义者同盟代表：沙赫特曼、阿本；
共产党反对派（奥地利共产党左派）代表：D. 卡尔、Ch. 迈耶；
奥地利共产党（反对派）代表：弗雷；
奥地利共产党（内部集团）代表：弗兰克；
捷克斯洛伐克左派反对派代表：V. 克里盖尔；
意大利左翼派别代表：坎迪亚尼；
新意大利反对派代表：康蒂尼、勃拉斯科。

1930 年 9 月

---

① 兰道（Kurt Landau）是在 1930 年 3 月的代表会议上结成联合反对派的德国反对派集团领袖之一；在 1931 年与左派反对派分裂之前曾短期担任临时国际书记处的成员。——译注

仓皇撤退
——曼努伊尔斯基论"民主专政"*

在《真理报》十月革命周年纪念刊（11月7日）上，曼努伊尔斯基再一次表明共产国际今天的领导的价值。我们扼要地分析他的纪念日思考中关于中国的那部分，它实质上意味着怯懦的、有意搞乱的，因而也更加危险的对一国社会主义理论的半投降。

曼努伊尔斯基写道："中国农民和无产阶级的革命民主专政将与布尔什维克在1905—1906年革命中预计（！）的有实质性的不同。"

布尔什维克不仅在1905年"预计"了民主专政，在1917年和两次革命之间的所有那几年中都预计了。但仅仅是预计而已。事件已经进行了检验。曼努伊尔斯基和他的老师斯大林一样，议论的不是中国革命与俄国三次革命之一的相似之处，而是它与它们的不同之处，不，在这样的比较下是不能维持民主专政的虚构并与这个虚构一起维持自己的理论声誉的。因此这些先生不是把中国革命与真正的俄国革命，而是与"预计"的革命相比较。这样更容易进行欺骗。

在中国发生的革命与俄国"预计"的革命有什么区别？曼努伊尔斯基教导说，区别是中国革命的目的是反对"世界帝国主义的整个体系"。确实，在昨天，曼努伊尔斯基还以此为依据，寄希望于中国资产阶级的革命角色，与"1905年预计"的布尔什维克的立场对立。不过在今天，曼努伊尔斯基的结论不同了："中国革命的困难是巨大的；因此暂时在长沙停止红军向中国工业中心所向披靡的征程。"应该更简单、更老实地说，在没有城市革命起义的情况下，农民游击队无力掌握国家的工业和政治中心。对马克思主义者来说，难道

---

* 译自 Бюллетень оппозиции, No17－18, cc. 27－28。

这不是早就清楚的事吗？

但是，曼努伊尔斯基应该拯救斯大林在第十六次代表大会上的讲话。他是这么完成这个任务的："中国革命掌握着红军，把相当大的领土掌握在自己的手中，现在在这片领土（这些领土？）上正在建立工农政权的苏维埃制度，在这个政府中，共产党员占多数。这种情况使无产阶级不仅可以对农民实施思想领导权，还有国家领导权。"（重点号是我们加的——列·托·）

作为最革命的、最勇于自我牺牲的共产党人是农民运动和农民武装队伍的领导，这种情况就其本身来说，是理所当然的，同时具有极其重要的象征意义。但是，这并不能改变这种情况，即在整个国家土地上的中国工人处在中国资产阶级和外国帝国主义的铁蹄下。无产阶级手中没有国家政权，它怎样才能实施它对农民的"国家领导权"呢？这是根本无法理解的。个别共产党人和个别共产党小组在农民战争中的领导角色是不能解决政权问题的。解决这个问题的是阶级，不是政党。农民战争可以支持无产阶级专政，如果二者同时出现的话，但它无论如何不能取代无产阶级专政。莫非共产国际的"领袖们"连这点都没有从俄国三次革命的全部经验中学到吗？

让我们继续听曼努伊尔斯基说："所有这些条件都导致中国的民主专政面临着必须彻底地剥夺属于外国和中国资本的企业。"（重点号是我们加的——列·托·）

"所有这些条件"是老生常谈，它的任务是堵旧立场形成的窟窿。所引的这句话的要害不在"所有这些条件"上，而是在唯一的一个"条件"上：指示曼努伊尔斯基迂回地离开民主专政，并消除痕迹。这就是曼努伊尔斯基如此卖力、但不够灵巧地摇尾巴的原因。

民主专政只能与无产阶级专政和社会主义专政对立。二者之间的区别是掌握政权的阶级的阶级性质及其历史工作的社会内容。如果民主专政应该从事的不是为资本主义发展清理道路，像"1905年预计"的布尔什维克的公式所宣称的那样，而是相反，是"彻底剥夺属于外国和中国资本的企业"，像曼努伊尔斯基"预计"的那样的话，我们就要问：这个民主专政与社会主义专政有什么区别？没有任何区别。那么，须知结果就是曼努伊尔斯基在事隔12年之后再次品尝"不断革命"论的苹果？

我们接着一句一句地读下去。"具有社会主义因素，是中国无产阶级和农民的革命民主专政特有（！）的特点。"好一个"特有的"特点！

布尔什维克总是认为，民主专政是资产阶级的民主专政，而不是超阶级的。它在这唯一可能的意义上与社会主义专政对立。现在却发现，在中国的将是"具有社会主义因素的民主专政"。在资产阶级制度和社会主义制度之间的阶级深渊就这样消失了，所有一切都消融在纯粹的民主中，而这个纯粹的民主逐渐和有计划地填充"社会主义因素"。

这些是从谁那儿学来的？从维克多·切尔诺夫①那儿？正是他在1905—1906年"预计"这样的俄国民主革命，它既不是资产阶级的，也不是社会主义的，它将逐渐地填充社会主义因素。不，曼努伊尔斯基没有从知识之果那儿得到太多的好处！

接下来是："从资本主义过渡到社会主义的中国革命，将比我们的十月革命有更多的中间阶段；但它转变为社会主义革命的期限将比布尔什维克为1905年革命预计（！）的期限要短得多。"

我们的占星家什么都算计到了：阶段、期限、期限的长短。只是忘记了马克思主义的常识。结论是，在民主之下，资本主义将通过一系列阶段转变为社会主义。但是，在这种情况下，政权是否还是同一个，或是将改变？在民主专政下是哪个阶级当政，而在社会主义专政下又是哪一个？如果是不同的阶级，那它们只能通过新的革命彼此取代，而不是通过一个阶级的政权"转变成"另一个阶级的政权。如果假定在两个阶段中进行统治的是同一个阶级，即无产阶级，那么，民主专政与无产阶级专政的对立意味着什么？这个问题是没有答案的。今后也不会有。曼努伊尔斯基接受的指令不是说明问题而是消除痕迹。

在十月革命中，民主任务转变为社会主义任务——在不变的无产阶级统治下。因此能够区别十月革命的民主阶段和社会主义阶段；但是不能区别民主专政和无产阶级专政，因为民主专政并不存在。

然而我们还从曼努伊尔斯基那里听到，中国民主专政将从一开始就面临着必须彻底剥夺资本家的企业，这意味着剥夺资产阶级。这是否意味着根本就不会出现无产阶级专政的民主阶段？在这些条件下还上哪儿去找民主专政？

如果曼努伊尔斯基把中国革命与实际发生的、而不是"预计"的俄国革

---

① 切尔诺夫（Виктор Михайлович Чернов，1873—1952）俄国社会革命党创建人之一，该党的理论家，19世纪80年代投身革命运动，参加过齐美尔瓦尔德和昆塔尔会议，1917年任临时政府农业部长，立宪会议主席，后来是几个反革命政府的成员，后逃亡国外，第二次世界大战期间曾参加法国的抵抗运动。——译注

命相比较，与此同时还搞乱和歪曲轮廓的话，他的愚蠢的构想根本就是不可能的。所有这些是为了什么？为了在不让步的情况下放弃自己的观点，为了在放弃民主专政的反动公式时能保住自己的脸面，像在中国所说的那样。但要知道，在斯大林和曼努伊尔斯基的脸上已经先后签上了蒋介石和汪精卫的名字。够了！这张已经写满了字的脸面是保不住了。曼努伊尔斯基的理论欺骗旨在反对中国革命的根本利益。中国的布尔什维克—列宁主义者应该揭穿它！

1930 年 11 月

致中国左派反对派*

亲爱的同志们：

近几个月我收到了你们寄来的大量英文、法文和俄文的文件和书信，同样大量的中文反对派出版物。紧急工作和尔后的生病妨碍我更早给你们回信。近几天我十分认真地研究了你们寄来的全部文件——中文的除外，以便能够回答你们提出的问题。

首先我要说，对新文件的研究使我彻底确信，在今天踏上联合道路的各派之间没有原则性的分歧。有策略性的细微差别，今后它们可能会随着事件的进程而发展成为分歧。但是，没有任何根据认为，这些分歧与过去的派别路线是一致的。下面我尝试分析我认为是有争议的和半有争议的问题。

一、共产党加入国民党从一开始就是错误的。我认为，这点应该在各种文件中都彻底公开地说出来，由于俄国反对派在这方面也有重大的过错，就更应该如此。除了拉狄克和他的几个亲密朋友之外，我们的集团（1923年反对派）从一开始就反对共产党加入国民党，反对让国民党加入共产国际。季诺维也夫分子持截然相反的立场。拉狄克赞成他们，使他们在反对派核心中占了上风。普列奥布拉任斯基和皮达可夫认为，不应该因这个问题破坏与季诺维也夫分子的联盟。结果是联合反对派在这个极其重要的问题上采取了模棱两可的立场，它在反对派的一系列文件和政纲中反映出来。值得注意的是，凡是在国民党问题上持季诺维也夫的或妥协立场的俄国反对派成员，后来都投降了。相反，所有现在被关押在监狱里和在流放中的同志，从一开始就反对共产党加入国民党。这就是原则立场的力量！

---

* 译自 Бюллетень оппозиции，No19，сс. 27–30。

二、"无产阶级和贫农专政"的口号与"无产阶级专政"的口号并不矛盾,只是对它的补充,使它更加普及。中国无产阶级还很弱小,是民族中的少数。它只有把民族的大部分,即城乡贫民团结在自己的周围,才能掌权。"无产阶级和贫农专政"的口号表达了这种观点。当然,在政纲和纲领性文章中,我们应该明确清晰地指出,领导权集中在无产阶级手中,它是贫农的领袖、指导者和保护者。在这种形式下,这个口号与"无产阶级和农民的民主专政"的口号没有任何共同之处。

在陈独秀和其他同志写的一份长篇文件(1929年12月15日)中,问题是这样描述的:

> 中国资产阶级民主革命的任务(民族独立、国家统一和土地革命)只有在这种条件下才能完成,即中国无产阶级与城乡贫民联盟,并领导他们,夺取政权。换言之,只有沿着俄国的道路,即中国的十月的道路,中国的资产阶级民主革命才能胜利完成。

我认为这个公式是完全正确的,它排除了任何误解的可能。

三、在中国革命性质的问题上,共产国际领导彻底陷入了绝境。事件的经验和左派反对派的批判无情地摧毁了"民主专政"的概念。但是,如果放弃这个公式,那就只有不断革命论了。共产国际倒霉的理论家们在这两个理论之间持布里丹笔下的驴①的独立立场。对这个题目的最新发现是曼努伊尔斯基的周年纪念文章(1930年11月7日的《真理报》)。想不出比这更低劣的无知、狭隘和欺骗的大杂烩了。上一期俄国反对派《通报》(第17—18期)对斯大林官僚的布里丹理论进行了分析。你们的所有文件证明,在这个基本问题上没有丝毫的分歧。

四、在某些信中抱怨,个别派别和个别同志对中国"红军"的错误立场,把它的队伍等同于土匪。如果真是这样的话,应该清除这种观点。当然,流氓无产者和职业土匪也加入革命农民的队伍。但整个运动的深刻源泉是在中国农村的条件中,无产阶级专政今后应该依靠的就是这些源泉。斯大林分子对这些队伍的政策是罪恶的官僚冒险主义政策,我们应该无情地揭露这个政策。我们

---

① 布里丹笔下的驴喻极其优柔寡断的人,源于法国14世纪哲学家布里丹的寓言:一头驴在两堆草料之间,因不能决定吃哪一堆好,以致饿死。——译注

也不能赞成或鼓励游击队领导者和参加者的幻想。我们应该对他们解释说，没有无产阶级革命和无产阶级夺取政权，农民游击队是不能获得胜利的。我们应该像忠实的朋友那样进行这种解释工作，而不是旁观者，更不是敌人，在不放弃我们的方法和任务的情况下，我们应该坚定勇敢地保卫这些队伍，反对国民党的镇压和资产阶级的诽谤中伤。我们应该对工人说明这些队伍的巨大的象征意义。我们当然不能把我们自己的力量投入到游击活动中，我们现在有其他的活动领域和任务。但在"红军"中，至少是在它的大型队伍中有自己人，即反对派成员，是非常必要的，他们能够分享这些队伍的命运，注意观察它们与农民之间的相互关系，使左派反对派组织随时了解情况。

在革命、中国新的经济复苏和议会趋势（这三者彼此联系）发展缓慢的情况下，这些队伍将会退化，使贫农反对自己。因而，让这些队伍处于我们的观察下，以便在任何情况下都能采取正确立场，对我们来说更加重要。

五、在某些信中重新提出国民会议的问题，而且关于我们的政治任务的问题往往充斥着对国民会议能否召开、以什么形式、国民会议与苏维埃之间的相互关系等的猜测。在这些议论中有相当的政治烦琐哲学的因素。其中一封信声称：

> 我们认为国民会议显然不能召开；即便它召开的话，它也不能变成"临时政府"，因为全部物质力量现在都掌握在国民党军阀手中。至于在起义后组织的政府，它无疑将是无产阶级专政的政府，在这种情况下，它更不会召开国民会议。

这种议论极不全面，是片面的，因为它给误解甚至是错误留有许多余地。

首先不能认为，资产阶级本身被迫召开某种类似国民会议的东西的可能性已经被排除了。如果欧洲报纸的消息可靠，蒋介石打算用虚假的议会监督取代限制他的国民党的监督。大中资产阶级的某些圈子与它们厌恶的党专制有冲突，它们可能会迎合这样的议会主张。况且在美国面前，"议会"能更好地遮掩军人专制。据报纸报道，蒋介石接受了美国基督教，认为这将有助于他向华尔街的犹太银行家贷款，是不无道理的。美国化的基督教、美国的犹太高利贷者和中国的假议会，所有这些彼此极度和谐。

在议会方案实施的情况下，城市小资产阶级、知识分子、大学生、"第三

党"将全都行动起来。宪法问题、选举权和议会将提上日程。认为中国人民群众似乎已经把所有这些全都抛在身后了,是荒谬的。迄今为止,他们只经历了斯大林—蒋介石的学校,即所有学校中最可耻的一个。在一定的时期,民主问题不仅一定会波及农民,还会波及工人。这一切需要在我们的领导下进行。

蒋介石是否会召开自己的议会?非常可能。但有可能,宪法民主运动溢出了蒋介石的计划,迫使他走得比他今天打算的更远,或甚至把蒋介石连同他的计划全部消灭。无论是什么样的宪法议会变种,我们都不能袖手旁观。我们将在我们自己的口号,首先是革命和彻底的(百分之百)民主口号下加入斗争,如果革命浪潮不能立即消灭蒋介石和他的议会,我们就不得不参加这个议会,揭露买办议会的骗局,提出我们自己的任务。

可以设想,革命民主运动的规模如此之大,蒋介石已经不能把军事机关掌握在自己的手中,而共产党人还不能掌握政权。这样的发展转折时期是完全可能的。它可能推出双重政权的中国变种,新的临时政府,国民党与第三党的联盟等。这样的制度是极端不稳定的。它只能是通向无产阶级专政的一个台阶,但这样的台阶是可能的。

所引那份文件说:"在胜利的起义的情况下将建立无产阶级专政,那时不会召开国民会议。"在此问题被过分简化了。在什么时候发生起义,在什么口号下?如果无产阶级用民主口号(土地革命、国民会议等)把贫农联合在自己的周围,粉碎了资产阶级军人专制的联合进攻,夺取了权力,它可能也会被迫召开国民会议,以便不引起农民的怀疑,为资产阶级蛊惑敞开大门。须知十月革命后,布尔什维克就被迫召开了立宪会议!为什么认为它的变种在中国就被排除了?农民的发展与无产阶级的发展根本不会同步。无产阶级可以事先预见到许多东西,而农民只能在事实的基础上学习。中国农民可能需要国民会议的生动经验。

由于俄国资产阶级长期拖延召开立宪会议,而布尔什维克在这方面揭露它,于是在夺取政权以后,布尔什维克被迫在短期内在旧的代表名单的基础上召开立宪会议,因而处于少数。在全体人民面前,立宪会议与苏维埃发生冲突,并被解散。

在中国可以设想另一种变化。无产阶级夺取政权之后,在一定的条件下推迟几个月召开国民会议,在农村展开广泛的鼓动,保证共产党在国民会议中的多数。好处是,苏维埃制度得到国民会议的正式确认,以使资产阶级失去赢得人心的口号。

六、当然，上面分析的各种变化仅仅是历史假设。没有任何可能预先猜测，事件的实际进程如何形成。无产阶级专政的总方针是早就清楚的。我们不仅应该猜测可能的变化、阶段和组合，在事件中含有多少革命因素，而且要在民主口号下展开强大的宣传鼓动工作。如果我们把在这个领域中的主动权掌握在我们的手中，那斯大林官僚就将被抛到局外，而布尔什维克—列宁主义者很快就会变成巨大的政治力量。

七、关于近期内中国资本主义会面临什么样的机会的问题。不是原则问题，而是事实性问题。预先决定资本主义在中国已经一步也不能向前发展，纯属教条。大量的外国资本涌进中国是完全不能排除的。世界危机积累了闲置资本，它需要活动领域。诚然，现在甚至最强大的美国资本都已经瘫痪、不知所措、怯懦，失去了首创精神，因为它刚刚从繁荣的顶点跌入了危机的深渊。但它已经开始寻找国际桥头堡，依靠后者可以推动工业新的高涨。无疑，中国在这方面提供了重大的机会。它们能在什么规模上实现？这还是不能预见的。在此需要的不是先验地猜测，而是观察实际的经济政治过程。同时，无论如何不能排除，在资本主义世界的大部分还在危机的网中挣扎时，外国资本的涌入会在中国造成经济复苏。我们应该为这种变化做好准备，及时把我们的注意力集中在组织、强化对工会的正确领导方面。

无疑，经济复苏将在一定时期内推迟直接的革命前景，但它为后者创造胜利的新机会、新力量和新源泉。未来无论如何都是属于我们的！

八、某些来自上海的信件提出问题，是否应该强化在各地方充分联合，把各个集团的出版物合并，在已经实现的统一的基础上召开代表会议，或是在统一的反对派内部保存个别派别，直到彻底解决策略问题之后？从远方很难为这类组织问题提建议。有可能去得太迟。但我仍不能克制自己不说：亲爱的同志们，今天就把你们的组织和报纸彻底统一起来！不能把统一的筹备拖得太久，因为这可能会违背自己的意志造成人为的分歧。

我根本不是要说，一切问题已经解决了，你们（更确切地说是我们）今后不会再有分歧。不，明天和后天会提出新的任务，这意味着会产生新的分歧，这是无可置疑的。没有它革命政党就不能发展。但这些新的分歧将在统一的组织范围内产生新的集团。不能过于长久地回顾昨天，不能原地踏步，应该向前去迎接明天！

九、新分歧是不可避免的，左派反对派的所有支部的经验都证明了这点。例如法国共产主义者同盟是由不同的集团形成的。由于它的日报，同盟完成了十分严肃的、有价值的工作，不仅是本国的，还有国际的，以此证明了几个集团的统一是进步因素。但在近几个月里，在这个统一的同盟中产生了尖锐的分歧，特别是在工会问题上，形成了持根本错误立场的右翼。问题如此严重和深刻，它甚至可能导致新的分裂。当然，应该为避免分裂而尽一切努力。但如果不成功的话，新的分裂根本不能证明昨天的统一是错误的。我们既不把统一当成偶像，也不把分裂当成偶像。一切都取决于条件、时机、分歧的深度、任务的性质。

十、看来，在西班牙形成的情况与其他国家不一样。现在西班牙经历着明显无疑的革命高涨时期。火热的政治气氛应该十分有助于作为最英勇、最彻底的革命一翼的布尔什维克—列宁主义者的工作。共产国际破坏了西班牙共产主义的队伍，削弱了官方共产党，使它失血。像在所有其他重要关头一样，共产国际领导错过了革命形势。西班牙工人在最重要的时刻表明他们无愧于自己。几乎在没有领导的情况下，他们展开了规模惊人的革命罢工斗争。在这些条件下，西班牙布尔什维克—列宁主义者提出了苏维埃口号。根据斯大林分子的理论和广州起义的实践，似乎苏维埃只应该在起义的前夜建立。致命的理论、致命的实践！应该在活生生的实际群众运动表明了对苏维埃的需求时建立这个组织。苏维埃在刚刚建立时，是作为广泛的罢工委员会。在西班牙已经出现了这种局面。无须怀疑，在这些条件下，布尔什维克—列宁主义者（反对派）的首创精神得到了无产阶级先锋队的同情的回应。不远的将来，将在西班牙反对派面前展开广阔的前景。我们希望我们的西班牙朋友圆满成功！

十一、在结束此信时再次回到统一的问题上，以便指出奥地利在这方面的极其可悲的经验。

三个奥地利反对派集团在长达一年半的时间内从事"统一"工作，一次又一次地想出使统一变得不可能的条件。这些犯罪的游戏只是奥地利反对派的可悲的总体状况的反映，它已被官方共产党的腐朽所俘虏。在这一年中，奥地利集团中的每一个都已经充分表明，它随时准备放弃国际反对派的思想和原则，但决不放弃自己的小团体野心。这些集团的思想基础越是微不足道，它们的内部斗争的毒性就越大。它们起劲地把国际反对派的旗帜在污泥里拖来拖去，同时要求国际反对派以自己的权威来掩护它们的不体面的工作。

这当然是不可能的。允许无原则的集团进入国际反对派，意味着使毒素进入自己的肌体。在这方面我们应该进行严格的筛选。我希望，国际反对派在它的代表会议上通过审查加入自己队伍的组织的十分严格的"二十一项条件"。①

与奥地利反对派不同，中国反对派不是在猥琐的幕后阴谋的基础上产生的，而是在被机会主义领导葬送的波澜壮阔的革命的基础上产生的。伟大的历史使命把这独一无二的责任放在了中国反对派的肩上。我们所有人在此都希望，中国反对派能够清除小团体精神，挺起腰板，以便能够达到它所面临的任务的水平。

你们的托洛茨基

1931年1月8日

于王子群岛

---

① 二十一项条件系1920年8月在共产国际第二次代表大会上通过的加入共产国际的条件（由列宁起草）。这些条件有利于从共产主义运动中清除机会主义分子。规定各国共产党必须同改良主义及其中派变种彻底决裂，支持各苏维埃共和国和民族解放运动，承认民主集中制原则和确立加强党的纪律。——译注

被扼杀的革命
——评一本描写中国革命的法国小说*

　　安德烈·马尔罗的《征服者》一书，我好像从不同地方一共得到了四本。遗憾的是，我是在过了一年半或两年后，才把它读完。该书讲的是中国革命，即近五年来的最重大的题目。语言优美简洁、艺术家的敏锐眼光、观察的大胆和多样性，所有这一切赋予小说独一无二的意义。但是，我写这几行字绝非出于无足轻重的理由——小说写得很有才气，而是因为它是最重要的政治教训的源泉。它们是来自马尔罗？不，它们源于故事本身，未经过甚至违背作者的意愿。这给作为观察者和艺术家的、而不是给作为革命家的作家带来荣誉。同时，我们完全有权对马尔罗使用这个标准，因为作家毫不吝惜地以自己的名义，特别是以加林，第二个自我的名义对革命发表评论。

　　这本书被称为小说。事实上我们看到的是小说化的革命第一阶段——广州阶段——的编年史。编年史并不完整。有时画面缺少社会吸引力。但在读者面前走过的不仅仅是革命的鲜明的片段，还有清晰地勾勒出的个别人物，他们作为社会象征而深深地铭记在人们的头脑中。

　　马尔罗用点彩派的方法，以细腻、鲜明的笔触描绘出一幅令人难忘的总罢工的画面，诚然，它不像实际发生的那样自下而上来描写，而是以上层对它的感知的样子来描写：欧洲人没有早点吃，欧洲人热得喘不上气来；中国人不再在厨房做饭，不再转动通气扇。这并非是对作者的指责：否则一位外国艺术家就不能处理自己的题材。但是，有可以指责之处，而且还不是小毛病：在书中，无所不知、无所不晓的作者与他的女主角——革命——并不相称。

---

　　* 译自 *Бюллетень оппозиции*，No21–22，cc. 30–35。

作者的好感，而且是积极的好感，无可争议地是在造反的中国一边。但在这些好感中不乏偶然的冲动。它们被极端的个人主义和审美挑剔所侵蚀。极其投入地阅读此书，在令人信服的叙述中听到对充满激情冲动的野蛮人的保护者式的嘲笑时，不免令人感到遗憾。没人要求对中国的落后、它的许多政治表象的原始性保持沉默。但我们需要能让所有东西各就各位的正确的透视法。作为马尔罗"小说"展开的背景的中国事件，对人类文化未来的命运，比欧洲各议会的可悲无聊的忙碌和堆积如山的文明停滞的文学作品要重要得多。马尔罗似乎羞于让自己了解这点。

在小说中有其因紧张而漂亮的几页，描绘的是由压迫、愚昧和奴役而产生的革命仇恨被百炼成钢。如果马尔罗更自由、更勇敢地对待群众，如果他不把莫名其妙的优越感带进自己的观察中，似乎是为了自己与中国人民的造反的短暂联系，而对自己或对法国科学院的官员和精神鸦片商贩表示歉意的话，他的这几页是可以进入革命文选中的。

* * *

在广州政府中，代表共产国际的鲍罗廷居"高级顾问"的位置。作者的挚友加林主管宣传。全部工作在国民党的框架内进行。鲍罗廷、加林、俄国"将军"加伦①、法国人热拉尔、德国人克莱恩等人形成了独特的革命官僚，它凌驾于起义的人民之上，以推行自己的"革命"政策取代推行革命政策。

国民党的地方组织被界定为："几个无疑是勇敢的狂热分子、追逐荣誉或安全的富人、无数大学生、苦力的联合体……"资产者不仅加入每一个组织，而且还领导着整个党。共产党员服从国民党，严厉劝告工人农民不得进行能推开资产者朋友的行动。"我们控制的协会就是这样（不过只是在某种程度上，在这点上不要自我欺骗）。"这一承认颇有教益！共产国际的官僚企图"控制"中国的阶级斗争，像国际银行巨头控制落后国家的经济生活一样。但革命是不能指挥的。只能让它的内在力量得到政治表现。应该知道把自己的命运与这些力量中的哪一个联系起来。

"苦力们刚刚发现他们的存在，也仅仅是他们的存在。"说得入木三分。

---

① 苏联元帅布柳赫尔任蒋介石顾问时使用的化名。——译注

但为了感觉到自己的存在,苦力、产业工人、农民应该推翻那些妨碍他们存在的人。外国统治与国内压迫紧密地联系在一起。苦力不仅必须赶走鲍德温或麦克唐纳,还要推翻本国的统治阶级。二者相辅相成,缺一不可。比法国人口多十倍的中国群众的觉醒,立刻汇成了社会革命的岩浆。何等壮观的场面!

但是,鲍罗廷登上舞台并声明:"在这场革命中,工人应为资产阶级完成苦力的工作。"(参见陈独秀的信,载《反对派通报》第15—16期合刊第21页。)无产阶级发现,他想摆脱的社会奴役被转移到政治领域中。是谁完成了这种背信弃义的事?共产国际的官僚。它企图"控制"国民党,实际上帮助寻求荣誉和安全的资产者,后者让想生存的苦力服从自己。

在小说中,一直在幕后的鲍罗廷被界定为"实干"的人和"职业革命家",是布尔什维主义在中国土壤上的生动的体现。没有比这更荒谬的了!鲍罗廷的政治传记是这样的:1903年他19岁时迁往美国;1918年返回莫斯科,因为懂英文,他在那里"从事与外国政党的联系";他于1922年在格拉斯哥被捕;之后作为共产国际的代表被派往中国。鲍罗廷在第一次革命前离开俄国,在第三次革命后回到这里,他是一个彻头彻尾的党和国家官僚的代表,他们只是在革命胜利之后才承认它。对年轻人来说,这只不过是个时间问题。但对四五十岁的人来说,这就是政治鉴定了。如果鲍罗廷成功地加入了胜利的俄国革命的话,这根本就不意味着他负有保障中国革命胜利的使命。这类人毫无困难地掌握了"职业革命家"的手势和语调。他们中的不少人以其保护色不仅欺骗别人,还欺骗自己。布尔什维克的百折不挠、果敢坚定在他们那里往往变成不择手段的官员的无耻。需要的就是中央委员会的委任状!鲍罗廷总是把这个神圣的护身符放在自己的口袋里。

加林不是官员,他比鲍罗廷更有个性,甚至可能更加接近革命家的类型。但他没有必不可少的意识形态,作为一个业余爱好者和临时工,他在重大事件中的每一步都暴露出这点,迷失方向,陷入绝境。关于中国革命的口号,他评论:"民权等都是民主的废话。"听起来挺激进,但这是假激进。在彭加勒、埃里奥、莱昂·布吕姆①这些法国的手法利索的魔术师,印度支那、阿尔及利亚、摩洛哥的狱卒的嘴里,民主口号是令人反感的废话。但当中国人以"民

---

① 布吕姆(Léon Blume,1872—1950)法国社会党领袖和理论家,1936—1938年任人民阵线政府首脑,德国法西斯占领法国后被捕,监禁在德国;1946年12月至1947年1月出任政府首脑。在印度支那进行殖民战争,提出了所谓的"人道主义的社会主义"学说。——译注

权"的名义起来造反时，它们就与废话没有任何共同之处，而是 18 世纪法国革命的口号了。在罢工期间，英国掠夺者在香港威胁要恢复体罚。"人权和公民权"在香港意味着中国人不受英国人鞭打的权利。揭露帝国主义分子的腐朽的民主就是为革命服务，称被压迫者的起义口号为废话，就意味着有意无意地为帝国主义主分子服务。

马克思主义的有效疫苗可以使作者避免出现这类注定要出现的失算。但总的来说，加林认为革命学说是空话（le fatras doktrinal）。你们看到，他是那些把革命看成仅仅是一定的"事物状态"的人中的一个而已，这不令人惊讶吗？确实，正是因为革命是"事物状态"，即由客观原因形成的、服从一定规律的社会发展中的一个阶段，科学思维能够预见过程的总体方向。只有研究社会解剖学和它的生理学，才有可能在科学预见的基础上，而不是在业余爱好者猜想的基础上促进事件的进程。"蔑视"革命学说的革命者，丝毫不比蔑视他所不懂的医学的医生，或否定技术的工程师强。不借助科学而企图改变以病命名的"事态"的人，理所当然地被称为巫医或招摇撞骗者。如果有起诉革命巫医的法庭的话，鲍罗廷和他的莫斯科的鼓舞者肯定会被判处沉重的刑罚。我担心，加林也逃脱不了惩罚。

小说中的两个人物彼此对立，是民族革命中的两极：陈达老人，国民党右翼的精神领袖、资产阶级的预言家、圣徒；洪，年轻的恐怖分子首领。作者浓墨重彩地描绘了这两个人物。陈达体现的是翻译成欧洲教育语言的中国的旧文化，他以这个精致的外壳美化所有中国统治阶级的利益。陈达当然希望民族解放，但他害怕群众更甚于憎恨民族压迫。他憎恨革命甚于害怕帝国主义分子。如果他迎合革命的话，就只是为了遏止它，驯服它，削弱它。他在两条战线——反对帝国主义和反对革命——上推行印度甘地的消极反抗政策，在一定阶段中，这是资产阶级以这种或那种形式全方位推行的政策。消极反抗源于资产阶级让群众运动改变方向、剽窃其成果的企图。

当加林说，陈达的影响超越政治时，对此只能无奈地耸耸肩。伪装的"正人君子"的政策在中国和印度都一样，在高度升华的抽象说教的形式上表达了有产者的保守利益。陈达个人的无私与他的政治功能没有任何矛盾，剥削者需要正人君子，就像腐败的宗教等级制度需要圣徒一样。

谁追随陈达？对这个问题小说以值得称道的清晰回答说："旧官员、走私鸦片的人或摄影师、改行为自行车商的学究、巴黎派的律师、形形色色的知识分子。"在他们后面是与英国有联系的更有地位的资产阶级,它武装唐将军反对革命。期待胜利的唐打算任命陈达为政府首脑。那时,陈达和唐仍是国民党党员,鲍罗廷和加林都为该党服务。

当唐率领自己的军队攻打城市,企图屠杀从鲍罗廷和加林开始的革命者,自己的党内同志时,后者在洪的帮助下动员和武装失业工人。但在战胜了唐之后,领袖们企图让一切依旧。他们不愿打破与陈达的暧昧的联盟,因为他们不相信工人、苦力、革命群众。他们自己也染上了陈达的偏见,成了后者的得心应手的工具。

为了不"推开"资产阶级,他们必须与洪进行斗争。他是谁,来自哪里?"来自贫困"。他来自那些进行革命的人,而不是在革命胜利后依附它的人。洪想刺杀英国香港总督时,他只关心一点:"当我被判处死刑时,应该号召年轻人,让他们模仿我。"洪应该提出一个明确的纲领,唤醒工人,团结他们,武装他们,让他们反对自己的敌人——陈达。但共产国际的官僚寻求与陈达的友谊,把洪推开,使他怒不可遏,洪开始刺杀"支持"国民党的银行家和商人。洪也刺杀传教士:"教育人们忍受贫穷的基督教神父或其他人都应该受到惩罚。"如果洪没有找到正确的道路的话,应该由把革命放在银行家和商人的脖子上的鲍罗廷和加林来承担罪责。洪反映的是已经觉醒,但还没有睁开眼睛、舒展胳膊的群众。他企图用手枪和匕首代替被共产国际代理人麻痹的群众行动。中国革命的赤裸裸的真相就是这样。

* * *

此时,广东政府"为了维持自己的存在,在加林、鲍罗廷和陈达之间摇摆,前者手中控制着警察和工会,后者虽然两手空空,但他依然存在"。我们看到的几乎是完整的双重政权的图景。共产国际代表掌握着广州的工会、警察、黄埔军校、群众的同情、苏联的帮助。陈达具有的是"道义权威",即吓得要死的有产者的声望。陈达的朋友们都在得到妥协派主动支持的软弱的政府中。须知这是二月革命的制度,是克伦斯基政府体制,唯一的区别是孟什维克的角色由假布尔什维克完成!鲍罗廷没有猜到这点,因为他装扮成布尔什维克,并把自己的装扮当真了。

加林和鲍罗廷的核心思想是禁止前往广州码头的中国和外国船只取道香

港。这些自认为是革命现实主义者的人希望以商业抵制打破英国对中国南方的统治。在这种情况下他们根本就不认为必须先推翻广州的资产阶级政权,后者只要一有机会就会把革命出卖给英国。不,鲍罗廷和加林每天都去敲"政府"的门,毕恭毕敬地请求它颁布救命的命令。自己人中的某一个提醒加林,整个这个政府实质上就是一个难题。加林毫无困惑。他反驳说:"是不是难题无所谓,只要它行动就行,因为我们需要它。"就像神父需要他自己用蜡和棉花制作的圣尸一样。在这个降低和削弱革命的政策之后隐藏着什么呢?小资产阶级革命者对有声望的保守资产者的顶礼膜拜。正如法国最红的激进主义者随时准备跪倒在彭加勒面前一样。

但是,广州群众可能还没有成熟到可以推翻资产阶级政权的地步?从整个情况中可以看出,如果没有共产国际的反对,幽灵般的政府早就在群众的压力下垮台了。但就算广州工人过于软弱,不能建立自己的政权,一般来说,群众的弱点在哪里?就在于它准备追随剥削者。在这种情况下,革命者的首要责任就是帮助工人摆脱这种奴隶的轻信。然而共产国际的官僚完成了相反的工作。它让群众必须服从资产阶级,并宣布资产阶级的敌人是自己的敌人。

别把陈达推开!但如果陈达最后还是走开了,这是不可避免的,这不意味着加林和鲍罗廷主动地摆脱了对资产阶级的依附。他们只是选择了新的焦点——蒋介石,他是同一个阶级的儿子,陈达的弟弟。他是布尔什维克创建的黄埔军校的校长。蒋介石不局限于消极反抗,他准备求助于血腥的暴力,但不是群众的、平民的,而是军事形式的,只是在这种范围内,以使资产阶级把对军队的无限权力掌握在自己的手中。鲍罗廷和加林在武装敌人的时候,解除了朋友的武装并推开了他们。他们就这样为灾难打下基础。

但是,我们是否过高地估计了革命官僚对事件的影响?没有。实际上它比它自己认为的更加强大,如果不是好的影响,则是坏的影响。刚刚开始在政治上存在的苦力需要勇敢的领导。洪需要大胆的纲领。革命需要数百万人的被唤醒的力量。但鲍罗廷和他的官僚们需要的是陈达和蒋介石。他们扼杀了洪,阻碍工人抬头。几个月后,他们将扼杀农民的土地革命,只是为了不赶走资产阶级军官。他们的力量在于他们代表的是俄国的十月和布尔什维主义、共产国际。官僚篡夺了最伟大的革命的权威、旗帜和资源,阻断了完全有机会成为伟大革命的另一场革命的道路。

鲍罗廷和洪之间的对话是对鲍罗廷和他的莫斯科鼓舞者的最惊心动魄的起

诉书。洪像以往一样寻求坚决行动。他要求镇压最有名的资产者。鲍罗廷找到的唯一反对理由是，不能动那些"出钱"的人。加林说："革命不那么简单。"鲍罗廷补充说："革命意味着得出钱养活军队。"在这些格言中，有绞杀中国革命的绞索的全部因素。鲍罗廷保护了资产阶级。它为此给"革命"交了预付款。但钱到了蒋介石的军队中。蒋介石的军队粉碎了无产阶级并消灭了革命。难道这不能事先预见到吗？这难道没有事先预见到吗？资产阶级只会自愿地出钱养活那支为它服务的并反对人民的军队。革命军队不能等待施舍，而是强迫付钱。这被称为革命专政。

洪成功地在工人会议上发言，抨击葬送革命的"俄国人"。洪本人的道路是不能到达目的地的，但他反对鲍罗廷是正确的。"难道太平天国和义和团有俄国顾问吗？"如果 1924—1927 年中国革命能够自行发展的话，它可能也不会直接走向胜利，但它不至于求助于剖腹自杀的方法，也不会体验到可耻的投降，而是培养出革命干部。在广州的双重政权与彼得格勒的双重政权之间的区别，就是中国没有布尔什维主义——在"托洛茨基主义"的名义下，它已经被宣布为反革命学说，遭到所有诽谤和镇压措施的迫害。克伦斯基在七月事件中没有办到的，十年之后，由斯大林在中国办到了。

加林让我们相信，鲍罗廷"像他那一代布尔什维克一样，以其反对无政府主义者的斗争而著称。"作者需要这个结论，是为了让读者对鲍罗廷反对洪集团的斗争有所准备。但是，作为史料，它是错误的。无政府主义在俄国没有抬头，不是因为布尔什维克成功地进行了反对它的斗争，而是他们事先使它失去了根基。如果无政府主义不是只停留在知识分子的咖啡屋里或编辑部的四壁之内，而是更加深入到生活中，它就是底层的绝望心理，它就意味着对民主欺骗以及机会主义背叛的政治惩罚。布尔什维主义大无畏地提出了革命任务，并教导如何解决这些任务，没有给无政府主义在俄国的发展留下余地。但是，如果马尔罗的史料是错误的话，他的故事却极其雄辩地表明，斯大林—鲍罗廷的机会主义政策在中国为无政府恐怖主义创造了基础。

在这个政策的逻辑的推动下，鲍罗廷同意颁布反对恐怖分子的命令。得到共产国际祝福的广州资产阶级宣布，被莫斯科领导的罪行抛上冒险道路上的坚定革命者不受法律保护。他们以恐怖行动反对保护有支付能力的资产阶级假革命官僚分子。鲍罗廷和加林捕捉和消灭恐怖分子，不仅是为了保护资产者，也是为了保住自己的脑袋。这样，妥协政策注定要在背信弃义的台阶上滚到底。

书名是《征服者》。模棱两可的书名，作者用它来称谓俄国布尔什维克，更确切地说，是他们的特定部分，革命在这个名称中染上了帝国主义的色彩。征服者？中国群众走上了革命起义的道路，无疑是在作为布尔什维主义的实例和旗帜的十月革命的影响下。但"征服者"什么也没有征服。相反，他们把一切都交给了敌人。如果俄国革命唤起了中国革命，那么俄国的不肖之徒扼杀了它。马尔罗没有得出这些结论。他甚至似乎都没有想到它们。因而它们在他的出色的书中就显得更加突出。

列·托洛茨基
1931年2月9日
于王子群岛

在中国共产党中搞什么名堂？*

1930年12月25日的《真理报》讲道："1930年秋天，中国共产党的党员人数已接近二十万。党已经彻底根除了陈独秀思想的残余，并在思想上（！）粉碎了托洛茨基主义。但是，过于复杂的斗争形势导致近期在党内产生了半托洛茨基主义性质的'左倾'摇摆。一批领导工作者认为，国际规模的革命形势的成熟提出了立即在全国范围内展开夺取政权的斗争的问题，因而忽视了在红军占领的区域内巩固苏维埃政权的必要性。由这种评价出发，他们认为可以停止工人的经济斗争，解散革命工会。"

这几行字透露了笼罩在中国共产主义官方领导人头脑中的混乱。他们"在思想上粉碎了托洛茨基主义"，这是不言而喻的。但现在，在粉碎了之后，在党内开始了"半托洛茨基主义性质的摇摆"。这也出现了不止一次。这些摇摆甚至波及一批领导工作者。居然会出现这种事。

新的半托洛茨基主义摇摆的内容是什么？首先是要求"立即在全国范围内展开夺取政权的斗争"。但须知左派反对派从1927年秋天起就提出恰恰相反的要求，取消作为当前紧迫口号的武装暴动口号。现在，我们的中国同志提上日程的不是武装暴动，而是围绕着无产阶级和农民的社会要求和革命民主口号动员群众；不是在农村进行冒险主义的实验，而是进行工会和党的建设！如果《真理报》不是造谣（这是完全可能的），如果新反对派真的要求"停止工人的经济斗争，解散革命工会"，那这与左派反对派（布尔什维克—列宁主义者）的建议截然对立。

接下来我们读到，新反对派"忽视在红军占领的区域巩固苏维埃政权的

---

* 译自 *Бюллетень оппозиции*，No19，cc. 14 – 15。

这是在《记者札记》标题下的一组文章中的一篇，署名阿尔法。——译注

必要性"。似乎它要求用全国规模的暴动取代这种"巩固"。这与布尔什维克—列宁主义者的立场没有任何共同之处。如果把中国"红军"看成无产阶级起义的武器，则中国共产党应该受所有革命起义的一般规律的指导：进攻、扩大占领区域、占领国家生活中心。没有这些，革命起义是没有希望的。原地踏步，用防御取代进攻，意味着葬送起义。在这个意义上，新反对派（如果它的观点转述是正确的话）是彻头彻尾的斯大林分子，他们以为可以在农民地区把"苏维埃政权"保存几年，或是这个苏维埃政权可以在被称为红军的游击队的车队上从一个地方转移到另一个地方。但是，这两个观点都不像是我们的。它们两个都是出自错误的前提，放弃苏维埃政权的阶级理论，把革命消融到外省农民暴动中，冒险主义地把中国共产党的命运与它们联系在一起。

这最后一种情况是什么？我们出乎预料地从文章中得知，"1930年秋天，中国共产党的党员人数已经接近二十万"。没有对提供的这个数字做任何说明。然而在去年，中国共产党的党员人数未必能超过六七千人。如果党在最近一年如此蓬勃的增长是事实的话，那它本身就是形势彻底朝着革命方向转变的征兆。二十万党员！如果真的有五万、四万，甚至三万，哪怕只有两万有第二次中国革命经验、明白它的教训的工人入党，我们就可以说：这是重要的、不可遏制的力量，有这样的干部可以扭转中国的乾坤。但是，我们马上会问：这两万工人加入工会了吗？他们在那里进行什么工作？他们的影响是否扩大了？他们是否把工会与无组织的群众以及周边的农村联系起来？在什么样的口号下？

但是，实质在于，共产国际领导在这个问题上有些东西没说完，对有的东西保持沉默，从而把无产阶级先锋队引入歧途。无须怀疑，这二十万党员中的绝大部分——我们说是90%—95%——都在"红军"队伍活动的区域。哪怕稍稍设想一下农民队伍的政治心理和他们在其中活动的环境，政治图景就清晰了：游击队员几乎全部算做党员，红军占领地区的农民紧随其后也入了党。中国共产党与"红军"和"苏维埃政权"一样，抛弃了无产阶级轨道，走上了农村的乡间小道。

像我们听到的那样，在寻找摆脱困境的出路时，新的中国反对派提出了在全国范围内发动无产阶级起义的口号。如果举行起义的条件已经具备的话，这当然是最好的出路。但今天它们并不存在。那在这种情况下该怎么办呢？提出现阶段——革命间隙阶段，这个阶段有多长，是不能预测的——的口号。这是民主革命的口号：土地分给贫农、八小时工作制、中国独立、中国各民族的民族自决权、最后是国民会议。

在这些口号下，各省的农民起义和游击队将突破各省的据点，汇成全国性的运动，并把自己的命运与它联系起来。共产党将再次崛起，不是作为农民游击队的助手，而是全国工人阶级的政治领袖。

没有任何其他道路！

1931 年 3 月

被扼杀的革命和它的扼杀者*

紧急工作妨碍我及时读到马尔罗反驳我对共产国际、鲍罗廷、加林以及他自己的批评的文章。作为政论作家的马尔罗比作为艺术家的马尔罗离无产阶级和革命更远。这个事实本身并不是写这几行文字的理由，因为哪里都没有说过，天才的作家应该是无产阶级革命家。如果我仍然回过头来讨论已经涉及过的问题，那是因为题材本身，而不是因为马尔罗。

我说过，小说中的最好的人物已经达到了社会象征的高度。我应该补充说：鲍罗廷、加林和他们的所有"同事"都是假革命官僚这一新的社会类型的象征，它的产生一方面是由于苏维埃国家的存在，另一方面是共产国际的制度。

我拒绝把鲍罗廷列入"职业革命家"的类型，像在小说中界定的那样。马尔罗对我证明，加林有足够的革命头衔使他有权得到这样的称号。托洛茨基的革命头衔更多些，马尔罗认为补充这一句是适当的。难道这不可笑吗？职业革命家的类型不是什么理想的类型。但这至少是确定的类型，它有确定的政治传记和表现鲜明的特征。只有俄国在最近几十年中创立了这样的类型，在俄国最完美地体现这种类型的，是布尔什维克党。鲍罗廷这一代职业革命家在第一次革命前形成，经历了1905年的考验，在反革命岁月中经受考验和学习（或崩溃），在1917年经受了最严格的检验。从1903年到1918年，就是在俄国形成职业革命家类型的整个时期。鲍罗廷，数百个、数千个这样的鲍罗廷处于斗争之外。1918年，在胜利之后，鲍罗廷回来服务。这是他的荣誉，为无产阶级国家服务比为资产阶级国家服务更光荣。鲍罗廷承担了冒险的使命。但是，

---

* 译自 Бюллетень оппозиции, No23, cc. 20 – 22。

托洛茨基论中国革命(1925—1927)

资产阶级国家的代理人在其他国家中，特别是在殖民地国家中，也往往履行冒险的任务。他们还不能因此而成为革命者。官员—冒险家类型与职业革命家类型的特征在某些时刻能够十分接近。但就其一般的心理素质和历史功能来说，这是两个截然对立的类型。

革命者和自己的阶级一起开辟道路。如果无产阶级软弱、落后，他就局限于小规模、耐心、长期地从事建立小组、宣传、培养干部的沉重工作，他依靠这些干部转入大规模的宣传，合法的还是地下的，要取决于环境。他总能分清自己的阶级和敌对阶级，他只推行符合自己阶级的力量和能够巩固这个力量的政策。法国、俄国和中国的无产阶级革命者，都把中国工人看做是自己的军队，今天的或是明天的。官员—冒险家凌驾于中华民族的所有阶级之上。他认为自己负有统治、发号施令的使命，不管中国国内力量对比关系如何。既然今天的中国无产阶级还很软弱，不能保证占据领导岗位，官员就与此妥协，把几个不同的阶级结合起来。他在殖民地革命的事务上的所作所为，就像是督察和总督一样。他把保守的资产阶级和无政府主义者组合起来，即兴地制定特定的纲领，制定模棱两可的政策，建立四个阶级的联盟，变戏法，践踏原则。而结果呢？资产阶级更富有、更有影响、更有经验。官员—冒险家骗不了它。可是他却欺骗了忘我的、没有经验的工人，把他们出卖给资产阶级。共产国际官僚在中国革命中扮演的就是这样的角色。

马尔罗认为，"革命"官僚独立于无产阶级的力量进行指挥的权力是不言而喻的，他教育我们，不参加战争就不能参加革命。不加入国民党，就不能参加战争等。对此他又补充说，对共产党来说，与国民党决裂意味着必须转入地下。当考虑到这些论据是对共产国际驻中国代表的哲学概括时，不能不说，是啊，有时历史过程的辩证法对组织、人和思想开恶毒的玩笑！问题的解决是多么简单，为了成功地参与敌对阶级领导的事件，就应该在政治上服从这个阶级；为了避免来自国民党的镇压，就应该染上它的色彩。这就是鲍罗廷和加林的全部秘密。

马尔罗对 1925 年中国的形势、可能性和任务的政治评价是完全错误的，他未必走到了真正的革命问题所由开始的起点。我就此所说过的——不过是在另一个地方——一切必要的观点，马尔罗的文章并没有提供重新审查它们的理由。但是，即使是在马尔罗为形势作出的错误评价的基础上，也无论如何都不能为斯大林—鲍罗廷—加林的政策辩护。为了在 1925 年抗议这个错误的政策，需要有预见能力。为了在 1931 年为它辩护，就应该是无可救药的瞎子。

莫非共产国际官员的战略除了屈辱、干部被消灭，最主要的是造成头脑可怕的混乱之外，还给中国无产阶级带来了什么？莫非对国民党的可耻的投降使党免遭镇压了吗？相反，使得镇压变本加厉。莫非共产党没有被迫走入地下吗？而且是在革命被粉碎之时！如果共产党人在革命涨潮初期是从地下开始，他们就能率领群众走上公开的舞台。在鲍罗廷—加林和蒋介石的帮助下，把党搞乱，使它失去头脑，士气低落之后，在反革命的岁月中更有把握地把它赶入地下。鲍罗廷—加林的政策是完全有利于中国资产阶级的。中国共产党只能从头开始，而且是在堆满碎片、偏见、未认识到的错误和进步工人不信任的舞台上。结论就是这样。

整个这个政策的犯罪性质在个别问题上暴露得更加尖锐。鲍罗廷之流把蓄意行刺资产阶级领袖陈达的恐怖分子交给资产阶级，马尔罗把这当做是他们的功劳。行刺是官僚博尔贾①和波兰"革命的"小贵族玩的把戏，后者总是更喜欢假他人之手背着人民行刺。不，任务不是在角落里杀死陈达，而是为推翻资产阶级做准备。当革命党不得不杀人时，它以符合群众要求、他们能够理解的任务、目的的名义完成它，并公然为此负责。

革命道德不是抽象的康德的规范。它是让革命者处于阶级任务和目的的监督之下的行动准则。鲍罗廷和加林与群众没有联系，他们没有对阶级的责任感。他们是官僚超人，他们认为在从上面获得的权限内"可以为所欲为"。这样的人的活动不管它在一定的时间内是多么有效，最终是不能不违背革命利益的。

借洪的手杀死了陈达之后，鲍罗廷和加林把洪和他的团体交到了刽子手的手中。这给他们的整个政策打上了该隐的印记。马尔罗在此事上仍是他们的保护人。他的论据是什么？列宁和托洛茨基也残酷地镇压了无政府主义者。很难相信，这是一个哪怕短期参加过革命的人说的话。马尔罗忘记了或是不明白，革命是以一个阶级对另一个阶级的统治权的名义完成的，革命实施的暴力权力，就来自自己的这个任务中。资产阶级以维护剥削和卑鄙制度的名义消灭革命者，有时还有无政府主义者（越来越少，因为他们变得越来越老实）。在资产阶级统治下，布尔什维克始终保护无政府主义者免遭吉亚波夫②之害。夺取

---

① 博尔贾系意大利文艺复兴时期的暴君。——译注
② 吉亚波夫曾任巴黎警察总监，以残酷镇压革命而著称。——译注

政权之后，布尔什维克竭尽全力把无政府主义者引到无产阶级专政一边来。他们确实把其中的大部分吸引到自己这边来。是的，布尔什维克确实严厉地镇压了那些破坏无产阶级专政的无政府主义者。我们那时做得对与否，这取决于如何评价我们完成的革命和它所建立的制度。但是，在李沃夫统治下和在克伦斯基统治下，即在维护资产阶级制度的情况下，布尔什维克曾是消灭无政府主义者的代理人，能这样想象吗，哪怕是一分钟也好？只要明确地提出问题，就会令人厌恶地对它转过身去。

正如勃里杜瓦松①只注意事务的形式，不关注它的实质一样，假革命官僚和它的文学律师感兴趣的只是革命的机制，而忽视了它应该为什么阶级和什么制度服务的问题。这是革命者与革命官员之间的一道鸿沟。

马尔罗对马克思主义的说法颇为可笑。看见了吗，没有在中国采用马克思主义政策，是因为无产阶级还没有阶级意识。理应由此产生的任务是唤醒这个阶级意识。马尔罗却由此引申出为反无产阶级利益的政策的辩护。

更没有说服力、而且更可笑的是另一个论据，托洛茨基说马克思主义对革命政策的好处，但须知鲍罗廷是马克思主义者，斯大林是马克思主义者，因而问题不在马克思主义上。我为捍卫革命学说而反对加林，就像我为捍卫医学科学而反对自负的巫医。作为答复，巫医对我指出，有医生证的医生往往也会治死病人。这个论据连受过中等教育的凡夫俗子都不齿，就不要说革命家了。医学不是万能的，医生不能保证总能治愈病人，医生中也有不学无术之徒，甚至还有下毒的人，难道这能成为给予从来没有研究过医学并否认它的意义的巫医治疗权的论据吗？

在读了马尔罗的文章之后，我应该做一个修正。我在自己的文章中曾说过，马克思主义的疫苗可能对加林有益。现在我不这么认为了。

列·托洛茨基
1931年6月13日

---

① 勃里杜瓦松系《费加罗的婚礼》中的一位可笑的法官，办理案子只注重形式。——译注

中国的革命和战争
——伊罗生著《中国革命的悲剧》一书前言*

可以毫不犹豫地说，仅此书作者属于历史唯物主义学派这一情况，完全不能保证赢得我们对他的著作的好感。

在今天的条件下，马克思主义的标签与其说让我们产生先入为主的好感，不如说让我们产生不信任。与苏维埃国家的退化紧密相关，马克思主义在近15年来经历了空前的衰落和屈辱。它从分析和批评的武器变成了低劣的颂扬工具。它不再研究事实，而是为身居高位的订货人的利益寻找诡辩。

在1925—1927年中国革命中，共产国际扮演了十分重大的角色，此书充分描述了这一角色。我们徒劳地在共产国际的图书馆中寻找那种能提供多少完整的中国革命概念的书籍。但我们能找到数十种"随行就市"的著作，它们顺从地反映共产国际政策，更确切地说，是苏联在中国的外交个别摇摆，即让事实和整体概念服从每一个摇摆。与这些除了智力反感外什么都不能唤起的文献截然不同，伊罗生的著作从头到尾都是科学著作，它建立在自觉地研究大量史料和文献的基础之上。伊罗生为这个工作付出了两年多的时间。还应该补充一点，此前他作为中国生活的记者和观察者，在中国度过了六年时光。

此书作者是作为革命者来对待革命的，他不认为有理由隐瞒这点。在庸人的眼中，革命观点几乎等同于缺乏科学客观性。我们的看法截然相反：只有革命者才能揭示客观的革命动力，当然是在他用科学方法武装起来的条件下。认知思维根本就不是旁观的，而是积极的。对于深入自然奥秘来说，意志因素是不可或缺的。就像外科医生——患者的生命取决于他的手术刀——格外关注区

---

* 译自 Бюллетень оппозиции, No72, cc. 2–15。

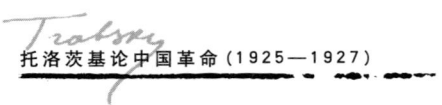

托洛茨基论中国革命(1925—1927)

分机体组织一样,一个认真对待其任务的革命家,不得不极其自觉地研究社会的构成、它的功能和反映。

为了理解今天的日本和中国之间的战争,必须以中国第二次革命为起点。在这两种情况下,我们遇到的不仅是同一些社会力量,往往还是同一些人。只要提一下,蒋介石这个人物在此书中占据核心地位,就足够了。在写这几行字时,还很难预言,日中战争将在何时以什么形式结束。但今天的远东冲突的结局,无论如何都是暂时性的。以不可遏制的力量迫近的世界大战,将重新审查中国的问题,就像所有殖民统治权中的所有其他问题一样。第二次世界大战的真正任务就在于此:根据新的帝国主义力量对比,重新划分星球。战斗的主要舞台,当然不是地中海这个侏儒的大盆,甚至也不是大西洋,而是太平洋沿岸。人口占世界人口将近1/4的中国将是斗争的最重要的对象。在准备这场巨人的厮杀时,东京现在企图保证自己在亚洲大陆上尽可能大的桥头堡。英国和美国也没有失去时机。但可以有把握地预言(实质上,今天的命运主宰也承认这点),世界大战不会是终审:它将带来一系列新的革命,它们不仅将重新审查战争的结果,还有产生战争的财产私有制的条件。

应该承认,这个前景与田园诗相去甚远。但历史缪斯克利俄从不属于和平主义夫人们的协会。经历了1914—1918年战争的老一代人未能解决自己的任何一个任务。它让新一代人继承下战争和革命的沉重的担子。人类历史上这些最有意义的和最悲惨的事件往往并肩而行。现在它们准备彻底形成未来几十年的背景。只能希望,不能凭自己的意愿跳出他们继承下来的条件的新一代,至少能学会更好地理解自己时代的规律。为了解1925—1927年中国革命,它今天找不到比此书更好的指导。

虽然英国天才的伟大是无可争议的,仍不能不看到,正是在大英帝国的各个国家中,最不明白革命的规律。这一方面可以用下面的事实来说明,在这些国家中革命现象的本身属于遥远的过去,像小孩的淘气一样,在官方"社会学家"那里引起宽容的微笑。从另一方面,对盎格鲁—撒克逊思维是如此有代表性的实用主义,对理解革命危机最不适用。

17世纪的英国革命像18世纪的法国革命一样,其任务是把社会结构合理化,即把封建的钟乳石和石笋从它的身上清除,让它服从自由竞争的规律,在那个时代,它们是"健全的理性"的规律。清教徒革命用《圣经》的服饰来装扮自己,以此暴露了对理解自己本身的意义的孩子般的无能。对美国进步思想产生重大影响的法国革命以纯理性主义的公式为主导。因心虚而求助于《圣经》先知面具的健全的理性，或世俗化的健全的理性，它把社会看成是合理"契约"的产物，直到现在都是哲学和社会学领域中盎格鲁—撒克逊思维的基本公式。

然而，现实的历史社会不是根据卢梭的合理"契约"，也不是根据边沁的"共同利益"原则建立的，而是"非理性"地建立在矛盾和对抗之上的。为了让革命成为不可避免的，阶级矛盾应该达到极度紧张。正是不取决于善恶意愿，而是阶级之间的客观相互关系的对抗这个历史宿命，使革命和战争一起，成为历史过程的"非理性"基础的最富戏剧性的表现。

但是，"非理性"并不意味着任性。相反，在革命的分子准备中，在它的爆发中，在它的高涨中，在它的衰落中，都有深刻的内在规律，这个规律是可以认识的，基本上是可以预见的。像已经不止一次地说过的那样，革命有其自己的逻辑。但这不是亚里士多德的逻辑，更不是"健全的理性"的实用主义的半逻辑。这是思维的更高的功能，是发展和它的矛盾的逻辑，即辩证法。

这样，英国实用主义的固执和它对辩证思维的敌视，有其物质原因。就像诗人没有亲身体验，是不能根据书本领悟感情的辩证法一样，已经不习惯震荡，习惯于"不断进步"的富足的社会，是不能理解自身发展的辩证法的。但是十分明显，盎格鲁—撒克逊世界的这个特权已经成为过去。历史打算为英国和美国上一上严肃的辩证法课程。

* * *

此书作者试图得出中国革命的性质，不是从先验的定义中，也不是从历史类比中，而是从中国社会的活生生的构成中和它的动态的内部力量中。此书的主要方法论价值，就在于此。它的读者不仅能够得到与事件进程联系更加紧密的概念，更重要的是还能学会明白它们的主要社会动力。只有在这个基础上才能正确地评价相互斗争的政党的纲领和口号，它们是最具示威性的，但不是独立的，最终也不是过程的决定性因素。

就其直接目的来说，未完成的中国革命是"资产阶级的"。但是，这个术语作为过去的资产阶级革命的简单回声来使用，实质上很难推动我们向前。为了不让历史类似成为思想的陷阱，必须让它经受具体社会分析的检验。在中国彼此斗争的是哪些阶级？这些阶级之间的相互关系如何？这些相互关系朝哪个方向变化？中国革命的客观任务，即发展进程所授意的任务是什么？这些任务的解决落在哪些阶级的肩上？这些任务能够用什么方法解决？伊罗生的著作回答的正是这些问题。

殖民地、半殖民地落后国家的人口占人类的多一半，在落后程度上彼此差别极大，形成从游牧甚至是人吃人的野蛮到最新工业文化的历史阶梯。把这两极在不同程度上结合起来，是每一个落后国家的特点。但是，落后的等级——如果可以这样说的话——是由每一个殖民地国家的生活中的野蛮和文化的比重决定的。赤道非洲远远落后于阿尔及尔，巴拉圭落后于墨西哥，阿比西尼亚落后于印度或中国。在它们对帝国主义宗主国的经济依赖的整体情况下，政治上的依赖在某些情况下具有公然殖民奴役的性质，在另一些情况下被国家独立的假象所掩盖（中国、拉丁美洲）。

落后性在土地关系上能找到自己最有机的和残酷的表现。这些国家中没有一个完成了稍稍深刻的民主革命。半途而废的土改被半农奴制的关系消耗，后者在贫困和压迫的土壤上的复苏是不可避免的。土地关系中的野蛮总是与道路不畅和各省之间彼此隔绝、"中世纪"的割据、缺乏民族意识携手共进。把旧封建主义的残余和新封建主义的层面从社会关系中清除出去，是所有这些国家的最重要的任务。

但是，在保留对外国帝国主义依赖的情况下，土地革命的完成是不可思议的，前者一手播种资本主义关系，一手支持和恢复所有形式的奴役和农奴制。这样，为争取社会关系民主化和建立民族国家的斗争就不断地转变为反对外国统治的公然的起义。

历史落后性并不意味着在迟一两百年或三百年后简单地重复英国或法国这些先进国家的发展，而是产生全新的"组合式"的社会结构，其中资本主义技术和结构的最新成果植入封建和封建前的野蛮之中，改造它们，并让它们服从自己，创造独特的阶级之间的相互关系。

在这些迟滞的国家中，没有一个"资产阶级"革命的任务能在"民族"资产阶级领导下完成，因为后者在外国管束下迅速崛起，是一个与人民格格不入的、敌视人民的阶级。它发展的每一个阶段都把它与外国金融资本更加紧密地联系在一起，它实质上是后者的代理。殖民地的小资产阶级：手工业者和商贩，首先成为与外国资本的悬殊斗争的牺牲品，在经济上变得微不足道，失去阶级属性，沦为赤贫，扮演独立的政治角色，它连想都别想。农民的人数最多和最分散，是最落后和最受压迫的阶级，能够发动地方起义和游击战，但为把斗争提高到全民族的水平，它需要更先进和更集中的阶级的领导。这样的领导任务，自然而然地落到了殖民地无产阶级的肩上，它在其头几步就不仅与外国的，还与本民族的资产阶级对立。

地理位置上的相邻和官僚机关把中国各省和种族联成一个混合体，资本主义发展把中国这个混合体改造成某种经济整体的类似物。群众革命运动首次把这不断增长的统一翻译成民族意识的语言。在1925—1927年的罢工、农民起义和军队征战中，新的中国诞生了。与本国和外国资产阶级有联系的将军们只会把中国搞得四分五裂时，中国工人却成了对民族统一不可遏止的追求的承载者。这个运动无疑与法国第三等级反对割据的斗争或更晚的德国人和意大利人争取民族统一的斗争类似。在头生的资本主义国家里，民族统一的任务落到了小资产阶级身上，部分是在大资产阶级，甚至在地主（普鲁士！）的领导下，但与它们不同，在中国，无产阶级将作为这个运动的主要动力和潜在的领导力量。但它正是以此对资产阶级造成了危险：统一的祖国的领导权不会落入资产阶级的手中。在整个漫长的历史上，爱国主义都与政权和财产所有制不可分割地联系在一起。在危险的情况下，统治阶级就不会在乎自己国家的分裂，如果这能保持对它的一部分的权力的话。因此，以蒋介石为代表的中国资产阶级在1927年调转自己的枪口反对民族统一的承担者无产阶级，就不足为奇了。描述和说明这场政变是伊罗生这部著作的中心，它为理解中国革命和今天的中日战争的主要问题提供了钥匙。

所谓的"民族"资产阶级只要还有希望保持住自己的特权，它就能承受任何形式的屈辱。但在外国资本把霸占全部国家财富当做自己的任务时，殖民地资产阶级被迫回忆起"民族"责任。在群众的压力下，它甚至表明它能投入战争。但这将是只反对一个最不好说话的帝国主义的战争，并怀着转而为另一个更宽宏大量的帝国主义服务的希望。蒋介石只是在他的英国或美国保护人指示的范围内进行反对日本强盗的斗争。把反对帝国主义的解放战争进行到底的，只能是那个除了自己的锁链外没有什么可失去的阶级。

上面阐述的关于历史性后发的国家的"资产阶级革命"特殊性的考虑，无论如何都不仅仅是理论分析的产物。早在第二次中国革命（1925—1927年）前，它们经受了重大的历史检验。三次俄国革命（1905年、1917年2月、

1917年10月）的经验对20世纪的意义，不亚于法国经验对19世纪的意义。为了理解中国最新的命运，读者眼前必须要有俄国革命运动中的观念斗争，因为这些观念对中国无产阶级的政策给予了并仍在给予直接而强大的影响，对中国资产阶级的政策则是间接的影响。

正是由于自己的历史落后性，沙俄成了唯一一个欧洲国家，在那里，作为学说的马克思主义和作为政党的社会民主工党在资产阶级革命前就得到了强有力的发展。如果争取民主的斗争与争取社会主义的斗争之间的相互关系问题，或资产阶级革命与社会主义革命之间的相互关系问题正是在俄国得到了理论研究，那是理所当然的。在19世纪80年代初第一个提出这个课题的，是俄国社会民主工党的创始人普列汉诺夫。在反对所谓的民粹派这个社会主义乌托邦的变种的斗争中，普列汉诺夫确认，俄国没有任何理由指望发展的特权道路；像"世俗的"民族一样，它应该经历资本主义阶段，正是在这条道路上，它要争取资产阶级民主制度，它对其后的无产阶级争取社会主义的斗争是必需的。普列汉诺夫不仅把作为当前任务的资产阶级革命与被他推到遥遥无期的未来的社会主义革命区分开来，还为这些革命中的每一个描绘了不同的力量组合。资产阶级革命是无产阶级在与自由派资产阶级的联盟中完成的，以此为资本主义进步拓清道路；几十年后，在资本主义高度发展的阶段上，无产阶级在直接反对资产阶级的斗争中完成社会主义革命。

列宁重新审查——诚然不是立即——这个学说。在本世纪初他比普列汉诺夫更有力、更彻底地提出了作为俄国资产阶级革命核心课题的土地问题。他由此得出结论，自由派资产阶级敌视剥夺地主土地，正是因此它力求在普鲁士式的宪法的基础上与君主制妥协。列宁用无产阶级与农民联盟的思想反对普列汉诺夫的无产阶级与自由派资产阶级联盟的思想。他声称这两个阶级的革命合作的任务是建立"无产阶级和农民的资产阶级民主专政"，认为这是清除沙俄帝国的封建垃圾，为建立自由公司，为美国式的资本主义发展开辟道路的唯一手段。列宁的公式向前迈出了巨大的一步，由于它不同于普列汉诺夫的公式，正确地指出了革命的核心任务，即民主地改变土地关系，同样正确地指出了为解决这个任务的唯一实际的阶级力量的组合。但在1917年以前，列宁本人的思想仍与"资产阶级"革命的概念联系在一起。与普列汉诺夫一样，列宁的出发点也是只有在"把资产阶级民主革命进行到底"后，才能把社会主义革命的任务提上日程，而且正是列宁与日后不肖之徒炮制的神话对立，认为在民主变革完成后，农民不能再是无产阶级的盟友。列宁把自己的社会主义希望寄托在出卖自己劳动力的农村雇农和半无产阶级化的农民身上。

列宁构想中的薄弱环节是"无产阶级和农民的资产阶级民主专政"概念的内在矛盾。两个阶级的政治联盟排除了专政的可能，因为它们的利益只是部分吻合。列宁公然称它是资产阶级的，他自己强调了"无产阶级和农民专政"的基本局限。他想以此说明，为了保持与农民的联盟，无产阶级应该在最近一次革命中拒绝直接提出社会主义的任务。但这点恰恰意味着，无产阶级放弃了专政。在这种情况下，革命政权应该集中在谁的手中？在农民手中？但它最不能扮演这个角色。

在自己1917年4月4日的著名提纲之前，列宁没有回答这些问题。只是在这里，他才首次与"资产阶级革命"的传统概念以及"无产阶级和农民的资产阶级民主专政"的公式决裂。他号召为无产阶级专政而斗争，这是把土地革命进行到底和保证被压迫民族自由的唯一手段。但无产阶级专政的制度就其本质来说，是不能用资产阶级财产所有制的框架来限制的。无产阶级统治自然地把社会主义革命提上日程，在这种情况下，它与民主革命之间没有任何历史时期的阻隔，而是与后者不可分割地联系在一起，更确切地说，是有机地从中成长起来的。对社会的社会主义改造以什么速度进行，在最近一个时期它将达到哪些界限，这不仅将取决于内部条件，还取决于外部条件。俄国革命只是世界革命的一个环节。不断革命概念的基本特征就是这样。正是这个概念保证了无产阶级的十月胜利。

但历史的不祥嘲弄就是这样，俄国革命的经验不仅没有帮助中国无产阶级，而是相反，在反动歪曲的形式中，成了其主要障碍之一。不肖之徒的共产国际从把"无产阶级和农民的资产阶级民主专政"公式奉为东方国家的经典开始，而列宁在历史经验的影响下承认它是不中用的。像历史上常见的那样，过时的公式为掩盖与它当初为之服务的政治内容截然相反的东西服务。工人农民群众、平民的革命联盟通过自由选举的苏维埃得到巩固，作为行动的直接机构的苏维埃，被共产国际用各政党核心的官僚结盟所取代。国民党在这个联盟中意外地得到了代表农民的权力，它是彻头彻尾的资产阶级政党，不仅是维持生产资料的资本主义私有制，还有土地私有制，对它来说都是息息相关的。工农联盟扩展为"四个阶级"联盟：工人、农民、城市小资产阶级和所谓的"民族资产阶级"。在这样的同盟中，领导权不能不属于它的最保守的部分，即资产阶级。换言之，共产国际接过了被列宁抛弃的公式，只是为了给普列汉诺夫的政策开辟道路，而且是在伪装的因而极其有害的形式中。

在为让无产阶级服从资产阶级的辩解中，共产国际理论家（斯大林和布哈林）以帝国主义压迫的事实为依据，好像它能够推动"国家的所有进步力量"结盟似的。但当初俄国孟什维克的论据正是这样，唯一的差别就是在他们那里，帝国主义被沙皇专制制度所取代。事实上，让共产党服从国民党，意味着让它与群众运动决裂，直接背叛他们的历史利益。这样，在莫斯科的直接领导下，酝酿了第二次中国革命的灾难。

许多政治庸人在政治上倾向于用"健全的理性"的猜测来取代科学分析，对他们来说，俄国马克思主义者关于革命性质和它的阶级力量之间的动态关系的争论，干脆就是烦琐哲学。但历史经验表明，俄国马克思主义的"教条主义公式"有何等深刻的生命意义。谁在今天还不明白这点，伊罗生的著作能够教会他很多东西。共产国际的中国政策令人信服地表明，如果孟什维克和社会革命党人没有及时被布尔什维克抛开，俄国革命会变成什么。不断革命概念在中国得到新的证实，这次不是以胜利的形式，而是以灾难的形式。

当然，把俄国和中国等同起来是不允许的。在具有重大的共同特征的情况下，区别是十分明显的。但这些区别不会削弱，而是加强布尔什维主义的结论，要确信这点并不困难。在一定的意义上，沙俄也是殖民地国家，这在外国资本的优势角色中表现出来。但俄国资产阶级享有比中国资产阶级大得多的对外国帝国主义的独立性：俄国本身就是帝国主义国家。俄国自由派自身尽管十分贫乏，但与中国的自由派相比，仍有更加严肃的传统和基础。在自由派的左边站着强大的小资产阶级政党，它们对沙皇专制制度来说是革命的或半革命的。社会革命党能够在农民中，主要是在它的上层中，找到相当的支持。社会民主党（孟什维克）率领城市小资产阶级和工人贵族的广泛集团追随自己。正是这三个政党——自由派、社会革命党人和孟什维克——长期酝酿并最终在1917年组成了联合政府，它在那时没有被称为"人民阵线"，但带有后者的全部特征。与此相反，布尔什维克从1905年前夕开始，就对自由派资产阶级持不可调和的立场。正是这个在1914—1917年的"失败主义"中达到最高体现的政策，使布尔什维克能够夺取政权。

中国和俄国的不同是：中国资产阶级对外国资本的大得多的依赖，小资产阶级没有独立的革命传统，工农群众对共产国际旗帜的向往，这一切要求比在俄国更加不可调和的政策，如果可能的话。然而，共产国际中国支部根据莫斯科的命令摒弃了马克思主义，承认反动的、不切实际的"三民主义"，加入了国民党，服从它的纪律，换言之，在服从资产阶级的道路上，比俄国孟什维克或社会革命党人当初走得更远。同样致命的政策，今天在与日本战争的情况下重演。

出身于布尔什维克的官僚怎么能在中国和在全世界采取根子上反布尔什维主义的方法呢？以这些或那些人的无能和无知来回答这个问题，就太浅薄了。问题的实质是，在新的生存条件下，官僚掌握了新的思维方式。布尔什维克党领导群众。官僚则指挥他们。布尔什维克以正确表达群众利益赢得了领导的机会。官僚不得不求助于发号施令来保障自己的利益，反对群众。发号施令的方法自然扩展到共产国际。莫斯科的领袖们开始当真地认为，他们能够迫使中国资产阶级背离它的利益，向左走，而迫使中国工人和农民沿着克里姆林宫画的线向右斜穿。然而，革命的最大的实质是，无论是被剥削者还是剥削者，都要让自己的利益得到最极端的表达。如果相互敌对的阶级都能按斜线运动，就不会爆发内战。用十月革命和共产国际的权威武装起来的官僚，还不用说取之不竭的财政资源，在革命最重要的关头，把年轻的中国共产党从革命的发动机变成制动器。与德国和奥地利不同，那里的官僚有可能把失败的部分责任推到社会民主党身上，在中国没有社会民主党。中国革命完全是共产国际葬送的。

没有1925—1927年强大的群众民族革命运动，国民党对中国大部分领土的统治是不可能的。这个运动的粉碎，一方面把政权集中在蒋介石的手中，另一方面注定了蒋介石在与帝国主义的斗争中的不彻底。这样，理解中国革命的进程，对理解日中战争的进程有直接的意义。历史著作从而获得了最现实的政治意义。

战争与革命将在中国近期的历史中交织在一起。日本的意图是借助于对它的战略阵地的控制，永远或至少是长期奴役这个巨大的国家，其特征不仅是贪婪，还有愚钝。日本来得太晚。被内部矛盾所折磨的田中帝国不能重复英国崛起的历史。另一方面，中国远远走在17、18世纪的印度前面。今天，旧殖民地国家越来越成功地进行着争取民族独立的斗争。在这些历史条件下，哪怕是今天这场在远东的战争以日本的胜利而告终，如果胜利者本人在最近几年中能够逃避国内灾难（这两者都没有任何保证），日本对中国的统治也只能持续很短的时期，可能只是几年，而这是为给予中国的经济生活以新的推动，并重新动员它的工人群众所必需的几年。

现在,日本的大型托拉斯和康采恩为了分享没有保证的战利品,已经追随在军队之后。东京政府企图有计划地调节争先恐后地扑向中国北方的金融集团的胃口。如果日本能够在赢得的阵地上维持几十年,这首先意味着为了日本帝国主义的利益,在中国北方迅猛的工业化。很快就会出现新的铁路、矿井、电站、矿山和冶金企业、棉花种植场。中国国家的极化现象会获得狂热的推动。新的数十万、数百万中国无产阶级将在最短的时期内被动员起来。另一方面,中国资产阶级将落入对日本资本的巨大依赖中,与以前相比,它表明自己更不能成为民族战争和民族革命的领袖。面对外国强暴者的是数量上不断增长的、社会地位已经稳固的、充满革命义愤的中国无产阶级,它负有充当中国农村的领袖的使命。对外国奴役者的仇恨,是强大的革命水泥。应该认为,新的民族革命将在今天的一代人的有生之年提上日程。为了解决它担负的任务,中国无产阶级先锋队应该充分汲取第二次中国革命的教训。在这个意义上,伊罗生的著作是它的不可取代的教材。只是希望能把它译成中文和其他文字。

列·托洛茨基
1938 年 1 月 5 日
于墨西哥科约阿坎